단기 합격을 위한 해커스공무원 커리큘럼

입문
탄탄한 기본기와 핵심 개념 완성!

누구나 이해하기 쉬운 개념 설명과 풍부한 예시로 부담없이 쌩기초 다지기

TIP 베이스가 있다면 **기본 단계**부터!

▼

기본+심화
필수 개념 학습으로 이론 완성!

반드시 알아야 할 기본 개념과 문제풀이 전략을 학습하고
심화 개념 학습으로 고득점을 위한 응용력 다지기

▼

기출+예상 문제풀이
문제풀이로 집중 학습하고 실력 업그레이드!

기출문제의 유형과 출제 의도를 이해하고 최신 출제 경향을 반영한
예상문제를 풀어보며 본인의 취약영역을 파악 및 보완하기

▼

동형문제풀이
동형모의고사로 실전력 강화!

실제 시험과 같은 형태의 실전모의고사를 풀어보며 실전감각 극대화

▼

최종 마무리
시험 직전 실전 시뮬레이션!

각 과목별 시험에 출제되는 내용들을 최종 점검하며 실전 완성

PASS

* 커리큘럼 및 세부 일정은 상이할 수 있으며,
자세한 사항은 해커스공무원 사이트에서 확인하세요.

단계별 교재 확인 및 **수강신청은 여기서!**

gosi.Hackers.com

해커스공무원

패권 국제법

단원별 적중 1000제

해커스공무원

이상구

약력

서울대학교 대학원 졸업
성균관대학교 졸업

현 | 해커스공무원 국제법 · 국제정치학 강의
현 | 해커스 국립외교원 대비 국제법 · 국제정치학 강의
현 | 해커스 변호사시험 대비 국제법 강의
전 | 베리타스법학원(5급) 국제법 · 국제정치학 강의
전 | 합격의 법학원(5급) 국제법 · 국제정치학 강의

저서

해커스공무원 패권 국제법 기본서 일반국제법
해커스공무원 패권 국제법 기본서 국제경제법
해커스공무원 패권 국제법 조약집
해커스공무원 패권 국제법 판례집
해커스공무원 패권 국제법 핵심요약집
해커스공무원 패권 국제법 단원별 핵심지문 OX
해커스공무원 패권 국제법 단원별 기출문제집
해커스공무원 패권 국제법 단원별 적중 1000제
해커스공무원 패권 국제법 실전동형모의고사
해커스공무원 패권 국제법개론 실전동형모의고사
해커스공무원 패권 국제정치학 기본서 사상 및 이론
해커스공무원 패권 국제정치학 기본서 외교사
해커스공무원 패권 국제정치학 기본서 이슈
해커스공무원 패권 국제정치학 핵심요약집
해커스공무원 패권 국제정치학 단원별 핵심지문 OX
해커스공무원 패권 국제정치학 기출 + 적중문제집
해커스공무원 패권 국제정치학 실전동형모의고사

공무원 시험의 해답
국제법 시험 합격을 위한 필독서

방대한 공무원 국제법의 출제 경향을 반영한 다양한 유형의 적중문제를 통해 실전감각을 극대화하고 고득점을 확보할 수 있는 적중문제집을 만들었습니다.

공무원 국제법의 적중문제를 효과적으로 학습할 수 있도록 다음과 같은 특징을 가지고 있습니다.

첫째, 출제 경향을 분석하여 엄선한 적중문제를 단원별로 분류하여 수록하였습니다.
둘째, 문제풀이 과정에서 이론까지 복습할 수 있도록 상세한 해설을 수록하였습니다.
셋째, 다회독을 위한 다양한 학습장치를 제공합니다.

공무원 국제법 학습에 최대 효과를 낼 수 있도록 다음의 학습 방법을 추천합니다.

첫째, 기본서와의 연계학습을 통해 각 단원에 맞는 기본 이론을 확인하고 쉽게 암기할 수 있습니다.
둘째, 정답이 아닌 선지까지 모두 학습하여 다채로운 문제 유형에 대처할 수 있는 능력을 기를 수 있습니다.
셋째, 반복 회독 학습을 통해 출제 유형에 익숙해지고, 자주 출제되는 개념을 스스로 확인할 수 있습니다.

더불어, 공무원 시험 전문 사이트인 해커스공무원(gosi.Hackers.com)에서 교재 학습 중 궁금한 점을 나누고 다양한 무료 학습 자료를 함께 이용하여 학습 효과를 극대화할 수 있습니다.

부디 <해커스공무원 패권 국제법 단원별 적중 1000제>와 함께 공무원 국제법 시험의 고득점을 달성하고 합격을 향해 한걸음 더 나아가시기를 바랍니다.

이상구

차례

제1편 국제법 총론

제1장 서론
제1절 국제법의 개념 … 10
제2절 국제법의 법적 성질 … 13

제2장 국제법의 연원
제1절 총설 … 14
제2절 조약 … 19
제3절 국제관습법 … 23
제4절 강행규범 및 대세적 의무 … 30
제5절 기타 연원 … 36

제3장 조약법
제1절 총설 … 43
제2절 성립 … 44
제3절 유보 … 49
제4절 효력 … 56
제5절 해석 … 61
제6절 무효 … 63
제7절 정지 … 71
제8절 종료 … 72
제9절 개정 및 수정 … 78

제4장 국제법과 국내법의 관계
제1절 학설 … 79
제2절 국제관계와 국내법의 지위 … 82
제3절 국내법상 국제법의 지위 … 85
제4절 한국에서 국제법과 국내법의 관계 … 92

제5장 국제법의 주체
제1절 총설 … 95
제2절 국가 … 97
제3절 국제기구 … 102
제4절 개인 … 107
제5절 민족 … 111

제2편 국가

제1장 승인
제1절 국가승인 … 118
제2절 정부승인 … 125
제3절 교전단체승인 … 128

제2장 국가의 기본적 권리·의무
제1절 총설 … 130
제2절 자위권 … 132
제3절 국내문제 불간섭의무 … 140

제3장 국가관할권 및 면제
제1절 국가관할권 … 145
제2절 국가면제 … 157
제3절 국가행위이론 … 168

제4장 국가책임
제1절 총설 … 173
제2절 국가귀속성 … 176
제3절 위법성 및 위법성 조각사유 … 183
제4절 국가책임의 해제 … 190
제5절 적법행위책임 … 194
제6절 외교적 보호 … 196

제5장 국가의 대외기관
제1절 외교관 … 208
제2절 영사 … 218
제3절 기타 기관 … 227

제6장 국가승계
제1절 주요 법리 … 229
제2절 사례 … 232

제3편 국제기구

제1장 국제연합(UN)
제1절 총설 … 238
제2절 총회 … 245
제3절 안전보장이사회 … 251
제4절 기타 기관 … 258
제5절 평화유지활동 … 263

제2장 유럽연합(EU) … 264

제4편 개인

제1장 국민과 외국인

제1절 국민 270
제2절 외국인 277
제3절 범죄인 인도 284

제2장 국제인권법

제1절 총설 292
제2절 국제인권규약 300
제3절 국제난민법 312
제4절 국제형사재판소 319

제5편 국제법의 규율 대상

제1장 해양법

제1절 총설 334
제2절 내수 335
제3절 군도수역 338
제4절 영해 340
제5절 해협 348
제6절 접속수역 350
제7절 배타적 경제수역 351
제8절 대륙붕 363
제9절 공해 366
제10절 심해저 377
제11절 섬 378
제12절 해양분쟁해결제도 381

제2장 국제법의 객체

제1절 영토 388
제2절 영공 399
제3절 우주 412
제4절 극지 416

제3장 국제환경법

제1절 국제환경법의 발달과정 420
제2절 국제환경법의 원칙 427
제3절 분야별 주요 국제환경협약 435

제6편 국제분쟁해결 및 무력사용

제1장 국제분쟁해결제도

제1절 정치적 해결 446
제2절 사법적 해결 449
제3절 국제사법재판소(ICJ) 451

제2장 무력사용에 관한 법

제1절 무력사용금지원칙 및 예외 478
제2절 국제인도법 485

제7편 국제경제법

제1장 국제경제법 총론 및 WTO설립협정

제1절 총론 492
제2절 WTO설립협정 494

제2장 WTO설립협정 부속서 1A

제1절 GATT1994 504
제2절 상품무역협정 522
제3절 공정무역규범 537

제3장 WTO설립협정 부속서 1B 및 부속서 1C

제1절 서비스무역에 관한 협정(GATS) 554
제2절 무역 관련 지적재산권협정(TRIPs) 559

제4장 WTO설립협정 부속서 2 및 부속서 4

제1절 분쟁해결제도 561
제2절 복수국간무역협정 580

문제해결 능력 향상을 위한 단계별 구성

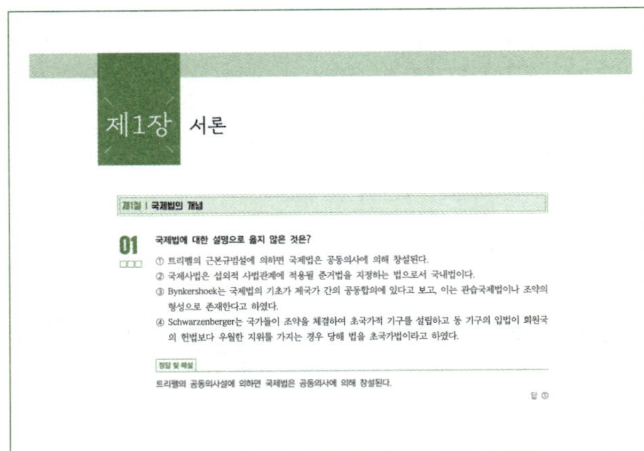

STEP 1 적중문제로 문제 응용·해결 능력 키우기

공무원 국제법 기출문제 중 출제 가능성이 높은 핵심 내용들을 기출문제와 유사하게 응용·변형하여 적중문제로 수록하였습니다. 이를 통해 학습한 이론을 응용하고, 심도 깊게 학습하여 실전에 완벽히 대비할 수 있습니다.

STEP 2 상세한 해설로 문제 학습 효과 극대화하기

문제풀이와 함께 이론을 요약·정리할 수 있도록 상세한 해설을 수록하였습니다. 이를 통해 정답이 아닌 선지와 관련 이론을 함께 확인하여 방대한 국제법 이론을 다시 한 번 복습할 수 있습니다.

정답의 근거와 오답의 원인, 관련 이론까지 짚어주는 정답 및 해설

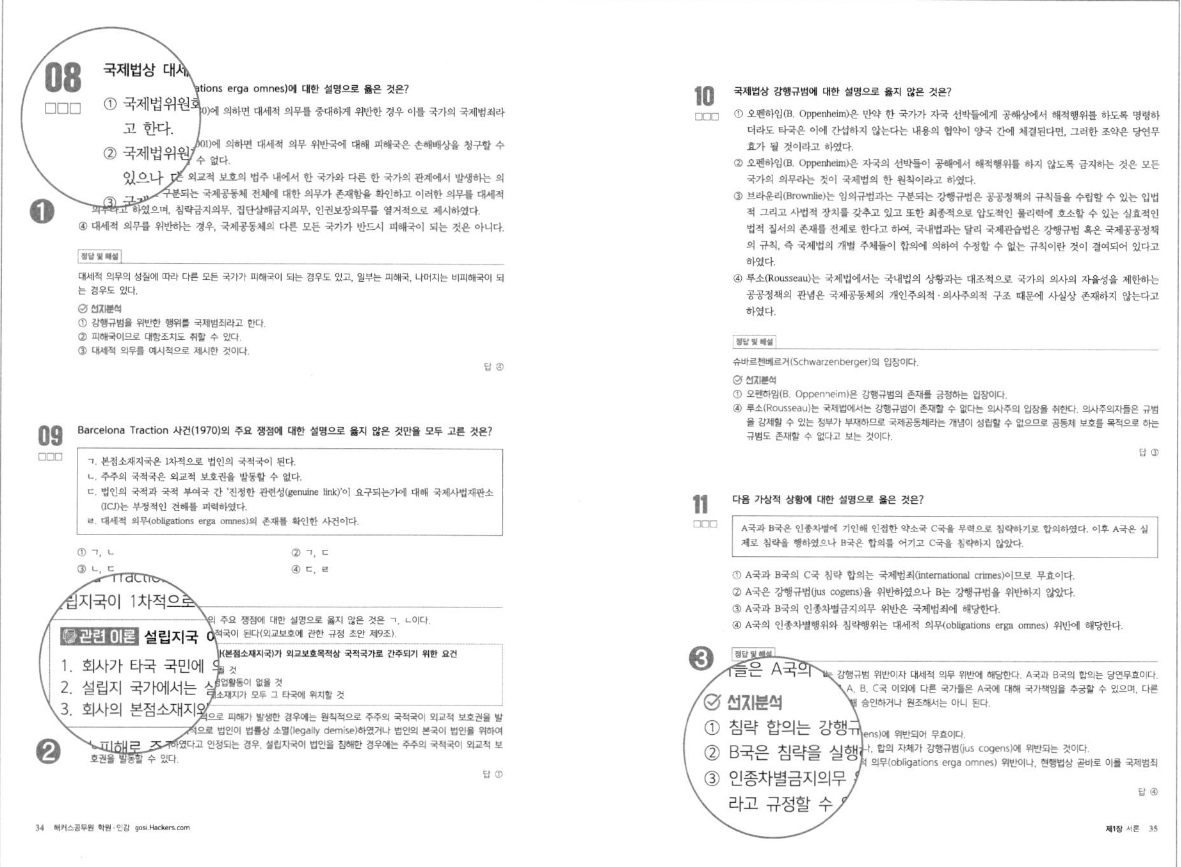

❶ 회독 체크 박스

문제 번호 하단 체크 박스를 활용하여 본인의 학습진도나 수준에 따라 반복하여 학습할 수 있습니다.

❷ 관련 이론

문제풀이에 필요한 관련 핵심 이론을 수록하였습니다. 취약한 개념을 바로 확인하여 이론의 효과적인 학습이 가능합니다.

❸ 선지분석

정답인 선지뿐만 아니라 오답인 선지에 대해서도 상세한 설명을 수록하여 빈틈없이 학습할 수 있습니다.

해커스공무원
패권 국제법
단원별 적중 1000제

제1편

국제법 총론

제1장 서론
제2장 국제법의 연원
제3장 조약법
제4장 국제법과 국내법의 관계
제5장 국제법의 주체

제1장 서론

01 국제법에 대한 설명으로 옳지 않은 것은?

① 트리펠의 근본규범설에 의하면 국제법은 공동의사에 의해 창설된다.
② 국제사법은 섭외적 사법관계에 적용될 준거법을 지정하는 법으로서 국내법이다.
③ Bynkershoek는 국제법의 기초가 제국가 간의 공동합의에 있다고 보고, 이는 관습국제법이나 조약의 형성으로 존재한다고 하였다.
④ Schwarzenberger는 국가들이 조약을 체결하여 초국가적 기구를 설립하고 동 기구의 입법이 회원국의 헌법보다 우월한 지위를 가지는 경우 당해 법을 초국가법이라고 하였다.

정답 및 해설

트리펠의 공동의사설에 의하면 국제법은 공동의사에 의해 창설된다.

답 ①

02 국제법의 개념에 대한 설명으로 옳지 않은 것은?

① 국제법은 국제법 주체 상호 간의 권리의무에 대한 법이다.
② 국제법은 사실상 세계법(world law)과 같은 개념이다.
③ 국제법은 'jus gentium'에서 유래되었으나 'jus gentium'은 로마 국내법에 불과하다.
④ 국제법은 벤담(Bentham)에 의해 'international law'라는 영어로 표기되었다.

정답 및 해설

세계법(world law)은 전 세계가 하나의 단일한 정치체제로 통합된 상황을 전제한 개념이므로 근대 국제체제를 대상으로 하는 국제법과는 다른 개념이다.

⊘ 선지분석
① 현대국제법상 국제법의 주체는 매우 광범위하게 인정된다. 국가뿐 아니라 국제기구, 교전단체, 민족해방운동단체 및 개인도 국제법의 주체로 인정된다.
③ 'jus gentium'은 로마인과 외국인, 외국인 상호 간 적용되는 법이고, 'jus civile'은 로마시민 상호 간 적용되는 법을 말한다. 양자 모두 로마의 국내법이다.
④ 벤담(Bentham)은 'jus inter gentes'를 'international law'로 번역하였다.

답 ②

03 국제법과 구별되는 개념들에 대한 설명으로 옳지 않은 것은?

① 국가계약(state contract)은 국가와 타국민 간 체결되는 약정으로서 일반적으로 조약이 아닌 계약으로 평가된다.
② 섭외사법사건에 대해 어느 국가의 법을 적용할 것인지를 결정하는 국제사법은 국내법의 일종이다.
③ 국제법은 공법(公法)이므로 사법(私法)인 국제사법과 구별된다.
④ 국제예양은 국제법의 일종으로, 이를 위반하는 경우 위법행위를 구성한다.

> **정답 및 해설**

국제예양은 국제법에 속하지 않으므로 국제예양을 위반하였다 하더라도 비우호적 행위로 간주될 뿐 국제위법행위를 구성하는 것은 아니다.

⊘ 선지분석
① 국가계약(state contract)은 조약이 아니므로 위반 시 직접책임이 아니라 간접책임이 성립되어 외교적 보호권 발동으로 손해배상을 추구한다.
② 국제사법은 외국적 요소가 개재된 사건에서 준거법이나 법정지를 결정하는 국내법이다.
③ 국가 간 적용되는 법을 국제공법, 사인 간 관계를 규율하는 법을 (국제)사법이라고 한다.

답 ④

04 국제법 발달에 기여한 학자들에 대한 설명으로 옳은 것은?

① 비토리아(Vitoria)는 모든 국가는 전쟁의 합법성을 스스로 판단할 수 있다고 주장하여 무차별 전쟁관의 맹아적 사상을 제시하였다.
② 바텔(Vattel)은 전쟁을 정당한 전쟁과 부당한 전쟁으로 나누고, 정당한 전쟁에는 방어전쟁, 법적인 청구권을 집행하기 위한 전쟁, 불법을 응징하기 위한 전쟁이 있다고 주장하였다.
③ 바텔(Vattel)은 최초로 자연법주의와 법실증주의를 결합하였다.
④ 그로티우스(Grotius)는 국제법이 국가 간의 법이 아니라 보편인류법이라고 주장하였다.

> **정답 및 해설**

바텔(Vattel)은 자연법주의학파와 법실증주의학파의 중간에 선 절충적 학파에 속하며 최초로 자연법주의와 법실증주의를 결합하였다.

⊘ 선지분석
① 바텔(Vattel)에 대한 설명이다.
② 그로티우스(Grotius)에 대한 설명이다.
④ 비토리아(Vitoria)에 대한 설명이다.

답 ③

05 국제법의 역사에 대한 설명으로 옳지 않은 것은?

① 영국의 존 셀던(John Selden)은 1605년 '포획법주석'에서 해양의 자유를 주장했다.

② Pufendorf는 국제법과 자연법을 동일시했으며, 국제법의 법원으로서 조약이나 관습법의 중요성을 인정하지 않았다.

③ 법실증주의적 국제법관을 확산시킨 초기의 대표적인 국제법 학자로는 네덜란드의 Bynkershoek (1673~1743)가 있다.

④ 일본의 미쯔구리 린쇼우가 1873년 미국인 Woolsey의 'Introduction to the Study of International Law'를 번역하면서 제목에 '국제법'을 사용하기 시작한 이후, 일본에서는 국제법이란 용어가 자리잡았다.

정답 및 해설

그로티우스(Hugo Grotius)에 대한 설명이다.

답 ①

06 국제법사상에 대한 설명으로 옳지 않은 것은?

① Hugo Grotius는 신학이론과 결별하고 평등한 주권국가 간에 새로운 법질서를 세우려는 시대적 요청에 부응하고자 하였다.

② S. Samuel Pufendorf는 실정국제법을 부인하고 국제법을 자연법의 일부라고 하였다.

③ Cornelius van Bynkershoek는 국제법의 기초는 국가의 의사에 있다고 보고 관습국제법이나 조약의 형성으로 존재한다고 하였다.

④ Zorn은 법은 주권자의 명령이므로 주권자가 없는 국제법은 실정적 도덕(positive morality)에 불과하다고 하며 국제법의 법적 성질을 부인하였다.

정답 및 해설

④는 John Austin의 입장이다.

답 ④

01 국제법사상가에 대한 설명으로 옳은 것은?

① 젠틸리(Gentili)는 국제법은 자연이성이 제민족 간에 뿌리박힌 것이라고 규정하였다.
② 비토리아(Vitoria)는 국제법학을 신학이나 윤리학으로부터 분리해 국제법학의 고유영역을 개척한 최초의 학자이다.
③ 오스틴(Austin)은 법을 주권자의 명령으로 보고, 주권자가 없는 국제법은 실정도덕에 불과하다고 하여 국제법의 법적 성질을 부인하였다.
④ 푸펜도르프(Pufendorf)는 자연법은 법의 동기에 불과하므로 자연법이 반영된 실정국제법만이 국제법이라고 주장하였다.

정답 및 해설

오스틴(Austin)은 강제력을 가진 주권자가 존재해야 법이 존재할 수 있다고 전제하였다.

✓ 선지분석
① 비토리아(Vitoria)의 견해이다.
② 젠틸리(Gentili)의 견해이다.
④ 푸펜도르프(Pufendorf)는 실정국제법을 부인하고 자연법만이 국제법이라고 주장하였다.

답 ③

02 국제법에 있어서 의사주의와 객관주의에 대한 설명으로 옳지 않은 것은?

① 의사주의는 국제법의 타당기초를 국가의사에서 찾으나 객관주의는 자연법에서 찾는다.
② 의사주의는 관습법의 본질이 묵시적 합의라고 보나 객관주의는 자연발생규범이라고 본다.
③ 의사주의는 강행규범의 제3자효를 부정하나 객관주의는 강행규범의 제3자효를 긍정한다.
④ 의사주의는 국가승인을 법률적 행위로서 선언적 효력을 가진다고 보나 객관주의는 정치적 행위로서 창설적 효력을 가진다고 본다.

정답 및 해설

의사주의는 국가승인을 창설적 효력을 가지는 행위로 보아 법률행위로 간주한다. 반면, 객관주의는 국가승인을 국가의 국제법 주체성을 확인하는 행위로서 정치적·사실적 행위라고 본다.

✓ 선지분석
① 타당기초는 구속력의 근거를 의미한다.
② 의사주의는 조약은 명시적 합의인 반면, 관습은 묵시적 합의라고 본다.
③ 국제법에서 제3자(제3국)는 당사자가 아닌 국가를 말한다. 의사주의는 제3국의 동의 없는 조약의 적용을 부정하나, 객관주의는 이를 긍정한다.

답 ④

01 국제법의 연원에 대한 설명으로 옳지 않은 것은?

① The Scotia호 사건에 의하면 조약이 최소 2개 당사자를 필요로 하는 데 반해, 관습은 비록 누적을 요하긴 하지만 국가들의 일방적 행위와 태도를 통하여 형성된다.

② Temple of Preah Vihear 사건에 따르면 신법우선의 원칙에 따라 국가들은 그들 상호 간에 국제관습법규를 훼손하기로 결정할 수 있으며, 역으로 신국제관습법규는 국가 간에 체결된 기존 조약을 대체할 수 있다.

③ ICJ는 Military and Paramilitary Activities in and against Nicaragua 사건에서 어떤 규칙이 관습법규로 확립되기 위해서는 상응하는 관행이 그 규칙과 완벽하게 일치하여야 한다고 하였다.

④ ICJ는 Asylum 사건과 North Sea Continental Shelf 사건에서 완강한 반대국가의 이론을 승인하였다.

정답 및 해설

ICJ는 Military and Paramilitary Activities in and against Nicaragua 사건에서 어떤 규칙이 관습법규로 확립되기 위해서는 상응하는 관행이 그 규칙과 완벽하게 일치하여야 하는 것은 아니라고 하였다.

답 ③

02 ICJ규정 제38조에 대한 설명으로 옳은 것은?

① ICJ규정 제38조는 현재 적용되는 모든 국제법규를 포함한다.

② 법칙결정의 보조수단으로서의 사법판결은 제59조의 규정에 따를 것을 조건으로 한다.

③ 국제기구의 일방행위는 ICJ규정 제38조에 언급이 없으므로 국제법의 법원이 될 수 없다.

④ 재판소는 당사자의 합의가 없어도 직권으로 형평과 선(ex aequo et bono)에 따라 재판할 수 있다.

정답 및 해설

본 재판소의 결정은 당사국 간에 있어서만 그리고 당해 사건에 대해서만 구속력이 있다(ICJ규정 제59조).

⊘ 선지분석

① 모든 국제법규를 포함하고 있지는 않다. 특히 국제기구의 결의와 유럽연합기관의 결의 등은 국제법규성이 논의되거나 인정되지만 ICJ규정 제38조에는 규정되어 있지 않다.

③ 국제기구의 일방행위를 새로운 국제법의 법원으로 도입하고자 하는 개발도상국들의 노력이 있었으나(속성관습법 논의 등) 아직까지 국제법의 법원으로 인정되고 있지는 않다. 다만, ICJ규정 제38조가 모든 국제법의 법원을 열거하고 있는 것은 아니므로 지문에서는 'ICJ규정 제38조에 언급이 없으므로'라는 부분이 적절하지 않다.

④ 재판소가 '형평과 선(ex aequo et bono)'을 재판준칙으로 이용하기 위해서는 반드시 당사자의 합의가 필요하다.

답 ②

ICJ규정 제38조 제1항에 대한 설명으로 옳은 것만을 모두 고른 것은?

> ㄱ. 일반적으로 현행 국제법상의 법원에 대한 가장 권위 있는 진술로 간주되고 있다.
> ㄴ. 재판소는 당사자가 합의하는 경우 형평과 선을 재판준칙으로 삼을 수 있다.
> ㄷ. 사법판결 및 제(諸)국의 가장 우수한 학자의 학설은 법칙결정의 보충적 연원이다.
> ㄹ. 동 규정은 국제법의 연원을 열거하고 있는 것으로 이해된다.
> ㅁ. 동 규정은 언급된 연원들 사이에 그 적용에 있어 우선순위를 시사하고 있는 것으로 이해된다.

① ㄱ, ㄴ
② ㄱ, ㅁ
③ ㄴ, ㄷ
④ ㄴ, ㄹ

정답 및 해설

ICJ규정 제38조 제1항에 대한 설명으로 옳은 것은 ㄱ, ㅁ이다.
ㄱ. 본래 ICJ규정 제38조 제1항은 국제사법재판소(ICJ)가 자신에게 부탁된 사건을 해결함에 있어 적용하여야 할 재판상의 준칙을 나타내는 것에 불과하였지만, 일반적으로 현행 국제법상의 연원에 대한 가장 권위 있는 진술로 간주되고 있다.
ㅁ. 동 규정에 언급된 연원들 사이에 위계질서를 부여하고 있는 것은 아니다. 다만, 그 적용에 있어서 우선순위를 시사하고 있는 것으로 이해되고 있다.

⊘ 선지분석
ㄴ. ICJ규정 제38조 제2항에 대한 내용이다.
ㄷ. 사법판결 및 제(諸)국의 가장 우수한 학자의 학설은 보충적 연원이 아니라 보조적 연원이다. 법의 일반원칙이 보충적 연원에 해당한다.
ㄹ. ICJ규정 제38조 제1항이 국제법의 연원을 열거하고 있는 것으로 해석되지는 않는다. 국제기구의 결의 등도 국제법의 연원이라는 주장이 있다.

답 ②

04

국제법 연원의 상호 관계에 대한 설명으로 옳은 것(○)과 옳지 않은 것(×)을 바르게 표시한 것은?

> ㄱ. 강행규범을 제외한 법원 상호 간에는 서열이 존재하지 않으며, 모두 동등한 지위를 가지고 있다.
> ㄴ. 조약과 관습은 이론상 동등한 권위를 가지기 때문에 양자의 규칙 사이에 충돌이 있을 시에는 기본적
> 　　으로 신법우선의 원칙이 적용된다.
> ㄷ. UN헌장과 기타 국제법상 의무가 충돌하는 경우 신법우선의 원칙 및 특별법우선의 원칙에 따라 해결
> 　　한다.
> ㄹ. 강행규범과 임의규범이 충돌하는 경우 임의규범은 무효화되거나 효력을 상실한다.
> ㅁ. UN헌장과 강행규범이 충돌하는 경우 UN헌장이 우선한다.

	ㄱ	ㄴ	ㄷ	ㄹ	ㅁ
①	○	○	×	○	×
②	×	○	×	○	○
③	×	×	○	×	○
④	×	○	×	○	×

정답 및 해설

국제법 연원의 상호 관계에 대한 설명으로 옳은 것은 ㄴ, ㄹ이고 옳지 않은 것은 ㄱ, ㄷ, ㅁ이다.

ㄱ. [×] 법의 일반원칙은 보충적 연원으로서 조약이나 관습의 하위의 지위에 있다.

ㄴ. [○] 조약과 관습 모두 임의규범인 경우 신법이 우선하지만, 둘 중 하나가 강행규범이라면 강행규범이 우선한다.

ㄷ. [×] UN헌장 제103조에 의해 UN헌장상의 의무와 기타 국제법상 의무가 충돌하는 경우 헌장상의 의무가 우선
　　한다.

ㄹ. [○] 조약법에 관한 비엔나협약 제53조와 제64조에 대한 내용이다.

ㅁ. [×] Bosnia 사건(1993)에서 UN헌장 제25조하의 회원국들의 의무(유고 전체에 대한 의무적 무기금수조치를
　　결정한 안전보장이사회결의 713을 수락하고 이행할 의무)와 강행규범(제노사이드 금지규칙) 간 충돌이 문제되
　　었다. 여기서 임시재판관 라우터팩트(Lauterpacht)는 개별 의견을 통해 이 경우 강행규범이 우선하며, 안전보
　　장이사회결의 713은 확립된 강행규범의 규칙에 위배되므로 법적으로 무효일지도 모른다는 견해를 밝힌 바 있
　　다. 따라서 논란이 있으나 대체로 강행규범이 UN헌장상 의무에 우선한다고 보아야 할 것이고, UN헌장상 의무
　　가 강행규범에 우선한다는 진술은 옳지 않은 것으로 보아야 할 것이다.

답 ④

05 국제법의 법원에 대한 설명으로 옳지 않은 것은?

① 오늘날 조약의 발달에도 불구하고 아직까지 국제관습법이 차지하는 지위와 중요성은 국내법상의 관습법보다 높다.

② 국제법이 관습법의 형태로 존재하면 국제사회의 법적 안정성을 충분히 확보할 수 없기 때문에 국제법의 법전화가 요청되고 있고, 이를 위하여 국제사법재판소(ICJ)는 국제법위원회(ILC)를 두고 있다.

③ 국제법의 법원 간에도 특별법우선의 원칙과 신법우선의 원칙이 적용된다.

④ 제3세계 국가들 중에는 이념상의 이유와 기존 국제관습법 형성과정에의 불참여 등을 이유로 국제관습법의 일반적 효력을 부인하는 국가도 있다.

> 정답 및 해설

국제법의 법전화를 주도하고 있는 국제법위원회(ILC)는 국제사법재판소(ICJ)가 아니라 UN총회 산하의 보조기관이다.

✓ 선지분석

① 국내법에서는 관습이 '보충적' 규범이나, 국제법에서는 조약과 대등하게 인정되어 중요도가 더 높다.

③ 특별법우선의 원칙은 통상 신법우선의 원칙의 예외에 해당한다.

④ 이념상의 이유란 자본주의국가들이 만든 규범을 인정할 수 없다는 것을 말한다. 또한 제3세계 국가들은 식민지배를 받다가 독립한 국가들이 많아 기존 관습에 불참여하였으므로 관습을 인정할 수 없다고 주장하는 것이다. 그러나 이러한 주장은 배척된다. 제3세계 국가들도 기존 관습의 지배를 받는다.

답 ②

06 동일한 사항을 규율하는 국제법 상호 간의 효력관계에 대한 설명으로 옳지 않은 것은?

① 당사자가 동일하며 임의법규적 성격을 가지는 다자조약 상호 간에서 구조약은 신조약과 양립하는 범위 내에서만 적용된다.

② 임의법규적 성격을 가지는 조약과 법의 일반원칙 간에는 항상 전자가 우선한다.

③ 보편적 다자조약과 지역적 국제관습법이 상충될 경우 항상 전자가 우선한다.

④ UN 회원국이 당사국인 국제협정상의 의무와 UN헌장상의 의무가 상충될 경우 후자가 우선한다.

> 정답 및 해설

조약과 관습은 효력상 우열이 없으므로 신법우선의 원칙과 특별법우선의 원칙에 의해 적용법규를 결정해야 한다. 따라서, 지역적 국제관습법이 신법이거나 특별법이라면 보편적 다자조약보다 우선 적용될 가능성도 있다.

✓ 선지분석

① 신법우선의 원칙에 대한 설명이다.

② 법의 일반원칙은 조약이나 관습을 보충하는 연원이므로 조약이나 관습이 우선한다.

④ UN헌장상 의무에는 UN기관, 특히 안전보장이사회의 구속적 결의를 포함한다.

답 ③

07 조약과 관습에 대한 설명으로 옳지 않은 것은?

① 조약에 의하여 창설되는 것은 법원으로서의 법규가 아니라 당사국 간의 의무에 지나지 않는다는 이유로 양자조약의 법원성을 부정하는 견해도 있다.
② 조약이 국제관습법을 확인하는 선언적 조약인 경우에는 조약의 성립에 참여하지 않은 국가도 국제재판에서 이를 원용할 수 있다.
③ 조약은 체약당사국들 간의 합의에 의해 이루어지는 것으로 조약체결에 참가하지 아니한 제3국의 분쟁해결을 위한 수단으로 사용될 여지는 없다.
④ 국제법의 타당근거에 관한 공동의사설에 의할 경우 국제법의 신생국에 대한 구속력을 설명하기가 곤란하다.

정답 및 해설

조약은 원칙적으로 조약체결에 참가하지 않은 제3국의 분쟁해결을 위한 수단으로 사용될 수 없다. 다만, 제3국이 자발적으로 당해 조약을 원용하여 분쟁해결을 추구하는 것을 막는 것은 아니다.

⊘ 선지분석
② 조약이 국제관습법을 확인하는 선언적 조약인 경우 조약체결에 참가하지 않은 제3국이라 하더라도 국제재판에서 이를 원용할 수 있다. 다만, 이 경우 실질적으로는 조약이 원용되는 것이라기보다는 국제관습법이 원용되는 것으로 보아야 할 것이다.
④ 공동의사설은 관습법에 대해 '묵시적 합의'로 규정하기 때문에 관습법 성립 이후 형성된 신생국은 기존 관습법의 규율을 받지 않는다고 설명한다. 다만, 국제법 현실에 있어서는 신생국도 기존 관습법의 지배를 받기 때문에 공동의사설은 이러한 현실을 잘 설명하지 못하는 한계가 있다.

답 ③

08 국제법의 연원에 대한 설명으로 옳지 않은 것은?

① Oppenheim은 국제법을 성립시키는 근거는 각국의 동의라는 관점에서 국가의 명시적 동의에 입각한 조약과 묵시적 동의에 입각한 관습국제법만을 법의 존재형식으로서의 법원(source)으로 분류하였다.
② ILC 관습국제법의 확인(2018)에 의하면, 국가가 일정한 반응을 해야 할 상황임에도 상당 기간 아무런 대응을 하지 않는다면 이는 법적 확신의 증거가 될 수 있다.
③ ICJ는 North Sea Continental Shelf 판결(1969)에서 각국의 실행을 먼저 검토하고 이어서 그 같은 실행이 해당국의 법적 확신에서 비롯되었는가를 검토했으나, Military and Paramilitary Activities 판결(1986)에서 법적 확신의 존재가 관행에 의해 확인되어야 한다고 보았다.
④ 법칙의 발견수단으로서의 판례는 국제판례만을 의미한다.

정답 및 해설

반드시 국제판례만을 의미하지 않으며, 국내판례도 이러한 기능을 할 수 있다.

답 ④

09 국제법 연원의 상호 관계에 대한 설명으로 옳은 것은?

① 국제법의 일반원칙은 조약에 대해 보충적 효력을 가진다.
② 강행규범과 임의규범이 충돌하는 경우 임의규범은 반드시 무효가 된다.
③ 임의규범인 조약과 관습은 동등한 권위를 가지기 때문에 양자의 규칙 사이에 충돌이 있을 시에는 기본적으로 신법우선의 원칙이 적용된다.
④ UN안전보장이사회의 결의는 회원국 상호 간 조약보다 상위법이므로 UN안전보장이사회의 구속적 결의에 위반되는 조약은 무효로 되어 종료한다.

| 정답 및 해설 |

✓ 선지분석
① 국제법의 일반원칙은 관습이다. 따라서 조약과 대등하다.
② 무효가 될 수도 있고, 종료될 수도 있다.
④ UN안전보장이사회의 구속적 결의가 우선적용되나, 이에 위반되는 회원국 상호 간 조약이 무효로 되어 종료하는 것은 아니다.

답 ③

제2절 | 조약

01 조약에 대한 설명으로 옳지 않은 것은?

① ICC규정 제121조 제4항에 의하면, 당사국의 7/8이 개정조항을 비준하면 전 당사국에 대해 발효하게 된다.
② ILC는 강행규범의 확인을 위해서는 국제공동체에 속하는 모든 국가들에 의한 수락과 인정이 필요하다고 제시했다.
③ ICJ는 Legal Consequences for States of the Continued Presence of South Africa in Namibia notwithstanding Security Council Resolution 권고적 의견에서 위임통치의 합의 역시 조약의 일종으로서 일방의 중대한 위반이 있으면 이를 종료시킬 수 있다고 판단했다.
④ ILC Draft Articles on the Effects of Armed Conflicts on Treaties(2011)에 의하면 무력분쟁으로 인해 조약의 종료ㆍ정지ㆍ탈퇴 등의 효과가 발생하느냐를 판단하기 위해서는 조약의 성격, 특히 조약의 주제, 대상과 목적, 내용, 당사국 수 등과 함께 무력분쟁의 성격을 고려해야 한다.

| 정답 및 해설 |

전체로서의 국가들의 국제공동체 또는 모든 국가까지는 아니더라도 절대적인 다수 국가들에 의한 수락과 인정이 필요하다고 제시했다.

답 ②

02 약식조약에 대한 설명으로 옳지 않은 것은?

① 약식조약은 서명만으로 조약문의 인증과 조약의 구속을 받겠다는 동의표시를 한다.
② 휴전협정과 미국의 행정협정(executive agreement)을 약식조약의 예로 들 수 있다.
③ 약식조약 중 행정협정(executive agreement)은 미국의 헌법관행상 인정되는 것으로 미 행정부가 2/3의 의결정족수를 요하는 상원의 동의 없이 체결할 수 있는 조약을 말한다.
④ 약식조약은 구속의 동의를 표시하기 위한 별개의 절차를 피하려는 취지이므로 구속을 받겠다는 동의는 불필요하다.

약식조약은 조약문의 인증과 조약의 구속을 받겠다는 동의표시라는 두 개의 절차를 '서명'이라는 하나의 절차만으로 체결하는 간단한 형식의 조약을 말한다.

⊘ 선지분석
① 약식조약에서 서명은 인증과 기속적 동의 표시 두 가지 기능을 한다.
③ 미국에서 단순행정협정과 연방법률의 관계는 명확하게 설정되지 않았다. 다만, 조약의 이행을 목적으로 하는 행정협정은 연방법률과 동위이다.

답 ④

03 조약과 법의 일반원칙에 대한 설명으로 옳은 것만을 모두 고른 것은?

ㄱ. 조약은 국제사회의 법규범으로 그 체결, 이행, 변경 등이 국제법의 적용대상이 된다.
ㄴ. 조약의 명칭은 조약(treaty), 협약(convention), 협정(agreement), 교환각서(exchange of notes), 신사협정(gentlemen's agreement) 등으로 다양하게 표현되며, 이들은 법적 구속력을 가진다.
ㄷ. 국제사회를 국가 간의 사회로 생각하던 과거에는 국가만이 국제법 주체로 주장되었으나, 오늘날은 국제법 주체의 인정범위가 확대되면서 국제기구도 조약의 당사자로 인정되는 경향이다.
ㄹ. 법의 일반원칙에 대한 정의와 관련하여 여러 문명국가에서 공통적으로 인정되는 국내법의 일반원칙이라고 보는 견해가 있다.
ㅁ. ICJ규정상 문명국에 의하여 인정된 법의 일반원칙은 조약 및 국제관습의 흠결을 보충하기 위한 법칙결정의 보조적 수단이다.

① ㄱ, ㄴ, ㄷ
② ㄱ, ㄴ, ㄹ
③ ㄱ, ㄷ, ㄹ
④ ㄴ, ㄹ, ㅁ

조약과 법의 일반원칙에 대한 설명으로 옳은 것은 ㄱ, ㄷ, ㄹ이다.

⊘ 선지분석
ㄴ. 신사협정(gentlemen's agreement)은 법적 구속력이 없다.
ㅁ. 법칙결정의 보조적 수단은 법의 일반원칙이 아닌 학설과 판례이다.

답 ③

04 조약에 대한 설명으로 옳지 않은 것은?

① 1994년 카타르 – 바레인 간 해양경계획정 사건에서 국제사법재판소(ICJ)는 분쟁당사국 간 회의의사록도 국제법상의 권리와 의무를 창출하는 조약에 해당할 수 있다고 판단하였다.

② 행정협정은 국회의 동의 없이 행정부가 단독으로 체결할 수 있는 유형의 국제협정으로, 상호주의 원칙에 따라 일방 당사국이 특정 협정을 정식조약으로 간주하면 타방 당사국은 그 협정을 행정협정으로 간주할 수 없다.

③ 합의의사록(agreed minutes) 또는 의정서(protocol)는 그것 자체로 국가의 권리와 의무를 규정하는 정식문서라기보다는 구체적인 이행방법이나 특정 조항의 해석을 규정하는 등 이미 존재하는 조약을 수정 또는 보완하는 합의를 가리킨다.

④ SOFA 합의의사록은 조약의 일부로서 간주되나 한일어업협정의 합의의사록(agreed minutes)은 당사국이 법적 구속력을 의도하지 않았기 때문에 조약의 일부가 아니다.

> **정답 및 해설**

특정 협정이 일방 당사국에게는 행정협정이나 타방 당사국에게는 정식조약일 수 있다.

⊘ 선지분석
① 국제사법재판소(ICJ)는 회의의사록을 검토한 결과, 당사국이 합의하였던 약속사항을 열거하였다는 점에서 국제법상 권리와 의무를 창출하고 있는 조약에 해당한다고 판단하였다.

답 ②

05 카타르 – 바레인 해양경계획정 사건(ICJ, 2001)에 대한 설명으로 옳지 않은 것은 모두 몇 개인가?

> ㄱ. 회의의사록은 그 체결 주체에 따라 구속력이 있는 국제적 합의로 인정될 수 있다.
> ㄴ. UN사무국에 등록하지 않은 문서라고 하여 구속력이 없다고 단정할 수 없다.
> ㄷ. 일국의 연안에 인접해 있는 도서는 연안국의 영유권이 인정된다.
> ㄹ. 해안에 도서가 산재하지도 않고, 해안의 굴곡이 심하지도 않은 경우 직선기선을 설정할 수 없다.
> ㅁ. 비사법적 분쟁해결절차는 원칙적으로 법적 구속력이 없으나, 분쟁당사자의 의사에 따라 법적 구속력을 가질 수 있다.

① 1개   ② 2개

③ 3개   ④ 4개

> **정답 및 해설**

카타르 – 바레인 해양경계획정 사건(ICJ, 2001)에 대한 설명으로 옳지 않은 것은 ㄱ, ㄷ. 2개이다.

ㄱ. '주체'가 아니라 회의록의 내용이 권리의무를 규정하였는지의 여부가 기준이다.

ㄷ. 연안에 인접해 있다는 이유만으로 영유권이 인정되는 것은 아니다.

⊘ 선지분석
ㄴ. 조약이 등록되지 않을 수도 있으므로 UN사무국에 등록되지 않은 문서라고 하여 구속력이 없다고 할 수 없다.

ㄹ. 직선기선은 보충적 기선이다. 도서가 산재한 수역과 해안의 굴곡이 심한 수역에서만 직선기선을 설정할 수 있다.

ㅁ. 주선, 조정, 중개 등을 비사법적 해결절차라고 한다. 그 자체로는 구속력이 없으나, 당사자 간 합의에 의해 구속력이 인정될 수 있다.

답 ②

06

신사협정(gentlemen's agreement)에 대한 설명으로 옳지 않은 것만을 모두 고른 것은?

ㄱ. 법적 구속력이 없는 단순한 정치적·도덕적 문서이다.
ㄴ. 법적 구속력의 유무가 불분명한 경우 '당사국의 의도'를 기준으로 판단한다.
ㄷ. 국가 간 체결되는 신사협정은 예외적으로 구속력이 있다.
ㄹ. 남북 사이의 화해와 불가침 및 교류·협력에 관한 문서(1991), 헬싱키의정서(1975) 등이 이에 속한다.
ㅁ. 일방 당사자는 조약이라고 주장하고 타방 당사자는 신사협정이라고 주장할 경우 이는 신사협정으로 보아야 한다.

① ㄱ, ㄴ
② ㄴ, ㄷ
③ ㄴ, ㄹ
④ ㄷ, ㅁ

정답 및 해설

신사협정(gentlemen's agreement)에 대한 설명으로 옳지 않은 것은 ㄷ, ㅁ이다.
ㄷ. 신사협정은 당사자와 무관하게 국제법적 효력을 지니지 않는다.
ㅁ. 이 경우 실체적 판단이 용이하지 않으므로 ㄴ에서 나타난 바와 같이 '당사국의 의도'를 기준으로 하여 판단해야 한다.

⊘ 선지분석
ㄴ. 법적 구속력의 유무 판단에서 중요한 기준은 '당사국의 의도'이다.
ㄹ. 헬싱키의정서는 유럽의 경제·사회·문화·인권·안보 문제 등에 있어서 포괄적인 협력을 규정한 문서이나, 신사협정이므로 법적 구속력을 가지지 않는다.

답 ④

07

신사협정(gentlemen's agreement)에 대한 설명으로 옳은 것만을 모두 고른 것은?

ㄱ. 신사협정의 예로는 남북기본합의서가 있다.
ㄴ. 신사협정에는 선언, 양해각서, 합의서 등의 명칭이 사용된다.
ㄷ. 신사협정의 위반은 국제법상의 국가책임을 발생시킨다.
ㄹ. 신사협정이 정부수반에 의하여 체결되는 경우 법적 구속력이 부여된다.
ㅁ. 신사협정의 이행은 자발적 의사에 기초한다.

① ㄱ, ㄴ, ㄹ
② ㄱ, ㄴ, ㅁ
③ ㄱ, ㄷ, ㅁ
④ ㄴ, ㄷ, ㄹ

정답 및 해설

신사협정(gentlemen's agreement)에 대한 설명으로 옳은 것은 ㄱ, ㄴ, ㅁ이다.
ㄴ. 신사협정과 조약 구분에 있어서 명칭보다는 당사자의 의사가 중요한 기준이다.
ㅁ. 신사협정은 법적 구속력보다는 국가들의 자발적 이행을 기대하는 문서이다.

⊘ 선지분석
ㄷ. 신사협정은 국가 간 법적 구속력은 없으므로 위반 시 국가책임이 발생하는 것은 아니다.
ㄹ. 국가 간 합의의 법적 구속력은 체결 주체의 문제가 아니라 당사국의 의사의 문제이다. 따라서 정부수반이 체결하였다고 하더라도 기속의사가 없는 경우 법적 구속력은 부여되지 아니한다.

답 ②

08 조약에 대한 설명으로 옳지 않은 것은?

① 조약법협약이 적용되는 조약에는 국가 간에 체결되는 국제기구 설립문서인 조약과 국제기구 내에서 채택된 조약이 포함되나, 이 경우 조약법협약은 국제기구의 관련규칙을 침해하지 않는 범위 내에서만 적용된다.

② 관행상 양자조약, 특히 각서교환을 포함한 약식조약 체결시에는 전권위임장 제시 절차를 생략하는 것이 보통이다.

③ 1815년 비엔나회의에서 처음 활용되기 시작한 최종의정서는 일반적으로 다자간 외교회의에 참여한 모든 대표들이 회의의 작업결과를 요약 기록한 문서를 지칭하는데, 여기에는 회의에 관한 기본적 사실들이 명기되고, 회의에서 채택된 조약과 결의, 양해 등 모든 문서가 첨부된다.

④ Maritime Delimitation in the Indian Ocean(Somalia v. Kenya) 선결적 항변에서 ICJ는 상대적 무효사유는 영향받는 국가의 사후 동의 또는 묵인이 있으면 하자가 치유되므로 이후에는 조약의 무효를 원용할 수 없다고 언급한 바 있다.

정답 및 해설

최종의정서 방식은 1899년 헤이그회의에서 처음 활용되기 시작하였다.

답 ③

제3절 | 국제관습법

01 국제관습법에 대한 설명으로 옳은 것만을 모두 고른 것은?

> ㄱ. 법적확신설에 따르면 국제법은 묵시적 합의이므로 신생국에 대해서는 기존 국가의 승인을 전제로 관습법이 신생국에 대해 적용된다.
> ㄴ. 승인설에 따르면 집요한 불복국가를 인정할 수 있다.
> ㄷ. 국제사법재판소(ICJ)는 1986년 니카라과 사건에서 국가관행의 완전한 일관성은 요구되지 않으며 일반적으로 일치되면 충분하다고 하였다.
> ㄹ. 국제사법재판소(ICJ)는 인터한델 사건에서 관습법의 입증에 있어서 일반관행이 입증되면 법적확신이 추정된다는 입장을 취하였다.

① ㄱ, ㄴ

② ㄷ, ㄹ

③ ㄱ, ㄴ, ㄹ

④ ㄴ, ㄷ, ㄹ

정답 및 해설

국제관습법에 대한 설명으로 옳은 것은 ㄴ, ㄷ, ㄹ이다.
ㄴ. 승인설은 의사주의자의 견해이다. 관습을 묵시적 합의로 보기 때문에 합의하지 않은 국가의 존재를 긍정한다. 따라서 집요한 불복국가를 인정한다.
ㄷ. 관습의 성립을 위해서는 관행의 일관성을 요한다. 다만, 어느 정도의 불일치가 있다고 해도 관습은 성립한다.
ㄹ. 일반관행과 법적확신은 모두 적극적으로 입증되어야 하나, 인터한델 사건에서 국제사법재판소(ICJ)는 입증부담을 완화하기 위해 일반관행이 입증되면 법적확신은 추정될 수 있다고 한 것이다.

✅ 선지분석
ㄱ. 법적확신설은 객관주의 입장으로, 관습법은 자연발생적 규범이라고 보며 신생국에 대해 승인과 무관하게 적용된다고 본다.

답 ④

02 국제관습법에 대한 설명으로 옳지 않은 것은?

① 해양 관련 관습법의 경우 과거 영국의 실행에서 출발한 내용이 많으며, 중립법은 유럽 국가 간의 전쟁 중 중립을 고수하려는 미국의 노력의 산물인 부분이 많다.
② 니카라과 사건(1986)에서 국제사법재판소(ICJ)는 법적확신만을 통한 국제관습법의 성립 가능성을 부인하였다.
③ A. Cassese에 의하면 무력사용금지 원칙의 경우 통상적인 국제관습법보다 국제관행의 증거가 상대적으로 엄격하게 요구되며, 법적확신이 보다 더 중요한 역할을 한다.
④ 부작위나 침묵도 관행의 범위에 포함된다.

> **정답 및 해설**

무력사용금지 원칙이나 국제인권법, 국제인도법상의 주요 원칙들의 경우 통상적인 국제관습법보다 국가관행의 증거가 비교적 덜 엄격하게 요구되며, 법적확신이 더욱 중요한 역할을 하는 현상도 발견된다.

> ⊘ **선지분석**

① 관습 성립에 있어서 주요국이 선도적 역할을 한다는 것을 보여 준다.
② 국제사법재판소(ICJ)는 일관되게 관습의 성립에는 일반관행과 법적확신이 모두 필요하다고 본다.
④ 관행에는 적극적 행위뿐 아니라 부작위나 침묵도 포함된다.

답 ③

03 국제관습에 대한 설명으로 옳은 것만을 모두 고른 것은?

ㄱ. ICJ규정 제38조 제1항 제(b)호는 국제관습을 '법으로서 수락된 일반관행'으로 정의하고 있다.
ㄴ. 객관주의에 따르면 조약은 명시적 합의, 관습법은 묵시적 합의로서 성립된다고 한다.
ㄷ. 국제재판소는 국제관습의 성립에는 관행의 존재와 법적확신이 모두 필요하다는 2요소설을 일관되게 지지하고 있다.
ㄹ. Soft Law 논의에 따르면 국제관습은 법적 확신에 의하여 즉시 성립된다고 한다.

① ㄱ, ㄷ
② ㄱ, ㄹ
③ ㄴ, ㄷ
④ ㄴ, ㄹ

> **정답 및 해설**

국제관습에 대한 설명으로 옳은 것은 ㄱ, ㄷ이다.
ㄷ. 관습법 성립에 있어서 2요소설은 일반관행과 법적확신이 모두 필요하다는 입장을 말한다. 반면, 1요소설(일요소설)은 일반관행이나 법적확신 중 하나만 있으면 성립한다는 견해로서, 관행설과 법적확신설로 대별된다. 속성관습법론은 법적확신설에 기반하는 것으로서 법적확신만 입증되면 관습이 성립한다는 주장이다.

> ⊘ **선지분석**

ㄴ. 의사주의의 견해이다.
ㄹ. 속성관습법 이론이다.

답 ①

04 국제관습법의 성립요건에 대한 설명으로 옳은 것만을 모두 고른 것은?

> ㄱ. 관습의 객관적·양적 요건인 일반관행은 계속성, 획일성, 일관성, 보편성 등을 그 요소로 한다.
> ㄴ. 법적확신의 입증부담(onus of proof)은 관습법규를 원용하는 국가에게 지워진다.
> ㄷ. 국가관행의 증거는 조약, 외교서한, 정책천명, 국내입법 등에서 찾아볼 수 있다.
> ㄹ. 국제사법재판소(ICJ)는 북해대륙붕 사건(1969)에서 국가관행이 광범위하면서도 사실상 획일적(both extensive and virtually uniform)이라면 짧은 기간 내에도 신관습이 형성될 수 있다고 하였다.
> ㅁ. 국제사법재판소(ICJ)는 일관되게 2요소설을 지지하고 있다.
> ㅂ. 국제사법재판소(ICJ)는 지역관습법은 인정하나 양자관습법은 인정하지 않는다.

① ㄱ, ㄴ, ㄷ
② ㄱ, ㄷ, ㄹ
③ ㄱ, ㅁ, ㅂ
④ ㄴ, ㄷ, ㅁ

정답 및 해설

국제관습법의 성립요건에 대한 설명으로 옳은 것은 ㄴ, ㄷ, ㅁ이다.
ㅁ. 국제사법재판소(ICJ)는 튀니지–리비아 대륙붕 사건(1982), 리비아–말타 대륙붕 사건(1985), 니카라과 사건(1986) 등을 통해 일관적으로 2요소설을 지지하고 있다.

⊘ 선지분석

ㄱ. 일반관행은 계속성, 획일성, 일관성, 일반성 등을 그 요소로 한다. ICJ규정 제38조 제1항 제(b)호는 단지 '일반적' 관행을 요구하고 있으며, 따라서 관습 형성에 있어 '보편적' 관행은 필요하지 않다.
ㄹ. 국제사법재판소(ICJ)는 북해대륙붕 사건(1969)에서 첫째, 국가관행이 광범위하면서도 사실상 획일적(both extensive and virtually uniform)일 것, 둘째, 그러한 국가관행의 형성에 특별히 영향받는 국가들이 참여할 것 등의 두 요건을 충족하면 짧은 기간 내에도 신관습이 형성될 수 있다고 하였다.
ㅂ. 국제사법재판소(ICJ)는 Asylum 사건(1950)에서 지역관습법을, 인도통행권 사건(1960)에서 양자관습법을 각각 인정하였다.

답 ④

05 집요한 불복국가(persistent objector)에 대한 설명으로 옳지 않은 것만을 모두 고른 것은?

ㄱ. 의사주의자들은 국제관습법에 대한 집요한 불복국가를 인정할 수 있다고 보는 반면, 객관주의자들은 인정될 수 없다고 본다.
ㄴ. Asylum case(1950)에서 국제사법재판소(ICJ)는 지역관습법에 대한 집요한 불복국가를 인정하였다.
ㄷ. Anglo-Norwegian Fisheries case(1951)에서 국제사법재판소(ICJ)는 만구 10해리규칙의 관습법성을 인정하고 노르웨이를 집요한 불복국가로 인정할 수 없다고 판단하였다.
ㄹ. 북해대륙붕 사건(1969)에서 국제사법재판소(ICJ)는 국가의 주권을 강조하여 독일을 지속적 반대국가로 인정하였다.

① ㄱ, ㄴ   ② ㄱ, ㄹ
③ ㄴ, ㄷ   ④ ㄷ, ㄹ

정답 및 해설

집요한 불복국가(persistent objector)에 대한 설명으로 옳지 않은 것은 ㄷ, ㄹ이다.
ㄷ. Anglo-Norwegian Fisheries case(1951)에서 영국은 만구 10해리규칙이 일반관습법으로 존재하지 않을 뿐 아니라 나아가 노르웨이는 이러한 규칙에 대하여 지속적으로 반대하여 온 만큼 노르웨이에 이 규칙을 적용할 수 없다고 판시하며 노르웨이를 집요한 불복국가로 인정하였다.
ㄹ. 북해대륙붕 사건에서 국제사법재판소(ICJ)는 일반국제법의 보편성(universality)를 강조하였다. 국제사법재판소(ICJ)는 '일반관습법'이 '그 성질상 국제 공동체의 모든 구성원들에 대해 동일한 구속력을 가지며, 공동체의 여하한 구성원도 일방적으로 배제할 수 없다'고 보았다.

선지분석
ㄱ. 객관주의자들은 관습법이 자연발생적 규범으로서 공동체 보호를 목적으로 하기 때문에 공동체에 속한 모든 국가들이 준수해야 한다고 본다. 따라서 집요한 불복국가를 인정하지 않는다.
ㄴ. Asylum 사건의 경우 외교공관의 비호권이 라틴아메리카 지역의 관습으로 형성되었는지가 쟁점이었다. 국제사법재판소(ICJ)는 지역관습으로 형성되지 않았다고 보면서, 지역관습이라고 하더라도 페루는 당해 관행에 반대하였으므로 적용될 수 없다고 하였다. 즉, 페루가 일종의 집요한 불복국가라고 본 것이다.

답 ④

06 집요한 불복국가이론에 대한 설명으로 옳은 것만을 모두 고른 것은?

ㄱ. 국제사법재판소(ICJ)는 영국-노르웨이 어업 사건(1951)에서 집요한 불복이론을 인정한 바 있다.
ㄴ. 집요한 불복에 성공할 경우 국제관습법의 성립은 저지된다.
ㄷ. 단순한 침묵이나 부작위는 묵시적 승인으로 취급된다.
ㄹ. 관행이 법적확신을 얻어 법규로 응고된 이후에 뒤늦게 반대하는 국가는 원칙적으로 그 관습법규로부터 벗어날 수 없다.
ㅁ. 객관주의에 의하면 강행규범인 관습법규에 대해서도 집요한 불복이론이 적용된다.
ㅂ. 국제법상 확립된 원칙은 아니지만, 국제예양상 인정되고 있다.

① ㄱ, ㄴ, ㄷ   ② ㄱ, ㄷ, ㄹ
③ ㄱ, ㅁ, ㅂ   ④ ㄴ, ㄷ, ㅁ

집요한 불복국가이론에 대한 설명으로 옳은 것은 ㄱ, ㄷ, ㄹ이다.

ㄱ. 국제사법재판소(ICJ)는 국제법상 만(bay)의 10마일 봉쇄선 원칙은 관습법상의 규칙이 아니며, 설령 관습법상 규칙이라고 하더라도 노르웨이에 대해서는 적용할 수 없다고 보았다. 노르웨이가 10마일 봉쇄선 원칙을 자국 연안에 적용하고자 하는 모든 시도에 대해 '집요하게 불복'하였음을 인정한 것이었다.

ㄷ. 불복은 명시적이고 적극적으로 행해져야 한다. 그러나 구두항의로도 충분하며 물리적 행동을 취할 필요까지는 없다.

ㄹ. 다만, 예외적으로 다른 이해관계국들이 사후반대국의 회피를 묵인하는 경우에는 그렇지 않다.

⊘ 선지분석

ㄴ. 집요한 불복에 성공할 경우라도 국제관습법의 성립 자체를 저지할 수는 없으며, 다만 당해 법규의 자국에 대한 대항성을 배제할 수 있을 뿐이다.

ㅁ. 강행규범인 관습법규에 대해서도 집요한 불복이론이 적용된다는 것은 의사주의자들의 주장이다.

ㅂ. 집요한 불복국가이론은 국제법상 확립된 원칙으로 볼 수 있다.

답 ②

07 국제관습법의 효력에 대한 설명으로 옳은 것만을 모두 고른 것은?

> ㄱ. 국제법상 성문화된 법원이 불문법원보다 우월한 효력을 가지므로, 조약이 국제관습법보다 우월한 효력을 가진다.
> ㄴ. 조약과 국제관습법 간의 충돌 시 신법우선의 원칙 등 일반적인 규범충돌 해결방법이 적용될 수 있다.
> ㄷ. 일반관습법 규범이 지역관습법 규범보다 우월한 효력을 가진다.
> ㄹ. 조약과 국제관습법 중에 강행규범에 해당하는 것이 있으면 그 강행규범이 우월한 효력을 가진다.
> ㅁ. 특정 국제관습법의 성립에 일관되고 지속적으로 반대하여 온 국가에게는 해당 국제관습법의 효력이 미치지 않는다.

① ㄱ, ㄴ, ㄹ   ② ㄱ, ㄷ, ㅁ
③ ㄴ, ㄷ, ㄹ   ④ ㄴ, ㄹ, ㅁ

국제관습법의 효력에 대한 설명으로 옳은 것은 ㄴ, ㄹ, ㅁ이다.

ㄴ. 국내법과 달리 국제법에서 성문법인 조약과 불문법인 관습은 대등한 지위를 가진다. 따라서 양법의 상충 시 원칙적으로 신법우선의 원칙이 적용된다.

ㄹ. 강행규범과 임의규범은 모두 조약과 관습의 형식을 취할 수 있다. 또한 강행규범은 임의규범보다 상위법이므로 양법의 상충 시 임의규범이 무효화된다.

ㅁ. 이러한 국가를 '집요한 불복국가(persistent objector)'라고 한다.

⊘ 선지분석

ㄱ. 국내법과 달리 국제법에서 성문법인 조약과 불문법인 관습은 대등한 지위를 가진다. 따라서 양법의 상충 시 원칙적으로 신법우선의 원칙이 적용된다.

ㄷ. 일반관습법과 지역관습법 역시 대등한 지위에 있으므로 지역관습법이 특별법에 해당하지 아니하는 한 신법우선의 원칙의 지배를 받는다.

답 ④

08 국제관습법에 대한 설명으로 옳은 것은?

① 국제사법재판소(ICJ)는 Military and Paramilitary Activities in and against Nicaragua 사건에서 어떤 국가가 국내문제 불간섭 원칙에 대한 새로운 권리 혹은 선례가 없는 예외를 원용하더라도 만약 타국가들이 원칙적으로 뜻을 같이한다면 국제관습법의 변경으로 이어질 수도 있을 것이나, 국가들이 불간섭 원칙에 대항하여 새로운 간섭의 권리 혹은 새로운 예외를 주장한 사실이 없다고 하였다.

② ILC는 현재 검토 중인 국제관습법의 확인에 대한 결론 초안에서 NGO, 비국가무장단체, 다국적기업 및 사인의 관행은 관습법규를 창설할 수 없다고 하였다.

③ ILC는 국제관습법의 확인에 대한 결론 초안에서 국제기구의 관행은 국제관습법규의 형성에 기여할 수 없다고 보아야 한다고 하였다.

④ 빈 청(Bin Cheng)은 국제사법재판소(ICJ)에 의해서 인스턴트 관습 이론은 암묵적으로나마 인정된 것으로 보이는데, 이는 동 재판소가 Military and Paramilitary Activities in and against Nicaragua 사건에서 법적확신의 필요성을 강조한 바 있기 때문이라고 하였다.

 **선지분석**

② ILC는 NGO, 비국가무장단체, 다국적기업 및 사인의 관행이 관습법규를 창설할 수 있는지와 관련하여 법인격과 법창설 능력은 구별하여야 하고 관습법을 창설하는 것이 개인들의 행위인지 아니면 그에 대한 국가들의 반응인지를 구별할 필요가 있다고 하였다.

③ ILC는 국제기구의 관행도 국제관습법규의 형성에 기여할 수 있다고 보아야 한다고 하였다.

④ 빈 청(Bin Cheng)은 인스턴트 관습을 배제한 것으로 해석하며, 그 근거로 동 판례에서 관행의 필요성을 강조하였기 때문이라고 하였다.

답 ①

09 국제관습에 관한 국제사법재판소(ICJ)의 태도에 대한 설명으로 옳은 것만을 모두 고른 것은?

ㄱ. 스코티아 사건: 한 국가(영국)의 제정법은 이 법의 원칙이 여러 국가의 국내법에 채택되더라도 국제관습법으로 변화되지 않는다.
ㄴ. 북해대륙붕 사건: 관습법에 의해 특별한 영향을 받는 국가들의 관행이 상당한 기간에 걸쳐 광범위하고 한결같아야 한다.
ㄷ. 니카라과 사건: 국제관습법의 성립요건으로 국가실행과 법적확신의 두 가지 요건을 재확인하였다.
ㄹ. 인도통행권 사건: 단지 두 국가 간에도 관습법이 성립할 수 있다.

① ㄱ, ㄷ　　　　　　　　　　② ㄱ, ㄹ
③ ㄴ, ㄷ　　　　　　　　　　④ ㄷ, ㄹ

국제관습에 관한 국제사법재판소(ICJ)의 태도에 대한 설명으로 옳은 것은 ㄷ, ㄹ이다.

 **선지분석**

ㄱ. 한 국가(영국)의 제정법일지라도 이 법의 원칙이 여러 국가의 국내법에 채택된다면 국제관습법으로 변화된다고 하였다.
ㄴ. 기간의 길고 짧음은 문제되지 않는다고 하였다.

답 ④

10 북해대륙붕 사건(1969)에 대한 설명으로 옳지 않은 것은?

① 중첩대륙붕 경계획정에 있어서 독일은 형평의 원칙을, 덴마크와 네덜란드는 등거리선 원칙을 주장하였다.

② 국제사법재판소(ICJ)는 대륙붕에 관한 비엔나협약(1958) 제6조에 규정된 중간선 또는 등거리선 원칙은 기존 국제관습법을 확인한 조항이 아니라고 하였다.

③ 국제사법재판소(ICJ)는 어떤 규칙이 관습법이 되기 위해서는 관련 규정이 법의 일반적인 규칙의 기초를 형성하는 것으로 간주될 수 있는 근본적으로 규범창조적 성격을 가져야 하고, 상당한 시간이 경과해야 하며, 특별히 영향을 받는 국가를 포함하여 매우 광범위하고 대표적인 국가의 참여가 있어야 한다고 하였다.

④ 국제사법재판소(ICJ)는 경계획정은 형평의 원칙과 모든 관련 사항을 고려하여 타국 영토의 자연연장을 침해하지 않고 자국 영토의 자연연장을 구성하는 대륙붕의 모든 부분을 가장 많이 부여하도록 합의에 의하여 행해져야 한다고 판시하였다.

> **정답 및 해설**
>
> 국제사법재판소(ICJ)는 '상당한 시간이 경과하지 않더라도' 관습법이 성립될 수 있다고 하였다.
>
> **⊘ 선지분석**
> ① 독일, 덴마크, 네덜란드는 '인접국' 관계이므로 덴마크와 네덜란드는 대륙붕에 관한 비엔나협약상의 등거리선 원칙의 적용을 주장한 것이다.
> ② 대륙붕에 관한 비엔나협약 제6조는 기존 관습의 성문화가 아니라고 하였다. 국제사법재판소(ICJ)는 특히 동 조항에 유보 금지가 명시되지 않았고, 초안을 작성한 ILC가 단정적으로 관습이라고 보지 않은 점을 고려하였다. 한편, 국제사법재판소(ICJ)는 동 조항이 규범창설적 규정이나, 추후 관습으로 형성된 것도 아니라고 하였다.
> ④ 국제사법재판소(ICJ)가 최초로 대륙붕을 '육지 영토의 자연연장'이라고 보았다. 1982년 UN해양법협약도 이러한 견해를 성문화하고 있다.
>
> 답 ③

11 '영국 – 노르웨이 어업 사건'에 대한 설명으로 옳은 것은?

① 국제중재에 대한 사건이다.
② 국제사법재판소(ICJ)는 직선기선의 관습법적 성격을 부정하였다.
③ 국제사법재판소(ICJ)는 노르웨이가 집요한 불복국가라는 점을 인정하였다.
④ 국제사법재판소(ICJ)는 국제법상 만구 10해리규칙이 국제관습법임을 인정하였다.

> **정답 및 해설**
>
> 법원은 설령 관습법상 규칙이라 해도 노르웨이는 동 원칙을 자국 연안에 적용하려는 모든 시도를 항상 반대해 왔기 때문에 노르웨이에게는 적용될 수 없다고 판단하였다.
>
> **⊘ 선지분석**
> ① 1951년 영국과 노르웨이 간의 분쟁으로서 국제사법재판소(ICJ)의 판례이다.
> ② 국제사법재판소(ICJ)는 이미 많은 국가들이 도서와 암초가 산재해 있고 굴곡이 심한 해안에서 직선기선을 긋는 방법에 대해 아무런 이의 없이 적용해 왔다고 지적하며 이미 관습법으로 성립되어 있다고 판단하였다.
> ④ 국제사법재판소(ICJ)는 영국의 만구 10해리규칙이 국제관습법이라는 주장을 기각하였다.
>
> 답 ③

01 국제법상 강행규범에 대한 설명으로 옳지 않은 것은?

① Vattel은 자연법 즉 필수국제법에 대해 국가들이 합의에 의해 변경해서는 안 된다고 하였다.

② Oppenheim은 국가가 자국 선박들에게 공해상에서 해적행위를 하도록 명령하더라도 타국은 이에 간섭하지 않는다는 내용의 협약이 양국 간에 체결된다면, 그러한 조약은 당연무효가 될 것이라고 하였다.

③ 유럽인권재판소는 Al-Adsani v. UK 사건에서 고문 금지를 강행규범으로 인정하고, 강행규범 위반행위의 경우 법정지국 밖에서 발생하였더라도 민사소송에서 외국의 면제를 박탈한다고 판시하였다.

④ Macdonald는 매우 큰 다수의 동의는 강행규범의 규칙을 창설하기에 충분할 것이라고 단언하면서, 그러한 규범은 그것을 승인하기를 명시적으로 거부한 국가들을 포함해서 모든 국가들에게 구속력이 있어야 한다고 하였다.

> **정답 및 해설**
>
> 유럽인권재판소는 Al-Adsani v. UK 사건에서 고문 금지를 강행규범으로 인정하였으나, 법정지국 밖에서 발생한 고문과 관련한 민사소송에서 외국의 면제를 박탈하지 못한다고 판시하였다.
>
> 답 ③

02 강행규범에 대한 설명으로 옳지 않은 것만을 모두 고른 것은?

> ㄱ. 국가들로 구성되는 국제공동체 전체에 의하여 수락되고 승인된 규범이다.
> ㄴ. 제2차 세계대전 이후 나타난 국제법의 초(超)실증주의적 경향을 배경으로 한다.
> ㄷ. 조약이 그 체결 당시에 일반국제법의 강행규범과 충돌할 경우 즉각 종료된다.
> ㄹ. 사후적 변경이 불가능하며 영구적인 규범이다.
> ㅁ. 주로 조약의 형태로 존재한다.
> ㅂ. 강행규범의 예로서 무력행사의 금지, 인권보장, 민족자결권 존중, 국제환경보존 등을 들 수 있다.

① ㄱ, ㄴ, ㄹ
② ㄴ, ㄷ, ㄹ
③ ㄴ, ㄹ, ㅂ
④ ㄷ, ㄹ, ㅁ

> **정답 및 해설**
>
> 강행규범에 대한 설명으로 옳지 않은 것은 ㄷ, ㄹ, ㅁ이다.
> ㄷ. 조약이 그 체결 당시에 일반국제법의 강행규범과 충돌할 경우 무효이다(조약법에 관한 비엔나협약 제53조).
>
> > **관련 이론** 조약법에 관한 비엔나협약 제64조
> >
> > 일반국제법의 신강행규범이 출현하는 경우에 그 규범과 충돌하는 기존의 조약은 무효로 되어 종료한다. 조약법에 관한 비엔나협약 제53조와 제64조를 비교하여 알아둘 필요가 있다.
>
> ㄹ. 강행규범도 영구불변한 것은 아니며 동일한 성격을 가지는 일반국제법의 사후규범, 즉 '신강행규범'에 의하여 수정될 수 있다(조약법에 관한 비엔나협약 제53조 2문).
> ㅁ. 강행규범은 주로 관습법의 형태로 존재하고 있다.
>
> 답 ④

03

국제법상 강행규범(peremptory norm)에 대한 설명으로 옳지 않은 것은?

① 1969년 조약법에 관한 비엔나협약에 의하면 강행규범에 대한 분쟁은 일방적으로 국제사법재판소(ICJ)에 부탁될 수 있다.
② 바르셀로나 전기·전력회사 사건에서 국제사법재판소(ICJ)는 강행규범의 내용을 명시적으로 확인하였다.
③ 강행규범에 위반되는 조약, 국제관습법, 일방적 행위는 모두 무효라고 보아야 한다.
④ 독일과 이탈리아 간의 Jurisdictional Immunities 사건에서 국제사법재판소(ICJ)는 강행규범 위반행위에 대해서도 국가면제는 부여된다고 판단하였다.

바르셀로나 전기·전력회사 사건은 '대세적 의무'의 존재를 확인한 판례이다. 대세적 의무와 강행규범이 대체로 일치한다고 보나, 동 판례가 강행규범을 명시적으로 확인하였다고 보기는 어렵다.

⊘ 선지분석
① 조약법에 관한 비엔나협약 제53조는 강행규범의 '정의' 및 강행규범에 위반되는 조약의 절대적 무효를 규정하고 있다.
③ 국제관습법과 일방행위의 무효를 선언한 판결은 존재하지 않으나, 강행규범의 본질상 지문처럼 해석할 수 있다.
④ Jurisdictional Immunities 사건에서 국제사법재판소(ICJ)는 독일의 행위가 강행규범에 위반된다고 하더라도 당해 행위가 이탈리아 영토 밖에서 발생한 행위이므로 면제가 인정되어야 하면서, 면제를 부인한 이탈리아의 행위가 국제법에 위반된다고 판시하였다.

답 ②

04

국제법상 강행규범(peremptory norm)에 대한 설명으로 옳지 않은 것은?

① 새로운 강행규범(peremptory norm)의 출현으로 조약이 종료되는 경우 종료 전에 그 조약의 시행을 통해 생긴 당사국의 권리, 의무 또는 법적 상태는 그 유지 자체가 새로운 강행규범(peremptory norm)과 충돌하지 않는 범위 내에서만 유지될 수 있다.
② 일반국제법의 새로운 강행규범(peremptory norm)이 출현하는 경우 그 규범과 충돌하는 현행 조약은 무효가 되어 종료한다.
③ 국가행위가 일반국제법의 강행규범(peremptory norm)으로부터 발생하는 의무와 일치하지 않더라도 타국의 국제위법행위에 대한 대응조치에 해당하는 경우에는 위법성이 조각된다.
④ 어떠한 국가도 일반국제법상의 강행규범적 의무의 중대한 위반에 의하여 창설된 상황을 합법적인 것으로 승인하여서는 아니 된다.

타국의 위법행위에 대한 대응조치라 하더라도 강행규범(peremptory norm)으로부터 발생하는 의무를 위반하면 그 위법성이 조각되지 않는다.

⊘ 선지분석
① 신강행규범과 충돌하는 기존 조약은 무효로 되어 종료한다. 종료의 효력은 장래효이나, 기존의 법적 상태라도 강행규범(peremptory norm)과 양립하는 한도 내에서만 효력을 유지한다.
② 신강행규범의 성립은 조약의 절대적 종료사유에 해당한다.
④ 강행규범에 위반되는 사태에 대해서 국가들은 이를 승인하지 아니할 의무, 해당 사태 유지를 지원하지 않을 의무, 해당 사태 종료를 위해 국제적으로 협력할 의무를 부담한다(2001년 위법행위에 대한 국가책임에 관한 국제법위원회 최종초안 제41조).

답 ③

05 1969년 조약법에 관한 비엔나협약 제정 시 국제법위원회가 제시한 강행법규(jus cogens) 위반의 예로 옳지 않은 것은?

① UN헌장 원칙에 위반하여 무력사용을 예정한 조약

② 노예매매를 예정하거나 승인하는 조약

③ 해적을 예정하거나 승인하는 조약

④ 국제환경의 보존과 보호를 위반하는 조약

> **정답 및 해설**

국제환경의 보존은 강행규범으로 예시되지 않았다. 다만, 1980년 ILC국가책임협약 잠정초안 제19조에서는 인류환경의 보호를 위해 본질적으로 중요한 의무에 대한 중대한 위반을 국제범죄로 예시한 바 있다. 현재까지 강행규범상의 의무를 구체적으로 열거한 조약은 존재하지 않음에 주의해야 한다.

답 ④

06 1969년 조약법에 관한 비엔나협약과 국제판례에 비추어 볼 때 국제강행규범에 대한 설명으로 옳은 것만을 모두 고른 것은?

> ㄱ. 조약은 그 체결 당시에 일반 국제법의 강행규범과 충돌하는 경우 무효이다.
> ㄴ. 협약의 목적상 일반국제법의 강행규범은 어떠한 이탈도 허용되지 아니한다.
> ㄷ. 그 후에 발생한 동일한 성질을 가진 일반국제법규범에 의해서만 변경될 수 있는 규범이다.
> ㄹ. 전체로서의 국제 공동사회가 국제강행규범으로 수락하며 또한 인정해야 한다.
> ㅁ. 일반국제법의 신강행규범이 출현하는 경우에 그 규범과 충돌하는 현행 조약은 무효로 되어 종료한다.
> ㅂ. 국제강행규범의 무효나 종료 또는 해석에 관한 분쟁의 어느 한 당사국은 제 당사국이 공동의 동의에 의하여 분쟁을 중재재판에 부탁하기로 합의하지 아니하는 한 국제사법재판소(ICJ)에 분쟁에 대한 결정을 위하여 서면신청으로 부탁할 수 있다.
> ㅅ. 강행규범을 위반한 규정을 가진 조약은 그 규정만 분리하여 무효로 할 수 없다.

① ㄱ, ㄴ, ㄷ, ㄹ

② ㄱ, ㄴ, ㄷ, ㄹ, ㅁ

③ ㄱ, ㄴ, ㄷ, ㄹ, ㅁ, ㅂ

④ ㄱ, ㄴ, ㄷ, ㄹ, ㅁ, ㅂ, ㅅ

> **정답 및 해설**

국제강행규범에 대한 설명으로 ㄱ, ㄴ, ㄷ, ㄹ, ㅁ, ㅂ, ㅅ. 모두 옳다.
ㄱ, ㄴ, ㄷ, ㄹ. 1969년 조약법에 관한 비엔나협약 제53조에 대한 내용이다.
ㅁ. 동 협약 제64조에 대한 내용이다.
ㅂ. 동 협약 제66조에 대한 내용이다.
ㅅ. 동 협약 제44조 제5항에 대한 내용이다.

답 ④

07

강행규범과 대세적 의무(obligations erga omnes)에 대한 설명으로 옳지 않은 것은?

① 국제사법재판소(ICJ)는 바르셀로나 전기·전력회사 사건(1970)에서 침략행위와 집단살해의 불법화, 노예제도 및 인종차별로부터의 보호를 포함한 인간의 기본적 권리들에 대한 규칙 등과 같이 '모든 국가가 그들의 보호에 법적 이익을 가지는 것으로 인정될 수 있는 것'을 대세적 의무라고 하였다.

② 강행규범과 대세적 의무를 동일시하려는 견해도 존재한다.

③ 강행규범이 국가 간의 합의에 의해서도 변경할 수 없는 '절대적 규범'의 존재를 인정하기 위하여 도입된 것이라면, 대세적 의무는 해당 권리의 중요성이라는 관점에서 모든 국가가 그 보호를 위하여 '법적 이익'을 가지고 있음을 주장하기 위한 것이다.

④ 어떤 국가가 강행규범을 위반할 경우 이는 곧 실정법상 국제범죄(international crime)에 해당하며, 국제공동체의 전체로부터 제재를 받는다.

정답 및 해설

강행규범 위반을 국제범죄(international crime)로 규정하려는 시도도 있었으나 이에 대해서는 많은 비판이 제기되어 2001년 ILC에서 채택된 위법행위에 대한 국가책임에 관한 국제법위원회 최종초안에서 이 개념은 삭제되기에 이르렀다. 한편, 어떤 국가가 '대세적 의무(obligations erga omnes)'를 위반한 경우에는 국제공동체의 모든 구성원에게 법적 이익(소의 이익)이 있다. 이는 대세적 의무의 개념으로부터 바로 도출될 수 있다.

☑ 선지분석

① 바르셀로나 전기·전력회사 사건(1970)은 국제사법재판소(ICJ)가 국제법상 대세적 의무의 존재를 적극적으로 인정한 판례이다. 다만, 대세적 의무 위반에 대해 민중소송을 인정한 것은 아니라고 평가된다. 민중소송은 피해국이 아닌 국가가 가해국을 상대로 소를 제기하는 것을 말한다.

② 강행규범과 대세적 의무의 관계가 명확하게 설정된 것은 아니다. 그러나 일반국제법상 대세적 의무와 일반국제법상 강행규범은 국제공동체를 보호하는 것을 목적으로 하는 점, 강행규범이 의무규범성을 띤다는 점 등을 고려하여 같다고 보는 견해도 있다. 다만, 조약에 기초하여 창설되는 '당사자 간 대세적 의무'는 조약공동체나 지역공동체 보호를 목적으로 하므로, 국제공동체 전체 보호를 목적으로 하는 강행규범과는 다르다고 평가된다.

③ 강행규범은 그에 반하는 합의의 무효화를 목적으로 한다. 대세적 의무는 의무 위반국에 대한 책임 추궁에 있어서 피해국뿐 아니라 비피해국(이해관계국)에게도 그 자격을 부여하려는 차원에서 정의되는 것이다.

답 ④

08 국제법상 대세적 의무(obligations erga omnes)에 대한 설명으로 옳은 것은?

① 국제법위원회 잠정초안(1980)에 의하면 대세적 의무를 중대하게 위반한 경우 이를 국가의 국제범죄라고 한다.
② 국제법위원회 최종초안(2001)에 의하면 대세적 의무 위반국에 대해 피해국은 손해배상을 청구할 수 있으나 대항조치는 취할 수 없다.
③ 국제사법재판소(ICJ)는 외교적 보호의 범주 내에서 한 국가와 다른 한 국가의 관계에서 발생하는 의무와 본질적으로 구분되는 국제공동체 전체에 대한 의무가 존재함을 확인하고 이러한 의무를 대세적 의무라고 하였으며, 침략금지의무, 집단살해금지의무, 인권보장의무를 열거적으로 제시하였다.
④ 대세적 의무를 위반하는 경우, 국제공동체의 다른 모든 국가가 반드시 피해국이 되는 것은 아니다.

대세적 의무의 성질에 따라 다른 모든 국가가 피해국이 되는 경우도 있고, 일부는 피해국, 나머지는 비피해국이 되는 경우도 있다.

⊘ 선지분석
① 강행규범을 위반한 행위를 국제범죄라고 한다.
② 피해국이므로 대항조치도 취할 수 있다.
③ 대세적 의무를 예시적으로 제시한 것이다.

답 ④

09 Barcelona Traction 사건(1970)의 주요 쟁점에 대한 설명으로 옳지 않은 것만을 모두 고른 것은?

ㄱ. 본점소재지국은 1차적으로 법인의 국적국이 된다.
ㄴ. 주주의 국적국은 외교적 보호권을 발동할 수 없다.
ㄷ. 법인의 국적과 국적 부여국 간 '진정한 관련성(genuine link)'이 요구되는가에 대해 국제사법재판소(ICJ)는 부정적인 견해를 피력하였다.
ㄹ. 대세적 의무(obligations erga omnes)의 존재를 확인한 사건이다.

① ㄱ, ㄴ   ② ㄱ, ㄷ
③ ㄴ, ㄷ   ④ ㄷ, ㄹ

Barcelona Traction 사건(1970)의 주요 쟁점에 대한 설명으로 옳지 않은 것은 ㄱ, ㄴ이다.
ㄱ. 설립지국이 1차적으로 법인의 국적국이 된다(외교보호에 관한 규정 초안 제9조).

> **관련 이론** 설립지국 이외의 국가(본점소재지국)가 외교보호목적상 국적국가로 간주되기 위한 요건
>
> 1. 회사가 타국 국민에 의해 지배될 것
> 2. 설립지 국가에서는 실질적인 영업활동이 없을 것
> 3. 회사의 본점소재지와 재무지배소재지가 모두 그 타국에 위치할 것

ㄴ. 법인의 피해로 주주에게 간접적으로 피해가 발생한 경우에는 원칙적으로 주주의 국적국이 외교적 보호권을 발동할 수 없다. 그러나 예외적으로 법인이 법률상 소멸(legally demise)하였거나 법인의 본국이 법인을 위하여 행위하는 능력을 결여하였다고 인정되는 경우, 설립지국이 법인을 침해한 경우에는 주주의 국적국이 외교적 보호권을 발동할 수 있다.

답 ①

10 국제법상 강행규범에 대한 설명으로 옳지 않은 것은?

① 오펜하임(B. Oppenheim)은 만약 한 국가가 자국 선박들에게 공해상에서 해적행위를 하도록 명령하더라도 타국은 이에 간섭하지 않는다는 내용의 협약이 양국 간에 체결된다면, 그러한 조약은 당연무효가 될 것이라고 하였다.

② 오펜하임(B. Oppenheim)은 자국의 선박들이 공해에서 해적행위를 하지 않도록 금지하는 것은 모든 국가의 의무라는 것이 국제법의 한 원칙이라고 하였다.

③ 브라운리(Brownlie)는 임의규범과는 구분되는 강행규범은 공공정책의 규칙들을 수립할 수 있는 입법적 그리고 사법적 장치를 갖추고 있고 또한 최종적으로 압도적인 물리력에 호소할 수 있는 실효적인 법적 질서의 존재를 전제로 한다고 하여, 국내법과는 달리 국제관습법은 강행규범 혹은 국제공공정책의 규칙, 즉 국제법의 개별 주체들이 합의에 의하여 수정할 수 없는 규칙이란 것이 결여되어 있다고 하였다.

④ 루소(Rousseau)는 국제법에서는 국내법의 상황과는 대조적으로 국가의 의사의 자율성을 제한하는 공공정책의 관념은 국제공동체의 개인주의적·의사주의적 구조 때문에 사실상 존재하지 않는다고 하였다.

> **정답 및 해설**

슈바르첸베르거(Schwarzenberger)의 입장이다.

⊘ 선지분석
① 오펜하임(B. Oppenheim)은 강행규범의 존재를 긍정하는 입장이다.
④ 루소(Rousseau)는 국제법에서는 강행규범이 존재할 수 없다는 의사주의 입장을 취한다. 의사주의자들은 규범을 강제할 수 있는 정부가 부재하므로 국제공동체라는 개념이 성립할 수 없으므로 공동체 보호를 목적으로 하는 규범도 존재할 수 없다고 보는 것이다.

답 ③

11 다음 가상적 상황에 대한 설명으로 옳은 것은?

> A국과 B국은 인종차별에 기인해 인접한 약소국 C국을 무력으로 침략하기로 합의하였다. 이후 A국은 실제로 침략을 행하였으나 B국은 합의를 어기고 C국을 침략하지 않았다.

① A국과 B국의 C국 침략 합의는 국제범죄(international crimes)이므로 무효이다.
② A국은 강행규범(jus cogens)을 위반하였으나 B는 강행규범을 위반하지 않았다.
③ A국과 B국의 인종차별금지의무 위반은 국제범죄에 해당한다.
④ A국의 인종차별행위와 침략행위는 대세적 의무(obligations erga omnes) 위반에 해당한다.

> **정답 및 해설**

인종차별행위와 침략행위는 강행규범 위반이자 대세적 의무 위반에 해당한다. A국과 B국의 합의는 당연무효이다. 또한 대세적 의무 위반이므로 A, B, C국 이외에 다른 국가들은 A국에 대해 국가책임을 추궁할 수 있으며, 다른 국가들은 A국의 침략행위에 대해 승인하거나 원조해서는 아니 된다.

⊘ 선지분석
① 침략 합의는 강행규범(jus cogens)에 위반되어 무효이다.
② B국은 침략을 실행하지 않았으나, 합의 자체가 강행규범(jus cogens)에 위반되는 것이다.
③ 인종차별금지의무 위반은 대세적 의무(obligations erga omnes) 위반이나, 현행법상 곧바로 이를 국제범죄라고 규정할 수 없다.

답 ④

01 법의 일반원칙에 대한 설명으로 옳은 것은?

① 법의 일반원칙은 ICJ규정 제38조에 최초로 규정되었다.
② 법의 일반원칙은 통상 국내법의 일반원칙을 의미한다.
③ 법의 일반원칙의 적용은 당사자 간 합의를 요건으로 한다.
④ 호르죠공장 사건에서 재판부는 금반언의 원칙이 법의 일반원칙이라고 하였다.

정답 및 해설

종래 법의 일반원칙은 국제법의 일반원칙이라는 주장도 있었으나, 국제법의 일반원칙과 국제관습법이 사실상 같은 개념이므로 이러한 해석은 국제관습법과 법의 일반원칙을 별도로 규정한 ICJ규정의 취지에 반한다고 평가되고 있다. 따라서 법의 일반원칙은 국내법의 일반원칙으로 이해되고 있다.

⊘ 선지분석
① 법의 일반원칙은 PCIJ규정에 최초로 규정되었다.
③ 당사자 간 합의가 없는 경우에도 재판부가 직권으로 법의 일반원칙을 적용할 수 있다.
④ 호르죠공장 사건에서 상설국제사법재판소(PCIJ)는 의무 위반에 대한 배상책임의 원칙이 국제법의 원칙이자 법의 일반원칙이라고 하였다.

답 ②

02 법의 일반원칙에 대한 설명으로 옳지 않은 것은?

① 브라이얼리(Brierly)와 같은 의사주의자들은 법의 일반원칙의 독자적 법원성을 부인한다.
② 브라운리(Brownlie)는 법의 일반원칙의 독자적 법원성을 인정한다.
③ 호르죠공장 사건에서 상설국제사법재판소(PCIJ)는 모든 의무 위반이 배상의무를 수반하는 것은 법의 일반원칙이라고 하였다.
④ 국제사법재판소(ICJ)에 의하면 분쟁당사국의 요청이나 합의없이 직권으로 법의 일반원칙을 적용할 수 있다.

정답 및 해설

브라이얼리(Brierly)나 빈 청(Bin Cheng)은 적극설을 주장하는 자연법론자들로, 법의 일반원칙의 법원성을 인정한다.

⊘ 선지분석
② 브라운리(Brownlie)는 법의 일반원칙의 독자적 법원성을 인정하되, 보충적 연원으로 보자는 입장이며 대체로 받아들여지는 입장이다.
③ 호르죠공장 사건은 독일과 폴란드 간 합의를 폴란드가 위반하여 손해가 발생하자 독일이 손해배상을 청구한 사건이다.

답 ①

03 '법의 일반원칙'에 대한 설명으로 옳지 않은 것은?

① 상설국제사법재판소(PCIJ)규정 기초 당시에는 국제법규의 흠결이 있는 경우가 많아 종국판결을 위한 필수불가결의 준칙으로 사용되기도 하였다.

② 상설국제사법재판소(PCIJ)는 1928년 '호르죠공장 사건'에서 의무 위반에 대한 배상책임을, 1937년 '뮤즈강 수로변경 사건'에서는 형평의 원칙을 법의 일반원칙으로 적용하였다.

③ 국제사법재판소(ICJ)는 1969년 '북해대륙붕 사건'에서 '형평한 배분의 원칙'을 원용하였다.

④ 국제재판소는 분쟁당사국의 합의나 요청이 없어도 직권으로 법의 일반원칙을 적용할 수 있다.

정답 및 해설

상설국제사법재판소(PCIJ)가 법의 일반원칙을 원용한 예는 드물었으며 종국판결을 위한 필수불가결의 준칙으로서가 아니라 다른 국제법 원칙을 보강하기 위해 법의 일반원칙을 사용하였다.

⊘ 선지분석

② 뮤즈강 수로변경 사건은 국제하천의 비항행적 이용에 있어서 형평의 원칙, 즉 상류국은 하류국의 이익을 침해하지 않는 범위에서만 상류의 자국 하천을 이용할 수 있다는 원칙을 제시하였다.

③ 국제사법재판소(ICJ)는 인접국 간 중첩 대륙붕 경계획정에 있어서 등거리선 원칙이 관습법이 아니라고 판단하고, 대신 형평의 원칙을 적용해야 한다고 판시하였다.

답 ①

04 국제사법재판소(ICJ)규정상 형평과 선에 대한 설명으로 옳은 것은?

① 국제사법재판소(ICJ)규정 제38조 제1항에 규정되어 있다.

② 법의 일반원칙과 달리 재판소의 직권으로 적용할 수 있다.

③ 조약과 관습을 배제하고 적용될 수도 있다.

④ 국제법의 형식적 연원성의 인정에 있어서 다툼이 없다.

정답 및 해설

분쟁당사자들의 동의가 있는 경우 조약과 관습을 배제하고 오로지 형평과 선에 따른 재판이 인정된다. 법의 일반원칙이 보충적 연원으로서 조약과 관습이 있는 경우 적용되지 않는 점과 다르다.

⊘ 선지분석

① 형평과 선은 국제사법재판소(ICJ)규정 제38조 제2항에 명시된 재판준칙이다.

② 법의 일반원칙은 직권으로 적용할 수 있으나 형평과 선은 반드시 분쟁당사국들의 동의를 요한다.

④ 국제법의 형식적 연원은 구속력이 있는 국제법규범을 말하는데, 형평과 선이 그 자체로서 국제법성이 인정되는 것은 아니다. 당사국들의 동의를 매개로 하여 '재판준칙'으로서 적용될 수 있을 뿐이다.

답 ③

학설 및 판례, 형평과 선에 대한 설명으로 옳은 것(○)과 옳지 않은 것(×)을 바르게 표시한 것은?

> ㄱ. 학설 및 판례의 연원성에 대해 통설은 연원성을 인정한다.
> ㄴ. ICJ규정의 '재판상의 판결'에는 상설국제사법재판소(PCIJ), 국제사법재판소(ICJ), 각종 중재재판소의 판결 이외에 각국 국내재판소의 판결도 포함된다.
> ㄷ. ICJ규정 제38조 제2항에 언급된 형평에 대해 통설은 그 연원성을 부정한다.
> ㄹ. 국제사법재판소(ICJ)가 형평과 선에 따라 재판한다 함은 해당 사건에 적용될 실정법규를 일차적으로 적용하고 그에 대한 보충적 수단으로서 형평과 선을 이용함을 말한다.
> ㅁ. 국제판례, 특히 국제사법재판소(ICJ)의 판례는 국제관습법규의 성립을 확인하거나 나아가 국제관습법규를 성립시키는 역할을 수행하기도 한다.
> ㅂ. 형평은 실정법규 안의 형평(equity infra legem)과 실정법규를 보충하는 형평(equity praeter legem)의 2가지로 구분된다.

	ㄱ	ㄴ	ㄷ	ㄹ	ㅁ	ㅂ
①	○	○	×	×	×	○
②	×	○	○	×	○	×
③	×	×	○	○	○	×
④	×	○	○	○	○	×

정답 및 해설

학설 및 판례, 형평과 선에 대한 설명으로 옳은 것은 ㄴ, ㄷ, ㅁ이고 옳지 않은 것은 ㄱ, ㄹ, ㅂ이다.

ㄱ. [×] 통설은 재판상의 판결과 학설의 연원성을 부정한다.

ㄴ. [○] 국내판결도 포함되는 점에 유의해야 한다.

ㄷ. [○] ICJ규정 제38조 제2항은 '형평과 선'을 국제사법재판소(ICJ)의 재판준칙으로 규정하고 있다. 이의 적용을 위해서는 당사자 간 합의를 요한다.

ㄹ. [×] 국제사법재판소(ICJ)가 형평과 선에 따라 재판한다 함은 해당 사건에 적용할 현행법규의 유무와 상관없이 '법의 적용을 배제'하고 형평을 기준으로 하여 사건을 해결하는 것을 말한다.

ㅁ. [○] 판례도 일반관행에 해당되어 추후 국제관습법을 형성시킬 수도 있다.

ㅂ. [×] 형평은 그 외에 실정법규를 위반하는 형평(equity contra legem)을 더하여 3가지로 구분된다. 첫째, 실정법규 안의 형평(equity infra legem)은 실정법규를 벗어나지 않고 이를 구체적 타당성 있게 해석·적용하기 위한 기준으로서의 형평이다. 둘째, 실정법규를 보충하는 형평(equity praeter legem)은 구체적인 사안에 관하여 실정법이 흠결되어 있거나 불충분하게 규율하고 있는 경우에 이를 보완하는, 즉 실정국제법규의 흠결(lacuna)을 보충하는 것으로서 보조적인 법원이다. 셋째, 실정법규를 위반하는 형평(equity contra legem)은 실정법규에 우선하여 평등·선·정의 등의 가치를 적용하는 것으로, ICJ규정 제38조 제2항에 규정되고 있는 형평이 이에 해당한다.

답 ②

06

국제법의 연원으로서 일방행위에 대한 설명으로 옳은 것만을 모두 고른 것은?

> ㄱ. 프랑스 핵실험 사건에서 국제사법재판소(ICJ)는 일방적 선언도 법적 의무를 창설할 수 있다고 하였다.
> ㄴ. UN국제법위원회(ILC)는 일방적 선언은 그러한 권한이 있는 자에 의하여 공개적으로, 그리고 명백하고 구체적인 용어로 발표된다면 법적 구속력을 가진다고 하였다.
> ㄷ. Frontier Dispute 사건에서 국제사법재판소(ICJ)는 언론사와의 인터뷰에서 밝힌 말리 대통령의 발언에 대해 법적 구속력을 인정하였다.
> ㄹ. 국제공동체 전체에 대하여 발표된 일방적 선언뿐만 아니라 제한된 국가나 실체(entity)를 대상으로 한 것이라도 법적 구속력을 가질 수 있다.

① ㄱ, ㄷ

② ㄱ, ㄹ

③ ㄴ, ㄷ

④ ㄴ, ㄹ

정답 및 해설

국제법의 연원으로서 일방행위에 대한 설명으로 옳은 것은 ㄱ, ㄹ이다.

✅ 선지분석

ㄴ. UN국제법위원회(ILC)는 일방적 선언은 그러한 권한이 있는 자에 의하여 공개적으로 '이를 준수할 의지가 표명된 경우에만' 법적 구속력을 창출할 수 있으며, 명백하고 구체적인 용어로 발표되어야 한다고 하였다(법적 의무를 창출하는 국가의 일방적 선언에 관한 적용원칙, ILC, 2006).

ㄷ. Frontier Dispute 사건은 양자적 성격을 지녔으므로 상호합의가 통상적인 의사표시 방법인 것으로 보아, 말리 대통령의 일방적 발언에 대해 법적 구속력을 인정하지 않았다.

답 ②

07

프랑스 핵실험 사건(ICJ, 1974)에 대한 설명으로 옳지 않은 것은?

① 호주와 뉴질랜드는 남태평양 수역에서 프랑스의 핵실험이 국제법 위반이므로 프랑스가 향후 더 이상의 핵실험을 실시하지 못하도록 명령하여 달라는 소송을 제기하면서 잠정조치도 함께 요청하였다.

② 국제사법재판소(ICJ)는 일방적 선언이라도 이를 준수할 의도하에서 발표된 것이라면 당사국은 이에 법적으로 구속되며 그 같은 의도는 당사국의 행위의 내용을 통하여 확인될 수 있다고 하였다.

③ 프랑스 핵실험 사건과 달리 국제사법재판소(ICJ)는 Frontier Dispute 사건에서는 언론사와의 인터뷰를 통하여 밝힌 말리 대통령의 발언에 대해 법적 구속력을 인정하지 않았다.

④ 1995년 프랑스가 8차례 핵실험을 남태평양 지역에서 실시할 계획임을 발표하자 뉴질랜드는 1974년 판결을 근거로 1974년 사건을 국제사법재판소(ICJ)가 재개할 것을 청구하였고 국제사법재판소(ICJ)는 청구를 받아들여 프랑스 측이 일방행위를 통한 약속을 위반하였다고 판시하였다.

정답 및 해설

국제사법재판소(ICJ)는 1974년 프랑스 핵실험 사건은 대기권 핵실험에 대한 것인 반면, 1995년 프랑스가 선언한 것은 지하 핵실험이라는 것을 이유로 뉴질랜드의 청구를 받아들이지 않았다.

✅ 선지분석

② 프랑스 핵실험 사건은 일방행위의 법적 구속력을 인정한 사건이다. 모든 일방행위가 구속력을 가지는 것은 아니고 '기속의사'를 가져야 한다. 이 사건에서는 프랑스 대통령의 일방적 행위가 구속력을 인정할 의사(기속의사)가 있다고 판단한 것이다.

답 ④

08

일방행위에 관한 ILC지도원칙(2006)에 대한 설명으로 옳지 않은 것은?

① 일방행위의 구속력의 기초는 신의성실의 원칙(good faith)이다.
② 모든 국가는 일방적 선언을 통해 법적 의무를 부담할 수 있다.
③ 일방적 선언의 법적 효력을 결정하기 위해 일방행위의 내용, 일방행위가 형성되는 실제적인 조건들 및 일방행위가 야기하는 반응들을 고려해야 한다.
④ 국가원수, 정부수반, 외무장관은 일방행위를 할 권한이 있으나 특정 문제에 있어서 국가를 대표하는 다른 개인들은 일방행위의 권한이 없다.

국가를 대표하는 다른 개인들도 그들의 권한범위에 속하는 영역에서는 일방적 선언을 통해 법적 의무를 부담할 수 있다(일방행위에 관한 ILC지도원칙 제4항).

☑ 선지분석
① 조약과 마찬가지로 일방행위도 신의성실의 원칙(good faith)에 따라 구속력이 인정된다.
② 일방적 선언은 원칙적으로 자국에 의무를 부담시키는 것이다.

답 ④

09

일방행위에 관한 ILC지도원칙(2006)에 대한 설명으로 옳은 것만을 모두 고른 것은?

ㄱ. 일방적 선언은 반드시 문서에 의해 형성되어야 한다.
ㄴ. 일방적 선언은 국제공동체 전체, 일 국가 또는 여러 국가, 그리고 다른 실체들을 대상으로 하여 행해질 수 있다.
ㄷ. 일반국제법의 강행규범과 상충되는 일방적 선언은 무효이다.
ㄹ. 일방적 선언을 통해 타국에 대해 의무를 부과할 수는 없으나, 타국이 명확하게 그러한 선언을 수락한 경우 예외적으로 타국에 대해 의무를 부과할 수 있다.
ㅁ. 일방적 선언은 어떠한 경우에도 취소될 수 없다.

① ㄱ, ㄷ, ㅁ
② ㄴ, ㄷ, ㄹ
③ ㄱ, ㄴ, ㄹ, ㅁ
④ ㄱ, ㄴ, ㄷ, ㄹ, ㅁ

일방행위에 관한 ILC지도원칙(2006)에 대한 설명으로 옳은 것은 ㄴ, ㄷ, ㄹ이다.

☑ 선지분석
ㄱ. 일방적 선언은 구두로 형성될 수도 있다.
ㅁ. 일방적 선언은 자의적으로 취소될 수는 없으나, 자의적이지 않은 경우에는 취소될 수 있다.

답 ②

10

국제기구결의에 대한 설명으로 옳은 것은 모두 몇 개인가?

> ㄱ. UN총회결의가 신규회원국 가입 승인 등 내부적 문제에 대한 것이면 구속력을 가진다.
> ㄴ. UN안전보장이사회에서 채택된 '국가 간 우호협력관계에 관한 선언'과 같이 기존 법규범을 선언한 경우 법적 구속력이 인정된다.
> ㄷ. UN총회가 새로운 법규범을 선언한 '천연자원의 영구주권선언'과 같은 결의는 연성법규(soft law)로서 약한 구속력을 가진다.
> ㄹ. UN총회에서 채택된 조약은 원칙적으로 입법부적 조약으로서 모든 국가에 대해 구속력을 가진다.
> ㅁ. UN총회결의는 원칙적으로 구속력이 없으나 만장일치나 컨센서스로 채택된 경우 예외적으로 법적 구속력을 가진다.

① 1개   ② 2개   ③ 3개   ④ 4개

정답 및 해설

국제기구결의에 대한 설명으로 옳은 것은 ㄱ. 1개이다.

✓ 선지분석
ㄴ. '국가 간 우호협력관계에 관한 선언'은 UN총회에서 채택된 결의이다.
ㄷ. 연성법규(soft law)에 대한 통설적 견해는 구속력이 없는 규범을 말한다.
ㄹ. UN총회가 조약을 채택하는 경우도 있으나, 입법부적 조약은 아니다. 따라서 수락한 국가에 대해서만 효력이 있다.
ㅁ. 만장일치나 컨센서스로 채택되었다는 사실만으로 법적 구속력을 가지는 것은 아니다.

답 ①

11

국제기구결의에 대한 설명으로 옳지 않은 것만을 모두 고른 것은?

> ㄱ. UN총회는 회원국 제명에 대한 최종적인 결정권을 가지며, 제명결의는 법적 구속력을 가진다.
> ㄴ. UN총회가 만장일치로 새로운 법규범을 선언하는 경우 그러한 결의의 실질적 연원성에 대해 논란이 있으며 의사주의는 대체로 이를 부인한다.
> ㄷ. 연성법규론에 의하면 국제기구 또는 국제회의의 결의는 법적 구속력은 없으나 국제사회의 규범으로서 도덕적 의무를 창설한다고 본다.
> ㄹ. 국가 간 우호협력관계에 관한 선언(1970)은 새로운 국제사회의 규범을 창설한 결의로서 모든 국가에 대해 보편적 효력을 가진다.

① ㄱ, ㄹ   ② ㄴ, ㄷ
③ ㄱ, ㄷ, ㄹ   ④ ㄴ, ㄷ, ㄹ

정답 및 해설

국제기구결의에 대한 설명으로 옳지 않은 것은 ㄴ, ㄷ, ㄹ이다.
ㄴ. 실질적 연원성에 대한 논란이 아니라 형식적 연원성에 대한 논란이 있다.
ㄷ. 연성법규론자들은 국제기구결의가 법적 구속력을 약하게나마 가진다고 본다. 즉, 법적 의무를 창설한다고 본다.
ㄹ. 국가 간 우호협력관계에 관한 선언(1970)은 기존 관습을 성문화한 결의이다.

✓ 선지분석
ㄱ. 회원국의 제명은 안전보장이사회의 권고에 기초하여 총회에서 최종적으로 결정한다. 안전보장이사회의 경우 비절차사항이므로 상임이사국 전부를 포함하여 9개국 이상 찬성해야 하며, 총회에서는 출석하여 투표한 회원국 2/3 이상 찬성해야 가결된다.

답 ④

12

부루키나파소 대 말리 국경분쟁 사건(부루키나파소 v. 말리, ICJ, 1986년)에 대한 설명으로 옳지 않은 것은?

① 재판부는 ui possidetis 원칙은 스페인령 아메리카에서 최초로 사용되었으나, 이는 국제법의 특정 체계에 관한 특별규칙이 아니라 일반적 원칙이며 그 목적은 식민본국 철수 후에 국경선을 둘러싼 분쟁에 의하여 신국가의 독립과 안정성이 위험에 처하는 것을 방지하는 데 있다고 하였다.

② 재판부에 따르면 uti possidetis 원칙은 인민의 자결권과 모순되지만 아프리카에서의 영역의 현상유지는 독립투쟁에 의하여 달성된 것을 유지하고 다수의 희생에 의해 획득한 것을 유지하는 최선의 방법으로 가장 중요한 법적 원칙의 하나로서 확립되었다.

③ 재판부는 분쟁당사국의 동의 없이는 법 아래에서의(infra legem) 형평, 즉 유효한 법의 해석방법을 구성하는 형평을 검토할 수 없다고 하였다.

④ 말리 대통령은 1975년 OAU 중개위원회의 법률소위원회에 의한 판단에 따른다는 취지의 표명을 하였으나, 재판부는 중개위원회는 법적 구속력 있는 결정을 할 수 없으며, 소위원회의 작업이 종료되지 않았다는 점에서 말리 대통령의 일방행위로부터 어떠한 법적 의무도 도출되지 않는다고 판시하였다.

정답 및 해설

재판부는 분쟁당사국의 동의 없이도 법 아래에서의(infra legem) 형평, 즉 유효한 법의 해석방법을 구성하는 형평을 검토할 수 있다고 하였다.

답 ③

제3장 조약법

01 

1969년 조약법에 관한 비엔나협약에 대한 설명으로 옳은 것은?

① 비준되어야 하며 비준서는 UN사무총장에게 기탁된다.
② 유보할 수 없다.
③ 모든 당사국의 2/3 이상 찬성하는 경우 개정할 수 있다.
④ 국제기구 설립협정에 적용되지 않는다.

정답 및 해설

조약법에 관한 비엔나협약에는 비준되어야 함이 명시되어 있으며 UN사무총장이 수탁자로 규정되었다.

선지분석
② 동 협약에 대한 유보가 가능한지 여부에 대한 규정은 없다.
③ 동 협약에는 개정조항이 없다.
④ 동 협약은 국제기구 설립협정에 적용된다.

답 ①

02 

1969년 조약법에 관한 비엔나협약의 내용으로 옳은 것만을 모두 고른 것은?

> ㄱ. 국가 간에 체결된 조약에 적용된다.
> ㄴ. 국제기구 상호 간에 체결된 조약에 적용된다.
> ㄷ. 1969년 조약법에 관한 비엔나협약의 모든 규정은 협약 발효 전에 체결된 조약에 대해서도 적용된다.
> ㄹ. 1969년 조약법에 관한 비엔나협약에 의해 규율되지 않는 문제에 대해서는 여전히 국제관습법이 적용된다.

① ㄱ, ㄴ   ② ㄱ, ㄷ
③ ㄱ, ㄹ   ④ ㄴ, ㄹ

정답 및 해설

1969년 조약법에 관한 비엔나협약의 내용으로 옳은 것은 ㄱ, ㄹ이다.
ㄱ. 이 협약은 국가 간에 체결된 조약에 적용된다(동 협약 제1조).
ㄹ. 국제관습법의 제 규칙은 이 협약의 제 규정에 의하여 규율되지 아니하는 제 문제를 계속 규율할 것임을 확인한다(동 협약 전문).

선지분석
ㄴ. 국제기구 상호 간에 체결된 조약은 1986년 체결된 조약법에 관한 비엔나협약의 지배를 받는다.
ㄷ. 1969년 조약법에 관한 비엔나협약은 협약 발효 후 체결된 조약에 대하여 적용되며, 1969년 조약법에 관한 비엔나협약은 1980년 발효되었다.

답 ③

03

1969년 조약법에 관한 비엔나협약상 주요 용어에 대한 설명으로 옳지 않은 것은 모두 몇 개인가?

ㄱ. 조약이란 서면형식으로 국가 간에 체결되며 또한 국제조약에 의하여 규율되는 국제적 합의를 의미한다.
ㄴ. 유보란 자구 또는 명칭에 관계없이 조약의 서명·비준·수락·승인 또는 가입 시에 국가가 그 조약의 일부 규정을 자국에 적용함에 있어서 그 조약의 일부 규정의 법적 효과를 배제하거나 구체화하고자 의도하는 경우에 그 국가가 행하는 일방적 성명을 의미한다.
ㄷ. 체약국이란 그 조약에 대한 기속적 동의를 부여하였으며 또한 그에 대하여 그 조약이 발효하고 있는 국가를 의미한다.
ㄹ. 당사국이란 조약이 효력을 발생하였는지의 여부에 관계없이 그 조약에 대한 기속적 동의를 부여한 국가를 의미한다.
ㅁ. 제3국이란 조약의 당사국이 아닌 국가를 의미한다.
ㅂ. 국제기구란 정부 간 국제기구만을 의미한다.

① 1개　　　　② 2개　　　　③ 3개　　　　④ 4개

1969년 조약법에 관한 비엔나협약상 주요 용어에 대한 설명으로 옳지 않은 것은 ㄱ, ㄴ, ㄷ, ㄹ. 4개이다.
ㄱ. 조약이란 '국제법'에 의하여 규율되는 것이다.
ㄴ. 조약 규정의 구체화나 명확화는 유보가 아닌 해석선언이다.
ㄷ. 당사국에 대한 설명이다.
ㄹ. 체약국에 대한 설명이다.

 **선지분석**

ㅁ. 당사국과 체약국의 정의를 명확하게 구분해야 한다.
ㅂ. 조약법에 관한 비엔나협약은 정부 간 국제기구(IGO)만을 국제기구로 규정하고 있다.

답 ④

01

1969년 조약법에 관한 비엔나협약상 조약체결에 대한 설명으로 옳지 않은 것은?

① 기속적 동의는 국가가 조약문에 법적 구속력을 부여하는 행위이다.
② 조약에 대한 국가의 기속적 동의는 서명, 조약문서의 교환·비준·수락·승인·가입 또는 기타 합의된 방법으로 표시된다.
③ 조약이 발효하기 위해서는 UN사무국에 등록되어야 한다.
④ 서명에 의하여 기속적 동의를 표시하는 조약의 경우, 교섭국의 대표에 의한 조약의 조건부서명은 그 대표의 본국에 의하여 확인되면 그 조약의 완전한 서명을 구성한다.

조약의 등록은 조약의 성립이나 발효요건이 아니라 원용요건이다. 따라서 조약을 발효하기 위해 UN사무국에 등록될 필요는 없다.

 **선지분석**

④ 서명은 인증방식이나, 약식조약의 경우 기속적 동의 표시에 해당될 수 있다. 조건부서명은 본국의 인준에 의해 확정적 효력을 가지게 되는 서명이다.

답 ③

02

조약의 체결절차에 대한 설명으로 옳은 것만을 모두 고른 것은?

ㄱ. 전권대표는 자신이 국가원수와 국내법에 따라 정당한 조약교섭권한을 부여받았음을 증명하는 문서인 전권위임장(full powers)을 교섭 개시 전에 교섭상대방에게 제시하여야 한다.

ㄴ. 교섭의 결과 교섭참가국이 제안된 조약의 형식과 내용을 최종적으로 확정하는 것을 '인증(authentication)'이라고 한다.

ㄷ. 교섭참가국이 조약내용에 따른 법적 구속을 수락하기로 최종적으로 확인하는 절차를 '조약에 의해 구속되는 데에 대한 동의'라고 하며 이는 서명, 가서명, 조건부 서명, 조약을 구성하는 문서의 교환·비준·수락·승인·가입 등의 방법에 의해 이루어진다.

ㄹ. 약식조약(treaty in simplified form)에서는 서명만으로 조약에 의해 구속되는 데에 대한 동의가 이루어진다.

ㅁ. 국가가 체결한 조약을 등록하지 않을 경우 UN헌장 제102조에 따라 그 효력을 상실한다.

ㅂ. 조건부 비준 또는 부분적 비준은 비준의 거절 또는 새로운 조약내용의 제안으로 간주된다.

① ㄱ, ㄴ, ㅁ

② ㄱ, ㄷ, ㄹ

③ ㄱ, ㄹ, ㅂ

④ ㄷ, ㄹ, ㅁ

정답 및 해설

조약의 체결절차에 대한 설명으로 옳은 것은 ㄱ, ㄹ, ㅂ이다.

ㄹ. 서명만으로 조약에 의해 구속되는 데에 대한 동의가 이루어지는 조약을 '약식조약(treaty in simplified form)'이라고 한다.

ㅂ. 교섭당사국 간 특약이 없는 한 비준은 조약내용 전체에 대하여 무조건적으로 이루어져야 하며, 비준에 대한 거부 역시 조약 전체에 대하여 이루어져야 한다. 따라서 조건부 비준 또는 부분적 비준은 비준의 거절 또는 새로운 조약내용의 제안으로 간주하여야 할 것이다.

⊘ 선지분석

ㄴ. 조약문의 '채택(adoption)'이라고 한다. 달리 합의하지 않는 한 참가하여 투표하는 국가의 2/3의 찬성으로 조약문이 채택되는 것이 보통이다. '인증(authentication)'은 채택된 조약문이 당사국 간 합의를 진정하고 정확하게 반영하고 있다는 것을 전권대표가 공식적으로 확인하는 절차이다. 인증은 서명, 가서명, 조건부 서명의 방법으로 이루어진다.

ㄷ. 가서명과 조건부 서명으로는 조약에 의해 구속되는 데에 대한 동의를 할 수 없다.

ㅁ. 조약의 UN 등록은 조약의 성립요건도 아니며 효력발생요건도 아니다. 따라서 미등록조약도 여전히 유효하게 적용됨을 유의하여야 한다. 다만, 미등록조약의 당사국은 이 조약을 UN기관에서 원용할 수 없게 된다. 그런데 여기에서 언급하는 UN기관에는 국제사법재판소(ICJ)도 포함되므로 미등록조약의 당사국은 조약으로부터 발생하는 분쟁을 동 재판소로 가져갈 수 없다는 중대한 불이익에 직면하므로 동 조항은 등록을 사실상 강제하는 효과를 거두고 있다고 볼 수 있다.

답 ③

03

1969년 조약법에 관한 비엔나협약에 대한 설명으로 옳지 않은 것은?

① 국가 이외의 국제법 주체 간 체결되는 국제적 합의에 대해서는 다른 국제법 주체 간 합의가 있다고 해도 동 협약을 적용할 수 없다.
② 국제기구 내에서 채택되는 조약에 대해 동 협약은 적용된다.
③ 조약체결을 위해 국가를 대표하는 자로 간주될 수 없는 자가 행한 조약 체결에 대한 행위는 그 국가에 의해 추후 확인되지 아니하는 한 법적 효과를 가지지 아니한다.
④ 국제회의에서 조약문을 채택하는 경우 출석하여 투표하는 국가의 2/3의 찬성에 의하여 채택을 위한 의결규칙을 결정할 수 있다.

다른 국제법 주체 간 합의에 의해 조약법에 관한 비엔나협약을 적용할 수 있다.

⊘ 선지분석
④ 의결규칙은 원칙적으로 2/3의 다수결에 의해 결정되지만 변경할 수 있다.

답 ①

04

조약에 대한 국가의 기속적 동의표시를 서명으로 하는 경우로 옳은 것은 모두 몇 개인가?

> ㄱ. 조약에 규정된 경우
> ㄴ. 교섭국 간 합의되었음이 확정되는 경우
> ㄷ. 전권위임장에 명시된 경우
> ㄹ. 교섭 중에 표시된 경우

① 1개   ② 2개
③ 3개   ④ 4개

조약에 대한 국가의 기속적 동의표시를 서명으로 하는 경우는 ㄱ, ㄴ, ㄷ, ㄹ. 4개 모두이다(조약법에 관한 비엔나협약 제12조).

답 ④

05

조약의 비준제도에 대한 설명으로 옳지 않은 것은?

① 비준에 의해 조약참가에 대한 국가의 의사가 최종적으로 확정된다.
② 조약의 구속을 받겠다는 동의가 비준에 의하여 표시될 것을 그 조약이 규정하고 있는 경우 비준에 의한다.
③ 비준이 필요한 것으로 교섭국 간에 합의되었다는 것이 달리 확정되는 경우 비준에 의한다.
④ 정당한 이유 없는 비준 거부는 국제법 위반행위이다.

조약에 비준조항이 있는 경우에도 반드시 비준해야 할 국제법상의 의무는 없으나, 국제예양상 비우호적 행위로 간주될 수 있다.

✓ **선지분석**
① 비준에 의해 기속적 동의가 부여되므로 국가의 의사가 최종적으로 확정된다고 할 수 있다.
② 비준은 비준에 의해 기속적 동의를 표시하자는 합의가 있는 경우 비준해야 한다. 이러한 합의는 조약 체결과정에서 형성될 수 있다.

답 ④

06 국제법상 조약에 대한 설명으로 옳은 것은?

① 조약의 등록과 공표에 관한 명령(1946)에 의하면 이미 종료된 조약은 등록할 수 없다.
② 조약에 규정이 없어도 양립성의 원칙에 따라 조약을 유보할 수 있으나, 이행정지(derogation)를 위해서는 조약 자체에 허용규정이 있어야 한다.
③ 정식조약에서 서명 시 유보한 경우 비준 시 재확인해야 하며, 유보는 서명된 날짜에 첨부된 것으로 처리한다.
④ 일방당사국의 정부형태 변경은 국가의 동일성에 변동을 가져오므로 기존 조약의 효력을 상실한다.

✓ **선지분석**
① 이미 종료된 조약을 등록할 수 있다.
③ 유보는 확인된 날짜에 첨부된 것으로 처리된다.
④ 일방당사국의 정부형태 변경은 조약의 구속력에 영향을 주지 않는다.

답 ②

07 조약법에 관한 비엔나협약(1969)상 기속적 동의표시를 위해 비준이 필요한 경우로 옳은 것만을 모두 고른 것은?

> ㄱ. 그러한 동의가 비준에 의하여 표시될 것을 그 조약이 규정하고 있는 경우
> ㄴ. 비준이 필요한 것으로 교섭국 간에 합의되었음이 달리 확정되는 경우
> ㄷ. 그 국가의 대표가 비준되어야 할 것으로 하여 그 조약에 서명한 경우
> ㄹ. 비준되어야 할 것으로 하여 그 조약에 서명하고자 하는 그 국가의 의사가 그 대표의 전권위임장으로부터 나타나거나 또는 교섭 중에 표시된 경우

① ㄱ, ㄴ
② ㄱ, ㄴ, ㄷ
③ ㄴ, ㄷ, ㄹ
④ ㄱ, ㄴ, ㄷ, ㄹ

ㄱ, ㄴ, ㄷ, ㄹ 모두 조약법에 관한 비엔나협약 제14조에 따라 비준으로 기속적 동의를 표시해야 하는 경우에 해당된다.
ㄹ. 전권위임장은 조약체결을 위해 파견된 대표라는 점을 확인하는 문서이다.

답 ④

08 조약체결에 대한 설명으로 옳지 않은 것은?

① 비준·수락 또는 승인되어야 하는 조약에 서명한 국가는 그 조약의 당사국이 되지 아니하고자 하는 의사를 명백히 표시할 때까지 그 조약의 대상과 목적을 저해하게 되는 행위를 삼가야 하는 의무를 진다.

② 조약은 공식적으로 발효하기 전이라도 일부 당사국 간에 잠정적용될 수 있다.

③ 비준·수락 또는 승인되어야 하는 조약을 구성하는 문서를 교환한 국가는 그 조약의 당사국이 되지 아니하고자 하는 의사를 명백히 표시할 때까지 그 조약의 대상과 목적을 저해하게 되는 행위를 삼가야 하는 의무를 진다.

④ 그 조약에 대한 그 국가의 기속적 동의를 표시한 경우에는 그 조약이 발효 시까지 어떠한 경우에도 조약의 대상과 목적을 저해하게 되는 행위를 삼가야 하는 의무를 진다.

정답 및 해설

'국가가 조약의 구속을 받게 될 자국의 동의를 표시한 경우에는 조약의 효력 발생이 부당하게 지연되지 아니할 것을 조건으로 동 조약이 효력을 발생할 때까지' 조약의 객체 및 목적을 훼손하는 행위를 삼갈 의무를 진다[조약법에 관한 비엔나협약 제18조 제(b)호]. 즉, '조약의 효력 발생이 부당하게 지연되지 아니할 것'을 조건으로 하므로, 어떠한 경우에도 조약의 대상과 목적을 저해하게 되는 행위를 삼가야 하는 의무를 지는 것은 아니다.

⊘ 선지분석
① 조약발효 전에 조약의 당사국이 부담하는 의무이다.
② 조약규정이나 당사자의 별도 의사가 있는 경우 조약은 잠정적용될 수 있다.
③ ①과 마찬가지로 조약발효 전 당사국의 의무이다.

답 ④

09 조약의 등록에 대한 설명으로 옳지 않은 것은?

① UN회원국이 조약을 등록하면 그 타방 당사자인 UN비회원국도 UN기관에서 이를 원용할 수 있다.

② 당사자가 아닌 제3국은 등록되지 않은 조약이라고 하더라도 언제든지 원용할 수 있다.

③ UN총회결의 조약의 등록과 공표에 관한 명령에 의하면 등록 의무는 조약이 발효할 때까지는 발생하지 않는다.

④ 조약의 등록과 공표에 관한 명령에 의하면 일방 당사자에 의한 등록이 다른 모든 당사자의 등록의무를 면제시키는 것은 아니므로 당사국은 각각 UN사무국에 조약을 등록해야 한다.

정답 및 해설

일방 당사자에 의한 등록은 다른 모든 당사자의 등록의무를 면제시킨다.

답 ④

01

□□□

조약의 유보(reservation)에 대한 설명으로 옳은 것만을 모두 고른 것은?

> ㄱ. 조약법에 관한 비엔나협약에 따르면 유보(reservation)는 표현·명칭 여하를 불문하고 조약의 서명·비준·수락·승인 또는 가입 시에 국가가 조약의 일부 규정의 의미를 구체화·명확화하기 위해 행하는 일방적 선언을 말한다.
> ㄴ. 유보(reservation)는 양자조약과 친한 제도이다.
> ㄷ. 유보(reservation)는 조약 적용의 통일성은 저해하지만, 현실적으로 인적 적용범위를 확대하기 위한 제도이다.
> ㄹ. 유보(reservation)는 타방 체약국의 동의를 얻어야 유효하게 성립한다는 점에서 쌍방행위로 보는 것이 타당하다.
> ㅁ. 유보(reservation)의 철회는 언제든지 가능하며 그 시기에 제한이 없다.
> ㅂ. 국제사법재판소(ICJ)는 '집단살해방지협약의 유보에 관한 권고적 의견(1951)'에서 유보의 제한 사유로서 유보와 조약의 대상 및 목적과의 양립성(compatibility)기준을 제시하였다.

① ㄱ, ㄴ, ㄹ
② ㄴ, ㄷ, ㄹ
③ ㄴ, ㄹ, ㅂ
④ ㄷ, ㅁ, ㅂ

정답 및 해설

조약의 유보(reservation)에 대한 설명으로 옳은 것은 ㄷ, ㅁ, ㅂ이다.

ㄷ. 유보(reservation)의 제도적 취지를 설명하고 있다.
ㅁ. 조약법에 관한 비엔나협약 제22조에 대한 내용이다.

☑ 선지분석

ㄱ. 유보(reservation)는 표현·명칭 여하를 불문하고 조약의 서명·비준·수락·승인 또는 가입 시에 국가가 자국에 대해 조약의 일부 조항의 효력을 배제하기 위해 행하는 일방적 선언을 말한다[조약법에 관한 비엔나협약 제2조 제1항 제(d)호]. 국가 또는 국제기구가 조약의 일부 규정의 의미를 구체화·명확화하기 위해 행하는 일방적 선언은 '해석선언'이다.
ㄴ. 유보(reservation)는 다자조약에서 고유한 문제이다. 양자조약에서 유보는 사실상 새로운 조약내용의 제안으로 받아들여진다.
ㄹ. 유보(reservation)는 조약의 적용을 제한함으로써 실질적으로 조약 내용을 변경시키기 때문에 당연히 타방 체약국의 동의를 얻어야 하나, 이로 인해서 유보(reservation)가 곧 쌍방행위가 되는 것은 아니다.

답 ④

02 조약의 적용정지(derogation)에 대한 설명으로 옳지 않은 것은?

① 조약의 적용정지(derogation)는 특별한 비상시 제한된 기간 동안만 조약의 적용을 배제하는 것으로 이는 조약의 유보와는 구별된다.
② 주로 인권조약에서 활용되며 비상상황이 해제된다면 다시 원래대로 조약을 적용해야 한다.
③ 적용정지(derogation)는 조약 자체의 허용조항이 있어야만 취할 수 있다.
④ 적용정지(derogation)를 취하는 경우 상호주의에 따라 타방 당사국도 일시적으로 적용이 배제된다.

정답 및 해설

조약의 적용정지(derogation)는 유보와 달리 상호주의적으로 적용되지 않는다.

⊘ 선지분석
① 유보는 유보를 철회하기 전까지는 효력이 유지된다.
② 적용정지(derogation)는 '시민적·정치적 권리에 관한 국제협약'에 명시되어 있다.
③ 유보는 허용조항이 없는 경우라도 유보가 당해 조약의 대상이나 목적과 양립한다면 허용될 수 있다.

답 ④

03 조약의 유보에 대한 설명으로 옳은 것은?

① 유보는 이행정지(derogation)와 달리 조약상 명시적 근거가 없어도 인정될 수 있다.
② WTO설립협정, 기후변화협약, 교토의정서, 파리협약, 정부조달협정, ICC 설립을 위한 로마조약, 제네바난민협약은 모두 유보를 전면금지하고 있다.
③ Human Rights Committee는 무효인 유보에 대해 역회전이론을 지지하였다.
④ 비호권 사건(1950) 판결에 의하면 관습법을 성문화한 조항에 대해서는 유보할 수 없다.

정답 및 해설

유보에 대한 규정이 없는 조약이라도 양립성의 원칙에 따라 유보가 허용될 수 있다.

⊘ 선지분석
② 제네바난민협약은 유보가 전면금지된 조약이 아니다.
③ Human Rights Committee는 분리이론을 지지한다. 무효인 유보가 부가된 조항은 전체적으로 유보국에 대해 적용된다.
④ 관습법을 성문화한 조항에 대해서는 유보할 수 없다는 것은 북해대륙붕 사건 판결의 내용이다.

답 ①

04 조약의 유보에 대한 설명으로 옳은 것만을 모두 고른 것은?

> ㄱ. 조약의 특정 규정이나 관련 사항의 적용에 대하여 자국의 입장을 명확히 밝히기 위한 일방적 선언이다.
> ㄴ. 유보는 조약문의 인증(authentication) 시에 첨부할 수 있다.
> ㄷ. 다자조약에 친한 제도이다.
> ㄹ. Belilos v. Switzerland case에서 유럽인권재판소는 스위스가 유럽인권협약에 대해 행한 해석선언이 유보에 해당한다고 판시하였다.

① ㄱ, ㄴ　　　　② ㄱ, ㄷ　　　　③ ㄴ, ㄷ　　　　④ ㄷ, ㄹ

정답 및 해설

조약의 유보에 대한 설명으로 옳은 것은 ㄷ, ㄹ이다.
ㄷ. 양자조약의 경우 일방 당사국의 선언만으로 그 법적 효과를 일방적으로 배제시킬 수는 없다. 따라서 양자조약에 대한 유보선언은 조약의 개정 요청으로 해석하는 것이 타당하다.

⊘ 선지분석
ㄱ. 해석선언에 대한 설명이다.
ㄴ. 유보는 조약에의 기속적 동의를 표시할 때 행한다.

답 ④

05 A국이 甲조약에 대해 행한 유보에 대하여 B국은 이를 수락하였고 C국은 이에 반대하였으며 D국은 별다른 의사표시를 하지 않고 있다. 이에 대한 설명으로 옳은 것만을 모두 고른 것은?

> ㄱ. A국과 B국 사이에서는 A국이 유보를 행한 조항을 제외하고 甲조약이 적용된다.
> ㄴ. C국이 A국과의 관계에서 조약의 발효에 반대하는 경우 A국과 C국 사이에는 조약관계 자체가 성립하지 않는다.
> ㄷ. C국이 A국과의 관계에서 조약의 발효에 반대하지 않는 경우 A국과 C국 사이에는 A국이 유보를 행한 조항을 제외하고 甲조약이 적용된다.
> ㄹ. A국은 D국에 대해 동 유보를 원용할 수 없다.

① ㄱ　　　　② ㄱ, ㄹ　　　　③ ㄱ, ㄴ, ㄷ　　　　④ ㄱ, ㄴ, ㄹ

정답 및 해설

사례에 대한 설명으로 옳은 것은 ㄱ, ㄴ, ㄷ이다.
ㄴ, ㄷ. 유보반대국이 확정적으로 상반되는 의사를 표명하지 않는 한, 유보반대국과 유보국 간 조약의 발효를 방해하지 아니한다[조약법에 관한 비엔나협약 제20조 제4항 제(b)호]. 한편 유보반대국이 유보국과의 관계에서 조약의 발효에 반대하는 경우, 양국 간에는 조약관계 자체가 성립하지 않는다.

⊘ 선지분석
ㄹ. D국의 경우 유보에 대한 묵시적 동의가 있는 것으로 간주된다. 유보에 대한 동의는 반드시 명시적일 필요는 없고 묵시적으로도 가능하다(조약법에 관한 비엔나협약 제20조 제5항). 따라서 A국과 D국 사이에는 A국의 유보대로 적용된다. A국은 D국에 대해 동 유보를 원용할 수 있으며, 동시에 D국 역시 A국에 대해 이러한 유보를 원용할 수 있다.

답 ③

06 1951년 제노사이드협약의 유보 사건에 관한 국제사법재판소(ICJ)의 권고적 의견과 1969년 조약법에 관한 비엔나협약상 조약유보의 효과에 대한 설명으로 옳지 않은 것은?

① 유보를 제한하는 명문의 조약규정이 없어도 유보가 조약의 대상 및 목적과 양립하지 않으면 그 유보는 허용되지 않는다.
② 유보를 반대하는 국가도 있고 반대하지 않는 국가도 있는 경우, 유보가 조약의 대상 및 목적과 양립하면 유보한 국가를 그 조약의 당사자로 볼 수 있다.
③ 조약의 당사자가 타방 당사자의 유보에 대하여 조약의 대상 및 목적과 양립하지 않는다고 생각하여 반대하는 경우, 탈퇴하지 않는 이상 서로에게 유보의 효력이 인정된다.
④ 조약이 달리 규정하지 아니하는 한 유보에 대한 반대는 언제든지 철회될 수 있다.

> **정답 및 해설**

유보의 효력이 인정되기 위해서는 타방 당사국의 수락을 요한다.

✓ 선지분석
① 양립성이란 유보를 하더라도 당해 조약의 목적 달성을 저해하는 것은 아니라는 의미이다. 따라서 유보하는 경우 조약의 목적 달성을 저해한다면 유보와 조약의 목적이 양립하지 않으므로 허용될 수 없다.
④ 유보의 철회는 재량행위이다. 문서로 표시되어야 하며, 철회의 효력은 철회 의사가 타당사국에 통지되었을 때 발효된다.

답 ③

07 조약의 유보와 정책선언(해석선언)에 대한 설명으로 옳지 않은 것은?

① 유보와 정책선언은 모두 당사국의 일방적 선언이다.
② 유보와 유보에 대한 명시적 수락 및 유보에 대한 이의는 모두 서면으로 행해야 한다.
③ 유보와 정책선언은 모두 조약의 권리·의무에 변경을 초래하지 아니한다.
④ 1982년 UN해양법협약은 원칙적으로 정책선언을 금지하지 않는다.

> **정답 및 해설**

정책선언(해석선언)의 경우 원칙적으로 조약의 권리·의무의 변경을 초래하지 않으나, 유보가 수락되는 경우 조약상의 권리·의무의 변경을 초래한다.

✓ 선지분석
① 일방적 선언 또는 일방적 행위란 수신자의 의사와 무관하게 법적 효과를 발생시키는 행위를 말한다.
④ UN해양법협약에서 허용하는 정책선언은 특정 조항의 의미를 구체화하거나 명확화하는 선언을 말한다. 상대방의 의사와 무관하게 법적 효과를 발생시킨다.

답 ③

08 조약의 유보에 대한 설명으로 옳지 않은 것은?

① 유보는 조약의 서명·비준·수락·승인·가입의 어느 경우에나 할 수 있으나 일단 당사국으로 구속받게 된 이후에는 유보를 추가할 수 없다.

② 다른 규정이 없는 한 유보는 언제든 철회할 수 있으며 철회된 유보는 다시 부활시킬 수 없다.

③ 서명 시 유보를 첨부했어도 유보국은 비준 시 이를 다시 공식적으로 확인해야 하며, 비준 시 재확인되지 않은 유보는 효력을 발생시키는 것으로 간주된다.

④ UN자유권규약위원회(UNHRC)는 트리니다드 토바고의 사형판결과 관련된 개인통보를 수락하지 않겠다는 유보에도 불구하고 개인통보를 수락할 권한이 있다고 판단하였다.

정답 및 해설

서명 시 첨부한 유보를 비준 시 다시 공식적으로 재확인하지 않으면 해당 유보는 포기된 것으로 간주한다.

✅ 선지분석

④ 허용 불가능한 유보에 대한 것이다. UN자유권규약위원회(UNHRC)는 트리니다드 토바고의 사형판결과 관련된 개인통보는 수락하지 않겠다는 유보는 시민적·정치적 권리에 관한 국제규약 선택의정서의 목적에 위배되므로 트리니다드 토바고의 유보에도 불구하고 자신은 이에 대한 개인통보를 수락할 권한이 있다고 판단하였다.

> **🔰 관련 이론 Belilos v. 스위스 사건**
>
> Belilos v. 스위스 사건은 트리니다드 토바고의 사형판결과 비슷한 사례로, 유럽인권재판소는 허용될 수 없는 유보가 행하여진 경우에 그 유보는 무효이므로 스위스는 유보 없이 유럽인권협약에 가입한 것으로 해석해야 한다고 판정하였다. 두 사건 모두 인권조약의 적용에 대한 사건이다.

답 ③

09 甲국과 乙국은 조약체결을 위한 교섭을 진행하여 서명까지 마쳤다. 그런데 乙국의 의회가 조약의 일부 조항에 유보를 하여 비준동의를 하였다면, 이러한 유보가 가지는 효력으로 옳은 것은?

① 조약의 내용을 수정하는 효과를 가진다.

② 무효이며 본래의 조약안대로 효력이 발생한다.

③ 사실상 새로운 제안의 의미를 가진다.

④ 유보로서의 효력을 발생한다.

정답 및 해설

양자조약에서 유보는 사실상 조약의 내용과 관련하여 두 국가 간의 교섭 재개를 요구하는 새로운 제안의 의미를 갖는다.

✅ 선지분석

①, ②, ④ 조약의 유보는 타방 당사국의 동의를 요하므로 유보로서의 효력이 발생하지 않는다. 한편, 조약의 효력의 발생은 별도의 제한이 없는 경우 비준서의 교환, 기탁 시에 발생하므로 이 사안의 경우 조약의 효력이 발생한다고도 볼 수 없다.

답 ③

10 Belilos 사건(1988)에 대한 설명으로 옳지 않은 것은?

① 스위스는 유럽인권협약에 가입하면서 협약 제6조 제1항상 공정한 재판을 받을 권리에 일정한 제한을 가하는 선언을 하였다.
② Belilos는 스위스를 유럽인권법원에 제소하였으나 스위스는 자신의 유보를 원용하여 동 조항이 자국에 적용되지 않는다고 주장하였다.
③ 유럽인권법원은 스위스선언은 법적 효력을 갖지 않는다고 하였다.
④ 유럽인권법원은 스위스는 유럽인권협약 관련 조항의 지배를 받는다고 하여 이른바 '제거이론'을 적용하였다.

유럽인권법원은 제거이론이 아닌 분리이론을 적용하였다. 분리이론은 허용되지 않는 유보의 효력을 부인하면서 유보국에게 해당 조항이 적용된다고 보는 이론이다.

✓ 선지분석
③ 유럽인권법원은 스위스의 선언은 허용되지 않는 '해석선언'에 해당된다고 본 것이다.

답 ④

11 A국이 1994년 12월 UN총회에서 채택된 UN 및 협력요원의 안전에 관한 조약에 가입하면서 제10조상의 관할권 행사규정에 대하여 유보하였다. 이때 B국이 A국의 유보가 허용되지 않은 유보라는 이유로 이의를 제출할 경우의 법률관계에 대한 설명으로 옳지 않은 것은?

① UN 및 협력요원의 안전에 관한 조약에 유보에 관한 규정이 없는 경우 조약법에 관한 비엔나협약(1969)에 따르면 양립성 원칙이 적용될 것이다.
② A국과 B국과의 관계에서는 조약이 발효·적용되지 않는다.
③ A국은 제10조상의 유보에 대하여 B국에 대항할 수 없다.
④ 과거 국제연맹방식에 따르면 A국은 조약의 당사자가 될 수 없다.

타 체약국에 의한 유보의 거절은 유보를 거절하는 국가가 확정적으로 반대의사를 표명하지 아니하는 한 유보의 거절국과 유보국 간에 조약의 효력발생을 배제하지 않는다[조약법에 관한 비엔나협약 제20조 제4항 제(b)호].

✓ 선지분석
① 양립성 원칙이란 유보가 조약의 목적이나 대상과 양립할 경우 당해 유보가 허용된다는 원칙이다.
③ B국이 A국의 유보에 반대하였으므로 유보의 효력이 발생하지 않는다. 따라서 A국은 B국에 대해 제10조의 비적용을 주장할 수 없다.

답 ②

12 다음 중 유보를 명시적으로 금지한 조약으로 옳은 것만을 모두 고른 것은?

> ㄱ. WTO설립협정
> ㄴ. 핵무기의 비확산에 관한 조약(NPT)
> ㄷ. 기후변화에 관한 국제연합 기본협약
> ㄹ. 국제형사재판소(ICC)에 관한 로마조약
> ㅁ. 난민의 지위에 관한 협약
> ㅂ. 조약법에 관한 비엔나협약
> ㅅ. 시민적·정치적 권리에 관한 국제규약

① ㄱ, ㄴ, ㄹ
② ㄱ, ㄷ, ㄹ
③ ㄱ, ㄷ, ㄹ, ㅁ
④ ㄴ, ㄷ, ㄹ, ㅅ

정답 및 해설

유보를 명시적으로 금지한 조약으로 옳은 것은 ㄱ, ㄷ, ㄹ이다.

✅ 선지분석

ㄴ, ㅂ, ㅅ. 핵무기의 비확산에 관한 조약(NPT), 조약법에 관한 비엔나협약, 시민적·정치적 권리에 관한 국제규약에는 유보에 대한 조항이 없다.

ㅁ. 난민의 지위에 대한 협약의 경우 유보불가 조항을 열거하고 나머지 조항에 대해서는 유보를 허용한다(제42조 제1항).

답 ②

13 1969년 조약법에 관한 비엔나협약상 조약의 유보에 대한 설명으로 옳은 것만을 모두 고른 것은?

> ㄱ. 유보는 조약의 일부 규정의 법적 효과를 배제하거나 변경하기 위한 것이다.
> ㄴ. 유보는 그 조약의 대상 및 목적과 양립해야 한다.
> ㄷ. 유보는 조약의 적용을 받는 국가를 확대하기 위하여 인정된 제도이다.
> ㄹ. 유보는 타방 당사국의 동의가 있어야만 효력을 가진다.
> ㅁ. 조약이 달리 규정하지 아니하는 한 유보는 언제든지 철회될 수 있으며 또한 그 철회를 위해서는 동 유보를 수락한 국가의 동의가 필요하다.

① ㄱ, ㄴ
② ㄱ, ㄴ, ㄷ
③ ㄱ, ㄴ, ㄷ, ㄹ
④ ㄱ, ㄴ, ㄷ, ㅁ

정답 및 해설

1969년 조약법에 관한 비엔나협약상 조약의 유보에 대한 설명으로 옳은 것은 ㄱ, ㄴ, ㄷ이다.

✅ 선지분석

ㄹ. 조약에 유보를 명문으로 허락한 경우 상대국의 동의를 요하지 않는다. 조약에 의하여 명시적으로 인정된 유보는 다른 체약국에 의한 추후의 수락이 필요한 것으로 그 조약이 규정하지 아니하는 한 그러한 추후의 수락을 필요로 하지 아니한다(조약법에 관한 비엔나협약 제20조 제1항).

ㅁ. 철회 시 유보 수락국의 동의를 요하지 않는다(조약법에 관한 비엔나협약 제22조 제1항).

답 ②

2011년 국제연합(UN) 국제법위원회(ILC)의 '조약 유보에 관한 실행지침'에 대한 설명으로 옳지 않은 것은?

① 인권조약에서 허용 불가능한 유보를 행한 국가가 조약의 당사자로 인정될 것인가 여부는 1차적으로 유보 첨부국의 의사에 따르자고 제시하였다.

② 지침에 따르면 무효인 유보를 첨부한 국가는 별다른 의사표시가 없을 시 일단 유보 없는 가입으로 간주한다.

③ 무효인 유보를 첨부한 국가가 유보 없는 가입으로 간주되면 그 국가는 조약의 당사국이 될 의사가 없다는 의사를 6개월 내에 표시해야 한다고 제시하였다.

④ 인권조약기구와 같은 기구가 특정국의 유보를 무효라고 선언한 경우, 유보를 첨부하였던 국가가 당사국으로 남을 의사가 없다면 1년 이내에 탈퇴표시를 하라고 요구하였다.

정답 및 해설

무효인 유보를 첨부한 국가가 유보 없는 가입으로 간주되면 그 국가는 유보의 이익 없이는 조약의 당사국이 될 의사가 없다는 점을 추후 언제라도 표시할 수 있다고 하였다. 탈퇴의사 표시가 없다면 유보를 부가하지 않은 당사국으로 계속 인정된다.

◇ 선지분석

① 허용 불가능한 유보를 첨부한 경우 유보국을 당사자로 인정할지가 문제된다. ILC는 일단 유보국의 의사를 존중한다는 입장인 것이다.

② 일차적으로 분리이론에 따른다는 것이다. 즉, 당초부터 유보를 부가하지 않고 당해조약에 가입한 것으로 본다는 것이다.

답 ③

제4절 | 효력

01

조약의 효력발생시기에 대한 설명으로 옳지 않은 것은?

① 조약의 구속을 받겠다는 동의표시 후 효력이 발생하는 것이 원칙이다.

② 특별한 규정이 없는 한 조약의 효력이 발생하는 시기는 비준서의 교환 또는 기탁일자이다.

③ 효력 발생에 대해서는 보통 종결조항에 규정되어 있으며 종결조항은 조약문의 채택과 동시에 효력을 발생한다.

④ 다자조약의 경우는 일정 수의 서명국이 비준하면 효력이 발생하며, 나중에 비준하는 국가에게도 최초 서명 시에 소급하여 효력을 발생한다.

정답 및 해설

조약의 구속을 받게 될 국가의 동의가 동 조약이 효력을 발생한 후의 일자에 확정되는 경우에는 동 조약은 조약이 달리 규정하지 않는 한 동 국가에 대해서는 동 일자에 효력을 발생한다(조약법에 관한 비엔나협약 제24조 제3항).

◇ 선지분석

① 조약의 효력 발생은 기속적 동의 표시 이후에 별도로 합의하거나 조약규정에 따라 이루어진다.

② 특별한 규정이 있거나 별도의 합의가 있는 경우 그에 따른다.

③ 종결조항은 '채택' 시 발효된다는 점에 주의해야 한다.

답 ④

02

조약법에 관한 비엔나협약(1969)에 대한 설명으로 옳지 않은 것은?

① 조약의 일부에 대한 국가의 기속적 동의는 그 조약이 이를 인정하거나 또는 다른 체약국이 이에 동의하는 경우에만 유효하다.
② 조약에 의하여 명시적으로 인정된 유보는 다른 체약국에 의한 추후의 수락이 필요한 것으로 그 조약이 규정하지 아니하는 한 그러한 추후의 수락을 필요로 하지 아니한다.
③ 조약은 관련 규정 또는 합의가 없는 경우에는 조약에 대한 기속적 동의가 모든 교섭국에 대하여 확정되는 대로 발효한다.
④ 원칙적으로 어느 국가가 조약이 잠정적으로 적용되고 있는 다른 국가에 대하여 그 조약의 당사국이 되지 아니하고자 하는 의사를 통고하고 타 당사국이 이에 동의한 경우에 그 국가에 대한 그 조약 또는 그 조약의 일부의 잠정적 적용이 종료된다.

정답 및 해설

잠정적 적용 종료에 있어서 타 당사국의 동의를 요하지 않는다.

☑ 선지분석
① 일부에 대한 기속적 동의 표시가 예외적으로 허용될 수 있다는 점에 주의해야 한다.

답 ④

03

조약법에 관한 비엔나협약상 조약의 효력에 대한 설명으로 옳지 않은 것은?

① UN에 등록되지 않은 조약은 무효이다.
② 제3국에 권리를 부여하는 조약은 제3국이 명시적 또는 묵시적으로 이를 수락할 때 효력이 있다.
③ 제3국에 의무를 부과하는 조약은 제3국이 그 의무를 서면에 의해 명시적으로 수락해야 효력이 있다.
④ 명시적 합의가 없는 한 조약의 효력은 소급하지 않는다.

정답 및 해설

조약의 등록은 효력요건이 아니기 때문에 등록과 효력 발생은 관련이 없다.

☑ 선지분석
② 제3국이 주어진 권리를 행사하는 경우 이를 묵시적 수락으로 본다.
③ 제3국에게 의무를 부담하는 것은 제3국의 의사가 명확해야 하므로 서면에 의해 수락하도록 한 것이다.
④ 조약불소급의 원칙을 말한다.

답 ①

04 조약에 대한 설명으로 옳지 않은 것은?

① 조약의 유보제도는 다자조약의 성립을 용이하게 하고, 보다 많은 국가의 참여를 유도하려는 것이다.
② 조약은 공식적으로 발효되기 이전이라도 일부 당사국 간에 잠정적으로 적용될 수 있다.
③ 조약은 그 문맥과 목적에 비추어 조약의 문언에 부여되는 통상적 의미에 따라 해석하는 것이 원칙이다.
④ 조약은 어떠한 경우에도 제3자에 대하여 효력을 가질 수 없다.

정답 및 해설

의무를 부과하는 조약은 제3국의 명시적 합의에 의해, 권리를 부여하는 조약은 제3국의 명시적 또는 묵시적 동의에 의해 효력을 부여할 수 있다(조약법에 관한 비엔나협약 제35 ~ 36조).

⊘ 선지분석
③ 조약법에 관한 비엔나협약은 해석에 있어서 원칙적으로 문언주의와 목적론주의를, 예외적·보충적으로 주관주의를 채택하였다.

답 ④

05 조약과 제3국과의 관계에 대한 설명으로 옳은 것은?

① 당사국이 제3국에 대한 의무의 설정을 의도하여 체결한 조약은 당해 제3국에 대하여 효력을 가진다.
② 당사국이 제3국에 대한 권리부여를 의도하여 체결한 조약은 조약에 달리 규정이 없고, 당해 제3국의 명시적 반대가 없는 한 제3국에 대하여 효력을 가진다.
③ 제3국에 대하여 의무를 합법적으로 발생시키고 있는 조약의 당사국이 제3국의 의무를 취소하고자 의도하는 경우에 제3국의 동의 없이도 취소할 수 있다.
④ 제3국에 대하여 권리를 합법적으로 부여한 조약의 당사국이 제3국의 권리를 취소하고자 의도하는 경우에 제3국의 동의 없이도 취소할 수 있다.

정답 및 해설

⊘ 선지분석
① 제3국에 의무를 설정하는 조약에 대해서는 제3국의 명시적 서면동의가 있어야만 효력을 가진다.
③ 제3국의 동의가 있어야 취소할 수 있다.
④ 1969년 조약법에 관한 비엔나협약 제37조 제2항에 의하면 권리의 경우에도 분쟁당사국의 동의 없이 일방적으로 취소하거나 변경할 수 없다.

답 ②

06 조약과 제3국의 관계에 대한 설명으로 옳지 않은 것은?

① 조약상대성의 원칙에 따라 제3국에 대하여는 서면으로 이루어진 명시적인 동의 없이 의무를 창설할 수 없다.

② 제3국의 대표가 조약 체결의 결정적 역할을 하고 증인으로서 서명한 경우에도 제3국의 대표에게는 조약의 유지에 대한 일정한 권리 및 의무가 발생하지 않는다.

③ 조약에서 제3국에 대하여 의무가 발생한 때에는 조약의 당사국과 제3국이 달리 합의하였음이 확정되지 아니하는 한 그 의무는 조약의 당사국과 제3국의 동의를 얻는 경우에만 취소 또는 변경될 수 있다.

④ 조약이 제3국에 대해 권리와 의무를 동시에 부과하는 경우 제3국이 그 권리를 행사한다면 의무에 대한 동의 역시 추정된다.

> **정답 및 해설**

권리와 의무를 동시에 부과하는 경우 제3국의 서면동의가 필요하다.

✅ 선지분석
② 이집트와 이스라엘 간의 Camp David 협정(1979)에서 당시 미국의 대통령 지미 카터가 협정 체결을 주선하고, 조약에 증인으로 서명하는 등 사례가 있지만 증인국은 서명국에 대해 어떠한 법적 의무도 부담하지 않는다.

답 ④

07 조약의 제3국에 대한 효력에 대한 설명으로 옳은 것만을 모두 고른 것은?

> ㄱ. 조약에 의해 제3국에게 권리를 부여하는 경우 제3국이 그것에 명시적 또는 묵시적으로 동의를 표명하면 당해 제3국에게 권리가 발생한다.
> ㄴ. 조약에 의해 제3국에게 권리가 발생한 경우 원칙적으로 제3국의 동의 없이는 취소 또는 변경할 수 있다.
> ㄷ. 조약에 의해 제3국에게 의무를 부여하는 경우 제3국이 그것에 명시적 또는 묵시적으로 동의를 표명하면 당해 제3국에게 의무가 발생한다.
> ㄹ. 조약에 의해 제3국에게 의무가 발생한 경우 원칙적으로 제3국의 동의 없이는 취소 또는 변경이 불가능하다.

① ㄱ, ㄴ   ② ㄱ, ㄷ
③ ㄱ, ㄹ   ④ ㄴ, ㄷ

> **정답 및 해설**

조약의 제3국에 대한 효력에 대한 설명으로 옳은 것은 ㄱ, ㄹ이다.
ㄱ. 조약에 의해 제3국에게 권리를 부여하는 경우 제3국의 동의는 묵시적 동의도 가능하다(조약법에 관한 비엔나협약 제36조 제1항).
ㄹ. 조약에 의해 제3국에 의무가 발생한 경우 '조약의 당사국과 제3국의 동의를 얻는 경우에만' 취소 또는 변경될 수 있다(동 협약 제37조 제1항).

✅ 선지분석
ㄴ. 조약에 의해 제3국에 권리가 발생한 경우 '그 권리가 제3국의 동의 없이는 취소 또는 변경되어서는 아니 되는 것으로 의도되었음이 확정되는 경우' 그 권리는 당사국에 의하여 취소 또는 변경될 수 없다(동 협약 제37조 제2항). 따라서 원칙적으로 제3국의 동의 없이 취소 또는 변경될 수 없다.
ㄷ. 조약에 의해 제3국에게 의무를 부여하는 경우 제3국의 동의는 명시적 동의만 가능하다(동 협약 제35조).

답 ③

08 조약상대성의 원칙에 대한 설명으로 옳지 않은 것은?

① 조약의 효력은 원칙적으로 당사자에게만 발생한다는 원칙이다.
② 1932년 상설국제사법재판소(PCIJ)는 상부사보이 및 젝스 자유지역에 관한 사건에서 조약의 상대성의 원칙을 원용하였다.
③ 제3국에 의무를 부과하거나 또는 그 권리를 제한하는 조약은 원칙적으로 무효이다.
④ 조약의 제3국에 대한 효력이 인정되는 경우에 이로 인한 권리 또는 의무의 변경은 명시적인 제3국의 동의에 의해서만 가능하다.

정답 및 해설

권리 또는 의무의 변경은 원칙적으로 제3국의 동의를 요하나 반드시 명시적 동의를 요하는 것은 아니다. 권리의 변경은 '제3국의 동의 없이는 동 권리를 수정할 수 없음이 확정되면' 제3국의 동의 없이 수정할 수 없으며, 의무의 변경은 '조약당사국과 제3국이 달리 합의하였음이 확정되지 아니하는 한' 제3국의 동의 없이 수정할 수 없다(조약법에 관한 비엔나협약 제37조).

✓ 선지분석
② 폴란드와 독일 간 분쟁에서 폴란드는 베르사유조약의 당사국이 아니므로 베르사유조약을 원용할 수 없다고 한 점이 조약상대성의 원칙에 대한 것이다.
③ 조약은 당사자효가 원칙이므로, 제3국에게 권리나 의무를 줄 수 없다.

답 ④

09 상부사보이 – 젝스 자유지대 사건(PCIJ, 1932)에 대한 설명으로 옳지 않은 것은?

① 1815년 체결된 파리조약에 의해 상부사보이와 젝스 지역이 프랑스에서 스위스에 할양되고 동 지역에 자유지대가 설정되었다.
② 1919년 베르사유조약 제435조는 1815년 조약규정이 현상에 적합하지 않음을 인정하고 자유지대에 관해 스위스와 프랑스가 새롭게 지위를 결정하기로 합의하였다.
③ 상설국제사법재판소(PCIJ)는 프랑스가 국내법을 통해 일방적으로 1815년 조약을 변경한 것은 조약규정을 국내적으로 이행한 것이므로 위법성이 없다고 판시하였다.
④ 상설국제사법재판소(PCIJ)는 스위스가 베르사유조약을 비준하지 않았으므로 베르사유조약에 구속을 받지 않으며 또한 베르사유조약 제435조에 대해 명백하게 반대하였으므로 제3국으로서도 구속을 받는 것은 아니라고 판시하였다.

정답 및 해설

상설국제사법재판소(PCIJ)는 베르사유조약이 프랑스에 대해 일방적인 관세선 변경을 허용한 것으로 볼 수 없고, 스위스가 베르사유조약을 비준하지 않았으므로 관세선 변경을 양국이 합의한 것으로도 볼 수 없다고 하였다. 결국 프랑스는 국제법을 위반하여 일방적으로 관세선을 변경한 것이므로 허용될 수 없다고 판시하였다.

✓ 선지분석
② 베르사유조약 제435조에 의해 스위스에 대해 특정한 의무가 부과되었는지가 쟁점이 된 것이다. 동 조항이 스위스에게 국경선을 변경시킬 의무를 부담시킨 것은 아니라고 판시하였다.
④ 상설국제사법재판소(PCIJ)는 결과적으로 스위스에게 유리한 판결을 내렸다. 이후 스위스와 프랑스는 별도의 합의를 통해 동 지역을 프랑스에게 할양해 주기로 하였다.

답 ③

10 조약법에 관한 비엔나협약(1969)상 동일한 사항을 규율하는 신구조약 상호 간의 관계에 대한 설명으로 옳지 않은 것만을 모두 고른 것은?

> ㄱ. 신조약이 체결되는 경우 구조약에 의해 성립된 국가책임은 소멸한다.
> ㄴ. 구조약과 신조약의 당사자가 동일한 경우 신법우선의 원칙이 적용된다.
> ㄷ. 분쟁당사국 간 가입한 조약이 상이한 경우 양국이 모두 가입한 조약이 적용된다.
> ㄹ. 국제협정상의 의무와 UN헌장상 의무가 상충하는 경우 전자가 우선한다.

① ㄱ, ㄴ
② ㄱ, ㄹ
③ ㄴ, ㄷ
④ ㄷ, ㄹ

정답 및 해설

동일한 사항을 규율하는 신구조약 상호 간의 관계에 대한 설명으로 옳지 않은 것은 ㄱ, ㄹ이다.
ㄱ. 신조약이 체결되어도 구조약에 의해 성립된 국가책임은 존속된다(조약법에 관한 비엔나협약 제30조 제5항).
ㄹ. 국제협정상의 의무와 UN헌장상 의무가 상충하는 경우 UN헌장상 의무가 우선한다(UN헌장 제103조).

✓ 선지분석
ㄴ. 당사자가 다르다면 분쟁당사자들이 모두 가입한 조약이 적용된다.

답 ②

제5절 ㅣ 해석

01 조약의 해석에 대한 설명으로 옳지 않은 것은?

① 문언주의는 조약문에 나타난 당사자의 의사를 탐구하는 해석론이다.
② 목적론주의는 해석에 있어서 조약의 목적을 고려하는 해석론이다.
③ 주관주의는 조약문에 나타난 당사자의 주관적 의사를 탐구하는 해석론이다.
④ 조약법에 관한 비엔나협약은 주관주의를 보충적 해석규칙으로 규정하고 있다.

정답 및 해설

주관주의는 당사국의 의사가 조약문에 충실하게 반영되어 있지 않을 수도 있다고 보고 조약 체결 당시의 준비문서나 제반사정을 탐구하는 해석론이다.

✓ 선지분석
① 조약의 해석은 대체로 문언주의 또는 문리 해석을 기본 원칙으로 한다. 조약법에 관한 비엔나협약은 조약의 문맥에서 당사자의 의사를 확인하는 것을 원칙으로 규정하고 있다.

답 ③

02

1969년 조약법에 관한 비엔나협약에 규정되어 있는 조약 해석의 원칙으로 옳지 않은 것은?

① 조약은 그 문맥에 따르고 또한 조약의 대상 및 목적에 비추어서 용어의 통상적인 의미에 따라 성실하게 해석한다.
② 조약의 해석 및 적용에 관한 당사국 간의 사후합의와 사후관행 및 당사국 간의 관계에 적용될 수 있는 국제법의 관련법규 등이 있을 경우에는 이를 조약의 문맥과 함께 고려한다.
③ 조약의 해석상 문맥이라 함은 조약의 전문, 본문, 부속서, 그리고 당해 조약의 체결에 관련되는 모든 당사국 간의 합의사항을 포함한다.
④ 조약의 준비문서 및 조약 체결 당시의 제반사정도 조약문과 동등하게 고려하여 해석한다.

조약의 준비문서 및 조약 체결 당시의 제반사정은 해석의 보충적 수단에 대한 진술로서 조약문과 동등한 지위를 부여하지 않는다(조약법에 관한 비엔나협약 제32조).

⊘ 선지분석
① 조약 해석의 원칙으로 문언주의와 목적론주의를 규정하였다.
② 조약의 문맥과 함께 고려해야 하는 사항으로 사후합의 등 세 가지를 명시하였다.

답 ④

03

1969년 조약법에 관한 비엔나협약상 조약의 해석에 대한 설명으로 옳지 않은 것은?

① 조약은 조약문의 문맥 및 조약의 대상과 목적으로 보아 그 조약의 용어에 부여되는 통상적 의미에 따라 성실하게 해석해야 한다.
② 제31조에 따른 해석으로 그 의미가 모호해지거나 또는 애매하게 될 때 조약의 준비문서 및 그 체결 시의 사정을 포함한 해석의 보충적 수단에 의존할 수 있다.
③ 조약의 용어는 각 정본상 동일한 의미를 가지는 것으로 추정되며, 조약의 번역문도 정본과 동등하게 다루어진다.
④ 조약이 2 또는 그 이상의 언어에 의하여 정본으로 확정된 때에는 상위가 있을 경우에 특정의 조약문이 우선함을 그 조약이 규정하지 아니하거나 또는 당사국이 합의하지 아니하는 한 각 언어로 작성된 조약문은 동등하게 유효하다.

조약의 번역문은 조약이 규정하거나 당사국이 합의하는 경우에만 정본으로 간주된다(조약법에 관한 비엔나협약 제33조 제2항).

⊘ 선지분석
② 주관주의에 대한 설명으로, 주관주의는 문언주의 해석에 대해 보충적 지위를 가진다.

답 ③

04 Navigational and Related Rights 사건(Costa Rica v. Nicaragua, 2009)에 대한 설명으로 옳지 않은 것은?

① 당사국은 조약 체결 후의 후속관행을 통한 묵시적 합의로는 원래 의도에서 이탈할 수 없다.

② 조약 체결 당사국은 보편적인 용어를 사용할 때 동 용어의 의미가 보편성으로 인해 시대에 따라 변할 수 있으며 특히 오랜 기간 동안 발효 중인 조약이거나 장기간 지속이 예상되는 조약의 경우 보편적인 용어의 의미가 변천할 수 있음을 조약 체결 당사국은 인지하였다고 추론하는 것이 합당하다.

③ 코스타리카는 재판청구서에 명시하지 않은 쟁점을 재판 도중 제시하였으나, 재판부는 그것이 재판청구서에 적시되지 않았다고 하더라도 재판청구서에 적시된 주 심리대상과 긴밀한 관계가 있다면 심리할 수 있다고 하였다.

④ 강안 주민의 생계 어로는 매우 오랜 기간 동안 방해받지 않고 시행된 관행이므로 관습권으로서 존중되어야 한다.

> **정답 및 해설**
>
> 당사국은 조약 체결 후의 후속관행을 통한 묵시적 합의에 의해 원래 의도에서 이탈할 수 있다.

답 ①

제6절 | 무효

01 1969년 조약법에 관한 비엔나협약에서 규정하고 있는 조약의 무효사유로 옳은 것만을 모두 고른 것은?

> ㄱ. 조약체결권에 관하여 근본적으로 중요한 국내법 규정의 명백한 위반
> ㄴ. 사정의 근본적 변경
> ㄷ. 상대방 당사국의 사기
> ㄹ. 일방 당사자의 중대한 위반
> ㅁ. 후발적 이행불능
> ㅂ. 국가대표의 부패

① ㄱ, ㄴ, ㄹ   ② ㄱ, ㄷ, ㅂ
③ ㄱ, ㄹ, ㅁ   ④ ㄴ, ㄷ, ㅁ

> **정답 및 해설**
>
> 1969년 조약법에 관한 비엔나협약에서 규정하고 있는 조약의 무효사유로 옳은 것은 ㄱ, ㄷ, ㅂ이다. 조약법에 관한 비엔나협약상 조약의 무효사유는 제46조에서 제53조에 걸쳐 8개로 한정되어 있으며 국내법 위반, 전권대표의 권한 남용, 착오, 사기, 부패, 국가대표에 대한 강박, 국가에 대한 강박, 강행규범 위반이 무효사유에 해당한다.
>
> **⊘ 선지분석**
>
> ㄴ, ㄹ, ㅁ. 사정의 근본적 변경, 일방 당사자의 중대한 조약 위반, 후발적 이행불능은 조약의 종료사유에 해당한다.

답 ②

02 1969년 조약법에 관한 비엔나협약상 조약의 무효사유에 대한 설명으로 옳은 것은?

① 국내법상 비준에 대한 국회의 동의를 요하는 조약에 관하여 비준동의절차를 거치지 아니한 조약은 당연무효이다.
② 오늘날 무력사용금지의 원칙은 국제법상 강행규범이므로, 당사국 간의 분쟁해결을 무력행사에 의지한다는 취지의 조약은 상대적 무효사유에 해당한다.
③ 국가대표를 강제하여 체결된 조약이라도 그 국가가 기속적 동의를 표시하면 유효하다.
④ '1969년 조약법에 관한 비엔나협약'은 조약의 무효사유에 대해 8가지를 규정하고 있으며, 체약국은 위 8가지 이외의 사유를 들어 적법성을 다툴 수 없다.

> **정답 및 해설**

8가지 무효사유는 열거적인 것으로 인정된다.

☑ 선지분석
① 상대적 무효사유로서 상대국에 대해 무효사유로 원용할 수 있을 뿐이다.
② 강행규범을 위반하는 취지의 조약은 절대적 무효사유에 해당한다.
③ 국가대표에 대한 강박은 절대적 무효사유이며, 절대적 무효사유는 동의에 의해 치유될 수 없다.

답 ④

03 조약법에 관한 비엔나협약(1969)에 대한 설명으로 옳지 않은 것은 모두 몇 개인가?

> ㄱ. 조약의 적법성은 조약법에 관한 비엔나협약의 적용을 통해서만 부정될 수 있다.
> ㄴ. 조약의 종료는 조약법에 관한 비엔나협약의 적용의 결과로서만 행해질 수 있다.
> ㄷ. 적법하게 조약으로부터 탈퇴한 국가는 탈퇴 전에 발생한 법적 책임이 경감된다.
> ㄹ. 착오가 존재하는 조약에 대해 그 적법성을 묵인한 국가는 추후 조약의 부적법을 주장할 수 없다.

① 1개
② 2개
③ 3개
④ 4개

> **정답 및 해설**

조약법에 관한 비엔나협약(1969)에 대한 설명으로 옳지 않은 것은 ㄴ, ㄷ. 2개이다.
ㄴ. 조약의 종료는 '그 조약의 규정'에 의해서도 행해질 수 있다(조약법에 관한 비엔나협약 제42조 제2항).
ㄷ. 탈퇴 전에 발생한 법적 책임은 별다른 사유가 없는 한 적법한 탈퇴라는 사실만으로 경감되지 않는다(조약법에 관한 비엔나협약 제43조).

☑ 선지분석
ㄱ. 조약의 적법성 부정이란 조약의 무효를 말한다. 무효사유는 조약법에 관한 비엔나협약에 명시된 것만 인정된다.
ㄹ. 착오는 상대적 무효사유이므로 착오가 존재하였더라도 상대방이 묵인하거나 추인하는 경우 그 상대방은 조약의 부적법이나 무효를 주장할 수 없다. 즉, 상대적 무효사유가 있는 경우 추인에 의한 하자의 치유가 인정된다.

답 ②

 **1969년 조약법에 관한 비엔나협약에 따를 경우, A국과 B국이 체결한 조약 중 조약체결상의 하자가 추인에 의하여도 치유될 수 없는 것으로 옳은 것은?**

① A국 대표가 B국으로부터 뇌물을 받고 체결한 조약

② A국 대표가 B국으로부터 생명의 위협을 받아 부득이하게 체결한 조약

③ A국 대표가 자국의 조약체결권한에 관한 국내법규정을 위반하여 B국과 체결한 조약

④ A국 대표가 중요사실에 대한 착오에 의하여 B국과 체결한 조약

정답 및 해설

절대적 무효사유가 있는 경우 하자의 추인에 의하여도 치유될 수 없다. 국가의 대표가 생명의 위협을 받은 경우는 조약법에 관한 비엔나협약 제51조의 절대적 무효사유인 '국가대표에 대한 강박'에 해당한다.

✓ **선지분석**
① 부패는 상대적 무효사유이므로, 추인에 의한 하자의 치유가 인정된다.
③ 국내법규정 위반은 상대적 무효사유이므로, 추인에 의한 하자의 치유가 인정된다.
④ 착오는 상대적 무효사유이므로, 추인에 의한 하자의 치유가 인정된다.

답 ②

 **1969년 조약법에 관한 비엔나협약상 조약의 무효에 대한 규정 내용으로 옳은 것은?**

① 조약의 구속을 받겠다는 국가의 동의가 조약체결권에 관한 국내법규정을 위반하여 표시되었다는 사실은 그 국가동의를 무효화하기 위하여 원용할 수 있는 것이 원칙이다.

② 그 국가의 행동으로 보아 조약의 적법성 또는 그 효력이나 시행의 존속을 묵인한 것으로 간주되어야 하는 경우, 조약무효를 위해 착오나 사기를 원용할 수 없다.

③ 국가나 국제기구가 조약을 체결할 당시 존재하는 것으로 생각한 법률상 착오가 있었고, 이 착오가 구속을 받겠다는 동의의 본질적 기초가 되었다면 그 동의를 무효로 하기 위해 이 착오를 원용할 수 있다.

④ 강행규범에 위반되는 조약은 언제나 무효가 된다.

정답 및 해설

조약법에 관한 비엔나협약 제48조와 제49조에 대한 내용이다.

✓ **선지분석**
① 원칙적으로는 원용할 수 없고 예외적으로만 원용할 수 있을 뿐이다(동 협약 제46조).
③ 국제기구는 배제되며, '사실상의 착오'여야 한다(동 협약 제48조).
④ 이미 성립된 강행규범에 위반하면 무효이나, 신강행규범에 반하는 기존조약은 무효로 되어 종료가 될 뿐이다.

답 ②

06 □□□ 조약의 무효사유로서 강행규범에 대한 설명으로 옳지 않은 것은?

① 조약법에 관한 비엔나협약 제53조는 강행규범의 구체적인 예를 열거하고 있다.
② 강행규범은 새로운 강행규범에 의하여 수정될 수 있다.
③ 강행규범이란 국제공동체 전체가 수락하고 승인한 규범이다.
④ 강행규범 위반 조약을 무효화하는 것은 조약내용에 대한 제재에 해당한다.

조약법에 관한 비엔나협약 제53조는 강행법규에 대한 정의를 내리고 있을 뿐 구체적인 예를 열거하고 있지는 않다. 다만, 무력행사, 노예매매, 해적, 집단살해의 금지 등은 오늘날 강행규범으로 성립되었다고 일반적으로 인정되고 있다.

 선지분석

② 동 협약 제53조에 의하면 강행규범은 새로운 강행규범에 의해 수정되거나 대체될 수 있다.
③ 강행규범의 본질적 취지는 공동체를 보호하자는 것이므로 국제공동체 전체가 수락하고 승인하여야 한다.
④ 강행규범 위반 조약을 무효화하는 것은 조약내용에 대한 제재에 해당하며, 강박 등으로 인한 조약을 무효화하는 것은 조약체결절차상의 중대한 하자에 대한 제재에 해당한다.

답 ①

07 □□□ 조약법에 관한 비엔나협약(1969)상 조약의 무효화 절차에 대한 설명으로 옳지 않은 것은?

① 강행규범과 무관한 무효 관련 분쟁은 합의에 의해 조정에 부탁될 수 있다.
② 통고 후 3개월이 지나도 상대방이 이의를 제기하지 않으면 그 조약의 무효를 선언할 수 있다.
③ 상대방이 이의를 제기하면 UN헌장 제33조에 규정된 바에 따라 분쟁을 평화적으로 해결하여야 한다.
④ 강행법규 위반의 경우에는 당사자 간 합의를 전제로 중재재판에 회부되며, 합의가 성립하지 않는 경우 일방적으로 국제사법법원에 사건을 회부할 수 있다.

조약법에 관한 비엔나협약상 조정은 '강제조정'이다. 즉, 일방적 부탁으로 조정절차가 개시된다.

선지분석

③ UN헌장 제33조는 분쟁의 평화적 해결 방법을 예시적으로 규정하고 있다. 당사자 간 교섭, 심사, 중개, 조정, 사법적 해결, 중재, 지역적 기관 등이 포함된다.
④ 약정관할권에 대한 내용이다. 조약이나 조약규정을 통해 국제사법재판소(ICJ)의 관할권이 인정되는 것을 약정관할권이라고 한다.

답 ①

08 조약 무효의 효과에 대한 설명으로 옳지 않은 것은?

□□□
① 무효절차를 거친 조약은 처음부터 소급해서 무효이다.
② 상대적 무효의 경우에는 국제사회의 법적 안정성을 위해 소급효가 없다.
③ 무효가 주장되기 전 성실히 실행된 행위는 조약무효를 이유로 위법화되지 않는다.
④ 사기, 부패, 강박의 경우에도 소급효의 완화가 인정된다.

정답 및 해설

상대적 무효의 경우에도 소급효가 원칙이다. 다만, 예외적으로 제49조(기만), 제50조(부패)의 경우 귀책 당사국에 관하여 소급효가 적용되지 않는다(조약법에 관한 비엔나협약 제69조 제3항).

✓ 선지분석
① 절대적 무효 또는 상대적 무효사유를 불문하고 협약상의 무효절차를 거친 조약은 원칙적으로 그 무효원인이 발생한 당시부터 무효이다. 즉, 소급효가 원칙이다.
③ 동 협약 제69조 제2항에 대한 내용이다.
④ 동 협약 제69조 제3항에 대한 내용이다.

답 ②

09 조약법에 관한 비엔나협약(1969)상 조약의 가분성에 대한 설명으로 옳지 않은 것은 모두 몇 개인가?

□□□

> ㄱ. 조약의 폐기·탈퇴 또는 시행 정지시킬 수 있는 당사국의 권리는 조약이 달리 규정하지 아니하거나 또는 당사국이 달리 합의하지 아니하는 한 조약 전체에 관해서만 행사될 수 있다.
> ㄴ. 조약법에 관한 비엔나협약에서 인정되는 부적법화의 사유는 원칙적으로 조약 전체에 관해서만 원용될 수 있다.
> ㄷ. 가분성이 인정되기 위해서는 협약상 조건을 충족해야 한다.
> ㄹ. 조약의 무효사유 중 사기와 부패의 경우 원용국은 문제가 된 조항에 대해서만 무효를 주장할 수 있다.
> ㅁ. 착오에 의해 무효를 주장하는 국가는 당해 조항이 분리 가능하다고 하더라도 반드시 조약 전체에 대해서만 무효를 주장할 수 있다.
> ㅂ. 절대적 무효사유에 해당되는 경우 반드시 조약 전체가 무효가 되며 조약규정의 분리가 허용되지 아니한다.

① 1개 ② 2개
③ 3개 ④ 4개

정답 및 해설

조약의 가분성에 대한 설명으로 옳지 않은 것은 ㄹ, ㅁ 2개이다.
ㄹ. 사기와 부패는 선택적 분리사유이다. 즉, 문제가 된 조항에 대해서만 분리하여 무효를 주장할 수도 있고, 조약 전체에 대한 무효를 주장할 수도 있다.
ㅁ. 착오, 국내법 위반, 전권대표의 권한 남용은 필수적 분리사유이다. 즉, 분리할 수 있다면 반드시 분리하여 문제가 된 조항만 무효화할 수 있다.

✓ 선지분석
ㄱ. 가분성이 부인되는 것이 원칙이다.
ㄴ. 조약의 무효 시에도 가분성이 부인되는 것이 원칙이다.

답 ②

10

착오에 대한 설명으로 옳지 않은 것만을 모두 고른 것은?

ㄱ. 조약의 상대적 무효사유이다.
ㄴ. 프레아 비히어 사원 사건에서 국제사법재판소(ICJ)는 중대한 오류를 포함하고 있는 지도의 수락에 대해 태국의 착오를 인정하여 캄보디아의 주장을 배척하였다.
ㄷ. 자신의 행동에 의해 착오가 유발되었더라도, 주위 상황으로 보아 착오를 인식할 수 없었음이 명확한 경우에는 착오를 원용할 수 있다.
ㄹ. 그 조약이 체결된 당시에 존재한 것으로 생각한 사실 또는 사태에 관한 착오로서, 그 착오가 조약에 대한 국가의 기속적 동의의 본질적 기초인 경우 착오를 원용할 수 있다.

① ㄱ, ㄴ 　　　② ㄱ, ㄷ
③ ㄴ, ㄷ 　　　④ ㄴ, ㄹ

정답 및 해설

착오에 대한 설명으로 옳지 않은 것은 ㄴ, ㄷ이다.
ㄴ. 프레아 비히어 사원 사건에서 국제사법재판소(ICJ)는 태국의 착오를 인정하지 않았다.
ㄷ. 자신이 착오를 유발하였다면 착오를 원용할 수 없다.

◎ 선지분석
ㄱ. 상대적 무효사유는 당해 사유를 원용하여 타국과 합의가 형성된 경우 무효가 확정되는 사유를 말하며, 절대적 무효사유는 당해 사유가 존재하는 것만으로도 조약이 무효화되는 사유를 말한다. 착오는 조약의 상대적 무효사유에 해당한다.
ㄹ. 조약에 대한 중대한 착오인 경우에 한해 무효를 주장할 수 있다는 것이다. 사실상의 착오만 인정된다는 점도 기억해야 한다.

답 ③

11

프레아 비히어 사원 사건에 대한 주요 쟁점으로 옳지 않은 것만을 모두 고른 것은?

ㄱ. 국제사법재판소(ICJ)는 태국이 지도의 무효사유로서 '착오'를 원용할 수 있다고 판단하였다.
ㄴ. 국제사법재판소(ICJ)는 태국이 착오를 인식한 후 합리적 기간 내에 반대의사를 표명하지 않았으므로 이를 묵인으로 간주하였다.
ㄷ. 캄보디아는 프레아 비히어 사원과 그 주변 지역에 대한 영유권을 '선점'에 의해 취득하였다.
ㄹ. 국제사법재판소(ICJ)는 사원과 주변지역에서 태국의 군대, 경비대 등을 철수시킬 것과 프레아 비히어 사원에서 태국이 가지고 나온 고미술품 등을 캄보디아에 반환할 것을 요구했다.

① ㄱ, ㄴ 　　　② ㄱ, ㄷ
③ ㄴ, ㄷ 　　　④ ㄷ, ㄹ

프레아 비히어 사원 사건에 대한 주요 쟁점으로 옳지 않은 것은 ㄱ, ㄷ이다.

ㄱ. 태국은 지도의 무효사유로 '착오(조약법에 관한 비엔나협약 제48조)'를 원용할 수 없다고 판단하였다. 재판부는 해당 지도가 합동위원회의 작업에 기초하여 작성된 것으로, 작성 과정에서 착오가 있다고 하더라도 이는 태국이 지명한 조사단에 의해 작성되었고 태국이 이를 묵인하였으므로 무효를 주장할 수 없다고 판단하였다. 착오의 귀책사유가 원용국에 있기 때문이다.

ㄷ. 태국 당국이 지도의 교부를 받고 지도를 광범위하게 배포하였으며, 합리적인 기간 내에 어떠한 대응도 하지 않음에 따라 캄보디아는 '시효'에 의해 주변 지역의 영유권을 취득하였다.

☑ 선지분석

ㄴ. 태국은 지도의 오류를 인식한 후에도 약 50년간 이에 대해 항의 등 반대의사를 표명하지 않았으므로 이를 묵인으로 간주하였다.

ㄹ. 프레아 비히어 사원 사건 이후 '주변 지역'의 범위에 대해 분쟁이 발생하여 캄보디아가 해석을 청구하여 범위를 확정한 바도 있다.

답 ②

12

조약법에 관한 비엔나협약(이하 '협약'이라 한다)에 대한 설명으로 옳은 것은?

① 국가와 국제법의 다른 주체 간 또는 국제법의 그러한 다른 주체 간에 체결되는 국제적 합의 또는 서면형식에 의하지 아니한 국제적 합의에 대하여 이 협약이 적용되지 아니하므로 그러한 합의는 법적 효력을 가지지 않는다.

② 조약문의 정본 인증, 조약에 대한 국가의 기속적 동의의 확정, 조약의 발효방법 또는 일자 등 조약의 발효 전에 필연적으로 발생하는 기타의 사항을 규율하는 조약규정은 조약문에 대한 인증 시로부터 적용된다.

③ 조약이 2 또는 그 이상의 언어에 의하여 정본으로 확정된 때에는 상위가 있을 경우에 특정의 조약문이 우선함을 그 조약이 규정하지 아니하거나 또는 당사국이 합의하지 아니하는 한 각 언어로 작성된 조약문은 동등히 유효하다.

④ 국가는 그 국가의 행동으로 보아 조약의 적법성을 묵인한 것으로 간주되어야 하는 경우 그 사실을 알게 된 후에는 국가에 대한 강박에 의해 체결된 조약의 부적법을 원용할 수 없다.

원칙적으로 각 조약문의 효력이 동등하다는 의미이다.

☑ 선지분석

① 합의의 법적 효력에 영향을 주지 아니한다.

② 채택 시로부터 적용된다.

④ 절대적 무효사유가 있는 경우에는 묵인이 있었다고 하더라도 무효(부적법)를 원용할 수 있다.

답 ③

13

다음 사례에 대한 설명으로 <보기>에서 옳은 것은 모두 몇 개인가?

1951년 5월 A국은 자국이 무력으로 병합한 B국에서 여성들을 강제로 동원하여 자국이 수행하고 있는 전쟁에서 성노예(sexual slavery)로 활용하였다. 이후 독립한 B국은 성노예로 동원되었던 여성들의 요구에 따라 A국의 사과와 배상을 위한 협상을 진행하던 중 여성들의 요구와 무관하게 협상을 타결하고 X조약을 체결하였다. 추후 새로 성립한 B국의 신정부가 X조약을 일방적으로 폐기하자 A국은 B국을 국제사법재판소(ICJ)에 제소하였다. (단, A국과 B국은 모두 UN 회원국이다)

<보기>
ㄱ. A국의 무력병합은 시제법의 원칙에 의해 적법한 것으로 간주될 수 있다.
ㄴ. B국의 여성 강제동원과 성노예화는 인권존중의무를 위반한 것으로 볼 수 있으므로 2001년에 작성된 위법행위에 대한 국가책임에 관한 국제법위원회 최종초안에 따르면 국제범죄에 해당되어 피해국이 아닌 국가도 국가책임을 원용할 수 있다.
ㄷ. B국이 자국 여성들의 의사와 다르게 조약을 체결하였으므로 조약법에 관한 비엔나협약(1969)에 의하면 무효이다.
ㄹ. 만약 X조약이 무효라고 한다면 B국의 신정부는 X조약을 승계할 국제법적 의무가 없다.
ㅁ. A국의 강제동원과 성적 노예화에 관여한 A국 공무원은 국제형사재판소(ICC)에 의해 처벌될 수 없다.

① 1개
② 2개
③ 3개
④ 4개

정답 및 해설

사례에 대한 설명으로 옳은 것은 ㄹ, ㅁ. 2개이다.
ㄹ. 조약이 무효라면 당초부터 법적 효력이 없으므로 신정부는 조약을 승계할 의무가 없다.
ㅁ. ICC 시간적 관할권은 로마조약 발효 이후 발생한 범죄를 대상으로 한다. 로마협약은 2002년 7월 발효하였으므로, 1951년 발생한 범죄는 국제형사재판소(ICC)에서 처벌될 수 없다.

⊘ 선지분석
ㄱ. 무력사용금지원칙이 성립된 이후 무력병합하였으므로 적법하다고 볼 수 없다.
ㄴ. 2001년 위법행위에 대한 국가책임에 관한 국제법위원회 최종초안에는 국제범죄 개념이 존재하지 않는다.
ㄷ. 자국 국민의 의사와 무관하게 체결되었다고 해서 조약이 무효화되는 것은 아니며, 조약의 무효사유는 조약법에 관한 비엔나협약에 규정된 무효사유에 한정된다.

답 ②

01

1969년 조약법에 관한 비엔나협약상 조약의 종료 혹은 시행정지에 대한 설명으로 옳지 않은 것은?

① 조약이 달리 규정하지 않는 한, 다자조약은 그 당사국 수가 그 발효에 필요한 수 이하로 감소하는 사실을 이유로 종료한다.
② 양자조약의 일방 당사국에 의한 실질적 위반(material breach)은 그 조약의 종료 또는 시행의 전부나 일부의 정지를 위한 사유로서 그 위반을 원용하는 권리를 타방 당사국에 부여한다.
③ 조약의 이행불능이 그 조약의 시행에 불가결한 대상의 영구적 소멸 또는 파괴로 인한 경우에 당사국은 그 조약을 종료시키거나 또는 탈퇴하기 위한 사유로서 그 이행불능을 원용할 수 있다.
④ 조약의 이행불능이 일시적인 경우에는 조약의 시행정지를 위한 사유로서만 원용될 수 있다.

정답 및 해설

조약의 발효에 필요한 수 이하로 감소하였다는 사실로 조약이 종료되는 것은 아니다(조약법에 관한 비엔나협약 제55조).

✅ 선지분석
② 조약의 중대한 위반 시 상대국은 국제법상 책임을 추궁하는 것에서 나아가 조약의 정지나 종료를 주장할 수 있다.
③ 조약의 후발적 이행불능에 대한 내용으로, 이는 상대적 종료사유에 해당한다.
④ 조약의 이행불능이 원용국의 국제법 위반에 의해 초래된 경우에는 이행불능을 원용할 수 없다.

답 ①

02

조약의 의무 위반에 의한 조약의 종료 또는 정지에 대한 설명으로 옳지 않은 것은?

① 조약의 의무 위반으로 특별히 영향을 받는 당사국은 위반국과의 관계에서 조약의 전부 혹은 일부를 정지하도록 원용할 권한을 가진다.
② 중대한 조약 위반은 타 당사국들에게 위반국과의 관계에서뿐만 아니라 모든 당사국들 사이에서도 조약의 종료·정지의 근거가 된다.
③ 조약의 성질상 한 당사국의 중대한 의무 위반이 타 당사국의 조약의무 이행에 급격한 변화를 야기하는 경우 어느 당사국이든 조약 정지의 사유로서 그 위반을 원용할 수 있다.
④ 조약법에 관한 비엔나협약은 인도주의적 성격의 조약에 담긴 개인보호, 특히 개인에 대한 복구 금지 조약에 대해서도 조약의 정지를 허용하고 있다.

정답 및 해설

'인권보호'에 관한 조약규정에 있어서 일방 당사자의 위반을 이유로 조약의 정지를 요구할 수 없다(조약법에 관한 비엔나협약 제60조 제5항).

✅ 선지분석
① 특별한 영향을 받는 당사국은 위반국과의 관계에서 조약의 정지를 원용할 수 있다. 일부 정지도 원용할 수 있으므로 가분성이 명시된 것이다.
② 다자조약에 대한 중대한 위반의 경우 위반국 이외의 모든 당사국들은 당해 조약 자체를 종료하거나 정지할 수 있다.
③ 군축조약을 예로 들 수 있다. 다자간군축조약을 어떤 국가가 위반한 경우 이는 다른 모든 당사자들의 조약상 지위를 근본적으로 변경시킨 것이므로, 다른 모든 당사국들은 그 위반을 이유로 조약의 정지를 원용할 수 있다.

답 ④

01

① 조약의 중대한 위반이 있는 경우 개별 당사국은 조약을 종료할 수 있다.
② 조약의무 이행에 불가결한 목적물이 항구적으로 멸실된 경우 조약의 종료를 위해 그러한 상황을 원용할 수 있다.
③ 원칙적으로 사정변경을 원용하여 조약을 종료할 수 없다.
④ 가브치코보 – 나기마로스 사건에서 국제사법재판소(ICJ)는 헝가리의 사정변경 원칙에 기초한 조약의 종료 주장을 기각하였다.

조약의 종료에 대한 설명으로 옳지 않은 것은?

정답 및 해설

조약의 종료를 위해서는 위반국 이외의 모든 당사국의 합의를 요한다.

⊘ 선지분석
③ 사정변경이 조약의 정지 또는 종료사유이기는 하나, 엄격한 요건하에 예외적으로만 원용할 수 있다. 따라서 원칙적으로는 사정변경을 원용하여 종료를 주장할 수 없다. 조약법에 관한 비엔나협약 제62조의 조문구조에 대한 설명이다.
④ 가브치코보 – 나기마로스 사건에서 국제사법재판소(ICJ)는 사정변경 원칙의 원용요건을 충족하지 못했다고 보았다. 또한, 사정변경이 있다고 하더라도 헝가리가 1977년 부다페스트협정을 위반하여 사정변경을 자초한 점도 고려하였다.

답 ①

02

조약의 종료(termination)에 대한 설명으로 옳은 것(○)과 옳지 않은 것(×)을 바르게 표시한 것은?

ㄱ. 조약의 종료(termination)란 유효하게 체결되어 발효 중인 조약이 당사국의 합의 또는 국제법상 일정한 사유의 발생에 의해 소급하여 그 효력을 상실하는 것을 말한다.
ㄴ. 조약에 유효기간이 이미 정해진 경우 그 기간이 만료되면 일방 당사국의 통고만으로 조약은 종료한다.
ㄷ. 조약의 대상인 목적물이 영구적·후발적으로 멸실 또는 파괴되어 조약상 권리의 행사와 의무의 이행이 원천적으로 불가능해진 경우 조약은 자동적으로 종료된다.
ㄹ. 동맹조약과 강화조약의 경우 성질상 폐기 또는 탈퇴의 권리가 추론된다.
ㅁ. 조약당사국 간 전쟁이 발생할 경우 동맹조약, 우호통상항해조약, 영토할양조약 등은 종료한 것으로 간주된다.
ㅂ. 조약의 모든 당사국이 동일한 사항에 대해 신조약을 체결하고, 신조약에 의하여 그 사항이 규율되어야 함을 당사국이 의도하였음이 그 신조약으로부터 나타나거나 또는 달리 확정되는 경우 전조약은 종료한 것으로 간주된다.

	ㄱ	ㄴ	ㄷ	ㄹ	ㅁ	ㅂ
①	×	×	○	×	○	○
②	×	×	×	×	○	○
③	×	×	×	×	×	○
④	×	○	×	○	○	○

조약의 종료(termination)에 대한 설명으로 옳은 것은 ㅂ이고 옳지 않은 것은 ㄱ, ㄴ, ㄷ, ㄹ, ㅁ이다.

ㄱ. [×] 조약의 종료(termination)는 정상적으로 발효 중인 조약이 당사국의 합의 또는 국제법상 일정한 사유의 발생에 의해 그 효력이 '장래적으로' 소멸하는 것을 말한다. 따라서 조약의 종료는 조약체결과정이나 내용상의 흠결로 인하여 '처음부터(ab initio)' 조약의 효력이 발생하지 않는 조약의 무효와 구별된다.

ㄴ. [×] 조약에 유효기간이 이미 정해진 경우 그 기간의 만료와 동시에 조약은 종료한다. 이 경우 조약상 별도의 규정을 두고 있지 않는 한 소멸통고를 필요로 하지 않는다.

ㄷ. [×] 이는 조약의 상대적 종료사유에 해당되므로, 자동적으로 종료되는 것이 아니라 단지 종료를 원용할 수 있는 데 그친다. 조약의 절대적 종료사유는 신강행규범의 출현 1가지이다.

ㄹ. [×] 강화조약, 국경선 획정조약 등은 성질상 폐기 또는 탈퇴의 권리가 인정되지 않는다.

ㅁ. [×] 전쟁 발발 시 동맹조약·우호통상항해조약과 같이 조약당사국 간 정치적 동맹이나 우호관계를 전제로 한 조약은 종료된다. 그러나 영토할양조약과 같이 영구적 처분을 규정하는 조약과 1907년 헤이그협약과 같이 국제법상 전쟁행위를 규율하는 조약은 전쟁 발생에도 불구하고 그 효력은 존속하는 것으로 간주된다.

ㅂ. [○] 조약법에 관한 비엔나협약 제59조에 대한 내용이다.

답 ③

03 조약의 정지·종료 및 폐기에 관하여 1969년 조약법에 관한 비엔나협약 규정에 대한 설명으로 옳지 않은 것은?

① 조약의 이행불능이 그 조약의 이행에 필수불가결한 목적물의 영구적 멸실 또는 파괴로 인한 경우에 당사국은 그 조약을 종료시키거나 또는 탈퇴하기 위한 사유로서 그 이행불능을 원용할 수 있다.

② 이행불능이 이를 원용하는 당사국에 의한 조약상의 의무나 또는 그 조약의 다른 당사국에 대하여 지고 있는 기타의 국제적 의무의 위반의 결과인 경우에 그 이행불능은 그 조약을 종료시키기 위한 사유로서 그 당사국에 의하여 원용될 수 없다.

③ 양자조약 및 다자조약의 일방 당사국에 의한 중대한 위반은 그 조약의 종료를 위한 사유로서 그 위반을 원용하는 권리를 타방 당사국에 부여한다.

④ 인도적 성격의 조약이고 그 속에 인간보호에 관한 규정이 있다면 당해 규정은 중대한 의무 위반을 이유로 폐기하지 않아야 한다.

일방 당사국에 의한 '양자조약'의 중대한 위반은 동 조약을 종료시키거나 그 시행을 전부 또는 일부 정지시키기 위한 사유로서 타방 당사국에게 동 위반을 원용할 수 있는 권리를 부여한다(조약법에 관한 비엔나협약 제60조 제1항). 일방 당사국에 의한 '다자조약'의 중대한 위반은 관계 당사국에게 조약법에 관한 비엔나협약상 조치를 취할 수 있는 권리를 부여한다(조약법에 관한 비엔나협약 제60조 제2항).

> **관련 이론 다자조약 위반 시 관계 당사국의 취할 수 있는 조치**
>
> 1. 타방 당사국은 전원합의에 의해 타방 당사국과 위반국 간 또는 모든 당사국 간에 있어서 조약의 전부 또는 일부의 시행을 정지시키거나 또는 동 조약을 종료시킬 수 있다.
> 2. 위반에 의하여 특별히 영향을 받은 당사국은 자국과 위반국 간의 관계에서 조약의 전부 또는 일부의 시행을 정지시키기 위한 사유로서 이를 원용할 수 있다.
> 3. 일방 당사국에 의한 조약규정의 중대한 위반이 조약에 의거한 의무 수행에 관하여 모든 당사국의 입장을 근본적으로 변경시키는 경우에 위반국 이외의 다른 당사국에 관하여 그 조약의 전부 또는 일부의 시행 정지를 위한 사유로서 타방 당사국에 그 위반을 원용할 수 있다.

선지분석

① 동 협약 제61조 제1항에 대한 내용이다.
② 동 협약 제61조 제2항에 대한 내용이다.
④ 동 협약 제60조 제5항에 대한 내용이다.

답 ③

04 조약의 종료에 대한 설명으로 옳은 것은?

① 조약의 모든 당사국들이 동일 사항에 대하여 새로운 조약을 체결한 경우 전 조약은 종료된다.

② 조약의 시행에 필수불가결한 대상이 영구적으로 소멸되었거나 파괴된 경우, 이는 조약의 절대적 종료 사유에 해당한다.

③ 외교·영사관계의 단절, 전쟁의 발발은 양국 간 모든 조약을 자동적으로 종료시키는 효력을 가진다.

④ 탈퇴 규정이 없는 조약의 경우 그로부터 탈퇴할 수 없는 것이 원칙이다.

정답 및 해설

✅ 선지분석

① ㉠ 당사국들이 그 사항에 관하여 후조약에 의하여 규율하기로 의도하였음이 후조약에 나타나거나 달리 입증되는 경우, ㉡ 후조약과 전조약이 동시에 적용될 수 없을 만큼 상호 양립할 수 없는 경우에 전 조약은 종료된 것으로 간주된다.

② 상대적 종료사유에 해당한다.

③ 외교·영사관계 단절은 외교 또는 영사관계의 존재가 조약의 적용을 위하여 불가결한 경우가 아니라면 조약관계에 영향을 주지 않는다. 다만, 일반적으로 전쟁의 발발이 전쟁 당사국 간의 조약을 자동적으로 종료하게 하지는 않는다고 해석되지만 조약법에 관한 비엔나협약은 이 문제에 대해 침묵하고 있다.

답 ④

05 사정변경의 원칙에 대한 설명으로 옳지 않은 것만을 모두 고른 것은?

ㄱ. 국경선 획정조약에는 적용되지 않는다.

ㄴ. 국제사법재판소(ICJ)는 가브치코보 - 나기마로스 사건(1997)에서 헝가리의 사정변경의 원칙 주장을 인정하였다.

ㄷ. 사정변경의 사유가 당사국 자신의 의무 위반의 결과일 경우 그 국가는 동 원칙을 원용할 수 없다.

ㄹ. 사정변경의 원칙은 조약을 종료시키는 것보다는 조약을 상황에 맞게 변경하는 데 그 목적이 있다.

ㅁ. 사정변경의 원칙은 '약속은 지켜져야 한다(pacta sunt servanda)'는 국제법의 기본원칙에 대한 중대한 일탈을 구성한다.

① ㄱ, ㄴ

② ㄱ, ㄷ

③ ㄴ, ㄷ

④ ㄴ, ㄹ

정답 및 해설

사정변경의 원칙에 대한 설명으로 옳지 않은 것은 ㄴ, ㄹ이다.

ㄴ. 국제사법재판소(ICJ)는 헝가리의 사정변경의 원칙 주장을 부정하였다. 헝가리의 주장에 나타난 그 같은 여러 변화에 대한 가능성은 조약체결 당시 그 당사국들이 예견하지 못한 것도 아니며, 문제의 프로젝트를 이행하기 위해 남아있는 의무의 범위를 급격히 변형시키는 성격의 것도 아니라는 점을 지적하였다.

ㄹ. 사정변경의 원칙은 조약을 상황에 맞게 변경하는 것이 아니라 종료(혹은 정지)시키는 것을 목적으로 한다.

✅ 선지분석

ㄱ. 조약법에 관한 비엔나협약 제62조 제2항 제(a)호에 대한 내용이다.

ㄷ. 조약법에 관한 비엔나협약 제62조 제2항 제(b)호에 대한 내용이다.

답 ④

06 조약의 종료에 대한 설명으로 옳지 않은 것은?

① 국제사법재판소(ICJ)는 사정변경의 원칙 자체는 인정하나 법적 안정성을 위해 그 요건을 엄격히 해석하는 관행을 보여주고 있다.
② 1985년 이란 – 미국 청구재판소는 '퀘스테크회사 사건'에서 사정변경의 원칙에 따른 조약의 종료를 인정하지 않았다.
③ UN자유권규약위원회(UNHRC)는 '시민적 및 정치적 권리에 관한 국제규약'이 탈퇴가 불가능한 조약이라고 해석하였다.
④ 조약에 명문의 규정이 없는 경우에도 폐기나 탈퇴의 권리가 조약의 성질상 묵시적으로 인정되는 경우 탈퇴 또는 폐기의 권리를 인정하나, 이 경우 폐기 또는 탈퇴의 의사를 적어도 12개월 전에 통고하여야 한다.

> **정답 및 해설**
>
> '퀘스테크회사 사건'은 사정변경의 원칙에 따라 조약의 종료가 인정된 사건이다.
>
> **✅ 선지분석**
> ① 어업관할권 사건에서 아이슬란드는 사정변경을 원용하였으나 요건 미충족으로 기각되었다. 가브치코보 – 나기마로스 사건에서도 헝가리 측의 사정변경 주장을 기각하였다.
> ③ 조약에 탈퇴규정이 없는 경우 별도의 당사자 간 합의가 있는 경우 탈퇴가 인정된다. 다만, 조약 성질상 탈퇴가 부정되기도 하며, UN자유권규약위원회(UNHRC)는 인권조약에 대해서는 그 성질상 일방적 탈퇴가 불가능하다고 본다.

답 ②

07 조약의 종료절차에 대한 설명으로 옳지 않은 것은?

① 조약의 종료를 주장하는 국가는 이를 상대국에게 통보해야 한다.
② 3개월 내에 상대국으로부터 이의제기가 없는 경우 조약을 종료할 수 있다.
③ 강행규범에 대한 분쟁은 합의에 기초하여 중재재판에 부탁되어야 한다.
④ 종료절차에 대한 분쟁은 의무적 조정절차에 부탁될 수 있다.

> **정답 및 해설**
>
> 중재재판에 부탁할 '의무'가 있는 것은 아니다. 합의에 기초하여 중재재판에 부탁할 수 있으며, 합의가 형성되지 아니한 경우 일방 당사국의 제소에 의해 국제사법재판소(ICJ)에 부탁될 수 있다.
>
> **✅ 선지분석**
> ① 조약의 종료는 서면으로 통지하여야 한다.
> ④ 강행규범과 무관한 종료사유 관련 분쟁은 의무적 조정절차에 부탁될 수 있다. 이 경우 UN사무총장에게 부탁되며, 조정은 조정위원회가 한다.

답 ③

08

다음 사례에 대한 설명으로 옳은 것은?

> A국과 B국은 2013년 X조약을 체결하여 양국의 경계를 형성하고 있는 하천에 댐을 건설하여 하천수를 공동이용하기로 하였다. 2014년 A국에서 군사쿠데타가 발생하여 신정부가 수립되고 신정부는 B국과 체결한 조약의 폐기를 선언하였다. 신정부의 조약 폐기선언으로 B국은 막대한 손해를 입게 되자 B국은 A국을 국제사법재판소(ICJ)에 제소하고자 한다.

① A국에서 위헌적 정부가 수립되었으므로 신정부는 이전 정부가 체결한 조약을 합법적으로 폐기할 수 있다.
② A국과 B국이 UN 회원국이라면 B국의 제소에 대해 A국은 응소의무가 있다.
③ A국과 B국이 모두 조약법에 관한 비엔나협약(1969)의 당사국이라면 A국은 X조약을 일방적으로 폐기할 수 있다.
④ A국과 B국이 모두 조약법에 관한 비엔나협약(1969)의 당사국이 아니어도 B국은 A국의 조약 위반을 이유로 X조약의 정지 또는 종료를 주장할 수 있다.

조약의 중대한 위반으로 인한 조약의 종료 또는 정지는 조약법에 관한 비엔나협약 제60조의 규정이나, 국제사법재판소(ICJ)에 의하면 동 조항은 관습법을 성문화한 것이다. 따라서 양국이 조약법에 관한 비엔나협약 당사국이 아니어도 동 조항의 규정을 원용할 수 있다.

선지분석
① 위헌적 정부 수립과 무관하게 신정부가 수립된 경우라면 정부승계의 법리에 의해 A국의 신정부는 이전 정부의 조약을 승계할 의무가 있다. 따라서 신정부는 일방적으로 조약을 폐기할 수 없다.
② 양국이 모두 UN 회원국이라 하더라도 양국이 모두 선택조항을 수락한 경우가 아니라면 A국이 응소의무를 지는 것은 아니다.
③ 조약법에 관한 비엔나협약 제56조에 의해 원칙적으로 조약의 일방적 폐기는 허용되지 않으며, 조약의 성질상 일방적 폐기가 가능한 경우가 있다. 그러나 통설에 의하면 X조약과 같은 처분적 조약은 일방적으로 폐기할 수 없다.

답 ④

09

국제사법재판소(ICJ)의 Gabcikovo-Nagymaros Project(1997) 사건의 쟁점에 대한 설명으로 옳지 않은 것만을 모두 고른 것은?

> ㄱ. 동 사건에서 조약불소급의 원칙에 따라 1969년 조약법에 관한 비엔나협약이 적용되지 아니하였다.
> ㄴ. 국제사법재판소(ICJ)는 헝가리 내부 정치적 상황의 심각한 변화, 환경법규범의 발달 등을 조약의 종료사유로서 사정변경의 원칙 적용의 요건을 충족한다고 판단하였다.
> ㄷ. 국제사법재판소(ICJ)는 1969년 조약법에 관한 비엔나협약의 제60, 61, 62, 64조를 조약의 종료에 관한 예시 조항으로 보고 이외의 상황의 존재도 조약의 종료사유로 원용될 수 있다고 판시하였다.
> ㄹ. 국제사법재판소(ICJ)는 1977년 조약을 처분적 조약으로 간주하고 슬로바키아에 승계된다고 판단하였다.

① ㄱ, ㄴ
② ㄱ, ㄴ, ㄷ
③ ㄴ, ㄷ, ㄹ
④ ㄱ, ㄴ, ㄷ, ㄹ

Gabcikovo – Nagymaros Project(1997) 사건의 쟁점에 대한 설명으로 옳지 않은 것은 ㄱ, ㄴ, ㄷ이다.

ㄱ. 동 사건에서 헝가리는 헝가리 – 체코슬로바키아 간의 1977년 조약은 조약법에 관한 비엔나협약이 양국 사이에서 발효되기 이전에 체결되었으므로 조약불소급의 원칙에 따라 동 사건에 적용될 수 없다고 주장하였다. 그러나 국제사법재판소(ICJ)는 동 사건에서 주요하게 다루어진 제60조 내지 제62조에 규정된 조약의 종료 및 정지에 대한 조문들이 기존의 관습법을 법전화한 것이라는 이유로 조약법에 관한 비엔나협약을 적용하였다.

ㄴ. 국제사법재판소(ICJ)는 그 당시의 정치적 조건이 당사국들의 동의의 본질적 기초는 아니었으며 그 변화가 장차 이행되어야 할 의무의 범위를 급격히 변화시킬 정도가 아니었다고 판단하고 사정변경의 원용요건이 충족되지 않았다고 판단하였다.

ㄷ. 재판 과정에서 헝가리는 Gabcikovo – Nagymaros Project가 가진 환경위험에 근거하여 '생태학적 긴급피난' 상태를 원용하였고, 동 조약의 종료가 정당화된다고 주장하였다. 이에 대해 국제사법재판소(ICJ)는 조약의 발효, 정지 또는 종료 여부는 조약법에 따라서 판단할 문제이며, 조약법을 위반한 정지 또는 폐기가 국가책임을 발생시키는 범위는 국가책임법에 따라 판단할 문제라고 보았다. 따라서 국제사법재판소(ICJ)는 국가책임법상의 위법성 조각사유인 긴급피난이 1977년 조약상 의무의 이행중지 및 종료사유가 될 수 없다고 판단하였다.

✅ 선지분석

ㄹ. 1977년 조약을 권리·의무를 창설하는 처분적 조약으로 보아 1993년부터 슬로바키아가 조약의 당사국이 되었다.

답 ②

10

① 국제사법재판소(ICJ)에 의하면 조약법에 관한 비엔나협약에 규정된 종료사유 이외에 긴급피난을 조약 종료사유로 원용할 수 없다.

② 조약법에 관한 비엔나협약에 의하면 조약 종료는 조약규정이나 당사자 간 추후 합의를 통해서도 가능하다.

③ UN으로부터 탈퇴는 인정되나, UN헌장에 명문규정은 없다.

④ 기후변화협약(1992)과 파리협정(2015)은 별개의 조약이므로 기후변화협약에서 탈퇴한다고 해서 파리협정(2015)에서도 탈퇴한 것으로 간주되는 것은 아니다.

파리협정에 의하면 기후변화협약에서 탈퇴한 경우 파리협정에서도 탈퇴한 것으로 간주된다.

✅ 선지분석

① 가브치코보 – 나기마로스 사건에서 헝가리가 조약 종료사유로 긴급피난을 원용하였으나, 국제사법재판소(ICJ)는 긴급피난은 조약 종료사유가 될 수 없다고 판시하였다.

답 ④

01

1969년 비엔나협약에 의할 때 조약의 개정에 대한 설명으로 옳은 것은?

① 모든 당사국 간에서 다자조약을 개정하기 위한 제의는 모든 체약국에 통고될 필요가 없다.
② 조약의 당사국이 될 수 있는 권리를 가진 모든 국가가, 개정되는 조약의 당사국이 될 수 있는 권리도 가지는 것은 아니다.
③ 개정하는 합의는 개정하는 합의의 당사국이 되지 아니하는 조약의 기존 당사국을 구속한다.
④ 개정하는 합의의 발효 후에 조약의 당사국이 되는 국가는 그 국가에 의한 별도 의사의 표시가 없는 경우에 개정되는 조약의 당사국으로 간주된다.

정답 및 해설

조약법에 관한 비엔나협약 제40조 제5항에 대한 내용이다.

✔ 선지분석
① 모든 체약국에 통고되어야 한다(동 협약 제40조 제2항).
② 조약당사국이 될 자격을 가진 모든 국가는 동 개정조약의 당사국이 될 자격도 가진다(동 협약 제40조 제3항).
③ 개정협정은 개정협정의 당사국이 되지 아니한 기존협정의 당사국을 구속하지 아니한다(동 협약 제40조 제4항).

답 ④

02

조약법에 관한 비엔나협약(1969)상 조약의 개정 또는 수정에 대한 설명으로 옳지 않은 것은 모두 몇 개인가?

> ㄱ. 당사국은 개정제안에 대해 취할 조치의 결정 및 개정을 위한 합의의 교섭과 체결에 참가할 권리를 가진다.
> ㄴ. 개정의 합의는 이를 수락하지 않은 원 조약당사국을 구속할 수 없다.
> ㄷ. 개정의 합의가 효력을 발생한 후 당사국은 달리 의사표시를 하지 않는 한 개정된 조약의 당사국이 된다.
> ㄹ. 개정의 합의가 효력을 발생한 후 당사국은 개정합의에 구속되지 않는 당사국과의 관계에서는 개정 전의 조약의 적용이 종료된다.
> ㅁ. 다자조약의 당사국 중 2개 이상의 일부 국가는 그와 같은 변경가능성이 당해 조약에 의해 규정되어 있는 경우에만 당해 국가 간에 있어서만 조약을 변경하는 합의를 할 수 있다.

① 1개   ② 2개   ③ 3개   ④ 4개

정답 및 해설

조약법에 관한 비엔나협약(1969)상 조약의 개정 또는 수정에 대한 설명으로 옳지 않은 것은 ㄹ, ㅁ. 2개이다.
ㄹ. 개정 전의 조약의 당사국으로 간주된다.
ㅁ. 조약에 규정이 없더라도 조약에 특별히 금지되지 않았고, 타 당사국의 권리의무에 영향을 주지 않으며, 조약의 대상 및 목적과 양립하지 않는 조약에 대한 것이 아니라면 수정할 수 있다.

✔ 선지분석
ㄴ. 조약법에 관한 비엔나협약은 개정에 동의하지 않은 당사국에 대한 개정조약의 적용을 배제한다. 그러나 UN헌장과 같이 개정에 반대한 당사국에게도 적용될 것을 규정할 수도 있다.

답 ②

제4장 국제법과 국내법의 관계

01

국제법과 국내법의 관계에 대한 설명으로 옳은 것만을 모두 고른 것은?

> ㄱ. 국가가 국제법으로부터 위임된 권한에 의하여 비로소 국가행위를 할 수 있다는 켈젠(Kelsen)의 주장은 역사와 현실을 무시한 견해라는 비판이 있다.
> ㄴ. 벤젤(Wenzel)은 조약의 체결권한이 직접 각국 헌법에서 유래한다는 전제에서 조약의 성립근거가 궁극적으로는 헌법에 있다고 본다.
> ㄷ. 트리펠(Triepel)에 의하면 국제법과 국내법은 독립된 법체계이므로 상호 간 관련이 없고 국제법이 곧 국내적으로 타당할 수도 없다.
> ㄹ. 페어드로스(Verdross)는 국제법의 국내적 도입에 있어서 철저한 변형을 주장하나 실제 대부분의 국가들은 국제관습법을 별도의 변형절차 없이 국내법에 도입하고 있다는 점에서 설명력에 한계가 있다.
> ㅁ. 오펜하임(Oppenheim)은 국제법의 직접적용성(direct applicability)을 긍정한다.

① ㄱ, ㄴ, ㄷ

② ㄱ, ㄷ, ㄹ

③ ㄱ, ㄷ, ㅁ

④ ㄴ, ㄹ, ㅁ

정답 및 해설

국제법과 국내법의 관계에 대한 설명으로 옳은 것은 ㄱ, ㄴ, ㄷ이다.

ㄱ. 켈젠(Kelsen)의 주장은 국제법이 일반적 금지 원칙의 지배를 받는다는 것이다. 그런데 실제 국제법은 일반적 허용 원칙이 적용된다. 즉, 주권국가는 국제법이 특별히 금지한 것이 아니라면 어떤 행위라도 할 수 있다. 따라서 국제법 현실과 배치된다는 비판이 가능한 것이다.

ㄴ. 벤젤(Wenzel)은 국내법우위 일원론자이다.

ㄷ. 트리펠(Triepel)은 이원론자이며, 국제법이 국내적으로 타당하기 위해서는 변형이 필요하다고 본다.

⊘ 선지분석

ㄹ. 안질로티(Anzilotti)의 견해이다.

ㅁ. 국제법이 국내적으로 타당하기 위해서는 국제법을 국내법으로 변형(transformation)해야 한다고 본다.

답 ①

02

국제법과 국내법의 관계에 대한 이론 중 이원론(dualism)에 대한 설명으로 옳지 않은 것만을 모두 고른 것은?

> ㄱ. 국제법규범은 국내법에 자연스럽게 그대로 편입(incorporation)되어 적용된다고 본다.
> ㄴ. 국내법과 국제법은 적용 형식면에서 전혀 별개의 법체제이므로 상호 간에 아무런 영향을 끼치지 않는다.
> ㄷ. 국제법부인론에 다름 아니다.
> ㄹ. 국제법이 국내적으로 적용되기 위해서는 변형되어 국내법으로서 적용될 뿐이다.

① ㄱ, ㄴ   ② ㄱ, ㄷ
③ ㄴ, ㄷ   ④ ㄴ, ㄹ

| 정답 및 해설 |

이원론(dualism)에 대한 설명으로 옳지 않은 것은 ㄱ, ㄷ이다.
ㄱ. 국제법우위일원론의 견해이다.
ㄷ. 국내법우위일원론이 국제법을 부인하는 견해이다.

⊘ 선지분석
ㄴ. 이원론은 국내법과 국제법이 별개의 법체계라고 본다.
ㄹ. 이원론은 국제법을 국내법으로 변형해야 한다고 본다. 국제법의 내용을 규정한 국내법을 제정하는 것을 변형이라고 한다.

답 ②

03

다음 설명 중 국제법과 국내법의 관계에 대한 이원론(dualism)과 관계가 없는 것은?

① 국제법과 국내법은 상호 독립된 별개의 법체계에 속하는 것이므로 충돌의 여지가 없다.
② 국제법과 국내법은 법의 주체와 적용영역 등에서 서로 다르다.
③ 국제법이 규율하는 사항은 그 자체로(per se) 국내법의 규율대상이 된다.
④ 국제법은 여러 국가의 명시적·묵시적 합의를 바탕으로 하나 국내법은 단일국가의 의사에 의해 정립된다.

| 정답 및 해설 |

이원론(dualism)에 따르면, 국제법이 규율하는 사항은 국내법으로 변형(transformation)되어야 한다.

⊘ 선지분석
① 국제법과 국내법이 별개의 법체계이므로 충돌하지 않는다는 것이다.
② 국제법의 주체는 주로 국가이나, 국내법의 주체는 국가기관 및 국민이다.
④ 국제법은 공동의사에 의해 창설되나, 국내법은 단독의사에 의해 창설된다.

답 ③

04 국제법과 국내법에 대한 설명으로 옳지 않은 것은?

① 켈젠(Kelsen)은 포괄적인 단일의 법체계가 존재하며, 이 법체계 내에서 국제법이 국내법보다 상위에 있다고 본다.
② 트리펠(Triepel), 안질로티(Anzilotti), 오펜하임(Oppenheim) 등은 국제법우위의 일원론자들이다.
③ 조약당사국은 발효된 조약을 성실히 이행할 의무를 진다.
④ 조약의 불이행을 정당화하기 위해 자국의 국내법 규정을 원용할 수 없다.

정답 및 해설

트리펠(Triepel), 안질로티(Anzilotti), 오펜하임(Oppenheim) 등은 이원론자들이다.

✓ 선지분석
① 켈젠(Kelsen)은 국재법과 국내법이 근본규범을 중심으로 하여 하나의 법체계를 구성하고 있다고 주장한다.
④ 국가는 국내법을 이유로 조약의 불이행을 정당화할 수 없다.

답 ②

05 국제법과 국내법의 관계에 대한 이론 중 국제법 우위의 일원론(monism)에 대한 설명으로 옳은 것만을 모두 고른 것은?

ㄱ. 국제법이 국내법의 타당근거가 된다.
ㄴ. 트리펠(Triepel), 켈젠(Kelsen), 페어드로스(Verdross) 등이 주장하는 견해이다.
ㄷ. 각국이 자국법을 적용할 수 있는 범위가 국가 관할권 행사의 한계에 관한 국제법에 의해 결정된다는 점을 근거로 한다.
ㄹ. 국제관계의 발전에 따라 개인 간의 관계에 대하여도 국제법이 직접 적용되는 예가 늘고 있다는 점을 설명하지 못한다.

① ㄱ, ㄴ
② ㄱ, ㄷ
③ ㄴ, ㄷ
④ ㄴ, ㄹ

정답 및 해설

국제법 우위의 일원론(monism)에 대한 설명으로 옳은 것은 ㄱ, ㄷ이다.

✓ 선지분석
ㄴ. 트리펠(Triepel)은 이원론(dualism)을 주장하였다.
ㄹ. 이원론(dualism)의 문제점이다.

답 ②

06 국제법과 국내법의 관계에 대한 국제법 상위통일설의 입장으로 옳지 않은 것은?

□□□

① 국제법과 국내법의 하나의 법체계를 형성하고 있다.
② 국제법은 국내법에 대해 위임의 우위를 형성하고 있다.
③ 국제법은 국내법상위이나 국제법에 위반되는 국내법이 무효가 되는 것은 아니다.
④ 국제법은 국내법체계에 대해 직접적용성(direct applicability)을 가진다.

국제법에 위반되는 국내법이 무효가 된다고 본다. 그러나 이러한 주장은 국제법의 현실과는 거리가 멀다. 국제법에 반하는 국내법이 바로 무효가 되는 것은 아니기 때문이다.

 **선지분석**

② 국제법이 국내법에 대해 위임의 우위에 있다는 것은 국내법은 국제법이 위임한 범위 내에서만 적용된다는 것이다.
④ 직접적용성(direct applicability)이란 '수용'된다는 의미이다. 즉, 국제법이 국내법으로 변형됨이 없이 그대로 국내법으로서 존재하며 적용된다는 것이다. 반면, 직접효력(direct effect)이란 수용된 국제법을 국내법의 주체가 원용할 수 있다는 의미이다. 직접적용성은 보통은 헌법에서 규정되는 헌법상의 문제이나, 직접효력은 조약해석의 문제이다. 수용된 조약이라도 오로지 국가 간 관계에만 적용되고 개인에게는 권리나 의무를 주지 않는 경우도 있다.

답 ③

제2절 | 국제관계와 국내법의 지위

01 국제법과 국내법의 관계에 대한 설명으로 옳은 것은?

□□□

① 미국의 경우 조약은 연방의회의 제정법보다는 우위이나 각주의 헌법보다는 하위이다.
② 켈젠(Kelsen)은 국제법과 국내법과의 관계에 대하여 이원론의 입장에서는 대표적인 학자이다.
③ 국제법원들은 국내법규정을 준수함으로 인한 국제법 위반책임을 일반적으로 인정하지 않고 있다.
④ 영국의 법원은 일반적으로 국제관습법과 의회제정법이 저촉되는 경우 의회제정법을 적용한다.

영국은 국제관습이 Common Law의 효력을 가지는 것으로 인정하되, 의회제정법과의 관계에서는 의회제정법을 우선시키고 있다.

선지분석

① 미국의 경우 헌법상 명문의 형식으로 조약과 연방법률의 동위를 규정하고 있다.
② 켈젠(Kelsen)은 국제법과 국내법을 단일의 법체계 내에서 파악하는 일원설을 주장하고 있다.
③ 국제법원에서는 국내법을 근거로 한 국제법 위반에 대한 책임을 인정한다.

답 ④

02 국제법과 국내법의 관계에 대한 설명으로 옳지 않은 것은?

① 국제재판에서 국제법은 국내법에 우선한다.
② 국내재판에서 국제법과 국내법이 상치될 때는 국내법이 항상 우선한다.
③ 국제법은 대체로 국내법을 통해 이행된다.
④ 국가에 따라 국제법이 국내에서 직접 적용되는 경우도 있다.

정답 및 해설

국가가 국제법에 대해 국내법체계에서 어떠한 효력순위를 부여하는가에 따라 다르므로 국내법이 항상 우선하는 것은 아니다.

✅ 선지분석
① 국제관계에서는 국제법이 국내법에 우선하며, 국제법과 국내법이 상충하는 경우 국가는 국제책임을 질 수 있다.
③ 수용하는 국가의 경우 반드시 국내법을 통해 이행된다고 보기는 어렵지만, 국내법을 통해 구체화해야 실제로 적용될 수 있다는 측면에서 국제법이 국내법을 통해 이행된다고 할 수 있다.
④ 국제법이 직접 적용된다는 것은 별도의 국내법 제정 없이 국내에 도입되어 적용된다는 의미이다.

답 ②

03 甲국 국내재판소가 甲국과 乙국 간의 X협정과 충돌하는 甲국 국내법 Y에 대해 취할 수 있는 태도로 옳지 않은 것은?

① 국내법우위론에 의하면 X협정은 대외적 국내법에 불과하다.
② 이원론에 의하면 국내법과 국제법은 별개의 법체계이며 충돌의 여지가 없다.
③ 국제법우위론에 의하면 국내법 Y가 아닌 X협정을 적용해야 한다.
④ 甲국 국내법 Y는 반드시 甲국에서 무효가 되어 종료한다.

정답 및 해설

국제법우위론에 의하면 국제법과 국내법의 관계는 상하질서의 관계이며, 국제법은 이른바 '위임의 우위'를 통해 모든 국내법질서의 타당근거가 된다. 즉, 국내법은 국제법에 의해 위임된 부분적 질서에 불과하다고 한다. 극단적인 국제법우위론자인 켈젠(Kelsen)은 국제법과 합치하지 않는 국내법은 자동적으로 무효라고 주장하기도 하였다. 그러나 이는 오늘날 국제법이 그에 위반되는 국내법을 직접 무효화시킬 수 없다는 현실을 설명하지 못한다. 따라서 지문에서도 甲국이 국제법우위론에 의거하여 국내법 Y가 아닌 X협정을 적용한다고 하더라도 반드시 국내법 Y가 甲국 국내적으로 무효가 되어 종료하는 것은 아니다.

✅ 선지분석
① 국내법우위론은 국제법을 국가의사가 대외적으로 표현된 대외적 국내법이라고 본다.
③ 국제법우위론은 국제법이 국내법보다 상위법이라고 본다. 따라서 X협정을 적용해야 하는 것이다.

답 ④

04 甲국은 乙국과 체결한 해양경계협정 X에 위반하여 乙국 영토인 섬 Y를 자국에 귀속시키는 법률을 공포하였다. 이에 乙국은 이 사건을 국제사법재판소(ICJ)에 제소하였다. 동 재판소가 취할 태도에 대해 서술한 것으로 옳지 않은 것은?

① 국제사법재판소(ICJ)는 甲국 법률을 단지 사실로서 취급한다.
② X조약의 불이행을 정당화하기 위해 甲국 법률을 원용할 수 없다.
③ 甲국은 국내법을 국제법에 합치하도록 제정할 의무가 있다.
④ 어떤 경우에도 국제재판소는 甲국 국내법을 해석하지 않는다.

국제법은 국제재판에 있어 어떤 사항의 결정기준을 국내법에서 구하기도 한다. 예를 들어, 어떤 개인이 특정 국가의 국민인가를 확인하기 위해서는 그 국가의 국적법이 부당하지 않는 한 그 국가의 국적법에 의존한다.

⊘ 선지분석
① 국제재판에서 국내법은 그 자체로 적용법규가 아니며 사실에 불과하다.
② 국제재판에서는 국제법에 따라 판단하므로 국내법률을 원용할 수 없다.
③ 국제관계에서는 국제법이 국내법보다 우위이므로 국제법에 위반되는 국내법이 있는 경우 국제책임이 성립할 수 있다.

답 ④

05 국제법과 국내법의 관계에 대한 설명으로 옳지 않은 것만을 모두 고른 것은?

> ㄱ. 이원론에 의하면 국제법은 국제관계에 적용되는 법규범으로서 그 자체로는 국내적으로 효력을 가지지 않는다.
> ㄴ. 대한민국 헌법은 헌법에 의하여 체결·공포된 조약과 일반적으로 승인된 국제법규에 대해 국내법과 같은 효력을 부여하고 있다.
> ㄷ. 국제법이 국내법에 우선한다는 것이 일반적으로 승인된 국제법원칙이므로, 조약에 반하는 국내법은 국내적으로 당연무효이다.
> ㄹ. 국제관습법은 국내법으로 변형되지 않는 한 국내적으로 효력을 가지지 않는다.
> ㅁ. 국가는 조약의 불이행을 정당화하기 위하여 자국의 국내법의 존재 또는 입법의 불비(不備)를 원용할 수 없다.

① ㄱ, ㄴ ② ㄴ, ㄹ
③ ㄷ, ㄹ ④ ㄷ, ㅁ

국제법과 국내법의 관계에 대한 설명으로 옳지 않은 것은 ㄷ, ㄹ이다.
ㄷ. 국제법이 국내법보다 우위에 있으나, 국제법에 위반되는 국내법이 바로 무효가 되는 것은 아니다.
ㄹ. 국제관습법을 변형할 것인지 또는 수용할 것인지 여부는 국가의 재량사항이므로 반드시 변형되는 것은 아니다. 독일, 영국, 미국 등은 국제관습법을 수용하는 국가들이다.

⊘ 선지분석
ㄱ. 이원론에 의하면 국제법은 변형해야 국내법이 된다.
ㄴ. 한국에서 국제법은 수용된다는 것을 규정한 조항이다.

답 ③

06 상부사보이 – 젝스 자유지대 사건(PCIJ, 1932)에 대한 설명으로 옳은 것은 모두 몇 개인가?

ㄱ. 조약이 제3국에 의무를 부과하기 위해서는 제3국이 서면에 의해 명시적으로 당해 의무를 수락해야 한다.

ㄴ. 프랑스가 1815년에 국제조약을 통해 형성된 국경선을 국내법을 통해 일방적으로 변경한 것은 사정변경의 원칙에 의해 정당화된다.

ㄷ. 프랑스가 제1차 세계대전에서 승전국이 된 것은 1815년의 조약을 변경할 수 있는 중대한 사정변경에 해당한다.

ㄹ. 프랑스는 베르사유조약을 비준하지 않아 동 조약의 당사국이 되지 못하였으므로, 베르사유조약상의 의무를 부담하지 않는다.

ㅁ. 프랑스는 베르사유조약이 설정한 의무를 지속적으로 반대하였으므로 프랑스에게 관련 의무를 설정하지 않는다.

① 1개   ② 2개
③ 3개   ④ 4개

정답 및 해설

상부사보이 – 젝스 자유지대 사건(PCIJ, 1932)에 대한 설명으로 옳은 것은 ㄱ. 1개이다.

ⓒ 선지분석
ㄴ. 사정변경의 원칙을 적용할 수 없다.
ㄷ. 사정변경에 해당하지 않으며, 만약 해당한다고 해도 국경선조약에는 적용할 수 없다.
ㄹ, ㅁ. 프랑스는 베르사유조약을 비준한 당사국이다.

답 ①

제3절 | 국내법상 국제법의 지위

01 국제법과 국내법의 관계에 관한 국제관행에 대한 설명으로 옳은 것은?

① 영국은 Mortensen v. Peters 사건에서 국제관습법의 변형을 확인하였다.
② 미국에서 국제관습법은 수용되며 대체로 연방법률과 동위의 효력을 가진다.
③ 현행 국제관행상 국제법의 국내헌법에 대한 상위를 인정하는 국가는 존재하지 않는다.
④ 미국 헌법 관행상 인권조약은 비자기집행조약(non – self – executing treaty)에 해당한다.

정답 및 해설

비자기집행조약(non – self – executing treaty)은 국내적 이행을 위해서는 별도의 입법조치를 요하는 조약을 말한다. 범죄인 인도조약, 영사관계조약, 최혜국대우 등에 대한 조약은 자기집행조약이라고 본다.

ⓒ 선지분석
① 영국은 국제관습법을 '수용'한다.
② 미국에서 국제관습법은 의회제정법인 연방법률보다는 하위의 효력을 가지는 것으로 본다.
③ 네덜란드의 경우는 국내 헌법보다 조약을 상위로 보아 국제법 존중의 원칙을 최고도로 발현하고 있다.

답 ④

02 국제법과 국내법의 관계에 관한 각국의 입장에 대해 설명한 것으로 옳은 것만을 모두 고른 것은?

> ㄱ. 영국에서 관습법은 Common Law의 일부를 구성하며 바로 국내법으로서의 효력을 지닌다.
> ㄴ. 조약의 국내적 효력과 관련하여 미국 연방대법원은 건국 초기부터 의회의 이행입법이 있어야만 국내집행이 가능한 자기집행적 조약(self - executing treaty)과 의회의 입법적 조력이 없이도 법원이 직접 적용할 수 있는 비자기집행적 조약(non - self - executing treaty)으로 구분하고 있다.
> ㄷ. 독일에서 조약이 국내법의 일부가 되기 위해서는 변형이론에 따라 조약체결 이전에 연방의회의 동의법률(Zustimmungsgesetz)을 통해 국내법으로 '옮겨 부어져야' 한다.
> ㄹ. 미국에서 자기집행적 조약과 비자기집행적 조약의 구분이 최초로 행해진 것은 Sei Fujii vs. California 사건(1952)이다.
> ㅁ. 한국의 경우 학설과 판례는 대체로 일원론의 입장을 채택하고 있다.
> ㅂ. 한국의 경우 국회의 비준동의권은 이중적 기능, 즉 행정부의 조약체결에 대한 정치적 통제기능뿐만 아니라 변형기능을 함께 수행하고 있다.

① ㄱ, ㄴ, ㄷ
② ㄱ, ㄷ, ㅁ
③ ㄱ, ㄷ, ㅂ
④ ㄱ, ㄹ, ㅂ

정답 및 해설

국제법과 국내법의 관계에 관한 각국의 입장에 대해 설명한 것으로 옳은 것은 ㄱ, ㄷ, ㅁ이다.

⊘ 선지분석

ㄴ. 미국 연방대법원은 의회의 입법적 조력이 없이도 법원이 직접 적용할 수 있는 자기집행적 조약(self - executing treaty)과 의회의 이행입법이 있어야만 국내집행이 가능한 비자기집행적 조약(non - self - executing treaty)으로 구분하고 있다.

ㄹ. 미국에서 자기집행적 조약과 비자기집행적 조약의 구분이 최초로 행해진 것은 Foster and Elam vs. Neilson 사건(1829)이었으며, 이 같은 구분과 관련하여 자주 인용되는 판례는 Sei Fujii vs. California 사건(1952)이다.

ㅂ. 일원론적 시각에 따르면 한국의 경우에서 국회의 비준동의권은 행정부의 조약체결에 대한 정치적 통제행위에 불과하며, 변형기능을 함께 수행하는 것으로 볼 수 없다.

답 ②

---

03 조약 및 국제관습법에 대한 영국의 태도에 대한 설명으로 옳지 않은 것은?

① 국제관습법에 대해 수용이론을 채택하고 있다.
② 조약에 대해 변형이론을 채택하고 있다.
③ 국제관습법은 의회제정법과 같은 효력을 가지므로 두 연원 간 충돌이 있을 시 신법우선의 원칙, 특별법우선의 원칙에 따라 해결한다.
④ 영국 정부가 체결하려는 비준을 요하는 모든 조약은 일단 의회로 보내져 21일 이상 공개되는데, 이를 Ponsonby Rule이라고 한다.

Mortensen v. Peters case에 의해 의회제정법의 관습법(common law)에 대한 우위의 원칙이 확립되었다. 따라서 영국에서 국제관습법은 관습법(common law)의 일부이므로, 두 연원 간 충돌이 있을 시 의회제정법이 국제관습법에 우선하여 적용된다.

✅ 선지분석
① 예외적으로 국제범죄에 대한 관습은 변형이론을 적용한다.
② 예외적으로 조약을 수용하는 경우도 있다.
④ 소극적 저촉을 피하기 위한 것이다. 소극적 저촉이란 조약이 체결되었으나, 국내법으로 변형되지 못하여 국제책임을 질 수 있는 상황을 말한다. Ponsonby Rule은 조약 체결 후 비준 전에 국내법을 제정하도록 하여 소극적 저촉을 피하기 위한 관행이다.

답 ③

04 국제법과 국내법의 관계에 대한 영국의 관행에 대한 설명으로 옳지 않은 것은?

① 국제관습법은 자동적으로 영국법의 일부로 편입되고, 영국 법원에서의 재판 근거가 될 수 있다.
② 국제관습법에 따른 판결에 대해 선례구속성의 원칙이 인정되어 영국 법원은 기존 판결에 따라 판단해야 한다.
③ 국제관습법은 의회제정법에 우선할 수 없다.
④ 국제관습법이 영국법의 일부로 수용된다고 해도 국제관습법상의 범죄도 자동적으로 수용되어 영국 법원에서 형사처벌의 대상이 되는 것은 아니며, 형사범죄에 관한 한 영국 의회만이 새로운 범죄를 창설할 수 있다. 즉, 관습법상의 범죄는 변형되어야 한다.

국제관습법에 대해서는 선례구속성의 원칙이 인정되지 않으며, 영국 법원은 항상 '재판 당시'의 국제관습법에 입각한 판결을 내려야 한다.

✅ 선지분석
① 국제관습법이 수용된다는 의미이다.
③ 영국 관행상 국제관습법을 수용하되 의회제정법보다는 하위 효력을 부여한다.

답 ②

05 국제법과 국내법의 관계에 대한 설명으로 옳지 않은 것은?

① 영국법원은 Triauet v. Bath 사건에서 관습국제법의 국내적 직접적용성을 인정하였다.
② International Tin Council 사건에서 영국법원은 국내법으로 변형되지 않은 조약은 영국에서 그 자체로 개인의 권리의무의 근거가 될 수 없고, 조약의 체결은 단지 사실의 문제에 불과하다고 판단하였다.
③ Breard v. Greene 사건에서 미국 법원은 조약과 연방법률이 상충하는 경우 후법우선의 원칙이 적용된다고 판시하였다.
④ Rainbow Warrior호 사건 중재재판부는 국내법의 부존재를 이유로 국제법 위반을 정당화할 수 없고 국제법상 책임을 진다고 보았다.

알라바마호 사건에 대한 설명이다.

답 ④

06 조약 및 국제관습법에 대한 미국의 태도에 대한 설명으로 옳지 않은 것은?

① 미국 연방헌법 제6조 제2항은 국제관습법이 헌법 및 법률과 함께 미국의 최고법임을 명시하고 있다.
② 조약을 자기집행적 조약과 비자기집행적 조약으로 나누어, 전자는 국내입법조치 없이 미국법의 일부로 간주되나 후자는 국내입법조치가 필요하다는 입장이다.
③ 판례법상 연방헌법은 조약의 상위에 있으며, 연방법률과 조약은 양자가 동위에 있으므로 신법우선의 원칙과 특별법우선의 원칙이 적용된다.
④ 상하 양원의 단순과반수 승인에 의해 체결되는 의회 – 행정부협정도 헌법에서 언급된 정식조약과 마찬가지로 연방법률과 동위에 있다.

미국 연방헌법 제6조 제2항은 국제관습법이 아니라 '조약'이 헌법 및 법률과 함께 미국의 최고법임을 명시하고 있다.

⊘ 선지분석
④ 상하 양원의 사전동의를 받아 체결하는 의회 – 행정부협정의 종류로는 국제무역협정, 우편협정, 해외 미군기지 설치협정 등이 있다.

답 ①

07 국제법과 국내법의 관계에 대한 미국의 관행에 대한 설명으로 옳지 않은 것은?

① 범죄인 인도에 관한 조약은 별도의 입법조치 없이 미국 국내법에 도입되며, 연방법률과 상충 시 신법우선의 원칙이 적용된다.
② 영사권리에 관한 조약은 국내법 체계에 수용되며 연방법률과 상충 시 신법우선의 원칙이 적용된다.
③ 행정부 – 의회협정은 조약당사자의 의사에 따라 변형 또는 수용되며, 연방법률과 상충 시 신법우선의 원칙이 적용된다.
④ 모든 자기집행조약은 주법률이나 헌법보다 우위에 있다.

행정부 – 의회협정은 일종의 자기집행조약으로 별도의 입법조치 없이 국내법에 도입된다.

⊘ 선지분석
② 미국 관행에 따라 영사권리에 관한 조약은 자기집행조약으로 구분된다.
④ 모든 자기집행조약은 연방법률과 대등한 지위에 있다.

답 ③

08 국제법과 국내법의 관계에 대한 미국 헌법 및 그 관행의 입장과 다른 설명으로 옳지 않은 것은?

① 미국 헌법상 조약은 직접적용성을 가진다.
② 미국 헌법 관행상 모든 조약이 수용되는 것은 아니다.
③ 직접적용성을 가지는 조약이 모두 자기집행적인 것은 아니다.
④ 미국 헌법상 모든 조약은 직접효력성을 가진다.

정답 및 해설

직접효력성이란 조약을 국제법 주체가 재판 등 국내절차에 있어서 자신의 권리를 주장하기 위해 원용할 수 있는 것을 의미한다. 따라서 직접효력성은 '조약의 해석'에 대한 문제로서 당해 조약이 직접효력성을 부여하고 있는지를 별도로 평가해야 하며, 모든 조약이 직접효력성을 가진다고 단정할 수 없다.

✓ 선지분석

① 직접적용성이란 헌법상 '수용'을 요하는지 '변형'을 요하는지에 대한 개념이다. 미국 헌법은 제6조 제1항에서 '수용'을 규정하고 있으므로 '직접적용성'을 가진다고 볼 수 있다.
② 미국 헌법 관행상 조약을 '자기집행조약'과 '비자기집행조약'으로 준별하여 후자에 대해서는 별도 입법조치를 하도록 하고 있으므로 모든 조약이 '수용'되는 것은 아니다. 다만, 이러한 해석에 대해서는 국내 학설 대립이 있다.
③ 직접적용성은 국제법을 국내법 체계에 도입되는 '절차'에 대한 개념이고 자기집행성은 '입법조치'를 요하는 것에 대한 개념이다. 즉, 직접적용성이 헌법에 대한 문제라면 자기집행성은 조약해석의 문제로서 양자는 구분된다. 미국 헌법 관행은 조약을 자기집행성을 기준으로 준별하고 있으므로 직접적용성을 가지는 모든 조약이 자기집행적이라고 볼 수 없다.

답 ④

09 국제법과 국내법의 관계에 대한 설명으로 옳지 않은 것은?

① Georg Jellinek 등에 의하면 한 국가의 국내법은 그 규율대상 혹은 방향에 따라 대내적 국가법과 대외적 국가법으로 구분되는데, 국제법은 국가들의 대외법으로 구성되어 있기 때문에 엄격한 의미에서의 국제법은 존재하지 않는다.
② PCIJ의 Treatment of Polish Nationals and Other Persons of Polish Origin or Speech in the Danzig Territory 사건과 Free Zones of Upper Savoy and the District of Gex 사건에 의하면 국제법의 눈으로 보면 국내법은 기본적으로 법이 아닌 것, 즉 비법의 영역에 속하기 때문에 일반 국제법은 국가가 유효하게 성립한 국제의무의 불이행을 정당화하기 위해 국내법규정을 원용하는 것을 허용하지 아니한다.
③ ICJ는 Elettronica sicula S.p.A 사건에서 헌법을 정점으로 하는 한 국가의 국내법 체계의 법적 유효성은 국제법을 비롯한 다른 어떤 법체계에 의존하는 것이 아니기 때문에 국제법은 국내적 차원에서 자신의 우위를 요구할 수 있는 입장에 있지 않다고 언급한 바 있다.
④ Barbuit's Case에서 영국법원은 국제관습법은 국내법으로 변형되어야만 국내재판 시 적용할 수 있다고 판시하였다.

정답 및 해설

Barbuit's Case에서 영국법원은 국제관습법은 완전히 영국법의 일부라고 하여 수용이론을 적용하였다.

답 ④

10 자기집행조약에 대한 설명으로 옳은 것은?

① 미국 연방대법원은 Foster v. Neilson 사건에서 최초로 자기집행조약과 비자기집행조약을 구분하였다.
② 상설국제사법재판소(PCIJ)는 단치히 법원의 관할권에 관한 권고적 의견에서 자기집행조약을 부정한 바 있다.
③ 미국이나 유럽공동체는 WTO협정의 자기집행성 또는 직접적용성·직접효력성을 명백히 인정하고 있다.
④ 대한민국 헌법 제6조 제1항은 조약의 직접적용성·직접효력성을 명문으로 인정하고 있다.

✅ 선지분석
② 1928년 단치히 법원의 관할권에 관한 권고적 의견에서 상설국제사법재판소(PCIJ)는 조약규정이 직접 개인에게 권리·의무를 설정할 수 있다고 하였다. 즉, 자기집행조약을 인정하였다.
③ 미국의 1994년 UR협정이행법은 연방법률에 합치되지 않는 WTO협정의 국내법상 직접효력성을 부인하고 있으며, 연방 및 주정부기관을 상대로 그 작위나 부작위가 WTO협정에 합치하지 않는다는 이유로 사인(私人)이 이의를 제기하는 것을 금하고 있다. EU 역시 WTO협정의 직접적용성·직접효력성을 인정하지 않고 있다.
④ 우리나라 헌법재판소는 WTO협정의 직접적용성을 인정한 바 있으나(헌재 1998.11.26, 97헌바65), 헌법 제6조 제1항에서 명문으로 직접적용성 및 직접효력성을 인정하고 있다고 볼 수는 없다. 이는 헌법해석의 문제이다.

답 ①

11 일본인 甲은 미국 C주의 토지매입을 위한 계약을 체결하였으나 C주의 토지 관련 법규는 외국인의 토지취득에 제약을 가하고 있다. 이에 따라 일본인 甲은 C주의 해당 법규가 UN헌장의 인권규정 등에 위배된다는 이유로 C주 정부를 상대로 소송을 제기하였다. 이에 대한 설명으로 옳지 않은 것은?

① 미국 법원은 자기집행적 조약에 대해서만 직접효력성을 인정하므로 UN헌장의 자기집행적 성격이 재판에서 쟁점이 될 것이다.
② 미국 국내법원에 의하면 UN의 인권관계 규정은 직접효력성 및 자기집행성을 가진다.
③ 미국 법체계상 C주의 법은 미국이 정식으로 체결·가입한 조약에 우선할 수 없다.
④ UN헌장이 비자기집행적 조약으로 판단되어 甲이 C주 정부를 상대로 원용할 수 없는 경우에도 甲은 국제사법재판소(ICJ)에 상소할 수 없다.

Sei Fujii v. California 사건에서 원고인 Sei Fujii는 UN헌장의 인권 관련 규정들(전문과 제1조, 제55조, 제56조)을 원용하였으나, California 최고재판소는 동 규정들의 자기집행성을 부인하였다.

✅ 선지분석
③ 자기집행적 조약은 연방법률과 동등한 지위에 있으며, 주 헌법·주 법률보다 우선한다.
④ 국제사법재판소(ICJ)는 국가만이 소송의 주체가 될 수 있으며 사인은 제소할 수 없다.

답 ②

12 국제법과 국내법의 관계에 대한 설명으로 옳은 것만을 모두 고른 것은?

ㄱ. 알라바마호 사건에 의하면 국가는 국제법 위반을 정당화하기 위해 국내법의 존재를 원용할 수 없다.
ㄴ. 영국에서 전쟁행위에 관한 조약, 영토할양조약, 행정협정은 예외적으로 변형 없이 자동적으로 영국법의 일부를 형성한다.
ㄷ. 독일식 사전변형의 경우 입법부작위에 의해 국가책임이 발생할 수 있다는 점이 한계로 지적된다.
ㄹ. 미국 법원은 범죄인 인도조약, 영사의 권리 등은 자기집행조항으로 보고, 인권규약은 비자기집행조약으로 본다.
ㅁ. 프랑스 헌법에 의하면 적법하게 비준되거나 승인된 조약은 조약이 타방 당사자에 의하여 적용될 것을 조건으로 공포 시부터 법률보다 우월한 권위를 가진다.

① ㄱ, ㄷ, ㄹ   ② ㄴ, ㄷ, ㄹ
③ ㄴ, ㄹ, ㅁ   ④ ㄷ, ㄹ, ㅁ

> **정답 및 해설**

국제법과 국내법의 관계에 대한 설명으로 옳은 것은 ㄴ, ㄹ, ㅁ이다.
ㄴ. 영국에서 조약은 원칙적으로 사후 변형된다.
ㄹ. 예를 들어 미국은 Sei Fuiji v. California 사건에서 인권과 관련된 UN헌장 제55조와 제56조를 비자기집행조항으로 인정하였다.

✓ **선지분석**
ㄱ. 국가는 국제법 위반의 정당화를 위해 국내법의 '부존재'를 원용할 수 없다.
ㄷ. 독일식 사전변형의 경우 추후 변형을 요하지 않기 때문에 입법부작위에 의한 국가책임문제는 생기지 않는다. 이는 영국식 사후변형에서 발생할 수 있는 문제점이다.

답 ③

13 甲국 의회는 乙국과 체결한 X협정에 위반하는 국내조례 Y를 제정하여 시행하고 있다. 이에 대한 설명으로 가장 옳지 않은 것은?

① 이원론에 의하면 甲국은 국가책임을 지게 된다.
② 등위이론에 의하면 甲국은 국가책임을 지게 된다.
③ 대한민국 법원에서라면 X협정에 위반하는 조례 Y는 무효로 판정될 수 있다.
④ 미국 법원의 연방헌법해석에 의할 때 X협정은 미국에서 직접 적용된다.

> **정답 및 해설**

미국 법원은 조약을 자기집행조약과 비자기집행조약으로 구분하여 전자에 대해서만 미국 내 직접적용성을 인정하고 있다. 따라서 반드시 X협정이 미국에 직접 적용된다고 볼 수는 없다.

✓ **선지분석**
① 이원론에 의하면 국내법과 국제법은 서로 독립한 별개의 법체계로, 국내법이 국제법을 위반해도 무효는 아니며 단지 국가책임이 성립할 뿐이다.
② 등위이론(국제법우위일원론)에 의하면 국제법은 위임의 우위에 있으며, 국내법이 국제법을 위반하면 무효이며 국가책임이 성립한다.
③ 대한민국 법원은 주로 조약을 수용하는 입장, 즉 등위이론 입장으로 국제법(X협정)에 반하는 국내법(조례 Y)은 무효가 될 수 있다.

답 ④

14

유럽연합법의 국내법적 지위에 대한 설명으로 옳은 것은?

① 유럽연합의 1차 규범은 회원국 국내법보다 상위법이나, 구속력이 있는 2차 규범은 회원국 국내법보다 하위의 효력을 가진다.

② 유럽연합법은 회원국 국내법체계에 수용되는 것이 원칙이나, 이원론국가에 대해서는 예외적으로 변형이 허용된다.

③ 유럽연합법은 회원국 시민들이 원용할 수 있으므로 직접적용성을 가진다.

④ 유럽연합법과 회원국 국내법이 상충되는 경우 유럽연합법이 우선 적용되나, 국내법이 무효가 되는 것은 아니다.

> **정답 및 해설**
>
> ### ⊘ 선지분석
> ① 1차 규범과 2차 규범 모두 국제법이므로 회원국 국내법보다 상위의 효력을 가진다.
> ② 이원론국가들도 유럽연합법에 대해서는 수용하여야 한다.
> ③ 시민들이 원용할 수 있다는 것은 직접적용성이 아닌 직접효력성이 있음을 말한다.
>
> 답 ④

제4절 | 한국에서 국제법과 국내법의 관계

01

우리나라에서 국제법과 국내법의 관계에 대한 설명으로 옳은 것만을 모두 고른 것은?

> ㄱ. 헌법 제6조 제1항은 "헌법에 의하여 체결·공포된 조약과 일반적으로 승인된 국제법규는 국내법과 같은 효력을 가진다."라고 규정하고 있다.
> ㄴ. 헌법 제6조 제1항의 '일반적으로 승인된 국제법규'에 대해서는 국제관습법만을 의미한다는 것이 국내 헌법학계의 통설이다.
> ㄷ. 헌법 제60조의 사항에 속하는 조약의 경우 헌법과 동위에 있으나, 그 밖의 사항을 규율하는 조약은 헌법보다 하위에 있다고 본다.
> ㄹ. 헌법재판소는 전라남도급식조례 사건(헌재 1998.11.26, 97헌바65)에서 마라케쉬협정의 직접적용성 및 직접효력성을 인정하였다.
> ㅁ. 국제관습법과 조약을 모두 '수용'한다.

① ㄱ, ㄴ   ② ㄱ, ㅁ   ③ ㄴ, ㄷ   ④ ㄴ, ㄹ

> **정답 및 해설**
>
> 우리나라에서 국제법과 국내법의 관계에 대한 설명으로 옳은 것은 ㄱ, ㅁ이다.
> ㅁ. 헌법이나 법률에 명시된 내용이 아닌, 판례에 따른 입장이다.
>
> ### ⊘ 선지분석
> ㄴ. 헌법 제6조 제1항의 해석에 대하여 학설 대립이 있는 바, 국제관습법만을 의미한다는 견해와 국제관습법 이외에 대한민국이 당사자가 아닌 조약으로서 국제사회에서 일반적으로 그 규범성이 승인되어 있는 일반조약도 포함된다는 견해로 대별된다. 후설이 국내헌법학계의 지배적인 견해로 생각된다.
> ㄷ. 헌법 제60조의 사항에 속하는 조약의 경우 '법률'과 동위에 있으나, 그 밖의 사항을 규율하는 조약은 '법률'보다 하위에 있다고 본다.
> ㄹ. 헌법재판소는 전라남도급식조례 사건에서 직접적용성만 인정하였다.
>
> 답 ②

02 한국에서의 국제법과 국내법의 관계에 대한 설명으로 옳지 않은 것은?

□□□

① 조약과 국제관습법은 원칙적으로 별도의 입법절차를 요하지 않는다.
② 조약은 헌법보다 하위의 효력을 가지며 법률과 동등한 위치에 있는 것으로 간주된다.
③ 헌법 제6조 제1항은 "헌법에 의해 체결·공포된 조약과 일반적으로 승인된 국제법규는 국내법과 같은 효력을 가진다."라고 규정하고 있다.
④ 비준동의를 요하지 않는 '행정부협정'은 법률과 동위의 효력을 가지는 것으로 본다.

| 정답 및 해설 |

'행정부협정'은 법률보다 하위의 효력을 가지는 것으로 본다.

✓ **선지분석**
② 정식 조약과 행정부협정 모두 헌법재판소의 위헌심사가 가능하다.
③ '일반적으로 승인된 국제법규'는 국제관습법을 의미한다.

답 ④

03 한국 헌법상 국제법과 국내법의 관계에 대한 설명으로 옳은 것은?

□□□

① 헌법에 의해 체결·공포된 조약과 일반적으로 승인된 국제조약은 국내법과 같은 효력을 가진다.
② 우리나라 헌법에는 국제관습법의 도입방식에 관한 규정을 두고 있지 않다.
③ 상호방위조약은 국회의 비준동의를 받아야 하며 국내법률과 같은 효력을 가진다.
④ 조약은 국내법과 같은 효력을 가지므로 조약에 대한 위헌심사는 원칙적으로 허용되지 아니한다.

| 정답 및 해설 |

상호방위조약은 헌법 제60조 제1항에 규정된 조약이므로 국회의 비준동의를 요한다. 이러한 정식조약은 해석상 국내법률과 같은 효력을 가진다고 보는 것이 일반적 견해이다.

✓ **선지분석**
①, ② 헌법 제6조 제1항은 "… 일반적으로 승인된 국제법규는 국내법과 같은 효력을 가진다."라고 규정하고 있으며, 일반적으로 승인된 국제법규는 '국제관습법'을 의미한다.
④ 헌법 제6조 제1항과 헌법 부칙 제5조를 같이 해석하는 경우 조약은 헌법보다는 하위의 효력을 가진다. 따라서 조약에 대한 위헌심사가 가능하다.

답 ③

04 다음 사례에 대한 설명으로 옳은 것은?

WTO 회원국인 A국은 자국에 도자기를 수출하는 B국 기업 X가 덤핑을 했다는 혐의를 잡고 조사를 시작하여 덤핑마진이 10%라는 점을 확인하였다. 이에 따라 A국은 기존 실행세율 5%에 반덤핑관세 10%를 추가하여 모두 15%의 관세를 X기업에게 부과하였다. 이에 대해 X기업은 A국의 조치가 WTO협정에 위배된다고 주장하며 A국을 상대로 행정소송을 제기하였다. 한편, WTO 회원국인 B국은 A국의 조치가 WTO협정에 위배된다고 주장하며 A국에 대해 협의를 요청하였다.

① A국이 실행세율 외에 추가적으로 반덤핑관세를 부과한 것은 WTO협정에 합치되지 않는다.
② 만약 A국이 한국이라면 WTO협정은 직접적용성이 없으므로 X기업은 행정소송을 제기할 수 없다.
③ B국의 협의요청에 대해 A국이 반드시 응할 의무가 있는 것은 아니다.
④ A국이 반덤핑조치를 취하기 위해서는 덤핑의 존재, 자국 동종산업에 대한 실질적 피해의 존재 및 인과관계의 존재를 모두 입증해야 한다.

정답 및 해설

⊘ 선지분석
① 반덤핑관세를 추가적으로 부과할 수 있다.
② WTO협정은 직접적용성이 있다. 다만, 직접효력성은 대법원 판례에서 부인되었다.
③ 협의요청에 반드시 응할 의무가 있으며 불응 시 패널 설치를 요청할 수 있다.

답 ④

05 반덤핑관세 부과처분 취소소송 사건(한국 대법원, 2009)에 대한 설명으로 옳지 않은 것은 모두 몇 개인가?

ㄱ. WTO협정은 한국 헌법상 직접적용성이 인정된다.
ㄴ. 반덤핑조치는 덤핑의 존재, 동종산업에 대한 심각한 피해, 인과관계의 존재만을 요건으로 한다.
ㄷ. WTO협정은 헌법 제60조 제1항에 따라 비준동의를 받아야만 우리나라 국내법체계에 존재하므로 직접효력성이 인정된다.
ㄹ. WTO협정은 내국인만 원용할 수 있으며, 외국인은 원용할 수 없다.
ㅁ. WTO협정은 오로지 국가 상호 간 권리·의무를 규정한 조약이므로 개인은 국가가 허용한 한도 내에서만 동 협정을 원용할 수 있다.

① 1개 ② 2개
③ 3개 ④ 4개

정답 및 해설

반덤핑관세 부과처분 취소소송 사건(한국 대법원, 2009)에 대한 설명으로 옳지 않은 것은 ㄴ, ㄷ, ㄹ, ㅁ 4개이다.
ㄴ. 실질적 피해도 반덤핑조치의 요건에 포함된다.
ㄷ. WTO협정은 직접효력성이 부정된다.
ㄹ. WTO협정은 외국인뿐 아니라 내국인도 원용할 수 없다.
ㅁ. 국가의 허용 여부와 무관하게 개인은 원용할 수 없다.

⊘ 선지분석
ㄱ. 한국 헌법상 국제관습법과 조약은 모두 '수용'되므로 직접적용성이 인정된다.

답 ④

제5장 국제법의 주체

제1절 | 총설

01 

국제법 주체에 대한 설명으로 옳은 것은?

① 현대국제법상 국제법 정립에 참여할 자격이 있는 자를 국제법의 주체라고 한다.
② 국제기구의 대세적 법인격이 인정되는 점에 대해서는 다툼이 없다.
③ 국제사법재판소(ICJ)는 UN의 대세적 법인격을 적극적으로 인정한 바 있다.
④ 개인은 원칙적으로 수동적 법주체이나 예외적으로 능동적 법주체로 인정된다.

정답 및 해설

'UN 근무 중 입은 손해에 대한 배상에 관한 권고적 의견'에서 '객관적 존재설'에 기초하여 UN의 대세적 법인격을 승인하였다.

⊘ 선지분석

① 현대국제법상 국제법의 주체란 국제법상의 권리·의무를 향유할 수 있는 실체를 가리킨다.
② 주권평등의 원칙상 국제기구의 대세적 법인격은 부인되는 것이 통설이다.
④ 개인은 수동적 법 주체에 불과하다. 따라서 능동적 법주체인 국가에 의해 부여하는 한도 내에서 권리를 향유하거나 국가가 부과한 국제법상 의무를 부담할 뿐이다.

답 ③

02 

국제법 주체의 분류에 대한 설명으로 옳지 않은 것만을 모두 고른 것은?

> ㄱ. 국가·교전단체는 시원적 주체에, 그 외의 주체들은 파생적 주체에 속한다.
> ㄴ. 국가·교전단체와 자결권을 향유하는 민족은 능동적 주체에 속하고, 그 외의 주체들은 수동적 주체에 속한다.
> ㄷ. 개인은 수동적·파생적·제한적 주체이다.
> ㄹ. 능동적 주체와 수동적 주체의 구분 기준은 조약체결권의 향유 여부이다.

① ㄱ, ㄴ   ② ㄱ, ㄷ
③ ㄴ, ㄷ   ④ ㄴ, ㄹ

정답 및 해설

국제법 주체의 분류에 대한 설명으로 옳지 않은 것은 ㄱ, ㄴ이다.
ㄱ. 민족도 시원적 주체에 속한다.
ㄴ. 국제기구도 능동적 주체에 속한다.

⊘ 선지분석

ㄹ. 조약체결권의 향유 여부에 따라 국가, 국제기구, 교전단체, 민족해방운동단체가 능동적 주체에 속하며, 개인은 수동적 주체이다.

답 ①

03 국가와 국제기구의 지위에 공통적으로 해당하는 것만을 모두 고른 것은?

ㄱ. 조약체결권	ㄴ. 직무 보호권
ㄷ. 특권과 면제	ㄹ. 영토권
ㅁ. 국내문제 불간섭의무	

① ㄱ, ㄴ, ㄷ   ② ㄱ, ㄴ, ㄹ

③ ㄱ, ㄷ, ㅁ   ④ ㄴ, ㄷ, ㅁ

> **정답 및 해설**

국가와 국제기구의 지위에 공통적으로 해당하는 것은 ㄱ, ㄷ, ㅁ이다.
- ㄱ. 국제기구의 조약체결능력은 '기구의 규칙(the rules of that organization)'에 따른다(국제기구의 조약법에 관한 비엔나협약).
- ㄷ. 국가와 국제기구는 타국의 국내법의 집행관할권으로부터 면제를 향유한다.

⊘ 선지분석
- ㄴ. 직무 보호권은 국가의 외교적 보호권과 유사한 국제기구만의 권리이다.
- ㄹ. 국가만이 영토적 실체이므로 영토권은 국가에 대해서만 인정된다.

답 ③

04 국제법의 주체들에 대한 설명으로 옳은 것은?

① 국가연합(confederations)의 구성국은 완전한 국제법 주체이다.

② 통설에 의하면 국제조직은 성립되더라도 여전히 구성국의 주권하에 있다.

③ 본국과 교전단체 간의 전쟁이 교전단체의 승리로 종료되면 교전단체는 교전단체의 지위로서 역할을 계속할 수 있다.

④ 망명정부가 본래의 영토에 대한 영유권을 가지고 있더라도 그 자체로는 국제법의 주체로 볼 수 없다.

> **정답 및 해설**

국가연합(confederations)의 구성국은 국가연방과 달리 독자적 외교능력을 가지고 있으므로 완전한 국제법 주체로 볼 수 있다.

⊘ 선지분석
② 통설에 의하면 국제조직이 성립된 경우 더 이상 구성국의 주권하에 있지 않는다.
③ 본국과 교전단체 간의 전쟁이 교전단체의 승리로 종료되면 정부의 승인을 받거나 국가의 승인을 받게 되어 교전단체는 소멸한다.
④ 망명정부가 본래의 영토에 대한 영유권을 가지고 있다면 국제법의 주체로 인정받을 수 있다.

답 ①

01

국가와 국제기구에 대한 설명으로 옳지 않은 것은?

① 국제사법재판소(ICJ)는 'UN 근무 중 입은 손해배상 사건(Reparation for Injuries Suffered in the Service of the United Nations)'에서 UN의 손해배상 청구적격을 인정하였다.
② 창설적 효과설에 따르면 국가의 실질적 요건을 모두 갖추었더라도 승인을 받아야만 국가로 성립한다.
③ 신생국가와 상주외교사절을 교환하는 것은 묵시적 승인으로 간주된다.
④ 1933년 국가의 권리와 의무에 관한 몬테비데오협약 제1조는 국가의 자격요건으로서 항구적 인구, 명확한 영역, 정부만을 들고 있다.

> **정답 및 해설**

항구적 인구, 명확한 영역, 정부 외에도 다른 국가들과 관계를 맺을 수 있는 능력(외교능력)을 국가의 자격조건으로 들고 있다.

☑ 선지분석
③ 신생국가와 상주외교사절을 교환하는 것 외에도 우호통상항해조약과 같은 포괄적 양자 조약을 체결하는 행위, 영사 인가장을 부여하거나 요청하는 행위, 신생국의 UN 가입에 대한 지지 등은 묵시적 승인으로 간주된다.

답 ④

02

국가의 성립요건에 대한 설명으로 옳지 않은 것은?

① 국가의 영토가 반드시 하나로 연결되어야 하는 것은 아니며 반드시 명확한 국경이 획정되지 않았더라도 대강의 국경이 결정되면 국가로 성립될 수 있다.
② 국제사회의 개입으로 국가의 최고 행정권이 일시 외부기관에 위임된 경우에도 독립국가로서의 존속이 인정된다.
③ 정부가 자국 영역에 대한 실효적인 지배권을 행사하는 것이 당연히 타국과의 외교관계를 맺을 능력이 있는 것으로 인정되는 것은 아니다.
④ 내전이나 적국의 전시점령으로 영토의 전부를 일시 상실하여 정부가 실질적인 기능을 못하더라도 국가로서의 지위는 소멸되지 않는다.

> **정답 및 해설**

자국 영역에 대한 실효적인 지배권을 행사하는 독립적인 정부는 당연히 타국과의 외교관계를 맺을 능력이 있다고 인정된다.

☑ 선지분석
① 1948년 이스라엘이 독립을 선포할 당시, 국경과 국민의 범위가 명확하게 정해지지 않았지만 이스라엘은 국가로 승인을 받았다.
② 캄보디아에서 PKO였던 UNTAC가 사실상 정부 기능을 한 경우를 예로 들 수 있다.

답 ③

03

국제법상 국가에 대한 설명으로 옳지 않은 것을 모두 고른 것은?

> ㄱ. 일단 국가로 성립하면 타국의 일시적인 전시점령이나 내란으로 인해 정부가 실질적인 기능을 못하더라도 국가로서의 지위는 소멸되지 않는다.
> ㄴ. 1965년 남로디지아는 영국에서 독립하고 소수 백인 중심 국가를 출범시키자 UN총회는 이를 비난하고 각국은 이를 승인하지 말 것을 요구하였고, 남로디지아는 독립국가로 인정받지 못하였다.
> ㄷ. 1974년 터키군은 북사이프러스에 진주하고 1983년 국가를 선포하였으나 UN안전보장이사회는 이를 강행규범에 위반된 조치로서 무효라고 선언하고 회원국들에게 불승인을 요구하였다.
> ㄹ. 현재 모나코는 프랑스의, 산마리노는 이탈리아의 피보호국이다.
> ㅁ. UN국가면제협약(2004)에 따르면 연방의 주는 국가면제의 목적상 국가로 인정되므로 면제를 향유할 수 있다.

① ㄱ, ㄴ, ㄷ	② ㄱ, ㄴ, ㄹ
③ ㄴ, ㄷ, ㅁ	④ ㄷ, ㄹ, ㅁ

국제법상 국가에 대한 설명으로 옳지 않은 것은 ㄴ, ㄷ, ㅁ이다.
ㄴ. 안전보장이사회가 취한 조치이다.
ㄷ. 강행규범에 위반된 조치라고 확인한 것은 아니다.
ㅁ. 연방의 주는 국가로 인정되지 않는다.

⊘ 선지분석
ㄹ. 조약을 통해 완전한 보호관계가 설정되면 보호국은 자신의 권리로서 피보호국민을 위한 모든 외교적 보호권을 행사하게 된다.

답 ③

04

국가형태에 대한 설명으로 옳지 않은 것은?

① 영연방은 국가연합이다.
② 피보호국은 조약에 의해 행위능력 또는 외교능력이 제한된다.
③ 종속국은 종주국의 국내법에 의해 행위능력 또는 외교능력을 가진다.
④ 스위스, 오스트리아, 바티칸시국은 현존하는 영세중립국이다.

영연방은 국가연합을 결성한 조약이지만 하나의 중추기관이 없으므로, 국가연합이 아니라 특수한 합성형태로 보아야 한다.

⊘ 선지분석
④ 스위스는 국제조약(비엔나협약)에 의해, 오스트리아는 국내법에 의해 영세중립국이 되었다.

답 ①

05 영세중립국에 대한 설명으로 옳은 것은?

① 스위스는 1815년 쇼몽조약에 의해 영세중립국이 되었다.
② 오스트리아, 라오스, 벨기에 등은 제2차 세계대전 이후 중립국이 되었다.
③ 중립국은 UN헌장 제7장과 양립하지 아니하므로 UN에 가입할 수 없다.
④ 헌법규정과 타국의 승인에 의해서도 중립국이 창설될 수 있다.

정답 및 해설

국내법에 의해 중립국이 된 오스트리아를 예로 들 수 있다.

 **선지분석**
① 스위스는 1815년 비엔나협약에 의해 영세중립국이 되었다.
② 벨기에, 룩셈부르크 등은 제2차 세계대전 이전에도 중립국이었다.
③ 이전의 해석이며, 현재는 이러한 해석이 변경되어 중립국인 스위스 및 오스트리아는 UN에 가입할 수 있었다.

답 ④

06 영세중립국에 대한 설명으로 옳지 않은 것은?

① 스위스는 1815년의 8개국 선언으로 영세중립이 승인되고 그 중립이 집단적으로 보장되었다.
② 오스트리아는 국내법과 이에 대한 각국의 개별적 승인에 의하여 영세중립의 지위를 확립하였다.
③ 집단적 안전보장제도를 채택하고 있는 UN에는 가입할 수 없다.
④ 자위의 경우를 제외하고는 전쟁에 참여할 수 없다.

정답 및 해설

샌프란시스코 회의 당시 영세중립국의 지위와 UN 회원국의 지위가 양립하지 않는다는 해석이 성립되어 스위스가 가입하지 못하였으나, 이후 해석이 변경되어 1955년에 오스트리아, 2002년 9월에 스위스가 UN에 가입하였다.

답 ③

07 국제법상 국가에 대한 설명으로 옳은 것은?

① 1965년 남로디지아는 영국에서 독립하고 소수 백인 중심 국가를 출범시키자 안전보장이사회는 이에 대해 불승인결의를 하고자 하였으나 영국의 거부권 행사로 무산되었다.
② 1974년 터키군은 북사이프러스에 진주하고 1983년 국가를 선포하였으나, 안전보장이사회는 이를 무효라고 선언하고 회원국들에게 불승인을 요구하였다.
③ 현행법상 피보호국은 민족자결 원칙에 위배되므로 허용되지 않는다.
④ UN국가면제협약(2004)은 유럽국가면제협약과 달리 연방국가의 구성국은 국가면제의 목적상 국가로 인정되어 면제를 향유할 수 없다.

정답 및 해설

 **선지분석**
① 남로디지아에 대한 불승인 및 불원조결의가 성립하였다.
③ 피보호국 형성을 금지하는 국제법은 없으며 현재 모나코는 프랑스의, 산마리노는 이탈리아의 피보호국이다.
④ 유럽국가면제협약은 구성국의 면제를 부인하나, UN국가면제협약은 구성국의 면제를 인정한다.

답 ②

08 연방국가와 국가연합에 대한 설명으로 옳지 않은 것은?

① 둘 이상의 국가들이 구성국 간의 평등을 기초로 국제법상 국가의 자격을 보유한 채 결합한 것이 국가연합이다.
② 국가연합에서 각 국가는 외교권을 공동행사하나 원칙적으로 구성국이 외교권을 행사한다.
③ 연방국가에서는 연방 자신이 완전한 외교능력을 가지며 구성국은 이를 가지지 않는다.
④ 연방국가는 대내적 통치권을 구성국이 독점한다.

> **정답 및 해설**

연방국가에서 구성국은 대내적 통치권을 분점한다.

> ✅ **선지분석**
> ①, ② 국가연합의 대표적인 예로는 독립국가연합(CIS)이 있다. 국가연합에서 외교권 등의 주권은 국가연합의 각 구성국들에게 있다.

답 ④

09 국가연합과 연방국가에 대한 설명으로 옳은 것은?

① 국가연합 회원국 상호 간 무력사용은 내란이다.
② 독립국가연합(CIS)은 그 명칭과 달리 연방에 해당한다.
③ 연방국가의 조약체결권은 원칙적으로 구성국에 있다.
④ 영연방은 명칭과 달리 연방국가에 해당하지 않는다.

> **정답 및 해설**

영연방은 국가연합을 결성한 조약이지만 일정한 중추기관이 없으므로, 국가연합이 아니라 특수한 합성형태로 보아야 한다.

> ✅ **선지분석**
> ① 국가연합 회원국 상호 간 무력사용은 국제전이다.
> ② 독립국가연합(CIS)은 국가가 아님을 설립헌장에 명시하고 있다.
> ③ 연방국가의 조약체결권은 연방국가에게 있다.

답 ④

10 영연방(British Commonwealth of Nations)에 대한 설명으로 옳지 않은 것은?

① 1931년 12월 '웨스트민스터 조례'에 기초하여 형성되었다.
② 구성국 상호 간에는 외교사절 대신 고등판무관을 파견한다.
③ 구성국이 체결하는 조약은 타 연방당사국에 사후통보하여야 한다.
④ 영연방(British Commonwealth of Nations)의 모든 국민은 자국 국적과 영연방 시민의 지위를 동시에 가진다.

> **정답 및 해설**

구성국이 체결하는 조약은 타 연방당사국에 사전통보하는 것을 의무화하고 있다.

답 ③

11 독립국가연합(CIS)에 대한 설명으로 옳지 않은 것은?

① 1991년 12월 8일 소련연방 해체를 계기로 형성되었다.
② 독립국가연합(CIS)의 출범은 국제적 협정을 통하여 이루어졌다.
③ 구성국들은 구 소련이 체결한 조약에 구속되지 않는다.
④ 국가원수평의회의 기관을 통해 초국가적 조직으로 면모를 보이고 있다.

정답 및 해설

CIS헌장 제1조는 회원국의 독립된 지위를 인정하고, 연합은 국가가 아니라고 명시하고 있다. CIS에는 아르메니아, 아제르바이잔, 몰도바, 투르크메니스탄, 우즈베키스탄, 키르기스스탄 벨라루스, 러시아, 카자흐스탄, 타지키스탄 등이 속해 있다.

답 ④

12 국가에 대한 설명으로 옳은 것은?

① 일단 국가로 성립하더라도 장기간의 내란으로 인해 정부가 실질적인 기능을 현저히 수행하지 못하는 경우 국가로서의 지위는 소멸된다.
② 피보호국은 보호국의 국내법에 의해 외교능력이 제한되는 국가를 말한다.
③ 영연방 구성국 상호 간 체결한 조약은 UN에 등록하지 않는다.
④ 말타기사단은 현재 다수의 국가와 외교관계를 수립하고 있으므로 국가로서의 법인격을 갖추었다고 보는 것이 일반적인 견해이다.

정답 및 해설

✓ 선지분석
① 국가로서의 지위는 소멸되지 않는다.
② 피보호국과 보호국은 국내법이 아닌 조약에 의해 창설되는 관계이다.
④ 말타기사단은 객관적으로 국가로서의 법인격을 갖추었다고 보기 어렵다는 것이 일반적인 견해이다.

답 ③

01 국제기구에 대한 설명으로 옳지 않은 것은?

① 국제기구가 회원국과 별개의 법적 실체로 인정되려면 법인격을 보유하여야 한다.
② 국제기구의 법인격은 고유권한설에 따르면 그 목적과 역할의 범위 내에서 당연히 인정된다.
③ 국제기구도 손해배상청구권을 행사할 수 있다.
④ 국가 이외의 다른 실체는 국제기구의 회원이 될 수 없다.

정답 및 해설

국가 이외의 다른 실체도 국제기구의 회원이 될 수 있다. 예를 들어 WTO(세계무역기구)에는 국가 이외에 독자적 관세영역도 가입할 수 있으며, 유럽연합(EU)은 국가가 아님에도 WTO(세계무역기구)에 가입하고 있다.

⊘ 선지분석

① 국제기구는 대체로 회원국과 구분되는 독자적 국제법인격을 보유하는 것이 일반적이다.
② 고유권한설은 국제기구 설립헌장에 국제법인격이 명시되지 않았다고 하더라도 국제기구의 목적 달성을 위해 필요한 범위 내에서는 법인격을 인정할 수 있다는 학설이다. UN의 국제법인격이 쟁점이 되었던 'UN 근무 중 입은 손해의 배상에 대한 권고적 의견 사건(ICJ)'에서도 인정된 바 있다. 고유권한설은 '묵시적 권한이론'이라고도 한다.
③ 국제기구도 국제법인격자이므로 자신이 입은 손해에 대해 배상을 청구할 수 있으며 이를 '능동적 책임능력'이라고도 한다. 한편, 국제기구는 '수동적 책임능력'도 보유하여 자신이 가해자인 경우 국제책임을 진다.

답 ④

02 국제기구에 대한 설명으로 옳지 않은 것을 모두 고르면?

ㄱ. 국제사법재판소(ICJ)는 UN 근무 중 입은 손해배상에 대한 권고적 의견에서 '묵시적 권한 이론'에 기초하여 UN의 국내법인격을 인정하였다.
ㄴ. 국제기구의 조약체결권은 설립조약에 명시적 규정이 있는 경우뿐만 아니라 설립조약의 전체적인 해석을 고려해 묵시적 권능이 인정될 경우에도 행사될 수 있다.
ㄷ. 국제원자력기구의 특권·면제에 관한 협약은 국제사법재판소(ICJ)의 권고적 의견에 사실상 구속력을 인정하고 있다.
ㄹ. 유럽원자력기구(Euratom)조약 제184조는 당해기구의 회원국 내에서의 법인격 및 비회원국 내에서의 법인격을 인정하고 있다.
ㅁ. 국제기구 자체가 피해를 입은 직접피해의 경우 국가 자체가 피해를 입은 경우와 마찬가지로 국내구제완료 원칙이 적용되지 않는다.

① ㄱ, ㄴ, ㄷ   ② ㄱ, ㄷ, ㄹ
③ ㄱ, ㄷ, ㅁ   ④ ㄴ, ㄹ, ㅁ

정답 및 해설

국제기구에 대한 설명으로 옳지 않은 것은 ㄱ, ㄷ, ㄹ이다.
ㄱ. UN의 '국제법인격'을 인정한 판례이다.
ㄷ. 국제사법재판소(ICJ)의 권고적 의견에 조약 규정을 통해 구속력을 인정하고 있다.
ㄹ. 당해기구의 회원국 내에서의 법인격을 인정하고 있다.

⊘ 선지분석

ㅁ. 국내구제를 완료할 필요 없이 국제기구가 직접 외교적 보호권을 발동하면 된다.

답 ②

03 국제법의 주체로서 국제기구에 대한 설명으로 옳은 것만을 모두 고른 것은?

ㄱ. 국제사법재판소(ICJ)는 'UN 근무 중 입은 손해배상 사건(1949)'에서 UN이 대세적 법인격을 가짐을 인정하였다.
ㄴ. 비정부 간 국제기구(INGOs)는 국적을 달리하는 사인 또는 사적 단체들의 국제적 차원의 항구적 결합을 지칭하며, 국제법에 의하여 규율되고 있다.
ㄷ. 국제기구가 설립조약에 의하여 회원국 국내법상의 인격을 부여받았다고 하더라도, 이로부터 회원국들과의 관계에 있어 국제적 인격이 바로 도출되는 것은 아니다.
ㄹ. 국제기구는 개별 구성국의 의사와는 별개로 기구 자신의 독자적 의사를 갖고 행동한다.
ㅁ. 국제사법재판소(ICJ)는 UN이 소속공무원을 위한 직무 보호권을 가짐을 인정하면서, 직무 보호권은 외교적 보호권에 우선하다고 하였다.
ㅂ. 국제기구는 비회원국 또는 타 국제기구와 조약을 체결하거나 외교사절을 교환할 수 있으므로 대세적 인격이 인정된다고 볼 수 있다.

① ㄱ, ㄷ
② ㄷ, ㄹ
③ ㄱ, ㄷ, ㄹ
④ ㄴ, ㄹ, ㅁ

정답 및 해설

국제법의 주체로서 국제기구에 대한 설명으로 옳은 것은 ㄱ, ㄷ, ㄹ이다.
ㄱ. 국제사법재판소(ICJ)는 UN의 이른바 대세적 법인격을 인정하였다.
ㄷ. 국제기구가 소속 회원국들과의 관계에 있어 국제적 인격을 가지는지 여부는 당해 설립조약의 명시적·묵시적 규정으로부터 도출될 수 있다.

⊘ 선지분석
ㄴ. 비정부 간 국제기구(INGOs)는 그 구성에 있어 국제적이긴 하지만 국가 간 조약에 의하여 설립된 것이 아니기 때문에 그 자체 국제법에 의하여 규율되는 것이 아니라 설립지의 국내법에 의하여 규율될 뿐이다.
ㅁ. 국제사법재판소(ICJ)는 'UN 근무 중 입은 손해배상 사건(1949)'에서 UN이 소속공무원을 위한 직무 보호의 권리를 가진다고 하였으나, 외교적 보호권과 직무 보호권이 경합하는 경우 직무 보호권이 우선한다고 언급한 일은 없다. 이 경우 둘 중 어느 한쪽에 우선권을 부여하는 법 원칙은 존재하지 않는다.
ㅂ. 국제기구가 설립조약규정에 근거하여 비회원국 또는 타 국제기구와 조약을 체결하거나 외교사절을 교환할 수 있지만, 이로 인하여 당해 기구의 대세적 인격이 인정된다고 볼 수는 없다. 국제기구의 이 같은 활동은 어디까지나 타방 당사자의 동의를 전제로 하는 것이기 때문이다. 다만, 국제사법재판소(ICJ)는 UN에 대해서는 그 객관적(대세적) 법인격을 인정하였다.

답 ③

04

국제기구에 대한 설명으로 옳은 것은?

① 국제기구가 직원이 아닌 개인에게 손해를 야기한 경우 국적국은 국제기구를 상대로 하여 직무 보호권을 발동할 수 있다.

② 국제기구가 직원에게 손해를 야기한 경우 직원의 국적국은 국제기구를 상대로 외교적 보호권을 발동할 수 있으며, 직원이 자신의 피해를 구제할 수 있는 수단이 국제기구 내에 존재하더라도 이 내부절차를 먼저 완료해야 하는 것은 아니다.

③ UN직원이 직무와 무관하게 피해를 입은 경우 UN의 직무 보호권은 문제되지 않고, 피해직원 국적국의 외교적 보호권만 문제되며, 이 경우 국내구제완료 원칙이 적용된다.

④ 국제기구 직원이 업무 중 타국에 의해 피해를 본 경우, 국제기구의 직무 보호권과 피해자 본국의 외교적 보호권이 모두 문제되며, 국제기구가 직무 보호권을 발동한다면 가해국 국내구제를 먼저 완료해야 한다.

국제기구의 직무 보호권은 직무와 관련된 범위 내에서만 발동된다.

✓ 선지분석
① 국적국은 외교적 보호권을 발동할 수 있다.
② 직원이 자신의 피해를 구제할 수 있는 수단이 국제기구 내에 존재한다면 이 내부절차를 먼저 완료해야 한다.
④ 국제기구가 직무 보호권을 발동한다면 국제기구의 직접피해에 해당하는 것이므로 국내구제완료 원칙은 적용되지 않는다.

답 ③

05

국제기구의 국제법 주체성에 대한 설명으로 옳은 것은?

① UN은 대세적 국제법인격을 가지므로 모든 국제기구가 대세적 국제법인격을 가진다고 볼 수 있다.
② 국제기구의 대세적 국제법인격을 긍정하는 입장에서는 조약상대성의 원칙에 따라 이를 인정해야 한다고 본다.
③ UN해양법협약에 따르면 심해저기구 및 심해저기업은 모두 국제법인격을 가진다.
④ 국제기구 직원이 직무와 무관한 행위로 피해를 입은 경우 직무 보호권과 외교적 보호권의 경합이 발생하나 국제사법재판소(ICJ)에 의하면 양자의 경합을 해결할 수 있는 국제법은 없다.

UN해양법협약 제157조와 제170조에 대한 내용이다.

✓ 선지분석
① 일반적으로 대세적 국제법인격은 부인된다.
② 조약상대성의 원칙에 따라 부인해야 한다고 본다.
④ 직무와 무관한 행위이므로 직무 보호권은 관련이 없다.

답 ③

06 2011년 UN국제법위원회(ILC)의 국제기구의 책임에 관한 규정 초안에 대한 설명으로 옳지 않은 것은?

① 국제기구 책임의 성립요건과 위법성 조각사유, 책임의 이행 등에 관한 기본적 내용은 국가책임 초안과 유사하다.

② 국제기구의 기능을 행사하는 기관(organ)이나 담당자(agent)의 행위를 통하여야만 국제기구의 국제책임이 성립한다.

③ 국제기구가 회원국의 국민이나 다른 기구의 직원을 절차에 따라 파견 받아 기능을 수행한 경우 국제기구는 이들의 행동에 대한 책임을 진다.

④ UN평화유지군의 행위는 파견국 간 '통제적 관련성(control link)'에 따라 파견국에 귀속될 수도 있다.

> **정답 및 해설**

국제기구가 회원국의 국민이나 다른 기구의 직원을 절차에 따라 파견받아 기능을 수행한 경우 국제기구는 이들의 행동을 '실효적으로 통제할 수 있었던 범위'에서 책임을 진다.

⊘ 선지분석

② 이때 기관(organ)이나 담당자(대리인, agent)의 지위 고하는 불문한다.

④ 평화유지활동을 하는 병력의 위법행위에 대하여는 UN이 행위자에 대하여 실효적 통제를 할 수 있었는지 여부에 따라서 책임의 귀속성이 결정된다.

답 ③

07 국제기구에 대한 설명으로 옳지 않은 것을 모두 고른 것은?

> ㄱ. ICJ는 '나우르 인산염사건(1992)'에서 호주, 뉴질랜드, 영국 3개국의 합의로 설립된 기구가 국제법상의 법인격을 갖지 않는다고 판단하였다.
>
> ㄴ. 국가와 달리 국제기구는 설립헌장에 규정된 목적과 기능을 수행하기 위한 범위 내에서만 법인격과 권한이 인정되는데, 이를 묵시적 권한이론이라고 한다.
>
> ㄷ. 국제기구의 법인격의 범위는 1차적으로는 설립헌장을 통해 명시적으로 규정되기도 하지만, 설립헌장에 명시되어 있지 않더라도 기구의 목적과 기능 그리고 실행을 통해 묵시적으로 결정되기도 하는데, 이를 전문성의 원칙이라고 한다.
>
> ㄹ. UN헌장 제104조와 WTO설립협정 제8조 등을 포함한 대부분의 국제기구 설립헌장상의 법인격 규정은 국내적 법인격에 관한 것이다.

① ㄱ, ㄴ   ② ㄴ, ㄷ

③ ㄱ, ㄹ   ④ ㄷ, ㄹ

> **정답 및 해설**

국제기구에 대한 설명으로 옳지 않은 것은 ㄴ, ㄷ이다.

ㄴ. 기능적인 전문성 원칙이라고 한다.

ㄷ. 묵시적 권한이론이라고 한다.

답 ②

08 국제법상 특권 및 면제에 대한 설명으로 옳지 않은 것은?

① 뉴욕협약에 의하면 특별사절단의 구성원은 공적 직무 밖에서의 자동차 사용으로부터 야기된 손해배상청구소송에 대해서는 면제를 향유하지 못한다.
② 중재재판소는 European Molecular Biology Laboratory v. Germany 사건에서 기구의 활동이 직무와 관련되어 면제되는 것으로 규정함에 있어 활동의 성격이 그 출발점이라 선언하였다.
③ 유럽인권재판소는 Beer and Regan v. Germany 사건에서 유럽우주국(ESA)에 독일 재판관할권으로부터의 면제를 부여하는 것이 유럽인권협약 하에서 허용될 수 있는가의 여부를 결정함에 있어 한 개의 중요한 요소는 신청자들이 협약 하의 자신들의 권리를 실효적으로 보호하는 데 이용할 수 있는 합리적인 대안수단을 갖고 있었는지의 여부라고 하였다.
④ UN특권면제협약에 의하면 UN사무총장과 사무차장들은 국제법에 따라 외교사절에게 주어지는 재판관할권의 면제를 향유하나, 다른 UN직원은 물적면제만 향유한다.

정답 및 해설

기구의 활동이 직무와 관련되어 면제되는 것으로 규정함에 있어 목적이 그 출발점이라 선언하였다.

답 ②

09 국제기구의 특권과 면제에 대한 설명으로 옳지 않은 것은?

① 국제기구는 파생적 법주체이므로 비회원국에 대해 면제를 권리로서 주장할 수 없다.
② UN의 특권과 면제에 관한 협약에 의하면 UN회원국 대표는 대표의 자격으로 행한 구두 또는 서면진술 및 직무상 행한 행위에 관해 모든 종류의 법적 책임으로부터 면제된다.
③ 유럽인권재판소는 Beer and Regan v. Germany 사건에서 국가가 국제기구에게 면제를 부여하는 것이 유럽인권협약에서 허용될 수 있는지를 결정함에 있어서 중요한 요소는 개인들이 협약하의 자신들의 권리를 보호하는 데 합리적인 대체수단을 가지고 있는지 여부라고 하였다.
④ 국제기구에 고용된 공무원은 자신의 국적국가에 대해서는 면제를 주장할 수 없다.

정답 및 해설

국제기구에 고용된 공무원은 자신의 국적국가에 대해서도 면제를 주장할 수 있다.

답 ④

10 국제기구에 대한 설명으로 옳은 것을 모두 고른 것은?

ㄱ. 국제기구는 조약뿐만 아니라 국제법에 의하여 규율되는 기타 문서에 의해서도 수립될 수 있다.
ㄴ. 국제기구는 셋 이상의 국제법 주체간 형성될 수 있으므로 단지 한 개 국가와 타 국제기구 간에는 설립될 수 없다.
ㄷ. 국제기구가 조약이나 국제법에 의하여 규율되는 기타 문서에 의하여 수립된다고 해서 그 같은 국제문서의 채택에는 참여할 능력이 없는 실체가 수립된 기구의 회원이 되는 것을 막는 것은 아니다.
ㄹ. 국제기구 직원이 직무 수행 중 비회원국에 의해 피해를 입은 경우 당해 직원의 국적국은 객관적 존재설에 따라 외교적 보호권을 발동할 수 있다.

① ㄱ, ㄴ 　　　　　　　　② ㄱ, ㄷ
③ ㄴ, ㄷ 　　　　　　　　④ ㄴ, ㄹ

정답 및 해설

국제기구에 대한 설명으로 옳은 것은 ㄱ, ㄷ이다.

⊘ 선지분석
ㄴ. 국제기구는 단지 한 개 국가와 타 국제기구 간에도 설립될 수 있다.
ㄹ. 국가 간 외교적 보호권 문제이므로 객관적 존재설과 관련이 없다.

답 ②

제4절 | 개인

01 개인의 법적 지위에 대한 설명으로 옳은 것은?

① 개인은 국제사법재판소(ICJ)에 제소할 수 있다.
② 개인은 원칙적으로 조약체결권이 있다.
③ 개인의 국제법상 의무는 인정되지 않는다.
④ 국제조약은 개인에게 국제법상 권리를 부여할 수 있다.

정답 및 해설

우호통상항해조약 등에 개인의 권리에 대한 규정이 다수 있으며, 중미사법법원, 유럽사법재판소 등도 개인에게 제소권을 부여하고 있다.

⊘ 선지분석
① 국제사법재판소(ICJ)의 쟁송관할은 국가에, 권고적 관할은 국제기구에 국한된다. 따라서 개인은 국제사법재판소(ICJ)에 제소할 수 없다.
② 국제법의 능동적 주체만이 조약체결권이 있다. 국가, 국제기구, 교전단체, 민족해방운동단체가 능동적 주체이다.
③ 해적금지의무, 집단살해금지의무 등 개인은 국제법상 의무의 주체성을 강하게 가진다.

답 ④

02 국제법의 주체로서 개인에 대한 설명으로 옳은 것만을 모두 고른 것은?

> ㄱ. 전통국제법은 개인을 단지 법의 객체로 취급하였으나, 오늘날에는 국가뿐만 아니라 개인도 국제법 주체가 된다는 것이 통설이다.
> ㄴ. 실정국제법상 개인의 제소권을 최초로 인정한 곳은 중미사법재판소이다.
> ㄷ. 개인은 수동적·파생적 법주체성을 가진다.
> ㄹ. 유럽사법재판소(ECJ), 국제사법재판소(ICJ), UN행정법원 등은 개인의 국제소송권을 규정하고 있다.
> ㅁ. 개인의 국제법상의 권리는 이미 전통국제법하에서부터 인정되어 왔으나, 개인의 국제법상의 의무가 인정된 것은 대체로 제2차 세계대전 이후의 현상이다.
> ㅂ. 침략전쟁 및 무력행사의 금지의무는 개인에게 부과되지 않으며 국가에게만 부과된다.

① ㄱ, ㄴ, ㄷ
② ㄱ, ㄴ, ㄹ
③ ㄱ, ㄷ, ㅁ
④ ㄴ, ㅁ, ㅂ

정답 및 해설

국제법의 주체로서 개인에 대한 설명으로 옳은 것은 ㄱ, ㄴ, ㄷ이다.
ㄷ. 시원적 주체와 파생적 주체는 타 주체에의 의존 여부에 의해 구분된다.

✔ 선지분석
ㄹ. 국제사법재판소(ICJ)는 오직 국가만이 제소할 수 있다(ICJ규정 제34조).
ㅁ. '권리'와 '의무'의 내용이 반대로 서술되었다. 즉, 개인의 국제법상의 '의무'는 이미 전통국제법하에서부터 인정되어 왔으나, 개인의 국제법상의 '권리'가 인정된 것은 대체로 제2차 세계대전 이후의 현상이다.
ㅂ. 전통적으로 부전조약이나 UN헌장 등에 의해 동 의무는 국가에 대해서만 부과되었으나, 제2차 세계대전 이후 국제군사재판에서는 국가기관의 지위에 있었던 사람도 개인으로서 책임이 있다고 판결하고 전쟁범죄인으로 처벌하였다. 동 의무 위반을 '평화에 대한 죄(crime against peace)'라고 한다.

답 ①

03 국제법상 개인의 지위에 대한 설명으로 옳지 않은 것은?

① 국가가 어떤 개인에게 자국의 국적을 부여할 것인가는 원칙적으로 그 국가의 국내문제에 속한다.
② 오늘날 이중국적자는 어느 국적국으로부터도 외교적 보호를 받을 수 없다.
③ 우호통상항해조약의 내국민대우조항은 일반적으로 외국인의 지위를 신장시킬 목적을 가진다.
④ 불법체류 중인 외국인에 대하여서도 체류국은 인권을 보장할 의무를 진다.

정답 및 해설

전통국제법상 이중국적국 상호 간에는 외교적 보호권을 행사할 수 없다고 인정되었으나, 최근 일부 국가들은 이중국적자와 실효적 관련을 맺는 국가가 타국에 대해 보호권을 행사할 수 있다고 본다.

✔ 선지분석
① 국적 결정은 원칙적으로 각국이 국제법상 독자적으로 결정한다(1930년 국적법 저촉에 관한 헤이그협약). 그러나 그 국적이 국제법상 대항력을 가지기 위해서는 국적에 관한 국내법이 일반적으로 인정된 법의 일반원칙에 일치되어야 한다. 이에 관하여 노테봄 사건은 '진정한 관련성'을 기준으로 제시하였다.

답 ②

04 개인의 제소권이 인정된 중재법원으로 옳은 것은 모두 몇 개인가?

□□□

> ㄱ. 무지개 전사(Rainbow Warrior)호 사건 중재
> ㄴ. 해양법협약상 특별중재
> ㄷ. 투자분쟁해결센터(ICSID) 중재
> ㄹ. WTO분쟁해결양해(DSU)상 중재
> ㅁ. 알라바마호 중재 사건

① 1개   ② 2개
③ 3개   ④ 4개

정답 및 해설

개인의 제소권이 인정된 중재법원으로 옳은 것은 ㄱ, ㄷ. 2개이다.
ㄱ. 그린피스와 프랑스 간의 사건을 중재하였다.
ㄷ. 투자자 개인과 피투자국 간의 사건을 중재하였다.

☑ **선지분석**
ㄴ. 해양법협약상 개인의 제소권은 없다.
ㄹ. WTO협정 당사국에 당사자능력을 인정하였다.
ㅁ. 미국과 영국 간의 사건을 중재하였다.

답 ②

05 무지개전사(Rainbow Warrior)호 사건에 대한 설명으로 옳은 것은?

□□□

① 뉴질랜드는 프랑스와의 합의 위반에 대해 불가항력과 조난으로 위법성이 조각된다고 항변하였으나 기각되었다.
② 그린피스(Greenpeace)는 국제법상 개인에 해당하나 프랑스와의 중재재판에서 당사자로 인정되었다.
③ 프랑스와 뉴질랜드는 영토주권 침해문제에 대해 국제사법재판소(ICJ) 판결로 손해배상 및 관련자의 처벌에 합의하였다.
④ 하급기관의 행위는 국가귀속성이 인정되지 않는다고 하였다.

정답 및 해설

☑ **선지분석**
① 프랑스가 위법성 조각사유를 원용한 것이다.
③ 당해 사건은 UN사무총장의 개입(중개 또는 중재)으로 해결되었다.
④ Massey 사건(1927)에서 하급기관의 행위의 국가귀속성을 인정한 바 있다.

답 ②

06 개인의 국제범죄 처벌에 대한 설명으로 옳지 않은 것은?

① 뉘른베르크법원은 소급처벌금지 원칙은 엄격히 적용해야 하는 형사법의 원칙이나 단순히 형식 논리가 아니라 법적 정의 차원에서 접근해야 한다고 판시하였다.
② 구유고전범재판소는 형사범죄 처벌에 있어서 정황증거는 적용할 수 없다고 하였다.
③ 르완다전범재판소에 의하면 집단학살에 직접 참여하지 않고 집단학살을 조장하는 발언을 하였다면 집단살해죄로 처벌할 수 있다고 하였다.
④ 국제사법재판소(ICJ)는 제노사이드방지 및 처벌조약은 당사국에게 직접적으로 제노사이드를 자행하지 않을 의무도 부과하고 있다고 판시하였다.

구유고전범재판소는 형사범죄 처벌에 있어서 정황증거를 적용할 수 있다고 하였다.

⊘ 선지분석
③ 집단살해를 선동하거나 조장하는 행위도 제노사이드 의도가 존재한다면 처벌이 가능하다며, 선동의 결과로 반드시 제노사이드가 발생해야 처벌할 수 있는 것은 아니라고 하였다(Jean – Paul Akayesu 사건, ICTR, 1998).

답 ②

07 시에라레온 특별재판소에 대한 설명으로 옳은 것은?

① 재판관의 일부는 UN안전보장이사회가 임명하고 다른 일부는 시에라레온 정부가 임명한다.
② 재판관의 국적에는 제한이 없으므로 시에라레온 정부는 반드시 자국민을 재판관으로 임명할 것이 요구되지는 않으나, 적어도 UN회원국의 국민이어야 한다.
③ 시에라레온 특별재판소 관할범죄는 시에라레온의 국내재판소 관할권에서 전적으로 배제된다.
④ 시에라레온 특별재판소는 시에라레온의 국내재판소들에 대해 우위를 가지며, 절차의 어떤 단계에서도 후자에 대해 양보할 것을 요청할 수 있다.

⊘ 선지분석
① UN사무총장이 임명한다.
② 재판관의 국적에는 제한이 없다.
③ 시에라레온 특별재판소와 시에라레온의 국내재판소들은 경합적 관할권을 갖는다.

답 ④

01

민족자결권에 대한 설명으로 옳지 않은 것만을 모두 고른 것은?

ㄱ. 민족자결권은 국제법적 권리로 인정된다.
ㄴ. 민족해방운동단체가 자결권을 가지는 국제법 주체성을 향유하기 위해서는 일정 영토에 대한 실효적 지배(effective control)가 필요하다.
ㄷ. 오늘날 관습법상 인종차별 및 인권침해하의 민족은 타국의 동의 없이 대외적 자결권을 가진다.
ㄹ. 민족자결권은 현행 국제법상 대세적 권리이다.

① ㄱ, ㄴ ② ㄱ, ㄷ
③ ㄴ, ㄷ ④ ㄴ, ㄹ

정답 및 해설

민족자결권에 대한 설명으로 옳지 않은 것은 ㄴ, ㄷ이다.
ㄴ. 견해가 대립하는 내용으로, 제3세계나 사회주의권 국가들은 영토지배는 필요조건이 아니라고 주장한다. 제네바 인도법회의(1974~1977)에서 채택된 제네바 제1추가의정서는 민족해방운동단체의 무력투쟁을 국제 무력충돌로 간주하는 한편, 민족해방운동단체에 의한 영토장악을 국제무역투쟁의 당사자가 되기 위한 요건으로 보지는 않았다.
ㄷ. 현 UN체제하에서 국제관행은 식민지배하의 민족, 외국 점령하의 민족, 인종차별체제하의 민족은 분리독립을 포함하는 대외적 자결권을 인정하고 있으나, 이것이 관습법으로 인정되는지는 명확하지 않다.

✓ 선지분석
ㄱ. UN헌장 제1조 제2항은 UN의 목표로서 '자결권'에 기초한 국가 간 우호관계를 발전할 것을 규정하고 있다.
ㄹ. 민족자결권은 동티모르 사건에서 인정되었다.

답 ③

02

자결권을 향유하는 민족에 대한 설명으로 옳은 것만을 모두 고른 것은?

ㄱ. 민족은 전통적·시원적·능동적 주체이다.
ㄴ. 민족의 평등권 및 자결권은 UN헌장에 UN의 목적으로 명시되어 있다.
ㄷ. 자신의 대표기구를 가지지 못한 민족은 국제적 법인격을 향유하지 못한다.
ㄹ. 민족이 국제적 법인격을 향유하기 위해서는 반란단체와 마찬가지로 일정 영토를 실효적 지배하에 두고 있어야 한다는 데는 이론이 없다.

① ㄱ, ㄴ ② ㄱ, ㄷ
③ ㄴ, ㄷ ④ ㄴ, ㄹ

정답 및 해설

자결권을 향유하는 민족에 대한 설명으로 옳은 것은 ㄴ, ㄷ이다.
ㄴ. UN헌장 제1조 제2항에 대한 내용이다.

✓ 선지분석
ㄱ. 민족은 제2차 세계대전 이후 새로 생겨난 비전통적 주체(신주체)이며, 국가와 반란단체만이 전통적 주체이다.
ㄹ. 반란단체와는 달리 민족은 일정 영토의 실효적 지배가 필요하지 않다는 것이 다수설이다.

답 ③

03 '코소보의 일방적 독립 선언의 국제법상 허용가능성에 관한 국제사법재판소(ICJ)의 권고적 의견'에 대한 설명으로 옳지 않은 것만을 모두 고른 것은?

> ㄱ. UN총회는 헌장 제96조와 ICJ규정 제65조에 따라 국제사법재판소(ICJ)에 권고적 의견을 요청하였다.
> ㄴ. 안전보장이사회가 코소보문제를 다루고 있는 상황에서도 총회는 권고적 의견을 요청할 수 있다고 판단하였다.
> ㄷ. 국제사법재판소(ICJ)는 법률문제를 다루는 기관인 바, 어떠한 정치적 분쟁이나 혼합분쟁에 대해서도 권고적 의견을 부여할 수 없다는 의견을 피력하였다.
> ㄹ. Yusuf 재판관은 식민시대 이후 자결권은 주로 국가 내의 대내적 자결권 행사로 이루어져야 하며 대외적 자결권(external self – determination)의 행사를 인정할 수 없다고 하였다.

① ㄱ, ㄴ　　　　　　　　② ㄱ, ㄹ
③ ㄴ, ㄷ　　　　　　　　④ ㄷ, ㄹ

정답 및 해설

'코소보의 일방적 독립 선언의 국제법상 허용가능성에 관한 국제사법재판소(ICJ)의 권고적 의견'에 대한 설명으로 옳지 않은 것은 ㄷ, ㄹ이다.

ㄷ. 서부사하라 사건에서의 '법의 관점에서 구성되고 국제법 문제를 제기하는 문제를 그 성질상 법에 근거하여 답변할 수 있다'는 입장에 따라 '동 사안이 정치적인 부분을 포함하고 있는 것이 법적인 문제로서의 성질을 박탈하지 않으므로 사안에 대한 권고적 의견을 부여할 수 있다'고 판단하였다. 즉, 혼합분쟁도 법률문제의 범주 내에 들어온다고 판단하였다.

ㄹ. 대내적 자결권이 인정되고 있고, 차별·박해 및 인권의 심각한 침해 혹은 인도법의 심각한 위반이 있는 경우에는 역사적 맥락과 국제법상의 조건을 고려하여 대외적 자결권(external self – determination)의 행사를 인정할 수도 있다고 하였다.

⊘ 선지분석

ㄴ. 안전보장이사회가 다루고 있는 사건이라도 총회의 권고적 의견을 요청할 수 있으며, 요청 시 안전보장이사회의 동의가 불필요하다.

답 ④

04 동티모르 사건(ICJ, 1995)에 대한 설명으로 옳은 것은?

① 포르투갈이 지배하고 있었던 동티모르는 이후 독립을 하였으나 호주와 인도네시아가 영유권을 주장하여 분쟁이 발생하였다.
② 국제사법재판소(ICJ)는 호주와 인도네시아가 조약을 체결하여 동티모르의 자결권을 침해하였다고 판시하였다.
③ 국제사법재판소(ICJ)는 자결권이 대세적 성격을 가진다는 것은 부정할 수 없으나 어떤 규범의 대세적 성격과 관할권에 대한 합의규칙을 별개의 것으로 보았다.
④ 국제사법재판소(ICJ)는 호주가 제시한 선결적 항변인 '제3자 법익의 원칙'은 대세적 의무 위반에 대해서는 적용되지 않는다고 판시하였다.

정답 및 해설

✓ **선지분석**
① 동티모르 사건에서 호주는 영유권을 주장하지 않았으며, 인도네시아가 동티모르를 무력으로 지배하였다.
② 동 사건에서 호주의 선결적 항변이 인용되었으므로 호주와 인도네시아의 조약 체결로 동티모르의 자결권이 침해되었는지 여부는 판단을 받지 못했다.
④ 동 사건에서 제3자 법익의 원칙이 적용되었다. 제3자 법익의 원칙이란 재판에서 다루는 문제가 제3국의 법익을 침해할 우려가 있는 경우 재판을 진행할 수 없다는 원칙으로, '필요적 공동당사자 원칙' 또는 '금화 원칙'이라고도 한다.

답 ③

05 민족자결권에 대한 설명으로 가장 옳은 것은? [다툼이 있는 경우 국제사법재판소(ICJ) 판례에 의함]

① 코소보의 독립은 민족자결권에 기초하지 않은 것으로서 국제법에 합치되지 않는다.
② UN헌장 제1조 제2항은 민족자결권을 언급하고 있으나 헌장 기초자들은 이를 분리독립으로 이해하였다.
③ 1962년 천연자원의 영구주권결의는 민족자결권에 대해 명시적으로 규정하고 있다.
④ 서부사하라 사건에 의하면 민족자결권은 대세적 의무일 뿐 아니라 대세적 권리이다.

정답 및 해설

단, 1950년 세계인권선언에는 민족자결권에 대해 규정되어 있지 않다.

✓ **선지분석**
① 국제사법재판소(ICJ)는 기존 국가 내 일부 지역의 일방적 독립선언에 대한 국제법상 일반적 금지는 없으므로, 코소보의 독립이 국제법에 위반된다고 할 수 없다고 하였다.
② 헌장 기초자들은 민족자결권을 자치로 이해하였다.
④ 민족자결권을 대세적 권리로 규정한 것은 '동티모르 사건'이다.

답 ③

06 동티모르 사건(ICJ, 1995)에 대한 설명으로 옳지 않은 것은 모두 몇 개인가?

> ㄱ. 재판소는 금화 원칙(monetary gold principle)에 기초하여 인도네시아가 안전보장이사회 결의를 이행하지 않는다면 재판을 진행할 수 없다고 하였다.
> ㄴ. 재판소는 자결권이 대세적 성격(erga omnes character)을 가진다는 것은 부정할 수 없으며 현대국제법의 본질적인 원칙의 하나라고 하였다.
> ㄷ. 재판소는 민족자결권이 대세적 권리이므로 필요적 공동당사자 원칙이 적용되지 않는다고 하였다.
> ㄹ. 재판소는 원용되는 의무가 대세적 성격을 가진다고 하더라도 재판소는 판결이 사건의 당사자가 아닌 다른 국가의 행위의 합법성에 관한 평가를 내포하는 경우에는 결정을 내릴 수 없다고 하였다.
> ㅁ. 동티모르에 대한 시정권자였던 포르투갈이 동티모르에서 철수하자 인도네시아는 동티모르를 침공하여 자국 영토로 편입하였으나, 안전보장이사회는 결의 제384호를 채택하여 동티모르의 영토보전과 동티모르 인민의 고유한 자결권을 존중할 것과 인도네시아 병력의 즉각적인 철수를 요청하였다.

① 1개
② 2개
③ 3개
④ 4개

정답 및 해설

동티모르 사건(ICJ, 1995)에 대한 설명으로 옳지 않은 것은 ㄱ, ㄷ. 2개이다.
ㄱ. 금화 원칙에 따라 재판관할권을 부인한 것은 옳다. 단, 금화 원칙은 필요적 공동당사자가 탈루된 경우 재판관할권이 없다는 원칙이다.
ㄷ. 재판소는 어떤 규범의 대세적 성격과 관할권에 대한 합의규칙을 별개의 것으로 보았다.

답 ②

07 국제법의 기본원칙에 대한 설명으로 옳지 않은 것은?

① PCIJ는 Wimbledon호 사건에서 국가가 특정한 행위를 수행하거나 수행하지 않을 것을 약속하는 조약을 체결한다고 해서 이것이 그 국가의 주권을 포기하는 것은 아니라고 하였다.
② ICJ는 Gabčíkovo-Nagymaros Project 사건에서 조약법협약상 신의성실의무는 조약당사자들에게 조약을 합리적인 방식으로 그리고 조약의 목적이 실현될 수 있는 방식으로 적용할 의무를 지우고 있다고 하였다.
③ Legal Consequences of the Construction of a Wall in the Occupied Palestinian Territory 사건에서 ICJ는 침략국의 영토라 할지라도 UN헌장에 따라 이를 군사적으로 점령하거나 병합할 수는 없다고 하였다.
④ Legal Consequences of the Separation of the Chagos Archipelago from Mauritius in 1965 사건에서 ICJ는 민족자결권에 대한 존중은 대세적 의무이므로 자결권의 자유로운 행사에 제약을 가하거나 자결권을 부인하는 조약은 당연무효로 간주된다고 판시하였다.

정답 및 해설

Legal Consequences of the Construction of a Wall in the Occupied Palestinian Territory 사건에서 ICJ는 침략국의 영토라 할지라도 UN헌장에 따라 이를 군사적으로 점령할 수는 있어도 병합할 수는 없다고 하였다.

답 ③

해커스공무원
패권 국제법
단원별 적중 1000제

제 2 편

국가

제1장 승인

제2장 국가의 기본적 권리·의무

제3장 국가관할권 및 면제

제4장 국가책임

제5장 국가의 대외기관

제6장 국가승계

제1장 승인

01 승인에 대한 설명으로 옳은 것만을 모두 고른 것은?

ㄱ. 승인은 일방적 재량행위이므로 승인대상 국가 또는 정부의 동의를 요하지 않는다.
ㄴ. 신생독립국, 합병, 병합, 분리독립, 분열 등의 국제법적 사건에 의하여 새로 출현한 국가에 대해 국가 승인이 행해질 수 있다.
ㄷ. 승인에 대한 창설적 효과설은 주권평등 원칙과 모순된다.
ㄹ. 승인에 대한 선언적 효과설은 실효성의 원칙과 모순된다.

① ㄱ, ㄴ
② ㄱ, ㄷ
③ ㄴ, ㄷ
④ ㄴ, ㄹ

정답 및 해설

승인에 대한 설명으로 옳은 것은 ㄱ, ㄷ이다.
ㄷ. 승인에 대한 창설적 효과설은 신국가는 승인 이전에는 국제법 주체가 될 수 없고 승인에 의해서만 법인격이 창설된다는 입장이므로 주권평등 원칙과 모순된다.

⊘ 선지분석
ㄴ. 병합은 신생국이 성립하는 것이 아니므로 국가승인의 문제가 발생하지 않는다.
ㄹ. 실정법상 신국가는 승인 없이 국제법상 권리·의무를 가진다는 점에서 창설적 효과설은 실효성의 원칙과 모순된다.

답 ②

02 승인제도에 대한 설명으로 옳은 것은?

① 병합에 의해 신국가가 탄생한 경우 국가승인문제는 발생하지 않으나 정부승인문제는 발생한다.
② 창설적 효력설에 의해 승인은 법률행위이나 선언적 효력설에 의하면 사실행위이다.
③ 스팀슨주의에 의하면 위법하게 형성된 국가에 대해서는 승인을 부여할 수 없으나, 국가로서의 요건을 갖춘 경우 예외적으로 승인할 수 있다.
④ 국제기구 가입을 통해 신국가가 기존 회원국으로부터 승인을 받는 것을 집합적 승인이라고 하며 현행법상 부정되는 것이 통설이다.

정답 및 해설

창설적 효과설은 신국가는 국제법 정립에 참여하지 않았으므로 이전의 관습법이 적용되려면 기존 국가의 승인을 받아야 한다고 보며, 선언적 효과설은 국가의 성립요건을 갖춘 경우 당연히 국제법상 권리·의무를 가진다고 본다.

⊘ 선지분석
① 병합의 경우 국가승인문제와 정부승인문제 모두 발생하지 않는다.
③ 스팀슨주의에 의하면 위법하게 형성된 국가라면 국가로서의 요건을 갖춘 경우에 승인할 수 있는 예외는 없다.
④ 집단적 승인의 내용이다. 집합적 승인은 국제회의를 통해 기존 국가가 신국가를 양자 차원에서 승인하는 것이다.

답 ②

03

국제법상 국가의 승인에 대한 설명으로 옳지 않은 것은?

① 선언적 효과설에 의하면 국가승인은 신생국이 국제법 주체로서 성립하였음을 확인하는 행위에 불과하다.
② 창설적 효과설은 실정국제법상 미승인국의 국제법인격이 인정된다는 점을 설명하지 못하는 한계가 있다.
③ 국가승인은 기존 국가가 새로 성립한 국가를 국제법의 주체로 인정하는 일방행위이다.
④ 불승인주의(스팀슨 독트린, 1932)는 국제법상 확립된 원칙을 선언한 것이다.

정답 및 해설

불승인주의(스팀슨 독트린, 1932)는 미국 국무장관 스팀슨이 부전조약에 위반하는 방법으로 성립한 만주국을 승인하지 않기 위해 주장한 원칙으로, 1932년 선언 당시에는 국제법상 확립된 원칙이 아니었다. 다만, 현대국제법에서는 위법한 무력사용에 대한 불승인의무가 국제법상 확립되었다고 볼 수 있다.

☑ 선지분석

③ 국가승인은 기존 국가가 새로 성립한 국가를 국제법의 주체로 인정하는 일방행위로서 신생국의 수락을 필요로 하지 않는다.

답 ④

04

국가승인제도에 대한 설명으로 옳지 않은 것은?

① 신생국은 반드시 기존 국가의 국가승인행위가 있어야만 국제법 주체가 될 수 있다.
② 국가승인 이전의 국가는 사실상의 존재에 지나지 않는 것으로서 국제법 주체성이 전면적으로 부정된다는 견해가 창설적 효과설이다.
③ 스팀슨(Stimson)주의란 국제연맹규약 또는 부전조약에 위반하는 방법으로 성립된 모든 사태, 조약 또는 협정을 승인하지 않겠다는 불승인정책을 말한다.
④ 국가승인의 일반적 효과는 새로이 성립된 국가에게 국제법 주체성을 인정하는 것이다.

정답 및 해설

국가승인의 법적 성질에 대해서는 선언적 효과설과 창설적 효과설이 대립한다. 신생국은 국가승인행위가 있어야만 국제법 주체가 될 수 있다는 것은 창설적 효과설의 주장으로서 일반적으로 받아들여진다고 보기 어렵다.

☑ 선지분석

③ 스팀슨(Stimson)주의는 미국이 1932년 일본의 만주국을 승인하지 않겠다는 정책 선언에서 유래된 개념으로, 미국 국내의 정책에 해당한다.

답 ①

05 국제법상 승인에 대한 설명으로 옳지 않은 것은?

① 티노코 사건 판결(1923)에 의하면 정부의 사실상 존재 여부는 국제법적 기준에 의해 객관적으로 판단되어야 하며 승인의 부여 여부를 통해 결정될 수 없다.
② 몬테비데오협약(1933)에 의하면 국가의 존재 여부는 타국의 승인과는 무관하다.
③ 미주국가기구(OAS)는 승인에 대해 선언적 효력설을 지지한다.
④ 신국가가 수립되는 경우 국가승인·정부승인문제, 국가승계·정부승계문제가 모두 발생한다.

정답 및 해설

정부승계문제는 한 국가 내에서 신정부가 수립되는 경우 발생하는 문제이므로 신국가가 수립되는 경우에는 정부승계문제가 발생하지 않는다.

⊘ 선지분석

① 티노코 사건 판결(1923)에서는 정부승인의 입헌주의적 정통성 문제에 있어서 사실주의 원칙을 적용하였다.
② 몬테비데오협약(1933)은 무조건부 승인을 규정하였다.

답 ④

06 (가) ~ (다) 안에 들어갈 말을 순서대로 나열한 것으로 옳은 것은?

(가) 독트린은 국제연맹 구성원들은 1928년 부전조약에 위배되는 방법으로 일본에 의해 1931년 만주에 건설된 만주국을 승인하지 않을 의무가 있다는 것이었다. 이는 미국의 외교정책에서 비롯된 것이었을 뿐 국제법상의 원칙은 아니었다. (나) 독트린은 신국가 또는 신정부가 국제법 위반의 결과로 생겨난 경우는 제외하되, 사실상의 요건을 구비하였다면 이를 승인할 의무가 있다고 하였다. 한편 (다) 독트린은 정부승인과 관련하여 신정부를 명시적·공식적 승인의 대상으로 하여서는 안 된다는 것이었다.

	(가)	(나)	(다)
①	스팀슨	에스트라다	라우터팩트
②	스팀슨	라우터팩트	에스트라다
③	라우터팩트	에스트라다	스팀슨
④	에스트라다	스팀슨	라우터팩트

정답 및 해설

(가)는 스팀슨, (나)는 라우터팩트, (다)는 에스트라다이다. 스팀슨 독트린은 당시 국제법상 원칙을 선언한 것은 아니었으나, 현재 국제법상 원칙으로 보는 것이 일반적이다. 반면 라우터팩트 독트린의 내용은 현재 국제법상 원칙으로 인정되지 않는다.

답 ②

07 국가승인에 대한 설명으로 옳은 것은?

① 구겐하임이나 라우터팩트와 같이 선언적 효력설을 주장하는 학자들은 승인 요건을 갖춘 경우 승인의 무가 있다고 주장하나 승인은 재량행위이므로 인정될 수 없다고 보는 것이 일반적 견해이다.
② 국가의 권리의무에 관한 몬테비데오협약(1933)은 선언적 효력설을 채택하고 있으며, 승인은 철회할 수 없고, 조건부 승인을 부여할 수 없음을 규정하고 있다.
③ UN 가입이 인정되는 경우 UN 회원국 모두가 신생국을 승인한 것으로 볼 수 있다.
④ 기존 국가의 신생국에 대한 UN 가입 지지는 사실상의 승인이다.

> **정답 및 해설**

✅ 선지분석
① 구겐하임과 라우터팩트는 창설적 효력설을 지지하는 학자들이다.
③ UN 가입이 인정되는 경우 UN 회원국 모두가 신생국을 승인한 것으로 보는 것을 집단적 승인이라고 하나 현재 국제법상 인정되지 않는다. 다만, 복수국가가 국제회의에서 각각 승인의사를 표시하고 집합적으로 승인을 행하는 이른바 '집합적 승인'은 인정된다.
④ 기존 국가의 신생국에 대한 UN 가입 지지는 묵시적 승인이다.

답 ②

08 국가승인의 요건에 대한 설명으로 옳은 것은?

① 신생국이 국내법상 국가로 성립하는 경우 승인의 요건은 모두 충족된다.
② 승인의 요건이 갖추어지기 전에 하는 '상조(尙무)의 승인'도 유효하다.
③ 1945년 일본국의 불승인이 스팀슨주의의 직접적 의도였다.
④ 스팀슨주의는 미국의 국내정책에 불과하며 국제법상 일반원칙을 선언한 것은 아니다.

> **정답 및 해설**

스팀슨주의에 의하면 국가가 무력사용에 의해 성립된 경우 강행규범 위반으로 국가가 성립할 수 없으며, 기존 국가는 당해국에 대해 승인하지 않을 의무를 부담한다. 선언 당시에 국제법상 일반원칙은 아니었으나 현재 국제법상 일반원칙으로 보는 것이 일반적이다.

✅ 선지분석
① 신생국이 국내법상 국가로 성립한 경우, 그 외에도 대상국가가 국제법 준수의 의사와 능력을 가질 것이 요구된다.
② 상조(尙무)의 승인은 국가승인의 요건을 갖추지 않은 것으로 국제법상 무효이며, 국가승인방법의 일종으로 볼 수 없다.
③ 1945년 일본국의 불승인이 아니라, 1932년 만주국의 불승인이 스팀슨주의의 직접적 의도였다.

답 ④

국가승인의 방법에 대한 설명으로 옳은 것만을 모두 고른 것은?

> ㄱ. 신국가의 독립에 대해 국가원수가 축전을 보내는 것, 신국가의 국민에 대한 입국사증 발급, 우호통상항해조약 체결, 통상대표부 설치 허용 등은 묵시적 국가승인으로 인정된다.
> ㄴ. UN 등 국제기구에의 가입 승인이 그 국제기구 회원국에 의한 집단적 승인에 해당하는가에 대해서는 논란이 있으나, 최소한 묵시적 승인이 부여된 것으로 보아야 한다는 의견이 다수설이다.
> ㄷ. 사실상 승인과 법률상 승인의 구분은 그 대상이 되는 실체의 실효성을 기준으로 하는 것으로서 승인이 효력상 근본적 차이는 없다.
> ㄹ. 사실상 승인은 언제든지 철회될 수 있다.
> ㅁ. 피승인국에게 승인의 조건으로 특별한 의무를 부담시키는 조건부 승인의 경우, 피승인국이 조건을 달성하지 못하면 승인국은 승인을 철회할 수 있다.

① ㄱ, ㄴ
② ㄴ, ㄷ
③ ㄴ, ㅁ
④ ㄷ, ㄹ

정답 및 해설

국가승인의 방법에 대한 설명으로 옳은 것은 ㄷ, ㄹ이다.
ㄷ. 신국가의 실효적 지배력이 강한 경우 법률상 승인을 부여하고, 지배력이 약한 경우 사실상 승인을 부여하며 사실상 승인은 합법적으로 철회할 수 있다.

☑ 선지분석

ㄱ. 신국가의 국민에 대한 입국사증 발급과 통상대표부 설치 허용은 묵시적 국가승인으로 인정되지 않는다.

관련 이론 묵시적 승인으로 인정되는 행위와 인정되지 않는 행위의 구분	
묵시적 승인으로 인정되는 행위	• 신국가의 독립에 대해 국가원수가 축전을 보내는 것 • 정식 외교관계 수립 • 신국가와의 기본 관계나 통상 등 장기간에 걸쳐 포괄적 사항을 규율하는 정규의 양자조약 (기본관계조약, 우호통상항해조약 등) 체결 • 신국가의 국기 승인 • 영사인가장의 부여 또는 발급 등
묵시적 승인으로 인정되지 않는 행위	• 통상대표부 설치 허용 또는 무역사절단 교환 • 미승인국과 함께 다자조약에 가입하거나 국제회의에 참가하는 것 • 비공식적인 접촉의 유지 • 의례적인 사절의 교환 • 신국가의 국민에 대한 입국사증 발급 • 신국가가 제정한 법령의 효력을 인정하는 것 등

ㄴ. 국제기구에의 가입 승인은 어디까지나 신국가가 당해 국제기구 내부에서 그 기본 목적을 달성하는 데 필요한 자격요건을 인정받은 것일 뿐이고, 국제기구 회원국 상호 간의 승인관계에 직접적인 영향이나 효과를 미치는 것은 아니라고 보아야 할 것이다.
ㅁ. 피승인국에게 승인의 조건으로 특별한 의무를 부담시키는 조건부 승인의 경우, 승인의 효과 자체에는 영향이 없으므로 승인을 철회할 수는 없다. 다만 당해 의무를 이행하지 못한 데 대한 국가책임의 문제가 발생한다.

답 ④

10 국가승인제도에 대한 설명으로 옳지 않은 것은?

① 국제연맹규약 또는 부전조약에 위반하는 방법으로 성립된 모든 사태를 승인하지 않겠다는 주장을 스팀슨(Stimson)주의라고 한다.
② 선언적 효과설에 의한 국가승인의 효과는 새로이 성립된 국가가 국제법 주체성을 확인받는 데 있다.
③ 국가승인을 받기 이전의 국가에 대해서는 국제법 주체성을 전면적으로 부정하는 견해가 창설적 효과설의 입장이다.
④ 미승인국의 외교사절을 공식적으로 접수하는 것이 동 국가에 대한 승인을 의미하는 것은 아니다.

정답 및 해설

미승인국 및 신생국과의 외교사절의 교환은 묵시적 승인을 의미한다. 즉, 승인의사가 추정되는 행위에 의한 간접적 승인으로 인정된다.

✓ **선지분석**
③ 실정법상 신국가는 승인이 없어도 국제법상 권리·의무를 가진다. 따라서 승인 이전의 국가에 대해 국제법 주체성을 전면적으로 부정하는 창설적 효과설은 실제 국제관계 현실과 불일치한다는 문제가 있다.

답 ④

11 법률상 승인과 사실상 승인을 비교한 것으로 옳지 않은 것은?

① 양자는 모두 법률행위로서 국제법적 효과를 발생시킨다.
② '법률상' 또는 '사실상'이라는 말은 '정부'보다는 승인행위와 관련된다.
③ 법률상 승인은 철회할 수 없다고 보는 것이 일반적이나 사실상 승인은 철회할 수 있다.
④ 사실상 승인은 피승인국의 존속 가능성에 대한 의문이 있는 경우 부여된다.

정답 및 해설

법률상 승인과 사실상 승인은 모두 법률행위라는 점에서 동일하며, 사실상 승인이라고 하여 법률행위가 아닌 것은 아니다. 다만 법률상 승인은 모든 승인요건을 갖춘 경우에 행하는 것인 반면, 사실상 승인은 정치적인 이유로 잠정적·과도적으로 행하는 것이다.

✓ **선지분석**
③ 사실상 승인은 법률상 승인과 달리 철회할 수 있다. 미국은 1920년 아르메니아공화국에 대한 사실상 승인을 철회(취소)한 바 있다.
④ 사실상 승인은 피승인국인 신국가의 존속 가능성에 대한 의문이 있는 경우, 즉 신국가의 지배력의 정도가 약할 경우 부인된다.

답 ②

12 국가승인의 효력에 대한 설명으로 옳지 않은 것은?

① 승인은 승인국과 피승인국 간에만 권리·의무를 설정한다.
② 선언적 효과설에 의하면 승인에 의해 피승인국은 국제법적 성립이 확인된다.
③ 미승인국이라 하더라도 전투수행이나 외국인 권익 보호에 관한 국가책임은 이행되어야 한다.
④ 미국은 창설적 효과설에 기초하여 미승인국의 미국 국내법상 지위를 절대적으로 부인한다.

미국은 국가면제나 국가행위이론을 적용할 경우에는 선언적 효과설에 기초하여 미국이 승인하지 않은 신국가에 대해서도 인정한다. 다만, 소송당사자능력에 관해서는 창설적 효과설에 기초하여 미국이 승인한 신국가에 대해서만 국내에서의 소송당사자능력을 인정한다.

✓ **선지분석**
① 국가승인은 상대적 효력을 가지므로 승인국과 피승인국 간에만 권리·의무를 설정한다.

답 ④

13 국제법상 승인에 대한 설명으로 옳은 것은?

① 미승인국의 법적 지위에 대해 미국 법원은 국무부로부터 명시적인 지시나 묵시적인 권유가 없는 경우 승인이 부여된 경우에 한해 당해 지역에서 사실상 시행되고 있는 법령의 효력을 인정한다.
② 서울가정법원은 1984년 선고에서 소련 시민권을 가진 부(夫)와 미국 시민권을 가진 처(妻) 사이의 이혼소송에서 우리나라가 소련을 승인하지 않았음을 이유로 소련법을 준거법으로 적용하지 않았다.
③ 법률상 승인의 취소에 대해 창설적 효력설은 취소할 수 있으며, 승인의 취소를 통해 승인받은 국가에 대해 법률적 사망선고를 할 수 있다고 본다.
④ 승인의 철회는 당연히 외교관계의 단절을 초래하지 않으며 또한 외교관계의 단절이 그 자체만으로는 승인의 철회로 간주되지 않는다.

✓ **선지분석**
① 미국 법원은 국무부로부터 명시적인 지시나 묵시적인 권유가 없는 경우 승인이 부여되었는지 여부와 관계없이 당해 지역에서 사실상 시행되고 있는 법령의 효력을 인정한다.
② 소련 시민권을 가진 부(夫)와 미국 시민권을 가진 처(妻) 사이의 이혼소송에서 서울가정법원은 소련법을 준거법으로 적용하였다.
④ 승인의 철회는 당연히 외교관계의 단절을 초래한다.

답 ③

14 대한민국의 국가승인에 대한 설명으로 옳지 않은 것은?

① 1948년 8월 15일 대한민국 정부가 출범하자 미국은 법률상의 국가승인을 부여하였다.

② 일본은 1952년 주권 회복 이후 대한민국 주일 대표부에 영사상당의 특권을 부여하겠다는 구상서를 보내며 대한민국을 묵시적으로 승인하였다고 설명한다.

③ 영국과 캐나다는 국제연합(UN) 가입 신청에 대한 자신의 찬성표결을 통해 대한민국을 국가로 승인하였다.

④ 1954년 미국, 영국, 프랑스, 소련의 한국 문제와 인도차이나 사태를 논의하기 위한 제네바회담에 남북한 정부를 초청하며 이러한 초청이 외교적 승인에 해당하지 않는다는 입장을 발표하였다.

> **정답 및 해설**
>
> 1948년 8월 15일 대한민국 정부가 출범하자 미국, 중국(현재의 대만), 필리핀 등은 사실상의 국가승인을 부여하였다. 또한 1948년 12월 12일 UN총회에서 대한민국 정부를 합법정부로 승인하는 결의가 채택되자 1949년 초부터 대한민국 정부를 정식으로 승인하였다.
>
> ✓ **선지분석**
> ② 오늘날에는 묵시적 승인의 방법이 자주 사용되지 않으며, 묵시적 승인의 인정도 과거보다는 엄격한 경향을 보이고 있다.
>
> 답 ①

제2절 | 정부승인

01 정부승인에 대한 설명으로 옳은 것은?

① 신정부의 수립은 필연적으로 정부승인문제를 유발한다.

② 토바르주의에 의하면 위헌적 방식으로 성립한 신정부에 대해서도 승인을 부여할 수 있다.

③ 에스트라다주의에 의하면 합헌적 방식으로 성립한 정부에 대해서만 승인을 부여할 수 있다.

④ 루터 대 사고르 사건은 정부승인의 소급효를 인정한 사례이다.

> **정답 및 해설**
>
> 루터 대 사고르 사건은 정부승인과 관련된 사건으로, 정부승인의 소급효를 인정하여 영국에 의한 정부승인의 효과를 실제의 소련 정부 성립 당시로 소급적용하였다. 이에 따라 영국의 소련 정부승인 이전에 취해진 소련 정부의 국유화 행위에 대해 국가행위론이 인정되었다.
>
> ✓ **선지분석**
> ① 위헌적 정부 변경 시에 정부승인문제가 발생하는 것이다.
> ② 토바르주의는 합헌적 방식으로 성립한 신정부에 대해서만 승인을 부여할 수 있다는 원칙이다.
> ③ 에스트라다주의는 위헌적 방식으로 성립한 신정부라 할지라도 그 사실적 효력을 인정하여 정부승인을 부여할 수 있으며 부여해야 한다는 원칙이다.
>
> 답 ④

정부승인에 대한 설명으로 옳은 것(○)과 옳지 않은 것(×)을 바르게 표시한 것은?

> ㄱ. 정부승인은 대체로 위헌적 수단에 의해 정부 교체가 이루어질 경우에 문제되지만, 이른바 '분단국가 (divided states)'의 경우에 문제되기도 한다.
> ㄴ. 오늘날 정부의 승인은 실효적 지배(effective control) 요건을 중시하는 사실주의적 경향을 강하게 보이고 있다.
> ㄷ. 입헌주의적 정통성을 정부승인의 요건으로 보아 위헌적인 쿠데타 등을 통해 집권한 정부를 승인해서는 안 된다는 주장을 에스트라다주의(Estrada doctrine)라고 한다.
> ㄹ. 정부승인은 승인이 이루어진 시점부터 효과가 발생한다.
> ㅁ. 루터 대 사고르 사건(1921)에서 영국 법원은 1심 판결 당시 영국이 소련을 승인하지 않았으므로 소련의 법령은 동 법원에서 적용될 수 없다고 보았다.
> ㅂ. 티노코 사건(1923)에서 중재재판관은 선언적 효과설에 입각하여 티노코의 행동은 다음 정부에 대해 구속력이 있으며, 이는 당시 티노코 정부가 영국을 포함한 일부 국가로부터 승인을 받지 못했다는 사실과는 관계가 없다고 하였다.

	ㄱ	ㄴ	ㄷ	ㄹ	ㅁ	ㅂ
①	○	○	×	×	○	○
②	×	○	○	×	○	○
③	○	×	×	○	○	×
④	○	○	×	○	×	×

정답 및 해설

정부승인에 대한 설명으로 옳은 것은 ㄱ, ㄴ, ㅁ, ㅂ이고, 옳지 않은 것은 ㄷ, ㄹ이다.

ㄱ. [○] 한국, 중국, 통일 이전의 독일과 같이 단일한 국가의 국제적 차원에서의 합법적 대표 자격을 둘러싸고 2개의 정부가 경쟁하는 경우, 이들 정부 중 어느 하나를 합법적인 정부로 승인할 것인지의 문제가 발생한다.

ㄴ. [○] 오늘날 정부의 승인은 정통성, 합헌성 등을 승인의 일반적 요건으로 요구하기보다 실효적 지배라는 요건을 중시하는 사실주의적 경향을 강하게 보이고 있다.

ㄷ. [×] 위헌적 정부 변경 시 승인해서 안 된다는 주장을 토바르주의(Tobar doctrine)라고 한다. 에스트라다주의(Estrada doctrine)는 정부 교체 수단의 합헌성 여부에 관계없이 신정부를 승인하고 외교관계를 계속해야 한다는 주장을 말한다.

ㄹ. [×] 정부승인은 신정부가 사실상 정부를 설립하였을 때로 소급하여 효력을 발생한다.

ㅁ. [○] 루터 대 사고르 사건(1921)에서 1심 법원은 영국이 소련을 승인하지 않은 것을 이유로 소련의 법령을 적용하지 않았다. 그러나 2심 개시 전에 영국이 소련을 사실상의 정부로 승인하였으므로 2심 법원은 소련의 법령을 적용하여 소련 정부에 의한 국유화 및 매각의 효력을 인정하였다.

ㅂ. [○] 티노코 사건(1923)은 정부가 국가성립의 한 요소에 불과하며 '국가'의 국제적 권리 및 의무는 '정부'의 변경에 영향받지 않는다는 점을 보여준다.

답 ①

03

□□□

국가승인 및 정부승인에 대한 설명으로 옳은 것은 모두 몇 개인가?

ㄱ. 티노코 중재 사건(1923)에 의하면 쿠데타로 집권한 정부를 승인하지 않은 국가라도 당해 정부 조치의
   효력을 부인할 수 없다.
ㄴ. 티노코 중재 사건(1923)에 의하면 명백한 월권행위는 국가귀속성이 인정되므로 후속 정부에 그 책임
   이 승계된다.
ㄷ. 아란짜주 멘디호 사건(1939) 판결에서 영국 법원은 스페인 1개의 국가에 2개의 정부가 존재할 수는
   없다고 하였다.
ㄹ. 루터 대 사고르 사건(1921)은 영국이 미승인국의 국내법적 지위에 있어서 선언적 효력설을 채택하고
   있음을 보여준다.
ㅁ. 우리나라는 미승인국의 국내법적 지위에 있어서 창설적 효력설을 견지하고 있다.

① 1개　　　　　　　　　　　② 2개
③ 3개　　　　　　　　　　　④ 4개

정답 및 해설

국가승인 및 정부승인에 대한 설명으로 옳은 것은 ㄱ. 1개이다.
ㄱ. 티노코 중재 사건(1923)에서는 사실주의 원칙을 적용하여 티노코 정부의 조치의 효력을 인정하였다.

⊘ 선지분석

ㄴ. 티노코 중재 사건(1923)에 의하면 명백한 월권행위는 국가귀속성이 부정된다.
ㄷ. 아란짜주 멘디호 사건(1939) 판결에서 영국 법원은 일시적으로 1개의 국가에 2개의 정부가 존재할 수 있다고
   판시하였다.
ㄹ. 루터 대 사고르 사건(1921)은 영국이 미승인국의 국내법적 지위에 있어서 창설적 효력설을 채택하고 있음을
   보여준다.
ㅁ. 우리나라는 미승인국의 국내법적 지위에 있어서 일관된 입장을 가지지는 않는다. 예를 들어, 미승인국인 소련
   법령의 효력을 인정한 판례도 있다.

답 ①

01  교전단체승인에 대한 설명으로 옳은 것은?

① 교전단체승인은 본질적으로 선언적 효력을 가진다.
② 중앙정부에 의한 승인이 있는 경우 제3국은 교전단체승인의 요건을 갖추지 아니한 반도단체에 대해 승인을 부여할 수 있다.
③ 본국 정부에 의한 승인이 있더라도 내란의 성격은 유지되나 전시인도법이 적용된다.
④ 교전단체가 중앙정부를 전복하고 영토 전체를 장악한 경우 신국가가 성립되어 국가승인문제가 발생한다.

정답 및 해설

외국의 승인과는 달리 본국 중앙정부에 의한 승인의 효력은 절대적이므로, 승인요건을 구비하지 못한 상태의 반도단체에 대해 제3국인 외국이 승인한 경우[상조(尙早)의 승인]에도 불법간섭이 되지 않는다.

✓ 선지분석
① 교전단체는 승인에 의해 비로소 국제법 주체로 승격되므로 교전단체승인은 창설적 효력을 가진다.
③ 본국 정부에 의한 승인이 있는 경우 내란에서 국제전으로 성격이 변경된다.
④ 교전단체가 영토 전체를 장악한 경우, 신국가가 성립된 것이 아니라 위헌적 방법으로 정권이 교체된 것이므로 정부승인문제가 발생한다.

답 ②

02  교전단체의 승인에 대한 설명으로 옳지 않은 것은?

① 타국에 의한 승인의 효과는 승인국과 교전단체 및 그 승인국과 본국 간에만 미친다.
② 본국이 승인한 후에는 교전단체에 본국의 국내법 적용이 정지되고 국제법이 적용된다.
③ 본국이 승인한 후에는 교전단체의 행위에 대하여 본국은 국제법상 책임을 면한다.
④ 승인요건을 구비하기 전에는 본국 정부가 승인한 후일지라도 타국의 승인은 불법간섭이 된다.

정답 및 해설

본국 정부의 승인이 있는 경우 국내문제 불간섭의무 위반의 문제가 발생하지 않으므로 타국의 승인은 적법하다.

✓ 선지분석
① 타국이 승인한 후에는 본국과 승인국 간에는 중립법이 적용된다.
② 본국이 승인한 후에는 본국은 내전세력을 포로로 대우해야 하고 내란죄로 처벌할 수 없다.

답 ④

03

교전단체에 대한 묵시적 승인으로 옳지 않은 것은?

① 전시봉쇄의 설정
② 타국의 중립선언
③ 반란단체와의 교섭
④ 포로의 교환

반란단체와의 교섭 그 자체만으로는 교전단체에 대한 승인으로 보기 어렵다.

답 ③

04

교전단체의 승인에 대한 설명으로 옳지 않은 것만을 모두 고른 것은?

> ㄱ. 본국은 반도단체의 행위에 대한 국제법상 책임을 면하기 위하여 교전단체를 승인한다.
> ㄴ. 본국에 의한 승인이 있는 경우 제3국은 해당 국가 내에서 무력투쟁 상태가 존재하고, 반도단체가 사실상의 정부를 조직하여 일정한 지역을 점령하고 있으며, 반도단체가 전쟁법규를 준수할 의사와 능력이 있고, 반도단체의 점령지역 내 보호를 요하는 타국의 권익이 존재하는 경우 교전단체로 승인할 수 있다.
> ㄷ. 승인의 효과는 소급될 수 있다.
> ㄹ. 제3국은 본국에 대해 중립의 의무를 부담하며 본국은 제3국의 중립을 존중할 의무가 있다.

① ㄱ, ㄴ
② ㄱ, ㄷ
③ ㄴ, ㄷ
④ ㄷ, ㄹ

교전단체의 승인에 대한 설명으로 옳지 않은 것은 ㄴ, ㄷ이다.

ㄴ. 본국에 의한 승인이 있는 경우 요건의 구비하기 전이라도 제3국은 교전단체로 승인할 수 있다. 반면 본국의 승인이 없는 상태에서 요건을 구비하기 전에 제3국이 교전단체로 승인하면 이는 본국 정부에 대한 불법간섭에 해당한다.

ㄷ. 승인의 효과는 창설적이므로 장래에 향해서만 효력이 있으며 과거에 소급할 수 없다.

⊘ 선지분석

ㄹ. 제3국이 교전단체와 교섭하여도 본국 국내문제에 대한 간섭이 아니다.

답 ③

제2장 국가의 기본적 권리·의무

01

국제연합(UN)헌장상 국가의 기본적 권리와 의무에 대한 설명으로 옳지 않은 것은?

① 국내문제 불간섭의무는 제7장에 따른 강제조치의 적용을 배제하지 않는다.
② 국제연합(UN)은 모든 회원국의 주권평등 원칙에 기초한다.
③ 모든 회원국은 그들의 국제분쟁을 평화적 수단에 의해 해결하여야 한다.
④ 국제연합(UN)헌장은 국내문제 여부에 대한 판단 권한을 안전보장이사회에 명시적으로 부여하고 있다.

정답 및 해설

국제연맹규약과 달리 국제연합(UN)헌장에는 국내문제 여부에 대한 판단기관을 명시하지 않았다.

⊘ 선지분석
① UN헌장 제2조 제6항에 대한 내용이다.
② UN헌장 제2조 제1항에 대한 내용이다.
③ UN헌장 제2조 제3항에 대한 내용이다.

답 ④

02

국가의 기본적 권리와 의무에 대한 설명으로 옳은 것은?

① 국가주권은 국가의 절대적 기본권으로서 어떠한 경우도 제한될 수 없다.
② 국가의 평등권에 의하여 조약은 제3국에 대해 일반적 효력을 가진다.
③ UN헌장 제2조 제4항에 규정된 자위권은 개별적 또는 집단적으로 행사될 수 있다.
④ 국제사법재판소(ICJ)는 니카라과 사건에서 집단적 자위권 발동을 위해서는 피침국의 요청이 선행되어야 한다고 판시하였다.

정답 및 해설

집단적 자위권 발동을 위한 요건에는 본래의 자위권 발동요건인 무력공격의 발생, 필요성, 비례성, 안전보장이사회에 사후보고에 더하여 피침국의 요청이 추가로 요구된다.

⊘ 선지분석
① 국가주권은 자기의사에 의해 제한되거나 포기될 수 있다.
② 법적용평등의 원칙으로부터 조약상대성의 원칙이 도출되어 국가는 자신이 참여하지 아니한 국제법으로부터 이탈할 자유를 가진다. 따라서 국가의 평등권에 의하여 조약의 당사자가 아닌 제3국은 원칙적으로 여하한 조약으로부터 구속을 받지 아니한다.
③ UN헌장 제2조 제4항은 무력사용 및 위협금지의무를 규정하고 있으며, 자위권은 UN헌장 제51조에 규정되어 있다.

답 ④

03 '국제연합(UN)헌장에 따른 각국 간의 우호관계 및 협력에 관한 국제법 원칙에 관한 선언(1970)'에서 열거된 국가의 기본적 권리와 의무로 옳지 않은 것은?

① 무력사용금지
② 분쟁의 평화적 해결의무
③ 국내문제 불간섭의무
④ 침략국의 영역취득에 대한 불승인의무

1970년 우호관계선언은 무력의 위협 또는 사용금지의 원칙, 분쟁의 평화적 해결의무 원칙, 국내문제 불간섭의 원칙, 국제협력의무, 민족자결의 원칙, 국가의 주권평등 원칙, 신의성실의 원칙 등 7개 기본 원칙을 차례로 열거하고 있다.

답 ④

04 '국제연합(UN)헌장에 따른 각국 간의 우호관계 및 협력에 관한 국제법 원칙에 관한 선언(1970)'상 인정되는 국가의 기본적 권리와 의무로 옳은 것은 모두 몇 개인가?

> ㄱ. 민족해방운동단체에 대한 무력사용금지의무
> ㄴ. 집단적 자위권
> ㄷ. 예방적 자위권
> ㄹ. 인민의 동등권과 자결권
> ㅁ. 인권존중의무
> ㅂ. 간접적 무력사용금지의무

① 1개   ② 2개
③ 3개   ④ 4개

'국제연합(UN)헌장에 따른 각국 간의 우호관계 및 협력에 관한 국제법 원칙에 관한 선언'상 인정되는 국가의 기본적 권리와 의무로 옳은 것은 ㄱ, ㄴ, ㄹ, ㅂ. 4개이다. 그 밖에 분쟁의 평화적 해결의무, 국내문제 불간섭의무, 국제협력의무, 주권평등, 국제의무의 성실한 이행이 규정되어 있다.

✅ 선지분석
ㄷ. 개별적 자위권과 집단적 자위권은 명시되어 있으나, 예방적 자위권은 명시되지 않았다.
ㅁ. 인권존중의무는 규정되지 않았다.

답 ④

01 자위권에 대한 설명으로 옳지 않은 것만을 모두 고른 것은?

> ㄱ. 개별적 자위권 및 집단적 자위권은 UN헌장 제51조에 의해 비로소 국가들에게 인정되었다.
> ㄴ. UN헌장 제51조에 따르면 자위조치는 필요성과 비례성을 만족해야 한다.
> ㄷ. 자위권은 안전보장이사회가 국제평화와 안전을 유지하기 위하여 필요한 조치를 취할 때까지만 허용된다.
> ㄹ. 회원국은 자위권 행사에 앞서 UN안전보장이사회의 사전승인을 얻어야 한다.
> ㅁ. 집단적 자위권은 피침국의 요청이 있는 경우에만 행사 가능하다.
> ㅂ. 니카라과 사건(1986)에서 국제사법재판소(ICJ)는 무력공격(armed attack)을 그 규모와 효과에 있어서 상당한 수준 이상의 무력사용(use of force)으로 보았다.

① ㄱ, ㄴ, ㄹ   ② ㄱ, ㄹ, ㅁ   ③ ㄴ, ㄹ, ㅂ   ④ ㄷ, ㄹ, ㅁ

정답 및 해설

자위권에 대한 설명으로 옳지 않은 것은 ㄱ, ㄴ, ㄹ이다.

ㄱ. UN헌장 제51조는 개별적 자위권뿐만 아니라 집단적 자위권도 국가의 고유한 권리로 인정하고 있다. 그러나 집단적 자위권이 UN헌장체제에 들어와서야 비로소 승인된 새로운 개념인 데 반하여, 개별적 자위권은 전통 국제법상 국가의 고유한 권리로 인정되고 있던 것을 UN헌장에서 확인한 것일 뿐이다.

ㄴ. 캐롤라인호 사건(1837) 당시 미국 국무장관 다니엘 웹스터(Daniel Webster)는 영국에 보낸 항의서한에서 "자위조치의 필요성에 의하여 정당화되는 행위는 바로 그 필요성에 의하여 제한되어야 하고, 명백히 그 범위 내에 있어야 하기 때문에 불합리하거나 과도한 것이어서는 안 된다."라고 주장하였다. 즉, 이 서한은 자위권 행사가 적법하기 위한 필요성의 원칙과 비례성의 원칙을 천명한 것으로, 오늘날 국제관습법으로 성립하였다고 평가된다.

ㄹ. 자위권은 UN안전보장이사회의 '사후' 심사대상이 된다. 즉, 자위권 행사에 앞서 사전승인은 필요하지 않다.

⊘ 선지분석

ㅂ. 국제사법재판소(ICJ)는 무력공격과 무력사용을 구분하는 기준을 '공격의 규모와 효과'로 보았다.

답 ①

02 UN헌장 제51조에서 규정하고 있는 자위권의 개념과 전통적인 자위권의 개념을 비교한 설명으로 옳지 않은 것은?

① 헌장은 핵무기 등 대량살상무기에 대처하기 위하여 예방적 자위권의 행사를 명시적으로 인정하고 있다.

② 헌장은 개별적 자위권 외에 집단적 자위권도 인정하고 있다.

③ 전통적 자위권과 달리 헌장은 자위권을 행사하는 기간을 안전보장이사회가 필요한 조치를 취할 때까지로 한정하고 있다.

④ 전통적 자위권과 달리 헌장은 자위권 행사 시 안전보장이사회에 즉시 통고할 것을 요구하고 있다.

정답 및 해설

UN헌장이 예방적 자위권을 인정하는지 여부에 대해서는 그 해석에 대해 학설 대립이 있으며 명시적으로 인정하고 있지는 않다. 오히려 UN헌장은 "if an armed attack occurs …"라고 규정하여 자위권 행사 시 무력공격의 현존성을 요하고, 예방적 자위권을 부정하는 것으로 해석될 만한 문언을 포함한다.

답 ①

03 국제법상 자위권(self-defence)에 대한 설명으로 옳은 것만을 모두 고른 것은?

> ㄱ. UN헌장 제51조상의 자위권을 행사하여 회원국이 취한 조치는 6개월 이내에 안전보장이사회에 보고되어야 한다.
> ㄴ. UN헌장 제51조는 개별적 자위권 외에도 집단적 자위권을 규정하고 있다.
> ㄷ. 개별적 자위권과는 달리 집단적 자위권의 경우에는 그 행사에 있어서 안전보장이사회의 사전승인을 얻어야 한다.
> ㄹ. 국제관습법상 집단적 자위권은 아직 인정되지 않는다.
> ㅁ. 극히 제한된 경우 무력공격이 발생하기 전에도 자위권을 행사할 수 있다는 이른바 예방적 자위권이 국제관습법상 인정될 수 있다는 주장이 있다.
> ㅂ. 국제사법재판소(ICJ)는 니카라과 사건에서 자위권의 행사요건으로 비례성과 필요성을 확인하였다.

① ㄱ, ㄷ, ㄹ   ② ㄱ, ㅁ, ㅂ
③ ㄴ, ㄷ, ㅁ   ④ ㄴ, ㅁ, ㅂ

정답 및 해설

국제법상 자위권(self-defence)에 대한 설명으로 옳은 것은 ㄴ, ㅁ, ㅂ이다.
ㅁ. 예방적 자위권이 국제관습법상 인정될 수 있다는 주장이 있으나 예방적 자위권의 인정 여부 자체에 대해서 여전히 견해대립이 있다.

✓ 선지분석
ㄱ. UN헌장 제51조상의 자위권을 행사하여 회원국이 취한 조치는 즉각 안전보장이사회에 보고되어야 한다.
ㄷ. 집단적 자위권도 개별적 자위권과 마찬가지로 안전보장이사회에 사후보고하도록 규정하였다.
ㄹ. 집단적 자위권은 국제관습법으로 확립되었다는 것이 니카라과 사건(ICJ)에서 확인되었다.

답 ④

04 현행 국제법상 국가의 무력사용에 대한 설명으로 옳지 않은 것은?

① UN헌장은 예외적인 경우에만 국가의 무력사용(use of force)을 허용하고 있다.
② 타국으로부터 무력공격(armed attack)을 받은 국가는 자위권 행사의 수단으로 무력을 사용할 수 있으나, 그것은 UN헌장상의 권리일 뿐이고 국제관습법상 그러한 권리는 인정되지 않는다.
③ 국제사법재판소(ICJ)는 니카라과 사건에서 타국으로부터 무력공격을 받은 국가를 위하여 제3국이 집단적 자위권을 행사하려면 그 무력공격을 받은 국가의 요청이 있어야 한다고 판시하였다.
④ 국제사법재판소(ICJ)는 코르푸(Corfu) 해협 사건에서 알바니아 영해 내에서 동 해역에 부설된 기뢰를 제거하기 위해 영국 군함들이 실시한 소해 작전은 국제법 위반이라고 판시하였다.

정답 및 해설

개별적 자위권은 당초부터 국제관습법상 권리였으며 UN헌장은 국제관습법을 확인한 것이다. 이와 비교하여 집단적 자위권은 UN헌장에서 최초로 창설된 권리이고 현재는 국제관습법으로 확립되었다(니카라과 사건, ICJ).

✓ 선지분석
③ 집단적 자위권을 행사하기 위해서는 무력공격을 받은 국가의 사후요청이 있거나 방위조약과 같은 사전합의가 있어야 한다. 동맹조약인 NATO조약이 그 예시이다.

답 ②

05 자위권에 대한 설명으로 옳지 않은 것은?

① 집단적 자위권을 행사하기 위해서는 미리 '상호방위조약'을 체결해야 한다.
② 자위권의 행사는 비례성 및 필요성의 원칙을 준수해야 한다.
③ 자위를 위한 조치인지 여부는 자위조치를 취한 국가도 판단한다.
④ Nicaragua v. USA 사건에서 국제사법재판소(ICJ)는 예방적 자위권의 적법성 문제를 명시적으로 유보한 바 있다.

집단적 자위권을 행사하기 위해서 반드시 '상호방위조약'과 같은 조약상의 근거가 있어야 하는 것은 아니다. 이것은 타국에 대한 무력공격을 스스로에 대한 무력공격과 동일한 것으로 간주하는 국가의 권리이기 때문에 그 행사의 여부는 자위권을 행사하는 국가의 재량에 속한다.

관련 이론 집단적 자위권

집단적 자위권이란 긴밀한 유대관계를 가진 국가들 중의 어느 한 나라가 제3국으로부터 무력공격을 받았을 때, 다른 나라가 이를 스스로에 대한 무력공격과 동일한 것으로 간주하여 반격할 수 있는 권리를 말한다. 이 경우 긴밀한 유대관계란 역사적인 것일 수도 있고 지리적·군사적·정치적·이념적인 것일 수도 있다. 스스로에 대한 무력공격이 아닌 것에 대한 반격을 어떻게 '자위(自衛)'라고 할 수 있는가의 문제가 있으나, 직접 피해국인 국가와의 관계가 매우 긴밀하여 타국에 대한 무력공격이지만 스스로에 대한 무력공격이라고 할 수 있는 경우가 있다는 것이 집단적 자위권의 법리(法理)이다.

선지분석
② 국제사법재판소(ICJ)는 니카라과 사건에서 자위권의 행사 요건으로 비례성 및 필요성의 원칙을 제시하였다.
③ 자위권의 행사에 있어 필요한 요건이 존재하는지의 여부는 1차적으로 자위권을 행사하는 국가가 판단한다.

답 ①

06 UN헌장상 집단적 자위권에 대한 설명으로 옳지 않은 것은?

① 국제사법재판소(ICJ)는 1986년 니카라과 사건에서 집단적 자위권을 국제관습법으로 인정하지 아니하고, 무력공격 피해국가가 그러한 사실을 선언하고 원조를 요청한 경우에만 행사될 수 있다고 판시하고 있다.
② 집단적 자위권은 오늘날 국제관습법상으로도 인정된다고 볼 수 있다.
③ UN헌장의 모체였던 덤버턴 오우크스 제안에는 없었으나, 샌프란시스코회의에서 처음 인정되었다.
④ 1947년 전미상호원조조약(리우조약)은 UN헌장 제51조를 인용하고 있다.

국제사법재판소(ICJ)는 1986년 니카라과 사건에서 집단적 자위권이 국제관습법으로 성립되었음을 확인하였다. 또한 이라크의 쿠웨이트 침공(1990년 걸프전) 당시에는 집단적 자위권 및 안전보장이사회의 결의가 다국적군의 무력행사의 근거가 되었으므로 피해국가가 원조를 요청한 경우에만 집단적 자위권이 행사될 수 있는 것은 아니다.

답 ①

07 자위권에 대한 설명으로 옳은 것은?

① 자위권은 무력공격의 현존성을 요건으로 한다.
② 캐롤라인호 사건에서 미국은 자위권의 정당화 요건으로 비례성의 원칙, 필요성의 원칙 및 무력공격의 중대성을 제시하였다.
③ UN헌장 제51조에 의하면 집단적 자위권 발동을 위해서는 UN안전보장이사회의 사전승인을 요한다.
④ 국제사법재판소(ICJ)에 의하면 집단적 자위권은 UN헌장상 권리이다.

정답 및 해설

집단적 자위권은 '무력공격이 있는 경우' 발동된다.

> **관련 이론** 집단적 자위권
>
> '무력공격이 있는 경우(if an armed attack occurs)'에 대해서는 오늘날 두 가지의 해석이 대립하고 있다. 첫째, '무력공격이 발생한 후를 의미한다'는 입장과 둘째, '급박하고도 압도적인 위협이 있으면 이미 무력공격이 발생한 것으로 볼 수 있다'는 입장이다.
>
> 무력공격이 발생한 후를 의미한다고 해석하는 입장에서도 핵전쟁하에서는 달리 보아야 한다고 주장한다. 핵전쟁에 있어서는 선수의 일격(first strike)이 결정적 의미를 가지는 것이기 때문에 핵공격이 발생한 후여야만 자위권의 발동이 가능하다면 실질적으로 자위권이 무의미해지기 때문이다. 그리하여 미국은 핵전쟁하에 있어서는 핵의 현실적 투하에 선행하는 일정한 조치가 취해졌을 때 이미 무력공격이 발생한 것으로 본다는 입장을 밝힌 바 있다.
>
> 급박하고도 압도적인 위협이 있으면 이미 무력공격이 발생한 것으로 볼 수 있다는 입장은 헌장 제51조에 대한 해석을 그 근거로 한다. 헌장 제51조는 '본 헌장의 여하한 규정도 UN 가맹국에 대해 무력공격이 발생하는 경우 개별적 또는 집단적 자위에 관한 고유한 권리를 저해하는 것이 아니다'라고 규정하고 있는데, UN헌장하에서도 '고유한 권리(inherent right)'인 자위권은 그대로 인정되고 있으며, 헌장 제51조의 제정 과정에서도 전통국제법상의 자위권의 개념은 그대로 존속하는 것으로 양해되었다는 것이 그들의 논거이다.
>
> 사실 전통국제법상 급박하고도 압도적인 위협이 있으면 자위권 발동은 가능하였다. 그들을 이어 제한적 해석론자들은 UN체제하에서는 전쟁은 물론이고, 전쟁에 이르지 않는 무력행사, 무력으로 위협하는 일, 나아가 헌장의 목적과 양립할 수 없는 일체의 행동을 금한다는 헌장 제2조 제4항을 근거로 제한론을 주장한다. 그러나 헌장 제2조 제4항의 제정 과정에서도 전통적 자위권은 그대로 존속한다는 것이 양해되었을 뿐만 아니라 자위권의 행사가 헌장의 목적과 양립할 수 없는 것이 아니라고도 주장한다. 그들은 헌장 제51조에서 말하는 '무력공격이 발생하는 경우'라는 표현은 자위권을 행사할 수 있는 하나의 경우이므로 그것은 예시적(例示的)인 것에 불과하다고 본다.
>
> UN 창설 초기에 있어서는 무력공격이 발생하는 경우라는 표현을 무력공격이 발생한 후라고 해석하는 경향이 두드러졌으나, 현재의 국제관행은 급박하고도 압도적인 위협이 있으면 무력공격이 있는 것으로 보려는 쪽으로 기울어지고 있다. 이것은 현대적 상황에서 어떤 사태가 일단 기정사실화되면 다시 원상으로 되돌리기가 극히 어려울 뿐만 아니라 UN의 안전보장기능이 약화된 때문인 것으로 보여진다.

선지분석

② 미국은 자위권의 정당화 요건으로 비례성의 원칙과 필요성의 원칙을 제시하였다.
③ 집단적 자위권 발동 시 UN안전보장이사회의 사전승인이 아닌 사후승인을 요한다.
④ 집단적 자위권은 국제관습법으로 확립되었음을 확인하였다.

답 ①

니카라과 사건(1986)에서 미국이 제기한 선결적 항변으로 옳은 것만을 모두 고른 것은?

ㄱ. 니카라과는 ICJ규정에 따라 선택조항을 수락한 바 없다.
ㄴ. 미주지역 내에 존재하는 분쟁해결절차를 우선적으로 이행하지 않았다.
ㄷ. 집단적 자위권이 국제관습법이라고 보기 어렵다.
ㄹ. 니카라과 내 콘트라 반군에 대한 지시나 통제를 한 바 없다.
ㅁ. 선택조항 수락선언을 이미 철회하였으므로 재판관할권이 성립하지 않는다.

① ㄱ, ㄴ, ㄷ 　　② ㄱ, ㄴ, ㅁ
③ ㄴ, ㄷ, ㄹ 　　④ ㄱ, ㄴ, ㄹ, ㅁ

정답 및 해설

니카라과 사건(1986)에서 미국이 제기한 선결적 항변으로 옳은 것은 ㄱ, ㄴ, ㅁ이다.
ㄱ. 니카라과는 ICJ규정에 따라 선택조항을 수락하지는 않았으나 상설국제사법재판소(PCIJ)에서 수락선언을 한 바 있기 때문에 이를 승계하여 국제사법재판소(ICJ)의 인적 관할권을 가질 수 있었다.
ㄴ. 지역 내 분쟁해결절차인 콘타도라 조정절차를 우선적으로 이행하지 않았다.

⊘ 선지분석
ㄷ. 집단적 자위권이 국제관습법으로 확립되었다고 판단하였다.
ㄹ. 콘트라 반군은 미국의 법률상 국가기관이 아닌 사실상 국가기관이며, 니카라과 내 콘트라 반군에 대한 지시·통제를 한 바 없으므로 미국의 책임이 없다고 인정되었다.

답 ②

09

국제법상 자위권과 대한 설명으로 옳지 않은 것만을 모두 고른 것은?

ㄱ. 콩고 영토무력분쟁 사건에서 국제사법재판소(ICJ)는 우간다의 콩고에 대한 무력공격이 자위권에 의해 정당화될 수 없다고 하였다.
ㄴ. UN헌장 제51조는 자위권 행사의 요건으로서 필요성과 비례성을 규정하고 있다.
ㄷ. 예방적 자위권을 부정하는 입장은 UN헌장 채택 전에도 예방적 자위권이 부정되었으며 UN헌장 체제에서도 여전히 예방적 자위권은 부정된다고 본다.
ㄹ. UN헌장 제51조는 개별적 자위권뿐만 아니라 집단적 자위권 역시 국가의 고유한 권리로 인정하고 있다.
ㅁ. 국제사법재판소(ICJ)는 니카라과 사건(1986)에서 피침략국의 명시적이고 공식적인 요청이 없다면 집단적 자위권의 행사가 가능하지 않다고 하였다.

① ㄱ, ㅁ 　　② ㄴ, ㄷ
③ ㄴ, ㅁ 　　④ ㄷ, ㄹ

정답 및 해설

국제법상 자위권과 대한 설명으로 옳지 않은 것은 ㄴ, ㄷ이다.
ㄴ. 필요성과 비례성은 국제관습법상 자위권의 요건이다.
ㄷ. 예방적 자위권 부정설도 UN헌장 채택 이전에는 예방적 자위권이 인정되었다고 본다. 그러나 UN헌장 제51조 규정에 의해 UN헌장체제에서는 예방적 자위권이 부정된다고 보는 것이다.

⊘ 선지분석
ㄱ. 콩고의 우간다군 주둔에 대한 동의가 철회된 후에도 군대가 철수하지 않았으므로 우간다의 점령이 '무력행사 금지 원칙'에 반한다고 판단하였다.

답 ②

10 예방적 자위권에 대한 설명으로 옳지 않은 것은?

① 예방적 자위권이란 무력공격이 임박한 경우 행하는 선제적 무력공격을 의미한다.
② 긍정설은 UN헌장 제51조와 함께 국제관습법하의 예방적 자위권이 인정된다고 본다.
③ 부정설은 UN헌장이 국제관습법을 수정하였다고 본다.
④ 현재까지 예방적 자위권이 원용된 예는 없다.

| 정답 및 해설 |

1962년 미국의 쿠바 봉쇄 시와 1981년 이스라엘의 이라크 폭격 시 예방적 자위권을 원용하였다. 참고로 예방적 자위권을 긍정하는 학자들로는 카세스(A. Cassese), 보웻(Bowett), 월독(Waldock), 맥두걸(McDougal) 등이 있으며, 부정하는 학자들로는 브라운리(Brownlie), 제섭(Jessup), 쿤츠(Kunz) 등이 있다.

답 ④

11 'Case Concerning Military and Paramilitary Activities in and against Nicaragua'의 주요 쟁점에 대한 설명으로 옳지 않은 것만을 모두 고른 것은?

> ㄱ. 국제사법재판소(ICJ)는 미국이 행한 제36조 제2항 선택조항에 대한 조건과 유보의 변경의 유효성을 인정하지 아니하였다.
> ㄴ. 미국은 위법성 조각사유로서 집단적 자위권의 행사를 원용하였는데, 국제사법재판소(ICJ)는 미국이 UN안전보장이사회에 사후보고하지 아니하였음을 이유로 기각하였다.
> ㄷ. 국제사법재판소(ICJ)는 니카라과가 미국과 콘트라의 사이에 '전적인 의존'과 '실효적 통제' 관계가 있었음을 적극적으로 입증하지 못하였다고 판시하였다.
> ㄹ. 국제사법재판소(ICJ)에 의하면 '전적인 의존'이란 구체적 작전에 대한 지시를 의미하고 '실효적 통제'란 자금지원, 훈련 및 조직구성활동에 대한 지원, 무기제공 등을 의미한다.

① ㄱ, ㄴ
② ㄱ, ㄹ
③ ㄴ, ㄹ
④ ㄷ, ㄹ

| 정답 및 해설 |

제시된 사건의 주요 쟁점에 대한 옳지 않은 것은 ㄴ, ㄹ이다.
ㄴ. 국제사법재판소(ICJ)는 니카라과의 엘살바도르 콘트라에 대한 지원행위는 무력행사금지 원칙 위반을 구성하는 위법행위이지만, 무력공격에 해당할 만큼 그 규모와 효과가 중대하지는 않았다고 보았다. 따라서 미국은 무력공격에 해당하지 아니하는 무력사용행위에 대해 집단적 자위권을 발동할 수 없다고 판시하였다.
ㄹ. 구체적 작전에 대한 지시나 통제는 '실효적 통제'의 기준이며 자금지원행위는 '전적인 의존'의 기준으로 팔레스타인 영토에서 이스라엘의 장벽 건설 사건을 보완하였다.

◈ 선지분석
ㄱ. 유보의 변경을 3개월 후 발효시키겠다는 슐츠 선언은 이전에 유보 변경 시 2년 후 발효시키겠다는 선언과 상충해 신의성실 원칙을 위반한다는 이유로 받아들여지지 않았다.
ㄷ. 콘트라 반군을 미국의 법률상 국가기관이 아닌 사실상 국가기관으로 보아 미국의 책임을 인정하지 않았다.

답 ③

12. 니카라과 사건(ICJ, 1985)에 대한 설명으로 옳지 않은 것은 모두 몇 개인가?

> ㄱ. 니카라과의 PCIJ 선택조항 수락선언의 승계를 인정하였다.
> ㄴ. 미국이 제기한 관할권 항변은 배척하였으나 재판적격성 항변은 인용하였다.
> ㄷ. 사실상 국가기관인 사인의 행위와 관련된 미국의 책임을 인정하지 않았다.
> ㄹ. 법률상 국가기관인 CIA와 군대의 행위와 관련된 미국의 책임을 인정하지 않았다.
> ㅁ. 경제원조의 단절은 국내문제에 대한 위법한 간섭이 아니라고 하였다.
> ㅂ. 반군단체에 대한 미국의 자금 지원은 국내문제에 대한 위법한 간섭이며 또한 무력사용금지의무 위반
>   이라고 하였다.

① 1개   ② 2개
③ 3개   ④ 4개

니카라과 사건(ICJ, 1985)에 대한 설명으로 옳지 않은 것은 ㄴ, ㄹ, ㅂ. 3개이다.
ㄴ. 미국의 재판적격성을 포함한 모든 선결적 항변이 배척되어 본안판단이 진행되었다.
ㄹ. 법률상 국가기관의 행위에 대한 책임은 인정하였다
ㅂ. 반군단체에 대한 자금 지원은 국내문제에 대한 위법한 간섭으로만 인정하였다.

답 ③

13. 니카라과 사건(1985)에 대한 설명으로 옳은 것은?

① 미국과 니카라과는 모두 ICJ규정 제36조 제2항의 선택조항을 수락하였으므로 니카라과는 일방적으로
   미국을 국제사법재판소(ICJ)에 제소하였다.
② 미국은 미국과 니카라과 간 분쟁이 UN안전보장이사회에서 다루어지고 있으므로 국제사법재판소
   (ICJ)가 심리할 수 없다는 항변을 제기하였으나 국제사법재판소(ICJ)는 이를 기각하였다.
③ 국제사법재판소(ICJ)는 사실상 국가기관인 미국 CIA의 니카라과 반군에 대한 무력지원조치에 대해
   니카라과 측의 입증이 성립하지 않았음을 이유로 미국의 책임을 인정하지 않았다.
④ 국제사법재판소(ICJ)는 법률상 국가기관인 콘트라 반군에 반정부활동에 대한 미국의 책임을 정면으로
   인정하였다.

안전보장이사회는 국제평화유지에 대한 1차적 책임을 지지만 배타적 책임을 지는 것이 아니기 때문에, 분쟁이 안전
보장이사회에 계류 중이라는 이유만으로 국제사법재판소(ICJ)의 재판의 수행이 방해받지 않는다고 판단하였다.

⊘ 선지분석
① 니카라과는 ICJ규정상의 선택조항을 수락하지 않았다. 다만 PCIJ규정상의 선택조항을 수락하였고, 이는 ICJ규
   정상 선택조항 수락선언으로 승계되므로 양국 간 관할권은 성립한다고 보았다.
③ 미국의 CIA는 미국의 '법률상' 국가기관이며 그 활동에 대해서는 니카라과 측의 입증이 성립하여 미국의 책임을
   인정하였다.
④ 콘트라 반군이 미국의 '사실상' 국가기관인지 문제되었으나 이에 대해서는 니카라과 측의 입증이 성립하지 않았
   다고 판시하여 미국의 책임을 인정하지 않았다.

답 ②

14

니카라과 사건(ICJ, 1985) 및 관련 쟁점에 대한 설명으로 옳지 않은 것은 모두 몇 개인가?

ㄱ. 선택조항 수락선언을 철회할 수 있으나, 반드시 12개월이 지나야 발효되므로 철회 통고 효력이 6개월 후 발생한다고 선언한 '슐츠 통고'는 법적 효력이 없다.

ㄴ. 상설국제사법재판소(PCIJ)규정상 선택조항 수락선언의 승계가 인정되나, PCIJ규정을 비준하지 않았다고 하여 수락선언의 효력이 부인되는 것은 아니다.

ㄷ. 동일한 분쟁을 UN총회, 안전보장이사회 및 국제사법재판소(ICJ)가 동시에 관할권을 행사할 수 있다.

ㄹ. 타국의 반란단체를 지원하는 것은 그 규모나 효과에 상관없이 무력사용에 불과하므로 무력공격의 존재를 전제로 하는 자위권의 발동은 불가능하다.

ㅁ. 집단적 자위권의 발동을 위해서는 관습법상 요건인 피침략국의 침략 선언과 원조 요청이 선행되어야 한다.

① 1개   ② 2개

③ 3개   ④ 4개

> **정답 및 해설**

니카라과 사건(ICJ, 1985) 및 관련 쟁점에 대한 설명으로 옳지 않은 것은 ㄱ, ㄹ, ㅁ. 3개이다.

ㄱ. 선택조항 수락선언 철회 시 반드시 12개월이 지나야 철회 통고 효력이 발생하는 것은 아니며, 슐츠 통고는 철회 통고 효력이 즉각 발생하여 2년간 효력을 가진다고 하였다.

ㄹ. 타국의 반란단체를 지원하는 것은 규모와 효과에 따라 무력공격이 될 수 있다.

ㅁ. 피침국의 요청은 관습법상 요건은 아니며, 집단적 자위권에 내재된 요건으로 판단한다.

✓ 선지분석

ㄷ. 안전보장이사회는 국제평화유지의 1차적인 책임을 질 뿐, 배타적인 책임을 지는 것이 아니므로 안전보장이사회에 계류 중인 니카라과 사건이 국제사법재판소(ICJ)의 관할로 인정되었다.

답 ③

15

캐롤라인호 사건에 대한 설명으로 옳지 않은 것은?

① 자위권에 대한 대표적 판례로 제2차 세계대전 후 뉘른베르크 재판 결정에서도 인용되었다.

② 캐나다에서 일어난 반란에서 무기를 운반하려는 반도에 대한 영국의 자위권 행사이다.

③ 자위권의 요건으로 '급박한 필요, 압도적으로 다른 수단을 택할 여유가 없을 것, 숙고할 여유가 없을 것'을 제시하였다.

④ '급박한 필요, 압도적으로 다른 수단을 택할 여유가 없을 것, 숙고할 여유가 없을 것'이라는 요건을 기준으로 보면 영국의 자위권 행사는 적법하다고 볼 수 있다.

> **정답 및 해설**

캐롤라인호 사건에서 영국은 미국 내의 사인집단의 위법행위에 대하여 자위권을 발동한 것이며 미국으로부터는 아무런 위법적 무력행사도 없었다는 점에서 적법한 자위권 행사로 보기는 어렵다.

✓ 선지분석

① 뉘른베르크 재판 결정은 관습법상 자위권 발동요건을 최초로 확인한 판례이다.

답 ④

16

국제법상 자위권에 대한 설명으로 옳은 것은? (다툼이 있는 경우 국제사법재판소 판례에 따름)

① 자위권은 공격을 당한 국가의 권리라는 점에서 자존권과 동일한 권리이다.
② 무력공격의 주체는 국가 및 테러단체이다.
③ 간접침략에 대해서는 자위권을 발동할 수 없다.
④ 예방적 자위권을 부정하는 입장은 이를 긍정하는 입장과 마찬가지로 전통국제법에서는 예방적 자위권이 허용되었음을 인정한다.

정답 및 해설

⊘ 선지분석
① 자존권은 적극적 무력사용권을 포함하는 개념이므로 자위권과 다른 권리이다.
② 국제사법재판소(ICJ)에 의하면 무력공격의 주체는 국가에 한정된다.
③ 간접침략에 대해서도 자위권을 발동할 수 있다.

답 ④

제3절 Ⅰ 국내문제 불간섭의무

01

국내문제 불간섭의 원칙에 대한 설명으로 옳지 않은 것은?

① 국내문제 불간섭의 원칙은 국제연맹규약 제15조 제8항과 UN헌장 제2조 제7항에 규정되어 있다.
② 상설국제사법재판소(PCIJ)는 "국내문제와 국제문제 사이의 경계 설정은 본질적으로 상대적인 문제로서 그것은 국제관계의 발전에 따라 가변적이다."라고 권고적 의견을 제시한 바 있다.
③ UN헌장은 무엇이 국내문제인지에 대한 결정권한을 안전보장이사회에 부여하고 있다.
④ 국제사법재판소(ICJ)의 '니카라과에 대한 군사적 및 준군사적 활동 사건'은 동 원칙과 관련 있는 국제판례이다.

정답 및 해설

UN헌장에는 무엇이 국내문제인지 결정하는 권한에 대한 명문규정이 없다.

⊘ 선지분석
② 튀니지 – 모로코 국적법 사건에 대한 권고적 의견에서 국내문제의 상대성을 인정하였다.
④ 미국의 콘트라 반군에 대한 재정 지원은 국내문제 불간섭의무를 위반한 것이며, 반군에 대해 훈련 장비를 제공한 행위는 국내문제 불간섭의무와 무력사용금지 원칙까지 위반한 것으로 판단하였다.

답 ③

02

□□□

국내문제 불간섭 원칙에 대한 설명으로 옳은 것만을 모두 고른 것은?

> ㄱ. '국내문제'에 대외적 사항이 포함되는지에 대하여, 국내문제는 대외적 사항을 제외한 대내적 사항만을 의미한다고 보는 견해가 다수설이다.
> ㄴ. 튀니지 – 모로코 국적법 사건(1923)에서 상설국제사법재판소(PCIJ)는 국내문제와 국제문제 사이의 경계 설정은 국제관계의 발전에 달려 있다고 보아 국내문제의 상대성을 인정하였다.
> ㄷ. 국제사법재판소(ICJ)는 니카라과 사건(1986)에서 "니카라과 정부에 대한 경제원조의 중단, 재정지원·훈련·무기제공·첩보·병참지원을 통하여 니카라과 내 콘트라 반군의 군사적·준군사적 활동에 대해 부여한 미국의 지원은 불간섭 원칙의 명백한 위반을 구성한다."라고 판결하였다.
> ㄹ. 타국에서 내란이 발발할 경우 반란단체를 원조하면 국내문제 불간섭 원칙에 위배된다.
> ㅁ. 국제법의 국내법질서로의 도입방식, 이민정책, 국적부여, 외교정책의 수립, 인권 등은 오로지 국내문제에 속하는 예이다.

① ㄱ, ㄴ   ② ㄱ, ㅁ
③ ㄴ, ㄷ   ④ ㄴ, ㄹ

정답 및 해설

국내문제 불간섭 원칙에 대한 설명으로 옳은 것은 ㄴ, ㄹ이다.
ㄴ. 튀니지 – 모로코 국적법 사건에서 국내문제의 상대성을 인정하였으며, 나아가 국적문제는 국제문제이기 때문에 국제연맹의 연맹이사회에서 다룰 수 있다고 판단하였다.

⊘ 선지분석

ㄱ. 오늘날 일국의 대내문제와 대외문제는 밀접한 관련이 있으므로, 국내문제에는 대내적 사항뿐만 아니라 대외적 사항도 포함된다고 보는 '대외사항 확장설'이 다수설이다.
ㄷ. '니카라과 정부에 대한 경제원조의 중단'은 관습법상의 불간섭 원칙의 위반으로 볼 수 없다고 하였다. 경제원조는 그 자체로 '일방적이고 자발적인 성격의 것'으로서 조약이나 기타 특별의무에 의하여 요구되는 것이 아닌 한 일방적으로 중단될 수 있기 때문이다.
ㅁ. 오늘날 '인권문제'는 더 이상 일국의 국내문제만으로 간주되지 않는다.

답 ④

03

다음 사례에 대한 설명으로 옳은 것은? (다툼이 있는 경우 판례에 의함)

> A국은 B국의 신정부를 전복시키기 위하여 B국 내에서 활동하고 있는 반군단체 X에 대해 자금 및 무기를 지원하는 한편, B국에 대해 10년간 지속되어 왔던 경제원조를 통고 없이 일방적으로 중단하여 B국은 막대한 재정적 손실을 입게 되었다. 한편, B국 신정부는 C국의 정부를 전복시키기 위해 활동하고 있는 C국 내 반군단체 Y에 대해 소량의 무기를 지원하였다. B국은 A국의 행위가 국제법에 위반된다고 주장하며 A국을 국제사법재판소(ICJ)에 제소하였다. B국은 PCIJ규정상의 선택조항을 수락하였으나, ICJ규정상 선택조항은 수락하지 않았다. A국은 ICJ규정상 선택조항을 수락하였으나, 6개월의 경과기간을 두고 일방적으로 폐기할 수 있다는 유보를 부가하였다.

① 반군단체 X에 대한 A국의 재정지원 및 무기지원은 국제관습법상 무력사용금지의무 및 국내문제 불간섭의무에 위반된다.

② A국이 B국에 대한 경제원조를 일방적으로 중단하여 B국이 재정적 손실을 입은 것에 대해 A국은 국제법상 책임을 진다.

③ B국이 C국 반군단체 Y에 대해 소량의 무기를 지원한 행위는 무력사용금지의무에 위반되나 무력공격의 수준에 이르지 못하므로 A국이 집단적 자위권을 발동할 수 없다.

④ A국이 선택조항 수락선언을 1월의 경과기간을 두고 철회하였더라도 국제법에 위반되지 않으며 국제사법재판소(ICJ)의 강제관할권이 창설될 수 없다.

> **정답 및 해설**

'규모와 효과' 기준에 따라 무기를 제공한 행위는 무력공격의 수준에 이르지 못한다고 판단하였다.

☑ 선지분석

① 재정지원은 무력사용이 아니므로 재정지원은 무력사용금지의무에 위반되지 않는다.

② 경제원조의 일방적 중단은 별단의 지속에 대한 합의가 없는 한 일방적 시혜조치에 불과하므로 국제책임이 성립하지 않는다.

④ 당초 6개월의 경과기간을 두기로 한 것은 A국 스스로를 구속하므로 추후 일방적으로 경과기간을 1개월로 변경할 수 없다. 따라서 다른 조건이 충족된다면 강제관할권 창설에 장애를 초래할 수 없다.

답 ③

04

국제법상 국내문제에 대한 설명으로 옳지 않은 것은?

① 국가가 임의로 처리할 수 있는 사항으로서 원칙적으로 국제법의 규율을 받지 않는 것을 말한다.

② 국가가 주권적으로 존재하는 한 국내문제는 완전히 소멸하지 않는다.

③ 내정뿐만 아니라 외교에 대한 사항도 포함된다.

④ 튀니지 – 모로코 국적법 사건에서는 국내문제의 내용 또는 범위는 고정적이라고 보았다.

> **정답 및 해설**

국내문제의 범위는 유동적이고 상대적이며 시대상황에 따라 변화한다고 보았다. UN의 관행에 따르면 인권, 민족자결, 식민지배 등의 문제는 국내문제로 보지 않는다.

☑ 선지분석

③ 국내문제의 범위에 대해서는 대내사항제한설과 대외사항확장설의 대립이 있다. 통설은 양자를 준별하지 않는 태도를 보이고 있다.

답 ④

05 국내문제 불간섭의무에 대한 설명으로 옳지 않은 것은?

① 동 의무는 국제관습법적으로도 인정된다.
② 동 의무는 주권평등의 원칙에 기초를 두고 있다.
③ 무력에 의한 간섭은 동 의무뿐 아니라 무력행사금지의 원칙에도 위반된다.
④ 일국이 타국의 반란단체에 대해 재정지원, 무기제공, 첩보와 병참지원을 하는 것은 간섭에 해당하지 않는다.

> **정답 및 해설**

1986년 니카라과 사건에 대하여 국제사법재판소(ICJ)는 "재정지원, 훈련, 무기제공, 첩보 및 병참지원을 통하여 니카라과 내 콘트라 반군의 군사적·준군사적 활동에 대해 부여한 미국의 지원은 국내문제 불간섭 원칙의 명백한 위반을 구성한다."라고 판결하였다.

☑ 선지분석
③ 경제원조의 중단이나 위성방송의 송출과 같이 무력을 수반하지 않아도 간섭으로 인정된다. 다만, 타국에 대한 단순한 권고, 제의 또는 항의는 간섭으로 인정되지 않는다.

답 ④

06 국내문제 불간섭의무에 대한 설명으로 옳지 않은 것은?

① UN의 관행상 UN총회에서 회원국의 인권상황을 단지 토론하는 것도 UN에 의한 간섭으로 인정되어 왔다.
② UN헌장 제2조 제7항은 국내문제에 간섭하지 않아야 할 UN의 의무를 규정하고 있다.
③ 한 국가가 정부형태를 대통령제로 할 것인가 의원내각제로 할 것인가는 국내문제에 속한다.
④ 국제관계가 긴밀화되고 국제사회가 조직화됨에 따라 국내문제의 범위는 축소되는 경향에 있다.

> **정답 및 해설**

인권상황을 단지 토론하는 것은 국가에 대한 의사를 강제하는 것이 아니므로 간섭의 범주에 포함되지 않는다고 본다. 또한 인권문제를 국제적 관심사항으로 보아 국내문제에 해당하지도 않는다고 보는 관행도 성립하였다고 본다.

☑ 선지분석
② UN헌장 제2조 제7항은 UN의 UN 회원국에 대한 불간섭의무를 규정하고 있으며, UN 회원국의 타 회원국에 대한 불간섭의무는 UN헌장 제2조 제1항의 주권평등 원칙이 근거조항임에 주의해야 한다.
④ UN은 특히 인권문제에 관하여 UN의 개입범위를 넓혀오고 있으며, 국내문제의 범위는 축소되는 경향에 있다.

답 ①

07 국내문제 불간섭의무에 대한 설명으로 옳은 것은?

① 튀니지 – 모로코 국적법 사건에서 상설국제사법재판소(PCIJ)는 국적문제는 본질적으로 국내문제로서 조약의 대상이 될 수 없다고 판시하였다.

② 국제사법재판소(ICJ)에 의하면 타국 내에서 활동하고 있는 반군단체에 자금을 지원하는 것은 무력사용금지 원칙에는 위반되나, 국내문제에 대한 위법한 간섭을 구성하지는 아니한다고 판시하였다.

③ UN 안전보장이사회의 허가에 기초하여 타국의 인권탄압을 중지시키기 위해 개별 국가가 무력을 사용하는 것은 무력사용금지 원칙에 반하지 아니한다.

④ 정통정부의 요청에 의하여 반란세력을 진압하기 위해 무력을 사용하는 것은 적법한 간섭이라 볼 수 없다.

정답 및 해설

UN에 의한 인도적 간섭(humanitarian intervention)에 대한 설명으로, 이는 현대국제법상 적법한 것으로 간주되고 있다.

✓ 선지분석

① 국내문제는 상대적이고 가변적 성질을 가진 것이며 조약 등으로 규율됨으로써 국제문제가 될 수 있다고 하였다.

② 지문은 니카라과 사건에 대한 내용이다. 국제사법재판소(ICJ)는 니카라과 사건에서 '테러세력에 대한 자금지원'은 국내문제에 대한 위법한 간섭이나, 무력사용금지 원칙에 위반되지는 아니한다고 판시하였다.

④ 정통정부의 요청에 의해 반란세력에 대해 타국이 무력을 사용하는 것은 적법한 간섭이다. 다만, 반란세력이 민족해방운동세력인 경우는 위법성이 조각되지 아니한다고 보는 견해도 있다.

답 ③

---

08 인도적 간섭에 대한 설명으로 옳지 않은 것만을 모두 고른 것은?

> ㄱ. UN이 헌장 제7장에 따른 강제조치로서 회원국의 국내문제에 개입하는 것은 원칙적으로 금지된다.
> ㄴ. 안전보장이사회는 회원국에게 무력사용을 허가할 수 있다.
> ㄷ. UN 관행에 의하면 순수 내란 시 인권침해에 대해서는 무력사용을 허가할 수 없다.
> ㄹ. UN헌장 제7장상의 조치를 취하기 위해서는 평화에 대한 위협, 평화의 파괴 또는 침략에 대한 결정이 선행되어야 한다.

① ㄱ, ㄴ
② ㄴ, ㄷ
③ ㄷ, ㄹ
④ ㄱ, ㄷ

정답 및 해설

인도적 간섭에 대한 설명으로 옳지 않은 것은 ㄱ, ㄷ이다.

ㄱ. UN헌장 제2조 제7항 단서는 국내문제 불간섭의무의 예외로서 UN헌장 제7장에 따른 강제조치를 명시하고 있다.

ㄷ. 순수 내란 시 인권침해문제 역시 평화에 대한 위협으로 간주하고 무력사용을 허가하는 것이 최근 안전보장이사회의 일반적 관행이다.

✓ 선지분석

ㄴ. UN헌장상 무력사용금지 원칙에 대한 예외로는 자위권 발동, 제7장상 무력적 강제조치, 지역적 기관의 무력사용, 구적국조항이 있다.

ㄹ. UN헌장 제41조에 따른 비군사적 강제조치는 모든 회원국에 대해 구속력이 있지만, 제42조에 따른 군사적 강제조치는 제43조 특별협정에 기초하여 발동하며 동 협정 체결국에 대해서만 구속력이 있다.

답 ④

제3장 국가관할권 및 면제

01

국가관할권에 대한 설명으로 옳지 않은 것만을 모두 고른 것은?

> ㄱ. 입법관할권은 원칙적으로 영토적 한계를 가지지 않는다.
> ㄴ. 집행관할권은 원칙적으로 영토적 제약성을 가지는데, 공해에서 외국상선을 임검하는 것, 군대지위협정에 의해 해외 주둔지국가에서 형사재판을 하는 것 등이 그 예이다.
> ㄷ. 아이히만(Eichmann) 사건(1960)에서 이스라엘은 보편관할권을 주장하였다.
> ㄹ. 해적행위는 보편관할권의 객체이나 반드시 영해에서 발생해야 보편관할권이 적용된다.
> ㅁ. 미국은 1945년 ALCOA 판결을 기점으로 효과이론을 도입하였다.
> ㅂ. 대륙법계 국가는 속지주의와 속인주의를 병용하고 있으며, 영미법계 국가는 속인주의를 원칙으로 하고 속지주의는 보충적으로 채택하고 있다.

① ㄱ, ㄴ, ㄷ   ② ㄱ, ㄷ, ㄹ
③ ㄱ, ㅁ, ㅂ   ④ ㄴ, ㄹ, ㅂ

정답 및 해설

국가관할권에 대한 설명으로 옳지 않은 것은 ㄴ, ㄹ, ㅂ이다.
ㄴ. 집행관할권은 입법관할권과는 달리 영토적 한계를 가지나, 공해에서 외국상선을 임검하는 것, 군대지위협정에 의해 해외 주둔지국가에서 형사재판을 하는 것 등은 집행관할권이 영토적 한계를 벗어난 예에 해당한다.
ㄹ. 국제관습법상 해적행위는 '공해'에서 발생하는 약탈행위만을 의미한다.
ㅂ. 대륙법계 국가는 속지주의와 속인주의를 병용하고 있으며, 영미법계 국가는 속지주의를 원칙으로 하고 속인주의는 보충적으로 채택하고 있다.

☑ 선지분석

ㄱ. 입법관할권이란 국가가 법규범을 선언하는 힘으로, 입법부의 행위, 행정부의 명령 또는 규칙, 재판소의 선례 등이 이에 해당하며 원칙적으로 영토적 한계를 가지지 않는다.
ㄷ. 이스라엘은 아이히만(Eichmann) 사건(1960)에서 보편주의와 보호주의에 기초하여 유대인 학살 책임자인 아이히만을 처벌하였다. 유대인 학살이 국가적 법익을 침해하였다는 점에서 보호주의를 주장하였다.

답 ④

02 국가관할권에 대한 설명으로 옳은 것은?

① 국제형사재판소(ICC)는 재판소 관할대상 범죄인이 타국 국내법원에서 처벌을 받은 경우 일사부재리 원칙에 따라 원칙적으로 재판할 수 없다.
② 페스카마호 사건(1996)은 공해상에서 온두라스 국적 페스카마호에 승선한 중국인 선원이 한국인 등을 살해한 사건으로 중국은 가해자의 국적국으로서 형사관할권을 행사하였다.
③ Yunis 사건은 항공기 불법탈취로 미국인 탑승자가 피해를 받은 사건으로 미국은 피해자 국적주의와 보호주의를 근거로 관할권을 행사하였다.
④ 미국은 2013년 Kiobel v. Royal Dutch Petroleum Co. 사건에서 Alien Tort Act에 기초하여 미국 영토 밖에서 불법행위로 입은 외국인이 미국 연방법원에 민사소송을 제기할 수 있다고 판시하였다.

✓ **선지분석**
② 페스카마호 사건(1996)에서 한국이 피해자의 국적국으로서 형사관할권을 행사하였으며 중국은 관할권을 행사하지 않았다.
③ Yunis 사건에서 미국은 수동적 속인주의와 보편주의를 근거로 관할권을 행사하였다.
④ Kiobel v. Royal Dutch Petroleum Co. 사건은 역외적용을 부인한 판례이다. Filartiga v. Pena-Irala 사건에서 미국 영토 밖에서 발생한 불법행위로 인해 피해를 입은 외국인은 미국 연방법원에 민사소송을 제기할 수 있다고 판시하였다.

답 ①

03 다음 사례에 대한 설명으로 옳은 것만을 모두 고른 것은?

> 레바논인 甲은 요르단 소속의 항공기를 레바논 상공에서 납치하였다. 항공기에는 미국인 승객 2명이 타고 있었다. 납치범들은 튀니지로 가기를 원했으나, 튀니지가 거절하자 베이루트로 돌아와 인질을 풀어주고 항공기를 폭파시킨 다음 도주하였다. 미국은 甲을 공해상으로 유인하여 체포한 후 미국으로 이송하여 기소하였다.

> ㄱ. 레바논은 속인주의에 기초하여 관할권을 행사할 수 있다.
> ㄴ. 미국은 수동적 속인주의에 기초하여 관할권을 행사할 수 있다.
> ㄷ. 요르단은 항공기 등록국으로서 관할권을 행사할 수 있다.
> ㄹ. 미국이 헤이그협약(1970)의 당사국이라면 조건부 기소의무를 부담한다.

① ㄱ, ㄹ
② ㄱ, ㄴ, ㄷ
③ ㄴ, ㄷ, ㄹ
④ ㄱ, ㄴ, ㄷ, ㄹ

사례에 대한 설명으로 옳은 것은 ㄱ, ㄴ, ㄷ, ㄹ이다.
ㄱ. 레바논인 甲이 혐의자이므로 레바논은 속인주의에 기초하여 관할권이 인정될 수 있다.
ㄴ. 납치된 항공기에 미국인이 탑승하고 있으므로 미국은 피해자의 국적국이며 수동적 속인주의에 기초하여 관할권이 인정될 수 있다.
ㄷ. 요르단은 항공기 등록국으로서 관할권을 행사할 수 있으며 이를 속지주의의 확대이론으로 보기도 한다.
ㄹ. 헤이그협약(1970)에는 '인도 아니면 소추' 원칙이 명시되어 있으므로 미국이 인도하지 않는다면 기소의무가 있다.

답 ④

04 국가관할권에 대한 설명으로 옳지 않은 것을 모두 고른 것은?

> ㄱ. 국제해양법재판소는 Norstar호 사건에서 기국주의가 지배하는 공해에서 행해진 선박의 적법한 행동에 대해 기국 이외의 국가가 입법관할권을 확장하는 것, 즉 역외입법관할권을 행사하는 것이 항행의 자유를 침해하는 것은 아니라고 판시한 바 있다.
> ㄴ. 미국은 연방항소재판소의 Alcoa 판결을 기점으로 하여 효과이론을 도입하였다.
> ㄷ. Joyce v. director of Public Prosecutions 사건에서 영국 상원은 제2차 세계대전 기간 중 미국인으로서 영국 여권을 가지고 독일로 넘어가 독일을 위해 라디오 선전방송을 한 자에게 내려진 반역죄 유죄선고를 지지하면서 보호주의를 원용하였다.
> ㄹ. Jorgic v. Germany 사건에서 유럽인권재판소는 제노사이드협약 제6조가 체약국들의 보편관할권을 창설하지 않았음에도 불구하고 비독일시민이 비독일시민들을 상대로 독일 밖에서 자행한 제노사이드에 대해 독일재판소들이 재판관할권을 행사할 수 있는가에 대해 이를 부인하였다.

① ㄱ, ㄴ

② ㄴ, ㄷ

③ ㄱ, ㄹ

④ ㄱ, ㄷ, ㄹ

정답 및 해설

국가관할권에 대한 설명으로 옳지 않은 것은 ㄱ, ㄹ이다.

ㄱ. 국제해양법재판소는 Norstar호 사건에서 기국주의가 지배하는 공해에서 행해진 선박의 적법한 행동에 대해 기국 이외의 국가가 입법관할권을 확장하는 것, 즉 역외입법관할권을 행사하는 것도 항행의 자유를 침해하는 것이라고 판시한 바 있다.

ㄹ. Jorgic v. Germany 사건에서 유럽인권재판소는 제노사이드협약 제6조가 체약국들의 보편관할권을 창설하지 않았음에도 불구하고 비독일시민이 비독일시민들을 상대로 독일 밖에서 자행한 제노사이드에 대해 독일재판소들이 재판관할권을 행사할 수 있는가에 대해 이를 긍정하였다. 재판소는 제노사이드협약 제6조는 보편관할권을 창설하지는 않았지만 체약국들은 동 협약 제1조에 의하여 강행규범에 의해 금지된 제노사이드를 방지하고 처벌할 대세적 의무를 부담하고 있으므로 독일이 보편관할권을 창설한 국내형법에 의거하여 관할권을 행사한 것은 합리적인 것으로 간주되어야 한다고 결론지었다.

답 ③

05 국제법상 국가관할권에 대한 설명으로 옳은 것은?

① 객관적 속지주의란 외국에서 개시된 범죄가 내국에서 완성된 경우 그 범죄가 시작된 국가가 그 관할권을 가지는 것이다.

② 수동적 속인주의란 자국민이 외국에서 범죄를 저질렀을 경우 관할권을 가지는 것이다.

③ 보호주의란 자국민이 외국에서 범죄를 저질렀더라도 이를 변호할 권리를 가지는 것이다.

④ 사법관할권이란 사법기관이 국내법령을 적용하여 사안의 위법성을 판단하는 권능이다.

정답 및 해설

통상적으로 사법관할권에는 재판관할권과 강제집행권이 속한다.

 선지분석

① 객관적 속지주의란 외국에서 개시된 범죄가 내국에서 완성된 경우 그 범죄가 완성된 국가가 관할권을 가지는 것이다.

② 수동적 속인주의란 자국민이 외국에서 피해를 입은 경우 국적국이 관할권을 가지는 것이다.

③ 보호주의란 외국인이 자국의 사활적 국가이익을 침해한 경우 관할권을 가지는 것이다.

답 ④

국가관할권에 대한 설명으로 옳은 것은?

① 우리나라 대법원은 중국 북경 소재 대한민국 영사관 내부는 대한민국 영토이므로 속지주의 관할권이 인정된다고 판시하였다.
② 미국은 효과이론의 적용에 있어서 미국 시민의 이익을 고려하여 미국 경제에 '직접적이고 실질적인 효과(immediate and substantial effect)'를 미치는 경우뿐만 아니라 '먼 효과(remote effect)'에 대한 관할권도 행사하고 있다.
③ Achile Lauro호 사건에서 미국은 보편주의와 수동적 속인주의에 기초한 관할권을 주장하였으나, 이탈리아는 속인주의에 기초하여 관할권을 행사하였다.
④ 미국은 Yunis 사건(1988)에서 항공기 납치행위는 보편관할권의 적용 대상이라고 보았으며, 피랍항공기에 미국인이 탑승하였음을 이유로 수동적 속인주의도 적용된다고 보았다.

> **정답 및 해설**

✅ **선지분석**
① 우리나라 대법원은 중국 북경 소재 대한민국 영사관 내부는 중국 영토라고 판시하였다.
② 미국은 '먼 효과(remote effect)'에 대해서는 관할권 행사를 자제하고, 미국 경제에 '직접적이고 실질적인 효과(immediate and substantial effect)'를 미치는 경우로 제한하여 관할권을 행사하고 있다.
③ Achile Lauro호 사건에서 이탈리아는 범죄인이 자국에 소재하고 있음을 이유로 관할권을 행사하였다.

답 ④

다음 사례에 대한 설명으로 옳은 것은?

> A국의 외무장관 甲은 자국 대통령의 지시를 받아 자국 내 다수의 반대파에 대한 고문과 살해를 주도하였다. 퇴임 후 甲은 B국으로 도피하였으나, 평소 인권문제에 높은 관심을 가지고 국제여론을 주도해 온 C국은 자국 형법에 기초하여 甲을 기소하고, C국 정보요원을 B국에 몰래 파견하여 甲을 납치하였다. C국은 자국 형법상 법정 최고형인 사형을 선고하고 국내법에 따라 사형을 집행하였다.

① C국은 외무장관인 甲에 대해 자국의 형법을 적용하여 처벌하였으므로 국제관습법상 외무장관의 면제를 침해하였다.
② C국은 보편주의에 기초하여 관할권을 가지기 때문에 甲을 납치하여 처벌한 것은 국제법에 위반되지 않는다.
③ B국은 C국에 대해 국가책임을 추궁할 수 있으나 C국은 甲이 국제범죄인이라는 이유로 위법성 조각을 주장할 수 있다.
④ 국제형사재판소(ICC)는 甲에 대한 재판적격성을 가지지 않는다.

> **정답 및 해설**

일사부재리 원칙에 의해 국제형사재판소(ICC)는 甲에 대한 재판적격성을 가지지 않는다.

✅ **선지분석**
① 甲은 퇴임하였으므로 인적 면제를 향유하지 않으며, 甲의 행위는 개인의 국제범죄에 해당하므로 물적 면제 역시 향유할 수 없다. 따라서 C국이 국가면제에 관한 국제법을 위반한 것은 아니다.
② 보편주의에 기초하여 입법관할권을 가진다고 해도 타국 소재 범죄인을 납치하여 처벌하는 것은 타국의 영토주권을 침해한 것이므로 국제법에 위반된다.
③ 甲이 국제범죄인이라는 사유는 위법성 조각사유가 아니다. ILC 초안에 의하면 위법성 조각사유는 피해국의 동의, 자위권 발동, 대항조치, 불가항력, 조난, 긴급피난에 한정된다.

답 ④

08 국가관할권의 집행에 대한 설명으로 옳지 않은 것은?

① 상설국제사법재판소(PCIJ)는 로터스호 사건에서 객관적 속지주의에 기초한 관할권 행사는 일반국제법상 금지되지 않았다고 판시하였다.

② 국가가 관할권을 가지는 사건이라 할지라도 반드시 이를 행사할 수 있는 것은 아니다.

③ 국가는 현직 외교관의 형사상 불법행위에 대해서는 관할권을 행사할 수 없다.

④ 국제관습법상 국제범죄를 범한 현직 국가원수는 인적 면제를 향유하지 못한다.

정답 및 해설

국제범죄인이라 할지라도 현직 국가원수는 인적 면제를 향유한다. 다만 국제범죄행위가 국가원수의 직무상의 행위로는 인정되지 아니하므로 물적 면제는 향유할 수 없다고 본다.

✅ 선지분석

② 국가관할권은 영토적 제약, 국가면제에 의한 제약 등을 받으므로 관할권을 가지는 사건이라 할지라도 반드시 이를 행사할 수 있는 것은 아니다.

③ 사적 행위라 할지라도 현직 외교관은 인적 면제를 향유한다.

답 ④

09 A국 국민 甲은 A국 내에서 B국의 통화를 대량 위조하여 유통시킨 혐의를 받고 있으며, 甲은 범행 이후 C국으로 도피하여 C국에 은신하고 있다. 이 사례에 대한 설명으로 옳은 것은?

① B국은 보편주의에 기초하여 관할권을 가질 수 있다.

② 만약 B국이 C국에 자국 경찰을 파견하여 甲을 납치한 경우 국제법상 B국 법원은 적법절차 위반을 이유로 소송절차를 반드시 중단해야 하는 것은 아니다.

③ C국은 甲의 국적국인 A국에 대해서는 인도할 의무가 있으나 B국에 대해 인도할 의무는 없다.

④ B국이 甲의 인도를 요청한 경우 C국은 甲을 인도할 의무가 있다.

정답 및 해설

피고인을 납치한 경우 피고인 체류국의 영토주권 침해로 국가책임이 성립할 수는 있다. 그러나 적법절차상의 흠결을 이유로 국내법원이 반드시 소송절차를 중단해야 할 국제법상 의무가 있는 것은 아니다. 이 문제는 현재로서는 개별 국가의 국내법에 맡겨져 있다.

✅ 선지분석

① B국은 보호주의에 기초하여 관할권을 가질 수 있다.

③, ④ 범죄인 인도는 원칙적으로 인도국의 '재량사항'이다. 따라서 별도의 조약 등 인도의무 연원이 없는 한 인도의무는 발생하지 아니한다. 따라서 C국은 甲을 A국 또는 B국에 인도할 의무가 없다.

답 ②

10

효과이론(effects doctrine)에 대한 설명으로 옳은 것만을 모두 고른 것은?

ㄱ. 객관적 속지주의에 기초하고 있다.
ㄴ. 외국인이 외국에서 행한 범죄라 하더라도 그로 인하여 국가안보, 영토보전 및 정치적 독립성 등 중대한 국가이익을 침해당한 국가는 관할권을 행사할 수 있다는 것이다.
ㄷ. 효과이론에 따르면, 역외 소재 외국기업이 역내에 자회사 등의 거점을 가지고 있고 역내 자회사의 행위가 역외 모회사에 귀속될 수 있는 경우 역외 모회사에 대해서도 관할권이 성립한다.
ㄹ. 주로 독점금지법의 역외적용과 관련하여 문제가 되었다.
ㅁ. 관할권 발생에 있어 영토 내에서의 효과 또는 결과의 발생을 요구하지 않는다.

① ㄱ, ㄴ   ② ㄱ, ㄹ
③ ㄴ, ㄷ   ④ ㄴ, ㄹ

정답 및 해설

효과이론(effects doctrine)에 대한 설명으로 옳은 것은 ㄱ, ㄹ이다.
ㄱ. 객관적 속지주의란 범죄 완성국이 범죄 전체에 대해 관할권을 행사한다는 개념이다.

☑ 선지분석
ㄴ. '보호주의'에 대한 설명이다.
ㄷ. '단일경제실체이론'에 대한 설명이다.
ㅁ. 관할권 발생에 있어 영토 내에서의 실제적 행위가 전혀 없이도 단지 영토 내에서의 '효과'에만 의존하고 있다.

답 ②

11

국내법의 역외적용에 대한 설명으로 옳은 것은?

① 국내법의 역외적용은 국제관습법으로 확립되어 적법하다.
② 효과주의(effects doctrine)는 주관적 속지주의의 확대이론으로서 범죄의 결과가 완성된 국가에서 관할권을 가진다는 이론이다.
③ 한국 공정거래위원회는 효과주의 및 이행이론에 기초하여 역외관할권을 행사한 바 있다.
④ 미국은 Wood Pulp 사건에서 최초로 이행이론을 적용하여 역외관할권을 행사하였다.

정답 및 해설

흑연전극봉을 수출하는 해외 기업들의 가격담합행위에 대해 한국의 공정거래법을 적용하여 과징금을 부과한 사건에서 효과주의 및 이행이론에 기초하였다. 이행이론은 역외에서 모의된 범죄행위가 역내에서 집행된 경우 역내국이 관할권을 행사한다는 관할권이론이다.

☑ 선지분석
① 국내법의 역외적용은 타국의 영토주권을 침해하므로 원칙적으로 허용될 수 없다.
② 효과주의(effects doctrine)는 객관적 속지주의의 확대이론이다.
④ 이행이론은 유럽연합에서 적용한 이론이며, 미국은 ALCOA 사건에서 최초로 효과주의이론(영향이론)을 적용하였다.

답 ③

12

로터스호 사건에 대한 설명으로 옳은 것은?

① 공해상에서 프랑스선 로터스호가 터키선에게 침몰당해 선원이 사망한 사건이다.
② 프랑스는 공해상에서 선박 충돌 시 가해선의 국적국이 관할권을 가지는 것이 국제관습법이라고 주장하였다.
③ 상설국제사법재판소(PCIJ)는 역내 역외관할권 행사를 일반적 허용 원칙이라 보았다.
④ 상설국제사법재판소(PCIJ)는 객관적 속지주의에 따른 터키의 관할권 행사를 부당하다고 판시하였다.

정답 및 해설

프랑스는 공해상에서 선박 충돌 시 가해선의 국적국이 관할권을 가지는 것이 국제관습법이라 주장하며 선박 국적국인 터키에는 관할권이 없음을 주장하였다.

✅ 선지분석
① 공해상에서 프랑스선 로터스호와 충돌한 터키선 보즈코트호가 침몰하고 선원 8명이 사망한 사건이다.
③ 상설국제사법재판소(PCIJ)는 국가의 역외관할권 행사는 일반적 금지 원칙이며 역내관할권 행사는 속지주의 원칙상 일반적 허용 원칙이라고 보았다.
④ 상설국제사법재판소(PCIJ)는 공해상에서 선박 충돌 시 객관적 속지주의에 따른 관할권 행사를 금지하는 국제법은 존재하지 아니하므로 터키의 관할권 행사의 법적기초는 정당하다고 판시하였다.

답 ②

13

국가관할권 적용에 대한 주요 판례와 그 설명으로 옳지 않은 것만을 모두 고른 것은?

ㄱ. 로터스(Lotus)호 사건(1927)에 의하면 국가의 역외집행관할권 행사는 일반적 허용 원칙에 따르나, 역내에서의 입법관할권 행사는 일반적 금지 원칙에 따른다.
ㄴ. 로터스(Lotus)호 사건에서 프랑스는 공해상의 선박 충돌에 대한 관할권이 가해선의 국적국에 있음을 적극적으로 입증하지 못하였다.
ㄷ. 아이히만(Eichmann) 사건(1961)에서는 속지주의에 근거한 이스라엘의 관할권이 성립되었다.
ㄹ. 국제 체포영장 사건(2000)에서 벨기에는 보편적 관할권에 근거하여 콩고 외무부장관에 체포영장을 발부하였다.

① ㄱ, ㄴ   ② ㄱ, ㄷ   ③ ㄴ, ㄷ   ④ ㄷ, ㄹ

정답 및 해설

국가관할권 적용에 대한 주요 판례와 그 설명으로 옳지 않은 것은 ㄱ, ㄷ이다.
ㄱ. 로터스(Lotus)호 사건(1927)에서 상설국제사법재판소(PCIJ)는 원칙적으로 입법관할권은 영토 내에서 행한 행위에 국한되는 것이 아니며 국제법이 달리 규정하지 않는 한 외국인이 외국에서 저지른 행위에 대해서도 관할권을 행사할 수 있다고 판시하였다. 그러나 국가는 타국의 영토에서 어떤 형태로도 자신의 힘을 행사할 수 없으므로 집행관할권은 영토적이라고 하였다. 즉, 국가의 역외입법관할권 행사는 일반적 허용 원칙에, 역외집행관할권 행사는 일반적 금지 원칙에 따른다.
ㄷ. 아이히만(Eichmann)의 범죄는 이스라엘 영토 외의 지역에서 이스라엘 국민이 아닌 자에 의해 행하여진 '인도에 대한 죄'에 해당하였으므로 이스라엘은 보편관할권에 기초하여 자국의 관할권을 성립시켰다.

✅ 선지분석
ㄴ. 다만 현행 국제법상 공해상에서 선박 충돌 시 가해선의 국적국이 배타적 관할권을 가진다는 것이 확립되었다.
ㄹ. 국제체포영장 사건(2000)에서 체포영장의 대상인 외무장관이 재직 중이었기 때문에 인적 면제를 향유해, 체포영장을 발부한 것은 외무장관의 인적 면제를 침해하였다는 판결이 내려졌다.

답 ②

14

보편주의에 대한 설명으로 옳지 않은 것만을 모두 고른 것은?

> ㄱ. 임의적 보편관할권은 인도 아니면 소추 원칙의 적용을 받지 않는 보편관할권을 말한다.
> ㄴ. 1973년 아파르트헤이트범죄의 억제와 처벌에 관한 협약은 '인도 아니면 소추 원칙'에 기초하여 자국
>   에 소재하는 범죄인을 인도하지 않을 경우 국내법원에의 기소의무가 있다.
> ㄷ. 국제체포영장 사건(2004)은 벨기에에 보편관할권이 성립하지 않으므로 벨기에의 체포영장 발부는 위
>   법이라고 판시하였다.
> ㄹ. 보편관할권이 성립하는 경우 집행관할권은 영토적 한계를 가지지 않는다.

① ㄱ, ㄴ, ㄷ   ② ㄱ, ㄴ, ㄹ
③ ㄱ, ㄷ, ㄹ   ④ ㄴ, ㄷ, ㄹ

정답 및 해설

보편주의에 대한 설명으로 옳지 않은 것은 ㄴ, ㄷ, ㄹ이다.
ㄴ. 1973년 아파르트헤이트범죄의 억제와 처벌에 관한 협약에는 인도 아니면 소추 원칙 규정이 없다.
ㄷ. 국제체포영장 사건(2004)에서 보편관할권은 성립하였으나 체포영장을 발부한 것은 현직 외무장관의 관습법상
   면제를 침해하였다고 판시하였다.
ㄹ. 모든 집행관할권은 원칙적으로 영토적 한계를 가지며 보편관할권이 성립하는 경우에도 마찬가지이다.

 **선지분석**

ㄱ. 임의적 보편관할권은 국가가 관할권 행사의 의무 없이 재량적으로 행사할 수 있다.

답 ④

15

국제체포영장 사건(ICJ, 2004) 및 관련 쟁점에 대한 설명으로 옳은 것은 모두 몇 개인가?

> ㄱ. 국제범죄를 범한 현직 외무장관에 대한 체포영장 발부는 그 입법관할권적 근거를 가지지 않는 국제
>   위법행위이다.
> ㄴ. 현직 외무장관이 외무장관으로 임명되기 전에 범한 국제범죄에 대해서는 재직 시 면제가 인정되지
>   않는다.
> ㄷ. 국제범죄를 범한 외무장관의 경우 면제가 인정되지 않으므로 그에 대한 체포영장 발부 시 국내구제
>   완료 원칙이 적용된다.
> ㄹ. 외무장관이 재직 시 국제범죄를 범한 경우, 퇴임 이후 해당 범죄에 대해 인적 면제 및 물적 면제가
>   인정되지 않는다.
> ㅁ. 국제범죄에 대해서는 강제적 보편관할권이 인정되나, 집행관할권의 영토적 한계가 존재하므로 타국
>   은 당해 범죄인을 납치하여 처벌할 수는 없다.

① 1개   ② 2개
③ 3개   ④ 4개

국제체포영장 사건(ICJ, 2004) 및 관련 쟁점에 대한 설명으로 옳은 것은 ㄹ. 1개이다.
ㄹ. 동일한 상황에서 재직 시에 인적 면제는 인정되나, 퇴임 후에는 인적 면제도 부인된다.

✅ 선지분석

ㄱ. 현직 외무장관이 국제범죄를 범한 경우 보편관할권 자체는 인정된다.

ㄴ. 외무장관 재직 전 범죄에 대해서도 재직 시 인적 면제는 인정된다.

ㄷ. 외무장관의 면제 침해 여부는 직접침해에 대한 것이므로 외교적 보호권 발동요건인 국내구제완료 원칙과는 무관하다.

ㅁ. 국제범죄에 대해 강제적 보편관할권이 인정된다고 단정할 수 없으며 범죄에 따라 다르다.

답 ①

16

고문방지협약 적용 사건(ICJ, 2012) 및 관련 쟁점에 대한 설명으로 옳지 않은 것은 모두 몇 개인가?

> ㄱ. 차드 현직 대통령이라 할지라도 고문방지협약에 위반되는 고문범죄를 범한 경우, 범죄인의 체류국은 이를 처벌할 의무가 있다.
>
> ㄴ. 고문방지협약의 모든 당사국은 혐의자가 소재하는 당사국에 강제적 보편관할권의 이행을 요구할 수 있다.
>
> ㄷ. 고문방지협약의 당사국이 되기 전에 행해진 고문범죄라 할지라도 고문범죄의 경우 공소시효가 적용되지 않으므로 범죄 혐의자가 체류하고 있는 당사국은 강제적 보편관할권을 행사할 의무가 있다.
>
> ㄹ. 고문방지협약에 기소 또는 인도의 기한이 특정되지 않았으므로 상당기간 기소 또는 인도조치를 취하지 않는다고 하여 고문방지협약을 위반한 것으로 볼 수 없다.
>
> ㅁ. 고문방지협약 당사국은 타국의 인도 요청 여부와 관계없이 고문혐의자를 기소하기 위한 절차를 취할 의무가 있으며, 인도보다는 기소의무가 1차적 의무이다.

① 1개
② 2개
③ 3개
④ 4개

고문방지협약 적용 사건(ICJ, 2012) 및 관련 쟁점에 대한 설명으로 옳지 않은 것은 ㄱ, ㄷ, ㄹ. 3개이다.
ㄱ. 현직 대통령이라면 인적 면제가 있어 처벌이 불가하다. 다만 사안의 경우 퇴직한 상태였다.
ㄷ. 고문방지협약 가입 이후 발생한 고문범죄에 대해서만 강제적 보편관할권이 적용된다.
ㄹ. 고문방지협약 당사국은 합리적 기간 내에 지체 없이 기소 또는 인도조치를 이행해야 한다.

✅ 선지분석

ㄴ. 고문방지협약의 모든 당사국은 혐의자가 소재하는 당사국에 당사자 간 대세적 의무인 '기소 또는 인도의무'의 이행을 요구할 수 있다.

답 ③

17 국가의 관할권 행사에 대한 설명으로 옳지 않은 것은?

① 국가의 영토관할권 행사에서 영토는 공해상의 자국의 선박과 항공기를 포함한다.
② 접속수역과 배타적 경제수역(EZZ) 및 대륙붕은 연안국의 영역이 아니므로 연안국이 관할권을 행사할 수 있는가에 대해 논란이 있다.
③ United States v. Fawaz Yunis 사건(1988)에서 미국 법원은 피해자 국적주의와 보편주의를 근거로 관할권 성립을 인정하였다.
④ 알바레즈 – 맥케인 사건(1992)에서 미국 연방대법원은 미국 – 멕시코 범죄인 인도조약상 납치를 금지하는 명시적 규정이 없으므로 국제위법행위는 미국 법원의 관할권 행사에 영향을 미치지 않는다고 판시하였다.

접속수역, 배타적 경제수역(EEZ) 및 대륙붕은 연안국의 영역이 아니지만 그 설정 목적의 범위 내에서는 연안국이 관할권을 행사할 수 있다.

✅ 선지분석
④ 알바레즈 – 맥케인 사건(1992)에서 미국 연방대법원은 미국 – 멕시코 범죄인 인도조약상 납치를 금지하는 명시적 규정이 없으므로 알바레즈 – 맥케인을 납치한 국제위법행위는 미국 법원의 관할권 행사에 영향을 미치지 않는다고 하여 미국 법원의 관할권을 인정하였다.

> **관련 이론 알바레즈 – 맥케인 사건(1992)**
>
> 미국 마약단속국 요원들이 살인 사건에 가담한 혐의를 받고있는 알바레즈 – 맥케인을 납치하여 미국으로 압송한 후 미국 법원에 기소하였다. 이에 멕시코는 미국 – 멕시코 범죄인 인도조약과 관습법상의 일반 원칙을 위반하였다고 미국에 항의하였다. 또한 알바레즈 – 맥케인은 범죄인 인도조약상 국제의무를 위반한 국가의 소추를 금지하고 있는 규정을 근거로 미국 법원에 관할권이 없음을 주장하였다.

답 ②

18 국가관할권에 대한 설명으로 옳지 않은 것은?

① 형사관할권 행사의 근거 중 하나로서 보편적 관할권은 주로 해적행위, 전쟁범죄, 집단살해 등 국제범죄를 대상으로 적용되며 발전되었다.
② 우리나라 형법 제3조의 "본 법은 대한민국 영역 외에서 죄를 범한 내국인에게 적용한다."라는 규정은 속인주의를 반영하고 있는 조항이다.
③ 국가의 기본적인 권리인 주권의 독립성에 비추어 볼 때, 국가의 집행관할권 행사는 역내관할(intra-territorial jurisdiction)이 원칙이다.
④ 우주공간에 대해서도 원칙적으로 국가의 영유권이 인정된다.

우주공간의 법적 성격은 '공공물'이므로 어떤 국가도 우주공간에 대해 주권을 선포하거나 관할권을 행사할 수 없으며 국제법에 따라 자유롭게 이용할 수 있을 뿐이다.

✅ 선지분석
① 보편주의를 규정한 한국의 특별법에는 국제형사재판소(ICC) 관할범죄의 처벌 등에 관한 법, 선박 및 해상구조물에 대한 위해행위의 처벌 등에 관한 법률(해적행위), 공중 등 협박 목적을 위한 자금조달행위의 금지에 관한 법률(테러 자금의 모집, 운반 등에 관한 행위) 등이 있다.

답 ④

19 국가관할권에 대한 설명으로 옳은 것은?

□□□

① 전직 대통령에 대한 고문방지협약 적용 사건(2012)에서 국제사법재판소(ICJ)는 고문방지협약의 모든 당사국은 혐의자가 소재하는 당사국에게 인도의무의 이행을 요구할 수 있으나, 기소를 요구할 수 있는 권리는 없다고 하였다.

② 아파르트헤이트 범죄에 관한 조약(1973)에 의하면 범죄인 소재지국은 강제적 보편관할권의 지배를 받으나, 국제사법재판소(ICJ)에 의하면 인도의무보다 소추의무가 우선이다.

③ 국제체포영장 사건(2002)에서 국제사법재판소(ICJ)는 현직 외무장관의 취임 이전의 행위에 대해서는 체포영장을 발부할 수 있으나, 취임 이후 행위에 대해서는 인적 면제를 침해하므로 위법행위라고 판시하였다.

④ 남아프리카공화국의 관행에 의하면 국제법에 위반되는 불법납치를 통해 확보된 범죄인에 대해서는 재판관할권을 행사할 수 없다.

> **정답 및 해설**

오스트레일리아 또는 프랑스도 같은 입장이다.

☑ 선지분석
① 고문방지협약 당사국은 인도 또는 기소를 요구할 수 있는 권리가 있다고 하였다.
② 아파르트헤이트 범죄에 관한 조약에는 강제적 보편관할권, 즉 인도 아니면 소추 원칙이 규정되지 않았다.
③ 취임 이전 행위에 대한 것이라도 현직 외무장관에 대해 체포영장을 발부하는 것은 인적 면제를 침해하는 것이라고 하였다.

답 ④

20 국가의 관할권 행사에 대한 설명으로 옳지 않은 것은?

□□□

① 국가의 영토관할권 행사에서 영토는 육지 영토뿐만 아니라 영해와 영공, 공해상의 자국의 선박과 항공기까지 포함한다.

② 배타적 경제수역(EEZ)은 연안국의 영역이 아니지만 국제법에 허용하는 한도 내에서 연안국은 주권적 권리나 관할권을 행사할 수 있다.

③ 1988년 'United States v. Fawaz Yunis 사건'에서 미국 법원은 수동적 속인주의와 보편주의를 근거로 관할권 성립을 인정하였다.

④ 국가관할권의 역외적용은 원칙적으로 금지되나 보편관할권의 경우 예외적으로 역외적용이 인정된다.

> **정답 및 해설**

보편관할권의 경우에도 원칙적으로 역외적용은 금지된다.

☑ 선지분석
② 배타적 경제수역(EEZ)에서 연안국은 주권적 권리를 가질 뿐, 주권을 행사할 수 없음에 유의해야 한다.

답 ④

21

국가관할권에 대한 설명으로 옳은 것은?

① 페스카마호 사건(1996)은 공해상에서 온두라스 국적 페스카마호에 승선한 중국인 선원이 한국인 등을 살해한 사건으로서 중국은 속인주의에 기초하여 형사관할권을 행사하였다.
② 한미SOFA 합의의사록에 의하면 대한민국이 계엄을 선포한 경우 미국은 계엄령이 해제될 때까지 미국 군대 구성원 등에 대해 전속적 재판권을 행사한다.
③ 미국은 Filartiga v. Pena-Irala 판결에서 미국 영토 밖에서 발생한 불법행위로 인해 피해를 입은 외국인은 연방법원에 민사소송을 제기할 수 없다고 판시하였다.
④ 미국은 Kiobel v. Royal Dutch Petroleum Co. 사건에서 Alien Tort Act의 역외적용가능성을 인정하였다.

⊘ 선지분석

① 페스카마호 사건(1996)에서 중국이 관할권을 행사하지 않았으며 한국이 수동적 속인주의에 따라 형사관할권을 행사하였다.
③ 미국은 Filartiga v. Pena-Irala 판결에서 민사재판관할권의 역외적용을 인정하였다.
④ 미국은 Kiobel v. Royal Dutch Petroleum Co. 사건에서 민사관할권의 역외적용가능성을 부인하였다.

답 ②

22

국가관할권에 대한 설명으로 옳은 것을 모두 고른 것은?

ㄱ. 유럽인권재판소는 Chahal v. United Kingdom 사건(1996)에서 영국 정부가 시크 분리운동주의자를 인도로 송환하려는 결정은 그것이 만일 실행된다면 비록 인도 정부로부터 그에게 고문을 가하지 않겠다는 외교보증을 받았다 하더라도, 유럽인권협약 제3조 하의 절대적 의무를 위반하게 될 것이라고 판시한 바 있다.
ㄴ. 시민적·정치적 권리규약 인권위원회는 Roger Judge v. Canada 사건(2003)에서 사형을 이미 폐지한 캐나다가 아직 그렇지 아니한 미국으로부터 사형을 집행하지 않을 것이라는 보증을 받지 않고 추방한 것은 캐나다가 아직 사형폐지에 관한 규약 제2선택의정서를 비준하지 않고 있는 사실과는 관계없이 B규약 제6조 제1항 하의 생명권을 침해한 것이라고 판단하였다.
ㄷ. 미국 연방최고재판소는 Alvarez-Machain 사건에서 미국·멕시코 간의 범죄인인도협정에서 납치를 명시적으로 허용하고 있다는 이유를 들어 미국재판소의 형사관할권 행사를 인정하였다.
ㄹ. 1985년 10월 이탈리아 여객선 Achille Lauro호를 나포한 혐의로 기소된 팔레스타인인들이 그 후 이집트 국영비행기로 이집트로 압송되던 도중 미국 전투기들의 요격으로 이탈리아에 강제착륙되어 체포된 뒤 이탈리아 당국에 인계되었으나 이탈리아 재판소는 그들이 사실상 납치된 것이므로 재판권을 행사할 수 없다고 판시하였다.

① ㄱ, ㄴ   ② ㄱ, ㄷ   ③ ㄴ, ㄹ   ④ ㄷ, ㄹ

⊘ 선지분석

국가관할권에 대한 설명으로 옳은 것은 ㄱ, ㄴ이다.
ㄷ. 미국·멕시코 간의 범죄인인도협정에서 납치를 명시적으로 혹은 묵시적으로 금지하고 있지 않다는 이유를 들었다.
ㄹ. 이탈리아 재판소는 그들을 재판하는 데 어떤 장애물이 있는 것으로 보지 않았다.

답 ①

23

국가관할권에 대한 설명으로 옳지 않은 것을 모두 고른 것은?

ㄱ. 남아프리카공화국은 국제법에 위반되는 불법납치를 통해 확보된 범죄인에 대해서는 재판관할권을 행사할 수 없다고 본다.
ㄴ. 입법관할권에 대해서는 일반적 허용원칙이 적용되므로, 국가는 국제법에서 특별히 허용되는 경우 국가주권 원칙에 따라 국가가 관할권을 행사할 수 있다.
ㄷ. 객관적 속지주의 관할권에 있어서 영토에 육지영토뿐 아니라 영해, 영공, 공해상의 자국선박이나 항공기도 포함된다.
ㄹ. 미국은 2013년 Kiobel v. Royal Dutch Petroleum Co. 사건에서 Alien Tort Act의 역외적용가능성을 부인하였다.

① ㄱ, ㄴ　　　　　② ㄴ, ㄷ　　　　　③ ㄱ, ㄹ　　　　　④ ㄴ, ㄹ

정답 및 해설

국가관할권에 대한 설명으로 옳지 않은 것은 ㄴ, ㄷ이다.
ㄴ. 국제법에서 특별히 금지하지 않은 경우 국가주권 원칙에 따라 국가가 관할권을 행사할 수 있다.
ㄷ. 속지주의 관할권에 대한 설명이다.

답 ②

제2절 ┃ 국가면제

01

국가면제(State Immunity)에 대한 설명으로 옳지 않은 것은?

① 국가면제(State Immunity)는 주권평등 원칙의 논리적 귀결로서 흔히 '대등한 자들은 서로에 대해 관할권을 가지지 못한다'는 격언으로 표현된다.
② 국가대표의 자격으로 행동하는 자도 국가면제(State Immunity)의 목적상 국가로 간주된다.
③ 상업적 거래는 제한적 국가면제의 대상이 아니나 '국가 간'에 이루어지는 경우에는 국가면제(State Immunity)를 원용할 수 있다.
④ 국가면제(State Immunity)는 법정지국의 입법관할권의 면제까지 포함하고 있다.

정답 및 해설

입법관할권의 면제란 '법정지국 국내법 자체'로부터의 면제 또는 '법정지국의 실체법'으로부터의 면제로, 이는 국가에 대해서는 법정지국의 국내법 자체가 적용되지 않는다는 의미로서 현행 국제법과 배치되는 진술이다. 국가면제(State Immunity)란 법정지국의 재판관할권 또는 강제집행권 등 '집행관할권'으로부터의 면제를 의미하는 것이다.

⊘ 선지분석
② 국가면제(State Immunity)의 목적상 국가로 간주되는 대상에는 국가원수뿐 아니라 국가기관, 지방자치단체, (지역에 따라) 연방국가의 주, 국가대표의 자격으로 행동하는 자, (국가의 주권적 기능을 수행하는) 공법인 등이 있다.
③ 2004년 국가 및 그 재산의 관할권 면제에 대한 국제연합협약 제10조에 의하면 상업적 거래는 원칙적으로 국가면제(State Immunity)의 대상이 아니나, 국가 간 상업적 거래는 예외적 국가면제 대상으로 규정하고 있다.

답 ④

02 국가면제에 대한 설명으로 옳은 것만을 모두 고른 것은?

□□□

> ㄱ. 국가면제란 국가 또는 국가의 재산은 타국 내에서 재판관할권을 포함하여 모든 종류의 관할권으로부터 면제됨을 의미한다.
> ㄴ. 국가면제는 주권평등 원칙의 논리적 귀결로서 '대등한 자는 대등한 자에 대해 지배권을 가지지 못한다'는 법언으로 표현된다.
> ㄷ. 하급 공무원이 국가를 대리하여 공적인 행위를 하였다면 인적 면제는 인정되지 않으나 물적 면제는 인정된다.
> ㄹ. 피노체트 사건(1998)에서 영국 상원은 피노체트가 국가원수로 재임 시 자행한 고문행위 등을 공적행위로 볼 수 없다는 이유로 물적 면제는 인정하지 않았으나, 당시 피노체트가 국가원수의 지위에 있었던 점에 비추어 인적 면제는 인정하였다.

① ㄱ, ㄴ　　　　② ㄱ, ㄷ　　　　③ ㄴ, ㄷ　　　　④ ㄴ, ㄹ

국가면제에 대한 설명으로 옳은 것은 ㄴ, ㄷ이다.
ㄷ. 인적 면제는 국가원수, 외무장관 등 고위 정부대표자들에게만 인정되는 반면 물적 면제는 행위자의 신분보다는 문제된 행위의 성질(공적인지 아닌지)에 초점이 맞춰진다.

✔ 선지분석
ㄱ. 국가면제는 타국의 집행관할권, 특히 재판관할권의 면제를 의미하며 입법관할권으로부터 면제되는 것은 아니다.
ㄹ. 피노체트가 더 이상 국가원수가 아니기 때문에 당연히 인적 면제는 인정되지 않았으며 고문행위 등은 공적 행위라 볼 수 없다고 하여 물적 면제도 인정되지 않았다. 따라서 영국 상원은 피노체트의 면제를 부인하였다.

답 ③

03 국가면제(State Immunity)에 대한 설명으로 옳지 않은 것만을 모두 고른 것은?

□□□

> ㄱ. 국가면제는 주권평등 원칙에서 파생된 국가의 권리이다.
> ㄴ. 국가 간 상업적 거래는 국가면제의 대상이 아니다.
> ㄷ. 강행규범 위반행위에 의한 국가책임이 성립하는 경우 국가면제는 제한된다.
> ㄹ. 국가대표의 자격으로 행동하는 자도 국가면제의 목적상 국가로 간주된다.

① ㄱ, ㄴ　　　　② ㄱ, ㄷ　　　　③ ㄴ, ㄷ　　　　④ ㄷ, ㄹ

국가면제(State Immunity)에 대한 설명으로 옳지 않은 것은 ㄴ, ㄷ이다.
ㄴ. 국가가 외국의 자연인 또는 법인과 상업적 거래에 관여하고, 국제사법의 준거규정에 의해 그 상업적 거래에 관한 다툼이 타국 법원의 관할권 내에 속하는 경우 원칙적으로 그 상업적 거래로부터 야기되는 소송에서 타국 국내법원의 관할권으로부터 면제를 원용할 수 없다. 그러나 예외적으로 상업적 거래가 국가 간에 이루어지거나 상업적 거래의 당사자들이 명시적으로 달리 합의하는 경우 국가면제가 적용된다(국가 및 그 재산의 관할권 면제에 관한 국제연합협약 제10조).
ㄷ. 동 협약 제12조에 따르면 법정지국이 불법행위에 대해 재판권을 행사하기 위해서는 국가의 작위 또는 부작위가 법정지국 영토 내에서 전부 또는 일부 발생하였고, 불법행위자(tortfeasor)가 행위 당시 법정지국 영토 내에 존재할 것이 요구된다. 강행규범 위반 사건에 대해서는 영토 관련성 요건을 완화하자는 주장이 제기되고 있으나 현행국제법 관점에서(de lege lata) 강행규범 위반행위라 할지라도 영토관련성이 존재할 것이 요구된다.

답 ③

04 국가면제에 대한 설명으로 옳지 않은 것은?

① 간접행위는 명백히 공적 행위이지만 물적 면제가 인정되지 아니한다.
② ICJ는 Arrest Warrant of 11 April 2000 사건에서 국가가 특정 문제에 대해 국제법에 의거하여 관할권을 가질 때에만 그것의 행사에 관하여 면제의 문제가 있을 수 있다고 언급하였다.
③ UN총회에 의하면 UN국가면제협약은 형사재판 분야에는 미치지 아니한다.
④ King Farouk v. Christian Dior 사건에서 프랑스 재판소는 퇴임한 국왕이라 하더라도 과거 국왕 시절의 개인적 부채에 관해서는 면제를 향유한다고 판결하였다.

> **정답 및 해설**

King Farouk v. Christian Dior 사건에서 프랑스 재판소는 '퇴임한 국왕은 과거 국왕 시절의 개인적 부채에 관해 면제를 향유하지 못한다'고 판결하였다.

답 ④

05 국가면제와 관련된 국제재판소 및 국내법원의 태도에 대한 설명으로 옳은 것은?

① 국제법상 강행규범을 위반하는 경우에는 국가면제를 부여하지 않는 것이 각국 국내법원에 의해 통일적으로 확립된 사법관행이다.
② 대한민국 법원은 주권적 행위와 상업적 행위를 구분하지 않고 국가면제를 인정하고 있다.
③ 국제사법재판소(ICJ)는 국가의 관할권 면제(Jurisdictional Immunities of the State) 사건에서 문제의 행위가 강행규범 위반이더라도 국내법원에 의한 국가면제 적용 여부에 영향을 미치지 아니한다고 밝혔다.
④ 유럽인권재판소(ECHR)는 알 아자니(Al Adsani) 사건에서 국내법원이 고문 관련 민사소송에서 국가면제 주장을 받아들임으로써 공정한 재판에 대한 피해자의 권리를 침해하였다고 밝혔다.

> **정답 및 해설**

독일과 이탈리아 간 분쟁에서 국제사법재판소(ICJ)는 강행규범 위반 사항이라 하더라도 법정지국가의 밖에서 발생한 경우 면제를 인정해야 한다고 판시하였다.

✓ **선지분석**
① 강행규범을 위반한 분쟁이라는 이유로 면제를 제한하는 관행은 통일되어 있지 않다. 예를 들면, 그리스의 경우 이른바 '묵시적 포기이론'을 적용하여 강행규범 위반행위에 대해 면제를 부인할 수 있다고 보는 반면, 미국 등 주요국에서는 이러한 관행이 형성되어 있지 않다.
② 우리나라 대법원도 대림기업 사건이나 주한미군고용계약 사건에서 제한적 면제론을 도입하였다. 따라서 주권적 행위와 상업적 행위를 구분하고 있으며 상업적 행위에 대해서는 국가면제를 제한한다.
④ 알 아자니(Al Adsani) 사건은 먼저 아자니가 쿠웨이트를 상대로 영국 법원에 제소하였으며, 영국은 법정지 밖에서 발생한 사건으로 보아 면제를 인정하였다. 이에 아자니가 유럽인권법원에 제소하였으나, 유럽인권법원은 영국이 국가면제와 관련된 국제법을 적법하게 이행하였으므로 유럽인권협약상 아자니의 재판청구권을 침해한 것은 아니라고 판시하였다.

답 ③

06

국가면제 사건(Ferrini)에 대한 설명으로 옳은 것은 모두 몇 개인가?

> ㄱ. 이탈리아 국내 법원은 강제징용은 강행규범 위반이므로 법정지인 이탈리아 영토 밖에서 발생했다고
> 하더라도 면제가 제한된다고 판시하였다.
> ㄴ. 국제사법재판소(ICJ)는 강제징용은 강행규범 위반에 해당되나, 당해 행위가 법정지국인 이탈리아 영
> 토 밖에서 발생하였으므로 면제를 인정해야 한다고 보았다.
> ㄷ. 프랑스 및 영국은 이탈리아와 달리 자국 영토 밖에서 발생한 강행규범 위반 행위에 대해 국가면제를
> 인정한다.
> ㄹ. 국제사법재판소(ICJ)는 강행규범 위반행위에 대해 국가면제를 인정한다고 해서 강행규범 위반에 의해
> 야기된 상황을 적법한 것으로 인정하는 것은 아니라고 하였다.
> ㅁ. 강제징용 피해와 관련하여 이탈리아가 외교적 보호권을 발동한다면, 강행규범 위반에 대한 사안이므
> 로 국내구제완료의 원칙이 적용되지 않는다.

① 1개   ② 2개   ③ 3개   ④ 4개

| 정답 및 해설 |

국가면제 사건(Ferrini)에 대한 설명으로 옳은 것은 ㄱ, ㄴ, ㄷ, ㄹ. 4개이다.
ㄱ, ㄴ.국제사법재판소(ICJ)는 이탈리아가 적용한 면제의 묵시적 포기이론을 배척하였다. 주권평등 원칙에 입각한
주권 면제의 법리는 국제관습법에 해당하므로, 국가는 이를 권리로 요구할 수 있고 타국은 이를 존중할 의무가
있다고 보았다.

✓ 선지분석
ㅁ. 강행규범 위반에 대해 국내구제완료 원칙을 배제한다는 국제법은 존재하지 않는다.

답 ④

07

국가면제(state immunity)에 대한 설명으로 옳은 것은?

① 1926년 국유선박면제규칙 통일에 관한 협약은 국가면제 분야 최초의 다자조약이며 절대면제론을 도
입하고 있다.
② 미국은 북한에 억류되었다가 고문치사된 오토 웜비어 사건에서 북한에 대한 주권면제를 부인하고 유
족에 대한 손해배상을 판결하였다.
③ 국가행위 구분에 있어서 성질설에 의하면 면제가 제한되는 폭이 좁아 제한면제론의 입법취지를 달성
하기 어렵다는 비판이 있다.
④ 국가 및 그 재산의 관할권 면제에 관한 국제연합협약(2004)은 국가행위 구분 기준으로서 목적을 우선
고려하되 성질도 고려할 수 있다고 규정한다.

| 정답 및 해설 |

미국은 오토 웜비어 사건에서 예외적으로 영토 밖에서 발생한 불법행위에 대해 국가테러 예외규정을 원용해 면제를
제한하였다.

✓ 선지분석
① 1926년 국유선박면제규칙 통일에 관한 협약은 제한면제론을 도입하고 있다.
③ 제한면제론의 입법취지를 달성하기 어렵다는 것은 목적설에 대한 비판이다.
④ 동 협약은 국가행위 구분 기준으로서 성질을 우선 고려하도록 하였다.

답 ②

08

제한적 국가면제론에 대한 설명으로 옳지 않은 것만을 모두 고른 것은?

ㄱ. 국가는 하나의 정치권력이면서 동시에 하나의 법인이라는 점에서 '이중인격자'임을 인정하는 데에서 출발한다.
ㄴ. 국가와 거래하는 사인의 보호를 강화시키는 것을 목적으로 한다.
ㄷ. 우리나라 대법원은 1994년 대림기업 대 미국 사건에서 최초로 제한적 면제이론에 기초하여 판결하였다.
ㄹ. 우리나라 대법원은 고용계약과 관련하여 절대적 면제이론을 유지하고 있다.
ㅁ. 국가 및 그 재산의 관할권 면제에 관한 국제연합협약(2004)은 공적·권력적 행위와 사적·비권력적 행위의 구분에 대하여 '행위의 성질'을 유일한 기준으로 판시하였다.

① ㄱ, ㄷ　　　　　② ㄱ, ㄹ　　　　　③ ㄴ, ㄷ　　　　　④ ㄹ, ㅁ

| 정답 및 해설 |

제한적 국가면제론에 대한 설명으로 옳지 않은 것은 ㄹ, ㅁ이다.
ㄹ. 우리나라 대법원은 미합중국을 상대로 제기된 고용계약 관련 사건에서 제한적 면제이론에 기초하여 관할권을 행사한 바 있다(대판 1998.12.17, 97다39216).
ㅁ. 국가 및 그 재산의 관할권 면제에 관한 국제연합협약(2004)은 성질설과 목적설을 절충하였다.

 **선지분석**
ㄴ. 제한적 국가면제론은 국가도 사인과 거래하는 경제적 주체로서 기능할 수 있다는 점을 인정함으로써 예측 가능성 및 안정성을 통해 사인을 보호한다.

답 ④

09

우리나라에서 국가면제에 대한 설명으로 옳지 않은 것은 모두 몇 개인가?

ㄱ. 외국 행위의 성질이 주권적·공법적 행위가 아닌 사경제적·상업적 행위인 경우 국내법원의 재판권으로부터 면제되지 않는다.
ㄴ. 국가의 주권적 행위가 다른 국가의 재판권으로부터 면제되는 것은 국제관습법상의 원칙이다.
ㄷ. 우리나라 영토 내에서 행해진 외국의 행위가 주권적 활동과 밀접한 관련이 있는 것이 아니라면 당해 국가를 피고로 하여 우리나라 법원이 재판권을 행사할 수 있다.
ㄹ. 우리나라는 제한적 주권면제론을 도입하고 있으며, 국가의 행위 구분 기준으로 성질설을 택하고 있다고 보는 것이 일반적 견해이다.
ㅁ. 주한미군에 의한 해고 사건에 따르면, 복직 및 부당해고로 인해 발생한 손해에 대한 배상문제는 면제가 제한되어 우리나라 법원이 재판권을 행사할 수 있다.

① 1개　　　　　② 2개　　　　　③ 3개　　　　　④ 4개

| 정답 및 해설 |

국가면제에 대한 설명으로 옳지 않은 것은 ㅁ. 1개이다.
ㅁ. 주한미군에 의한 해고 사건에서 복직문제는 권력작용에 해당하므로 면제가 인정된다고 하였다.

선지분석
ㄹ. 우리나라는 1975년 절대적 주권면제론에 입각하여 판결을 내린 바 있으나, 대림기업사건(1995), 주한미군 고용계약 사건(1997)에서 제한면제론을 도입하였다.

답 ①

10

절대적 면제이론과 제한적 면제이론에 대한 설명으로 옳은 것만을 모두 고른 것은?

> ㄱ. 스쿠너 익스체인지호 사건(1812)은 절대적 면제이론과 관련되어 있다.
> ㄴ. 절대적 면제이론에 따르면 국가는 예외 없이 타국의 재판관할권으로부터 절대적으로 면제된다.
> ㄷ. 제한적 면제이론에 따르면 외국의 행위를 주권적·권력적·공법적 행위(acta jure imperii)와 비주권적·비권력적·사법적 행위(acta jure gestionis)로 나누어 전자에 대해서만 국가면제를 인정한다.
> ㄹ. 2004년 국가면제에 관한 UN협약은 공법적 행위(acta jure imperii)와 사법적 행위(acta jure gestionis)의 구분기준으로 성질설을 채택하고 있다.

① ㄱ, ㄴ
② ㄱ, ㄷ
③ ㄴ, ㄷ
④ ㄴ, ㄹ

> **정답 및 해설**

절대적 면제이론과 제한적 면제이론에 대한 설명으로 옳은 것은 ㄱ, ㄷ이다.

⊘ 선지분석
ㄴ. 절대적 면제이론에 따르더라도 부동산 관련 소송 또는 면제의 포기가 있는 경우 재판관할권 행사로부터 면제되지 않는다.
ㄹ. 행위성질설은 행위목적설과 달리 외국의 행위가 국가만이 할 수 있는 것일 때에만 주권적 행위로 보아 면제를 인정하는 객관적 기준이다.

답 ②

11

국가면제에 대한 설명으로 옳은 것은?

① Al - Adsani 사건에서 영국은 불법행위가 영국 밖에서 발생했음을 이유로 아자니(Adsani)의 청구를 각하하였으며, 유럽인권법원은 이러한 영국의 조치가 아자니(Adsani)의 유럽인권협약상 재판청구권을 침해한 것이라고 판시하였다.
② 미국의 외국주권면제법은 국가테러 예외를 규정하고 있으며 국가테러가 미국 영토 밖에서 발생한 경우에도 일정한 조건하에 면제를 제한한다.
③ 이탈리아는 Ferrini 사건에서 면제의 묵시적 포기이론을 적용하였으나, 독일과의 국제사법재판소(ICJ) 소송 이후 강행규범 위반에 해당하는 경우에 한해 법정지영토 밖에서 발생한 불법행위에 대해 면제를 제한하는 것으로 입장을 변경하였다.
④ 영국 국가면제법은 상업적 거래 여부를 판단함에 있어서 거래의 성질을 1차적으로 고려하나 보충적으로 목적을 고려한다.

> **정답 및 해설**

⊘ 선지분석
① Al - Adsani 사건에서 영국이 관습법에 따라 판단한 것이므로 유럽인권협약상 재판청구권을 침해한 것은 아니라고 하였다.
③ 법정지영토 밖에서의 강행규범 위반에 대해서는 면제의 묵시적 포기로 간주하여 면제를 제한하자는 것이 면제의 묵시적 포기이론의 내용이다.
④ 영국 국가면제법은 상업적 거래 여부를 판단함에 있어서 목적은 고려하지 않는다.

답 ②

12

국가 및 그 재산의 관할권 면제에 관한 국제연합협약(2004)에 대한 설명으로 옳지 않은 것은?

① 법정이란 그 명칭이 무엇이든 간에 사법적 기능의 수행을 위임받은 모든 국가기관을 말한다.
② 직무상으로 행동하는 국가의 대리인은 국가의 범위에 포함되지 않는다.
③ 연방국가의 구성단위 또는 국가의 주권적 권위의 행사를 위임받아 그 자격으로 행동하는 국가의 정치적 하부조직은 국가에 포함된다.
④ 국가의 주권적 권위의 행사를 위임받아 실제로 이를 수행하는 국가의 기관 또는 조직은 국가에 포함된다.

| 정답 및 해설 |

직무상으로 행동하는 국가의 대리인도 국가의 범위에 포함된다.

 **선지분석**
① 행정심판위원회와 같은 국가기관도 동 협약상 법정에 속하며, 국제사법재판소(ICJ), 유럽사법재판소(ECJ), 국제형사재판소(ICC) 등 국제재판소에서는 면제가 인정되지 않는다.
③ 연방국가의 구성단위(주)는 동 협약에서 면제의 주체로 인정되나, 유럽국가면제협약(1972)에서는 면제의 주체로 인정되지 않는다는 점에도 주의한다.

답 ②

13

국가 및 그 재산의 관할권 면제에 관한 국제연합협약(2004)에 대한 설명으로 옳지 않은 것은?

① 상업적 거래인지 여부를 결정함에 있어서 계약 및 거래의 성격이 우선적으로 고려되어야 하나, 계약 또는 거래의 당사자들이 그와 같이 합의하거나 또는 법정지국의 실행상 그 계약이나 거래의 목적이 그 비상업적 성격을 결정하는 데 관련이 있는 경우에는 계약이나 거래의 목적도 고려되어야 한다.
② 동 협약은 국제법상 국가원수들에게 부여된 인적 특권과 면제를 저해하지 아니한다.
③ 타국이 소송의 당사자로 거명되지 않은 경우 어떠한 경우에도 타국을 상대로 소송이 제기된 것으로 간주될 수 없다.
④ 타국 법의 적용에 대한 국가의 동의는 그 타국 법정에 의한 관할권 행사에 대한 동의로 간주될 수 없다.

| 정답 및 해설 |

타국이 소송의 당사자로 거명되지 않았으나 실제에 있어서 그 소송이 그 타국의 재산, 권리, 이익 또는 활동에 영향을 줄 목적을 가지는 경우 타국을 상대로 제기된 소송으로 간주된다[국가 및 그 재산의 관할권 면제에 관한 국제연합협약 제6조 제2항 제(b)호].

 선지분석
① 동 협약 제2조 제2항에 대한 내용이다.
② 동 협약 제3조 제2항에 대한 내용이다.
④ 동 협약 제7조 제2항에 대한 내용이다.

답 ③

14

국가 및 그 재산의 관할권 면제에 관한 국제연합협약(2004)에 대한 설명으로 옳은 것은?

① 국가 간 상업적 거래에서 제기되는 소송의 경우 법정지국의 재판관할권으로부터의 면제를 주장할 수 없다.
② 국가는 타국의 영토상에서 전부 또는 일부 수행되었거나 수행될 사업을 위해 국가와 개인 간에 체결된 고용계약과 관련된 소송에서 타국 법정에서 관할권 면제를 주장할 수 없다.
③ 피고용자가 공권력 행사에 있어서 특별한 기능의 수행을 위하여 고용된 경우 국가는 타국 법정에서 관할권 면제를 주장할 수 없다.
④ 소송의 대상이 개인의 채용, 고용의 갱신 또는 복직에 관련된 경우 국가는 타국 법정에서 관할권 면제를 주장할 수 없다.

국가 및 그 재산의 관할권 면제에 관한 국제연합협약 제7조 제2항에 대한 내용이다.

✓ 선지분석
① 국가 간 상업적 거래의 경우 타국 법정에서 국가면제를 주장할 수 있다.
③, ④ 고용계약과 관련하여 관할권 면제가 인정되는 예외들에 대한 것이다.

답 ②

15

국가 및 그 재산의 관할권 면제에 관한 국제연합협약(2004)에 대한 설명으로 옳은 것은?

① 피고용자가 소송 개시 당시 고용국의 국민이면서 법정지국에 상주주소를 가지지 않고 있는 경우 국가는 법정지에서 재판관할권 면제를 주장할 수 있다.
② 국가는 타국의 권한 있는 법정에서 자국에게 귀속되는 것으로 주장되는 작위 또는 부작위로 인한 사망 기타 인적 피해 또는 유형 재산상의 피해에 대한 금전배상소송에서 관할권 면제를 주장할 수 없다. 단, 그러한 피해가 법정지 영토 밖에서 발생할 것을 조건으로 한다.
③ 법정지국에 밖에 소재하는 부동산에 대한 국가의 여하한 권리 또는 이익, 그 소유 또는 사용, 또는 그러한 이익 또는 그 소유 또는 사용으로부터 발생되는 국가의 여하한 의무와 관련된 소송에서 관할권 면제를 주장할 수 없다.
④ 선박을 소유하거나 운영하는 국가는 그 선박의 운영과 관련된 소송에 있어서 그 소송원인의 발생 시 선박이 비상업적 공무 목적 이외의 용도로 사용된 경우 타국의 권한 있는 법정에서 관할권 면제를 원용할 수 있다.

타국의 영토상에서 전체 또는 부분적으로 수행되었거나 수행될 사업을 위해 그 국가와 개인 간 체결된 고용계약과 관련해 국가면제가 원용될 수 없지만, 예외적으로 면제가 인정되는 경우가 있다(국가 및 그 재산의 관할권 면제에 관한 국제연합협약 제11조 제2항).

✓ 선지분석
② 피해가 법정지 영토 내에서 발생할 것을 조건으로 면제를 주장할 수 없다. 따라서 법정지 영토 밖에서 발생한 경우 면제를 주장할 수 있다.
③ 법정지국 내에 소재하는 부동산과 관련하여 제기된 소송에서 면제를 주장할 수 없다. 따라서 법정지국 밖에 소재하는 부동산 관련 소송에서는 면제를 원용할 수 있다.
④ 관할권 면제를 원용할 수 없는 경우에 해당한다(동 협약 제16조 제1항).

답 ①

16

국가 및 그 재산의 관할권 면제에 관한 국제연합협약(2004)에 대한 설명으로 옳지 않은 것은?

① 재판관할권의 행사에 대한 동의는 강제조치를 취하는 데에 대한 동의를 포함하지 않는다.

② 국가의 중앙은행 또는 기타 금융당국의 재산은 일방적인 강제조치의 대상이 될 수 없다.

③ 동 협약의 해석 또는 적용과 관련된 분쟁은 6개월 이내에 교섭에 의해 해결되지 못하는 경우 합의에 의해 중재재판에 회부될 수 있다. 그러나 6개월 내에 중재합의가 형성되지 못한 경우 일방은 타방을 국제사법재판소(ICJ)에 부탁할 수 있다.

④ 동 협약에 대한 유보는 전면 금지되나 1년 전에 UN사무총장에 대해 서면통고함으로써 일방적으로 탈퇴할 수 있다.

정답 및 해설

분쟁해결조항(국가 및 그 재산의 관할권 면제에 관한 국제연합협약 제27조 제2항)에 대해 유보할 수 있다. 제27조 제3항에 의하면 각 당사국은 본 협약의 서명, 비준, 수락 또는 승인, 또는 가입 시에 제2항에 구속받지 않음을 선언할 수 있으며, 그러한 선언을 한 여하한 당사국과의 관계에서도 다른 당사국들은 제2항에 구속받지 않는다.

선지분석
① 동 협약 제2조에 대한 내용이다.
② 외교사절 또는 영사관 관련 재산, 군사적 성격의 재산, 국가의 중앙은행 또는 기타 금융당국의 재산, 문화유산 관련 재산 등은 일방적인 강제조치의 대상이 될 수 없다(동 협약 제21조 제1항). 단, 명시적 및 묵시적 포기 시 대상이 될 수 있다(동 협약 제21조 제2항).

답 ④

17

국가 및 그 재산의 관할권 면제에 관한 국제연합협약(2004)에 대한 설명으로 옳지 않은 것은?

① 국가가 특정 소송에서 법정에서의 선언 또는 서면상의 통고를 통해 타국의 법정이 관할권을 행사하는 것에 명시적으로 동의한 경우 타국 법정에서 관할권 면제를 원용할 수 없다.

② 국가가 스스로 소를 제기한 경우 타국 법정에서의 소송에 있어서 관할권 면제를 주장할 수 없다.

③ 국가가 면제를 주장할 목적으로 소송에 참가하거나 여타의 행동을 위한 경우 타국 법정의 관할권 행사에 동의한 것으로 간주될 수 없다.

④ 국가가 타국 법정에서의 소송에 출석하지 않은 경우 당해 국가가 법정지국의 관할권 행사에 동의한 것으로 해석될 수 없으나, 부당하게 장기간 출석하지 않은 경우 예외적으로 관할권 행사에 동의한 것으로 해석될 수 있다.

정답 및 해설

국가 및 그 재산의 관할권 면제에 관한 국제연합협약상 부당하게 장기간 출석하지 않은 경우에 대한 규정은 없으므로 장기간 출석하지 않은 것을 면제의 묵시적 포기로 간주할 수 없다.

선지분석
① 동 협약 제7조 제1항에 대한 내용이다.
②, ③ 동 협약 제8조 제1항에 대한 내용이다.

답 ④

18 국가 및 그 재산의 관할권 면제에 관한 국제연합협약(2004)에 대한 설명으로 옳지 않은 것은?

① 국가의 대리인이 타국의 법정에 증인으로서 출석하는 경우 국가가 법정지국의 관할권 행사에 동의한 것으로 해석될 수 없다.
② 타국 법정에서 소송을 제기한 국가는 그 주된 청구와 동일한 법적 관계 또는 사실로부터 제기되는 여하한 반소와 관련하여 그 법정의 관할권으로부터의 면제를 주장할 수 없다.
③ 타국 법정에서의 소송에서 청구를 제기하기 위해 참가하는 국가는 그 국가에 의해 제기된 청구와 동일한 법적 관계 또는 사실로부터 제기되는 반소에 대해 법정의 관할권으로부터의 면제를 주장할 수 있다.
④ 타국 법정에서 자기를 상대로 제기된 소송에서 반소를 제기하는 국가는 그 주된 청구와 관련하여 그 법정의 관할권으로부터의 면제를 주장할 수 없다.

이 경우에도 면제를 주장할 수 없다. 즉, 면제의 묵시적 포기로 간주된다(국가 및 그 재산의 관할권 면제에 관한 국제연합협약 제9조 제2항).

✅ **선지분석**
① 동 협약 제8조 제3항에 대한 내용이다.
②, ④ 동 협약 제9조에 대한 내용이다.

답 ③

19 국가 및 그 재산의 관할권 면제에 관한 국제연합협약(2004)상 판결 전 강제조치를 취할 수 있는 경우로 옳은 것은 모두 몇 개인가?

> ㄱ. 강제집행에 대해 국가가 국제협정에 의해 명시적으로 동의한 경우
> ㄴ. 강제집행에 대해 국가가 중재협정에 의해 명시적으로 동의한 경우
> ㄷ. 강제집행에 대해 국가가 서면상의 계약에서 명시적으로 동의한 경우
> ㄹ. 강제집행에 대해 국가가 당사자 간 분쟁 발생 후 서면상의 통고에 의해 묵시적으로 동의한 경우
> ㅁ. 국가가 소송의 대상이 되는 청구의 만족을 위하여 재산을 할당하거나 특정한 경우
> ㅂ. 강제조치가 오로지 그 소송이 상대로 하고 있는 단체와 관련 있는 재산에 대해서만 취하여질 수 있는 경우로서, 그 재산이 특별히 비상업적 공무 목적 이외의 용도를 위해 국가에 의해 사용되거나 그 같이 의도되었고 법정지국의 영토상에 존재하는 것이 확인된 경우

① 3개 ② 4개
③ 5개 ④ 6개

국가 및 그 재산의 관할권 면제에 관한 국제연합협약상 판결 전 강제조치를 취할 수 있는 경우로 옳은 것은 ㄱ, ㄴ, ㄷ, ㅁ. 4개이다.
ㅁ. 판결 전 강제조치로부터의 국가면제를 묵시적으로 포기한 경우이다.

✅ **선지분석**
ㄹ. 서면상의 통고는 명시적으로 동의한 것이다.
ㅂ. 지문의 내용은 판결 후 강제조치의 경우에만 해당되며, 판결 전 강제조치로서는 취할 수 없다.

답 ②

20

국가 및 그 재산의 관할권 면제에 관한 국제연합협약(2004)상 면제의 묵시적 포기로 옳은 것은 모두 몇 개인가?

> ㄱ. 재판정에서의 면제 포기 선언
> ㄴ. 재판소에 면제 포기 서면 전달
> ㄷ. 국가가 원고로서 소를 제기
> ㄹ. 외국이 반소를 제기
> ㅁ. 면제를 주장하기 위해 소송에 참가
> ㅂ. 당사자자격으로 소송에 참가

① 1개

② 2개

③ 3개

④ 4개

국가 및 그 재산의 관할권 면제에 관한 국제연합협약(2004)상 면제의 묵시적 포기로 옳은 것은 ㄷ, ㄹ, ㅂ. 3개이다.

✅ **선지분석**

ㄱ, ㄴ. 명시적 포기이다.

ㅁ. 묵시적 포기가 아니다.

답 ③

21

국가면제(state immunity) 관련 주요 판례에 대한 설명으로 옳지 않은 것만을 모두 고른 것은?

> ㄱ. 국제체포영장 사건(2000)은 현직 대통령의 인적 면제가 적용된 사례이다.
> ㄴ. 피노체트 사건(1999)에서 영국 대법원은 전직 국가원수의 사적 행위에 대한 형사관할권 면제를 제한하였다.
> ㄷ. Mighell v. Sultan of Johore 사건에서 영국 법원은 민사재판에서 현직 국가원수의 사적 행위에 대한 국가면제 적용을 인정하였다.
> ㄹ. 영국 법원은 쿠웨이트를 피고로 한 민사소송인 Al – Adsani 사건에서 법정지국(forum state) 영토 외에서 발생한 불법행위에 대해 국가면제를 제한하였다.

① ㄱ, ㄴ

② ㄱ, ㄹ

③ ㄴ, ㄷ

④ ㄷ, ㄹ

국가면제(state immunity) 관련 주요 판례에 대한 설명으로 옳지 않은 것은 ㄱ, ㄹ이다.

ㄱ. 국제체포영장 사건(2000)은 현직 외무부장관의 인적 면제가 적용된 사례이다. 다만, 현직 대통령의 인적 면제에 대한 근거로 원용될 수 있는 판례이다.

ㄹ. Al – adsani 사건에서 영국 법원은 국가 및 그 재산의 관할권 면제에 관한 국제연합협약(2004) 제12조에 근거하여 법정지국(forum state) 영토 외에서 발생한 불법행위에 대해서는 국가면제가 제한되지 아니한다고 판시하였다.

✅ **선지분석**

ㄴ. 국가원수의 국제범죄는 국가원수의 직무상 행위로 볼 수 없기 때문에 피노체트 사건(1999)에서 전직 국가원수의 사적 행위에 대한 형사관할권 면제가 제한되었다.

답 ②

22

Questions of Mutual Assistance 사건(지부티 v. 프랑스, ICJ, 2008)에 대한 설명으로 옳은 것은?

① 지부티의 재판청구권은 약정관할권에 근거한 것으로서 ICJ재판규칙이 1978년 개정되면서 새로 포함된 이후 최초로 약정관할권이 원용되고 인정된 사례이다.

② 재판부는 프랑스 검찰이 지부티 대통령에 소환장을 보낸 것에 대해 대통령 소환장의 내용이 강제성이 있는 것이 아니라고 해도 국가 원수가 향유할 수 있는 외국 형사 관할권으로부터의 면제를 침해한 것이라고 보았다.

③ 재판부는 지부티 검찰총장과 국방위원장에 대한 증인 소환과 관련하여 외교관이 아닌 관리가 개인적인 면제권을 향유할 수 있는 국제법적 근거는 없다고 하였다.

④ 재판부는 국가기관으로서의 면제를 주장하기 위해서는 사전에 통보해야 하며, 해당 기관이 면제를 향유하는 경우 동 기관이 행한 불법 행위의 책임도 해당 국가로 귀속되지 않는다고 설명하였다.

정답 및 해설

⊘ 선지분석
① 확대관할권이 인정된 사례이다.
② 대통령 소환장의 내용이 강제성이 있는 것이 아니므로 국가 원수가 향유할 수 있는 외국 형사 관할권으로부터의 면제를 침해한 것은 아니라고 보았다.
④ 재판부는 국가기관으로서의 면제를 주장하기 위해서는 사전에 통보해야 하며, 해당 기관이 면제를 향유할 수는 있으나 동 기관이 행한 불법 행위의 책임은 해당 국가로 귀속된다고 설명하였다.

답 ③

제3절 I 국가행위이론

01

국제법상 국가행위이론(act of state doctrine)에 대한 설명으로 옳지 않은 것은?

① 국가가 제정한 법령이나 자국 영역 내에서 행한 공적 행위에 관해서 타국의 재판소에서 그 법적 유효성에 대한 판단을 해서는 안 된다는 이론이다.

② 주권국가의 독립을 존중하고자 하는 이론이다.

③ 대표적인 예는 일국의 최고통치자가 내린 외국인 재산의 국유화명령을 들 수 있다.

④ 국제법상 국가행위이론의 근거는 영토관할권의 상호주의에서 찾을 수 있다.

정답 및 해설

국가행위이론은 외국 정부의 행위에 관한 평가와 판단은 사법부보다는 행정부의 역할이라는 사고를 배경으로 하는 사법적 자제의 표현이다.

⊘ 선지분석
③ 국가행위이론은 반드시 국제법적 쟁점이 제기되지 않는 외국의 행위에 대해서도 적용된다.

답 ④

02 국가면제(state immunity)와 국가행위이론(act of state doctrine)을 비교 설명한 내용으로 옳지 않은 것은?

① 국가면제는 국제관습법상 확립된 원칙이다.
② 국가행위이론은 반드시 국가가 소송당사자가 아닌 경우에도 적용될 수 있다.
③ 국가면제는 본안소송절차와 관련되는 원칙이다.
④ 국가면제론은 국가가 반드시 소송당사자인 경우에만 문제된다.

정답 및 해설

국가면제는 관할권에 대한 문제이므로 형식적 소송절차에서 문제되나, 국가행위이론은 본안소송절차에서 문제되는 원칙이다.

✓ 선지분석

① 국가면제는 국제관습법상 확립된 원칙이다. 그러나 국가행위이론은 영미법계 국내법상의 원칙이자 국제예양상 원칙이지, 국제법이 아니다.
② 국가행위이론은 국가가 아닌 사인 간 소송에서도 관련문제가 제기될 수 있다.
④ 국가면제론은 반드시 국가가 소송당사자인 경우, 특히 피고인 경우에 문제되는 반면 국가행위이론은 사인 상호 간 또는 사인과 국가 상호 간에도 원용될 수 있다.

답 ③

03 국가행위이론(act of state doctrine)에 대한 설명으로 옳은 것은?

① 국가행위이론이란 국가는 주권평등의 원칙상 타국의 관할권에 복종하지 아니한다는 원칙을 의미한다.
② 국제사법재판소(ICJ)는 사바티노 사건에서 국가행위이론이 국제관습법임을 확인하였다.
③ 미국은 국제법에 위반된 타국의 공적 행위에 대해서는 국가행위이론을 적용하지 아니한다.
④ 번스타인 사건에서 미국 법원은 국무부의 요청이 있는 경우 국가행위이론을 적용할 수 있다고 하였다.

정답 및 해설

사바티노 사건과 관련하여 미국 의회가 제정한 법률에 대한 내용이다.

✓ 선지분석

① 국가가 타국 관할권에 복종하지 아니한다는 원칙은 국가면제론(state immunity)에 대한 설명으로, 양 이론은 구별된다.
② 사바티노 사건은 미국 국내법원의 판례이다. 또한 국가행위이론은 미국 등 영미법계 국가의 사법관행이며 국제관습법으로 확립되었다고 평가되지 아니한다.
④ 번스타인 예외(Bernstein Exception)는 국무부의 요청이 있는 경우 국가행위이론(act of state doctrine)을 적용하지 아니한다는 원칙을 의미한다.

답 ③

04 사바티노 사건에 대한 설명으로 옳은 것은?

① 사바티노 사건은 쿠바가 단행한 미국인 재산에 대한 국유화조치와 관련하여 사바티노가 쿠바를 상대로 미국 법원에 제소한 사건이다.
② 미국 대법원은 국가행위이론(act of state doctrine)을 적용하여 원고의 주장이 이유 있다고 판시하였다.
③ 미국 의회는 이 사건과 관련하여 위법한 국유화에 대해서는 반드시 국가행위이론을 적용해야 한다는 취지의 법을 제정하였다.
④ 사바티노 사건을 계기로 미국 내에서 국가행위이론에 대한 비판이 제기되어 현재 미국 법원은 국가행위이론을 더 이상 적용하지 아니하고 있다.

정답 및 해설

미국 대법원은 종전의 국가행위이론을 적용한 판례를 유지하여 쿠바의 위법한 국유화조치의 적법성 여부를 심리할 수 없다고 하고 원고인 쿠바 국립은행의 주장이 이유 있다고 판시하였다.

☑ 선지분석
① 사바티노 사건은 CAV사 및 사바티노(CAV사의 파산관재인)를 상대로 쿠바 국립은행이 미국 법원에 제소한 사건이다. 쿠바 국립은행은 Farr사가 설탕 대금을 자신에게 지급하지 아니하고 CAV사에 지급한 것이 부당하다고 주장하였다.
③ 사바티노 수정법(Sabbatino Amendment)은 위법한 국유화조치에 대한 국가행위이론의 적용 제한을 골자로 하는 법이다.
④ 국가행위이론의 적용범위를 제한하는 경향을 보여주고 있으나, 삼권분립 원칙에 기반한 국가행위이론은 여전히 적용되고 있다.

답 ②

05 Underhill v. Hernandez 사건에 대한 설명으로 옳은 것은?

① 언더힐(Underhill)은 정권 탈취에 성공한 베네수엘라 혁명군 지도자이다.
② 헤르난데스(Hernandez)는 베네수엘라 정부와 계약을 체결한 미국인이다.
③ 고전적인 상설국제사법재판소(PCIJ) 판례이다.
④ 전직 국가원수의 국가면제 인정 여부가 쟁점이었다.

정답 및 해설

전직 국가원수 헤르난데스(Hernandez)가 실각하여 미국에 망명해 있을 때, 언더힐(Underhill)이 소송을 미국 법원에 제기하였다. 전직 국가원수를 상대로 하는 소송에서 국가기관의 국가면제 인정 여부가 법적 쟁점이었으며 미국 법원은 피고의 행위에 대해 미국이 판단할 권한이 없다고 판시하였다.

☑ 선지분석
① 정권 탈취에 성공한 베네수엘라 혁명군 지도자는 헤르난데스(Hernandez)이다.
② 베네수엘라 정부와 계약을 체결한 미국인은 언더힐(Underhill)이다.
③ 동 사건은 미국 국내 판례이다.

답 ④

06 국가행위이론(ASD)과 관련된 판례에 다루어진 내용에 대한 설명으로 옳지 않은 것만을 모두 고른 것은?

> ㄱ. 쿠바 국립은행과 Sabbatino가 분쟁당사자였던 Sabbatino 사건(1964)에서 쿠바는 분쟁당사자가 아니
> 므로 국가행위이론이 적용되지 않았다.
> ㄴ. Sabbatino 수정법은 국가행위이론(ASD)을 적용하지 않을 것을 요청해 오는 경우 이를 적용하지 않는
> 다는 내용을 담고 있다.
> ㄷ. Underhill v. Hernandez 사건에서 미국 법원은 베네수엘라 정부의 공적 행위에 대해 국가행위이론
> (ASD)을 적용하였다.
> ㄹ. Berstein 예외는 국제법에 위반된 사안에 대해서는 국가행위이론(ASD)를 적용하지 아니한다는 내용
> 을 담고 있다.

① ㄱ, ㄴ
② ㄱ, ㄴ, ㄹ
③ ㄴ, ㄷ, ㄹ
④ ㄱ, ㄴ, ㄷ, ㄹ

정답 및 해설

국가행위이론(ASD)과 관련된 판례에 다루어진 내용에 대한 설명으로 옳지 않은 것은 ㄱ, ㄴ, ㄹ이다.

ㄱ. Sabbatino 사건(1964)에서 미국 연방 대법원은 쿠바가 분쟁당사자가 아니라 하더라도 사건의 판결 과정에서 쿠바의 국유화조치의 적법성이 반드시 검토되어야 함을 이유로 국가행위이론(ASD)을 적용하여 원고(국립은행) 승소판결을 내렸다. 이후, Sabbatino 수정법이 제정되어 파기환송심에서 국제법에 위반한 국유화조치에 대해서는 국가행위이론(ASD)의 적용을 배제하였다. 이에 원고의 소송은 최종적으로 기각되었다.

ㄴ. Sabbatino 수정법은 국제법에 위반된 사안에 대해서는 국가행위이론(ASD)을 적용하지 아니한다는 내용을 담고 있다.

ㄹ. Bernstein 예외란 행정부가 국가행위이론(ASD)을 적용하지 않을 것을 요청해오는 경우 이를 적용하지 않는 것을 말한다. 나치 정부가 원고의 해운회사 소유권을 강탈하여 제3자에게 양도한 1947년 Berstein v. Van Heyghen Freres 사건'에서 미 국무부는 나치 정부의 강압적 행위에 대해서는 국가행위이론(ASD)을 적용하는 것이 요구되지 않는다는 답변서를 보냈고 법원은 이에 따라 국가행위이론(ASD)을 적용하지 않았다.

답 ②

국가행위이론(act of state doctrine)에 대한 설명으로 옳지 않은 것은 모두 몇 개인가?

> ㄱ. Underhill v. Hernandez 사건에서 미국 대법원은 상대방 국가의 영토 내에서 행한 일에 대해 법원은 판단하지 않을 의무를 진다고 하였다.
> ㄴ. 국가행위이론은 영미법계 국내법상 원칙으로서 미국의 경우 삼권분립의 실현을 위한 사법자제에 해당한다.
> ㄷ. 국가면제이론(state immunity)과 달리 국가행위이론은 소송에서 국가가 피고인 경우에 한하여 제기된다.
> ㄹ. 사바티노 사건에서 미국 대법원은 쿠바의 행위가 국제법에 위반되므로 국가행위이론을 적용할 필요가 없다고 판시하였다.
> ㅁ. 번스타인 사건에 의하면 미국 국무부의 요청이 있는 경우 국가행위이론을 적용하지 않는다.

① 1개
② 2개
③ 3개
④ 4개

정답 및 해설

국가행위이론에 대한 설명으로 옳지 않은 것은 ㄷ, ㄹ. 2개이다.

ㄷ. 국가면제이론과 달리 국가행위이론은 국가가 피고가 아닌 경우에도 문제된다.

ㄹ. 사바티노 사건에서 미국 대법원은 쿠바의 행위가 국제법에 위반되는지 명확하지 않다고 하였으며 국가행위이론을 적용해야 한다고 보았다.

✅ 선지분석

ㄴ. 국가행위이론은 영미법계 국내법상 원칙이다. 프랑스나 독일 등의 대륙법계 국가들은 외국 법령이라도 국내법에 위배되면 그 효력을 부정한다.

답 ②

제4장　국가책임

제1절 | 총설

01 국가의 국제책임에 대한 설명으로 옳지 않은 것은?

① 국가가 국제법을 위반한 경우 전통적으로 형사책임과 민사책임 모두를 지도록 되어 있다.

② 연방국가의 구성국의 불법행위에 대하여는 원칙적으로 연방국가 자체가 국제책임을 진다.

③ 과실책임의 원칙이 전통적으로 인정되어 왔으나, 근래 원자력이나 우주공간의 이용에 관하여 무과실책임이 적용되는 경향을 보이고 있다.

④ 사법기관이 외국인에 대한 적절한 보호를 거부하여 '재판의 거부(denial of justice)'에 해당하는 경우, 국가책임이 발생할 수 있다.

> **정답 및 해설**
>
> 국가에 대한 형사책임의 법리는 국제법으로 성립되어 있지 않다.
>
> **☑ 선지분석**
> ② 연방국가의 구성국 자체의 면제는 인정되나, 불법행위에 대해서는 연방국이 책임을 진다.
> ③ 1969년 우주조약(제6, 7조) 및 1972년 우주책임협약(제2조) 등은 무과실책임을 인정한다.
>
> 답 ①

02 국가책임을 인정하기 위한 요건에 대한 설명으로 옳지 않은 것은?

① 하위직 행정공무원의 행위일지라도 그 직무 범위 내의 행위인 경우에는 그 효과는 국가에 귀속된다.

② 사인의 행위와 관련하여, 국가가 사전에 위법행위를 상당한 주의로 방지하지 않았거나 사후에 침해된 법익에 대하여 적절한 국내적 구제를 다하지 않은 경우에 국가책임이 발생할 수 있다.

③ 손해의 발생이라는 요건은 반드시 물질적인 손해의 발생을 요구하는 것이 아니고 비물질적·정신적 손해만 발생한 경우에도 이 요건을 충족한다.

④ 국가책임의 성립과 관련하여 무과실책임 원칙을 수용한 조약은 아직 존재하지 않는다.

> **정답 및 해설**
>
> 1907년의 육전법규와 관례에 관한 조약은 국가의 무과실책임원칙을 규정하고 있다.
>
> **☑ 선지분석**
> ① Massey 사건에서 하위직 행정공무원의 행위의 효과를 인정한 바 있다.
> ② 국가는 원칙적으로 순수사인에 대해 책임지지 않지만, 예외적으로 '충분한 주의의무(due diligence)'를 태만히 한 경우 책임진다.
>
> 답 ④

03 국가책임의 성립요건에 대한 설명으로 옳지 않은 것만을 모두 고른 것은?

> ㄱ. ILC 초안은 국가책임의 성립요건으로 작위 또는 부작위 행위의 국가로의 귀속, 국제의무 위반이라는 2가지 요건만을 규정하고 있다.
> ㄴ. 모든 국가기관의 직무상 행위는 국제법에 의하여 국가의 행위로 간주된다.
> ㄷ. ILC 초안에 의하면 국가기관이 자신의 권한을 벗어나거나 상부지시를 위반하여 어떤 행위를 하였다 할지라도 국제법상 국가의 행위로 간주된다.
> ㄹ. 국제법상 대세적 의무가 도입되면서 손해의 발생을 국가책임 성립요건으로 간주하려는 견해가 유력하다.
> ㅁ. 국가기관이 아닌 민간인 개인이나 단체의 행위가 국가로 귀속되어 국가행위로 간주되는 경우는 없다.

① ㄱ, ㄴ　　　　　　　　② ㄱ, ㄷ
③ ㄴ, ㄹ　　　　　　　　④ ㄹ, ㅁ

정답 및 해설

국가책임의 성립요건에 대한 설명으로 옳지 않은 것은 ㄹ, ㅁ이다.
ㄹ. 대세적 의무의 도입으로 손해가 발생하지 않아도 국가책임을 원용할 수 있다는 견해가 유력하며, 따라서 국가책임의 성립요건으로 볼 수 없다는 견해가 지배적이다.
ㅁ. 국가의 명령, 지시, 통제에 의한 행위(ILC 초안 제8조), 공공당국의 부재 또는 마비로 인해 공권력 행사가 요구되는 상황에서의 사인에 의한 행위(ILC 초안 제9조)의 경우 그 행위는 국가로 귀속되어 국가행위로 간주된다.

⊘ 선지분석
ㄴ. 국가기관의 행위가 상업적 성격을 지닌 경우라도 이로부터 국가책임이 성립될 수 있다(ILC 국가책임초안 주석).
ㄷ. 월권행위에 대해, 티노코 중재 사건은 명백한 월권행위에 대한 국가책임을 부정하였지만 ILC 초안은 모든 월권행위에 대한 책임을 인정하였다.

답 ④

04 국가책임의 성립요건에 대한 설명으로 옳지 않은 것은?

① 문제된 행위는 국제법에 따라 국가에게 귀속될 수 있어야 한다.
② 국가는 타국의 불법행위에 대해서 책임을 지는 경우도 있다.
③ 국가행위의 국제위법성의 결정은 국제법 또는 국내법에 의해 정해진다.
④ 반드시 손해가 발생해야 국가책임이 성립하는 것은 아니다.

정답 및 해설

국가행위의 국제위법성의 결정은 국제법에 의해 정해진다. 국가책임은 국가의 '국제법적 의무' 위반에 대해서만 책임을 지는 것이다.

⊘ 선지분석
② 국가책임에 관한 ILC 초안 제4장(제16 ~ 19조)에서는 '타국의 행동과 관련된 국가의 책임'에 대해 규정하고 있다. 그 내용을 살펴보면 제16조는 국제위법행위를 범하는 데 대한 원조 또는 지원, 제17조는 국제위법행위를 범하는 데 대하여 행사한 지시 및 통제, 제18조는 타국에 대한 강제 등이다.
④ ILC 초안은 손해 발생을 국가책임의 요건으로 규정하지 않았다. 대세적 의무 위반에 대해서는 손해를 받지 않은 국가도 책임을 추궁할 수 있다.

답 ③

05 국제위법행위책임의 성립요건에 대한 설명으로 옳은 것은?

① 국가의 국제의무는 조약 및 관습으로부터만 창설될 수 있다.
② 국가는 자국 사인에 의한 타국민의 피해에 대해서는 어떠한 경우도 책임을 지지 아니한다.
③ 전통국제법상 무과실책임이론이 광범위하게 인정되어 왔다.
④ 2001년 ILC국가책임 초안은 위법성과 귀속성을 국가책임 성립요건으로 명시하고 있다.

정답 및 해설

✔ 선지분석
① 국가의 일방적 행위에 의해 스스로 국제의무를 창설할 수 있으며 위반 시 국가책임을 진다.
② 책임을 지지 않는 것이 원칙이나 충분한 주의의무를 태만히 한 경우 책임을 질 수 있다.
③ 그로티우스(Grotius) 이래 과실책임설이 통설이었으나, 최근 대규모 피해가 발생할 수 있는 국가의 행위가 증가하면서 무과실책임이 입법화되는 경향을 보여주고 있다.

답 ④

06 A국 정보기관 요원 甲은 B국에 잠입하여 '집단살해죄'를 범한 C국 전직 국가공무원 乙을 납치하였다. 乙은 A국 법원에서 재판을 받고 집단살해죄에 대한 유죄가 인정되어 사형되었다. 이 사례에 대한 법적 해석으로서 옳지 않은 것은?

① A국이 납치에 의한 방법으로 乙의 신병을 확보하였더라도 A국 재판관할권에는 영향을 받지 않는다.
② A국은 乙의 '집단살해죄'를 이유로 납치하였으므로 B국의 영토주권을 침해한 것으로 볼 수 없고 따라서 국가책임이 성립하지 않는다.
③ 집단살해죄는 보편관할권의 적용을 받는 개인의 국제범죄에 해당한다.
④ 집단살해죄를 범한 개인에 대해서는 현행 국제법상 타국 법정에서 형사관할권 면제가 인정되지 아니한다.

정답 및 해설

설령 乙이 집단살해죄를 범했다고 하더라도 A국은 B국의 동의를 얻어서 형사관할권을 집행해야 한다. 사안에서 A국은 B국의 동의를 얻지 않고 '납치'하였으므로 B국에 대해 국가책임을 진다.

답 ②

01 위법행위에 관한 ILC 초안(2001)에 대한 설명으로 옳지 않은 것은 모두 몇 개인가?

□□□

> ㄱ. 모든 지방정부기관의 행위는 국제법상 당해 국가의 행위로 간주된다.
> ㄴ. 국가기관이 아니지만 당해 국가의 법에 의해 정부권한을 행사하도록 권한을 부여받은 개인의 행위는 당해 개인이 구체적인 경우에 있어서 그러한 자격으로 행동하는 경우에 한하여 당해 국가의 행위로 간주된다.
> ㄷ. 타국에 의하여 한 국가의 처분에 맡겨진 기관의 행위는 그 기관이 자신이 그 처분에 맡겨진 국가의 정부권한의 행사로서 행동하는 경우 국제법상 당해 기관의 국가의 행위로 간주된다.
> ㄹ. 사인이 행위를 수행함에 있어서 사실상 한 국가의 지시를 받거나 그 지시 또는 통제하에서 행동하는 경우 국제법상 그 국가의 행위로 간주된다.
> ㅁ. 공권력을 행사하도록 권한을 위임받은 개인의 행위는 그 개인이 그 자격으로 행동하는 경우 그 행위자가 자신의 권한을 넘어서거나 지시를 위반한다 하더라도 국제법상 그 국가의 행위로 간주된다.

① 1개
② 2개
③ 3개
④ 4개

정답 및 해설

위법행위에 관한 ILC 초안(2001)에 대한 설명으로 옳지 않은 것은 ㄷ. 1개이다.
ㄷ. 모든 지방정부기관의 행위는 당해 기관의 국가의 행위가 아니라 '처분국'의 행위로 간주된다.

◎ 선지분석
ㄱ. 동 초안 제4조 제1항에 대한 내용이다.
ㄴ. 동 초안 제5조에 대한 내용이다.
ㄹ. 사실상 국가기관인 사인을 말한다(동 초안 제8조).
ㅁ. 동 초안 제7조에 대한 내용이다.

답 ①

02 국가책임에 대한 설명으로 옳은 것만을 모두 고른 것은?

> ㄱ. 국제의무의 위반은 작위뿐만 아니라 부작위에 의해서도 발생한다.
> ㄴ. 국가책임은 다른 국가에 대한 간접침해(indirect injury)에 의해서도 발생할 수 있다.
> ㄷ. 사인(私人)의 행위라 할지라도 국가가 상당한 주의(due diligence)의무를 다하지 않은 경우 국가책임
>   이 발생할 수 있다.
> ㄹ. 외국인에 대한 재판절차가 불공정하더라도 사법권 독립의 원칙에 의하여 국가는 국제법상의 책임을
>   지지 않는다.
> ㅁ. 외교업무를 담당하지 않는 공무원의 국제법 위반행위는 국가에 책임이 귀속되지 않는다.

① ㄱ, ㄴ, ㄷ   ② ㄱ, ㄴ, ㄹ
③ ㄱ, ㄷ, ㅁ   ④ ㄴ, ㄷ, ㄹ

정답 및 해설

국가책임에 대한 설명으로 옳은 것은 ㄱ, ㄴ, ㄷ이다.
ㄱ. 작위에 의해 발생한 국제의무 위반의 예로 국제법에 위반된 법률을 제정하는 행위를 들 수 있다.

☑ 선지분석
ㄹ. 외국인의 소송을 거부하는 경우, 재판절차가 불공정하거나 부당하게 지연될 경우, 명백히 불공정한 판결의 경우,
   피고에 대한 유죄판결을 집행하지 않을 경우에 국가책임이 성립한다.
ㅁ. 업무의 종류와 상관없이 공무원의 위법행위로 인한 책임은 본국에 귀속된다.

답 ①

---

03 국가귀속성에 대한 설명으로 옳은 것만을 모두 고른 것은?

> ㄱ. 반란단체의 행위에 대해서는 원칙적으로 중앙정부가 책임을 지지 아니한다.
> ㄴ. 티노코 중재 사건에 의하면 명백한 월권행위에 대해서만 책임을 진다.
> ㄷ. 2001년 ILC국가책임 초안에 의하면 모든 월권행위에 대해 국가는 책임을 진다.
> ㄹ. 2001년 ILC국가책임 초안에 의하면 국가는 사실상의 국가기관(de facto state organ)의 행위에 대해
>   서는 어떠한 경우도 책임을 지지 아니한다.

① ㄱ, ㄴ   ② ㄱ, ㄷ
③ ㄴ, ㄷ   ④ ㄷ, ㄹ

정답 및 해설

국가귀속성에 대한 설명으로 옳은 것은 ㄱ, ㄷ이다.
ㄱ. 반란단체의 행위는 국가책임에 대한 한 순수사인의 행위와 동일하게 취급된다. 따라서 반란단체에 의해 발생한
   외국인의 피해에 대해서는 중앙정부가 원칙적으로 책임을 지지 아니한다.
ㄷ. 모든 월권행위에 대해 국가귀속성을 인정하여 사인의 피해 구제 가능성을 넓게 인정하고자 하였다.

☑ 선지분석
ㄴ. 명백한 월권행위에 대해서는 책임을 인정하지 아니하였다. 명백한 월권행위는 사인이 알 수 있고 또한 대응책을
   모색할 수 있었을 것이기 때문이다.
ㄹ. 2001년 ILC국가책임 초안 제8조 및 제9조에서 사실상의 국가기관(de facto state organ)에 대해 책임을 인
   정하고 있다.

답 ②

04 국제책임과 관련된 사례에 대한 설명으로 옳은 것은?

① 티노코 사건(1923)에서 중재법원은 명백한 월권행위의 국가귀속성을 인정하였다.
② Massy 사건에 의하면 하급기관의 행위도 국가로 귀속된다.
③ 세르비아 공채 사건(1929)에서 상설국제사법재판소(PCIJ)는 전쟁은 조난에 해당되지 않아 위법성이 조각되지 않는다고 하였다.
④ 나울리아 사건(1928)에서 독일은 포르투갈 기지에 대한 자국의 공격에 대해 위법성 조각사유로 긴급 피난을 주장하였으나, 중재법원은 독일의 근본적 이익 침해에 대한 급박성이 없고 비례성도 충족하지 못한다고 판시하였다.

정답 및 해설

✓ **선지분석**
① 명백한 월권행위의 국가귀속성을 부인한 사례이다.
③ 불가항력에 대한 사례이다.
④ 독일은 포르투갈 기지에 대한 자국의 공격에 대해 복구조치라고 주장하였다.

답 ②

05 티노코 사건(1923)에 대한 설명으로 옳은 것은?

① 중재재판부는 티노코 정부의 행위는 코스타리카 국가의 행위로 볼 수 없으므로 이후 성립한 바르케르 정부가 이를 승계할 의무가 없다고 판시하였다.
② 영국이 티노코 정부를 승인하지 않았으나 티노코 정부는 코스타리카 전체를 실효적으로 지배하였으므로 정부로서 성립한다고 판시하였다.
③ 티노코 정부의 월권행위가 명백하였다고 하더라도 코스타리카 국가의 행위로 볼 수 있다고 하였다.
④ 신정부가 수립한 경우 타국이 이를 정부로서 승인하지 않은 경우 국가책임을 추궁할 수 없다고 판정하였다.

정답 및 해설

✓ **선지분석**
① 티노코 정부의 행위는 국가의 행위이므로 이를 후속 정부가 승계할 의무가 있다고 하였다.
③ 티노코 정부의 명백한 월권행위는 코스타리카 국가로 귀속되지 않는다고 판시하였다.
④ 신정부가 실효적 지배권을 가지고 성립한 경우 타국의 승인과 무관하게 타국은 당해국에 대해 국가책임을 물을 수 있다고 하였다.

답 ②

06 제노사이드협약 적용 사건(2007)에 대한 설명으로 옳지 않은 것은 모두 몇 개인가?

ㄱ. 조약승계문제와 관련이 없다.
ㄴ. 국제사법재판소(ICJ)는 약정관할권에 기초하여 보스니아 – 헤르체고비나가 제소한 사건에 대한 관할권을 행사하였다.
ㄷ. 국제사법재판소(ICJ)는 스레브레니차학살에 대해 세르비아와 RS공화국 간 공범관계가 성립하기 위해서는 세르비아가 RS공화국의 스레브레니차학살이 자행될 것을 알고도 RS공화국에 대한 원조나 지원이 있음이 확립되어야 한다고 판시하였다.
ㄹ. 국제사법재판소(ICJ)는 스레브레니차학살에 대한 세르비아의 책임이 인정되지 않으므로 세르비아는 제노사이드 방지 및 처벌에 관한 협약(1948)상 어떠한 의무도 위반하지 않았다고 판시하였다.

① 1개
② 2개
③ 3개
④ 4개

정답 및 해설

제노사이드협약 적용 사건(2007)에 대한 설명으로 옳지 않은 것은 ㄱ, ㄹ. 2개이다.
ㄱ. 제노사이드 방지 및 처벌에 관한 조약의 승계도 쟁점이 되었다.
ㄹ. 국제사법재판소(ICJ)는 세르비아가 사전예방의무나 사후구제의무를 위반하였다고 판시하였다.

답 ②

07 제노사이드협약 적용 사건(ICJ, 2006)에 대한 설명으로 옳은 것은 모두 몇 개인가?

ㄱ. 제노사이드협약에 규정된 제노사이드 예방과 처벌 의무에는 당사국이 제노사이드를 행하지 않을 의무가 포함되지 않는다.
ㄴ. 제노사이드가 성립하기 위해서는 특정 집단에 대한 말살의도가 존재해야 한다.
ㄷ. 세르비아가 자생조직인 RS군대 장교에 대해 급료와 수당을 지급하였으나 이러한 지원이 있다고 해서 RS군대를 세르비아의 국가기관으로 인정할 수는 없다.
ㄹ. 지시 또는 통제에 기초하여 국가책임을 인정하기 위해 반드시 개별 작전에 대한 실효적 통제를 요구하는 것은 아니며, 전체적 행동에 대한 일반적 지시나 지침이 있어도 인정될 수 있다.
ㅁ. 제노사이드협약의 당사국에 부과된 예방의무는 제노사이드가 발생하지 않도록 할 '결과에 대한 의무'로서 합리적으로 이용 가능한 모든 수단으로 예방조치를 취했다고 해서 면책되는 것은 아니다.

① 1개
② 2개
③ 3개
④ 4개

정답 및 해설

제노사이드협약 적용 사건(ICJ, 2006)에 대한 설명으로 옳은 것은 ㄴ, ㄷ. 2개이다.

⊘ 선지분석
ㄱ. 제노사이드를 행하지 않을 의무도 포함된다고 해석한다.
ㄹ. 개별 작전에 대한 실효적 통제가 있어야 한다.
ㅁ. 제노사이드협약의 당사국에 부과된 예방의무는 결과에 대한 의무가 아니라 예방을 위해 행동할 의무이다.

답 ②

08

국가귀속성에 대한 설명으로 옳은 것만을 모두 고른 것은?

> ㄱ. 'Rainbow Warrior호 사건(1985)'에서 프랑스 비밀요원들의 행위는 프랑스의 행위로 귀속되지 않는다.
> ㄴ. 'Youmans 사건(1926)'에서 재판부는 공무원의 명백한 월권행위가 국가의 행위로 귀속됨을 인정하였다.
> ㄷ. '테헤란 영사 사건(1980)'에서 사인의 행위는 이란의 승인을 통해 국가의 행위로 귀속되었다.
> ㄹ. 'Nicaragua 사건(1986)'에서 ICJ는 콘트라와 미국 정부 간에 '의존(dependence)'과 '통제(control)'이 있었다고 보기 어렵다고 보고 콘트라의 행위가 미국 정부에 귀속되지 아니한다고 판시하였다.

① ㄱ, ㄷ

② ㄴ, ㄷ, ㄹ

③ ㄷ, ㄹ

④ ㄱ, ㄴ, ㄷ, ㄹ

정답 및 해설

국가귀속성에 대한 설명으로 옳은 것은 ㄴ, ㄷ, ㄹ이다.

> **관련 이론 Youmans 사건(1926)**
>
> 멕시코는 지방자치단체장의 지시를 어긴 군인들의 행위(월권행위)에 대해 멕시코가 책임을 질 수 없다고 주장하였으나 재판부는 이를 배척하고 외견상 월권행위임이 명백한 경우에도 국가귀속성과 책임을 인정하였다. 한편, Tinoco 사건에서 재판부는 월권행위가 명백한 경우 국가책임의 성립을 부정하였다. 이 사안에서 코스타리카의 Tinoco 대통령이 개인적 용도로 돈을 인출하는 것을 알았음이 분명한 시점에서 이루어진 영국 은행의 대출에 대해서는 영국 정부가 코스타리카에게 반환을 청구할 수 없다고 판결하였다.

☑ 선지분석

ㄱ. ILC위법행위책임 초안 제4조에 의하면 하급기관의 행위 또한 국가기관의 행위로 귀속된다. Rainbow Warrior호 사건에서 프랑스 비밀요원들의 그린피스 소속선박의 격침행위는 고위급에 의해 지시된 것인지 무관하게 국가에 귀속된다고 판시하였다.

답 ②

09

중앙정부(구정부 또는 신정부)의 법적 책임이 발생할 수 있는 경우로 옳은 것은 모두 몇 개인가? [다툼이 있는 경우 관행 또는 ILC위법행위책임 초안(2001)에 따름]

> ㄱ. 반란단체가 타국에 대해 피해를 야기한 경우
> ㄴ. 제3국에 의해 교전단체승인을 받은 반란단체가 타국에 대해 피해를 야기한 경우
> ㄷ. 본국에 의해 교전단체승인을 받은 반란단체가 타국에 대해 피해를 야기한 경우
> ㄹ. 반란단체가 분리독립으로 신국가를 형성한 이후 타국에 대해 피해를 야기한 경우
> ㅁ. 반란과정에서 타국에 피해를 야기한 반란단체가 신정부를 수립한 경우

① 1개

② 2개

③ 3개

④ 4개

정답 및 해설

중앙정부(구정부 또는 신정부)의 법적 책임이 발생할 수 있는 경우로 옳은 것은 ㄱ, ㄴ, ㅁ. 3개이다.

ㄱ, ㄴ. 예외적 부작위책임이 성립한다.

ㅁ. 신정부가 책임을 진다.

☑ 선지분석

ㄷ. 책임이 면제된다.

ㄹ. 신국가가 책임을 지고 중앙정부는 책임이 면제된다.

답 ③

10 A국 국민 甲은 B국에서 여행을 하다 치명적인 중상(重傷)을 입었다. B국이 A국에 대해 국가책임을 질 수 있는 경우로 옳은 것만을 모두 고른 것은?

> ㄱ. B국 경찰이 상부 지시를 어기고 무기를 사용하여 저지른 행위인 경우
> ㄴ. 경찰권을 위임받은 철도회사 직원이 업무수행 중 저지른 행위인 경우
> ㄷ. B국 국민 乙이 사실상 B국의 통제에 따라 저지른 행위인 경우
> ㄹ. B국 국민 乙 등이 혁명의 와중에 사실상 공권력을 행사하여 발생한 경우
> ㅁ. 처음 폭도들에 의해 발생하였지만 추후에 B국이 자신의 행위로 수락한 경우

① ㄱ, ㄴ　　　　② ㄱ, ㄴ, ㄷ　　　　③ ㄱ, ㄴ, ㄷ, ㄹ　　　　④ ㄱ, ㄴ, ㄷ, ㄹ, ㅁ

B국이 A국에 대해 국가책임을 질 수 있는 경우로 ㄱ, ㄴ, ㄷ, ㄹ, ㅁ. 모두 옳다.
ㄱ. 국가기관원의 직무상 행위는 설사 국내법상 부여된 권한범위를 초과하였거나 지시를 위반한 경우에도 국제법상 국가행위로 본다(Youmans 사건).
ㄴ. 사실상의 기관(de facto organ)의 행위, 즉 개인이 국가기관으로부터 사실상 권한을 위임받아 행동한 경우 당해 행위는 국가에게 귀속된다.
ㄷ. 사인이 사실상 국가의 지도 내지 통제하에서 행동하는 경우, 사인의 행위는 국제법상 그 국가의 행위로 간주된다.
ㄹ. 사인이 공공당국의 부재 또는 마비 속에서 사실상 정부권한의 요소를 행사하고 있는 경우, 그러한 사인의 행위는 국제법상 그 국가의 행위로 간주된다.
ㅁ. 사인의 행위는 원칙적으로 국가귀속성이 인정되지 않지만, 문제의 행위를 국가가 추후에 자신의 행위로 인정하고 채택하는 경우 그러한 사인의 행위는 그 국가의 행위로 간주된다.

답 ④

11 다음 사례에 대한 국제법적 설명으로 옳지 않은 것은? (다툼이 있는 경우 2001년 ILC 위법행위책임 초안에 따름)

> A국 내에서 형성된 반란단체 X는 A국 내의 Y지역을 장악하고 있다. 현재 A국 중앙정부와 X단체 상호간 치열한 교전이 계속되고 있으며, A국은 B국에 대해 군사개입을 요청하였다. 한편 UN안전보장이사회는 이 사안을 정식의제로 설정하고 긴급회의를 소집하였다.

① Y지역에서 X단체의 국제위법행위에 대해 A국은 원칙적으로 책임을 지지 않는다.
② A국이 X에 대해 교전단체승인을 부여한 경우 A국은 Y지역에서 발생한 모든 사안에 대해 국제법상 책임을 부담한다.
③ B국 군대가 X에 대한 진압작전 진행 중 발생시킨 피해에 대해 B국은 원칙적으로 책임을 지지 않는다.
④ UN안전보장이사회가 이 사안에 대해 헌장 제7장상 조치를 취하는 것은 A국 국내문제에 대한 위법한 간섭으로 간주되지 않는다.

A국이 교전단체승인을 부여한 경우 예외적 부작위책임으로부터도 면제되어, 반란단체 X의 행위에 대해서는 어떠한 책임도 지지 않는다.

 **선지분석**

① 국가는 순수사인의 가해행위에 대해 원칙적으로 책임지지 않으며, 사인의 가해행위를 예견하고도 방지하지 않았거나 사후에 처벌을 하지 않은 경우, 즉 충분한 주의의무를 태만히 했을 경우에 예외적 부작위책임을 질 수 있다.

답 ②

12 국가책임에 대한 설명으로 옳은 것은?

① 이란 - 미국 간 중재재판(1987)에서 국제사법재판소(ICJ)는 이란 혁명수비대의 위법행위는 이란 당국 부재 시 공공기능을 자발적으로 수행하는 과정에서 발생한 것이므로 이란의 행위로 귀속된다고 보았다.
② 니카라과 사건에서 니카라과 내의 콘트라 반군에 대한 미국의 지원활동은 미국의 법률상 국가기관의 활동이 아니므로 이에 대해서는 미국이 책임을 지지 않는다고 보았다.
③ 폭도의 행위에 대해 국가는 원칙적으로 책임을 지지 않고, 예외적 부작위책임이 성립할 수는 있다.
④ Rainbow Warrior호 사건에 판결에 의하면 하급기관의 행위는 국가로 귀속되지 않는다.

정답 및 해설

순수사인의 행위와 같은 법리가 적용된다.

선지분석
① 중재재판 사례이다.
② 미국의 지원활동은 미국의 법률상 국가기관의 활동이므로 미국이 책임을 진다고 보았다.
④ 하급기관의 활동이라도 직무에 해당되면 국가로 귀속이 된다고 본 판례이다.

답 ③

13 국제법상 국가책임에 대한 설명으로 옳지 않은 것은?

① 국제사법재판소(ICJ)는 Application of the Convention on the Prevention and Punishment of the Crime of Genocide, Bosnia and Herzegovina v. Serbia and Montenegro 판결(2007)에서 사인의 행위로 인해 국가책임이 발생하기 위해서는 개별 사건에 대한 실효적 통제가 증명되어야 한다고 판시했다.
② 본래 국가에 책임이 귀속될 수 없는 경우에도 문제의 행위를 국가가 자신의 행위로 승인하고 채택한 다면, 그 범위 내에서는 당해 행위가 그 국가의 행위로 간주되는데, 이때 승인과 채택이 반드시 명시적일 필요는 없으며 국가의 행위를 통해 추정될 수도 있다.
③ 타국이 국제위법행위를 하도록 타국을 감독하고 통제한 국가는 그에 대한 국가책임을 지는데, 이때 통제(control)란 단순한 감시나 영향, 관심 정도는 아니고 지배력의 행사를 의미하며, 감독(direction) 역시 단순한 교사나 제안 정도가 아니라 영향력을 발휘하는 실질적인 감독을 가리킨다.
④ 국제위법행위의 책임이 일단 성립되었어도 위반된 의무가 나중에 소멸되는 경우 이전에 성립된 책임도 병렬적으로 소멸한다.

정답 및 해설

국제위법행위의 책임이 일단 성립되면 위반된 의무가 나중에 소멸되어도 영향을 받지 아니한다.

답 ④

01 위법행위에 관한 ILC 초안(2001)에 대한 설명으로 옳지 않은 것만을 모두 고른 것은?

> ㄱ. 국가의 행위가 국제의무에 의하여 요구되는 바와 합치되지 않는 경우, 그 의무의 연원 또는 성격과 관계없이 그 국가의 국제의무 위반이 존재한다.
> ㄴ. 지속적 성격을 가지지 않는 국가행위로 인한 국제의무 위반은 그 효과가 지속되는 경우에 한하여 효과가 소멸되는 시점까지 위반이 지속된다.
> ㄷ. 지속적 성격을 가지는 국가행위로 인한 국제의무 위반은 그 행위가 지속되고 국제의무와 합치하지 않는 상태로 남아있는 전 기간 동안에 걸쳐 연장된다.
> ㄹ. 국가에게 일정한 사건을 방지할 것을 요구하는 국제의무 위반은 그러한 사건이 발생하는 때에 발생하며, 사건이 지속되어도 위법행위 발생 이후의 피해에 대해서는 책임을 부담하지 않는다.

① ㄱ, ㄴ　　　　② ㄴ, ㄷ　　　　③ ㄷ, ㄹ　　　　④ ㄴ, ㄹ

정답 및 해설

위법행위에 관한 ILC 초안(2001)에 대한 설명으로 옳지 않은 것은 ㄴ, ㄹ이다.
ㄴ. 지속적 성격을 가지지 않는 국가행위로 인한 국제의무 위반은 그 효과가 지속된다고 할지라도 그 행위가 수행된 시점에 발생한다(위법행위에 관한 ILC 초안 제14조 제1항).
ㄹ. 국가에게 일정한 사건을 방지할 것을 요구하는 국제의무 위반은 그러한 사건이 발생하는 때에 발생하며, 그러한 사건이 지속되어 그 의무와 불합치하는 상태로 남아있는 전 기간 동안에 걸쳐 연장된다(동 초안 제14조 제3항).

✓ 선지분석
ㄱ. 의무의 연원, 즉 조약, 관습, 일방행위 여부와 관계없이 국제의무 위반이 존재하며, 의무의 성격, 즉 대세적 의무 여부와 관계없이 국제의무 위반이 존재한다.

답 ④

02 위법행위에 관한 ILC 초안(2001)에 대한 설명으로 옳지 않은 것은?

① 타국의 책임을 추궁하는 피해국은 그 국가에게 자국의 청구권을 통지해야 한다.
② 동 초안에는 외교적 보호권의 발동요건에 대해서는 특별한 규정을 두지 않았다.
③ 피해국이 유효하게 청구를 포기하였거나, 피해국이 자신의 행위에 의하여 청구권의 소멸에 유효하게 묵인한 것으로 간주되는 경우 피해국은 책임을 추궁할 권리를 상실한다.
④ 동일한 국제위법행위에 의하여 복수의 국가가 피해를 입었을 경우, 각 피해국은 개별적으로 국제위법행위를 실행한 국가의 책임을 추궁할 수 있다.

정답 및 해설

위법행위에 관한 ILC 초안 제44조에 외교적 보호권의 발동요건으로 국적계속 원칙과 국내구제완료 원칙에 대한 규정을 명시하고 있다.

✓ 선지분석
① 동 초안 제43조 제1항에 대한 내용이다.
③ 동 초안 제45조에 대한 내용이다.
④ 동 초안 제46조에 대한 내용이다.

답 ②

03 위법행위에 관한 ILC 초안(2001)에 대한 설명으로 옳지 않은 것만을 모두 고른 것은?

ㄱ. 국제위법행위를 실행하는 타국을 지원하거나 원조하는 국가는 당해 국가가 그 국제위법행위의 상황을 인식하고 그같이 행동하며, 당해 국가가 실행하였더라도 그 행위는 국제적으로 위법할 경우에 한하여 지원 또는 원조행위에 대해 국가책임을 진다.

ㄴ. 타국이 국제위법행위를 실행하도록 타국을 지시하고 통제한 국가는 당해 국가가 그 국제위법행위의 상황을 인식하고 그같이 행동하며, 당해 국가가 실행하였더라도 그 행위는 국제적으로 위법할 경우에 한하여 지시하고 통제한 행위에 대해 국가책임을 진다.

ㄷ. 타국으로 하여금 어떠한 행위를 실행하도록 강제한 국가는 그러한 강제가 없었다면 그 행위는 피강제국의 국제위법행위가 될 것이며, 강제국은 그 행위의 상황을 인식하고 강제하였을 경우 피해국에 대해 피강제국과 공동으로 책임을 부담한다.

ㄹ. 국가가 개인에 대해 국제법에 위반되는 행위를 지시하거나 통제한 경우 국제법상 당해 개인과 국가는 공동으로 피해국에 대해 국제책임을 진다.

① ㄱ, ㄴ   ② ㄱ, ㄹ   ③ ㄴ, ㄷ   ④ ㄷ, ㄹ

정답 및 해설

위법행위에 관한 ILC 초안(2001)에 대한 설명으로 옳지 않은 것은 ㄷ, ㄹ이다.

ㄷ. 타국의 위법행위를 강제한 경우 피강제국은 '불가항력'에 의해 위법성이 조각된다. 따라서 강제국만 책임을 진다.

ㄹ. 개인에 대해 지시 또는 통제한 국가는 개인의 행위에 대해 '전적으로' 책임을 진다. 개인은 국제책임능력이 없으므로 책임능력이 있는 국가가 전적으로 국제책임을 진다.

 **선지분석**

ㄱ, ㄴ. 동 초안 제4장과 관련된 내용이다.

답 ④

---

04 국가의 국제책임에 대한 설명으로 옳은 것만을 모두 고른 것은?

ㄱ. 집단적 책임 추구는 국제법상 단체이익 보호를 목적으로 하는 대세적 의무가 도입되면서 함께 제도화된 책임추구 방식으로 ILC 위법행위책임 초안 제48조에 규정되었다.

ㄴ. 전통국제법상 과실책임을 원칙으로 하였으나 입증이 어렵고 피해자를 보다 두텁게 보호해야 한다는 점을 고려하여 오늘날 무과실책임이 도입되고 있다.

ㄷ. 위법행위가 발생한 이후에 주어지는 피해국의 동의는 이의제기의 포기(waiver) 또는 묵인(acquiescence)으로서 문제 행위의 위법성을 소급적으로 조각시키지는 못하며, 단지 피해국으로 하여금 그 행위에 대한 책임을 추궁할 권리를 상실하게 하는 사유로서 작용한다.

ㄹ. 국제위법행위가 중지되었고 분쟁이 당사자에게 구속력 있는 결정을 내릴 수 있는 권한을 가진 법원 또는 재판소에 계속 중인 경우 판결 시까지 대항조치를 유지할 수 있다.

ㅁ. 가해국이 청구를 유효하게 포기하였거나, 가해국이 그 행위에 의해 청구의 소멸에 대해 유효하게 묵인한 것으로 간주될 수 있는 경우에는 국가책임을 원용할 수 없다.

① ㄱ, ㄴ, ㄷ   ② ㄱ, ㄷ, ㄹ

③ ㄴ, ㄷ, ㄹ   ④ ㄴ, ㄹ, ㅁ

국가의 국제책임에 대한 설명으로 옳은 것은 ㄱ, ㄴ, ㄷ이다.
ㄱ. 대세적 의무의 위반에 관하여 피해국 이외의 어떤 국가도 타국의 책임을 추궁할 수는 있으나 배상을 청구할 수는 없다.

⊘ 선지분석
ㄹ. 대항조치를 취할 수 없다.
ㅁ. 피해국에 대한 규정이다.

답 ①

05

국제위법행위에 관한 ILC 국가책임 초안상 위법성 조각사유에 대한 설명으로 옳지 않은 것은?

① 피해국의 유효한 동의에 기초한 국제위법행위는 그 국가에 대한 관계에서는 동의의 범위에서 위법성을 조각한다.
② 국제위법행위는 그 행위가 UN헌장에 일치하여 취해진 합법적 자위조치에 해당한다면 위법성이 면제된다.
③ 문제행위가 그에 상당하거나 그보다 큰 위난을 야기시킬 우려가 있을 경우 조난에 의한 국제위법성은 조각되지 않는다.
④ 위법성 조각사유에 해당하는 경우, 문제의 행위에 의해 야기된 모든 실질적 손해에 대한 보상책임도 그에 따라 면하게 된다.

문제의 행위에 의해 야기된 물질적 손실에 대한 보상문제를 배제하지 아니한다(ILC 초안 제26조).

⊘ 선지분석
② 무력공격 발생, 필요성, 비례성, 안전보장이사회에 보고 등 요건을 충족한 합법적 자위조치여야 한다.
③ 비례의 원칙이 지켜져야 한다.

답 ④

06

위법행위에 관한 ILC 초안(2001)상 위법성 조각사유에 대한 설명으로 옳지 않은 것만을 모두 고른 것은?

ㄱ. 한 국가가 타국의 행위 실행에 대해서 한 유효한 동의는 그 행위가 동의의 범위 내에서 실행되는 경우에 한하여 행위 실행국의 위법성이 조각된다.
ㄴ. 대세적 의무 위반이 있는 경우 피해국 이외의 국가가 가해국에 취한 대항조치(countermeasure)는 위법성이 조각된다.
ㄷ. 불가항력 상황이 이를 원용하는 국가의 행위에서 기인하는 경우 유책국은 불가항력을 위법성 조각사유로 원용할 수 없다.
ㄹ. 대항조치(countermeasure)로 위법성이 조각되는 경우에도 대항조치(countermeasure)로 인해 발생한 피해에 대한 보상책임이 면제되는 것은 아니다.

① ㄱ, ㄴ　　　② ㄱ, ㄷ　　　③ ㄴ, ㄷ　　　④ ㄴ, ㄹ

위법행위에 관한 ILC 초안(2001)상 위법성 조각사유에 대한 설명으로 옳지 않은 것은 ㄴ, ㄹ이다.
ㄴ. 피해국 이외의 국가는 대항조치(countermeasure)를 취할 수 없다. 따라서 피해국 이외의 국가의 대항조치(countermeasure)는 가해국에 대해 국가책임이 성립할 수 있다.
ㄹ. 불가항력, 긴급피난, 조난의 경우 위법성이 조각되어도 보상책임이 면제되지 않지만, 대항조치(countermeasure)나 자위권 발동의 경우 보상책임이 면제된다.

답 ④

07

무지개전사(Rainbow Warrior)호 사건 및 관련 쟁점에 대한 설명으로 옳지 않은 것은 모두 몇 개인가?

> ㄱ. 하급기관의 행위는 국가귀속성이 인정되지 않는다고 하였다.
> ㄴ. 그린피스는 국제법상 개인에 해당하나 뉴질랜드와의 중재재판에서 당사자로 인정되었다.
> ㄷ. 프랑스와 뉴질랜드는 UN사무총장의 중재로 프랑스의 손해배상 및 관련자의 처벌에 합의하였다.
> ㄹ. 프랑스는 뉴질랜드와의 중재합의 결과를 위반하고, 이를 정당화하기 위해 불가항력과 조난을 위법성
>   조각사유로 원용하였으나 모두 기각되었다.
> ㅁ. 불가항력과 조난으로 위법성이 조각되어 국가책임은 불성립하더라도 관련 피해에 대해 보상책임을
>   져야 한다.

① 1개   ② 2개   ③ 3개   ④ 4개

정답 및 해설

무지개전사(Rainbow Warrior)호 사건 및 관련 쟁점에 대한 설명으로 옳지 않은 것은 ㄱ, ㄴ. 2개이다.
ㄱ. 하급기관의 행위의 국가귀속성이 인정된 사례이다.
ㄴ. 그린피스는 프랑스와의 중재재판에서 당사자로 인정되었다.

✅ 선지분석
ㅁ. 위법성 조각사유의 존재로 국가책임이 성립하지 않더라도 조난, 긴급피난, 불가항력의 경우에는 위법성 조각사
   유로 인해 발생한 손실에 대해 보상해야 한다.

답 ②

08

팔레스타인 점령지역에서의 이스라엘의 장벽건설에 관한 국제사법재판소(ICJ)의 권고적 의견에 대한 설명
으로 옳은 것은 모두 몇 개인가?

> ㄱ. 국제사법재판소(ICJ)에 따르면 이스라엘의 장벽건설조치는 무력사용금지의무에 위배된다.
> ㄴ. 국제사법재판소(ICJ)는 이스라엘의 장벽건설조치는 국제인도법 및 민족자결권을 침해한다고 권고하
>   였다.
> ㄷ. 국제사법재판소(ICJ)는 이스라엘의 조치가 긴급피난으로 정당화된다고 하였다.
> ㄹ. 국제사법재판소(ICJ)는 자위권 발동 대상은 국가 및 테러단체라고 하였다.

① 1개   ② 2개   ③ 3개   ④ 4개

정답 및 해설

팔레스타인 점령지역에서의 이스라엘의 장벽건설에 관한 국제사법재판소(ICJ)의 권고적 의견에 대한 설명으로 옳은
것은 ㄱ, ㄴ. 2개이다.

✅ 선지분석
ㄷ. 긴급피난 원용요건을 충족하지 않았다고 하였다. 재판부는 이에 대해 Gabcikovo - Nagymaros Project 사건
   을 인용하여 긴급피난은 문제의 행위가 중대하고 급박한 위험에 대해 본질적 이익을 보호하기 위해 필요한 유일
   한 방법으로, 엄격하게 정의된 특정 상황에서만 원용할 수 있다고 하면서 장벽 건설이 이러한 건설의 정당화를
   위해 원용한 위험에 대하여 이스라엘의 이익을 보존하기 위한 유일한 방법이라는 주장은 설득력이 없다고 판단
   하였다.
ㄹ. 국제사법재판소(ICJ)는 자위권 발동 대상은 국가에 한정된다고 하였다.

답 ②

09 국제법상 국가책임에 관한 판례에 대한 설명으로 옳지 않은 것을 모두 고른 것은?

> ㄱ. ICJ는 Nicaragua 사건에서 고위직, 특히 최고위 정치인의 입에서 나오는 발언 내지는 진술은 그가 대표하는 국가에게 불리한 사실이나 행위가 존재함을 인정하는 특별한 증거력을 갖는다고 언급한 바 있다.
> ㄴ. ICJ는 Corfu Channel 사건에서 알바니아는 자국의 영토가 타국의 권리에 위배되는 행위를 위하여 사용되는 것을 알면서도 이를 허용해서는 안 될 모든 국가의 의무를 위반하지 않았다고 판결하였다.
> ㄷ. ICSID 중재재판소는 CMS Gas Transmission Company v. Argentina 사건에서 긴급피난의 항변이 행위의 위법성을 조각할 수는 있으나 희생을 감수해야 했던 권리소유자에 대한 보상 의무를 배제하지는 않는다고 하였다.
> ㄹ. ICJ는 Jurisdictional Immunities of the State 사건에서 무력충돌 후 국가 간에 일괄해결(lump-sum)에 합의한 경우 피해자의 본국이 배상금을 받아 다른 용도로 사용한 경우에 한해서 자기 몫을 받지 못한 피해자 개인이 다시 가해국을 상대로 청구를 제기할 권리가 있다고 하였다.

① ㄱ, ㄴ　　　　② ㄴ, ㄷ　　　　③ ㄱ, ㄹ　　　　④ ㄴ, ㄹ

정답 및 해설

국제법상 국가책임에 관한 판례에 대한 설명으로 옳지 않은 것은 ㄴ, ㄹ이다.
ㄴ. 알바니아는 자국의 영토가 타국의 권리에 위배되는 행위를 위하여 사용되는 것을 알면서도 이를 허용해서는 안 될 모든 국가의 의무를 '위반하였다고 판결'하였다.
ㄹ. 피해자의 본국이 배상금을 받아 다른 용도로 사용하였다고 해서 자기 몫을 받지 못한 피해자 개인이 다시 가해국을 상대로 청구를 제기할 권리가 있다고 보기는 어렵다고 하였다.

답 ④

10 대항조치에 대한 설명으로 옳은 것만을 모두 고른 것은?

> ㄱ. 피해국이 타국의 위법행위를 중지시키고 또 이미 발생한 위법행위에 대한 완전한 손해배상을 이끌어내기 위하여 취하는 일체의 행위는 무력사용을 제외하면 그 위법성이 조각된다.
> ㄴ. 피해국이 입은 침해에 비례하여야 한다.
> ㄷ. 자국과 의무 위반국 사이에 적용되는 분쟁해결절차하의 의무로부터 해방된다.
> ㄹ. 대항조치를 취하기 전에 의무 위반국에 대해 대항조치를 취하기로 한 결정을 통고하고 교섭을 제의하여야 한다.

① ㄱ, ㄴ　　　　② ㄱ, ㄷ　　　　③ ㄴ, ㄷ　　　　④ ㄴ, ㄹ

정답 및 해설

대항조치에 대한 설명으로 옳은 것은 ㄴ, ㄹ이다.
ㄹ. 의무 위반국에게 위법행위를 중지하고 이미 발생한 위법행위에 대해서는 손해배상을 요구하여야 한다.

☑ 선지분석
ㄱ. 무력사용을 제외하고도 기본적 인권의 보호의무, 복구를 금지하는 인도적 성격의 의무, 기타 강행규범하의 의무에 위반되는 조치는 위법성이 조각되지 않는다(ILC 초안 제50조 제1항).
ㄷ. 자국과 의무 위반국 사이에 적용되는 분쟁해결절차하의 의무, 외교관과 영사 및 그들의 공관과 문서의 불가침성을 존중할 의무의 이행으로부터 해방되지 않는다(ILC 초안 제50조 제2항).

답 ④

11 □□□ 2001년 UN국제법위원회가 채택한 '국제위법행위에 대한 국가책임에 관한 규정 초안'상의 '대항조치(countermeasures)'에 대한 설명으로 옳지 않은 것은?

① 대항조치는 그 조치를 취하는 국가가 책임국에 대한 국제의무를 당분간 불이행하는 것으로 제한된다.
② 대항조치로서 기본적 인권의 보호의무를 부과하고 있는 국제법을 위반할 수는 없다.
③ 대항조치는 일방적으로 결정하여 실시할 수 있으며 분쟁상대방에 대하여 대항조치를 실시하기 전에 교섭을 제의할 의무는 없다.
④ 국제위법행위가 중지되고 또한 당사국들에게 구속력 있는 결정을 할 수 있는 재판소에 계류 중인 경우에는 대항조치를 취해서는 안 된다.

> **정답 및 해설**

대항조치를 취한다는 뜻을 상대국에 통지하고 협상을 요구해야 한다(동 초안 제52조 제2항). 이 경우 긴급한 대항조치는 가능하다.

⊘ 선지분석
① 대항조치는 가해국이 손해배상을 하는 경우 즉시 종료해야 하는 임시조치이다.
② 인권 보호의무 이외에도 대항조치에 의해 영향을 받지 않는 의무에는 UN헌장에 구현되어 있는 무력의 위협 또는 행사를 삼갈 의무, 복구가 금지되는 인도적 성격의 의무, 일반국제법상의 강행규범에 따른 기타 의무가 있다.

답 ③

---

12 □□□ 국제법상 국가책임에 대한 설명으로 옳은 것은 모두 몇 개인가?

ㄱ. 트레일 제련소 사건에 의하면 국가는 국제법상 초국경적 환경오염 피해 방지의무가 있으며, 이를 위반하여 타국에 피해를 입힌 경우 이에 대한 배상책임이 있다.
ㄴ. 초국경적 오염 피해 방지의무를 준수하였음에도 불구하고 타국에 피해를 준 경우 국제법상 기원국(origin state)은 결과책임 법리에 따라 손실에 대한 보상책임을 진다.
ㄷ. 가브치코보 - 나기마로스 사건에 의하면 대항조치를 취하기 위해서는 상대국의 위법행위가 선행해야 하나, 헝가리 측의 위법행위가 선행되지 않았으므로 슬로바키아는 대항조치를 취할 수 없다.
ㄹ. 나울리아 사건에 의하면 대항조치가 정당화되기 위해서는 상대방의 위법행위가 선행해야 하고, 비례원칙을 준수해야 하나, 포르투갈 측에 위법성이 없었고, 비례원칙을 준수하지도 않아 위법성이 조각되지 않는다.
ㅁ. 이란 - 미국 중재재판 사건에 의하면 이란 혁명 수비대는 이란의 지시를 받아 활동하는 사실상의 국가기관이므로 이란 혁명 수비대의 미국인에 대한 위법행위는 이란으로 귀속되어 이란의 국제법상 책임이 성립한다.

① 1개　　　　　② 2개　　　　　③ 3개　　　　　④ 4개

> **정답 및 해설**

국제법상 국가책임에 대한 설명으로 옳은 것은 ㄱ, ㄹ. 2개이다.

⊘ 선지분석
ㄴ. 결과책임은 국제법상 책임이라고 보기 어렵다.
ㄷ. 가브치코보 - 나기마로스 사건은 헝가리의 위법행위가 선행되었으나, 재판부는 비례원칙 위반이라고 보아 대항조치를 원용할 수 없다고 보았다.
ㅁ. 이란 혁명 수비대는 공공기관 부재 시 공적 업무를 대신 수행한 사인으로서 이란의 사실상 국가기관으로 보았다.

답 ②

13 국제법상 국가책임에 대한 설명으로 옳은 것만을 모두 고른 것은?

ㄱ. 긴급피난은 단지 위험에 대처하기 위한 행위이지 다른 국가의 행위에 대응한 사후 반응이 아니라는 점에서 동의에 의한 행위, 자위를 위한 조치 및 대항조치와는 구분된다.

ㄴ. 긴급피난은 비자발적이거나 강요된 행위가 아니므로 불가항력과 다르다.

ㄷ. ILC는 위법행위책임 초안 제25조의 주석에서 1837년 Caroline호 사건을 자위권 및 긴급피난의 한 사례로 거론하였다.

ㄹ. ICSID 중재재판소는 CMS Gas Transmission Company v. Argentina 사건에서 긴급피난의 항변이 행위의 위법성을 조각할 수는 있겠지만 그것은 희생을 감수해야 했던 권리소유자에 대한 보상 의무를 배제하지는 않는다고 하였다.

ㅁ. ICSID 중재재판소는 국가는 개인을 상대로 긴급피난을 원용할 수 없다고 하였다.

① ㄱ, ㄴ, ㄷ　　　② ㄱ, ㄴ, ㄹ　　　③ ㄴ, ㄷ, ㅁ　　　④ ㄷ, ㄹ, ㅁ

> **정답 및 해설**

국제법상 국가책임에 대한 설명으로 옳은 것은 ㄱ, ㄴ, ㄹ이다.

ㄴ. 조난과 긴급피난의 경우 행위국이 급박한 상황에서 스스로의 판단에 의해 문제의 행위를 의도적으로 취하는 것이다. 하지만 불가항력은 해당 국가의 의도와 관계없이 혹은 그에 반하여 문제의 행위가 취해진다.

✅ 선지분석
ㄷ. ILC는 Caroline호 사건을 자위권이 아닌 긴급피난의 한 사례로 거론하였다.
ㅁ. ICSID 중재재판소는 국가는 개인을 상대로 긴급피난을 원용할 수 있다고 하였다.

답 ②

14 다음 사례에 대한 국제법적 설명으로 옳은 것은? (다툼이 있는 경우 2001년 ILC가 작성한 위법행위책임 초안에 의함)

A국 내에서 반정부 시위가 발생하자 A국 중앙정부는 시위 진압을 위해 인접국인 B국에 대해 군사원조를 요청하였다. B국은 A국의 통제하에 시위진압 행위를 하던 도중 C국과 D국의 이중 국적자인 甲에게 신체·재산상의 막대한 피해를 입혔다. 한편, E국은 평소 A국과 적대관계를 형성하고 있었으며, A국의 국내정치적 혼란을 틈타 A국에 대한 무력공격을 개시하여 A국 중앙정부를 전복시켰다.

① 甲의 피해에 대해서는 주권평등의 원칙상 C국과 D국 모두 외교적 보호권을 발동할 수 없다.

② A국과 B국 상호 간 원칙적으로 국제법상 책임이 성립하지 않으나 B국이 A국이 요청한 범위를 벗어나서 군사행동을 한 경우 그러한 행위에 대해서는 A국에 대해 국제법적 책임이 성립한다.

③ E국의 A국에 대한 공격은 내전 상황에서 이루어진 것이므로 위법성이 조각된다.

④ B국의 甲에 대한 피해에 관하여 A국과 B국이 공동책임을 지며, 양국 간 구상권이 행사될 수 있다.

> **정답 및 해설**

피해국의 동의에 의해 위법성이 조각될 수 있으나, 피해국의 동의를 벗어난 행위의 경우 벗어난 범위에 대해서는 피해국에 대해 법적 책임이 성립한다.

✅ 선지분석
① 제3국이 가해국인 경우이므로 C국과 D국이 모두 외교적 보호권을 발동할 수 있다.
③ 내전 상황과 무관하게 E국의 A국에 대한 공격은 무력사용금지의무를 위반한 것이며, 이와 관련한 위법성 조각 사유는 존재하지 않는다.
④ B국의 행위가 A국으로 귀속되므로 A국만이 전적으로 책임을 진다.

답 ②

15 국가책임에 관한 판례에 대한 설명으로 옳지 않은 것만을 모두 고른 것은?

> ㄱ. 바르셀로나 전력회사 사건에서 국제사법재판소(ICJ)는 외교적 보호권 발동을 위해서는 피해국과 피해 법인 간 진정한 관련성이 있어야 한다고 판시하였다.
> ㄴ. 무지개 전사호 사건에서 국제사법재판소(ICJ)는 프랑스가 불가항력이나 조난과 같은 위법성 조각사유를 원용할 수 없다고 하였다.
> ㄷ. 가브치코보 – 나기마로스 사건에서 중재법원은 헝가리는 조약 종료사유로 긴급피난을 원용할 수 없다고 판시하였다.
> ㄹ. 국제체포영장 사건에 국제사법재판소(ICJ)는 콩고가 국제법을 위반하였다는 선언이 국가책임을 해제한다고 판시하였다.

① ㄱ, ㄴ, ㄷ   ② ㄱ, ㄷ, ㄹ
③ ㄴ, ㄷ, ㄹ   ④ ㄱ, ㄴ, ㄷ, ㄹ

국가책임에 관한 판례에 대한 설명으로 ㄱ, ㄴ, ㄷ, ㄹ. 모두 옳지 않다.
ㄱ. 바르셀로나 전력회사 사건은 진정한 관련성과 무관하다.
ㄴ. 국제중재재판의 사례이다.
ㄷ. 국제사법재판소(ICJ)의 사례이다.
ㄹ. 국제사법재판소(ICJ)는 벨기에가 국제법을 위반하였다고 판시하였다.

답 ④

제4절 | 국가책임의 해제

01 2001년 국제법위원회(ILC)가 채택한 '국제위법행위에 대한 국가책임규정 초안'의 내용으로 옳지 않은 것은?

① 책임국(responsible State)은 사정에 따라서는 재발방지를 보장하여야 한다.
② 국가책임의 해제는 국가의 국제책임으로부터 발생하는 개인의 권리를 소멸시킨다.
③ 책임국(responsible State)은 국제위법행위로 인한 손해에 대하여 '완전한 배상(full reparation)'을 할 의무를 진다.
④ 배상은 원상회복, 보상(compensation) 및 만족(satisfaction)의 형태를 단독적으로 또는 결합적으로 취한다.

본부는 국가의 국제책임에 따라 국가가 아닌 개인이나 단체에 대하여 직접 부여될 수 있는 어떠한 권리에 영향을 미치지 않는다(국제위법행위에 대한 국가책임규정 초안 제33조 제2항).

◇ 선지분석
① 동 초안 제30조 제(b)호에 대한 내용이다.
③ 완전한 배상(full reparation)의무란, 물질적 손해뿐 아니라 정신적 손해까지 배상을 해야 할 의무가 있다는 것이다.

답 ②

02

위법행위에 관한 국가책임초안(ILC, 2001)에 대한 설명으로 옳은 것은?

① 위반된 의무가 당해 국가를 포함한 국가집단에 대하여 부담하는 것이고, 그 의무는 그 국가들의 집단적 이익의 보호를 위하여 수립된 경우, 피해국 이외의 어떠한 국가도 유책국에 대해 원상회복을 청구할 수 있다.

② 위반된 의무가 국제공동체 전체에 대하여 부담하는 것일 경우 피해국 이외의 어떠한 국가도 유책국에 대해 손해배상의 책임을 추궁할 수 있다.

③ 위반된 의무가 국제공동체 전체에 대하여 부담하는 것일 경우 피해국 이외의 어떠한 국가도 유책국에 대해 일정한 경우 대항조치를 취할 수 있다.

④ 위반된 의무가 당해 국가를 포함한 국가집단에 대하여 부담하는 것이고 그 의무는 그 국가들의 집단적 이익의 보호를 위하여 수립된 경우 피해국 이외의 어떠한 국가도 유책국에 대해 위법행위의 중단을 청구할 수 있다.

정답 및 해설

대세적 의무가 위반된 경우 피해국 이외의 국가는 손해배상 이행청구권, 재발방지청구권, 위법행위 중단청구권, 의무 이행청구권을 가진다.

☑ 선지분석
①, ② 원상회복, 즉 손해배상을 청구할 수는 없다.
③ 대세적 의무가 위반된 경우라 하더라도 피해국 이외의 국가는 대항조치를 취할 수 없다.

답 ④

03

다음 중 국가책임의 해제방법으로 옳지 않은 것만을 모두 고른 것은?

> ㄱ. 재발방지의 보장
> ㄴ. 손해배상
> ㄷ. 관계자 처벌
> ㄹ. 복구
> ㅁ. 진사
> ㅂ. 외교관계의 단절
> ㅅ. 국제재판에의 응소
> ㅇ. 위법성을 인정한 국제법원의 선언적 판결을 수락하는 것

① ㄷ, ㄹ, ㅁ   ② ㄷ, ㅁ, ㅅ
③ ㄹ, ㅂ, ㅅ   ④ ㅂ, ㅅ, ㅇ

정답 및 해설

국가책임의 해제방법으로 옳지 않은 것은 ㄹ, ㅂ, ㅅ이다.
ㄹ. 복구는 임시조치로서 국가책임이 이행되지 아니하는 경우에 취할 수 있다.
ㅂ. 외교관계의 단절은 국가책임의 해제와는 무관하다.
ㅅ. 국제재판에의 응소 자체가 국가책임의 해제방법은 아니다.

답 ③

위법행위에 관한 ILC 초안(2001)상 손해배상에 대한 설명으로 옳은 것은 모두 몇 개인가?

> ㄱ. 책임국은 국제위법행위로 인한 피해에 대해 국내법에 따른 적절한 배상의무를 진다.
> ㄴ. 피해는 국가의 국제위법행위로 인한 물질적 손해를 의미하고, 정신적 손해는 위법행위가 중대한 경우에 한하여 피해의 범위에 포함된다.
> ㄷ. 책임국은 의무 위반 책임을 회피하기 위해 국내법규정에 의존할 수 없다.
> ㄹ. 금전배상 대신 원상회복에 따른 이익에 비하여 원상회복이 현저히 불균형한 부담을 수반하는 경우에도 책임국은 원상회복이 불가능하지 아니하는 한 원상회복해야 한다.

① 1개

② 2개

③ 3개

④ 4개

정답 및 해설

위법행위에 관한 ILC 초안(2001)상 손해배상에 대한 설명으로 옳은 것은 ㄷ. 1개이다.

✓ 선지분석

ㄱ. 책임국은 완전한 배상의무를 부담한다.
ㄴ. 위법행위의 중대성과 무관하게 정신적 손해도 피해에 포함된다.
ㄹ. 원상회복이 현저히 불균형한 부담을 수반하지 아니하는 한 원상회복의무가 있다.

답 ①

05

위법행위에 관한 국가책임초안(ILC, 2001)에 대한 설명으로 옳지 않은 것은?

① 원상회복이 가능하다면 금전배상 대신 원상회복에 따른 이익에 비하여 원상회복이 현저히 불균형한 부담을 수반하는 경우라 하더라도 원상회복해야 할 의무가 있다.

② 국제위법행위에 책임이 있는 국가는 그로 인한 손해가 원상회복에 의하여 전보되지 않는 범위 내에서 금전배상을 해야 할 의무를 부담한다. 금전배상은 확정될 수 있는 범위 내의 상실이익을 포함하여 금전적으로 산정될 수 있는 모든 손해를 포괄한다.

③ 국제위법행위에 책임이 있는 국가는 그 행위로 인한 피해가 원상회복 또는 금전배상으로 전보될 수 없는 경우 이에 대하여 만족을 제공할 의무를 진다.

④ 손해배상을 결정함에 있어서는, 피해국 또는 손해배상 요구와 관련된 모든 개인 또는 단체의 고의 또는 과실에 의한 작위 또는 부작위가 피해에 기여한 바를 참작하여야 한다.

정답 및 해설

원상회복이 가능하다고 하더라도 금전배상 대신 원상회복에 따른 이익에 비하여 원상회복이 현저히 불균형한 부담을 수반하는 경우 원상회복이 요구되지 않는다.

✓ 선지분석

②, ③ 실질적인 손해가 발생하지 않았을 때, 재판소가 위법성을 선언하는 것도 국가책임 해제의 방법이다.
④ 동 초안 제39조는 과실상계의무를 언급하고 있다.

답 ①

국가책임에 대하여 다음 판결이 내려진 사건으로 옳은 것은?

> "조약불이행에는 반드시 손해배상이 따라야 하며, 이 점이 조약 자체에 규정될 필요는 전혀 없다."라고 하였고, 나아가 상설국제사법재판소(PCIJ)는 "불법행위의 실질적 의미상 본질적 원칙 – 국제관행, 특히 중재법원 판정에 의해 확립된 것으로 보이는 원칙 – 은 손해배상을 통하여 가능한 한 불법행위의 모든 결과를 제거하고 그 행위가 없었으면 존재하리라고 생각되는 상태를 만드는 것이다. 원상회복 또는 이것이 불가능한 경우에는 원상회복에 상응하는 가치를 지니는 금전지급 – 원상회복이나 이를 대신할 금전지급만으로 배상되지 않는 손해가 있는 경우 그에 대한 배상 – 이것이 국제위법행위에 따른 손해배상액의 결정 원칙이다."라고 판시하였다.

① 마브로마티스 양허계약 사건(Mavromatis Palestine Concessions Case)
② 호르죠공장 사건(Chowzow factory case)
③ 트레일 제련소 사건(Trail Smelter Arbitration)
④ 아임얼론호 사건(I'm Alone case)

정답 및 해설

호르죠공장 사건(Chowzow factory case)에 대한 내용이다.

✓ 선지분석

① 마브로마티스 양허계약 사건(Mavromatis Palestine Concessions Case)은 그리스인 마브로마티스가 제1차 세계대전 이전에 터키 정부로부터 부여받았던 팔레스타인 지역 내에서의 각종 권리가 제1차 세계대전 이후 당해 지역의 위임통치국이 된 영국에 의해 거절되자 마브로마티스의 본국인 그리스가 개입한 사건이다. 동 사건에서 그리스의 개입이 허용되는지 여부가 쟁점이 되었는데, 상설국제사법재판소(PCIJ)는 개인이 외국으로부터 손해를 입고 이를 통상의 국내적 구제조치로 해결하지 못한 경우 본국이 자국민을 위하여 외교적 보호권을 행사할 수 있다고 판시하였다. 동 사건에서는 또한 법의 일반원칙으로서의 대위(代位)의 원칙이 인정되었다.
③ 트레일 제련소 사건(Trail Smelter Arbitration)은 미국과 캐나다의 국경으로부터 10마일 떨어진 캐나다 영역 내의 트레일 지역에 위치한 민간제련소가 다량의 아황산가스를 대기 중에 방출하여 인접한 미국 워싱턴주의 농작물과 산림에 큰 피해를 주자, 이의 해결을 위해 중재재판소가 설치된 사건이다. 동 사건에서 중재재판소는 어떤 국가도 타국의 영역 또는 그 영역 내에 있는 국민의 신체와 재산에 대하여 이러한 매연에 의해 피해를 입히는 것과 같은 방법으로 자국 영역을 사용하거나 사용하게 할 권리가 없다고 판시하였다. 동 판정은 어떠한 국가도 자국의 영토를 타국에 해를 주도록 사용하거나 사용하게 할 권리가 없다고 하는 '영역사용의 관리책임'을 선언하고 있다.
④ 아임얼론호 사건(I'm Alone case)은 1929년 3월 캐나다에서 등록된 영국 선박 아임얼론호가 밀수용 주류를 실은 채, 미국 루이지애나 해안에서 10마일 떨어진 지점에서 미국 연안경비선의 정선명령을 거부하고 공해상으로 도주하다가 격침당하여 캐나다 측 청구에 의해 미·영 양국 합동위원회에 회부된 사건이다. 동 위원회는 연안국이 관할권을 가지는 수역에서 피의선박을 추적하기 시작한 이상 공해상까지 이러한 추적을 계속할 수 있다는 것을 인정하였다.

답 ②

01 결과책임에 대한 설명으로 옳지 않은 것은?

① 트레일 제련소 사건(1941)은 결과책임 또는 적법행위책임을 최초로 인정한 사례이다.

② 결과책임은 형성 중인 법리이므로 현재 타국에 대해 보상책임을 추궁할 수 없다.

③ 국제법위원회에 따르면 영토 내에서 수행되는 활동 및 활동의 변경에 대해 사전허가가 있어야 한다.

④ 국제법위원회에 따르면 국가가 타국에 대해 적법한 행위로 인해 피해를 야기한 경우 반드시 보상의무를 지는 것은 아니다.

> **정답 및 해설**

트레일 제련소 사건(1941)은 위법행위책임을 인정한 사례이다.

⊘ 선지분석
② 결과책임, 즉 적법행위책임이란 유책국의 국제의무 위반이 없더라도 발생한 피해의 대규모성을 고려해 책임을 지는 것을 말한다. 자국 관할하의 활동, 유해한 결과의 발생, 인과관계의 존재 등 요건을 필요로 한다.

답 ①

02 위험한 활동에서 야기되는 국경 간 손해의 방지에 관한 규정 초안(ILC, 2001)에 대한 설명으로 옳은 것은?

① 동 초안은 중대한 국경 간 손해를 야기할 위험을 수반하는 활동에 적용되는 것이 아니라 실제로 손해를 야기하는 활동을 대상으로 한다.

② 동 초안은 국경 간 손해에 적용되는 바, 국경 간 손해(transboundary harm)란 관련 국가들이 국경선을 맞대고 있는가에 관계없이 기원국 이외의 영토에서 혹은 기원국 이외의 국가의 관할권이나 통제하에 있는 기타 장소에서 야기된 손해를 말한다.

③ 기원국은 손해의 중대성과 관계없이 국경 간 손해를 방지하거나 어떠한 경우에도 그것의 위험을 최소화하기 위한 모든 적절한 조치를 취해야 한다.

④ 환경영향평가를 통해 어떤 활동이 국경 간 손해를 야기할 위험을 수반한다는 징후를 보이는 경우 기원국은 영향 받을 가능성이 있는 국가 및 UN사무총장에게 적시에 위험과 평가에 대하여 통고해야 한다.

> **정답 및 해설**

⊘ 선지분석
① 국경 간 손해를 야기할 위험을 수반하는 활동에 적용된다.

③ 중대한 국경 간 손해를 대상으로 한다.

④ UN사무총장에 대한 통고의무는 없다.

답 ②

03 적법행위책임에 대한 설명으로 옳지 않은 것은?

① ILC는 위험한 활동에서 야기되는 국경 간 손해의 방지에 관한 규정 초안(2001) 해설에서 완전한 과학적 확실성이 존재하지 않더라도 중대한 혹은 돌이킬 수 없는 손해를 회피 또는 방지하기 위한 조치를 취해야 할 의무가 있다고 본다.

② ILC가 작성한 위험한 활동에서 야기되는 국경 간 손해의 방지에 관한 규정 초안(2001)에 따르면 필요한 경우 중대한 국경 간 손해를 방지하거나 그것의 위험을 최소화함에 있어 하나 이상의 권한 있는 국제기구의 도움을 구하도록 권고한다.

③ ILC가 작성한 위험한 활동에서 야기되는 국경 간 손해의 방지에 관한 규정 초안(2001)에 따르면 기원국은 활동에 수반되는 위험의 성격과 정도를 알기 위해 환경영향평가를 수행해야 한다.

④ ILC가 작성한 위험한 활동에서 야기되는 국경 간 손해의 방지에 관한 규정 초안(2001)에 따르면 환경영향평가를 통해 어떤 활동이 중대한 국경 간 손해를 야기할 위험을 수반한다는 징후를 보이는 경우 기원국은 영향받을 가능성이 있는 국가에게 적시에 위험과 평가에 대하여 통고해야 한다.

> **정답 및 해설**

하나 이상의 권한 있는 국제기구의 도움을 구해야 하는 의무가 있다.

답 ②

04 위험한 활동에서 야기되는 국경 간 손해의 방지에 관한 규정 초안(ILC, 2001)에 대한 설명으로 옳지 않은 것은?

① 중대한 국경 간 손해(transboundary harm)를 야기할 위험을 수반하는 활동에 적용되는 것이 아니라 실제로 손해를 야기하는 활동을 대상으로 한다.

② 국경 간 손해(transboundary harm)에 적용되는 바, 국경 간 손해(transboundary harm)란 관련 국가들이 국경선을 맞대고 있는가에 관계없이, 기원국 이외의 영토에서 혹은 기원국 이외의 국가의 관할권이나 통제하에 있는 기타 장소에서 야기된 손해를 말한다.

③ 기원국은 중대한 국경 간 손해(transboundary harm)를 방지하거나 또는 어떠한 경우에도 그것의 위험을 최소화하기 위한 모든 적절한 조치를 취해야 한다.

④ 환경영향평가를 통해 어떤 활동이 중대한 국경 간 손해(transboundary harm)를 야기할 위험을 수반한다는 징후를 보이는 경우 기원국은 영향받을 가능성이 있는 국가에게 적시에 위험과 평가에 대하여 통고해야 하며, 또한 평가의 기초가 된 이용 가능한 기술적 그리고 다른 모든 관련 정보를 전달해야 한다.

> **정답 및 해설**

실제로 손해를 야기하는 활동을 대상으로 하는 것이 아니라 중대한 국경 간 손해(transboundary harm)를 야기할 위험을 수반하는 활동에 적용된다.

✓ 선지분석
③ 사전주의 원칙이 적용된 조항이다.

답 ①

01 국제법상 외교적 보호권에 대한 설명으로 옳지 않은 것은?

① 외국의 국제위법행위로 인하여 피해를 입은 자국민에 대해서 행해지는 것이 원칙이나 자국민 이외의 자에 대해서도 행해질 수 있다.

② 피해를 입은 개인의 권리가 아니라 국가 자신의 권리이므로 국가가 그 행사에 대한 재량권을 가진다.

③ 국제사법재판소(ICJ)는 '인터한델(Interhandel) 사건'에서 이중국적자에 대한 외교적 보호권 행사와 관련하여 자국민과 진정한 관련성(genuine link)이 있는 국가가 외교적 보호권을 행사할 수 있다고 판결하였다.

④ 외교적 보호권의 행사요건으로 피해자의 국적계속의 원칙이 있다.

> **정답 및 해설**

외교적 보호권과 관련하여 귀화국적자의 국적국과의 '진정한 관련성'을 요한 것은 '노테봄 사건'이다. 인터한델 (Interhandel) 사건은 국내구제완료에 대한 판례이다.

⊘ 선지분석

① 2006년 ILC에서 작성한 외교보호초안에 따르면 자국적 선박에 근무하는 외국인에 대해 그 선박의 기국이 당해 외국인의 피해에 대해 가해국에 손해배상을 청구할 수 있다.

④ 외교적 보호권의 행사요건에는 자국민에 대한 손해 발생, 국내적 구제절차의 완료, 국적계속의 원칙이 있다. 외교보호초안은 피해 시 및 청구 제기 시에 국적이 동일하면 국적이 계속된 것으로 간주가 아니라 추정한다.

답 ③

02 외교적 보호권(diplomatic protection)의 행사요건에 대한 설명으로 옳지 않은 것은?

① 국제사법재판소(ICJ)는 1955년 '노테봄 사건'에서 외교적 보호권(diplomatic protection)을 행사하는 국가와 피해자 개인 간의 국적은 진정하고 유효한 것(genuine connection)이어야 한다고 판시하였다.

② 2006년 국제법위원회(ILC)의 외교적 보호권 초안에 따르면 개인은 피해를 입은 당시부터 국가의 외교적 보호권 청구 시까지 청구국의 국적을 계속 유지하여야 한다.

③ 국내구제완료를 위해 피해자는 자신에게 적용 가능한 모든 행정적·사법적 수단을 시도해야 하며 소송의 경우 최고상급법원을 포함한 심급제, 헌법재판청구, 사면청구 등을 모두 완료해야 한다.

④ 국내구제완료의 원칙은 조약에 의하여 배제될 수 있으며 ICJ는 1989년 '시실리 전사회사 사건(ELSI 사건)'에서 조약에 명시적으로 규정된 경우에만 국내적 구제의 원칙이 배제될 수 있다고 판시하였다.

> **정답 및 해설**

최고상급법원을 포함하여 심급제를 모두 완료해야 하며 이에는 헌법재판소까지 포함된다. 다만 구속력 있는 구제수단만 시도하면 되는 것이고 사면과 같은 국가의 재량적 조치나 시혜적 조치까지 모두 청구해야 하는 것은 아니다.

⊘ 선지분석

④ 조약에 의해 국내적 구제완료 원칙이 배제되는 예로, 1972년 우주물체에 의해 야기된 손해에 대한 국제책임에 관한 협약에서 발사국에 대한 청구의 제출에 관해 국내 구제수단의 완료를 요하지 않음을 명시한 것이 있다.

답 ③

03 외교보호에 관한 ILC 초안(2006)에 대한 설명으로 옳지 않은 것은?

① 국가의 국제위법행위가 회사 자체의 권리와 별개로 주주의 권리에 직접적인 피해를 야기하는 경우 당해 회사가 법적으로 소멸하는 경우 그 주주의 국적국은 그 자국민에 대하여 외교적 보호를 행사할 권리를 가진다.

② 혼합청구(mixed claim)에 있어서 국제 청구가 자국 국적인의 피해에 우세하게 기초하여 제기되는 경우 국내구제가 완료되어야 한다.

③ 피해 일자에 피해자와 책임이 있다고 주장되는 국가 사이에 관련성 있는 연결고리가 존재하지 않는 경우 국내구제완료 원칙은 적용되지 않는다.

④ 초안 규정은 투자보호를 위한 조약 규정과 같은 국제법의 특별규칙과 양립하지 않는 범위에서는 적용되지 않는다.

> **정답 및 해설**
>
> 주주에 대한 직접피해의 경우 회사의 소멸과 무관하게 주주의 국적국이 보호권을 발동할 수 있다.
>
> **⊘ 선지분석**
>
> ② 가해국이 직접침해와 간접침해 둘 다 문제되는 상황일 경우, 압도적 우세 기준에 따라 적용 여부를 결정한다.
>
> ③ 즉, 자발적 관련성[외교보호에 관한 ILC 초안 표현상 '적절한 관련성(relevant connection)']이 존재해야 한다. 따라서 피해사인과 가해국의 관련성이 피해 사인의 자발적 의사에 기초해 형성되어야 한다.
>
> 답 ①

04 칼보조항(Calvo Clause)에 대한 설명으로 옳지 않은 것은?

① 외국과 계약체결 시 외국인은 모든 사항에서 체류국 국민으로 간주된다는 내용이다.

② 남미 여러 국가에서 외교적 보호와 관련한 원칙이다.

③ 어떤 경우에도 그 외국인은 본국정부의 외교적 보호를 요구하지 않는다는 내용이다.

④ 칼보조항(Calvo Clause)은 외국인에 대한 본국이 외교적 보호권을 배제하려는 점에서 국제법상 그 효력이 인정된다.

> **정답 및 해설**
>
> 칼보조항(Calvo Clause)은 재류국의 국내적 구제절차를 이용한다는 약속인 점에서는 유효하나, 외국인 본국의 외교적 보호권을 배제하려는 의도라면 무효이다.
>
> 답 ④

05

외교보호에 관한 ILC 초안(2006)상 주주의 보호에 대한 설명으로 옳지 않은 것만을 모두 고른 것은?

> ㄱ. 법인의 피해로 간접적·2차적으로 주주가 피해를 입은 경우 주주의 국적국은 원칙적으로 외교적 보호
>   권을 발동할 수 없다.
> ㄴ. 법인이 설립지국에서 법인의 피해와 무관한 이유로 법적으로 소멸한 경우 주주의 국적국은 보호권을
>   발동할 수 있다.
> ㄷ. 설립지국이 법인의 피해에 책임이 있는 경우라 하더라도 법인이 법적으로 존재하는 경우 주주의 국
>   적국은 보호권을 발동할 수 없다.
> ㄹ. 주주에 대한 배당소득을 국가가 몰수한 경우 주주의 국적국은 외교적 보호권을 발동할 수 있다.
> ㅁ. 주주에 대한 직접적인 침해가 있는 경우 주주의 국적국은 국내구제완료 원칙과 무관하게 가해국에
>   대해 외교적 보호권을 발동할 수 있다.

① ㄴ, ㅁ   ② ㄷ, ㅁ
③ ㄴ, ㄷ, ㄹ, ㅁ   ④ ㄱ, ㄴ, ㄷ, ㄹ, ㅁ

정답 및 해설

주주의 보호에 대한 설명으로 옳지 않은 것은 ㄷ, ㅁ이다.
ㄷ. 설립지국이 법인에 대한 가해국인 경우 예외적으로 주주의 국적국이 보호권을 발동할 수 있다.
ㅁ. 주주에 대한 직접적인 침해가 있는 경우 주주의 국적국이 보호권을 발동할 수 있으나, 국적계속 원칙과 국내구
   제완료 원칙이 적용된다.

✅ 선지분석
ㄹ. 주주에 대한 직접침해에 해당한다.

답 ②

06

아마두 사디오 디알로 사건(2012)에 대한 설명으로 옳은 것은?

① 아마두 사디오 디알로가 대주주인 회사의 국적국은 콩고이고 가해국도 콩고이므로 디알로의 국적국
   인 기니가 회사의 피해에 대해 보호권을 발동할 수 있다.
② 국내구제 완료 불능 상황의 존재에 대해서는 제소국이 입증책임을 지나, 국내구제가 가능했다는 점에
   대해서는 피제소국이 입증책임을 진다.
③ 외국인을 체포한 경우 체류국은 영사고지의무가 있으나, 국적국이 다른 경로를 통해 자국민의 체포
   사실을 알았다면 영사고지의무를 태만한 것에 대한 책임이 면제된다.
④ 가해국이 개인에 대해 추방하고 재입국을 금지하며 그에 대한 상소권을 부정하였더라도 정권이 변경
   되어 사면 등의 요청 기회가 존재한다면 국내구제를 완료하지 않은 것이다.

정답 및 해설

✅ 선지분석
① 회사의 권리 침해에 대해 기니가 외교적 보호권의 대리 행사를 주장한 것이나, 국제사법재판소(ICJ)는 이를 인
   정하지 않았다.
③ 접수국의 면책은 인정되지 않는다.
④ 사면요청은 국내구제완료 범위에 포함되지 않는다고 하였다.

답 ②

07 외교보호에 관한 ILC 초안(2006)상 법인의 보호에 대한 설명으로 옳지 않은 것만을 모두 고른 것은?

> ㄱ. 법인의 피해에 대해서는 원칙적으로 설립지국이 보호권자이며, 예외적으로 본점소재지국이나 재무지
>   배소재지국이 보호권을 발동할 수 있다.
> ㄴ. 법인의 국적이 피해 시 또는 청구 제기 시에 자국 국적을 가진 경우 국가는 보호권을 발동할 수 있으
>   며, 자연인과 달리 법인의 국적이 피해 시와 청구 제기 시에 동일해도 국적계속은 추정될 수 없다.
> ㄷ. 공식 청구 제기 후에 법인이 피청구국의 국적을 취득한 경우 국가는 자연인과 달리 외교적 보호권을
>   계속해서 발동할 수 있다.
> ㄹ. 법인이 피해 시 청구국의 국적을 가졌으나 추후 피해로 인하여 청구국의 국적을 상실한 경우에도 계
>   속해서 가해국에 대해 외교적 보호권을 발동할 수 있다.

① ㄱ, ㄴ ② ㄱ, ㄷ
③ ㄴ, ㄷ ④ ㄴ, ㄹ

| 정답 및 해설 |

외교보호에 관한 ILC 초안상 법인의 보호에 대한 설명으로 옳지 않은 것은 ㄴ, ㄷ이다.
ㄴ. 피해 시 '그리고' 청구 제기 시에 국적을 가져야 한다. 피해 시와 청구 제기 시 법인의 국적이 동일한 경우 국적
   계속은 추정된다. 자연인과 같다.
ㄷ. 법인이 청구 제기 후에 피청구국의 국적을 취득한 경우 청구를 계속해서 제기할 수 없다. 자연인과 같다.

✅ 선지분석
ㄱ. 바르셀로나 트랙션 사건(ICJ, 1970)에서는 법인의 설립지국 또는 본점 소재지국이 법인의 국적국이라고 판단하
   였으나, ILC 초안은 1차 국적국은 설립지국이라고 규정하였다.

답 ③

08 외교적 보호(diplomatic protection)에 대한 설명으로 옳은 것은?

① 메르재 중재 사건, 미국 – 이란 청구권 사건, 카네바로 사건은 이중국적자가 제3국에서 피해를 입은
   경우 국적국이 모두 보호권을 발동할 수 있다고 본 판례들이다.
② ILC외교보호초안(2006)에 의하면 이중국적국 상호 간 보호권 발동을 위해서는 보호권 발동국은 자국
   이 침해 시 그리고 청구 제기 시에 모두 지배적 국적국임을 입증해야 한다.
③ ILC외교보호초안(2006)에 의하면 난민자격 부여국은 난민의 국적국이 가해국이라 하더라도 외교적
   보호권을 발동할 수 있으나, 난민이 자발적으로 국적국에 들어간 경우에는 보호권을 발동할 수 없다.
④ ILC외교보호초안(2006)에 의하면 자국에 거주하는 난민이 제3국에서 피해를 입은 경우 제3국이 난민
   자격을 부여하고 해당 난민이 자국에 합법적·상시적으로 거주한 경우 제3국에 대해 보호권을 발동할
   수 있으며 이 경우 난민이 가해국에서 국내구제를 완료할 의무가 면제된다.

| 정답 및 해설 |

✅ 선지분석
① 이중국적국 상호 간 예외적으로 보호권을 발동할 수 있다고 본 판례들이다.
③ 난민의 국적국이 가해자인 경우에는 보호권을 발동할 수 없다.
④ 국내구제완료의무는 면제되지 않는다.

답 ②

09 다음 사례에 대한 설명으로 옳은 것은? (다툼이 있는 경우 판례에 따름)

> A국에서 A국법에 따라 설립하고 본점을 두고 있는 X기업은 B국에 자회사를 설치하여 영업활동을 하던 중 B국 법원에 의해 자회사에 대한 파산선고를 받았다. 자회사의 대주주는 C국 국민들이었으며 이들은 자회사의 파산으로 막대한 금전적 손실을 입게 되었다. 이에 따라 C국은 B국과 여러 차례 협상을 진행하다 결렬되자 B국을 ICJ에 제소하였다. 양국은 모두 ICJ규정상 선택조항을 수락하고 있었다.

① B국이 선결적 항변을 제기한다면 선결적 항변의 내용은 자회사의 국적국이 C국이 아니므로 외교적 보호권 발동 조건을 충족하지 못한다고 주장할 것으로 예상되나 국제사법재판소(ICJ)는 이를 받아들이지 않을 것이다.
② X기업의 국적국은 A국이므로 C국은 어떠한 경우에도 B국에 대해 외교적 보호권을 발동할 수 없다.
③ 만약 A국이 B국을 상대로 제소한다면 우선 X기업이 B국 내에서 국내구제를 완료해야 한다.
④ B국과 C국 간 국제사법재판소(ICJ) 재판관할권이 성립하지 않고 재판적격성(admissibility)도 없으므로 이 사건은 본안판단에 회부될 수 없다.

정답 및 해설

X기업의 국적국인 A국이 제소한다고 해도, 외교적 보호권을 발동하는 것이므로 국내구제완료가 선행되어야 제소할 수 있다.

 선지분석
① B국의 선결적 항변은 타당하다. 판례에 의하면 법인의 국적국은 설립지국 또는 본점소재지국이므로 X기업의 국적국은 A국이다. 따라서 C국이 우선적으로 외교적 보호권을 발동할 수는 없다.
② X기업의 국적국인 A국이긴 하나, 판례에 의하면 국적국인 A국이 외교적 보호권을 포기하거나, X기업이 법적으로 소멸한 경우 예외적으로 주주의 국적국인 C국이 외교적 보호권을 발동할 수 있다.
④ B국과 C국이 모두 선택조항을 수락하고 있으므로 재판관할권은 성립한다. 그러나 외교적 보호권 발동요건을 갖추지 못하여 재판적격성(admissibility)은 없으므로 결국 본안판단을 진행하지 못하게 된다.

답 ③

10 이중국적자의 외교적 보호에 대한 설명으로 가장 옳은 것은?

① 이중국적자는 어떤 경우에도 외교적 보호를 받지 못한다.
② 이중국적자가 어느 일방 국적국에 있는 경우에는 타방 국적국은 외교적 보호를 할 수 있다.
③ 이중국적자가 제3국에 재류하는 경우 자신의 임의적 선택에 따른 국적국이 외교적 보호를 할 수 있다.
④ 이중국적자가 제3국에 재류하는 경우 평시에 상주하는 국가의 외교적 보호를 받을 수 있다.

정답 및 해설

이중국적자가 제3국에 재류하는 경우에는 그가 통상 거주하는 국가의 국적이나 혹은 그가 사실상 가장 긴밀한 관련을 맺고 있는 것으로 보이는 국가의 국적, 즉 '진정하고 실효적인 국적(real and effective nationality)'의 국가가 외교적 보호권을 행사할 수 있다.

선지분석
② 국가는 자국민의 타방 국적국에 대해서 외교적 보호를 행사할 수 없다(1930년 국적법 충돌의 일정 문제에 관한 헤이그협약 제4조). 즉, 이중국적자의 국적국가 상호 간에도 국제청구의 제기가 가능한가의 문제에 있어서 전통 국제법의 시각은 대체로 이를 부인하고 있다. 그러나 Merge Case 등 최근의 판례는 이중국적자와 더욱 실효적 관련을 맺고 있는 국적국이 그렇지 못한 타방 국적국을 상대로 외교적 보호권을 행사할 수 있는 것으로 보고 있다. 다만, 어느 한편의 국적이 더욱 실효적인지가 입증되지 않으면 국적국 상호 간의 우열관계는 사라지게 된다.

답 ④

11 외교적 보호권을 행사하기 위한 요건에 대한 설명으로 옳지 않은 것은?

① 국적계속의 원칙이란 출생 시부터 구제를 받을 때까지 국적의 변경이 없어야 한다는 원칙으로, 피해가 발생하기 전에 국적이 변경된 자는 외교적 보호권을 행사할 국가가 없게 된다.

② 피해자가 불가항력으로 인하여 가해국의 영토에 들어간 경우 국내적 구제절차를 반드시 거칠 필요가 없다는 주장이 있다.

③ 법인의 경우 법인의 국적국이 외교적 보호권을 행사하고 주주의 본국은 외교적 보호권을 행사할 수 없다는 국제사법재판소(ICJ)의 판결이 있다.

④ 외교적 보호권은 국가의 권리이므로 피해자 개인이 외교적 보호권의 청구를 포기하더라도 피해자의 본국이 외교적 보호권을 행사할 수 있다.

> **정답 및 해설**
>
> 국적계속의 원칙은 피해를 당한 시점에서부터 본국에 의한 구제가 개시되는 시기까지 국적이 계속 유지되어야 한다는 원칙이다.
>
> **⊘ 선지분석**
>
> ② 사인과 가해국 간 자발적 관련성(voluntary link)이 없는 경우로, 국내구제완료의 적용 없이 바로 손해배상청구가 가능하다.
>
> ③ 바르셀로나 트랙션 사건에 대한 내용이다.
>
> 답 ①

12 甲국의 국민이 乙국으로부터 피해를 받은 다음 사례 중 甲국이 외교적 보호권을 행사하기 위하여 甲국 국민이 乙국의 국내적 구제절차를 반드시 완료해야 하는 경우로 옳은 것은?

① 甲국의 외교사절이 乙국의 경찰에게 사살당한 경우

② 甲국 국민이 乙국 발행의 정부공채를 소유하고 있었는데 乙국이 상환을 거부하는 경우

③ 甲국 국민이 갑자기 태풍을 만나 乙국의 항구에 긴급피난 중 손해를 입은 경우

④ 甲국의 선박이 공해상에서 乙국 군함에 의해 격침당한 경우

> **정답 및 해설**
>
> 전형적 간접침해의 경우에 해당하고, 자발적 관련성도 있으므로 국내구제를 완료해야 한다.
>
> **⊘ 선지분석**
>
> ① 직접침해이므로 국내구제완료를 요하지 않는다.
>
> ③ 불가항력의 경우 자발적 관련성이 없으므로 국내구제완료를 요하지 않는다.
>
> ④ 공해는 타국의 영토가 아니므로 자발적 관련성이 없다. 따라서 국내구제완료를 요하지 않는다.
>
> 답 ②

13

외교적 보호권과 관련하여 국내구제절차완료에 대한 설명으로 옳지 않은 것은?

① 불가항력으로 외국 영토에 들어가 손해를 입은 경우, 즉 외국과 개인 간에 자발적 연관(voluntary link)이 없는 경우에는 국내구제절차완료의 원칙을 배제하고 바로 소속 국가의 외교적 보호권 행사가 가능하다.

② 국내구제절차가 실효적 구제의 상당한 가능성을 제공하지 않는 경우에도 국내구제절차를 완료해야 한다.

③ 국가는 조약 및 외국인과의 계약을 통하여 국내구제절차완료 원칙의 적용을 배제할 수 있다.

④ 자국 내에 주둔 중인 외국 군대에 의해 피해를 입은 사인의 경우 국내구제완료를 요하지 않는다.

정답 및 해설

구제수단이 '명백히 실효성이 없는(manifestly ineffective)' 경우 국내구제절차를 완료하지 않아도 외교적 보호권을 발동할 수 있다.

✓ 선지분석

① 자발적 연관성(voluntary link)이 없는 경우는 불가항력으로 인해 외국 영토에 들어간 경우 외에도 관련성이 가해국 정부의 위법행위에 의해 창설된 경우도 포함된다. 예를 들어, 강제납치된 경우, 자국에 주둔하고 있는 외국 군대로부터 피해를 입은 경우, 어선이나 상선이 공해상에서 외국 군함으로부터 공격을 받는 경우 등이 있다.

답 ②

14

국내구제완료의 원칙(local remedy)과 가장 밀접한 관계가 있는 사건으로 옳은 것은?

① 인터한델(Interhandel) 사건
② 코르푸 해협(Corfu Channel) 사건
③ 로터스호(Lotus) 사건
④ 아야 데 라 토레(Haya de la Torre) 사건

정답 및 해설

인터한델(Interhandel) 사건은 국내적 구제를 완료하지 않은 경우 외교적 보호권을 발동할 수 없다는 원칙이 적용되어 국제사법재판소(ICJ)에서 소송의 수리가 거부된 사건이다.

✓ 선지분석

④ 아야 데 라 토레(Haya de la Torre) 사건은 망명자에 대해 외교적 비호를 하는 것은 국제법상 인정되지 않으며 비호 종료 후 망명자를 인도할 의무가 없다고 판시한 사건이다.

> **관련 이론 아야 데 라 토레(Haya de la Torre) 사건**
>
> 콜롬비아가 토레(Torre)의 인도를 거절하고 국제사법재판소(ICJ)에 대해 '비호 사건'에 대한 국제사법재판소(ICJ)의 판결의 지시를 청구하는 새로운 재판을 부탁하면서 ⅰ) 당해 판결을 이행할 구체적 방법이 무엇인지 ⅱ) 콜롬비아는 꼭 토레(Torre)를 인도해야 할 의무가 있는지 ⅲ) 토레(Torre)에 대한 비호는 당해 판결의 언도로 그리고 페루의 사법적 정의를 회복하기 위해 즉시 종료되어야 하는지의 여부에 관한 판결을 청구한 사건이다. 국제사법재판소(ICJ)는 토레(Torre)는 정치범이므로 콜롬비아는 토레(Torre)를 인도할 의무가 없으며 인도만이 비호를 종료하는 방법이 아니라고 판시하고, 당사국 간의 예양과 친선을 바탕으로 한 교섭으로 해결하도록 권고하였다.

답 ①

15

Ambatielos 사건에 대한 설명으로 옳지 않은 것은 모두 몇 개인가?

ㄱ. 그리스 국민이 영국과 선박 구매계약을 체결한 사건으로 그리스가 외교적 보호권을 발동함에 있어서 국적계속 원칙 및 국내구제완료 원칙의 준수가 쟁점이 되었다.
ㄴ. 재판부에 따르면 승소를 위해 필수적 증거를 제출하지 않은 것은 국내구제를 완료하지 않은 것이다.
ㄷ. 판결에 의하면 영국 국내소송절차를 중단한 것은 국내구제를 완료하지 않은 것이다.
ㄹ. 판결에 의하면 만약 상급법원이 사실문제에 대해 재심리할 수 있는 권한을 가지지 않아 구제가 얻어질 수 없다면 구제수단의 실효성이 없다.
ㅁ. 본 사건은 사인이 국가를 상대로 법정지국에 소송을 제기한 것이므로 국가면제에 의해 영국은 관할권을 행사할 수 없다.

① 1개
② 2개
③ 3개
④ 4개

> **정답 및 해설**

Ambatielos 사건에 대한 설명으로 옳지 않은 것은 ㄱ, ㅁ. 2개이다.
ㄱ. 국적계속 원칙과 무관하다.
ㅁ. 국가면제와 무관하다. 법정지국을 상대로 법정지국 내 법원에 소송을 제기한 것이기 때문이다.

✓ 선지분석
ㄹ. 판례에서 영국 법원의 비실효성은 인정되지 않았다.

답 ②

16

외교보호에 관한 ILC 초안(2006)상 국내구제완료원칙에 대한 설명으로 옳지 않은 것만을 모두 고른 것은?

ㄱ. 무국적자와 난민이 피해자인 경우 보호권을 가지는 국가는 국내구제완료 원칙과 무관하게 보호권을 발동할 수 있다.
ㄴ. 국내구제수단이란 피해국의 상설적 또는 특별한 사법적 또는 행정적 구제수단으로서 피해자가 이용할 수 있는 모든 수단을 의미한다.
ㄷ. 가해국이 조약 위반으로 국민에게 피해를 야기한 경우 압도적 우세 기준에 따라 국내구제완료 원칙이 적용될 수 있다.
ㄹ. 효과적인 구제를 제공할 수 있는 합리적으로 이용 가능한 구제수단이 없는 경우 국내구제완료 원칙은 적용되지 않는다.

① ㄱ, ㄴ
② ㄱ, ㄷ
③ ㄴ, ㄷ
④ ㄴ, ㄹ

> **정답 및 해설**

외교보호에 관한 ILC 초안(2006)상 국내구제완료원칙에 대한 설명으로 옳지 않은 것은 ㄱ, ㄴ이다.
ㄱ. 무국적자와 난민의 경우에도 국민과 마찬가지로 가해국에서 국내구제를 완료해야 한다.
ㄴ. 국내구제완료 원칙은 '가해국'에서의 구제완료를 의미한다.

✓ 선지분석
ㄷ. 가해국이 조약을 위반하였다는 점에서 직접침해가 문제되며, 국민에 피해를 입혔다는 점에서 간접침해가 문제되는 혼합청구가 제기된 상황이므로 압도적 우세기준에 따라 적용 여부를 결정한다.

답 ①

17 외교보호에 관한 ILC 초안(2006)상 국내구제완료 원칙의 적용이 면제되는 경우로 옳은 것은 모두 몇 개인가?

> ㄱ. 효과적인 구제를 제공할 수 있는 합리적으로 이용 가능한 구제수단이 없는 경우
> ㄴ. 구제절차가 가해국에 의해 부당하게 지연되는 경우
> ㄷ. 피해 시에 피해자와 피해국 간 적절한 관련성(relevant connection)이 없는 경우
> ㄹ. 조약에 의해 국내구제완료가 명백하게 배제된 경우
> ㅁ. 피해국이 국내구제완료에 대한 요구를 포기한 경우

① 2개 　　　　　② 3개
③ 4개 　　　　　④ 5개

정답 및 해설

국내구제완료 원칙의 적용이 면제되는 경우로 옳은 것은 ㄱ, ㄴ, ㄹ. 3개이다.

✅ **선지분석**
ㄷ. 피해자와 '가해국' 간 적절한 관련성(relevant connection)이 없는 경우 국내구제완료 원칙의 적용이 면제된다.
ㅁ. '가해국'이 국내구제완료에 대한 요구를 포기한 경우 국내구제완료 원칙의 적용이 면제된다.

답 ②

18 외교보호에 관한 ILC 초안(2006)에 대한 설명으로 옳지 않은 것은?

① 외교적 보호권을 발동하는 경우 다른 구제수단이 배제되는 것은 아니다.
② 동 초안과 투자보호에 대한 조약규정이 양립하지 않는 경우 동 초안은 적용되지 않는다.
③ 가해국의 국제법 위반으로 자국 선박이 피해를 입은 경우 선박 승무원이 외국인이더라도 선박의 등록국은 당해 외국인 승무원을 위해 손해배상을 가해국에 청구할 수 있으나, 승무원 국적국의 외교적 보호권 발동이 배제되는 것은 아니다.
④ 가해국으로부터 배상을 받은 경우 청구 제기국은 합리적 공제를 전제로 피해자에게 전달해야 한다.

정답 및 해설

외교보호에 관한 ILC 초안 제19조는 관행의 권고(recommended practice)로서 법적 구속력을 가지는 것은 아니다. 따라서 배상금을 피해자에게 청구 제기국이 전달해야 될 의무가 있는 것은 아니다.

✅ **선지분석**
② 동 초안 제17조에 대한 내용이다.
③ 동 초안 제18조에 대한 내용이다.

답 ④

19 □□□ **외교보호에 관한 ILC 초안(2006)에 대한 설명으로 옳지 않은 것만을 모두 고른 것은?**

> ㄱ. 외교적 보호권을 발동할 수 있는 주체는 원칙적으로 피해자의 국적국이다.
> ㄴ. 자연인의 국적 결정에 있어서 '진정한 관련성'에 대해서는 명시적인 규정이 없다.
> ㄷ. 국적계속의 원칙에 대해서는 추정이 인정되지 않으며, 청구 제기국이 국적계속에 대해 적극적으로 입증해야 한다.
> ㄹ. 피해자가 외교적 보호권 발동을 거부하는 경우 국적국은 이에 따라야 한다.
> ㅁ. 이중국적자의 국적국은 제3국에 대해 공동으로 외교적 보호권을 발동해야 한다.

① ㄱ, ㄴ, ㄷ   ② ㄱ, ㄷ, ㄹ
③ ㄴ, ㄹ, ㅁ   ④ ㄷ, ㄹ, ㅁ

정답 및 해설

외교보호에 관한 ILC 초안(2006)에 대한 설명으로 옳지 않은 것은 ㄷ, ㄹ, ㅁ이다.
ㄷ. 국적계속에 대한 추정은 인정된다. 피해 시 및 청구 제기 시 국적이 동일하면 그 기간 동안 국적이 계속된 것으로 추정된다. 따라서 피제소국(가해국)이 국적이 계속되지 않았다는 점에 대해 반박해야 한다.
ㄹ. 외교적 보호권은 국가의 권리이므로 국적국이 피해자의 의사에 따를 의무는 없다.
ㅁ. 공동으로 발동할 수도 있으나 의무는 아니다.

답 ④

20 □□□ **외교보호에 관한 ILC 초안(2006)에 대한 설명으로 옳지 않은 것만을 모두 고른 것은?**

> ㄱ. 국가승계에 의해 국적이 변경된 경우 승계국은 새로 자국 국적을 취득한 자에 대해 외교적 보호권을 행사할 수 있다.
> ㄴ. 승계국은 선행국이 가해국인 경우 승계로 국적을 새로 취득한 피해 사인을 위해 선행국에 대해 외교적 보호권을 발동할 수 있다.
> ㄷ. 외교적 보호권 발동 이후 피해사인이 피청구국의 국적을 취득한 경우에도 청구 제기 시 국적이 자국 국적이었으므로 계속해서 외교적 보호권을 행사할 수 있다.
> ㄹ. 이중국적자가 제3국에서 피해를 입은 경우 국적국은 모두 제3국에 대해 보호권을 발동할 수 있다.
> ㅁ. 동 초안에서는 '메르제 중재 사건'과 달리 이중국적국 상호 간 외교적 보호권은 전면 배제하였다.

① ㄱ, ㄴ, ㅁ   ② ㄱ, ㄹ, ㅁ
③ ㄴ, ㄷ, ㄹ   ④ ㄴ, ㄷ, ㅁ

정답 및 해설

외교보호에 관한 ILC 초안(2006)에 대한 설명으로 옳지 않은 것은 ㄴ, ㄷ, ㅁ이다.
ㄴ. 승계국은 가해국인 선행국에 대해 외교적 보호권을 발동할 수 없다.
ㄷ. 피해 사인이 피청구국의 국적을 취득한 경우 외교적 보호권을 발동할 수 없다.
ㅁ. 이중국적국 상호 간에는 예외적으로 일방이 타방에 비해 지배적 국적국인 경우 외교적 보호권을 발동할 수 있다.

✅ 선지분석
ㄱ. 이전 국적을 상실하고 청구 제기와 관련이 없는 이유로 국제법에 불합치하지 않는 방법으로 국적국의 국적을 취득한 경우, 국가는 피해 일자에는 자국민이 아니었으나 공식 청구 제기 일자에는 자국민인 개인에 대하여 외교적 보호를 행사할 수 있다(동 초안 제5조 제2항).

답 ④

외교보호에 관한 ILC 초안(2006)에 대한 설명으로 옳은 것만을 모두 고른 것은?

ㄱ. 무국적자에 대해서는 피해 시 또는 청구 제기 시에 무국적자가 합법적이고 상습적으로 거주하고 있는 국가가 외교적 보호권을 발동할 수 있다.
ㄴ. 난민의 경우 난민으로 인정한 국가에서 난민이 합법적이고 상습적으로 거주한 경우 당해 국가는 난민이 입은 피해에 대해 가해국에 대해 외교적 보호권을 발동할 수 있다.
ㄷ. 난민의 국적국이 가해국인 경우 난민에 대한 보호주체가 부존재하므로 난민 인정국이 당해 국적국에 대해 외교적 보호권을 발동할 수 있다.
ㄹ. 법인이 피해자인 경우 법인의 국적국이 보호권을 발동할 수 있으며, 법인의 국적국은 원칙적으로 법인의 설립지국이다.
ㅁ. 법인이 설립지국이 아닌 다른 국가의 국민에 의해 통제되고, 설립국에서 실질적 영업활동이 없으며, 법인에 대한 관리 및 재무지배를 설립지국이 아닌 다른 국가에서 수행하는 경우 그 다른 국가가 외교적 보호권을 발동할 수 있다.

① ㄴ, ㄹ
② ㄴ, ㄹ, ㅁ
③ ㄱ, ㄴ, ㄷ, ㅁ
④ ㄱ, ㄴ, ㄷ, ㄹ, ㅁ

정답 및 해설

외교보호에 관한 ILC 초안(2006)에 대한 설명으로 옳은 것은 ㄴ, ㄹ, ㅁ이다.
ㄴ. 이때 난민은 국제적으로 승인된 기준에 따라 인정되어야 한다.
ㅁ. 법인의 설립지국이 아닌 본점 소재지국에서 외교적 보호권을 발동할 수 있는 조건이다.

✓ 선지분석
ㄱ. 피해 시 '그리고' 청구 제기 시에 무국적자가 합법적·상습적 거주자인 경우 합법적·상습적으로 거주하고 있는 국가가 외교적 보호권을 발동할 수 있다.
ㄷ. 난민 인정국은 난민의 국적국에 대해서는 보호권을 발동할 수 없다.

답 ②

다음 사례에 대한 국제법적 설명으로 옳은 것은? (다툼이 있는 경우 2001년 ILC가 작성한 위법행위책임 초안에 의함)

> A국 내에서 반정부 시위가 발생하자 A국 중앙정부는 시위 진압을 위해 인접국인 B국에 대해 군사원조를 요청하였다. B국은 A국의 통제하에 시위진압 행위를 하던 도중 C국과 D국의 이중국적자인 甲에게 신체·재산상의 막대한 피해를 입혔다.

① 甲의 피해에 대해서는 주권평등의 원칙상 C국과 D국 모두 외교적 보호권을 발동할 수 없다.
② A국과 B국 상호 간 원칙적으로 국제법상 책임이 성립하지 않으나 B국이 A국이 요청한 범위를 벗어나서 군사행동을 한 경우 그러한 행위에 대해서는 A국에 대해 국제법적 책임이 성립한다.
③ 만약 C국이나 D국이 외교적 보호권을 발동한다면 甲은 국내구제완료를 할 필요가 없다.
④ B국의 甲에 대한 피해에 관하여 A국과 B국이 공동책임을 지며, 양국 간 구상권이 행사될 수 있다.

정답 및 해설

피해국의 동의에 의해 위법성이 조각될 수 있으나, 피해국의 동의를 벗어난 행위의 경우 벗어난 범위에 대해서는 피해국에 대해 법적 책임이 성립한다.

☑ 선지분석
① 제3국이 가해국인 경우이므로 C국과 D국이 모두 외교적 보호권을 발동할 수 있다.
③ 간접책임에 대한 것이므로 갑은 국내구제를 먼저 완료해야 한다.
④ B국의 행위가 A국으로 귀속되므로 A국만이 전적으로 책임을 진다.

답 ②

제1절 | 외교관

01

외교관계에 관한 비엔나협약(1961)상 주요 용어에 대한 설명으로 옳은 것만을 모두 고른 것은?

> ㄱ. 공관장이라 함은 접수국이 그러한 자격으로 행동할 임무를 부여한 자를 말한다.
> ㄴ. 공관원이라 함은 공관장과 공관의 외교직원을 말한다.
> ㄷ. 공관직원이라 함은 공관의 외교직원, 행정 및 기능직원 그리고 노무직원을 말한다.
> ㄹ. 외교관이라 함은 외교관의 직급을 가진 공관직원을 말한다.
> ㅁ. 개인적 사용인이라 함은 공관직원의 가사에 종사하며 접수국의 피고용인이 아닌 자를 말한다.
> ㅂ. 공관지역이라 함은 소유자 여하를 불문하고, 공관장의 주거를 포함하여 공관의 목적으로 사용되는 건
> 물과 건물의 부분 및 부속토지를 말한다.

① ㄱ, ㅂ　　　　② ㄷ, ㄹ　　　　③ ㄷ, ㅂ　　　　④ ㅁ, ㅂ

정답 및 해설

외교관계에 관한 비엔나협약(1961)상 주요 용어에 대한 설명으로 옳은 것은 ㄷ, ㅂ이다.

⊘ 선지분석
ㄱ. '파견국'이 그러한 자격으로 행동할 임무를 부여한 자를 말한다.
ㄴ. 공관원은 '공관장'과 '공관직원'을 말한다.
ㄹ. 외교관은 '공관장'이나 공관의 외교직원을 말한다.
ㅁ. 개인적 사용인은 '파견국'의 피고용인이 아닌 자를 말한다.

답 ③

02

외교사절 및 영사에 대한 설명으로 옳지 않은 것은?

① 통상적으로 외교사절단의 장과 외교직원을 외교관이라고 한다.
② 외교사절 상호 간의 석차는 우선 계급에 의하여 결정되고 동일 계급 상호 간의 석차는 직무 개시 일
　자 및 시각에 따른다.
③ 한 국가 내에 주재하는 모든 국가의 외교사절이 모인 단체를 외교사절단이라고 한다.
④ 영사는 외교사절과 달리 정식 국가대표성이 없으며, 자국민 보호·원조, 여권·사증의 발급과 같은 비
　정치적 기능을 수행한다.

정답 및 해설

한 국가 내에 주재하는 모든 국가의 외교사절이 모인 단체는 외교단(diplomatic corps)이라고 한다.

⊘ 선지분석
④ 외교사절과 영사의 가장 큰 차이점은, 영사는 외교사절과 달리 접수국에서의 파견국을 대표할 수 없고 접수국
　정부와 교섭할 수 없다는 것이다.

답 ③

03 신임장 제정에 대한 설명으로 옳지 않은 것은?

□□□
① 신임장이란 접수국가의 원수에게 파견국원수가 보내는 사절 개인에 대한 문서이다.
② 모든 상주외교사절은 접수국에 도착해 신임장 부본을 외교통상부장관에게, 신임장 정본은 국가원수에게 제출한다.
③ 신임장을 제출하는 절차를 신임장의 제정(提呈)이라고 한다.
④ 특별외교사절은 아그레망도, 신임장 제정도 필요하지 않다.

> **정답 및 해설**

외교사절은 접수국에 도착하여 신임장 부본을 접수국의 외교통상부에 제출한다. 그리고 대사·공사의 경우는 접수국의 국가원수에게, 대리공사의 경우는 접수국의 외교통상부장관에게 신임장 정본을 각각 제출한다. 이러한 절차를 '신임장을 제정(提呈)한다'고 하며, 이때부터 그 기능을 시작할 수 있다.

답 ②

04 외교관계에 관한 비엔나협약(1961)상 공관장의 직무 개시 시기로 옳은 것만을 모두 고른 것은?

□□□

> ㄱ. 접수국의 관행에 따라 공관장이 신임장을 제정하였을 때
> ㄴ. 공관장의 도착을 통고하고 신임장을 제정하였을 때
> ㄷ. 신임장의 진정등본을 접수국의 외무부에 제출하였을 때
> ㄹ. 신임장의 진정등본을 접수국의 합의된 기타 부처에 제출하였을 때

① ㄱ, ㄹ
② ㄱ, ㄴ, ㄷ
③ ㄱ, ㄷ, ㄹ
④ ㄱ, ㄴ, ㄷ, ㄹ

> **정답 및 해설**

외교관계에 관한 비엔나협약(1961)상 공관장의 직무 개시 시기로 옳은 것은 ㄱ, ㄴ, ㄷ, ㄹ. 모두이다.

답 ④

05 외교공관의 불가침에 대한 설명으로 옳지 않은 것은?

□□□
① 외교공관 내에서는 원칙적으로 파견국 법률이 적용된다.
② 1961년 외교관계에 관한 비엔나협약은 비상사태 시 접수국 관헌이 강제로 외교공관에 출입할 수 있는지에 대해 명문규정을 두지 않았다.
③ 외교공관의 불가침권은 외교업무를 원활히 수행하기 위한 것이다.
④ 일반국제법상 외교공관은 정치적 망명처로 이용될 수 없다.

> **정답 및 해설**

외교공관 내에서는 접수국 법률이 적용되나, 조약이나 관습법에 의해 제한될 뿐이다.

⊘ 선지분석
② 1961년 외교관계에 관한 비엔나협약 제22조에 의하면, 접수국 관헌은 공관장의 동의 없이는 공관지역에 들어가지 못한다. 영사협약과는 달리 1961년 외교관계에 관한 비엔나협약에는 예외규정이 명시되어 있지 않다.
④ 다만, 지역에 따라 외교적 비호권을 인정하기도 한다. 외교적 비호에 관한 미주협약(1954)은 외교적 비호권을 인정하며, 파견국이 범인의 정치적 성격을 결정할 권리가 있음을 규정하였다.

답 ①

06 외교관계에 관한 비엔나협약에 대한 설명으로 옳지 않은 것은?

① 불가침의 대상이 되는 공관지역은 공관 및 관저의 부속대지와 건물, 그리고 그 구성물 및 공관이 보유한 교통수단을 포함하나, 임차한 경우에는 불가침이 적용되지 않는다.
② 외교공관은 파견국 영토의 연장이 아니며, 접수국의 치외법권지역이 아니다.
③ 외교 임무에 관련된 기록문서와 재산들도 불가침성을 누린다.
④ 접수국은 공용을 위한 공관의 자유로운 통신을 허용하며 보호하여야 한다.

임차한 경우라 해서 외교공관의 불가침성을 제한받아서는 안 될 것이다. 외교관계에 관한 비엔나협약은 제1조에서 '외교공관'의 정의에 대해 '소유자를 불문하고, 사절단장의 주거를 포함해 사절단의 목적을 위해 사용되는 건물과 건물의 부분 및 부속토지'라 규정하고 있다.

✅ 선지분석
② 따라서 외교공관 내에서도 접수국의 법률이 적용된다.

답 ①

07 외교면제 및 특권에 대한 설명으로 옳지 않은 것은?

① ICJ는 외교관계에 관한 비엔나협약은 접수국 자신이 사절단의 불가침성을 침해하는 것을 금지하고 있을 뿐만 아니라 다른 사람들이 이 사절단의 불가침을 침해하는 것을 방지할 의무도 접수국에 지우고 있다고 하였다.
② 외교공관의 불가침의 해석상 경찰이 대사관 차량의 운전자를 도로 밖으로 강제로 끌어내는 것은 허용되지 아니한다.
③ 미국은 외교공관의 불가침성에도 불구하고 우편에 의한 영장송달이 금지되는 것은 아니라고 본다.
④ 1989년 ILC에서 최종 채택된 '외교신서사 및 외교행낭에 관한 규정 초안'은 외교행낭의 완전한 불가침성을 규정하고 있으며, 특히 동의가 없는 한 모든 종류의 전자 및 기계 장치에 의한 검사를 금지하고 있다.

미국은 외교공관의 불가침성으로 인하여 '우편에 의한 영장송달이 금지'된다고 본다.

답 ③

08 비호권 사건(1950) 및 아야 데 라 토레 사건(1951)에 대한 설명으로 옳은 것은 모두 몇 개인가?

> ㄱ. 국제사법재판소(ICJ)는 지역관습이 성립할 수 있다고 하였다.
> ㄴ. 국제사법재판소(ICJ)는 외교공관의 비호권 관련 관습이 페루에 대해 적용되기 위해서는 당해 규범이 지역관습으로 형성되었는지 여부뿐만 아니라 페루가 당해 관습에 참여하고 있다는 것도 입증해야 한다고 판시하였다.
> ㄷ. 국제사법재판소(ICJ)는 외교관계에 관한 빈협약은 외교공관의 비호권을 인정하지 않는다고 해석하였다.
> ㄹ. 아야 데 라 토레 사건(1951)은 토레의 출국보장의무를 다룬 사건으로서 국제사법재판소(ICJ)는 페루는 콜롬비아가 요청한 출국보장에 응할 의무가 없다고 하였다.
> ㅁ. 비호권 사건(1950)에서 국제사법재판소(ICJ)는 콜롬비아는 외교공관에서 비호권을 가지지 않으므로 토레를 페루에 인도할 의무가 있다고 판시하였다.

① 1개   ② 2개
③ 3개   ④ 4개

정답 및 해설

비호권 사건(1950) 및 아야 데 라 토레 사건(1951)에 대한 설명으로 옳은 것은 ㄱ, ㄴ. 2개이다.

ㄱ. 하지만 라틴아메리카지역에서 외교공관의 비호권이 지역관습법으로 형성되지 않았음을 확인하였으며, 외교공관에서의 일방적 비호 부여는 접수국의 전속적 권한에 대한 간섭에 해당된다고 하였다.

⊘ 선지분석

ㄷ. 외교관계에 관한 비엔나협약상 비호권을 다룬 사건이 아니다. 동 협약은 1961년 채택되었다.
ㄹ. 아야 데 라 토레 사건(1951)은 콜롬비아의 페루에 대한 토레의 인도의무를 다룬 사건이다. 국제사법재판소(ICJ)는 인도의무가 없다고 결론지었다.
ㅁ. 비호권 사건(1950)은 공관의 비호권을 부인하고, 출국보장의무도 없다고 하였다.

답 ②

09 국제법상 외교관계에 대한 설명으로 옳지 않은 것은?

① 테헤란 주재 미 외교관 인질 사건(1980)에서 국제사법재판소(ICJ)는 미국의 과거 불법행위로 인하여 인질 사태가 초래되었더라도 외교관계에 관한 비엔나협약상 이란의 유일한 합법적 대응수단은 기피인물로 선언하여 퇴거를 요청하는 것밖에 없으므로 이란 정부의 미국 외교관 불법억류는 정당화될 수 없다고 하였다.
② 1954년 외교적 비호에 관한 미주협약은 외교적 비호권을 인정하고 접수국이 범인의 정치적 성격을 결정할 권리가 있다고 규정하고 있다.
③ 외교행낭도 외부에 표시가 없으면 외교관의 개인수하물로 취급되어 외교관 입회하에 개봉할 수 있다.
④ 공관에 대한 일체의 조세나 부과금은 면제되나 전기요금이나 수도요금과 같이 접수국이 제공한 특별한 역무에 대한 급부는 면제되지 않는다.

정답 및 해설

파견국이 범인의 정치적 성격을 결정할 수 있다고 하였다.

답 ②

10 주한 자이레 대사관 강제집행 사건(1996)에 대한 설명으로 옳지 않은 것은?

① 우리나라 국민이 임대차 계약을 통해 본인 소유의 주택을 자이레 대사관으로 사용하도록 하였으나 자이레 측에서 이를 위반하자 민사소송을 제기하였다.

② 우리나라는 외교관계에 관한 비엔나협약에 근거하여 우리나라가 재판관할권을 행사할 수 없다고 보고 각하판결하였다.

③ 이 사건에서 만약 자이레 측이 외교면제를 포기한다면 관할권을 행사할 수 있다.

④ 재판이 진행되어 우리나라 국민이 승소한 경우 자이레 측이 자발적으로 판결을 이행하지 않는다고 하더라도 한국 법원은 강제집행을 명령할 수 없다.

> **정답 및 해설**
>
> 우리나라는 재판관할권을 행사하여 원고승소판결하였다. 다만 강제집행명령청구는 받아들이지 않았다.
>
> 답 ②

11 외교사절의 특권과 면제에 대한 설명으로 옳은 것은?

① 외교관이 사절단의 목적을 위해 파견국을 대신하여 임차한 것으로서 접수국 영역 내에 소재하는 건물에 대해서 민사소송이 제기된 경우 접수국의 재판관할권으로부터 면제된다.

② 외교사절단의 공관은 불가침이며, 국제사법재판소(ICJ)는 비호(庇護) 사건(Asylum Case)에서 페루 주재 콜롬비아 대사관에 피신한 페루의 야당 지도자 아야 데 라 토레에 대하여 동 대사관이 외교적 비호를 부여할 권리가 있다고 판시하였다.

③ 외교관은 접수국의 중앙 및 지방정부가 부과하는 조세로부터 면제되며, 전기 및 수도요금을 포함한 각종 부과금으로부터도 면제된다.

④ 외교관의 특권은 그 직무가 종료하여 접수국으로부터 퇴거하는 때에 소멸하며, 외교관의 재임기간 중 직무상의 공적 행위에 대한 면제도 접수국으로부터 퇴거하는 때에 소멸한다.

> **정답 및 해설**
>
> ✓ **선지분석**
> ② 국제사법재판소(ICJ)는 비호(庇護) 사건(Asylum Case)에서 비호권을 부정하였다.
> ③ 외교관은 간접세, 개인소유 부동산에 대한 과세, 상속세, 상업활동에 대한 소득세 등은 부담해야 한다.
> ④ 외교관의 공적 행위에 대한 면제는 임무가 종료된 이후에도 존속한다.
>
> 답 ①

12. 외교관계에 대한 설명으로 옳은 것은?

① 외교관계에 관한 비엔나협약(1961)상 문서의 불가침이 적용되기 위해서는 반드시 외교공관 공용문서라는 표시가 필요하다.

② 접수국 주재 대사가 납치되어 범죄인이 몸값을 요구하는 경우 접수국은 이에 응할 국제법적 의무가 있으며, 접수국이 이에 응하지 않아 대사가 살해된 경우 접수국은 외교관계에 관한 비엔나협약(1961)상 신체의 불가침을 침해한 것으로 볼 수 있다.

③ 외교공관의 문서는 원칙적으로 불가침이나 양국 간 외교관계가 단절되거나 무력충돌이 발생한 경우에는 불가침성은 인정되지 않는 것으로 해석하는 것이 통설이다.

④ 외교관계에 관한 비엔나협약(1961)과 달리 영사관계에 관한 비엔나협약(1963)은 영사문서를 영사기관의 모든 문건, 서류, 서한, 서적, 필름, 녹음테이프, 등록대장, 전신암호와 기호 색인카드 및 이를 보존하거나 보호하기 위한 용기를 포함한다는 정의조항을 두고 있다.

정답 및 해설

⊘ 선지분석
① 외교공관 공용문서라는 표시가 반드시 필요한 것은 아니다.
② 범죄인의 불법적 요구에 응할 의무는 없는 것으로 인정된다.
③ 외교관계에 관한 비엔나협약상 명문규정으로 외교관계 단절 시나 무력충돌 발생 시라도 문서나 공관의 불가침을 규정하고 있다.

답 ④

13. 외교신서사(diplomatic courier)에 대한 설명으로 옳지 않은 것은?

① 외교신서사(diplomatic courier)는 직무 수행상 접수국의 보호를 받는다.
② 접수국은 외교신서사(diplomatic courier)가 휴대하는 외교행낭을 개봉하거나 유치할 수 없다.
③ 외교신서사(diplomatic courier)는 어떠한 형태로도 체포나 구금을 당하지 않는다.
④ 임시 외교신서사의 경우는 접수국에서 특권과 면제의 대상이 되지 않는다.

정답 및 해설

파견국은 임시 외교신서사를 지정할 수 있다. 이러한 경우에는 본조 제5항의 규정이 또한 적용된다(외교관계에 관한 비엔나협약 제27조 제6항). 제5항에 의하면 외교신서사는 신체의 불가침을 향유하며 어떠한 형태의 체포나 구금도 당하지 아니한다.

⊘ 선지분석
①, ③ 동 협약 제27조 제5항에 대한 내용이다.
② 참고로, '외교신서사 및 외교행낭에 대한 규정 초안(1989)'은 외교행낭의 완전한 불가침성을 규정하고 있으며, 동의가 없는 한 모든 종류의 전자 및 기계 장치에 의한 검사를 금지하고 있다.

답 ④

14 외교사절의 특권과 면제에 대한 설명으로 옳지 않은 것은?

① 외교사절의 특권과 면제의 일반적 인정기간은 접수국 영역에 들어간 순간부터 직무종료 후 접수국에서 퇴거하거나, 퇴거에 요하는 상당한 기간의 만료 시까지이다.
② 외교사절의 어떠한 범죄에 대해서도 체포·구금은 인정되지 않으며 외교사절의 범죄에 대해 피해자가 정당방위를 하는 것도 금지된다.
③ 외교사절의 형사재판관할권에 대한 면제는 절대적으로 보장되며, 공무상 행한 범죄의 경우에는 직무가 종료한 후에도 소추될 수 없다.
④ 1961년 외교관계에 관한 비엔나협약에서는 외교사절에 대한 접수국의 민사재판권의 행사가 일부 예외적으로 인정되고 있는데, 외교사절이 가해자인 교통사고로 인한 손해배상소송은 이러한 예외로 규정되어 있지 않다.

> 정답 및 해설

접수국의 질서와 안전을 위해 외교관을 일시적으로 구속할 수 있으며, 피해자의 정당방위행위는 인정된다.

⊘ 선지분석
① 특권 및 면제를 받을 권리가 있는 자는, 그가 부임차 접수국의 영역에 들어간 순간부터, 또는 이미 접수국의 영역 내에 있을 경우에는, 그의 임명을 외무부나 또는 합의되는 기타부처에 통고한 순간부터 특권과 면제를 향유한다(외교관계에 관한 비엔나협약 제39조).
③ 즉, 외교사절에게 인적 면제가 존재한다.

답 ②

15 외교관계에 관한 비엔나협약(1961)에 대한 설명으로 옳지 않은 것은?

① 사무직원은 원칙적으로 외교관과 동일한 특권과 면제를 향유하나 민사 및 행정재판권 면제의 경우 직무 범위 밖의 행위에는 미치지 않는다.
② 역무직원은 사회보장규정으로부터의 면제는 향유하지 않는다.
③ 사절단 구성원의 개인적 사용인은 고용에 따른 보수에 대한 조세면제만 인정된다.
④ 사절단 구성원의 가족이 접수국 국민인 경우 어떠한 특권과 면제도 향유하지 못한다.

> 정답 및 해설

역무직원은 공무수행 중의 행위에 관한 재판권 면제, 고용에 따른 보수에 대한 조세 면제, 사회보장규정의 면제만 인정된다.

⊘ 선지분석
① 사무직원(공관의 행정 및 기능직원)은 물적 면제를 향유한다(외교관계에 관한 비엔나협약 제37조 제2항).
③ 사절단 구성원의 개인적 사용인은 고용에 따른 보수에 대한 조세면제만 인정되며 그 이외의 점에 대하여는 접수국이 인정하는 범위에서만 특권과 면제를 향유할 수 있다(동 협약 제37조 제4항).

답 ②

16

외교사절의 특권 및 면제의 적용범위에 대한 설명으로 옳은 것은?

① 직무의 시기 및 종기와 특권면제의 향유 시기 및 종기는 일치한다.
② 제3국은 외교관에 대해 무해통항권을 인정할 의무가 있다.
③ 외교관의 가족은 접수국의 국민이라 할지라도 외교관과 동일한 특권 및 면제를 향유한다.
④ 접수국 국민인 외교관은 공적 행위에 대해서만 면제가 인정된다.

> **정답 및 해설**

또한, 외교관의 세대를 구성하는 그의 가족이 접수국의 국민인 경우 외교관의 특권 및 면제를 향유하지 못한다(외교관계에 관한 비엔나협약 제37조 제1항).

⊘ 선지분석
① 특권면제의 향유 시기 및 종기가 직무의 시기 및 종기보다 더 포괄적이다.
② 외교관의 공적 여행에 한해 무해통항권을 인정할 의무가 있다.
③ 외교관의 가족은 접수국의 국민이 아닌 한 외교관 본인과 동일한 특권 및 면제를 향유한다.

답 ④

17

외교관계와 관련된 국제사법재판소(ICJ) 판례에 대한 설명으로 옳지 않은 것만을 모두 고른 것은?

ㄱ. Asylum case(1950)에 따르면 외교공관의 비호권은 국제관습법으로 확립되었다.
ㄴ. Asylum case(1950)에서 국제사법재판소(ICJ)는 비호권의 관습법성 여부의 입증책임은 콜롬비아에 있다고 판시하였다.
ㄷ. 국제사법재판소(ICJ)는 테헤란 영사 사건(1980)에서 외교공관의 불가침의 예외를 인정하였다.
ㄹ. 테헤란 영사 사건(1980)에서 이란 정부의 작위책임이 성립되었다.

① ㄱ, ㄷ
② ㄱ, ㄹ
③ ㄴ, ㄷ
④ ㄷ, ㄹ

> **정답 및 해설**

외교관계와 관련된 국제사법재판소(ICJ) 판례에 대한 설명으로 옳지 않은 것은 ㄱ, ㄷ이다.
ㄱ. 국제사법재판소(ICJ)는 Asylum case(1950)에서 외교공관의 비호권의 지역관습법성을 인정하지 아니하였다. 외교관계에 관한 비엔나협약상 비호권에 대한 명시적 규정이 없어 오늘날까지도 비호권 인정 여부에 대해서는 논쟁이 존재하는데, 관행상 대체로 부인되고 있다.
ㄷ. 국제사법재판소(ICJ)는 테헤란 영사 사건에서 외교공관의 절대적 불가침을 인정하였다. 이는 외교공관의 불가침성이 남용되는 경우 접수국당국은 문제의 외교관을 기피인물로 선언하거나 외교관계를 단절하는 등의 대응책을 가지고 있음을 논거로 하였다.

⊘ 선지분석
ㄴ. 관습의 존재를 주장하는 측에 비호권의 관습법성 여부의 입증책임이 있다.

답 ①

18 특별사절에 관한 협약(뉴욕협약)에 대한 설명으로 옳은 것은?

① 외교관계에 관한 비엔나협약의 당사국 총회는 1969년 12월 8일 뉴욕에서 특별사절에 관한 협약을 채택하였으며 1985년 6월 21일 발효하였다.

② 뉴욕협약에 의하면 특별사절이란 한 국가가 타국과 특별한 문제에 관하여 거래를 하거나 혹은 타국과의 관계에 있어 특별한 임무를 수행할 목적으로 타국의 동의를 얻어 그 국가에 파견하는 국가를 대표하는 임시사절을 의미한다.

③ 외교관계나 영사관계가 없는 국가 상호 간에는 특별사절을 파견할 수 없다.

④ 특별사절단의 구성원은 공적 직무와 관련된 자동차 사용으로부터 야기된 손해배상청구소송에 대해서는 면제를 향유하지 못한다.

> **정답 및 해설**

특별사절은 국가대표성이 인정되며, 국가는 타국의 동의를 얻어 그 국가에 특별사절을 파견할 수 있으나, 외교채널 또는 기타 합의되거나 상호 수락 가능한 채널을 통해 미리 타국의 동의를 얻어 파견할 수도 있다.

⊘ 선지분석

① 특별사절에 관한 협약은 UN총회에서 채택되었다.

③ 외교관계나 영사관계가 없는 국가 상호 간에도 특별사절을 파견할 수 있다.

④ 직무와 무관한 경우 면제되지 않으나, 직무와 관련된 경우 면제를 향유한다.

답 ②

19 특별사절에 관한 협약(뉴욕협약, 1969)에 대한 설명으로 옳지 않은 것을 모두 고른 것은?

ㄱ. 특별사절은 상주사절과 달리 국가대표성이 없다는 점에서 국회의원사절단이나 축구팀 등과 유사하다.

ㄴ. 국가는 외교채널 또는 기타 합의되거나 상호 수락가능한 채널을 통해 미리 타국의 명시적 동의를 얻어 그 국가에 특별사절을 파견할 수 있다.

ㄷ. 둘 이상의 국가에서 파견된 특사들은 먼저 제3국의 명시적 동의를 얻는 경우에는 그 제3국의 영토에서 회합을 가질 수 있다.

ㄹ. 특별사절단 공관의 불가침성 문제에 있어 그의 동의가 있는 것으로 추정하여 임시공관 내로 들어갈 수 있다.

① ㄱ, ㄴ

② ㄴ, ㄷ

③ ㄱ, ㄷ

④ ㄷ, ㄹ

> **정답 및 해설**

ㄱ. 특별사절은 국가를 대표한다는 점에서 국가대표성이 없는 국회의원사절단이나 축구팀 혹은 오케스트라 등과 구분된다.

ㄴ. 국가는 외교채널 또는 기타 합의되거나 상호 수락가능한 채널을 통해 미리 타국의 동의를 얻어 그 국가에 특별사절을 파견할 수 있다. 명시적 동의를 얻어야 하는 것은 아니다.

답 ①

20

외교관계에 관한 판례에 대한 설명으로 옳은 것만을 모두 고른 것은?

ㄱ. 비호권 사건(1950)에서 국제사법재판소(ICJ)는 일반관습법상 영토적 비호와 외교적 비호는 인정되지 않으며, 지역관습으로도 성립하지 않았다고 판시하였다.

ㄴ. 테헤란 주재 미 외교관 인질 사건(1980)에 의하면 파견국 정부의 불법행위에 대한 대응조치로 외교관을 불법 억류할 수 없으며, 접수국의 유일한 합법적 대응수단은 기피인물(persona non grata)로 선언하여 퇴거를 요청하는 것뿐이다.

ㄷ. 콩고 외무장관 체포영장 발부 사건(2000)은 현직 외무장관에 대해서는 범죄의 경중 및 시점과 관계없이 1961년 외교관계에 관한 비엔나협약상의 특권 및 면제가 적용되어 타국에서 형사소추 대상이 되지 않음을 확인하였다.

ㄹ. Avena 사건(2004) 이후 미국은 판결에 따라 대부분의 사건에 대해 재심을 허용하여 감형을 허용하였다.

① ㄴ, ㄷ

② ㄷ, ㄹ

③ ㄱ, ㄴ, ㄷ

④ ㄱ, ㄷ, ㄹ

정답 및 해설

외교관계에 관한 판례에 대한 설명으로 옳은 것은 ㄴ, ㄷ이다.

ㄴ. 이란은 미국에 대한 폭도행위가 대항조치라고 주장하였으나 사건에서 '영사관계에 관한 비엔나협약'은 자기완비적 체제이므로 기피인물(persona non grata)선언과 같은 협약 내 조치를 통해 해결해야 한다고 보았다.

 **선지분석**

ㄱ. 영토적 비호는 관습법으로 성립하였다.

ㄹ. 대부분의 사건에 대해 재심을 부인하고 처벌하였다.

답 ①

21

외교면제 및 특권에 대한 설명으로 옳은 것은?

① 외교관계가 단절되거나 외교사절단이 소환되어 더 이상 사용되지 않고 있는 공관은 외교공관으로서의 성격을 상실하나 자동적으로 불가침성을 상실하는 것은 아니다.

② ICJ는 Armed Activities on the Territory of the Congo 사건에서 외교관계 비엔나협약은 접수국 자신이 사절단의 불가침성을 침해하는 것을 금지하고 있을 뿐 다른 사람들이 사절단의 불가침성을 침해하는 것을 방지할 의무를 접수국에 지우고 있는 것은 아니라고 하였다.

③ 영국재판소는 런던 주재 청국 공사관이 Sun Yat-Sen을 불법감금한 사건(1896)에서 외교공관의 불가침성에도 불구하고 불법감금의 경우 예외적으로 청국 공사관에 인신보호영장을 발부할 수 있다고 하였다.

④ ICJ는 US Diplomatic and Consular Staff in Tehran 사건에서 외교법의 규칙들은 한 개의 자기완비적 체제(a self-contained regime)를 구성하고 있다고 하였다.

정답 및 해설

선지분석

① 외교공관으로서의 성격을 상실하여 협약 제22조에 규정된 불가침성을 상실하게 된다.

② 다른 사람들이 사절단의 불가침성을 침해하는 것을 방지할 의무도 접수국에 지우고 있다고 하였다.

③ 외교공관의 불가침성을 이유로 청국 공사관에 인신보호영장을 발부하는 것을 거절하였다.

답 ④

01 영사제도에 대한 설명으로 옳은 것은?

① 영사관계에 관한 비엔나협약에 의하면 영사의 계급은 총영사, 영사, 부영사 및 영사대리로 구분된다.
② 영사 파견 시 파견국은 신임장을 수여하며 접수국은 인가장을 교부한다.
③ 영사 파견에 있어서 파견국은 접수국에 대해 아그레망을 요청해야 한다.
④ 외교관과 영사는 접수국에서 정치적 기능을 수행한다는 점에서 유사하다.

정답 및 해설

✓ 선지분석
② 파견국은 영사에게 '위임장(consular commission)'을 교부하여 파견한다.
③ 외교사절과 달리 영사 파견에 있어서는 아그레망을 요청하지 않는다.
④ 일반적으로 외교관은 정치적 기능을, 영사는 행정적 기능을 수행하는 것으로 구분된다.

답 ①

02 영사관계에 관한 비엔나협약(1963)에 대한 설명으로 옳지 않은 것은?

① 영사인가장의 부여를 거부하는 국가는 그 거부 이유를 파견국에 제시할 의무를 지지 않는다.
② 영사기관장은 영사인가장을 접수할 때까지 잠정적으로 그 직무수행이 인정될 수 있으나, 그 경우에는 영사관계협약규정이 적용되지 않는다.
③ 영사관원이 정부 간 국제기구에 대한 파견국 대표로 활동하는 경우 국제관습법 또는 국제협정에 의하여 그러한 대표에게 부여되는 특권과 면제를 향유할 수 있는 권리가 부여된다.
④ 영사관원은 사적 행위와 관련하여 접수국의 재판관할권으로부터 면제를 향유하지 못한다.

정답 및 해설

영사기관장이 영사인가장을 접수할 때까지 잠정적으로 직무수행이 인정될 수 있으며, 영사관계협약규정이 적용된다.

✓ 선지분석
① 외교사절에 대해 아그레망을 거절할 때에도 파견국에 대해 거부이유를 제시할 의무가 없는 것과 동일하다.
③ 외교사절에게 부여되는 정도의 특권과 면제를 부여받는 것은 아니다.

답 ②

03 외교사절과 영사에 대한 설명으로 옳은 것만을 모두 고른 것은?

> ㄱ. 외교공관과 달리 영사공관은 임차한 경우 특권면제가 인정되지 않는다.
> ㄴ. 영사제도는 연혁적으로 중세유럽의 길드에서 유래한 것으로서 상업상의 이익을 보호하고 상사분쟁을 중재하는 것이 주된 임무였다.
> ㄷ. 외교사절은 국제법상 국가의 기관이나 영사는 그러하지 아니하다.
> ㄹ. 외교사절의 파견에는 원칙적으로 아그레망을 요하나 영사의 파견에는 이를 요하지 않는다.
> ㅁ. 영사관계의 수립은 일반적으로 명시적인 국가승인으로 인정된다.
> ㅂ. 외교사절은 신임장을 제정하여야 그 업무를 개시하는 데 비해 영사는 접수국의 영사인가를 받아야 그 직무를 개시할 수 있다.

① ㄱ, ㄴ, ㅁ   ② ㄱ, ㄷ, ㅂ   ③ ㄴ, ㄹ, ㅂ   ④ ㄴ, ㅁ, ㅂ

정답 및 해설

외교사절과 영사에 대한 설명으로 옳은 것은 ㄴ, ㄹ, ㅂ이다.
ㄹ. 아그레망은 외교사절 중에서 사절단장의 파견 시 필요하지만, 사절단장이 아닌 외교관 파견 시에는 불필요하다.
ㅂ. 외교사절의 신임장은 파견국이 특정인을 외교사절로 신임, 파견한다는 공문서이나 영사의 인가는 접수국이 교부하는 것이다.

✅ **선지분석**
ㄱ. 영사공관도 임차하더라도 특권면제가 인정된다.
ㄷ. 영사 역시 국가기관이다.
ㅁ. 영사관계 수립은 명시적은 물론이고, 묵시적인 국가승인으로도 인정되지 않는다.

답 ③

04 영사관계에 관한 비엔나협약(1963)상 영사 보호에 대한 설명으로 옳은 것은 모두 몇 개인가?

> ㄱ. 외국인이 범죄혐의로 인해 체포된 경우 접수국은 당해 혐의자에게 영사보호를 요구할 수 있는 권리가 있다는 사실을 통지해야 한다.
> ㄴ. 국제사법재판소(ICJ)는 체포 즉시 영사고지를 해야 한다고 판시하였다.
> ㄷ. 미국과 멕시코 간 'Avena case'에서 국제사법재판소(ICJ)는 미국이 영사고지의무를 태만히 함으로써 영사관계에 관한 비엔나협약을 위반하였다고 판시하였다.
> ㄹ. LaGrand형제 사건에서 국제사법재판소(ICJ)는 독일이 영사고지의무를 태만히 함으로써 미국에 대한 국가책임이 성립한다고 하였다.

① 1개   ② 2개   ③ 3개   ④ 4개

정답 및 해설

영사 보호에 대한 설명으로 옳은 것은 ㄱ, ㄷ. 2개이다.
ㄱ. 영사통보(고지)의무에는 정신병원 수용과 같은 행정적 조치도 포함된다. 이를 위해 한국은 '재외국민을 위한 영사조력법'을 시행하고 있다.

✅ **선지분석**
ㄴ. 영사고지의 시점은 '체포 즉시'가 아니라 '외국인임을 알았거나 알 수 있었을 때 즉시' 해야 한다는 것이 국제사법재판소(ICJ)의 입장이었다.
ㄹ. 미국이 독일에 대해 위법행위책임을 진 사건이다.

답 ②

05

Avena 사건(2004) 및 관련 쟁점에 대한 설명으로 옳지 않은 것은 모두 몇 개인가?

ㄱ. 접수국이 파견국 국민을 체포한 경우 영사의 조력을 받을 권리가 있음을 통지할 의무가 있다.
ㄴ. 영사고지의 시점은 체포 즉시가 아니라 외국인임을 알았거나, 알 수 있을 때 즉시이다.
ㄷ. 파견국의 영사 보호에 대해 파견국 국민이 거부하는 경우 개입할 수 없다.
ㄹ. 영사 보호권을 침해하여 파견국 국민이 영사 보호를 적절하게 받지 못한 경우 파견국이 접수국에 대해 국가책임을 물을 수 있으나, 반드시 접수국에서 국내구제를 완료해야 한다.
ㅁ. 접수국 국내절차 진행 과정에서 접수국의 위법행위로 영사 보호를 받지 못하고 유죄판결이 확정된 경우 원상회복이 원칙이므로 유죄판결은 파기되고 새로 국내절차를 진행해야 한다.

① 1개
② 2개
③ 3개
④ 4개

정답 및 해설

Avena 사건(2004) 및 관련 쟁점에 대한 설명으로 옳지 않은 것은 ㄹ, ㅁ. 2개이다.
ㄹ. 파견국의 권리도 직접 침해되므로 반드시 국내구제를 완료해야 하는 것은 아니다.
ㅁ. 국제사법재판소(ICJ)에 의하면 재심기회를 부여하는 것으로 충분하다.

⊘ **선지분석**
ㄷ. 구금, 유치 또는 구속되어 있는 국민을 대신하여 영사관원이 조치를 취하는 것을 동 국민이 명시적으로 반대하는 경우에, 동 영사관원은 그러한 조치를 삼가야 한다[영사관계에 관한 비엔나협약 제36조 제1항 제(c)호].

답 ②

06

영사관계에 관한 비엔나협약(1963)에 대한 설명으로 옳은 것은 모두 몇 개인가?

ㄱ. 영사관원은 파견국의 국민과 자유로이 통신할 수 있으며 또한 접촉할 수 있다.
ㄴ. 파견국의 국민은 파견국의 영사관원과 자유롭게 통신 및 접촉할 수 있다.
ㄷ. 파견국의 영사관할구역 내에서 파견국의 국민이 체포되는 경우 접수국의 권한 있는 당국은 지체 없이 통보해야 한다.
ㄹ. 영사관원은 그 관할구역 내에 구금되어 있는 파견국 국민을 방문할 권리를 가지나 영사관원이 조치를 취하는 것을 국민이 반대하는 경우 영사관원은 이를 삼갈 의무가 있다.

① 1개
② 2개
③ 3개
④ 4개

정답 및 해설

영사관계에 관한 비엔나협약(1963)에 대한 설명으로 옳은 것은 ㄱ, ㄴ. 2개이다.
ㄱ, ㄴ. 영사관계에 관한 비엔나협약 제36조 제1항 제(a)호에 대한 내용이다.

⊘ **선지분석**
ㄷ. '당해 국민이 파견국의 영사기관에 통보할 것을 요청하면' 통보해야 한다.
ㄹ. 영사관원은 그 관할구역 내에 구금되어 있는 파견국 국민을 방문할 권리를 가지나 영사관원이 조치를 취하는 것을 국민이 '명시적으로' 반대하는 경우 이를 삼갈 의무가 있다.

답 ②

07 영사관계에 관한 비엔나협약(1963)에 대한 설명으로 옳지 않은 것은?

① 영사관원과 사무직원은 영사직무의 수행 중에 행한 행위에 대하여 접수국의 사법 또는 행정당국의 관할권에 복종할 의무를 지지 아니한다.

② 파견국은 영사기관원의 특권과 면제를 포기할 수 있으나, 포기는 명시적이어야 하며 또한 서면으로 접수국에 전달되어야 한다.

③ 접수국은 자국이 채택하는 법령에 의거하여 영사기관의 공용물품에 대하여 모든 관세 및 조세와 보관, 운반 및 유사한 역무에 대한 것을 포함하여 기타 과징금을 면제해야 한다.

④ 사무직원은 최초 부임 시에 수입하는 물품에 관하여 관세 및 조세 등이 면제된다.

| 정답 및 해설 |

보관, 운반 및 유사한 역무에 대한 과징금은 면제되지 않는다.

✅ **선지분석**
① 즉, 영사관원과 사무직원은 물적 면제만을 향유한다(영사관계에 관한 비엔나협약 제43조 제1항).
② 특권 및 면제의 포기에 관한 조항에서, 외교관계에 관한 비엔나협약과 달리 영사관계에 관한 비엔나협약은 포기는 '서면으로' 접수국에 전달되어야 한다고 규정하였다(동 협약 제45조 제2항).

답 ③

08 영사관계에 관한 비엔나협약(1963)에 대한 설명으로 옳은 것은?

① 영사관원은 접수국에 통고하고 접수국의 승인을 받아 정부 간 국제기구에 대한 파견국의 대표로서 활동할 수 있다.

② 파견국은 관계국의 명시적 반대가 없는 한 특정 국가 내에 설치된 영사기관에 대하여 제3국 내에서의 영사기능의 수행을 위임할 수 있다.

③ 파견국 영사기관은 접수국의 명시적 사전동의를 받아 제3국을 대표하여 접수국 내에서 영사기능을 수행할 수 있다.

④ 명예영사는 직무수행상 전임 영사와 동등한 보호를 받으며 특권 및 면제도 동일하게 인정된다.

| 정답 및 해설 |

✅ **선지분석**
① 접수국의 승인을 요하는 것은 아니다.
③ '접수국이 반대하지 않는 한' 파견국 영사기관은 접수국에 적절히 통고한 후 제3국을 대표하여 접수국 내에서 영사기능을 수행할 수 있다.
④ 명예영사의 특권 및 면제는 제한적이다.

답 ②

09 영사관계에 관한 비엔나협약(1963)에 대한 설명으로 옳지 않은 것은 모두 몇 개인가?

ㄱ. 접수국과 파견국 간의 외교관계의 수립에 부여된 동의는 달리 의사를 표시하지 아니하는 한 영사관계의 수립에 대한 동의를 포함한다.
ㄴ. 외교관계의 단절은 영사관계의 단절을 당연히 포함하지 아니한다.
ㄷ. 영사기관의 소재지, 그 등급 및 영사관할구역은 파견국에 의하여 결정된다.
ㄹ. 영사기관의 소재지, 그 등급 또는 영사관할구역은 접수국의 동의를 받는 경우에만 파견국에 의하여 추후 변경될 수 있다.
ㅁ. 총영사관 또는 영사관이, 그 총영사관 또는 영사관이 설치되어 있는 지방 이외의 다른 지방에, 부영사관 또는 영사대리사무소의 개설을 원하는 경우에는 접수국의 동의가 필요하다.
ㅂ. 영사기관의 소재지 이외의 다른 장소에 기존 영사기관의 일부를 이루는 사무소를 개설하기 위해서도 접수국의 동의가 필요하다.

① 1개 ② 2개
③ 3개 ④ 4개

정답 및 해설

영사관계에 관한 비엔나협약(1963)에 대한 설명으로 옳지 않은 것은 ㄷ, ㅂ. 2개이다.
ㄷ. 파견국에 의해 결정되며 또한 접수국의 승인을 받아야 한다.
ㅂ. 접수국의 명시적 사전동의가 필요하다.

✅ 선지분석
ㄱ, ㄴ. 동 협약 제2조 제2 ~ 3항에 대한 내용이다.
ㄹ. 동 협약 제4조 제3항에 대한 내용이다.

답 ②

10 영사관계에 관한 비엔나협약(1963)에 대한 설명으로 옳지 않은 것은?

① 파견국은 접수국 국민을 영사로 임명할 수 있으나 접수국의 명시적 동의를 얻어야 하며, 접수국은 언제든지 이를 철회할 수 있다.
② 파견국의 영사가 영사관할구역 외에서 직무를 수행하기 위해서는 접수국의 동의를 요한다.
③ 파견국의 영사가 접수국이 아닌 제3국에서 영사기능을 수행하고자 하는 경우 관계국에 통고하고 관계국의 명시적 반대가 없어야 한다.
④ 파견국의 영사가 접수국에서 제3국을 대표하는 영사기능을 수행하고자 하는 경우 접수국에 통고하고 접수국이 반대하지 않아야 한다.

정답 및 해설

접수국의 동의를 얻어야 하나, 반드시 명시적 동의를 요하는 것은 아니다.

✅ 선지분석
② 영사관계에 관한 비엔나협약 제6조에 대한 내용이다.
③ 동 협약 제7조에 대한 내용이다.
④ 동 협약 제8조에 대한 내용이다.

답 ①

11 영사관계에 관한 빈협약(1963)상 명예영사에 대한 설명으로 옳지 않은 것은?

① 이 협약에 규정된 특권과 면제는 명예영사관원의 가족 구성원 또는 명예영사관원을 장으로 하는 영사기관에 고용되어 있는 사무직원에게 부여되지 아니한다.

② 명예영사관을 장으로 하는 상이한 국가 내의 2개의 영사기관 간의 영사행낭의 교환은 당해 2개 접수국의 동의 없이 허용되지 아니한다.

③ 명예영사관원을 장으로 하는 영사기관의 영사관사의 소유자 또는 임차자가 파견국인 경우에 동 영사관사는 제공된 특정역무에 대한 급부로서의 성질을 가지는 것을 포함하여 다른 여하한 형태의 모든 국가, 지역 또는 지방의 부과금과 조세로부터 면제되지 아니한다.

④ 명예영사관원은 사적 이득을 위하여 접수국에서 전문직업적 또는 상업적 활동에 종사하는 자를 제외하고 외국인 등록 및 거주 허가에 관하여 접수국의 법령에 따른 모든 의무로부터 면제된다.

> **정답 및 해설**
>
> 제공된 특정역무에 대한 급부로서의 성질을 가지는 것을 제외한 다른 여하한 형태의 모든 국가, 지역 또는 지방의 부과금과 조세로부터 면제된다.
>
> 답 ③

12 외교관과 영사의 비교에 대해 옳지 않은 것만을 모두 고른 것은?

> ㄱ. 외교사절의 파견에는 아그레망을 요하나 영사의 파견에는 아그레망을 요하지 아니한다.
> ㄴ. 접수국은 외교사절에 대해서만 '기피인물(persona non grata)'을 선언할 수 있다.
> ㄷ. 외교관의 특권·면제의 범위는 영사에 비해 더 광범위하다.
> ㄹ. 외교관의 신체불가침은 절대적이나 영사는 원칙적으로 신체의 불가침권을 가지지 아니한다.
> ㅁ. 외교행낭의 불가침은 절대적이나 영사행낭은 개봉을 요구하거나 반송할 수 있다.

① ㄱ, ㄴ

② ㄱ, ㄹ

③ ㄴ, ㄷ

④ ㄴ, ㄹ

> **정답 및 해설**
>
> 외교관과 영사의 비교에 대해 옳지 않은 것은 ㄴ, ㄹ이다.
> ㄴ. 영사에 대해서도 기피인물(persona non grata)을 선언할 수 있다.
> ㄹ. 영사도 원칙적으로 신체의 불가침권을 향유한다. 다만, 신체의 불가침권에 대한 예외적 제한이 비엔나협약에 명시되어 있어 상대적 불가침권을 가진다.
>
> ⊘ **선지분석**
> ㄷ. 외교관은 사적 행위에 대해서도 면제가 인정되나, 영사는 공적 행위 중 영사직무에 대해서만 면제가 인정된다.
>
> 답 ④

13

영사관계에 관한 비엔나협약 제36조에 대한 설명으로 옳은 것만을 모두 고른 것은?

> ㄱ. 동 협약 제36조 제1항에 따르면 파견국의 영사관할구역 내에서 파견국의 국민이 체포·구금·유치·구속되는 경우 접수국의 권한 있는 당국은 지체 없이 파견국 영사기관에 통보해야 할 의무가 있다.
> ㄴ. LaGrand case(2001)에서 독일은 미국이 영사관계에 관한 비엔나협약 제36조 제1항의 의무를 위반하였음을 이유로 국제사법재판소(ICJ)에 제소하였다.
> ㄷ. 영사관원은 구금·유치·구속된 파견국의 국민을 방문, 면담, 교신, 법적대리를 주선할 권리를 가진다.
> ㄹ. 구금·유치·구속된 국민을 대신하여 영사관원이 그러한 조치를 취하는 것에 동 국민이 명시적으로 반대할 경우라도 동 영사관원은 협약상 인정된 자신의 권리에 근거하여 동 조치를 계속 취할 수 있다.

① ㄱ, ㄴ

② ㄴ, ㄷ

③ ㄴ, ㄹ

④ ㄷ, ㄹ

정답 및 해설

영사관계에 관한 비엔나협약 제36조에 대한 설명으로 옳은 것은 ㄴ, ㄷ이다.

ㄴ. 영사관계에 관한 비엔나협약 제36조 제1항은 "동 당국은 관계자에게 본 세항에 따를 그의 권리를 지체 없이 통보하여야 한다."라고 규정하고 있는데, 바로 이 의무 위반을 이유로 제소하였다.

⊘ **선지분석**

ㄱ. '그 국민이 파견국의 영사기관에 통보할 것을 요청하면' 지체 없이 통보하여야 한다. 즉, 그러한 요청이 없을 시에는 통보의무가 없다.

ㄹ. 이 경우 그러한 조치를 삼가야 한다.

답 ②

14

영사관계에 관한 비엔나협약(1963)상 면제의 포기에 대한 설명으로 옳지 않은 것은?

① 영사공관장은 영사기관원에 관련하여 특권과 면제를 포기할 수 있다.

② 면제의 포기는 원칙적으로 모든 경우에 명시적이어야 하며 또한 서면으로 접수국에 전달되어야 한다.

③ 영사관원 또는 사무직원이 관할권으로부터의 면제를 향유할 수 있는 사항에 관하여 그 자신이 소송절차를 개시하는 경우에는 본소에 직접적으로 관련되는 반소에 대하여 관할권으로부터의 면제를 원용하지 못한다.

④ 민사 또는 행정소송절차의 목적상 관할권으로부터의 면제의 포기는 사법적 결정에서 나오는 집행조치로부터의 면제의 포기를 의미하는 것으로 간주되지 아니한다.

정답 및 해설

면제를 포기할 수 있는 주체는 '파견국'이다.

⊘ **선지분석**

② 참고로, '서면으로'라는 표현은 외교관계에 관한 비엔나협약에는 명시되지 않은 표현이다.

③ 영사관계에 관한 비엔나협약 제45조 제3항에 대한 내용이다.

④ 영사관계에 관한 비엔나협약 제45조 제4항에 대한 내용이다.

답 ①

15 영사관계에 관한 비엔나협약(1963)상 면제의 시간적 효력범위에 대한 설명으로 옳지 않은 것은?

① 영사기관원은 부임하기 위하여 접수국의 영역에 입국하는 때부터 또는 이미 접수국의 영역 내에 있을 경우에는, 영사기관에서 그의 직무를 개시하는 때부터 협약에 규정된 특권과 면제를 향유한다.

② 영사기관원 세대의 일부를 이루는 그 가족 구성원과 그 개인 사용인은 그 영사기관원이 특권과 면제를 향유하는 일자로부터 또는 그들이 접수국의 영역에 입국하는 일자로부터 또는 그 가족 구성원 또는 사용인이 되는 일자 중, 어느 것이든 최종 일자로부터 이 협약에 규정된 특권과 면제를 받는다.

③ 영사기관원의 직무가 종료한 경우에 그의 특권과 면제 및 그 세대의 일부를 이루는 가족 구성원 또는 그 개인 사용인의 특권과 면제는 당해인들이 접수국을 떠나는 때 또는 접수국을 떠나기 위하여 필요한 상당한 기간이 만료한 때 중에서, 어느 것이든 더 이른 시기부터 정상적으로 종료한다.

④ 영사관원 또는 사무직원이 임무에 종사하는 기간 동안 행한 행위에 대해서는 관할권으로부터의 면제가 기한의 제한 없이 계속 존속된다.

정답 및 해설

'임무에 종사하는 기간 동안 행한 행위'가 아니라 영사관원 또는 사무직원이 '그 직무를 수행함에 있어서 행한 행위'에 대해서는 관할권으로부터의 면제가 기한의 제한 없이 계속 존속된다.

⊘ 선지분석

②, ③ 영사관계에 관한 비엔나협약 제53조 제2 ~ 3항의 내용으로, 외교관계에 관한 비엔나협약에는 영사관계에 관한 비엔나협약만큼 구체적인 개시 및 종료 시점이 명시되어 있지 않다.

답 ④

---

16 영사관계에 관한 비엔나협약(1963)에 대한 설명으로 옳은 것을 모두 고른 것은?

> ㄱ. 영사관계에 관한 비엔나협약에 의하면 '영사관원'(consular officer)이란 영사기관의 장을 제외하고, 영사직무의 수행을 위임받은 자를 말한다.
> ㄴ. 영사공관은 '소유자를 불문하고, 오로지 영사기관의 목적을 위해서만 사용되는 건물 또는 건물의 일부와 부속토지'로 정의되며, 해석상 영사기관장의 개인적 주거도 영사공관에 포함된다.
> ㄷ. 영사관계에 관한 비엔나협약에 의하면 영사는 특별한 사정하에서 접수국의 '동의'를 받는 경우를 제외하고는 그의 영사관할구역 밖에서 직무를 수행할 수 없다.
> ㄹ. 국제사법재판소(ICJ)는 LaGrand 사건에서 미국이 구금된 외국인에게 그의 국적국 영사를 접촉할 권리를 통보하지 아니함으로서 영사관계에 관한 비엔나협약 제36조를 위반하였다고 판시한 바 있다.

① ㄱ, ㄴ   ② ㄴ, ㄷ

③ ㄱ, ㄹ   ④ ㄷ, ㄹ

정답 및 해설

영사관계에 관한 비엔나협약(1963)에 대한 설명으로 옳은 것은 ㄷ, ㄹ이다.

⊘ 선지분석

ㄱ. '영사관원'(consular officer)이란 영사기관의 장을 포함하여 영사직무의 수행을 위임받은 자를 말한다.
ㄴ. 영사기관장의 개인적 주거는 영사공관에 포함되지 아니한다.

답 ④

17 Case concerning Avena and Other Mexican Nationals(멕시코 v. 미국, ICJ, 2004)에 대한 설명으로 옳지 않은 것을 모두 고른 것은?

> ㄱ. 재판부는 구금당국이 영사관계협약 제36조하의 권리를 관련인에게 고지할 의무는 그 자가 외국인이라는 사실을 알았을 때 또는 알 수 있었을 때 발생한다고 하였다.
> ㄴ. 법원은 '지체 없이'의 정확한 의미가 협약에서 정의되고 있지 않으므로 이는 조약의 해석 문제라고 하면서, 조약의 문언이나 목적을 고려할 때 '체포 즉시'로 해석되어야 한다고 판시하였다.
> ㄷ. ICJ는 미국의 위반에 대한 효과적인 구제방법은 미국이 각각의 사건에 대해 권한 있는 당국에 의한 제36조의 위반이 형사정의체계의 운영과정에서 피고인에게 실질적 침해를 야기하였는가를 확인하기 위해 이들 국민들에 대해 미국법원의 재심리를 허용하는 것이라고 결정하였다.
> ㄹ. ICJ는 현재 미국의 형사정의체계에서 시행되고 있는 사면절차도 재심리로서의 요건을 충분히 만족시킨다고 하였다.

① ㄱ, ㄴ　　　② ㄴ, ㄷ　　　③ ㄴ, ㄹ　　　④ ㄷ, ㄹ

정답 및 해설

Case concerning Avena and Other Mexican Nationals(멕시코 v. 미국, ICJ, 2004)에 대한 설명으로 옳지 않은 것은 ㄴ, ㄹ이다.
ㄴ. 법원은 '지체 없이'의 정확한 의미가 협약에서 정의되고 있지 않으므로, 이는 조약의 해석 문제라고 하면서, 반드시 '체포 즉시'로 해석될 필요는 없다고 판시하였다.
ㄹ. ICJ는 현재 미국의 형사정의체계에서 시행되고 있는 사면절차는 재심리로서의 요건을 충분히 만족하지 못한다고 보았다.

답 ③

18 Jadhav 사건(인도 v. 파키스탄, ICJ, 2019)에 대한 설명으로 옳은 것은?

① 재판부는 영사협약관계협약의 그 어느 조항도 간첩행위를 언급하고 있지 않으며 맥락과 협약의 대상과 목적에 비추어 볼 때에도 간첩 행위를 영사보호 관련 규정의 적용 대상에서 제외한다고 보았다.
② 재판부는 비록 '지체 없이'가 '즉시'를 의미하지 않고 지체 여부는 각 사안의 내용과 정황별로 판단해야 할 것이나 이 사건의 여러 정황을 고려할 때 체포 후 3주 이상이 경과한 후에 통보한 것은 지체 없이 통보하라는 협약규정에 위반된다고 판시하였다.
③ 재판부는 영사 접근권은 피구금자의 국적국에 의해 원용될 수 있는 조건부 권리라고 설명하고 인도가 형사 공조 요청에 협조하지 않았으므로, 파키스탄의 영사 접근권 부여 의무가 면제되며 인도 영사의 접근 거부를 정당화할 수 있다고 확인하였다.
④ 재판부는 Jadhav에게 변호사 선택권을 부여하여 국선 변호인을 스스로 선임하였으므로, 인도 영사의 법적 대리 주선권을 제한할 수 있다고 판시하였다.

정답 및 해설

✓ 선지분석
① 간첩 행위를 영사보호 관련 규정의 적용 대상에서 제외하지 않는다고 보았다.
③ 인도가 형사 공조 요청에 협조하지 않았다고 해서 파키스탄의 영사 접근권 부여 의무가 면제되는 것은 아니며 인도 영사의 접근 거부를 정당화하지 못한다고 확인하였다.
④ 영사의 법적 대리 주선권을 무산시키지 못한다고 판시하였다.

답 ②

01

외국 군대의 지위에 대한 설명으로 가장 옳은 것은?

① 접수국의 법률질서에서 제외된다.
② 접수국에서 특수 기능의 효율적 수행을 위하여 일정한 편의적 배려를 받을 뿐 접수국 질서에 종속된다.
③ 접수국 법질서에 종속되나 특권과 면제를 누린다.
④ 외교관의 특권·면제보다는 하위이고 영사의 특권·면제보다는 상위이다.

> **정답 및 해설**

✓ 선지분석
① 외국 군대는 접수국 법률에 복종한다.
② 기능설에 대한 설명은 타당하나, '편의적 배려'라기보다는 '특권과 면제'라는 표현이 옳다.
④ 일률적으로 비교할 수 없다.

답 ③

02

한·미 SOFA협정에 대한 설명으로 옳지 않은 것은?

① 현행 협정상 자동포기조항은 없다.
② 피고인의 신병인도시기가 12개 주요 범죄에 한해 기소 시로 앞당겨졌다.
③ 모든 공여지에 대해 연 1회 이상 합동실사가 이루어진다.
④ 민사관할권의 경우 관할권 경합이 발생할 여지가 있다.

> **정답 및 해설**

민사관할권의 경우 관할권 경합이 발생하지 않고 한국이 관할한다. 형사재판관할권에 있어서 관할권의 경합이 발생할 수 있다. 이를 방지하기 위해 파견국은 파견국 군대의 재산 및 안전에 관한 범죄 또는 그 구성원 등의 신체 및 재산에 관한 범죄, 공무집행 중의 작위 또는 부작위에 의한 범죄 등에 1차적 관할권을 행사할 수 있고 접수국은 이 외에 범죄에 1차적 관할권을 행사할 수 있도록 규정되어 있다.

✓ 선지분석
① 미군당국이 한국에 대해 전속적 관할권의 포기를 요청하면 적절한 경우 한국당국은 이를 포기할 수는 있다. 그러나 자동포기조항은 없다.

답 ④

03 군함의 특권과 면제에 대한 설명으로 옳지 않은 것은?

① 연안국의 관헌은 함장의 동의 없이는 함 내에 들어갈 수 없다.
② 정치범에 대한 비호권은 일반적으로 인정되지 않는다.
③ 연안국의 사법권은 함 내의 모든 민·형사 사건뿐 아니라 군함 자체에 대한 사건에도 미치지 않는다.
④ 군함의 치외법권은 외교사절의 치외법권과는 질적으로 다르다.

정답 및 해설

보통범죄인에 대해서는 비호권을 가지지 않으나, 정치범죄인의 비호권은 인정된다는 견해가 다수설이다.

✓ 선지분석

④ 군함 내에서 발생한 범죄에 관하여는 군함 또는 기국에 관할권이 있으며, 연안국의 국민이 함 내에서 저지른 범죄를 처벌하기 위하여 기국으로 이것을 인치할 수도 있다. 이는 외교공관 내에서 특권 향유자 이외의 자가 행한 범죄에 대하여는 '당연히' 영토국의 재판권이 미치는 외교사절의 특권과 질적으로 다르다.

답 ②

제6장 국가승계

제1절 | 주요 법리

01 국가승계에 대한 설명으로 옳지 않은 것은?

① UN 관행에 따르면 전임국이 모두 UN 회원국인 경우 신국가의 UN 회원국 지위는 유지된다.

② 1958년 이집트와 함께 통일아랍공화국은 창설했던 시리아는 1961년 다시 분리독립하였으나, UN 회원국 지위 회복이 인정되지 않자, 재가입하였다.

③ 구소련 구성국들 중 UN 원회원국이었던 우크라이나와 벨라루스 및 러시아연방은 UN 회원국 지위를 유지하였다.

④ Human Right Committee는 General Comment에서 시민적·정치적 권리에 관한 국제규약과 같은 기본적 인권조약은 당사국의 해체나 승계에도 불구하고 기존 주민에게 계속 적용되며 일단 당사국이 되면 탈퇴할 수 없다고 하였다.

정답 및 해설

시리아는 재가입절차를 밟지 않고 UN 회원국 지위를 회복하였다.

⊘ 선지분석

① 반대로 일방당사국만이 UN 회원국인 경우에는 분명하지 않다. 전임국이 모두 UN 회원국이 아닌 경우는 당연히 별도로 가입절차를 밟아야 한다.

답 ②

02 조약승계에 관한 비엔나협약(1978)에 대한 설명으로 옳은 것은 모두 몇 개인가?

ㄱ. 국가 간 서면으로 체결된 조약에 대해서만 적용된다.

ㄴ. 외국군대기지 설정조약은 처분적 조약이므로 승계국은 승계의무가 있다.

ㄷ. 신생독립국은 백지출발주의 원칙에 처분적 조약을 포함하여 선행국이 체결한 조약을 승계할 의무가 없으나, 타 당사국에 대한 통고를 조건으로 다자조약을 승계할 수 있다.

ㄹ. 국가의 분리는 분리독립과 분열을 포함하며, 백지출발주의가 원칙이다.

ㅁ. 국가통합의 경우 승계국은 조약승계의무가 있다.

① 1개   ② 2개   ③ 3개   ④ 4개

정답 및 해설

조약승계에 관한 비엔나협약(1978)에 대한 설명으로 옳은 것은 ㄱ, ㅁ. 2개이다.

⊘ 선지분석

ㄴ. 군대기지조약은 승계의무가 없다.

ㄷ. 처분적 조약은 승계해야 한다.

ㄹ. 국가의 분리는 계속주의가 원칙이다.

답 ②

03 1978년에 체결된 '조약승계에 관한 비엔나협약'의 내용으로 옳은 것은?

① 영토의 일부이전 시 백지출발주의 원칙이 적용된다.
② 신생독립국에 대해서는 백지출발주의 원칙이 적용되어 신생독립국은 여하한 조약도 승계할 수 없다.
③ 분리독립이나 분열의 경우 국제관행을 반영하여 계속주의를 적용하고 있다.
④ 1978년 조약승계에 관한 비엔나협약은 분리독립과 분열을 구분해서 규율하지 않으며 병합에 대해서는 특별한 규정을 두지 않고 있다.

1978년 조약승계에 관한 비엔나협약과 달리 1983년 조약에서는 분리독립과 분열을 구분해서 규율하고 있다. 그러나 병합에 대해서는 1983년 조약에서도 특별한 규정을 두지 않았다.

✅ **선지분석**
① 조약국경이동 원칙이 적용된다.
② 신생독립국의 의사에 의해 조약을 승계할 수 있다.
③ 분리독립에 대해서도 계속주의를 적용하는 것은 국제관행과 일치하지 아니한다.

답 ④

04 1983년 재산 · 문서 · 채무 승계에 관한 협약에 대한 설명으로 옳은 것은?

① 1983년 재산 · 문서 · 채무 승계에 관한 협약에 의하면 분리독립 시 승계 영토에 대한 전임국가의 활동과 관련된 국유동산은 승계국에 이전되며, 그 밖의 동산은 신국가에 이전되지 않는다.
② 1983년 재산 · 문서 · 채무 승계에 관한 협약에 의하면 분열 시 전임국의 영토 밖에 위치한 국유부동산은 각국의 영토 면적 및 인구 수를 고려하여 신국가에 이전된다.
③ 1983년 재산 · 문서 · 채무 승계에 관한 협약에 의하면 분열 시 국가문서는 모든 관련 상황을 고려하여 형평한 방법으로 신국가들에게 이전된다.
④ 1983년 재산 · 문서 · 채무 승계에 관한 협약에 의하면 분리독립 시 달리 합의가 없으면 전임국가의 부채에 대해 백지출발주의가 적용된다.

✅ **선지분석**
① 그 밖의 동산은 형평한 비율로 신국가에 이전된다.
② 분열 시 전임국의 영토 밖에 위치한 국유부동산은 형평한 비율로 신국가에 이전된다.
④ 전임국가의 부채는 형평한 비율로 신국가에 이전된다.

답 ③

05

국가승계에 관한 비엔나협약(1983)에 대한 설명으로 옳은 것은?

① 한 국가 영토의 한 부분 또는 부분들이 그 국가로부터 분리되어 하나의 신국가를 형성하는 경우 전임 국가와 신국가 간에 달리 합의가 없으면, 분리된 영토 내에 위치한 국유부동산은 형평한 비율로 분할하여 신국가에게로 이전된다.

② 한 국가가 분열하여 소멸하고 그 대신 전임국가의 부분들이 둘 이상의 신국가를 형성하는 경우 관련 신국가들 간에 달리 합의가 없으면 전임국가의 영토 밖에 위치한 국유부동산은 신국가들에게로 이전 되지 않는다.

③ 전임국가는 영토권과 국경선 문제에 관련한 자국의 국가문서로부터 이용가능한 최선의 증거자료를 신생독립국에게 제공할 의무가 있다.

④ 국가부채(state debt)란 전임국가가 국제법에 따라 오로지 타 국가에 대해서 지고 있는 일체의 재정적 의무를 의미한다.

> **정답 및 해설**

✓ **선지분석**
① 분리된 영토 내에 위치한 국유부동산은 신국가에게로 이전된다.
② 영토 밖에 위치한 국유부동산은 형평한 비율로 신국가들에게로 이전된다.
④ 국가부채란 전임국가가 국제법에 따라 타국가, 국제기구 또는 기타 국제법의 주체에 대해서 지고 있는 일체의 재정적 의무를 의미한다.

답 ③

06

국가승계에 대한 설명으로 옳지 않은 것은?

① UN 관행에 따르면 전임국이 모두 UN 회원국이라 하더라도 UN에 별도로 가입해야 한다.

② 1958년 이집트와 함께 통일아랍공화국을 창설하였던 시리아는 1961년 다시 분리독립하였으나, 재가입 절차를 밟지 않고 UN 회원국 지위를 회복하였다.

③ 구소련 구성국들 중 UN 원회원국이었던 우크라이나와 벨라루스 및 러시아연방은 UN 회원국 지위를 유지하였다.

④ Human Right Committee는 General Comment에서 시민적 · 정치적 권리에 관한 국제규약과 같은 기본적 인권조약은 당사국의 해체나 승계에도 불구하고 기존 주민에게 계속 적용되며 일단 당사국이 되면 탈퇴할 수 없다고 본다.

> **정답 및 해설**

전임국이 모두 UN 회원국인 경우 신국가의 UN 회원국 지위는 유지된다.

답 ①

07 국제인권조약의 조약승계에 대한 설명으로 옳지 않은 것은?

① 1978년 조약에 관한 국가승계협약에서는 국제인권조약의 승계문제에 대하여 별다른 규정을 두지 않고 있다.

② UN인권위원회는 시민적 및 정치적 권리에 관한 국제규약과 같은 기본적 국제인권조약은 당사국의 해체나 승계에도 불구하고 기존 주민에게 계속 적용된다고 해석하였다.

③ 구유고연방의 해체과정에서 발생한 제노사이드 방지협약 적용에 관한 재판에서 국제사법재판소(ICJ)는 국제인권조약의 자동승계를 지지하였다.

④ 유럽인권재판소와 구유고 국제형사재판소에서는 인권의 자동승계를 지지한 바 있다.

정답 및 해설

당시 국제사법재판소(ICJ)에 국제인권조약의 자동승계 가능성에 대한 쟁점이 제기되었으나 다수 의견은 이 문제에 대해 특별한 입장을 표명하지 않았다. 다만 개별 의견에서 국제인권조약의 자동승계를 지지하였다.

⊘ 선지분석

② UN인권위원회는 기본적 국제인권조약은 일단 당사국이 되면 탈퇴하는 것도 불가능하다고 본다.

④ 유럽인권법원의 Bijelic 사건, 구유고 국제형사재판소의 Celebici 사건에서 인권의 자동승계를 지지한 바 있다.

답 ③

제2절 | 사례

01 국가승계에 대한 내용으로 옳은 것만을 모두 고른 것은?

> ㄱ. 소비에트연방(소련) 해체 후 러시아연방은 소련의 양·다자조약을 승계하였다.
> ㄴ. 한국은 1978년 '조약에 대한 국가승계에 관한 비엔나협약'에 가입하였다.
> ㄷ. 지역권 설정조약과 외국군대기지 설정조약은 처분적 조약으로 모두 승계된다.
> ㄹ. 국제관습법상 처분적 조약은 승계하는 것을 원칙으로 한다.

① ㄱ, ㄹ   ② ㄴ, ㄷ

③ ㄴ, ㄹ   ④ ㄷ, ㄹ

정답 및 해설

국가승계에 대한 내용으로 옳은 것은 ㄱ, ㄹ이다.

ㄱ. 러시아연방이 구소련의 모든 조약을 승계하였다.

⊘ 선지분석

ㄴ. 한국은 1978년 '조약에 대한 국가승계에 관한 비엔나협약'에 가입하지 않았다.

ㄷ. 지역권 설정조약은 승계되지만, 외국군대기지 설정조약은 승계되지 않는다.

답 ①

02 국가승계에 대한 설명으로 옳은 것은?

① 조약승계에 관한 비엔나협약(1978)에 의하면 다자조약 승계 통고 시 신생국은 유보와 관련하여 별다른 의사표시를 하지 않으면 선행국의 유보도 유지한다고 간주되며, 추후 새로운 유보를 부가할 수 없다.
② 재산·문서·채무의 승계에 관한 협약(1983)에 의하면 신생독립의 경우 식민지 안에 있던 전임국가의 국유부동산은 신생독립국에게 이전된다.
③ 재산·문서·채무의 승계에 관한 협약(1983)에 의하면 분열의 경우 전임국가의 부채는 인구 수에 비례하여 신국가에 이전된다.
④ 조약승계에 관한 비엔나협약(1978)에 의하면 다자조약의 승계 통고 시 신생독립국은 통고일부터 당사자지위를 인정받는다.

> **정답 및 해설**

✅ 선지분석
① 신생국은 추후 새로운 유보를 첨부하거나 기존 유보를 변경할 수도 있다.
③ 전임국가의 부채는 '형평한 비율'에 따라 승계한다.
④ 독립일로부터 조약당사국의 지위를 인정받으나, 독립일과 승계통고일 사이의 기간에는 적용이 정지된다.

답 ②

03 국가승계와 관련한 국제 판례에 대한 설명으로 옳은 것만을 모두 고른 것은?

ㄱ. 제노사이드협약 적용 사건(2007)에서 국제사법재판소(ICJ)에 의하면 인권관련조약은 자동승계 원칙(rule of automatic succession)이 적용된다.
ㄴ. 리비아 – 차드 국경분쟁 사건(1994)에 의하면 신생독립국이라 할지라도 국경획정조약은 계속주의 원칙을 적용하여 기존 국경조약을 승계할 의무가 있다.
ㄷ. 구유고연방 해외재산 분배 사건(1996)에서 국제사법재판소(ICJ)는 구유고사회주의연방은 분열을 통해 소멸하고 5개 승계국으로 대체되었다고 판시하였다.
ㄹ. 일제와 대한민국 간 국유재산 승계 사건에서 한국 대법원은 구 조선총독부 소유 국유재산은 그에 부속된 권리의무와 함께 대한민국 정부의 국유재산으로 당연 승계된다고 판시하였다.

① ㄱ, ㄹ
② ㄴ, ㄹ
③ ㄱ, ㄴ, ㄷ
④ ㄱ, ㄴ, ㄷ, ㄹ

> **정답 및 해설**

국가승계와 관련한 국제 판례에 대한 설명으로 옳은 것은 ㄴ, ㄹ이다.
ㄴ. 국제관습법상 영토에 대한 권리의무를 다루거나 일정한 토지와 밀접하게 결부된 의문 지위를 설정한 조약, 즉 물적 조약은 승계하는 것이 원칙이다.

✅ 선지분석
ㄱ. 국제사법재판소(ICJ)는 자동승계 원칙(rule of automatic succession)이 적용되는지 판단하지 않았다.
ㄷ. 국제사법재판소(ICJ)가 아닌 오스트리아 국내법원의 판결이다.

답 ②

04 최근 국제사회에서 발생한 각종 국가승계와 관련된 설명으로 옳은 것은?

① 구소련의 소멸은 분리독립으로 보는 것이 일반적 견해이며 러시아 공화국은 구소련의 조약과 UN상임이사국 지위를 모두 승계하였다.
② 구소련 소멸 시 라트비아, 리투아니아 등 발트3국은 대체로 구소련의 조약과 책임의 승계를 승인하였다.
③ 독일은 동독이 체결한 모든 조약을 소멸시켰다.
④ 독일은 서독이 체결한 조약에 대해 조약국경이동 원칙을 모든 조약에 대해 적용하지 아니하였다.

정답 및 해설

✓ **선지분석**
② 발트3국은 이른바 '복귀이론'을 주장하면서 구소련이 체결한 일체의 조약에 대한 승계를 거부하였다.
③ 서독은 동독이 체결한 모든 조약을 소멸시키기보다는 여러 가지 사정을 종합적으로 고려하여 소멸 또는 승계하였다.
④ 원칙적으로 조약국경이동 원칙을 적용하여 서독이 체결한 조약의 적용범위에 동독을 포함시켰다.

답 ①

제 3 편

국제기구

제1장　국제연합(UN)
제2장　유럽연합(EU)

제1장 국제연합(UN)

01 국제기구의 법적 지위에 대한 설명으로 옳은 것은?

① 국제기구는 그 회원국 국내법상의 권리능력을 가질 수 없다.

② 국제기구는 그 설립문서의 규정에 따라 조약체결능력을 가질 수 있다.

③ 국제기구는 다른 국제기구에 대해서만 그 국제적 법인격을 주장할 수 있다.

④ 국제사법재판소(ICJ)는 국제적 청구능력을 가지지 않는다고 권고적 의견을 낸 바 있다.

정답 및 해설

국제기구는 그 설립문서의 명시적 규정 또는 묵시적 추론으로부터 국제적 법인격을 인정할 수 있다. 일반적으로 국제적 법인격의 내용으로는 조약체결권, 특권면제, 국제책임 등을 들고 있다.

⊘ 선지분석

① 국제기구는 그 회원국 국내법상 권리능력이 인정된다. 다만, 설립조약상 명문규정 또는 회원국과 별도의 조약을 요한다.

③ 국제기구는 타 국제법 주체에 대해서 국제적 법인격을 주장할 수 있다.

④ 국제사법재판소(ICJ)는 'UN 근무 중 입은 손해에 대한 배상 사건'에서 UN의 국제법인격을 인정하고, 국제적 청구능력을 인정하였다.

답 ②

02 UN의 국제법인격에 대한 설명으로 옳은 것은?

① 현대국제법상 국제법의 주체는 국가에 한정되므로 UN은 국제법인격을 가지지 아니한다.

② UN헌장은 UN의 국제법인격을 인정하는 명시적 규정을 두고 있다.

③ 국제사법재판소(ICJ)는 UN의 국제법인격을 정면으로 인정하고 있다.

④ UN과 회원국 간 국제분쟁이 발생한 경우 UN총회는 회원국과 합의하에 국제사법재판소(ICJ)에 소송을 제기할 수 있다.

정답 및 해설

국제사법재판소(ICJ)는 'UN 근무 중 입은 손해에 대한 배상문제'에 대한 권고적 의견에서 목적필요설에 기초하여 UN의 국제법인격을 인정하였다.

⊘ 선지분석

① 현대국제법에서 국제법의 주체는 국제법상 권리의무의 수범자로 정의되며, 국가 이외에 국제기구와 개인에 대해서도 국제법 주체성이 인정된다.

② UN헌장은 UN의 회원국 국내법인격에 대해서는 규정하고 있으나(제104조), 국제법인격에 대해서는 명문규정이 없다.

④ UN총회는 국제사법재판소(ICJ) 쟁송 사건에서의 당사자능력은 인정되지 아니하며, 다만 권고적 의견을 요청할 수 있다.

답 ③

03 UN에 대한 설명으로 옳지 않은 것은?

① 대만은 UN안전보장이사회 상임이사국으로 출발하였으나 1971년 UN총회는 북경 정부가 중국의 대표권을 가진다고 결의하며 대만은 UN헌장 제6조에 의해 제명되었다.
② 강제조치의 대상인 회원국의 정지된 권리와 특권의 회복은 안전보장이사회의 전속적 권한이며 안전보장이사회가 단독으로 결정할 수 있다.
③ 인도네시아는 1965년 UN사무국에 탈퇴를 통지하였다가 다시 복귀하였으며 당시 UN은 재가입절차 없이 인도네시아의 회원국으로서의 지위를 회복시켜 주었다.
④ UN에서는 회원국과는 별도로 상주 옵저버(Permanent Observer)제도가 인정되며 옵저버 국가는 총회에 참석하여 발언권을 행사할 수 있다.

정답 및 해설

대만은 1971년 UN총회가 북경 정부가 중국의 대표권을 가진다고 결의하며 사실상 UN에서 추방되는 결과를 가져왔으나 중국의 회원국으로서의 지위는 계속되었다는 점에서 UN헌장 제6조에 의한 제명은 아니었다.

⊘ 선지분석
③ 인도네시아는 말레이시아의 안전보장이사회 이사국 진출에 불만을 품고 탈퇴의사를 UN사무국에 통지하였다가 이후 UN 참여의사를 다시 밝혔다. 이에 UN은 인도네시아의 탈퇴행위를 회원국으로서의 협력중지로만 해석하기로 하고 재가입절차 없이 인도네시아의 회원국으로서의 지위를 회복시켜 주었다.
④ 상주 옵저버 국가는 총회에 참석하여 발언권을 행사할 수 있다. 다만, 회원국이 아니므로 표결권은 가지지 않는다.

답 ①

04 국제연합(UN) 옵저버제도에 대한 설명으로 옳은 것은?

① 안전보장이사회는 PLO나 SWAPO와 같은 민족해방전선에도 상주 옵저버 자격을 부여하였다.
② OAS, 아랍연맹, OAU 등 여러 국제기구는 상주 옵저버 지위를 인정받았으나, EU 경우 강대국 간 이해관계 충돌로 옵저버 지위를 인정받지 못하고 있다.
③ 상주옵저버국 대표는 일반 회원국이 참석할 수 있는 UN의 모든 회의에 출석할 수 있다.
④ 옵저버국가의 대표들에게는 여하한 특권이나 면제가 인정되지 않는다.

정답 및 해설

⊘ 선지분석
① 총회의 권한이다.
② EU도 옵저버 지위를 인정받고 있다.
④ 임무 수행을 위한 기본적인 권리와 특권이 인정된다.

답 ③

 국제사법재판소(ICJ)의 'UN 근무 중 입은 손해에 대한 배상문제'에 대한 권고적 의견에 대한 설명으로 옳지 않은 것은?

① UN은 목적 달성을 위해 필요한 한도 내에서 국제법인격을 가진다.
② UN은 UN 회원국에 대해 손해배상을 청구할 수 있다.
③ UN은 UN 비회원국에 대해서는 손해배상을 청구할 수 없다.
④ 직무 보호권과 외교적 보호권이 경합하는 경우 이를 해결할 수 있는 일반국제법은 존재하지 아니한다.

정답 및 해설

국제사법재판소(ICJ)는 UN의 대세적 법인격을 긍정하여 UN 비회원국에 대해서도 직무 보호권을 발동하여 손해배상을 청구할 수 있다고 판단하였다.

✅ 선지분석
① 국제사법재판소(ICJ)는 목적필요설에 기초하여 UN의 법인격을 긍정하였으며, 목적필요설은 다른 표현으로 묵시적 권한이론 또는 고유권한설이라고도 한다.

답 ③

 1946년 UN의 특권과 면제에 관한 협약상 UN 및 UN직원의 특권과 면제에 대한 설명으로 옳지 않은 것은?

① UN과 UN재산은 모든 소송으로부터 면제된다.
② UN의 공관·재산·문서는 불가침이다.
③ UN의 모든 직원에게는 국제법에 따라 외교관과 동일한 재판관할권의 면제가 부여된다.
④ UN의 출판물의 경우 관세 및 수출입상의 금지와 제한으로부터 면제된다.

정답 및 해설

UN사무총장과 사무차장은 국제법에 따라 외교사절에게 주어지는 재판관할권의 면제를 향유한다. 그러나 다른 UN직원은 공적 행위에 대해서만 면제를 향유한다.

답 ③

 UN전문기구의 특권과 면제에 관한 협약에 대한 설명으로 옳지 않은 것은?

① 전문기구의 재산 및 자산은 소재지 및 보유주체에 관계없이 집행적·행정적·사법적 또는 입법적 조치를 통한 수색·징발·몰수·수용 및 그 밖의 모든 형태의 간섭으로부터 면제된다.
② 전문기구의 출판물의 경우 관세 및 수출입상의 금지와 제한으로부터 면제된다.
③ 전문기구는 영사신서사 및 영사행낭과 동일한 면제와 특권을 가지는 신서사 또는 봉인행낭에 의하여 서한을 발송하고 접수할 권리를 가진다.
④ 전문기구가 소집하는 회의에 참석하는 회원국 대표는 그들의 직무를 수행하는 동안 및 회의 장소로 그리고 회의 장소로부터 여행하는 동안 체포 또는 구속 및 그들의 개인수하물의 압수로부터의 면제와 그들이 공적 자격으로 행한 구두 또는 서면진술 및 모든 행위에 관한 모든 종류의 법적 절차로부터의 면제를 누린다.

전문기구는 '외교신서사 및 외교행낭'과 동일한 면제와 특권을 가지는 신서사 또는 봉인행낭에 의하여 서한을 발송하고 접수할 권리를 가진다.

답 ③

08 UN에 대한 설명으로 옳은 것은?

① UN헌장 개정의 효력은 개정에 동의한 국가에 대해서만 미친다.
② 회원국으로서의 권리와 특권이 정지된 국가는 안전보장이사회의 권고에 기초한 총회의 결정에 따라 권리와 특권이 회복될 수 있다.
③ UN에는 오로지 국가만이 가입할 수 있다.
④ UN의 행동을 요하는 문제에 대해 총회는 토의하거나 권고할 수 없다.

UN(국제연합)의 전신인 국제연맹에는 국가뿐만 아니라 속령 또는 식민지라도 완전한 자치능력이 있는 경우 가입이 허용된 것과 달리 UN에는 오로지 국가만이 가입할 수 있다.

☑ **선지분석**
① UN헌장 개정의 효력은 모든 회원국에 대해 미친다.
② 권리나 특권의 정지는 안전보장이사회와 총회의 공동결정사안이나 그 회복은 안전보장이사회의 단독권한이다.
④ 원칙적으로 권고할 수 없으나, 토의는 자유롭게 할 수 있다.

답 ③

09 국제연맹과 국제연합(UN)을 비교하여 설명한 것으로 옳은 것은?

① 국제연맹이 다수결제를 표결방식으로 채택하고 있는 반면, 국제연합(UN)은 만장일치제를 취하고 있다.
② 상설국제사법재판소(PCIJ)는 국제연맹의 주요기관이 아닌 반면, 국제사법재판소(ICJ)는 국제연합(UN)의 주요기관 중 하나이다.
③ 국제연맹은 탈퇴에 대해 명문규정을 두지 않은 반면, 국제연합(UN)은 명문규정을 두고 있다.
④ 국제연맹은 조약등록을 대항요건으로 하고 있는 반면, 국제연합(UN)은 조약등록을 효력요건으로 하고 있다.

☑ **선지분석**
① 국제연맹이 만장일치제를 취하였고, 국제연합(UN)은 다수결로 표결한다.
③ 국제연맹에서는 탈퇴에 대한 명문규정을 두었으나, UN헌장에는 탈퇴에 대한 명문규정이 없다.
④ 국제연맹에서는 조약등록이 효력요건이나, UN헌장에서는 조약등록이 대항요건(원용요건)이다.

답 ②

10

국제연맹에 대한 설명으로 옳지 않은 것은?

① 국가뿐 아니라 속령 또는 식민지라도 완전한 자치능력이 있는 경우 가입이 허용되었다.

② 국제연맹에서 1935년에 일본과 독일, 1937년에 이탈리아가 탈퇴하였으며 소련은 핀란드 침략으로 1939년에 제명되었다.

③ 국제연맹의 총회는 1국 1표제로서 절차사항은 과반수로 의결하였으나 그 밖의 사항은 만장일치로 표결하였다.

④ 국교단절에 도달할 우려가 있는 분쟁이 연맹국 간 발생한 경우, 연맹국은 이를 국제재판이나 이사회의 심사에 부탁해야 하며, 판결이나 이사회 보고가 있은 후 6개월간 어떤 경우에도 전쟁에 호소할 수 없다.

판결이나 이사회 보고가 있은 후 3개월간 전쟁에 호소할 수 없었다. 이와 비교하여 전쟁을 일으킨 경우 연맹국 전체에 대해 전쟁을 일으킨 것으로 인정하고, 연맹국은 위반국에 대해 일체의 통상상·금융상 관계를 단절하였다. 또한 자국민과 위반국 국민 간 교통을 일절 금지하며, 연맹국 여부를 불문하고 다른 모든 국가의 국민과 위반국 국민 간의 일체의 통상상·금융상 관계 및 개인적 교통을 금지하였다.

답 ④

11

UN에 대한 설명으로 옳은 것을 모두 고른 것은?

ㄱ. 보조기관을 설립하기 위해서는 반드시 UN헌장에 명시적인 근거가 있어야 한다.

ㄴ. 일반적으로 기구 혹은 주요기관이 자신의 직무수행을 돕기 위해 만드는 보조기관은 자신이 소속한 기구 혹은 주요기관의 통제 내지는 감독하에 있다는 의미에서 종속적이며 또한 보조기관의 결정은 자신을 만든 기관에 대해 구속력을 가질 수 없다.

ㄷ. 국제사법재판소(ICJ)는 Effect of awards of compensation made by the UN Administrative Tribunal 사건에서 UN총회 그 자신은 기구와 직원 간의 분쟁을 해결할 사법적 권한을 부여받지 못하였지만 그럼에도 불구하고 이 같은 권한을 행사하는 보조기관을 설치할 수 있으며, UN행정재판소는 UN총회가 만들었으므로 창설자인 총회가 그 규정을 폐지하여 철거하거나 그 규정을 개정할 수는 있겠지만, 행정재판소는 총회에 의해 한 개의 사법기관으로 의도된 것이고, 따라서 행정재판소를 보조적이거나 종속적 혹은 부차적 기관인가 아닌가의 관점에서 보려고 해서는 안 된다고 판시하고, 이와 같은 논리에 기초하여 총회에는 행정재판소가 UN직원에게 유리하게 내린 배상판결의 시행을 거절할 권리가 없다고 결론지었다.

ㄹ. 국제연맹이 해산한 뒤에도 남아프리카가 당시의 서남아프리카지역에 대한 위임통치를 포기하지 않음에 따라 UN총회가 이 지역에 대한 국제연맹 이사회의 감독기능을 승계하게 되자 국제사법재판소(ICJ)는 South‑West‑Africa‑Voting‑Procedure 사건에 대한 권고적 의견에서 총회는 국제연맹의 만장일치 표결방식을 따라야 한다고 판시하였다.

ㅁ. UN총회에서 의결하는 경우 모든 경우에 반드시 투표가 요구되는 것은 아니며 안건에 따라서는 투표 없이 갈채나 컨센서스의 방식이 채택되기도 한다.

① ㄱ, ㄴ, ㄷ

② ㄱ, ㄷ, ㄹ

③ ㄴ, ㄷ, ㅁ

④ ㄷ, ㄹ, ㅁ

UN에 대한 설명으로 옳은 것은 ㄴ, ㄷ, ㅁ이다.
ㄴ. 보조기관은 총회 또는 안전보장이사회의 결의로 만들어지며, 사적 자격의 개인들로도 구성할 수 있다.
ㅁ. 예를 들어 관행상 UN사무총장 선출 시 총회에서는 투표를 하지 않고 갈채의 방식을 이용한다.

✓ 선지분석
ㄱ. 보조기관을 설립하는 것에 있어서는 명시적 근거를 요하지 않으며, 묵시적 권한이론이 적용될 수 있다.
ㄹ. 국제연맹의 만장일치 표결방식이 아니라 UN헌장 제18조에 명시된 표결규칙을 따라야 한다고 판시하였다.

답 ③

12

UN 대표권 문제에 대한 설명으로 옳은 것은?

① UN헌장에는 회원국의 대표권 문제에 대해서는 특별한 규정을 두지 않았다.
② 둘 이상의 당국이 UN에서 어떤 회원국을 대표할 자격이 있는 정부라고 주장하고 이 문제가 UN에서 논쟁의 대상이 되는 경우 이는 일차적으로 당해 국가 내에서의 정당성에 기초하여 검토되어야 한다.
③ UN 총회 절차규칙에 의하면 한 회원국으로부터 총회 입장에 이의를 제기당한 대표는 신임장심사위원회가 결정할 때까지 다른 대표들과 동일한 권리를 가지고 잠정적으로 입장하여 착석할 수 있다.
④ 1974년 남아프리카공화국 대표의 신임장이 거부되었으나, Abdelaziz Bouteflika 당시 총회의장은 UN 회원국의 권한을 침해한다고 규정하고 남아프리카공화국 대표의 총회 참석을 허락함으로써 회원국들의 비판을 받았다.

✓ 선지분석
② UN의 목적과 원칙 그리고 각 경우의 상황에 비추어 검토되어야 한다.
③ 신임장위원회의 보고에 기초하여 총회가 결정한다.
④ 1974년 총회가 표결로써 남아프리카공화국 정부 대표단의 신임장을 거부하기로 결정하였을 때 당시 총회의장 Abdelaziz Bouteflika(알제리)는 신임장이 거부된 대표는 총회에 참석할 수 없다고 하여 총회결의를 수용하였다.

답 ①

13

UN헌장상의 의무 위반에 대한 제재에 대한 설명으로 옳지 않은 것만을 모두 고른 것은?

ㄱ. 강제조치의 대상인 회원국의 권리와 특권의 행사에 대한 정지는 안전보장이사회의 권고에 따라 총회에 의하여 회복될 수 있다.

ㄴ. 총회는 회원국으로서의 분담금 지불의 불이행이 그 회원국이 제어할 수 없는 사정에 의한 것임이 인정되는 경우 그 회원국의 투표를 허용할 수 있다.

ㄷ. 회원국이 체결한 조약을 사무국에 등록하지 않은 경우 UN의 어떠한 기관에 대해서도 그 조약을 원용할 수 없다.

ㄹ. 안전보장이사회는 필요하다고 인정하는 경우 국제사법재판소(ICJ)의 판결을 집행하기 위하여 권고하거나 취하여야 할 조치를 결정할 수 있다.

ㅁ. 총회는 평화에 대한 위협, 평화의 파괴 또는 침략행위의 존재를 결정하고, 국제평화와 안전을 유지하거나 이를 회복하기 위하여 권고하거나 어떠한 조치를 취할 것인지를 결정한다.

① ㄱ, ㄷ
② ㄱ, ㅁ
③ ㄴ, ㄷ
④ ㄴ, ㄹ

정답 및 해설

UN헌장상의 의무 위반에 대한 제재에 대한 설명으로 옳지 않은 것은 ㄱ, ㅁ이다.

ㄱ. 강제조치의 대상인 회원국의 권리와 특권의 행사에 대한 정지는 안전보장이사회의 독자적 권한이다(UN헌장 제5조).

ㅁ. 평화에 대한 위협, 평화의 파괴 또는 침략행위의 존재를 결정하고, 국제평화와 안전을 유지하거나 이를 회복하기 위하여 권고하거나 어떠한 조치를 취할 것인지를 결정하는 것은 안전보장이사회의 권한이다(UN헌장 제39조).

✅ 선지분석

ㄷ. 조약의 등록은 국제연맹에서는 효력요건이었으나, UN에서는 대항요건이자 원용요건이다. 또한 관행상 합의가 있다면 조약이 아니더라도 UN에 등록할 수 있다. 예를 들어 남북기본합의서(1991)는 조약이 아니지만 합의에 의해 등록되었다.

답 ②

14

국제연합(UN)에 대한 설명으로 옳은 것은?

① 국제연합회원국간의 관계는 주권평등원칙의 존중에 기초하므로 신탁통치제도는 국제연합회원국이 된 지역에 한하여 적용한다.
② 경제사회이사회는 국제연합회원국의 요청이 있을 때와 전문기구의 요청이 있을 때에는 총회의 승인을 얻어 용역을 제공할 수 있다.
③ 경제사회이사회는 안전보장이사회의 권고에 기초하여 총회에 의해 선출된 54개 국제연합회원국으로 구성된다.
④ 전략지역에 관한 국제연합의 모든 임무는 신탁통치협정의 조항과 그 변경 또는 개정의 승인을 포함하여 총회가 행한다.

✅ 선지분석

① 국제연합회원국 간의 관계는 주권평등원칙의 존중에 기초하므로 신탁통치제도는 국제연합회원국이 된 지역에 대하여는 적용하지 아니한다.
③ 경제사회이사회는 총회에 의하여 선출된 54개 국제연합회원국으로 구성된다.
④ 전략지역에 관한 국제연합의 모든 임무는 신탁통치협정의 조항과 그 변경 또는 개정의 승인을 포함하여 안전보장이사회가 행한다.

답 ②

제2절 | 총회

01

UN안전보장이사회와 총회에 대한 설명으로 옳은 것은?

① UN 회원국은 국제평화와 안전의 유지를 위한 1차적 책임을 총회에 부여하고 있다.
② UN 회원국만이 자국이 당사자인 분쟁에 관하여 안전보장이사회의 주의를 환기할 수 있다.
③ 안전보장이사회의 절차사항에 대한 의사결정에 있어서는 상임이사국의 거부권이 행사될 수 있다.
④ 절차사항 외 모든 사항에 대한 안전보장이사회의 결정은 상임이사국의 동의투표를 포함한 9개 이사국의 찬성투표로 한다.

✅ 선지분석

① 국제평화와 안전의 유지를 위한 1차적 책임은 UN안전보장이사회에 부여하고 있다(UN헌장 제24조).
② UN 회원국이 아닌 국가라 할지라도 자국이 당사자인 분쟁에 관하여 안전보장이사회의 주의를 환기할 수 있다(UN헌장 제35조 제2항).
③ 절차사항에 대한 의사결정에 있어서는 상임이사국의 거부권이 인정되지 아니한다.

답 ④

02 UN총회에 대한 설명으로 옳은 것은?

① UN헌장에 의하면 임시총회는 안전보장이사회 또는 회원국 과반수 요청으로 사무총장이 소집한다.

② 안전보장이사회가 다루고 있는 사태에 대해 총회는 안전보장이사회의 동의를 전제로 국제사법재판소(ICJ)에 권고적 의견을 요청할 수 있다.

③ 긴급총회는 평화를 위한 단결결의에 근거를 두고 있으며, 회원국 과반수 또는 안전보장이사회 단순 10개국 이상 요청으로 소집된다.

④ 비회원국은 여하한 분쟁이든 총회에 회부할 수 있으므로 UN헌장은 제3국에 권리를 부여하고 있다고 볼 수 있다.

> **정답 및 해설**

☑ 선지분석
② 안전보장이사회의 동의 없이 총회 단독으로 권고적 의견을 요청할 수 있다.
③ 안전보장이사회에서 상임이사국과 비상임이사국을 불문하고 9개국 이상 찬성이 있으면 요청할 수 있다.
④ 제3국은 자국이 분쟁당사국인 분쟁에 한하여 총회나 안전보장이사회에 당해 사안을 회부할 수 있으며, 이는 제3국에 권리를 부여한 것으로 볼 수 있다.

답 ①

---

03 UN총회에 대한 설명으로 옳은 것(○)과 옳지 않은 것(×)을 바르게 표시한 것은?

> ㄱ. 국제평화와 안전의 유지를 위태롭게 할 우려가 있는 사태에 대하여 안전보장이사회 및 사무총장의 주의를 환기할 수 있다.
> ㄴ. 총회의 각 구성국은 5인 이하의 대표를 파견한다.
> ㄷ. 헌장의 범위 안에 있거나 또는 안전보장이사회를 제외하고 헌장에 규정된 어떠한 기관의 권한 및 임무에 관한 어떠한 문제에 관해서도 토의할 수 있다.
> ㄹ. 안전보장이사회가 어떠한 분쟁 또는 사태와 관련하여 헌장에 의해 부여된 임무를 수행하고 있는 동안에 총회는 안전보장이사회의 요청이 없더라도 이에 대해 권고할 수 있다.
> ㅁ. 총회는 그 임무의 수행에 필요하다고 인정되는 보조기관을 둘 수 있다.
> ㅂ. 어떠한 문제에 관하여도 권고적 의견을 줄 것을 국제사법재판소(ICJ)에 요청할 수 있다.

	ㄱ	ㄴ	ㄷ	ㄹ	ㅁ	ㅂ
①	○	○	×	×	×	○
②	×	○	×	×	○	×
③	×	×	○	○	○	×
④	×	○	○	○	○	×

UN총회에 대한 설명으로 옳은 것은 ㄴ, ㅁ이고 옳지 않은 것은 ㄱ, ㄷ, ㄹ, ㅂ이다.

ㄱ. [×] '안전보장이사회'의 주의를 환기할 수 있다(UN헌장 제11조 제3항). 한편, 사무총장은 국제평화와 안전의 유지를 위협한다고 '그 자신이 인정하는' 어떠한 사항에 대해서도 안전보장이사회의 주의를 환기할 수 있다(UN헌장 제99조).

ㄴ. [○] UN헌장 제9조 제2항에 대한 내용이다.

ㄷ. [×] 안전보장이사회도 포함된다. 단, 안전보장이사회에 대한 권고는 UN헌장 제12조에 규정된 경우를 제외한다.

ㄹ. [×] 이 경우 안전보장이사회의 요청이 없으면 권고할 수 없다(UN헌장 제12조).

ㅁ. [○] UN헌장 제22조에 대한 내용이다.

ㅂ. [×] 어떠한 '법적' 문제에 관하여 권고적 의견을 요청할 수 있다.

답 ②

 04 UN총회의 의결에 대한 설명으로 옳은 것은?

> ㄱ. 기타 문제에 대한 총회의 의결은 '출석하여 투표하는 회원국의 과반수'로 하는 것이 원칙이다.
> ㄴ. 총회의 의결은 원칙적으로 회원국에 대하여 법적 구속력을 가진다.
> ㄷ. 분담금을 2년분 이상 연체한 회원국은 총회에서 투표권을 가지지 못한다.
> ㄹ. 모든 회원국은 1개의 투표권을 보유하며, 기권은 반대하는 것으로 간주된다.
> ㅁ. 국제평화와 안전의 유지에 관한 권고, 안전보장이사회 비상임이사국의 선거 등 중요문제는 '회원국 전체의 2/3 다수결'로 의결한다.

① ㄱ, ㄴ ② ㄱ, ㄷ
③ ㄴ, ㄷ ④ ㄴ, ㄹ

UN총회의 의결에 대한 설명으로 옳은 것은 ㄱ, ㄷ이다.

ㄷ. 다만, 총회는 지불의 불이행이 그 회원국이 제어할 수 없는 사정에 의한 것임이 인정되는 경우 그 회원국의 투표를 허용할 수 있다.

⊘ 선지분석

ㄴ. 총회의 의결은 원칙적으로 법적 구속력이 없다. 단, 가입 승인, 권리와 특권의 정지, 제명 등은 예외적으로 법적 구속력이 있다.

ㄹ. 기권은 투표로 간주되지 않는다.

ㅁ. 중요문제는 '출석하여 투표하는 회원국 2/3 다수결'로 정한다. '회원국 전체의 2/3 다수결'로 정하는 사항은 헌장을 재검토하기 위한 전체 회의의 개최(UN헌장 제109조 제1항), 헌장 개정의 채택(UN헌장 제108조) 등이 있다.

답 ②

05 UN총회가 안전보장이사회의 권고가 있어야 행사할 수 있는 권한으로 옳은 것만을 모두 고른 것은?

ㄱ. 안전보장이사회 비상임이사국 선출
ㄴ. 신회원국 가입 승인
ㄷ. 예산안 심의 및 승인
ㄹ. 사무총장 임명
ㅁ. 국제사법재판소(ICJ)에 권고적 의견 요청
ㅂ. 회원국 제명

① ㄱ, ㄴ, ㄹ
② ㄱ, ㄴ, ㅁ
③ ㄱ, ㄷ, ㅂ
④ ㄴ, ㄹ, ㅂ

정답 및 해설

UN총회가 안전보장이사회의 권고가 있어야 행사할 수 있는 권한으로 옳은 것은 ㄴ, ㄹ, ㅂ이다.

✅ **선지분석**
ㄱ, ㄷ. 총회의 단독권한이다.
ㅁ. 총회, 안전보장이사회 및 총회에 의해 그러한 권리를 부여받은 UN기관 및 전문기구 각자의 독자적 권한이다.

답 ④

06 UN총회에 대한 설명으로 옳은 것은?

① 총회는 군비 축소 및 규제를 규율하는 원칙을 포함하여 심의하고, 회원국이나 안전보장이사회 또는 이 양자에 대하여 권고할 수 있다.
② 총회는 UN 회원국이 아닌 국가에 의하여 총회에 회부된 국제평화와 안전의 유지에 관한 어떠한 문제도 토의할 수 있으며, 그러한 문제로서 조치를 필요로 하는 것은 토의 전에 안전보장이사회에 회부해야 한다.
③ 안전보장이사회가 어떠한 분쟁 또는 사태와 관련하여 헌장에서 부여된 임무를 수행하고 있는 동안에는 총회는 이 분쟁 또는 사태에 관하여 어떠한 경우에도 권고하지 아니한다.
④ 사무총장은 안전보장이사회가 다루고 있는 국제평화와 안전의 유지에 관한 어떠한 사항도 매 회기 중 총회에 통고한다.

정답 및 해설

✅ **선지분석**
② 토의 전 또는 토의 후에 안전보장이사회에 회부해야 한다.
③ 안전보장이사회가 요청하지 아니하는 한 어떠한 권고도 하지 아니한다. 따라서 안전보장이사회의 요청이 있는 경우 권고할 수 있다.
④ 안전보장이사회의 동의를 얻어 매 회기 중 총회에 통고한다(UN헌장 제12조 제2항).

답 ①

07 UN헌장 제18조에 명시된 사안으로서 총회의 의사결정 시 '출석하여 투표하는 회원국의 2/3 찬성'을 요하는 것만을 모두 고른 것은?

> ㄱ. 경제사회이사회의 이사국 선출
> ㄴ. 신회원국의 가입승인
> ㄷ. 회원국의 권리 및 특권정지
> ㄹ. 안전보장이사회 비상임이사국의 선출
> ㅁ. 총회가 2/3 다수로 결정해야 할 문제의 추가부문의 결정
> ㅂ. UN으로부터의 탈퇴
> ㅅ. UN헌장의 개정

① ㄱ, ㄴ, ㄷ
② ㄱ, ㄴ, ㄷ, ㄹ
③ ㄱ, ㄴ, ㄷ, ㄹ, ㅁ
④ ㄱ, ㄴ, ㄷ, ㄹ, ㅁ, ㅂ

정답 및 해설

출석하여 투표하는 회원국의 2/3 찬성을 요하는 것은 ㄱ, ㄴ, ㄷ, ㄹ이다.

☑ 선지분석
ㅁ. 2/3의 다수결로 결정된 문제의 추가는 출석하여 투표하는 회원국의 과반수로 결정한다.
ㅂ. UN으로부터의 탈퇴는 탈퇴국의 일방행위로서 총회의 승인사항이 아니다.
ㅅ. UN헌장의 개정은 재적 회원국의 2/3 찬성으로 이루어진다.

답 ②

08 UN헌장에 규정된 표결규칙에 대한 설명으로 옳은 것은?

① 중요문제에 관한 총회의 결정은 출석하여 투표하는 회원국의 3/4 다수결로 한다.
② 안전보장이사회의 비상임이사국을 선출하는 총회의 결정은 출석하여 투표하는 회원국의 과반수로 한다.
③ 절차사항에 관한 안전보장이사회의 결정은 출석하여 투표하는 이사국의 과반수로 한다.
④ 분쟁의 평화적 해결에 관한 UN헌장 제6장에 의한 안전보장이사회의 결정에 있어서는 분쟁의 당사국인 이사국은 투표를 기권한다.

정답 및 해설

☑ 선지분석
① 출석하여 투표하는 2/3 다수결로 의결한다.
② 비상임이사국 선출은 중요문제이므로 출석하여 투표하는 회원국 2/3 다수결에 의한다.
③ 이사국 9개국의 찬성으로 의결한다.

답 ④

09 UN에 대한 설명으로 옳지 않은 것은?

① 안전보장이사회의 각 이사국은 자국 대표를 항상 UN본부의 소재지에 상주시켜야 한다.

② 국제평화와 안전에 대한 책임은 1차적으로 안전보장이사회가 지나, 안전보장이사회가 자신의 기능을 수행하지 못할 경우 2차적으로 총회가 개입할 수 있다.

③ 총회는 국제평화와 안전에 관한 사항에 있어서 회원국의 행동을 요하는 경우, 법적 구속력 있는 결의를 채택할 수 있다.

④ 회원국은 총회에 5명 이하의 대표를 파견할 수 있다.

정답 및 해설

총회는 국제평화와 안전에 관한 사항에 있어 회원국의 행동을 요하는 경우 반드시 토의 전 또는 후에 안전보장이사회에 회부하여야 한다(UN헌장 제11조 제2항). 동 조항은 총회에게 행동(action)에 관한 어떠한 권한도 부여하고 있지 않다는 해석을 가능하게 한다. 실제로 총회는 '평화를 위한 단결'결의에서 회원국들에게 행동을 '권고'한 바 있다. 그러나 UN헌장은 총회의 결의에 권고적 효력 이상은 부여하고 있지 않은 바, 법적 구속력 있는 결의는 채택할 수 없다.

✓ 선지분석

② 니카라과 사건에서 미국은 국제평화와 관련 있는 분쟁이 안전보장이사회에 계류 중이기 때문에 국제사법재판소(ICJ)가 다룰 수 없다는 선결적 항변을 제시하였지만, 지문과 같은 진술 이유 때문에 재판의 수행은 방해받지 않고 선결적 항변이 배척되었다.

답 ③

10 UN에 대한 설명으로 옳은 것은?

① 연합국선언(1942.1.1.)은 UN 창설을 위한 연합국의 공동 노력을 천명하면서 최초로 '국제연합(UN)'이라는 명칭을 사용하였다.

② UN헌장에 따르면 총회는 정기총회, 임시총회 및 긴급총회로 구분되며 긴급총회를 소집하기 위해서는 안전보장이사회 단순 9개국의 요청이나 UN 회원국 과반수의 요청이 있어야 한다.

③ 총회는 UN헌장의 범위 내에 있는 모든 문제 및 안전보장이사회를 제외하고 헌장상 제 기관의 권한에 관한 모든 문제를 토의하고 권고할 수 있다.

④ 총회에서 국제사법재판소(ICJ)재판관 선출과 UN헌장 채택의 의결 정족수는 같다.

정답 및 해설

✓ 선지분석

② 긴급총회는 UN헌장에 규정이 없고 평화를 위한 단결결의에 있다.

③ 총회는 안전보장이사회에 대해서도 토의 및 권고할 수 있다.

④ 재판관 선출은 절대다수(재적 과반수)이나 UN헌장 채택은 전 회원국 2/3 찬성을 요한다.

답 ①

11 UN기관들의 표결에 대한 설명으로 옳지 않은 것만을 모두 고른 것은?

ㄱ. 총회는 전체 회원국 2/3 이상의 찬성으로 국제평화와 안전의 유지에 관한 권고, 안전보장이사회 비상임이사국의 선출, 회원국의 권리 및 특권행사의 정지 등을 결정한다.
ㄴ. 분담금의 납부를 연체한 회원국일지라도 총회에서 투표권이 인정될 수 있다.
ㄷ. 안전보장이사회는 모든 문제에 관하여 5개 상임이사국을 포함한 9개 이사국 이상의 찬성투표에 의하여 결정한다.
ㄹ. 안전보장이사회가 UN헌장 제6장의 분쟁의 평화적 해결과 관련하여 결정하는 경우 그 분쟁의 당사국은 투표를 기권해야 한다.
ㅁ. 경제사회이사회의 결정은 출석하여 투표하는 이사국의 과반수 찬성에 의한다.

① ㄱ, ㄷ
② ㄴ, ㅁ
③ ㄱ, ㄴ, ㄷ
④ ㄱ, ㄷ, ㄹ

UN기관들의 표결에 대한 설명으로 옳지 않은 것은 ㄱ, ㄷ이다.
ㄱ. 총회에서 중요 문제에 대한 결정은 출석 · 투표 2/3 다수결로 의결한다.
ㄷ. 안전보장이사회에서의 의결사항은 절차사항과 비절차사항(실질문제)으로 대별된다. 절차사항의 경우 9개 이사국 이상의 찬성으로 의결하나, 비절차사항의 경우 상임이사국 전체를 포함한 9개국 이상 찬성으로 의결한다.

⊘ 선지분석
ㄴ. 지불의 불이행이 그 회원국이 제어할 수 없는 사정에 의한 것임이 인정되는 경우 총회가 그 회원국의 투표를 허용할 수 있다.

답 ①

제3절 | 안전보장이사회

01 UN안전보장이사회의 임무와 권한에 대한 설명으로 옳지 않은 것은?

① 절차사항에 대한 안전보장이사회의 결정은 9개 이사국의 찬성투표로써 한다.
② UN헌장에 따르면 UN 회원국이 안전보장이사회의 구속력 있는 결정을 이행하여야 할 의무가 다른 국제협정상의 의무에 우선하는 것은 아니다.
③ UN헌장에 따르면 국제평화와 안전의 유지를 위한 책임이 안전보장이사회에만 부여되어 있는 것은 아니다.
④ UN헌장에 따르면 안전보장이사회가 계속적으로 임무를 수행할 수 있도록 하기 위하여 각 이사국은 UN소재지에 항상 대표를 두어야 한다.

UN헌장 제103조에 따르면 UN헌장상 의무는 UN 회원국 상호 간 의무에 우선한다. 안전보장이사회의 구속력 있는 결정도 해석상 'UN헌장상 의무'에 포함된다.

⊘ 선지분석
③ UN총회나 사무총장도 국제평화와 안전의 유지에 기여할 수 있다.

답 ②

02 UN헌장에 규정된 안전보장이사회에 대한 설명으로 옳은 것은?

① 안전보장이사회는 UN의 예산을 심의하고 승인하며 UN의 다른 기관으로부터 보고를 받아 심의한다.
② 새로운 회원국의 가입승인은 안전보장이사회의 권고에 따라 총회가 결정하며, 안전보장이사회의 권고 시에는 상임이사국의 거부권이 인정된다.
③ 안전보장이사회는 정치적 분야에 있어서 국제협력을 촉진하고, 국제법의 점진적 발달 및 그 법전화를 장려하기 위하여 연구를 발의하고 권고한다.
④ 지역적 기관은 안전보장이사회의 허가 없이는 어떠한 경우에도 강제조치를 취할 수 없다.

| 정답 및 해설 |

✓ **선지분석**
① 예산심의 및 UN기관의 보고를 받아 심의하는 것과 새로운 회원국의 가입승인은 총회의 권한이다.
③ 안전보장이사회가 아닌 총회의 역할이다.
④ 지역적 기관이 '집단적 자위권'을 발동하는 경우 예외적으로 사전승인 대신 '사후보고'에 의해 무력을 수반하는 강제조치를 취할 수 있다.

답 ②

03 UN안전보장이사회의 표결에 대한 설명으로 옳은 것은?

① 절차사항에 대하여는 안전보장이사회 상임이사국의 동의투표를 포함하는 9개 이사국의 찬성투표로 결정한다.
② UN사무총장은 안전보장이사회의 권고로 총회가 임명하는데, 이때 안전보장이사회 상임이사국 중 하나라도 반대투표하면 권고안은 부결된다.
③ 안전보장이사회의 실행에 따르면, 상임이사국이 표결에 불참하는 것은 반대투표한 것으로 취급된다.
④ UN헌장의 규정상 절차사항 이외의 사항에 대하여는 비상임이사국들이 모두 반대하더라도 상임이사국들이 모두 찬성하면 가결된다.

| 정답 및 해설 |

✓ **선지분석**
① 절차사항에 대하여는 9개국의 찬성으로 결정한다.
③ 기권은 거부권의 행사로 인정되지 않는다.
④ 절차사항 이외의 사항에 대하여는 5개 상임이사국을 포함한 9개국의 찬성으로 결정한다.

답 ②

04 UN안전보장이사회에 대한 설명으로 옳지 않은 것은?

① 안전보장이사회는 5개국의 상임이사국과 10개국의 비상임이사국으로 구성된다.
② 안전보장이사회는 신회원국의 가입과 사무총장의 임명 등에 관하여 총회에 권고한다.
③ 관행상 상임이사국의 기권은 거부권의 행사를 의미한다.
④ 절차사항에 대한 안전보장이사회의 결정은 9개 이사국의 찬성투표로써 한다.

정답 및 해설

상임이사국의 기권은 거부권의 행사로 인정되지 않는다.

✅ 선지분석
④ 안전보장이사회의 절차사항으로는 새로운 의제 삽입, 토의 순서 결정, 회의 참석국의 초대, 임시총회의 소집 등이 있다.

답 ③

05 UN헌장 제7장에 대한 설명으로 옳은 것만을 모두 고른 것은?

ㄱ. 어떤 분쟁의 계속이 국제평화와 안전의 유지를 위태롭게 할 우려가 있을 때 적용된다.
ㄴ. 안전보장이사회는 권고를 하거나 조치를 결정하기 전에 잠정조치에 따르도록 관련 당사자들에게 요청할 수 있다.
ㄷ. 안전보장이사회가 UN헌장 제41조에 의해 비군사적 강제조치를 취하기로 결정한 경우 이는 모든 회원국들에 대하여 법적 구속력을 가진다.
ㄹ. 안전보장이사회가 UN헌장 제42조에 의해 군사적 강제조치를 취하기로 결정한 경우 이는 모든 회원국들에 대하여 법적 구속력을 가진다.
ㅁ. 안전보장이사회는 군사적 강제조치를 취하기에 앞서 비군사적 강제조치를 먼저 취할 것이 요구된다.

① ㄱ, ㄴ　　　② ㄱ, ㄷ　　　③ ㄴ, ㄷ　　　④ ㄴ, ㄹ

정답 및 해설

UN헌장 제7장에 대한 설명으로 옳은 것은 ㄴ, ㄷ이다.
ㄴ. UN헌장 제40조에 대한 내용이다.
ㄷ. UN헌장 제41조에 따른 '요청(call upon)'은 법적 구속력을 포함하고 있으며, 따라서 무력의 사용을 동반하지 않는 조치와 관련하여 안전보장이사회가 제41조에 의거하여 취하는 결정은 모든 회원국들에게 구속력이 있다.

✅ 선지분석
ㄱ. 이는 헌장 제6장이 적용되는 경우이다. 헌장 제7장은 '평화에 대한 위협, 평화의 파괴 또는 침략행위가 존재할 때' 적용된다.
ㄹ. 회원국들은 제43조에 의거하여 특별협정을 체결하지 않는 한, 제42조하의 군사적 의무에 참여할 법적 의무가 없다. 현재까지 특별협정이 체결된 예는 없으며, UN 관행상 안전보장이사회는 제7장에 근거하여 개별 회원국들에게 평화유지·회복을 위한 무력사용의 권한을 부여해오고 있다.
ㅁ. 비군사적 강제조치를 먼저 취할 것이 요구되지는 않는다. 제41조에 규정된 조치로는 불충분하다고 판단할 경우 즉시 제42조에 따른 조치를 취할 것을 결정할 수 있다.

답 ③

06 UN안전보장이사회에 대한 설명으로 옳지 않은 것은?

① 안전보장이사회는 15개 이사국의 정부대표로 구성되는 정부 간 기관이다.
② 안전보장이사회는 평화에 대한 위협, 평화의 파괴 및 침략행위와 관련된 강제조치 등을 다룬다.
③ 총회가 출석하여 투표하는 회원국의 2/3의 다수로 UN 가입에 관한 결정을 한 경우 안전보장이사회 상임이사국은 이에 대해 거부권을 행사할 수 없다.
④ 안전보장이사회는 UN헌장 제41조에 규정된 조치가 불충분한 것으로 인정하거나 또는 불충분한 것으로 판명되었다고 인정하는 경우에는 UN헌장 제42조의 무력적 강제조치를 취할 수 있다.

정답 및 해설

UN에 있어 신회원국의 가입 승인은 안전보장이사회의 권고에 따라 총회의 결정에 의하여 이루어진다(UN헌장 제4조 제2항). 총회가 가입문제에 안전보장이사회에 대해 우선권을 가지지 아니하며, 우선 안전보장이사회의 권고가 있어야 한다. 이는 실질사항이기 때문에 안전보장이사회의 상임이사국은 거부권을 가진다.

 선지분석
④ 공군, 해군, 육군에 의한 조치를 말한다. 이는 제43조의 특별협정에 기초하여 발동하나, 현재 특별협정을 체결한 국가는 존재하지 않는다.

답 ③

07 UN안전보장이사회에 대한 설명으로 옳은 것은?

① 국제사법재판소(ICJ)재판관 선출 시 절대 다수결에 의하며 상임이사국의 거부권이 인정된다.
② 안전보장이사회는 1992년 리비아가 로커비 사건 용의자의 인도를 거부하자 이를 테러리즘의 불포기로 간주하고 평화의 파괴로 결정하였다.
③ 1966년 로디지아의 일방적 독립 선언 사태 당시 석유 금수조치를 이행하기 위해 연고국인 남아프리카공화국에게 필요하면 무력을 사용하도록 허가하였다.
④ 1990년 이전 안전보장이사회가 비군사적 강제조치를 결정한 사례는 1968년 로디지아와 1977년 남아프리카공화국에 대한 제재 2건이 있다.

정답 및 해설

선지분석
① 상임이사국의 거부권은 인정되지 않는다.
② 평화의 파괴가 아닌 평화에 대한 위협으로 결정하였다.
③ 영국에게 무력을 사용하도록 허가하였다.

답 ④

08 UN안전보장이사회에 의한 분쟁의 평화적 해결에 대한 설명으로 옳지 않은 것은?

① 어떤 분쟁의 계속이 국제평화와 안전의 유지를 위태롭게 할 우려가 있는 것일 경우, 그 분쟁의 당사자는 우선 교섭, 심사, 중개, 조정, 중재재판, 사법적 해결, 지역적 기관 또는 지역적 약정의 이용 또는 당사자가 선택하는 다른 평화적 수단에 의한 해결을 구한다.

② 안전보장이사회는 필요하다고 인정하는 경우 당사자에 대하여 분쟁을 평화적 수단에 의해 해결하도록 요청해야 한다.

③ UN 회원국은 어떠한 분쟁에 대하여도 안전보장이사회 또는 총회의 주의를 환기할 수 있다.

④ UN 회원국이 아닌 국가는 어떤 분쟁에 대하여도, 헌장에 규정된 평화적 해결의 의무를 그 분쟁에 관하여 미리 수락하는 경우, 안전보장이사회 또는 총회의 주의를 환기할 수 있다.

> **정답 및 해설**
>
> '자국이 당사자'인 어떤 분쟁에 관하여 주의를 환기할 수 있다(UN헌장 제35조 제2항).
>
> ### ⊘ 선지분석
> ① 주선(good office)이 명시되어 있지 않음에 주의한다.
> ② UN헌장상 '요청한다'는 표현은 필요하다고 인정하는 경우 당사자에 대하여 그 분쟁을 그러한 수단에 의해 해결하도록 요청할 의무가 있다는 뜻이다(UN헌장 제33조 제2항).
>
> 답 ④

09 UN안전보장이사회에 의한 분쟁의 평화적 해결에 대한 설명으로 옳지 않은 것은?

① 안전보장이사회는 분쟁 또는 사태의 어떠한 단계에 있어서도 적절한 조정절차 또는 조정방법을 권고할 수 있다.

② 안전보장이사회는 조정절차나 조정방법을 권고함에 있어서 법률적 분쟁이 국제사법재판소(ICJ)규정에 따라 당사자에 의하여 동 재판소에 회부되어야 한다는 점도 또한 고려해야 한다.

③ 국제평화와 안전의 유지를 위태롭게 할 우려가 있는 분쟁의 당사국들이 평화적 해결절차에 의해 분쟁을 해결하지 못한 경우 당사국들은 이를 안전보장이사회에 회부할 수 있다.

④ 안전보장이사회는 어떠한 분쟁에 관하여도 분쟁의 모든 당사자가 요청하는 경우 그 분쟁의 평화적 해결을 위하여 그 당사자에게 권고할 수 있다.

> **정답 및 해설**
>
> "이를 안전보장이사회에 회부해야 한다(they shall refer it to the Security Council)."라고 규정되어 있다.
>
> ### ⊘ 선지분석
> ① UN헌장 제36조 제1항에 대한 내용이다.
> ② 국제사법재판소(ICJ)에 회부할 의무를 부여하고 있는 것은 아니다(UN헌장 제36조 제3항).
> ④ 당사자가 요청하는 것이 원칙이며, 직권으로 권고할 수도 있다(UN헌장 제38조).
>
> 답 ③

10. UN안전보장이사회에 의한 강제조치에 대한 설명으로 옳지 않은 것은?

① 사태의 악화를 방지하기 위하여 안전보장이사회는 조치를 취하기 전에 잠정조치에 따르도록 관련 당사자에게 요청할 수 있다. 안전보장이사회는 잠정조치의 불이행 시 UN헌장 제41조에 따른 강제조치를 발동해야 한다.

② 안전보장이사회는 그의 결정을 집행하기 위하여 병력의 사용을 수반하지 아니하는 어떠한 조치를 취하여야 할 것인지를 결정할 수 있으며, 또한 UN 회원국에게 그러한 조치를 적용하도록 요청할 수 있다.

③ 안전보장이사회의 비무력적 강제조치에는 임시국제형사재판소를 설치할 수 있으나, 그러한 조치가 UN헌장에 명시되어 있는 것은 아니다.

④ 안전보장이사회는 비무력적 강제조치가 불충분할 것으로 인정되는 경우 비무력적 강제조치를 취하기 전에도 무력적 강제조치를 결정할 수 있다.

> **정답 및 해설**

안전보장이사회는 그러한 잠정조치의 불이행을 적절히 고려한다(UN헌장 제40조).

⊘ 선지분석
② UN헌장 제41조는 비무력적 강제조치에 대해서 규정하고 있다.
③ UN헌장에는 경제관계 및 철도, 항해, 항공, 우편, 전신, 무선통신 및 다른 교통통신수단의 중단, 외교관계의 단절 등이 예시되어 있다.

답 ①

11. UN헌장상 지역적 약정(Regional Arrangements)에 대한 설명으로 옳지 않은 것은?

① 지역적 약정(Regional Arrangements)을 체결하는 회원국은 지역적 분쟁을 안전보장이사회에 회부하기 전에 지역적 약정(Regional Arrangements) 또는 지역적 기관에 의하여 그 분쟁의 평화적 해결을 성취하기 위하여 모든 노력을 다해야 한다.

② 안전보장이사회는 관계국의 발의에 의하거나 안전보장이사회의 회부에 의하여 지역적 약정(Regional Arrangements) 또는 지역적 기관에 의한 지역적 분쟁의 평화적 해결의 발달을 장려한다.

③ 안전보장이사회의 허가 없이는 어떠한 강제조치도 지역적 약정(Regional Arrangements) 또는 지역적 기관에 의하여 취해져서는 안 된다.

④ 지역적 기관의 무력사용은 어떠한 경우에도 안전보장이사회의 사전승인 없이는 취해질 수 없다.

> **정답 및 해설**

지역적 기관이 '집단적 자위권'을 발동하는 경우라면 사후보고하면 된다. 한편, UN헌장 제53조 제1항은 적국에 대해 취해진 조치에 대한 예외를 규정하기도 하였다.

⊘ 선지분석
① UN헌장 제52조 제2항에 대한 내용이다.
② UN헌장 제52조 제3항에 대한 내용이다.
③ 다만, 적국에 관한 조치는 안전보장이사회의 허가를 요구하지 않는다는 단서 조항이 있다(UN헌장 제53조 제1항).

답 ④

12 UN안전보장이사회에 대한 설명으로 옳지 않은 것은?

① 사무총장의 임명에 관한 권고, 회원국의 가입, 제명 및 특권의 정지 등은 실질사항이나 안전보장이사회 회의 참석국의 초대는 절차사항이다.

② 국제사법재판소(ICJ)는 1971년 '나미비아 사건에 관한 권고적 의견'에서 상임이사국의 기권이 안전보장이사회 결의의 성립에 장애가 아니라는 사실은 UN의 일반적 관행에 해당한다고 평가하였다.

③ 안전보장이사회는 상임이사국의 거부권 남용으로 인한 기능 상실에 대한 방지책으로서 소총회를 상시 설치 · 운영하고 있다.

④ 안전보장이사회 의장성명은 표결 없이 총의(consensus)로써 채택되며 의장성명 자체는 구속력이 없다.

정답 및 해설

안전보장이사회는 상임이사국의 거부권 남용으로 인한 기능 상실에 대한 방지책으로 소총회제도를 통해 총회를 상설기관화하려고 하였으나, 소총회는 1952년 이래 거의 항구적으로 휴회하였다.

⊘ 선지분석
② 즉, 상임이사국의 기권은 상임이사국이 거부권을 발동한 것으로 받아들여지지 않는 것이 관행이다.

답 ③

13 UN의 집단안전보장체제에 대한 설명으로 옳지 않은 것은?

① 한 국가 내의 내전 등 극단적인 폭력사태에도 UN헌장 제7장에 따른 강제조치를 취할 수 있다.

② UN헌장 제41조 비군사적 강제조치는 주로 일반적으로 무역금지 등의 경제제재가 활용되며 근래에는 사태에 책임이 있는 특정 정치지도자나 기관을 대상으로 하는 표적제재(smart sanction)가 자주 활용된다.

③ 안전보장이사회에 의한 표적제재(smart sanction)의 경우 그 대상의 선정은 비공개로 진행되며 당사자에게는 별도의 소명 기회가 주어진다.

④ 1949년 UN국제법위원회(ILC)가 작성한 국가의 권리, 의무 초안에서 UN의 방지 또는 제재조치에 역행하지 않을 것은 UN 비회원국을 포함한 모든 국가의 의무라고 규정하였다.

정답 및 해설

안전보장이사회에 의한 표적제재 대상의 선정은 비공개로 진행되며 당사자에게는 별도의 소명 기회가 주어지지 않는다. 표적제재(smart sanction)란 특정한 개인이나 단체만을 제재의 대상으로 한정하거나, 제재 대상 품목 · 행위를 구체화하는 것을 말한다.

⊘ 선지분석
① 북한 등 특정 국가의 대량파괴무기 개발, 이라크의 쿠르드족 탄압, 소말리아 사태와 같은 한 국가 내의 극단적인 폭력사태에도 UN헌장 제7장에 따른 강제조치를 취할 수 있다.

답 ③

14

UN안전보장이사회의 강제조치에 대한 설명으로 옳은 것은?

① 안전보장이사회가 1990년 이전 특정국의 행위를 침략 또는 침략적 행위로 규정한 적은 없다.
② 안전보장이사회는 1992년 리비아가 로커비 사건 용의자의 인도를 거부하자 이를 테러리즘의 불포기로 간주하고 평화에 대한 위협으로 결정하였다.
③ 안전보장이사회는 비군사적 강제조치를 취하기 전에는 군사적 강제조치를 결정할 수 없다.
④ 안전보장이사회는 국제사법재판소(ICJ) 판결을 불이행하는 국가에 대해 특정 조치를 취할 수 있으나, 무력적 강제조치를 취하기 위해서는 우선 국제사법재판소(ICJ)의 판결 불이행선언이 선행되어야 한다.

정답 및 해설

✓ 선지분석
① 안전보장이사회는 1976년 앙골라에 대한 남아프리카공화국의 공격, 1977년 모잠비크에 대한 로디지아의 공격, 1985년 이스라엘의 튀니지 내의 PLO본부 공격, 1990년 이라크의 쿠웨이트 공격 등을 침략(적) 행위로 인정했다.
③ 안전보장이사회는 군사적 강제조치를 먼저 취할 수 있다.
④ 판결 불이행선언과 무관하게 필요한 조치를 재량적으로 취할 수 있다.

답 ②

제4절 | 기타 기관

01

UN경제사회이사회에 대한 설명으로 옳지 않은 것은 모두 몇 개인가?

ㄱ. 경제사회이사회는 안전보장이사회의 권고에 기초하여 총회에 의해 선출된 54개 UN 회원국으로 구성된다.
ㄴ. 경제사회이사회 이사국의 임기는 3년이며 연이어 재선될 자격이 있다.
ㄷ. 경제사회이사회는 전문기구와의 협의, 전문기구에 대한 권고 및 총회와 UN 회원국에 대한 권고를 통하여 전문기구의 활동을 조정할 수 있다.
ㄹ. 경제사회이사회는 안전보장이사회에 정보를 제공할 수 있으며, 안전보장이사회의 요청이 있을 때에는 이를 원조할 수 있다.
ㅁ. 경제사회이사회는 그 권한 내에 있는 사항과 관련이 있는 비정부 간 기구와의 협의를 위하여 적절한 약정을 체결할 수 있다. 그러한 약정은 국제기구와 체결할 수 있으며 적절하다고 판단하는 경우 국내기구와도 체결할 수 있다.
ㅂ. 경제사회이사회의 각 이사국은 1개의 투표권을 가지며, 결정은 출석하여 투표하는 이사국의 과반수에 의한다.

① 모두 맞음
② 1개
③ 2개
④ 3개

UN경제사회이사회에 대한 설명으로 옳지 않은 것은 ㄱ, ㄹ, ㅁ. 3개이다.

ㄱ. 이사국 선출은 총회의 단독권한이다.

ㄹ. 안전보장이사회의 요청이 있을 때에는 이를 원조해야 한다(UN헌장 제65조).

ㅁ. '적절한 경우에는 관련 UN 회원국과의 협의 후에' 국내기구와도 체결할 수 있다(UN헌장 제71조).

✅ 선지분석

ㄷ. 경제, 사회, 문화, 교육, 보건 등의 국제사항에 관하여 연구·보고·발의하고 이러한 사항에 관하여 총회, 회원국 및 관계 전문기관에 권고할 수 있다.

답 ④

02

UN헌장과 국제사법재판소(ICJ)규정과의 관계에 대한 설명으로 옳은 것은?

① 국제사법재판소(ICJ)규정은 상설중재재판소(PCA)규정에 기초하여, UN헌장의 불가분의 일부를 이룬다.

② UN 회원국 상호 간 분쟁의 경우 국제사법재판소(ICJ) 이외의 다른 법원에 분쟁해결을 의뢰할 수 없다.

③ UN 회원국이 아닌 국가는 안전보장이사회의 권고에 의하여 총회가 각 경우에 결정하는 조건으로 국제사법재판소(ICJ)규정의 당사국이 될 수 있다.

④ 사건의 당사자가 재판소가 내린 판결에 따라 자국이 부담하는 의무를 이행하지 아니하는 경우 타방 당사자는 안전보장이사회에 회부해야 한다. 안전보장이사회는 필요하다고 인정하는 경우 판결을 집행하기 위하여 권고하거나 취하여야 할 조치를 결정할 수 있다.

✅ 선지분석

① '상설국제사법재판소(PCIJ)규정에 기초하여' UN헌장의 불가분의 일부를 이룬다.

② 이 헌장의 어떠한 규정도 UN 회원국이 그들 간의 분쟁의 해결을 이미 존재하거나 장래에 체결될 협정에 의하여 다른 법원에 의뢰하는 것을 방해하지 아니한다(UN헌장 제95조).

④ 안전보장이사회에 '제소할 수 있다(UN헌장 제94조 제2항).' 즉, 사안을 안전보장이사회에 회부할 법적 의무를 부담하는 것은 아니다.

답 ③

03 UN사무국 및 사무총장에 대한 설명으로 옳은 것은?

① 사무총장은 국제평화와 안전의 유지를 위협한다고 자신이 인정하는 어떠한 사항에도 안전보장이사회의 주의를 환기한다.
② 사무총장과 직원은 기구에 대해서만 책임을 지는 국제공무원으로서의 지위를 손상할 우려가 있는 어떠한 행동도 삼가야 한다.
③ UN사무국 직원은 경제사회이사회가 정한 규칙에 따라 사무총장에 의해 임명된다.
④ 사무총장은 기구의 사업에 관하여 안전보장이사회에 연례보고를 한다.

> **정답 및 해설**

⊘ 선지분석
① 주의를 환기할 수 있다(may bring to the attention of the Security Council …, UN헌장 제99조).
③ 총회가 정한 규칙에 따라 사무총장에 의해 임명된다.
④ 총회에 연례보고를 한다(UN헌장 제98조).

답 ②

04 UN헌장에 대한 설명으로 옳지 않은 것은?

① 헌장 발효 이후 UN 회원국이 체결하는 모든 조약과 모든 국제협정은 가능한 한 신속히 사무국에 등록되고 사무국에 의해 공표된다.
② UN 회원국의 헌장상의 의무와 다른 국제협정상의 의무가 상충하는 경우 헌장상의 의무가 우선한다.
③ UN은 그 임무의 수행과 목적의 달성을 위하여 필요한 법적 능력을 모든 국가의 영역 안에서 향유한다.
④ UN, UN 회원국 대표 및 UN직원은 UN과 관련된 임무를 독립적으로 수행하기 위하여 필요한 특권과 면제를 향유한다.

> **정답 및 해설**

UN은 그 임무의 수행과 목적의 달성을 위하여 필요한 법적 능력을 '각 회원국의 영역 안에서' 향유한다(UN헌장 제104조).

⊘ 선지분석
① 등록되지 않은 조약의 당사국은 국제연합의 어떤 기관에 대하여도 그 조약 또는 협정을 원용할 수 없다(UN헌장 제102조 제1항).
② UN헌장 제103조에 대한 내용이다.
④ UN헌장 제105조 제2항에 대한 내용이다.

답 ③

05

UN사무총장에 대한 설명으로 옳은 것은?

① UN사무총장은 UN총회의 추천에 의해 UN안전보장이사회에서 임명한다.

② UN총회의 추천은 단순다수결에 의하며, 안전보장이사회에서는 상임이사국의 거부권이 적용된다.

③ 사무총장은 국제평화와 안전의 유지를 위협한다고 인정되는 사항에 대하여 총회 및 안전보장이사회에 주의를 환기할 수 있다.

④ 사무총장은 '국제연합의 특권과 면제에 관한 협약'에 따라 특권과 면제를 향유한다.

정답 및 해설

✓ **선지분석**

① 안전보장이사회의 추천에 의해 총회에서 임명한다.

② 안전보장이사회에서 추천결의는 비절차사항이므로 상임이사국의 거부권이 적용된다. 총회 임명은 단순다수결로 결의한다.

③ 사무총장은 총회에는 주의를 환기할 수 없다.

답 ④

06

UN사무총장에 대한 설명으로 옳은 것은?

① 안전보장이사회에 권고에 기초하여 UN총회에서 출석·투표하는 회원국 2/3 다수결에 의해 임명된다.

② UN헌장에 의하면 UN사무총장의 임기는 5년이며 재임명될 수 있다.

③ 국제평화와 안전을 위태롭게 하는 사항에 대해 UN총회 및 안전보장이사회에 주의를 환기할 수 있다.

④ UN사무총장은 UN평화유지군을 통할한다.

정답 및 해설

UN평화유지군은 3가지 권력에 의해 통제되는데, 첫 번째는 UN사무총장으로 해당 임무의 공식적인 수장이며, 두 번째는 해당 임무에 의해 결성된 평화유지군의 사령관으로 UN사무총장이 임명 권한을 가진다. 세 번째는 평화유지군의 보급과 지원을 담당하는 행정관이 평화유지군의 임무에 관여하게 된다.

✓ **선지분석**

① UN총회에서는 중요사항이 아니므로 출석·투표 과반수로 선출·임명한다.

② 사무총장의 임기에 대해서는 UN헌장에 규정되어 있지 않으며, UN총회결의에 의해 5년으로 결정되었다.

③ 사무총장은 총회에 대해서는 분쟁에 대한 주의를 환기할 수 없다.

답 ④

07 UN헌장 제13조에 규정된 '국제법의 점진적 발달과 성문법전화'를 수행하기 위해 설치한 UN총회의 보조
기관으로 옳은 것만을 모두 고른 것은?

ㄱ. ILA	ㄴ. ILC
ㄷ. UNCITRAL	ㄹ. COPUOS
ㅁ. HCPCIL	

① ㄱ, ㄴ, ㄷ ② ㄱ, ㄹ, ㅁ
③ ㄴ, ㄷ, ㄹ ④ ㄷ, ㄹ, ㅁ

UN총회의 보조기관으로 옳은 것은 ㄴ, ㄷ, ㄹ이다.
ㄴ. ILC(International Law Commission: 국제법위원회)는 UN헌장 제13조의 목적을 위해 1947년에 설치된
UN총회의 보조기관이다.
ㄷ. UNCITRAL(UN Commission on International Trade Law: UN국제상거래법위원회)은 국가 간의 무역과
거래에 대한 상법을 제정하기 위해 1966년에 설치된 UN총회의 보조기관이다.
ㄹ. COPUOS(UN Committee on the Peaceful Uses of Outer Space: UN외기권위원회)는 외기권을 포함
한 우주활동에 대한 법전화를 증진시키기 위해 1958년 설치되었다.

답 ③

08 국제통화기금(IMF)에 대한 설명으로 옳지 않은 것은?

① UN전문기구인 세계은행의 부속기관으로 국제통화 안정을 추진한다.
② 집행이사 중 일정 수는 투자액이 많은 국가에서 선임한다.
③ 의결절차는 투자액을 반영한 가중치 다수결로 한다.
④ 총회는 회원국대표와 교체대표로 구성하는 최고기관으로 주요 사항을 결정한다.

국제통화기금(IMF)은 세계은행과 별도의 법인체이며 UN의 전문기관이다.

✔ **선지분석**
③ 국제통화기금(IMF)은 자금 출자 비율에 따라 의결권을 가지는 가중치 다수결제도를 도입하고 있다.

답 ①

01

☐☐☐

UN의 평화유지활동(PKO)에 대한 설명으로 옳은 것은?

① UN헌장 제7장에 따른 조치이므로 분쟁당사국의 동의 없이 개입할 수 있다.

② 국제평화와 안보의 유지에 관한 사항으로서 안전보장이사회의 독점적인 기능이다.

③ UN총회는 1956년에 처음으로 분쟁당사자 간의 완충지대 역할을 수행하는 평화유지활동에 관여하였다.

④ '비용 사건(The Expenses case)'에서 국제사법재판소(ICJ)는 평화유지활동(PKO)이 UN헌장 제7장에 따른 조치라고 판단하였다.

> **정답 및 해설**
>
> 이집트의 수에즈운하 국유화선언으로 영국, 프랑스, 이스라엘과 이집트 간 전쟁이 발발하자 UN총회는 적대행위의 중지를 확보하고 감시하기 위해 UNEF를 창설하였다.
>
> **✓ 선지분석**
> ① PKO는 강제조치가 아니므로 분쟁당사국의 동의에 기초하여 개입할 수 있다.
> ② 평화유지군은 UN총회에 의해서도 조직될 수 있다.
> ④ 비용 사건(The Expenses case)에서 국제사법재판소(ICJ)는 평화유지활동(PKO)이 UN의 목적 달성을 위한 활동이라고 규정하고, 평화유지군의 경비는 회원국이 분담할 법적인 의무가 있음을 인정하였다.
>
> 답 ③

02

☐☐☐

UN의 평화유지활동(PKO)에 대한 설명으로 옳지 않은 것은?

① 군사적 조치에 관한 UN헌장 제42조는 안전보장이사회의 평화유지군 창설을 규정하고 있다.

② 평화유지군은 주재국(host State)이 주둔동의를 철회하면 철수하여야 한다.

③ 최초의 평화유지군은 1956년 수에즈운하 분쟁 시 UN총회에 의해 창설된 UNEF이다.

④ 평화유지군에게는 원칙적으로 자위를 위한 무기사용만 허용된다.

> **정답 및 해설**
>
> UN평화유지군(PKO)에 대한 UN헌장상 규정이 없어 분쟁의 평화적 해결을 규정한 제6장과 평화의 위협·파괴 등에 대한 조치를 규정한 제7장 사이의, 소위 '제6과 1/2장'에 의한 활동이라 일컬어진다.
>
> **✓ 선지분석**
> ② 평화유지군은 원칙적으로 '당사자의 동의'에 기초하여 파견되므로 동의에 의해 파견되었다고 하더라도 당사자들이 동의를 철회하면 철수하여야 한다.
>
> 답 ①

01 유럽연합(EU)에 대한 설명으로 옳지 않은 것은?

① 유럽집행위원회(European Commission)는 법안 제안권을 가진다.
② 유럽의회(European Parliament)는 EU 입법과정에서 최종 의결권을 행사할 수 있다.
③ 마스트리히트(Maastricht)조약에 의하여 유럽공동체(EC)가 해체되고 유럽연합(EU)이 탄생하였다.
④ 유럽사법재판소(European Court of Justice)는 공동체설립조약의 해석과 적용을 통하여 법이 준수되도록 확보하는 것을 주요 임무로 한다.

정답 및 해설

유럽공동체(EC, European Community)는 해체된 것이 아니라 EU체제에서 제1기둥으로 존속하였다.

✓ 선지분석
② 2007년 채택된 리스본조약에 의해 유럽의회의 권한이 강화되어, 기존 '집행위원회 제안 – 의회 자문 – 이사회 결정'절차에서 수정되어 의회가 이사회와 공동결정절차로 입법하는 분야의 수가 확대되었다. 즉, 공동결정절차가 리스본조약에 의해 통상적인 입법절차가 되었다.

답 ③

02 유럽통합과 관련있는 문서들에 대한 설명으로 옳지 않은 것은?

① 1986년 단일유럽의정서(Single European Act)는 1992년 말까지 EEC의 역내시장을 완성시키고 EEC의 입법절차에 협력절차를 도입하기로 하였다.
② 1992년 마스트리히트조약은 보충성의 원칙을 공식 승인하고 EU 시민권 개념을 도입하였다.
③ 2001년 니스조약에서는 신규 회원국의 가입과 유럽연합의 확대에 따른 제도개혁에 관해 합의가 이루어졌으며 가중다수결방식의 확대적용, 유럽재판소와 유럽의회의 기구개편 등이 이루어졌다.
④ 2007년 리스본조약은 유럽이사회 상임의장 및 외교안보정책 고등 대표를 신설하여 공동외교안보정책을 담당하게 하였으나, 발효되지 않았다.

정답 및 해설

리스본조약은 2009년에 발효되었다.

✓ 선지분석
② 보충성의 원칙이란 유럽회원국이 다룰 수 없는 문제를 유럽연합(EU)에서 보충적으로 다루겠다는 원칙이다.
③ 가중다수결방식이 확대적용되면서 국가 수, 인구, 국가별 가중치까지 총 세 요건이 규정되었다. 다만, 2007년 채택된 리스본조약에서 국가별 가중치요건은 삭제되었다.

답 ④

03 유럽연합(EU)에 대한 설명으로 옳지 않은 것은?

① 유럽이사회는 회원국의 국가 또는 정부 수반과 유럽이사회 의장 및 집행위원회 의장으로 구성된다.
② 외무이사회(Foreign Affairs Council)의 의장은 EU 외교안보고등대표와 EU 집행위원장이 공동으로 맡으며, 외무이사회를 제외한 다른 이사회 의장직은 회원국 대표들이 돌아가며 맡는다.
③ 집행위원회는 초국가적 기관으로서 제조약과 EU 1차 기관들이 채택한 조치의 적용을 확보하고 EU 사법재판소의 통제 아래 EU법의 적용을 감독한다.
④ 사법재판소 및 일반재판소의 재판관 임기는 6년이며 회원국 정부의 일치된 합의에 의해 임명되며, 재임명될 수 있다.

> **정답 및 해설**

외무이사회(Foreign Affairs Council)의 의장은 'EU 외교안보정책고등대표'가 담당한다.

✅ 선지분석
④ 사법재판소는 각 회원국으로부터 1명의 재판관으로 구성되어 총 27명이고, 일반재판소는 회원국당 적어도 1명의 재판관을 포함한다.

답 ②

04 유럽연합(EU)에 대한 설명으로 옳지 않은 것은?

① 1951년 유럽석탄·철강공동체(ECSC)를 그 모체(母體)로 한다.
② 1992년 마스트리히트조약은 공식적인 유럽연합(EU)의 창설을 선포하였다.
③ 스웨덴, 핀란드, 오스트리아는 1995년에 가입하였다.
④ 집행위원회 위원 수는 현재 20명으로 제한되어 있어 집행위원을 배출하지 못하는 회원국도 있다.

> **정답 및 해설**

모든 회원국은 1명의 집행위원을 지명할 수 있다.

✅ 선지분석
② 종래 3개 공동체(EEC, Euratom, ECSC), 공동외교안보정책, 사법 및 내부 분야에서의 협력까지 총 3주체제로 구성된 EU를 창설하였다. 그 자체로 법인격은 가지지 않은 EU를 창설하였으며, 법인격의 명시는 2007년 채택된 리스본조약에서 이루어졌다.

답 ④

05 유럽연합(EU)에 대한 설명으로 옳은 것은?

① 각료이사회는 대외관계에서 유럽연합(EU)을 대표한다.
② 제2차 규칙 제정권에 있어서 제안권은 각료이사회의 독점적 권한이다.
③ 유럽이사회는 유럽연합(EU) 최고 정치기관으로서 회원국 정상, 유럽위원회 의장 및 유럽의회 의장으로 구성된다.
④ 유럽사법법원은 직접소송(direct actions)뿐 아니라 선결적 소송(preliminary rulings)도 관할한다.

정답 및 해설

유럽사법법원이 관할하는 소송의 유형은 처음부터 유럽재판소에 직접 제기되는 소송인 직접소송(direct actions)과 회원국 재판소가 판결을 구하기 위해 유럽사법법원에 부탁한 사건인 선결적 소송(preliminary rulings)의 두 가지가 있다.

⊘ 선지분석
① 위원회가 유럽연합(EU)을 대표한다.
② 집행위원회의 권한이다.
③ 유럽의회 의장은 참여하지 아니하며 유럽이사회 상임의장이 참여한다.

답 ④

06 유럽연합(EU)의 사법기관에 대한 설명으로 옳은 것만을 모두 고른 것은?

> ㄱ. 회원국당 적어도 1인이 재판관으로 구성된다.
> ㄴ. 유럽연합(EU) 시민은 유럽재판소에 직접 제소할 수 있다.
> ㄷ. 공동체법의 해석과 적용에 있어 통일성을 확보하기 위해 선결적 판정 권한이 부여되었다.
> ㄹ. 1988년 도입된 제1심 재판소는 유럽재판소에 부속된 기관이며, 유럽재판소의 하급심 역할을 한다.

① ㄱ, ㄴ
② ㄱ, ㄷ
③ ㄴ, ㄷ
④ ㄴ, ㄹ

정답 및 해설

유럽연합(EU)의 사법기관에 대한 설명으로 옳은 것은 ㄱ, ㄷ이다.
ㄱ. 니스조약에서 재판소가 각 회원국당 최소 1인의 재판관으로 구성된다는 것이 명문화되어 현재 유럽사법재판소(ECJ)는 27명의 재판관으로 구성되어 있다.
ㄷ. 회원국의 국내법원은 공동체 설립조약의 해석에 관한 문제, 공동체 기관과 유럽중앙은행의 행위의 유효성 및 해석에 관한 문제, 이사회가 설립한 기관의 정관 해석에 관한 법률문제를 유럽사법재판소(ECJ)에 회부하여 선결적 판정을 받을 수 있다. 그러나 이러한 문제를 심리하는 국내법원이 최종법원인 경우에는 반드시 유럽사법재판소(ECJ)에 회부하여야 한다.

⊘ 선지분석
ㄴ. 개인(자연인, 법인)은 유럽재판소에 직접 제소할 수 없으며 제1심 재판소에 제소해야 한다. 즉, 개인이 제기하는 일체의 소송은 제1심 재판소가 1심 관할권을 가진다.
ㄹ. 니스조약 이전에는 제1심 재판소가 유럽사법재판소(ECJ)에 부속된 기관이었으나, 니스조약에 의해 부속기관으로서의 지위로부터 벗어났다.

답 ②

07 유럽연합(EU)의 입법행위에 대한 설명으로 옳지 않은 것은?

① 이사회와 위원회는 규칙, 결정, 지침, 권고, 의견을 발할 수 있으며 권고와 의견은 구속력을 가지지 않는다.

② 규칙은 일반적으로 도달할 결과뿐만 아니라 도달방법도 규정되어 있으므로 모든 요소에서 법적 구속력을 가지며 회원국 내에서 별다른 입법조치 없이 직접 적용된다.

③ 결정은 도달할 결과와 그 방법에 있어서 모두 법적 구속력을 가지나, 규칙과 달리 개별적으로 적용되어 대상자에게 통보하여야 한다.

④ 지침은 도달방법에 대해서만 법적 구속력을 가지므로 지침의 도달 여부에 대해서 회원국은 선택의 자유를 가진다.

정답 및 해설

지침은 도달할 결과에 대해서만 법적 구속력을 가지므로 회원국들은 그 도달방법의 선택에 있어서 자유를 가진다.

⊘ 선지분석

① 유럽연합(EU)의 규범은 각 회원국 간에 체결되는 조약인 1차 규범과 유럽연합 기관 내부 과정을 거쳐 만들어진 2차 규범으로 구성된다. 규칙, 결정, 지침, 권고, 의견은 2차 규범에 속한다.

② 규칙은 모든 회원국, 모든 개인과 법인에 적용되며 직접적용성이 있다.

③ 결정은 특정 회원국, 개인, 법인에 대해서만 구속력이 있는 세부적인 행정조치의 성격을 가진 규범이다.

답 ④

제4편

개인

제1장 국민과 외국인
제2장 국제인권법

01

국적에 대한 설명으로 옳은 것은?

ㄱ. 국가가 원칙적으로 자국민에 대해서만 외교 보호를 제공할 수 있으며, 역외입법관할권 행사를 위한 기초로서 기능할 수 있다는 점에서 국적은 중요성을 가진다.

ㄴ. 국제사법재판소(ICJ)는 노테봄 사건(1955)에서 개인과 그 국적국 사이에 '진정한 관련(genuine link)'이 존재하는 경우에만 외교적 보호권이 발생한다고 판시하였다.

ㄷ. 상설국제사법재판소(PCIJ)는 튀니지 – 모로코 국적포고령 사건(1923)에서 국적의 부여·박탈은 전적으로 각 국가의 국내관할권에 유보된 영역에 속하는 것으로서, 타국의 승인 여부와 관련 없이 국제적으로도 유효하다고 판시하였다.

ㄹ. 이중국적자의 경우 국적국 상호 간에는 원칙적으로 외교적 보호권이 제한된다.

ㅁ. 유럽연합(EU)에서 국적과 EU 시민권은 개념상 동일한 것으로 볼 수 있다.

ㅂ. 모든 국가는 '국적을 부여할 권리'를 가지지만, 모든 사람이 '국적을 가질 권리'를 가진다고는 할 수 없다.

① ㄱ, ㄴ, ㄹ
② ㄱ, ㄷ, ㄹ
③ ㄴ, ㄹ, ㅂ
④ ㄷ, ㄹ, ㅁ

정답 및 해설

국적에 대한 설명으로 옳은 것은 ㄱ, ㄴ, ㄹ이다.

ㄱ. 국가는 해외에 있는 자국민의 행위를 규율하기 위한 법을 제정할 수 있다. 즉, 국적은 국가의 역외입법관할권 행사를 위한 기초로서 기능할 수 있다.

ㄴ. 국제사법재판소(ICJ)는 노테봄 사건(1955)에서 개인의 경우 진정한 관련을 요구한 한편, Barcelona Traction Co. 사건(1979)에서 법인의 경우에는 진정한 관련이 요구되지 않는다고 하였다.

ㄹ. 이중국적자의 경우 주권평등 원칙상 국적국 상호 간에는 외교적 보호권을 발동할 수 없다. 다만, 최근 관행에 의하면 '지배적인 국적국'이라는 증명이 있는 경우 타방에 대해 보호권을 발동할 수 있다.

⊘ 선지분석

ㄷ. 상설국제사법재판소(PCIJ)는 튀니지 – 모로코 국적포고령 사건(1923)에서 국적의 부여·박탈은 원칙적으로 각 국가의 국내관할권에 유보된 영역에 속하는 것이긴 하지만, 그 국적이 국제법상 실효적으로 기능하기 위해서는 국적에 관한 국내법이 조약·국제관습 및 국적에 관하여 일반적으로 인정된 법의 일반원칙에 일치된 것으로서 타국에 의하여 승인된 것이어야 한다고 판시하였다.

ㅁ. 유럽연합(EU)에서 회원국의 국적을 보유한 모든 사람은 동맹의 시민이 된다. 동맹의 시민권은 국내시민권을 대신하는 것이 아니라 이를 보충한다(유럽동맹조약 제17조). 즉, EU 시민권은 단지 회원국의 시민권 내지 국적을 보완하고 그것에 종속되는 것에 불과함을 명시하고 있다.

ㅂ. 모든 사람은 국적을 가질 권리를 가지고 있다. 그 누구도 자의적으로 국적을 박탈당하지 아니하며, 국적을 변경할 권리를 거부당하지 아니한다(1948년 세계인권선언 제15조). 대부분의 국제법학자들은 동 선언이 수많은 나라들의 헌법 구성에 직접적인 영향을 미쳤으며 인권에 관한 국제적 규범의 기초가 됨으로써 국제관습법의 지위를 지니고 있는 것으로 평가하고 있다.

답 ①

개인의 국적에 대한 설명으로 옳지 않은 것은?

① 국적의 부여 요건을 정하는 것은 원칙적으로 각국의 국내문제이다.
② 국가는 자국민을 위한 외교적 보호의 권리를 가진다.
③ 국제사법재판소(ICJ)는 노테봄 사건에서 청구국과 그 국민 사이에 진정한 관련성(genuine link)이 존 재하는 경우에만 외교적 보호권이 발생한다고 판시한 바 있다.
④ 이중국적자가 제3국으로부터 침해를 받는 경우, 그의 국적국가들은 당해 제3국에 대하여 외교적 보호 권을 행사할 수 없다.

> **정답 및 해설**

이중국적자가 제3국으로부터 침해를 받는 경우에는 각 국적국 모두 외교적 보호권을 행사할 수 있으며, 이중국적자의 권리를 침해한 제3국은 그중 '진정하고 실효적인' 국적국의 보호권만 인정하면 된다.

✓ 선지분석
① 1930년 국적법 저촉에 관한 헤이그협약에 규정되어 있는 내용이다.
③ 국제사법재판소(ICJ)는 노테봄 사건에서 '진정한 관련성'을 판시하였다. 다만, ILC에서 제정한 외교보호초안에 는 '진정한 관련성' 요건이 명시되어 있지 않다.

답 ④

노테봄 사건에 대한 설명으로 옳지 않은 것은 모두 몇 개인가?

ㄱ. 국적이 국적부여국의 국내법규정을 위반하여 취득되었더라도 국제법적 효력이 부인되는 것은 아니다.
ㄴ. 중립국의 국적을 취득할 목적으로 개인이 국적을 변경하였다고 하더라도 국제법상 그 국적이 무효화 되지 않는다.
ㄷ. 국적이 국제법상의 기준에 반하여 취득된 경우 타국은 이를 존중할 의무가 없으므로 타국에 대항하 여 당해 국적이 적용될 수 없다.
ㄹ. 국적을 부여받은 자는 다른 국가의 구성원들보다 국적을 부여한 국가의 구성원들과 훨씬 밀접하게 연계되어 있어야 하며, 이러한 밀접한 연계(진정한 관련)가 확립되었을 때에만 국적을 부여하는 국가 는 외교적 보호를 행사할 지위를 가지게 된다.
ㅁ. 국제사법재판소(ICJ)의 강제관할권 성립 여부는 제소 시를 기준으로 판단하나, 판결 시까지 선택조항 수락선언의 효력이 유지되어야 한다. 이를 노테봄 규칙(Nottebohm rule)이라고 한다.

① 1개   ② 2개
③ 3개   ④ 4개

> **정답 및 해설**

노테봄 사건에 대한 설명으로 옳지 않은 것은 ㅁ. 1개이다.
ㅁ. 강제관할권은 제소 시 적법하게 성립하면 충분하고, 이후 사정이 변경되더라도 관할권에 영향을 주지 않는다. 이를 노테봄 규칙(Nottebohm rule)이라고 한다.

✓ 선지분석
ㄷ. 노테봄의 리히텐슈타인 국적과 같이 국제법상의 기준에 반하여 취득된 경우 이는 국제법적 유효성을 가지지 않 아 대항력이 없다.

답 ①

04 국적에 대한 설명으로 옳은 것만을 모두 고른 것은?

ㄱ. 출생을 이유로 국적을 부여하는 방식 중의 하나인 혈통주의는 부계혈통주의와 부모양계혈통주의 등으로 나뉘는데, 대한민국은 부계혈통주의를 채택하고 있다.

ㄴ. 이중국적자의 외교적 보호가 문제되는 경우, 국제관습법상 먼저 외교적 보호권을 주장하는 국적국만이 그 권리를 가진다.

ㄷ. 국제사법재판소(ICJ)는 Nottebohm 사건에서 한 국가가 귀화에 의해 자국적을 취득한 개인을 위하여 외교적 보호에 나서기 위해서는 해당 국가와 개인 간에 '진정한 관련'이 존재하여야 한다는 취지로 판시하였다.

ㄹ. 국제사법재판소(ICJ)는 Barcelona Traction Co. 사건에서 회사의 경우 원칙적으로 그 주주의 국적국이 회사를 위하여 외교적 보호권을 행사할 수 있다고 판결하였다.

ㅁ. 개인의 국적은 원칙적으로 해당 국가의 국내법에 따라 부여된다.

① ㄱ, ㄷ 　　　　② ㄱ, ㅁ
③ ㄴ, ㄹ 　　　　④ ㄷ, ㅁ

국적에 대한 설명으로 옳은 것은 ㄷ, ㅁ이다.

 **선지분석**

ㄱ. 대한민국은 부모양계혈통주의를 채택하고 있다.

ㄴ. 이중국적자의 경우 가해국이 국적국인 경우와 제3국인 경우로 나누어진다. 가해국이 국적국인 경우 원칙적으로 상호 외교적 보호권을 주장할 수 없으나, 제3국이 가해국인 경우 국적국은 모두 제3국에 대해 외교적 보호권을 주장할 수 있다.

ㄹ. 회사의 경우 원칙적으로 회사의 국적국이 외교적 보호권을 발동할 수 있으며, 회사의 국적국은 '설립지국' 또는 '본점소재지국'이다. 주주의 국적국은 법인이 소멸한 경우 예외적으로 외교적 보호권을 발동할 수 있다.

답 ④

05 국적에 대한 설명으로 옳은 것만을 모두 고른 것은?

ㄱ. 튀니지 – 모로코 국적법 사건에서 상설국제사법재판소(PCIJ)는 국적의 부여·박탈은 전적으로 한 국가의 국내관할권에 유보된 영역에 속한다고 하였다.

ㄴ. 회사나 법인의 국적 결정에는 일반적으로 주영업지 기준이 이용되고 있다.

ㄷ. 국적은 외교 보호와 역외입법관할권 행사의 근거로 기능한다는 점에서 중요성을 가진다.

ㄹ. 우리나라 국적법은 부모양계혈통주의를 원칙으로 하고 있다.

① ㄱ, ㄴ 　　　　② ㄱ, ㄷ
③ ㄴ, ㄷ 　　　　④ ㄷ, ㄹ

국적에 대한 설명으로 옳은 것은 ㄷ, ㄹ이다.

ㄹ. 우리나라 국적법은 부모양계혈통주의를 원칙으로 하고 있으며, 부부국적 독립주의와 출생지주의, 외국인의 귀화 요건에 대해서도 규정하고 있다.

✓ **선지분석**

ㄱ. 원칙적으로 국가의 국내관할권에 유보된 영역에 속하나, 그렇다고 하여 국적을 부여·박탈할 수 있는 권리가 무제한인 것은 아니며 국제법과 법의 일반원칙의 제한을 받는다고 하였다.

ㄴ. 회사나 법인의 국적 결정에는 일반적으로 설립지 또는 본점소재지 기준이 이용되고 있다.

답 ④

06 국제법상 개인의 법적 지위에 대한 설명으로 옳은 것은?

① 1908년에 설립된 중미사법재판소는 개인이 국가를 상대로 한 직접 제소뿐만 아니라 국적국을 상대로 한 제소까지 허용되었다는 점에서 진일보된 재판소라는 평가를 받았다.

② 국가승계시 자연인의 국적 초안(1999)에 의하면 자연인은 최소한 관련 1개국의 국적을 가질 권리가 있다고 전제하고 국가승계시 해당 지역에 주소지를 둔 자는 승계국의 국적자로 추정함을 기본 원칙으로 제시했다.

③ 1974년 국가의 경제적 권리·의무 헌장은 국유화를 단행하는 국가는 자국의 관련 법령과 적절하다고 생각하는 모든 상황을 고려하여 적절한 보상을 지불해야 한다고 규정했다.

④ 이중국적에 대한 긍정적 태도를 견지하던 유럽심의회는 1997년 채택한 유럽국적협약에서 국적유일의 원칙을 규정하였다.

✓ **선지분석**

① 국적국을 상대로 한 제소는 허용되지 않았다.

② 국가승계시 해당 지역의 상거주자는 승계국의 국적자로 추정함을 기본 원칙으로 제시했다.

④ 이중국적에 대한 부정적 태도를 견지하던 유럽심의회는 1997년 채택한 유럽국적협약에서 국적유일의 원칙을 포기하고, 일정한 경우 이중국적을 허용했다.

답 ③

07 바르셀로나 트랙션 사건에 대한 설명으로 옳지 않은 것은 모두 몇 개인가?

> ㄱ. 법인의 피해에 대해 외교적 보호권을 발동할 수 있는 주체는 당해 법인의 국적국이다.
> ㄴ. 주주의 권리인 배당청구권, 총회에서의 의결권, 해산 후의 잔여자산 분배청구권 등이 침해된 경우 주주의 국적국이 외교적 보호권을 발동할 수 있으며, 국내구제완료 원칙은 적용되지 않는다.
> ㄷ. 바르셀로나 트랙션은 캐나다법에 근거하여 설립되었고, 50년 이상 캐나다법하에서 회사를 계속 유지해 왔고 캐나다에서 등기사무소를 유지하였으며, 회사는 캐나다 세무당국의 기록부에 등록되어 있으므로 캐나다 국적을 가진다.
> ㄹ. 회사가 존재하지 않거나 회사의 본국이 회사를 위하여 행위하는 능력을 결여하였다고 인정되는 경우 예외적으로 주주의 국적국이 외교적 보호권을 발동할 수 있으나, 국내구제를 완료하여야 한다.
> ㅁ. 대세적 의무의 존재를 긍정하였으나, 손해배상책임이나 민중소송은 인정되지 않는다고 하였다.

① 1개   ② 2개
③ 3개   ④ 4개

정답 및 해설

바르셀로나 트랙션 사건에 대한 설명으로 옳지 않은 것은 ㄴ, ㅁ. 2개이다.
ㄴ. 주주의 권리인 배당청구권, 총회에서의 의결권, 해산 후의 잔여자산 분배청구권 등이 침해된 경우 국내구제완료 원칙이 적용된다.
ㅁ. 바르셀로나 트랙션 사건에서 손해배상책임은 인정되었다.

☑ 선지분석
ㄷ. 바르셀로나 트랙션 사건에서 법인의 국적국은 설립지국인 캐나다이다.
ㄹ. 주주의 국적국이 외교적 보호권을 행사할 수 있는 경우는 법인의 국적국이 보호권을 포기한 경우와 법인이 법적 소멸된 경우, 주주가 가해국에 의해 직접 피해를 입은 경우이다.

답 ②

08 노테봄 사건에 대한 설명으로 옳지 않은 것은?

① 리히텐슈타인과 과테말라가 당사자인 사건이다.
② 노테봄은 과테말라에서 사업을 하는 독일국민이었으나 중립국인 리히텐슈타인에 귀화하였다.
③ 국제사법재판소(ICJ)는 기한부 선택조항 수락선언의 유효성 판단 기준 시기는 '제소 시'라 하였다.
④ 국제사법재판소(ICJ)는 외교적 보호권 발동을 위한 '진정한 관련성'의 요건성을 부정하였다.

정답 및 해설

노테봄은 34년간 과테말라에서 거주하며 사업하였으므로 리히텐슈타인과 진정한 관련성이 없다. 따라서 진정한 관련성의 요건성을 인정하여 리히텐슈타인이 노테봄의 피해를 이유로 외교적 보호권을 발동할 수 없다고 하였다.

☑ 선지분석
② 노테봄은 제2차 세계대전 전에 과테말라가 연합국 측에 가담할 경우 피해가 발생할 것을 우려하여 리히텐슈타인에 귀화를 신청하였다.
③ 과테말라의 선결적 항변에 대해 국제사법재판소(ICJ)는 선택조항 수락선언의 유효성 판단 기준 시기는 제소 시이기 때문에 판결 이전에 수락기간이 경과하더라도 관할권을 행사할 수 있다고 보았다.

답 ④

09 아마두 사디오 디알로 사건(2012)에 대한 설명으로 옳지 않은 것은 모두 몇 개인가?

ㄱ. 국내구제완료 원칙은 관습법상 원칙이며 국내구제완료에 대해서는 제소국이 입증책임을 진다.
ㄴ. 국내구제완료불능상황의 존재에 대해서는 제소국이 입증책임을 진다.
ㄷ. 피제소국은 국내구제완료불능상황의 부존재에 대해 입증책임을 진다.
ㄹ. 가해국이 개인에 대해 추방하고 재입국을 금지하며 그에 대한 상소권을 부정하였다면 국내구제를 완료한 것이다.
ㅁ. 주주의 권리가 직접 침해된 경우 주주의 국적국은 외교적 보호권을 보유한다.
ㅂ. 아마두 사디오 디알로가 대주주인 회사의 국적국은 콩고이고 가해국도 콩고인 경우, 대주주인 디알로의 국적국인 기니가 회사의 피해에 대해 보호권을 발동할 수 있다.
ㅅ. 외국인을 체포한 경우 체류국은 영사고지의무가 있으나, 국적국이 다른 경로를 통해 자국민의 체포사실을 알았다면 영사고지의무를 태만한 것에 대한 책임이 면제된다.

① 1개
② 2개
③ 3개
④ 4개

아마두 사디오 디알로 사건(2012)에 대한 설명으로 옳지 않은 것은 ㅂ, ㅅ. 2개이다.
ㅂ. 회사의 권리 침해에 대해 주주의 국적국인 기니가 외교적 보호권의 대리 행사를 주장한 것이나, 국제사법재판소(ICJ)는 이를 인정하지 않았다.
ㅅ. 국적국이 다른 경로를 통해 자국민의 체포사실을 알았다고 하더라도 접수국의 면책은 인정되지 않는다.

⊘ 선지분석
ㄹ. 총리의 은혜를 기다리는 사면행위는 국내구제완료 원칙이 적용되지 않는 행위라고 판단하였다.
ㅁ. 아마두 사디오 디알로 사건에서 아마두 사디오 디알로는 단일 주주로서 직접 피해를 받았기 때문에 주주의 직접 침해가 인정되었으며, 주주의 국적국의 외교적 보호권 발동이 인정되었다.

답 ②

10 국제법상 국적에 대한 설명으로 옳은 것은?

① 아마두 사디오 디알로 사건(2007)에서 국제사법재판소(ICJ)는 주주로서의 권리침해에 대해서는 주주의 국적국이 보호권을 발동할 수 있으나, 주주와 다른 국적을 가진 회사의 권리를 침해한 부분에 대해서는 주주의 국적국이 외교적 보호권을 행사할 수 없다고 하였다.
② 독일도 2000년 국적법 개정으로 귀화요건을 강화하여 이중국적의 허용 폭을 축소하였다.
③ 1997년 채택한 유럽국적협약은 타국의 국적을 취득한 개인이 단일 국적을 선택하게 함으로써 국적 이탈의 자유에 대한 남용을 통제하였다.
④ ILC외교보호초안에 의하면 설립지국 또는 본점소재지국이 1차적 국적국이다.

⊘ 선지분석
② 독일은 귀화요건을 완화하여 이중국적의 허용 폭을 확대하였다.
③ 1997년 유럽국적협약은 국적유일의 원칙을 포기하고 일정한 경우 이중국적의 향유를 개인의 권리로 인정하였다.
④ 설립지국만 1차적 국적국이고, 본점소재지국은 일정한 요건하에 2차적 국적국으로 인정된다.

답 ①

11 국제법상 국적에 관한 판례에 대한 설명으로 옳지 않은 것만을 모두 고른 것은?

□□□

ㄱ. 튀니지와 모로코에서의 프랑스 국적령 사건(1923)에서 상설국제사법재판소(PCIJ)는 이 사건의 경우 국적문제가 국제문제화되었으므로 연맹총회에서 관할권을 가질 수 있다고 판시하였다.

ㄴ. 노테봄 사건(1955)에서 국제사법재판소(ICJ)는 리히텐슈타인이 노테봄에게 부여한 국적이 이미 국내 적으로 효력을 상실하였으므로 과테말라에 대해 대항력을 가지지 못한다고 보고 리히텐슈타인이 외 교적 보호권을 발동할 수 없다고 판시하였다.

ㄷ. 이란 – 미국 이중국적자의 지위에 관한 중재 사건(1984)에서 중재법원은 1930년 국적법 저촉에 관한 헤이그협약 제4조를 반영하여 이중국적 중 실효적 국적이 확인될 수 있으면 이중국적국 상호 간에도 외교적 보호권을 발동할 수 있다고 판시하였다.

ㄹ. 우리나라 헌법재판소는 일제강점시기 중국으로 이주한 후 중국 국적으로 생활해 온 재중동포는 한국 국민으로 볼 수 없으나, 이들에게 대한민국 국적 선택을 위한 절차를 마련하지 않은 부작위가 있어 위헌이라고 판시하였다.

① ㄱ, ㄴ
② ㄴ, ㄹ
③ ㄱ, ㄴ, ㄷ
④ ㄱ, ㄴ, ㄷ, ㄹ

정답 및 해설

국제법상 국적에 관한 판례에 대한 설명으로 ㄱ, ㄴ, ㄷ, ㄹ. 모두 옳지 않다.

ㄱ. 튀니지와 모로코에서의 프랑스 국적령 사건(1923)에서 상설국제사법재판소(PCIJ)는 연맹이사회에서 관할권을 가질 수 있다고 판시하였다.

ㄴ. 노테봄 사건(1955)에서 국내적 유효성은 문제되지 않았다.

ㄷ. 헤이그협약은 이중국적국 상호 간 외교적 보호권이 인정되지 않는다고 규정하였다.

ㄹ. 우리나라 헌법재판소는 국적 선택을 위한 조치를 취할 국가의 의무가 없다고 판시하였다.

답 ④

12 우리나라 국적법에 대한 설명으로 옳은 것은?

□□□

① 미성년 시 입양되었던 자는 한국 국적을 취득한 경우 기존 외국 국적을 유지할 수 없다.

② 한국인과 혼인을 위해 이주해 온 외국인 배우자는 한국 국적을 취득한 경우 기존 외국 국적을 유지할 수 없다.

③ 출생으로 복수국적자가 된 경우 일정한 연령에 달하면 국적선택을 해야 하나, 국내에서 외국 국적을 행사하지 않겠다는 서약을 조건으로 한국 국적을 유지할 수 있다.

④ 복수국적자가 법정 기간 내에 한국 국적을 선택하지 않으면, 법무부장관이 국적선택을 명령하고, 응 하지 않으면 외국 국적을 상실한다.

정답 및 해설

⊘ 선지분석

①, ② 한국 국적을 취득한 경우에도 국내에서 외국국적을 행사하지 않겠다는 서약을 한 경우 기존 외국 국적을 유지할 수 있다.

④ 응하지 않으면 한국 국적을 상실한다.

답 ③

01 외국인의 대우에 대한 설명으로 옳지 않은 것은?

① 외국인대우의 기준에 관해서는 국가들 간의 견해의 차이가 있다.
② 외국인은 재류국의 영토관할권에만 복종하며, 본국의 관할권은 배제된다.
③ 국가는 일정 조건하에서 외국인의 재산을 수용할 수 있다.
④ 일반국제법상 국가는 외국인의 입국을 허용할 의무가 없다.

정답 및 해설

외국인은 영토국(재류국)의 속지적 관할권과 본국의 속인적 관할권에 이중적으로 지배를 받는다.

⊘ **선지분석**

① 외국인대우의 기준에 관하여 개발도상국은 내국민대우의 수준으로 외국인을 대우하는 국내표준주의를 주장하지만, 선진국은 최소기준하에서 외국인을 대우하는 국제표준주의를 주장한다. 국내표준주의가 통설이다.
③ 공익적인 목적으로, 내·외국인 간 및 외국인 상호 간 차별하지 않고, 적절한 보상이 예정되어 있다는 조건하에서 외국인의 재산을 수용할 수 있다.
④ 일반국제법상 외국인의 입국을 허용할 의무는 없으며 주로 우호통상항해조약에서 규정한다.

답 ②

02 외국인의 추방에 대한 설명으로 옳지 않은 것은?

① ILC가 작성한 외국인 추방에 관한 규정 초안(이하 ILC 초안, 2014)상 추방은 외국인에게 국가를 떠나도록 강제하는 그 국가에게 귀속되는 공식적인 행위 또는 행동을 말한다.
② ILC 초안에 의하면 타국가나 국제재판소로의 범죄인 인도 또는 외국인의 입국 거부는 추방이 아니다.
③ ILC 초안에 의하면 외국인은 그가 현재 들어가 있는 영토국가의 국적을 가지고 있지 아니한 개인을 말하며 무국적자는 포함하지 않는다.
④ 시민적·정치적 권리에 관한 국제규약 제13조는 외국인 추방 시 원칙적으로 자기변호의 기회를 제공하도록 규정하고 있다.

정답 및 해설

ILC 초안에 의하면 무국적자도 외국인에 포함된다.

⊘ **선지분석**

① ILC 초안에 의하면 외국인 추방 시 추방국은 추방이유를 적시할 의무가 있으며 이는 관습이다.
★ ILC 초안과 유럽인권협약은 집단적 추방을 금지하고 있으나, 일반국제법상 집단적 추방은 금지되지 않는다.

답 ③

외국인 재산의 수용(收用)에 대한 설명으로 옳은 것은 모두 몇 개인가?

ㄱ. 외국인 재산에 대한 수용은 국가가 사회적·경제적 동기에서 취하는 것으로, 일정한 공공목적을 달성하기 위하여 외국인의 재산 및 재산권을 직접 탈취하거나 국가 및 공공기관의 관리·통제하에 두는 것을 목적으로 한다.
ㄴ. 수용의 대상이 될 수 있는 '재산'의 개념에는 동산·부동산만이 포함되고, 특허·저작권 등의 무체재산(無體財産)은 포함되지 않는다.
ㄷ. 재산의 강제적 취득에 이르지 아니하는 사용·수익·처분의 부당한 방해, 즉 주식의 강요된 매각이나 은행예치자금 동결 등은 재산권의 행사에 대한 특별한 제한일 뿐 수용에는 포함되지 않는다.
ㄹ. 일반적으로 수용과 국유화는 개념 차이가 없으며, 양자는 혼용되어 사용되고 있다.
ㅁ. 1938년 멕시코가 미국의 석유산업을 국유화하자 당시 미국의 헐(Hull) 국무장관은 "외국인 자산의 수용 시에는 국제법상 신속하고, 충분하며, 효과적인 보상이 요구된다."라고 주장하였다.

① 1개
② 2개
③ 3개
④ 4개

정답 및 해설

외국인 재산의 수용(收用)에 대한 설명으로 옳은 것은 ㄱ, ㄹ, ㅁ 3개이다.
ㄹ. 국가경제정책을 이행하기 위한 일반적·비인격적 성격의 수용을 국유화라고 부르기도 하지만, 일반적으로 수용과 국유화는 같은 개념으로 볼 수 있다.
ㅁ. 외국인 자산의 수용 시 신속하고, 충분하며, 효과적인 보상이 요구된다는 것을 흔히 'Hull 공식' 또는 'PAE 공식'이라고 한다.

✓ **선지분석**
ㄴ. 무체재산(無體財産)도 수용의 대상인 재산에 포함된다.
ㄷ. 재산의 강제적 취득에는 이르지 아니하나 외국 투자가의 재산권 행사를 실질적으로 침해하는 현지국의 조치는 흔히 '위장된 수용' 혹은 '잠행적 수용'이라고 부른다.

관련 이론 위장된 수용(잠행적 수용)

1. 상당기간에 걸친 현지 정부의 간섭으로 외국 투자가가 사업을 포기하는 경우
2. 외국인 투자에 대해 몰수에 가까울 정도의 중과세를 부과하는 경우
3. 이윤이나 원금의 본국 송출을 장기간 금지하는 경우
4. 은행계좌의 동결, 파업, 공장 폐쇄, 노동력 부족과 같은 방해행위 등

답 ③

외국인 재산의 수용에 대한 설명으로 옳은 것만을 모두 고른 것은?

> ㄱ. LIAMCO 사건(1981)에서 중재재판관은 공익의 원칙이 국유화의 합법성을 위한 필수요건이라고 하였다.
> ㄴ. 수용은 동산 및 부동산뿐만 아니라 특허·저작권 등 무체재산에 대해서도 행해질 수 있다.
> ㄷ. 국제법상 국가가 자국 영토 내의 외국인 재산을 수용 내지 국유화할 수 있는 주권적 권한을 가지고 있다는 점은 논란의 여지가 없다.
> ㄹ. 소위 'Hull 공식'이란 일반적이고 비인격적 성격의 수용의 경우 충분한 보상을 지급할 국제법상의 의무는 존재하지 않으며, 보상의 시기와 방법 역시 수용국이 결정할 문제라는 것이다.

① ㄱ, ㄴ

② ㄴ, ㄷ

③ ㄴ, ㄹ

④ ㄷ, ㄹ

> **정답 및 해설**

외국인 재산의 수용에 대한 설명으로 옳은 것은 ㄴ, ㄷ이다.

⊘ 선지분석
ㄱ. LIAMCO 사건(1981)에서 중재재판관은 공익의 원칙이 국유화의 합법성을 위한 필수요건이 아니라고 하였다.
ㄹ. 'Hull 공식'은 '그 어떤 정부도 신속하고(prompt), 충분하며(adequate), 실효적인(effective) 보상의 지급 없이는 그 목적이 무엇이건 외국인의 사유재산을 수용할 권리가 없다'는 것을 의미한다. 이를 PAE 공식이라고도 한다.

답 ②

Electronica Sicula(ELSI) 사건에 대한 설명으로 옳지 않은 것은 모두 몇 개인가?

> ㄱ. 미국과 이탈리아 간 분쟁으로서 양국은 국제사법재판소(ICJ)에 소재판부 구성을 요청하였다.
> ㄴ. 국내구제완료 원칙을 포기하는 경우 반드시 명시적으로 포기해야 한다.
> ㄷ. Electronica Sicula(ELSI)는 미국 법인으로서 이탈리아에서 국내구제를 완료하지 않아 미국이 외교적 보호권을 발동할 수 없다.
> ㄹ. 국가의 정책에 의한 간접수용 또는 위장된 수용은 국제법상 수용의 범위에 포함되지 않으므로 관련 국제법 요건을 충족하지 않아도 된다.
> ㅁ. 국가가 외국 법인의 재산을 탈취한 것이 아니라면 국제법상 수용에 해당되지 않는다.

① 1개

② 2개

③ 3개

④ 4개

> **정답 및 해설**

Electronica Sicula(ELSI) 사건에 대한 설명으로 옳지 않은 것은 ㄷ, ㄹ. 2개이다.
ㄷ. Electronica Sicula(ELSI)는 이탈리아 대법원 판결을 받았으므로 국내구제를 완료한 것이다.
ㄹ. 간접수용도 국제법상 수용의 범위에 포함된다.

⊘ 선지분석
ㄱ. 국제사법재판소(ICJ) 소재판부(특별재판부)란 특정 사건을 다루기 위해 구성되는 소법정으로, 재판소는 언제든지 이를 설치할 수 있다. 특별재판부를 구성하기 위한 재판관 수는 당사국들의 승인을 얻어 재판소가 결정한다.

답 ②

06 외국인의 법적 지위에 대한 설명으로 옳지 않은 것은?

① 미국과 영국 간의 1794년 Jay조약을 계기로 외국인의 피해에 대한 배상 요구가 국가 간 사법절차의 대상이 되기 시작하였다.
② 1962년 UN총회의 '천연자원에 관한 영구주권선언'은 외국인 재산의 국유화 수용의 권리를 인정하면서 소유주는 '국제법에 따른 적절한 보상'을 지급받는다고 규정하였다.
③ 외국인 재산은 원칙적으로 수용할 수 없고, 보상 등 요건을 갖춘 경우 예외적으로 허용된다.
④ 1974년 UN총회결의인 '국가의 경제적 권리·의무헌장'에서는 국유화에 대한 적절한 보상과 국내법에 따른 해결을 규정하였다.

정답 및 해설

수용은 국가의 고유한 권리로 인정되므로 외국인 재산은 원칙적으로 수용할 수 있다. 다만, 공익·비차별·보상 등의 요건을 충족해야 한다.

✅ 선지분석
④ 1974년 UN총회결의는 1962년 UN총회결의의 '국제법에 따른'이라는 부분을 삭제하여 더욱더 제3세계의 입장을 반영한 것으로 평가된다.

답 ③

07 외국인 추방에 대한 설명으로 옳은 것만을 모두 고른 것은?

ㄱ. ILC에 의하면 추방국은 추방이유를 적시해야 하는데 이는 국제법상 확립된 원칙은 아니다.
ㄴ. 유럽인권협약 제4의정서를 비롯한 국제법에 의하면 집단적 추방은 일반적으로 금지된다.
ㄷ. 모든 이주노동자와 그들의 가족구성원의 권리보호에 관한 국제협약은 집단적 추방을 금지한다.
ㄹ. 모든 이주노동자와 그들의 가족구성원의 권리보호에 관한 국제협약에 의하면 추방국가가 연루된 무력충돌의 경우에 외국인 추방에 적용되는 국제법규를 침해하지 아니한다고 규정하여 무력충돌시 집단적 추방이 허용될 수 있다.
ㅁ. 유럽인권협약 제4의정서에 의하면 추방된 개인의 본국 정부는 그들을 받아들일 의무가 있다.

① ㄱ, ㄴ, ㄷ   ② ㄱ, ㄷ, ㄹ
③ ㄴ, ㄷ, ㅁ   ④ ㄷ, ㄹ, ㅁ

정답 및 해설

외국인 추방에 대한 설명으로 옳은 것은 ㄷ, ㄹ, ㅁ이다.

✅ 선지분석
ㄱ. 추방 시 추방이유를 제시하는 것은 국제법상 확립된 원칙이다.
ㄴ. 집단적 추방은 일반적으로 금지되는 것은 아니다.

답 ④

08 외국인 재산의 국유화(수용)에 대한 설명으로 옳은 것은?

① 국유화는 국가의 주권적 사항이므로 국제법의 제한을 받지 아니한다.

② 국유화에 대한 분쟁은 어떠한 경우도 국제재판에 회부될 수 없다.

③ 헐(Hull)은 보상 원칙으로 충분성, 실효성 및 신속성을 제시하였으며 각각 보상금액, 보상수단, 보상시기에 관한 원칙이다.

④ UN총회는 천연자원의 영구주권결의(1973)에서 국유화 관련 분쟁은 국내법에 따라 해결하도록 규정하였으며 동 결의는 법적 구속력이 있다.

> **정답 및 해설**

1938년 당시 미국 국무장관 코델 헐(Cordell Hull)은 "그 어떤 정부도 신속하고 충분하고 실효적인 보상의 지급 (prompt, adequate and effective payment) 없이는 그 목적이 무엇이건 외국인의 사유재산을 수용할 권리가 없다."라고 주장하였다. 이는 Hull 공식 혹은 PAE 공식이라고도 한다.

☑ 선지분석

① 국유화는 국가의 주권적 사항이기는 하나 국제법(관습법)상 요건을 준수해야 한다.

② 위법한 국유화는 간접침해를 구성하므로 외교적 보호권이 발동될 수 있으며 이 경우 국제재판에 회부될 수도 있다.

④ 천연자원의 영구주권결의(1973)의 내용은 옳으나 동 결의는 법적 구속력을 가지지 아니한다.

답 ③

09 외국인 투자 보호제도에 대한 설명으로 옳지 않은 것은?

① 투자분쟁해결센터(ICSID)는 국제조정과 국제중재절차를 예정하고 있다.

② 외교적 보호권의 배척을 규정한 칼보조항은 국제법적 효력이 없다.

③ 투자분쟁해결센터(ICSID) 중재는 투자자 본국의 외교적 보호권을 배척한다.

④ 다자간투자보증기구(MIGA)는 투자 관련 분쟁의 신속한 해결을 위한 사법절차를 제공하는 것을 목적으로 한다.

> **정답 및 해설**

다자간투자보증기구(MIGA)는 투자자의 대 개발도상국 투자에 대해 보험을 제공함으로써 개발도상국 투자 활성화를 목적으로 한다. 다자간투자보증기구(MIGA)는 비상업적 위험에 대해서 보험을 제공한다.

☑ 선지분석

① 투자분쟁해결센터(ICSID) 중재절차 진행 시 준거법은 당사자들이 합의하는 법규칙이며, 당사자들이 합의가 없는 경우에는 분쟁체약당사국의 국내법과 적용 가능한 국제법규를 적용해야 한다.

③ 투자분쟁해결센터(ICSID) 중재절차 진행 시 투자자 본국 정부는 국제청구를 제기하는 등의 외교적 보호권을 행사할 수 없다.

답 ④

10

다자간투자보증기구(MIGA)에 대한 설명으로 옳지 않은 것은?

① 다자간투자보증기구(MIGA)는 완전한 법인격을 가지며 소송을 제기할 법적 능력을 가진다는 것이 명시되어 있다.
② 의사결정에 있어서 자본국 출자액수에 따라 회원국별로 투표수가 차별적으로 할당되어 있다.
③ 보증대상 투자자에 있어서 법인인 경우 회원국에서 설립되었거나 그곳에 주영업소를 가진 경우에만 보호대상으로 하고, 회원국의 국민이 대주주인 법인은 보호대상에서 배제된다.
④ 보증대상 투자에 있어서 반드시 자금의 투입이 요구되는 것은 아니며 노하우, 특허, 경영계약 등도 보호대상이다.

> **정답 및 해설**
>
> 자본의 대부분이 회원국의 회사나 국민의 통제에 있는 법인도 보호대상에 포함된다.
>
> ✅ **선지분석**
> ② 의사결정에 있어서 자본국 출자액수에 따라 투표수를 할당하는 것은 상대적 평등에 가까운 방식이다.
> ④ 자금이 아닌 노하우, 특허, 경영계약 등도 보호대상에 포함된다. 또한 보증대상 투자는 다자간투자보증기구(MIGA) 회원국인 '개발도상국' 영토에서 이루어져야 한다.
>
> 답 ③

11

1965년 ICSID협약에 의해 설치된 국제투자분쟁해결센터에 대한 설명으로 옳지 않은 것은?

① 대상이 되는 분쟁은 한 체약국과 다른 체약국 간의 투자로부터 발생하는 정치적 분쟁이어야 한다.
② ICSID협약에 따른 중재재판관할권이 성립하기 위해서는 분쟁당사자 간의 합의가 있어야 한다.
③ 국제투자분쟁해결센터는 일반국제기구와 마찬가지로 법인격을 가지며 또한 일정한 특권 및 면제를 향유한다.
④ ICSID협약에 따른 중재재판판결은 해당 체약국 법원의 최종판결과 동일한 취급을 받는다.

> **정답 및 해설**
>
> 국제투자분쟁해결센터의 대상이 되는 분쟁은 한 체약국과 다른 체약국 국민 간의 투자분쟁이다.
>
> ✅ **선지분석**
> ② 분쟁당사자들이 중재재판관할권 성립에 합의해야 하며, 이 경우 일체의 다른 구제수단을 배제하는 것으로 간주된다. 이른바 중재재판소의 배타적 관할권이 성립되는 것이다.
> ④ 중재재판판결은 해당 체약국 법원의 최종판결과 동일한 취급을 받으므로 체약국은 판정을 구속력 있는 것으로 승인하여야 하며, 자국 영토 내에서 집행을 보장할 의무가 있다.
>
> 답 ①

12

ICSID(International Centre for the Settlement of Investment Disputes)에 대한 설명으로 옳은 것은?

① 조정인 패널과 중재인 패널 구성을 위해 체약국은 국적을 불문하고 6명씩 지명할 수 있고, 패널의 임기는 4년이며 연임할 수 있다.

② ICSID는 국제기구로서 법인격을 가지나 국제법인격에 대해서는 명문규정을 두지 않았다.

③ ICSID는 체약국과 타 체약국의 국민 간 분쟁을 관할하며, 외국 투자자의 통제하에 있는 체약국 국내기업은 투자자와 체약국의 합의에 의해 그 국내기업에게 제소권을 인정할 수 있다.

④ 분쟁당사자들이 중재재판에 회부하기로 합의하는 경우 투자자의 본국은 중재판정을 존중할 의무가 있으나, 투자자의 요청이 있는 경우 외교적 보호권을 발동할 수 있다.

> **정답 및 해설**

⊘ 선지분석

① 체약국은 '4명'을 지명할 수 있고, 패널의 임기는 '6년'이며 연임할 수 있다.

② ICSID의 국제법인격을 명문으로 규정하고 있다.

④ 중재재판에 회부하기로 합의하면 일체의 다른 구제수단이 배제되므로 본국의 외교적 보호권도 배제된다.

답 ③

13

국제투자분쟁해결센터(ICSID)에 대한 설명으로 옳은 것은?

① 1948년 UN총회결의에 따라 설립된 UN총회의 보조기관이다.

② 국제조정절차 및 국제중재절차를 설치하고 있으며 조정절차와 달리 국제중재판정은 법적 구속력이 없다.

③ 외국인과 피투자국이 국제투자분쟁해결센터(ICSID) 중재절차를 이용하기 위해서는 투자국과 피투자국, 투자자와 피투자국의 이중동의를 요한다.

④ 투자자와 피투자국은 서면으로 국제투자분쟁해결센터(ICSID)에 분쟁을 부탁해야 하며 투자자는 이를 철회할 수 있으나 피투자국은 철회할 수 없다.

> **정답 및 해설**

⊘ 선지분석

① 국제투자분쟁해결센터(ICSID)는 1965년 '국가와 타국 국민 간의 투자분쟁해결에 관한 협약'에 의해 설립되었다.

② 국제조정절차는 법적 구속력이 없으나 국제중재판정은 법적 구속력이 있다.

④ 투자자와 피투자국 어느 쪽도 일방적으로 부탁을 철회할 수 없다.

답 ③

01 범죄인 인도에 대한 설명으로 옳은 것만을 모두 고른 것은?

> ㄱ. 현행 국제법상 국가는 조약상의 합의가 없는 한 범죄인 인도를 할 법적 의무가 없으나, 다만 조약이 없더라도 국제예양상 범죄인 인도를 할 수는 있다.
> ㄴ. 영미법계 국가는 자국민을 인도하지 않는 것을 원칙으로 하고 있으나, 대륙법계 국가는 자국민도 인도함을 원칙으로 하고 있다.
> ㄷ. 경미한 범죄에 대해서는 인도하지 않음이 원칙이다.
> ㄹ. 청구국에 의하여 인도요청된 자가 저질렀다고 주장되는 범죄가 피청구국의 국내법에 의하면 범죄를 구성하지 않을 경우 인도를 거절할 수 있다.
> ㅁ. 피인도된 범죄인을 처벌함에 있어 인도청구서에 기재되어 있는 죄명보다 중한 죄로 처벌하지는 못하나, 그보다 경한 죄로 처벌하는 것은 허용된다.
> ㅂ. 정치범의 인도를 금지하는 일반관습법규는 존재하지 않으며, 따라서 보통범죄인의 경우와 마찬가지로 정치범을 인도하는 것은 국제관습법 위반이 아니다.

① ㄱ, ㄴ, ㄹ
② ㄱ, ㄷ, ㄹ
③ ㄱ, ㄹ, ㅂ
④ ㄴ, ㄷ, ㄹ

정답 및 해설

범죄인 인도에 대한 설명으로 옳은 것은 ㄱ, ㄷ, ㄹ이다.

ㄱ. 범죄인 인도를 의무적인 것으로 보는 국제관습법은 존재하지 않기 때문에 국가들은 불가피하게 조약체결을 통하여 당사국 상호 간에 인도의무를 창설하는 방식에 의존하고 있다. 물론, 인도조약이 체결되어 있지 않더라도 국제예양에 의거하여 또는 국내입법을 통하여 범죄인을 인도할 수는 있다.

ㄷ. '최소한 중대성의 원칙'에 대한 내용이다.

ㄹ. '쌍방가벌성의 원칙' 혹은 '이중범죄의 원칙'이다.

⊘ 선지분석

ㄴ. 속지주의를 원칙으로 하고 속인주의를 예외로 하는 영미법계 국가는 자국민의 인도를 허용하는 입장이다. 반면 속지주의뿐만 아니라 속인주의 역시 원칙으로 하는 대륙법계 국가는 자국민의 인도를 거부하는 입장이다.

ㅁ. 인도청구서에 밝힌 죄명보다 중한 죄로 처벌하지 못함은 물론 그보다 경한 죄로도 처벌할 수 없고, 인도청구서에 기재된 당해 죄명으로만 처벌할 수 있다. 이를 '범죄특정의 원칙'이라고 한다.

ㅂ. 정치범 불인도의 원칙은 국가실행을 볼 때 국제관습법상 확립되었다고 보는 것이 통설이다.

답 ②

02 정치범 불인도의 원칙에 대한 설명으로 옳지 않은 것만을 모두 고른 것은?

ㄱ. 정치범을 인도할 경우 이는 피청구국이 정치범을 인도하지 않을 수 있는 권리를 포기한 것에 지나지 않는다.

ㄴ. 정치요인을 암살하기 위해 총기나 탄약을 탈취하는 범죄를 부수적으로 저지른 경우라면 정치범으로 인정되어 정치범 불인도의 원칙이 적용된다.

ㄷ. 국가원수나 그 가족에 대한 살해행위는 정치범죄로 인정되지 않는다.

ㄹ. 1989년 천안문 사태에 가담한 중국인 장진해(張振海)가 북경에서 미국행 중국민항기를 납치하여 일본 후쿠오카에 도착하였고, 이후 중국이 그의 인도를 요청하자 도쿄고등재판소는 장진해(張振海)가 정치범임을 이유로 동 요청을 거절하였다.

ㅁ. 범죄의 정치성 여부에 대한 결정은 피청구국에 의하여 내려지는 것이 보통이다.

ㅂ. 무정부주의자의 범죄, 전시반역, 전쟁 관련 범죄, 제노사이드, 항공기 납치 등은 정치범죄로 인정되지 않는다.

① ㄱ, ㄴ, ㄹ   ② ㄱ, ㄷ, ㄹ

③ ㄴ, ㄹ, ㅁ   ④ ㄴ, ㄷ, ㄹ

정답 및 해설

정치범 불인도의 원칙에 대한 설명으로 옳지 않은 것은 ㄱ, ㄴ, ㄹ이다.

ㄱ. 정치범 불인도의 원칙은 국제관습법상 확립된 원칙이다. 따라서 정치범을 인도할 경우 국제관습법 위반이 되므로 국가책임문제가 발생한다.

ㄴ. 정치범죄는 절대적 정치범죄(순수정치범죄)와 상대적 정치범죄로 구분할 수 있다. 보통범죄의 요소가 전혀 없고 오로지 정치범죄의 성격만을 가진 것을 절대적 정치범죄 또는 순수정치범죄라 하며 반역죄, 소요죄, 간첩죄 등이 이에 속한다. 반면, 정치범죄와 보통범죄의 요소를 함께 가지고 있는 것은 상대적 정치범죄라 하며 지문에서 나타난 정치요인을 암살하기 위해 총기나 탄약을 탈취하는 범죄를 부수적으로 저지른 경우 등이 이에 속한다. 상대적 정치범죄에는 정치범 불인도의 원칙이 적용되지 않는다.

ㄹ. 동 사건에서 도쿄고등재판소는 장진해(張振海)가 중국으로 인도될 경우 학대받을 위험이 있는지의 여부에 대한 판단은 재판부가 아닌 행정부가 해야 한다고 하면서, 장진해(張振海)의 행위가 1970년 항공기불법납치 억제를 위한 헤이그협약에 의거하여 인도대상이 된다고 판결하였다. 그러나 오늘날에는 범죄인이 인도되어 사형·고문·기타 비인도적 대우를 받을 것이 예견되는 경우에는 범죄인 인도를 거절할 수 있음을 명시하는 범죄인 인도조약이나 인권 관련 조약이 늘고 있다.

⊘ 선지분석

ㄷ. 이를 '가해조항' 또는 '벨기에조항'이라고 한다.

ㅂ. 지문의 경우와 그 외 고문, 수류탄 투척, 은행강도, 전쟁범죄 등의 경우도 정치범죄로 인정되지 않는다.

답 ①

03 범죄인인도에 대한 설명으로 옳은 것은?

① 유럽범죄인 인도협약(1957)에 의하면 대상자의 국적 결정에 있어서 범죄행위 시의 국적을 기준으로 한다.
② 한미범죄인 인도조약은 대상자의 국적 결정에 있어서 범죄인의 인도에 관한 결정 시를 기준으로 판단한다.
③ 최소한 중대성의 원칙과 관련하여 유럽범죄인 인도협약의 경우 최소한 1년 이상의 자유형을 인도대상 범죄로 규정하고 있다.
④ 유럽체포영장제도에 의하면 영장발부국(인도요청국)의 법에 의해 2년 이상의 형이 언도될 수 있는 중요 범죄에 대해서는 쌍방가벌성의 원칙이 포기되었다.

정답 및 해설

유럽범죄인 인도협약은 1년 이상의 자유형을, 한국은 1년 이상의 징역형을, 미국은 2년 이상의 자유형을 인도대상 범죄로 규정하고 있다.

✓ 선지분석
① 유럽범죄인 인도협약은 범죄인의 인도에 관한 결정 시의 국적을 기준으로 국적을 판단한다.
② 한미범죄인 인도조약은 인도 청구된 범죄의 행위 시를 기준으로 국적을 판단한다.
④ 유럽체포영장제도에 의하면 영장발부국(인도요청국)의 법에 의해 3년 이상의 형이 언도될 수 있는 중요 범죄에 대해서 쌍방가벌성의 원칙이 포기되었다.

답 ③

04 범죄인 인도에 대한 설명이다. 옳은 것(○)과 옳지 않은 것(×)을 바르게 표시한 것은?

> ㄱ. 범죄인 인도는 국가관할권의 영토적 한계를 극복하기 위하여 고안된 것이라는 점에 제도적 의의가 있다.
> ㄴ. 범죄인 인도조약이 체결되지 않은 경우에도 범죄인을 인도할 수 있다.
> ㄷ. 범죄인 인도 전반을 규율하는 보편적인 다자조약은 존재하지 않는다.
> ㄹ. 한국은 범죄인 인도법(1988)을 제정하고, 호주와 최초로 범죄인 인도조약을 체결하였다.
> ㅁ. 인도요청된 범죄보다 경한 다른 범죄로 처벌할 수 있다는 것이 원칙이다.

	ㄱ	ㄴ	ㄷ	ㄹ	ㅁ
①	○	○	○	○	×
②	○	×	○	○	○
③	×	○	○	○	×
④	○	○	×	○	○

정답 및 해설

범죄인 인도에 대한 설명으로 옳은 것은 ㄱ, ㄴ, ㄷ, ㄹ이며, 옳지 않은 것은 ㅁ이다.
ㄴ. [○] 범죄인 인도는 국제관습법상 의무가 아니며, 조약이 체결되어 있지 않은 경우에도 예양에 의해 범죄인을 인도할 수 있다.
ㄷ. [○] 한미범죄인 인도조약과 같이 국가 간 혹은 범죄인 인도에 관한 유럽협약과 같이 지역별로 체결하고 있다.
ㅁ. [×] 범죄특정성의 원칙에 따라 인도를 요청한 범죄로만 처벌함이 원칙이다.

답 ①

05 범죄인 인도에 대한 설명으로 옳지 않은 것은?

① 1984년의 고문반대협약(Convention against Torture and Other Cruel, Inhumane or Degrading Treatment or Punishment)은 고문당할 염려가 있는 국가로의 추방, 송환 또는 인도를 금지하고 있다.

② 유럽체포영장에 관한 EU 이사회 골격결정에 의하면 그 누구도 사형, 고문, 기타 잔혹하거나 모욕적인 대우 또는 처벌에 처해질 수 있는 중대한 위험이 있는 국가로는 이송, 추방 혹은 인도되어서 안 된다.

③ 1996년 유럽인권재판소는 Chahal v. United Kingdom 사건에서 Soering v. United Kingdom 사건에서 배척한 잠재적 위반의 논리에 따라 영국 정부가 시크 분리운동주의자를 인도로 송환하려는 결정은 그것이 만일 실행된다면 비록 인도를 받는 정부로부터 그에게 고문을 가하지 않겠다는 외교보증을 받았다 하더라도 현재 인도의 관련 인권상황에 비추어 볼 때 고문의 위험이 있는 곳으로 송환하지 아니할 유럽인권협약 제3조하의 절대적 의무를 위반하게 될 것이라고 판시하였다.

④ B규약위원회는 Roger Judge v. Canada 사건에서 사형을 이미 폐지한 캐나다가 아직 그렇지 아니한 미국으로부터 사형을 집행하지 않을 것이라는 보증을 받지 않고 추방한 것은 캐나다가 아직 사형폐지에 관한 규약 제2선택의정서를 비준하지 않고 있는 사실과는 관계없이 미국에서 사형선고를 받고 탈옥하여 캐나다로 도주하였던 미국인 신청인의 규약 제6조 제1항하의 생명권을 침해한 것이라고 판단하였다.

정답 및 해설

Soering v. United Kingdom 사건도 잠재적 위반의 논리를 적용하였다.

답 ③

06 범죄인 인도에 대한 설명으로 옳은 것은?

① 유럽범죄인 인도협약(1957)은 자국민 여부 결정에 있어서 '범죄 행위 시'로 규정한다.

② 유럽범죄인 인도협약(1957)은 1년 이상의 자유형을 인도대상범죄로 규정한다.

③ 우리나라의 경우 범죄인 인도 자체가 형사처벌은 아니므로, 고등법원의 인도결정에 대한 불복절차가 인정되지 않아도 적법절차 위반으로 보지 않는다.

④ UN모델조약에 의하면 자국민이라는 이유로 인도를 거절할 수 없도록 하여 영미법계 관행을 반영하고 있다.

정답 및 해설

✓ **선지분석**
① 유럽범죄인 인도협약(1957)은 자국민 여부 결정을 '인도에 관한 결정 시'로 규정하였다.
② 유럽범죄인 인도협약(1957)은 2년 이상의 자유형을 인도대상범죄로 규정하였다.
④ UN모델조약에 의하면 자국민이라는 이유로 인도를 거절할 수 있다. 다만, 상대국의 요청이 있으면 자국 관헌에 회부하도록 요구하고 있다.

답 ③

범죄인 인도에 대한 설명으로 옳지 않은 것은?

① 미국은 Manuel Antonio Noriega 사건에서 마약 밀수범과 기타 범죄용의자들은 미국 영토 밖에서 불법적으로 체포하여 미국 법정에 세울 수 있다고 하였다.

② 국제법상 납치행위가 관련국가의 승인 없이 특정 국가의 국가기관에 의해 이루어진 경우 범죄인의 납치국은 관련국가의 영토주권을 침해한 것으로서 국가책임을 면할 수 없으나, 범죄인이 강행규범을 위반한 경우 국가책임을 지지 않는다.

③ 이탈리아는 Achille Lauro호 사건에서 미국에 의해 납치되어 자국에서 기소된 자들에 대해 재판권을 행사할 수 있다고 하였다.

④ 영국 법원은 1994년 Bennett 사건에서 당국이 범죄인 인도라는 적법절차를 무시하고 피고인의 신병을 강제로 확보한 경우라면 그에 대한 재판을 거부한다고 하였다.

> **정답 및 해설**
>
> 강행규범을 위반한 자라 하더라도 납치한 경우에는 관련국가의 영토주권을 침해한 것으로서 법적 책임을 진다.
>
> ⊘ **선지분석**
> ③ Achile Lauro호 사건에서 미국은 수동적 속인주의와 보편주의를 관할권의 근거로 주장하였고 이탈리아는 속지주의 관할권을 주장해 경합하였다. 결국 이탈리아 국내법원에서 처벌하였으며, 이탈리아는 불법으로 납치한 자에 대해 관할권을 행사하였다.
>
> 답 ②

범죄인 인도에 있어서 비정규인도에 대한 설명으로 옳지 않은 것은?

① 국제법상 납치행위가 관련국가의 승인 없이 특정 국가의 국가기관에 의해 이루어진 경우 범죄인의 납치국은 관련국가의 영토주권을 침해한 것으로서 국가책임을 면할 수 없다.

② 독일 연방헌법재판소는 'male captus, bene detentus(wrongly captured, properly detained)' 관념에 따라 불법납치에 의한 관할권을 행사할 수 있다고 하였다.

③ 프랑스 법원은 1994년 Jackal 사건에서 불법체포에도 불구하고 범죄인을 처벌할 수 있다고 하였다.

④ 특정 국가가 범죄인인 외국인의 입국을 거부하여 그 외국인이 출발지소속국의 영역으로 돌아갈 수밖에 없는 경우에 사실상 범죄인을 인도한 것과 같은 결과를 가져올 수 있으나, 현행 국제법상 허용되지 않는다.

> **정답 및 해설**
>
> 현행 국제법상 허용되는 경우이다. 다만, 불법납치에 의한 비정규인도에 대해서는 남아프리카공화국, 오스트레일리아 등은 불가능하다고 보는 입장이다.
>
> 답 ④

09 우리나라 범죄인인도법에 대한 설명으로 옳지 않은 것은?

① 대한민국 또는 청구국의 법률에 따라 인도범죄에 관한 공소시효 또는 형의 시효가 완성된 경우 범죄인을 인도하여서는 아니 된다.

② 인도청구가 범죄인이 범한 정치적 성격을 지닌 다른 범죄에 대하여 재판을 하거나 그러한 범죄에 대하여 이미 확정된 형을 집행할 목적으로 행하여진 것이라고 인정되는 경우에는 범죄인을 인도하지 아니할 수 있다.

③ 법원은 범죄인이 인도구속영장에 의하여 구속 중인 경우에는 구속된 날로부터 2월 이내에 인도심사에 관한 결정을 하여야 한다.

④ 법무부장관은 인도허가결정이 있는 경우에는 서울고등검찰청 검사장에게 소속 검사로 하여금 범죄인을 인도하도록 명하여야 하나 대한민국의 이익 보호를 위하여 범죄인의 인도가 특히 부적당하다고 인정되는 경우에는 그러하지 아니하다.

> **정답 및 해설**
>
> 인도청구가 범죄인이 범한 정치적 성격을 지닌 다른 범죄에 대하여 재판을 하거나 그러한 범죄에 대하여 이미 확정된 형을 집행할 목적으로 행하여진 것이라고 인정되는 경우에는 범죄인을 인도하여서는 아니 된다.
>
> 답 ②

10 우리나라와 외국 간의 범죄인 인도에 대한 설명으로 옳지 않은 것은?

① 대한민국과 청구국의 법률에 의하여 인도범죄가 사형·무기·장기 1년 이상의 징역 또는 금고에 해당하는 경우에 한하여 범죄인을 인도할 수 있다.

② 범죄인이 처한 환경 등에 비추어 범죄인을 인도함이 비인도적이라고 인정되는 경우에는 범죄인을 인도하지 않을 수 있다.

③ 범죄인이 대한민국 국민인 경우에는 범죄인을 인도하지 아니할 수 있다.

④ 국가원수, 정부수반의 생명·신체를 침해하거나 위협하는 범죄로서 정치적 성격의 범죄인 경우에는 범죄인을 인도하여서는 아니 된다.

> **정답 및 해설**
>
> 국가원수 등의 신체를 침해하거나 위협하는 범죄는 정치범 불인도의 예외로서 인도대상이다(범죄인 인도법 제8조 제1항).
>
> ✓ **선지분석**
> ① 범죄중대성의 원칙을 규정한 것이다.
> ②, ③ 임의적 인도거절사유에 해당한다.
>
> 답 ④

11 범죄인 인도제도에 대한 설명으로 옳지 않은 것은?

① 인도청구가 경합하는 경우 국제법상 속지주의에 따라 청구한 국가에게 우선 인도된다.

② 북경협약(2010)에 의하면 항공기를 통해 대량살상무기를 운반한 자는 정치범으로 인정되지 않는다.

③ 우리나라 범죄인 인도법에 의하면 다수인의 생명이나 신체를 침해하거나 이에 대한 위험을 야기한 범죄인에 대해서는 정치범 불인도 원칙이 적용되지 않는다.

④ 쇠링(Söring) 사건에 따르면 유럽인권협약에 대한 위반이 예견되는 경우에도 유럽인권협약이 적용된다.

정답 및 해설

인도청구의 경합을 해결하는 구체적인 국제법규칙은 존재하지 않는다.

✓ 선지분석
② 항공 범죄에 관련한 규약 최초로 북경협약(2010)에서 정치범 관련 조항이 포함되었다. 이전까지의 조약들(동경협약, 헤이그협약, 몬트리올협약 등)의 경우 관련 조항이 명시되어 있지 않으나, 통상 조약대상 범죄는 정치범으로 인정되지 않았다.
③ 테러범에 대해서는 정치범 불인도 원칙이 적용되지 않아 인도가 가능하다.

답 ①

12 쇠링(Söring) 사건에 대한 설명으로 옳지 않은 것은 모두 몇 개인가?

ㄱ. 유럽인권법원은 범죄인 인도의 결과로 협약상의 권리가 침해된다면 유럽인권협약 당사국의 협약상 의무가 면제되지 않는다고 하였다.
ㄴ. 야기될 침해가 중대하고도 회복불능의 것이면 유럽인권협약의 잠재적 위반으로 인정할 수 있다.
ㄷ. 범죄인 국적국과 범죄행위지국의 인도청구가 경합하는 경우 국제법상 범죄행위지국에 인도해야 한다.
ㄹ. 유럽인권법원은 이른바 '죽음의 순번대기(death row)'는 유럽인권협약에 위반되므로 영국은 미국으로의 인도결정을 철회해야 한다고 판시하였다.
ㅁ. 우리나라의 경우 인도적 고려 원칙은 절대적 인도거절사유에 해당한다.

① 1개
② 2개
③ 3개
④ 4개

정답 및 해설

쇠링(Söring) 사건에 대한 설명으로 옳지 않은 것은 ㄷ, ㅁ. 2개이다.
ㄷ. 인도청구의 경합을 해결하는 국제관습법규칙은 존재하지 않는다.
ㅁ. 우리나라의 경우 인도적 고려 원칙은 임의적 인도거절사유이다.

답 ②

13

국제법상 범죄인 인도제도에 대한 설명으로 옳은 것은 모두 몇 개인가?

ㄱ. 국가는 일반국제법상 범죄인 인도의무를 부담한다.
ㄴ. 정유라 인도 사건은 덴마크와 한국 간 최초의 범죄인 인도 사례이다.
ㄷ. 쇠링(Söring) 사건에서 유럽인권법원은 영국이 쇠링(Söring)을 독일로 송환하기로 한 결정은 유럽인
   권협약을 위반하였다고 판시하였다.
ㄹ. 일반적으로 정치범은 인도대상에서 제외되며, 정치범 여부의 판단은 피인도청구국이 한다.
ㅁ. 외국에서 죄를 범하고 한국으로 도피한 한국인은 속지주의 원칙에 따라 범죄인 인도를 청구한 국가
   에게 인도될 수 있다.

① 1개 ② 2개
③ 3개 ④ 4개

정답 및 해설

국제법상 범죄인 인도제도에 대한 설명으로 옳은 것은 ㄴ, ㄹ, ㅁ. 3개이다.
ㄹ. 정치범 불인도 원칙은 국제관습법상 확립된 것으로 프랑스혁명 이후 확립되었으며 1833년 벨기에 국내법에 최
   초로 규정되었다.

⊘ 선지분석
ㄱ. 범죄인 인도는 일반국제법상 의무는 아니다.
ㄷ. 영국은 쇠링(Söring)의 미국으로의 송환을 결정하였다.

답 ③

14

범죄인 인도에 대한 설명으로 옳지 않은 것을 고르면?

① 일사부재리 원칙의 이중처벌 금지에 따라 복수의 국가에서의 이중처벌은 금지된다.
② 유럽연합(EU)은 자국민이라는 이유로 인도를 거부할 수 없고, 쌍방범죄성의 원칙과 특정성의 원칙을
   제한하여 개별 국가의 체포영장이 전 회원국에게 집행될 수 있도록 하였다.
③ 국제형사재판소(ICC)에서와 1970년 헤이그협약, 1971년 몬트리올협약의 규제대상범죄는 정치범 불인
   도 원칙이 적용되지 않는다.
④ UN자유권규약위원회(HRC)는 사형폐지국인 캐나다가 사형 불집행의 보장 없이 사형 집행이 가능한
   미국으로 범죄인을 인도하는 것은 '시민적 및 정치적 권리에 관한 국제규약'에 위배된다고 판단하였다.

정답 및 해설

국제형사재판소(ICC)규정 제20조와 같이 동일한 행위에 대하여 자신과 다른 재판소가 거듭 처벌할 수 없다고 직접
규정하고 있지 않는 한 일반적으로 복수의 국가에서의 이중처벌이 국제법상 금지된 것은 아니다. 대한민국 형법 제
7조도 "외국에서의 형의 전부 또는 일부의 집행을 받은 자에 대하여 형을 감경하거나 면제할 수 있다."라고 규정하
고 있을 뿐 이중처벌을 금지하고 있지는 않다.

⊘ 선지분석
② 1957년 유럽범죄인 인도조약에 의하면, 상호주의 조건하에 쌍방범죄성의 원칙과 특정성의 원칙이 제한되며,
   1996년 범죄인 인도에 관한 EU협약에 의하면 12개월 이상의 자유형에 해당하는 마약 거래 및 기타 조직범죄
   분야에서 쌍방가벌성의 원칙이 제한된다.

답 ①

01 다음 설명 중 옳지 않은 것은?

① 세계인권선언은 UN안전보장이사회의 보조기관인 인권위원회(Commission on Human Rights)가 준비하여 UN의 제3차 총회에서 채택되었다.

② 시민적·정치적 권리에 관한 국제규약 선택의정서는 인권침해에 대하여 개인이 인권위원회(Human Rights Committee)에 통보(Communication)할 수 있는 제도를 두고 있다.

③ 유럽국가들 간에는 1953년 9월 '인권 및 기본적 자유의 보호를 위한 협약'이 발효하여 세계인권선언의 조약화가 처음으로 실현되었다.

④ 1978년 발효한 미주인권협약은 미주인권재판소를 창설하였다.

정답 및 해설

인권위원회(Commission on Human Rights)는 경제사회이사회의 보조기관이었다. 현재는 '인권이사회'로 확대·개편되어 총회 산하에 있다.

⊘ 선지분석
③ 유럽인권협약에 의해 유럽인권위원회 및 유럽인권법원이 설치되었다.
④ 미주인권협약이 창설한 미주인권재판소에서는 체약국과 미주인권위원회만이 당사자능력이 인정되며, 개인의 제소권은 부정된다.

답 ①

02 제3세대 인권에 대한 것으로 옳지 않은 것은?

① 개발(발전)에 대한 권리
② 평화에 대한 권리
③ 인류공동유산에 대한 권리
④ 공정한 재판을 받을 권리

정답 및 해설

공정한 재판을 받을 권리는 제1세대 인권으로서 정치적 권리에 포함된다.
★ 제3세대 인권은 개발도상국들이 주장하는 인권이며, 국가 간 유대를 전제로 제시되는 권리이다. 제시된 권리 이외에 자결권도 제3세대 인권으로 포함될 수 있다.

답 ④

03 인권에 대한 설명으로 옳지 않은 것은?

□□□

① 1948년 세계인권선언에서는 경제적·사회적·문화적 권리보다 시민적·정치적 권리에 더욱 많은 조문이 할당되고 있다.

② 1948년의 세계인권선언은 민족자결권에 관해서는 언급이 없다.

③ 1966년의 경제적·사회적·문화적 권리에 관한 국제조약(A규약)과 시민적·정치적 권리에 관한 국제조약(B규약)은 자결권에 관하여 동일한 규정을 두고 있다.

④ A규약과 B규약은 개인의 재산권(right to property)에 대하여 비교적 상세한 규정을 둠으로써 사유재산신성의 원칙을 반영하고 있다.

> **정답 및 해설**

A규약과 B규약에는 개인의 재산권(right to property)에 대하여 언급이 없는데, 이것은 재산의 수용에 대한 전통 보상법규의 침식·개정 경향과 궤를 같이한 것이었다.

☑ **선지분석**

③ A규약과 B규약은 각 제1조 제1항에서 "모든 인민은 자결권을 가진다. 이 권리에 기초하여 모든 인민은 그들의 정치적 지위를 자유로이 결정하고, 또한 그들의 경제적, 사회적 및 문화적 발전을 자유로이 추구한다."라고 규정하고 있다.

답 ④

04 세계인권선언에 대한 설명으로 옳은 것은?

□□□

① 시민적·정치적 권리보다 경제적·사회적·문화적 권리에 보다 더 비중을 두고 있다.

② 민족자결권 존중에 관한 명시적 규정을 두고 있다.

③ 세계인권선언은 정식조약으로서 조약 채택에 참가한 국가 2/3 이상의 비준을 받아 발효하였다.

④ 세계인권선언은 1948년 제3차 UN총회에서 채택되었다.

> **정답 및 해설**

☑ **선지분석**

① 세계인권선언은 시민적·정치적 권리에 보다 높은 비중을 두고 있다.

② 민족자결권 존중규정은 1966년 국제인권규약에서 명시하였다.

③ 세계인권선언은 UN총회결의이므로 법적 구속력이 없다.

답 ④

05
UN의 인권 보호제도에 대한 설명으로 옳은 것은?

① 인권위원회(Commission on Human Rights)는 UN경제사회이사회에서 선출되는 임기 3년의 53개 위원국으로 구성되었다.
② 인권소위원회는 4년마다 인권위원회(Commission on Human Rights)에서 선출되는 임기 4년의 26명의 위원으로 구성되었다.
③ 인권이사회(Human Rights Council)는 48개 UN 회원국으로 구성되며 총회에서 재적과반수 찬성으로 선출된다.
④ 인권이사회(Human Rights Council)의 자문위원회는 민간인 18인으로 구성되며 임기는 5년이고 1회 재임할 수 있다.

> **정답 및 해설**

인권위원회(Commissiong on Human Rights)의 위원국은 2번 연임이 가능하며, 총회 재적 과반수에 의해 선출된다.

✓ 선지분석
② 인권소위원회의 위원들은 2년마다 선출된다.
③ 인권이사회(Human Rights Council)는 47개 회원국으로 구성된다.
④ 자문위원회의 임기는 3년이다.

답 ①

06
지역적 인권보장제도에 대한 설명으로 옳은 것은?

① 유럽인권협약 제9의정서에 의하면 개인은 유럽인권위원회의 전심절차를 거치지 아니하고 유럽인권법원에 제소할 수 있다.
② 미주인권협약에 의하면 개인은 미주인권법원에 제소할 수 없다.
③ 아프리카인권헌장은 제3세대 인권에 대한 규정을 두고 있으며 이를 이행하기 위한 인권법원을 설치하였다.
④ 유럽인권협약은 국제인권규약을 이행하기 위한 조약으로서 A규약 및 B규약에 해당하는 권리를 규정하고 있다.

> **정답 및 해설**

인권위원회 및 인권법원이 설치되어 있으나, 인권법원에 대한 개인제소권은 인정하지 않았다.

✓ 선지분석
① 개인의 직접제소권은 제11의정서에서 규정되었다. 제9의정서는 개인의 인권법원에의 제소권을 인정하였으나 우선 인권위원회에 청원을 제기하도록 하였다.
③ 인권법원은 설치하지 않았다.
④ 유럽인권협약은 A규약에 해당하는 인권조항은 두지 않았다. 1961년의 유럽사회헌장에서 규정하였다.

답 ②

07

Convention on Racial Discrimination 사건(2011)에 대한 설명으로 옳지 않은 것은?

① 분쟁의 존부 판단은 재판부가 객관적으로 결정할 문제이고 일방 당사자가 타방 당사자의 주장을 적극적으로 반대한다는 것이 표명되어야 한다고 판시하였다.

② 재판부는 조지아는 러시아를 겨냥하여 인종청소행위를 적시하고 있고 러시아 측이 이를 극렬히 부인하고 있으므로 양국 간에는 모든 형태의 인종차별 철폐에 관한 국제 협약상의 의무 준수 여부에 관한 분쟁이 존재한다고 인정하였다.

③ 재판부는 모든 형태의 인종차별 철폐에 관한 국제 협약은 국제사법재판소(ICJ) 회부 전에 교섭을 시도할 의무를 부여하고 있다고 판시하였다.

④ 재판부는 교섭은 최소한 문제 해결 의도를 가지고 상대방과 논의하려는 진지한 시도를 필요로 한다고 보았으며 교섭의 의무는 합의를 달성할 결과 의무라고 하였다.

> **정답 및 해설**

교섭의 의무는 합의 달성을 최대한 시도할 의무라고 하였다.

⊘ 선지분석

① 이 외에도 분쟁의 존부에 대해 당사자 간 법이나 사실에 관한 불일치는 모두 분쟁에 해당한다고 판시하였다. 분쟁 존부에 관한 재판부의 결정은 사실관계에 대한 심사를 토대로 해야 하며, 분쟁은 재판청구서 제출시점에 존재하여야 한다고 하였다.

③ 교섭을 시도할 의무를 부여하고 있으며, 국제회의나 의회 외교는 교섭으로 인정될 수 있다고 판시하였다.

답 ④

Convention on Racial Discrimination 사건(조지아 v. 러시아, ICJ, 2011년)에 대한 설명으로 옳지 않은 것은?

① 재판부는 조지아의 각종 성명 등이 러시아의 침략을 규탄하는 것이기는 하나 러시아를 겨냥하여 인종 청소 행위를 적시하고 있고 러시아측이 극렬히 부인하고 있으므로, 양국 간에는 인종 차별 철폐 협약상의 의무 준수 여부에 관한 분쟁이 존재한다고 인정하였다.

② 재판부는 교섭이 문제 해결 의도를 갖고 상대방과 논의하려는 진지한 시도를 필요로 하는 것은 아니고 단순한 제안이나 접촉만으로도 충분하다고 하였다.

③ 재판부는 2008년 8월 9일 이후 재판이 청구된 12일 기간 중에 조지아와 러시아가 인종차별철폐협약상의 문제를 협의하기 위한 교섭을 진행하였다고 볼 수 없다고 하였다.

④ 재판부는 협약에 교섭을 명기한 것은 ICJ 회부 전에 이를 시도하라는 의무를 부여한 것이라고 보았다.

> **정답 및 해설**

재판부는 교섭은 최소한 문제 해결 의도를 갖고 상대방과 논의하려는 진지한 시도를 필요로 한다고 보았다.

답 ②

국제인권협약의 발효 순서에 따라 배열한 것으로 가장 옳은 것은?

ㄱ. 고문방지협약	ㄴ. 인종차별철폐협약
ㄷ. 장애인권리협약	ㄹ. 여성차별철폐협약
ㅁ. 아동권리협약	

① ㄴ - ㅁ - ㄹ - ㄷ - ㄱ

② ㄴ - ㄹ - ㄱ - ㅁ - ㄷ

③ ㄱ - ㅁ - ㄷ - ㄴ - ㄹ

④ ㄱ - ㄷ - ㄹ - ㅁ - ㄴ

정답 및 해설

ㄴ - ㄹ - ㄱ - ㅁ - ㄷ의 순서로 발효되었다.

관련 이론 국제인권협약의 채택 및 발효 순서

협약	채택	발효
인종차별철폐협약	1965년	1969년
여성차별철폐협약	1979년	1981년
고문방지협약	1984년	1987년
아동권리협약	1989년	1990년
장애인권리협약	2006년	2008년

답 ②

고문과 기타 잔혹하거나 비인도적이거나 모욕적인 대우 혹은 처벌에 반대하는 협약(1984)에 대한 설명으로 옳은 것은?

① 당사국은 고문범죄를 실행한 것으로 추정되는 혐의자가 자기나라 영토 안에 소재하나, 이러한 범죄혐의자를 인도하지 아니하는 경우에는, 기소를 위하여 사건을 권한 있는 당국에 회부할 수 있다.

② 당사국은 향후 그들 사이에 체결될 모든 범죄인 인도조약에 고문 범죄를 인도대상 범죄로 포함시킬 것이 권고되었다.

③ 고문방지위원회의 위원은 10명이고 4년 임기로 선출되며 재선될 수 있다.

④ 고문방지위원회는 위원회의 재량으로 관련당사국의 영토를 방문하여 고문범죄에 관해 조사할 수 있다.

정답 및 해설

고문방지위원회 위원은 10명이고 4년 임기로 당사국 2/3 출석하에 절대 다수표로 선출되며, 재선될 수 있다.

✓ 선지분석

① 기소를 위하여 사건을 권한 있는 당국에 회부해야 하는 것이다.

② 고문 범죄를 인도대상 범죄로 포함시킨다.

④ 고문방지위원회는 관련당사국과 합의하는 경우에 관련당사국의 영토를 방문하여 조사할 수 있다.

답 ③

11 집단살해죄의 방지와 처벌에 관한 협약(1948)에 대한 내용으로 옳지 않은 것은?

① 집단살해죄는 평시 또는 전시를 불문하고 국민적, 인종적, 민족적 또는 종교적 집단을 전부 또는 일부 파괴할 의도로서 행해진 살해, 출생방지 조치, 아동의 강제적 이동 등을 의미한다.

② 체약국은 각자의 헌법에 따라 동 협약의 규정을 실시하기 위하여 필요한 입법을 제정할 것을 약속한다.

③ 동 협약의 해석, 적용 또는 이행에 대한 체약국 간 분쟁은 분쟁당사국이 합의에 의해 중재재판에 회부하지 않는 한 일방적으로 국제사법재판소(ICJ)에 부탁한다.

④ 집단살해를 범하는 자는 헌법상 책임 있는 통치자인지 또는 사인인지를 불문하고 처벌한다.

> **정답 및 해설**

중재재판에 대한 규정은 없으며, "분쟁당사국의 요구에 의하여 국제사법재판소(ICJ)에 부탁한다(동 협약 제9조)."라고 하여 약정관할권이 창설되어 있다.

 **선지분석**
④ 직접 집단살해를 수행한 자뿐만 아니라 공모자, 교사자, 미수자, 공범까지 처벌한다.

답 ③

12 고문 및 그 밖의 잔혹하거나 비인도적 또는 굴욕적인 대우나 처벌의 방지에 관한 협약에 대한 설명으로 옳은 것은?

① 당사국은 사회적 긴급상황을 제외하고 전쟁 등 어떠한 예외적인 상황도 고문을 정당화하기 위하여 원용될 수 없다.

② 당사국은 범죄가 자국 관할하의 영토 내에서 또는 자국에 등록된 선박이나 항공기에서 실행된 경우 고문범죄에 대한 관할권을 확립하기 위하여 필요한 조치를 취한다.

③ 당사국은 피해자가 자국의 국민이며 자국의 관할권 행사가 적절하다고 인정하는 경우 범죄에 대한 관할권을 확립하기 위하여 필요한 조치를 취할 수 있다.

④ 고문방지위원회는 고매한 인격을 지니고 인권분야에서 능력이 인정된 18명의 전문가로 구성하며, 이들은 개인자격으로 직무를 수행한다.

> **정답 및 해설**

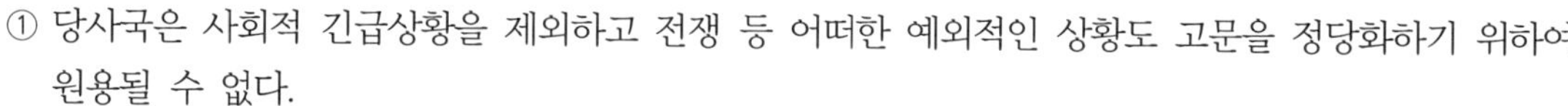 **선지분석**
① 당사국은 고문을 정당화하기 위하여 사회적 긴급상황을 원용할 수 없다.
③ 이는 당사국의 의무이므로 필요한 조치를 취해야 한다.
④ 고문방지위원회는 고매한 인격을 지니고 인권 분야에서 능력이 인정된 10명의 전문가로 구성한다.

답 ②

13 고문과 기타 잔혹하거나, 비인도적이거나 모욕적인 대우 혹은 처벌에 반대하는 협약(고문방지협약)에 대한 설명으로 옳은 것을 모두 고른 것은?

> ㄱ. 전쟁상태, 전쟁의 위협, 국내의 정치불안정 또는 그 밖의 사회적 긴급상황 등 어떠한 예외적인 상황도 고문을 정당화하기 위하여 원용될 수 없다.
> ㄴ. 피해자가 자기나라의 국민이며 자기나라의 관할권 행사가 적절하다고 인정하는 경우 당사국은 범죄에 대한 관할권을 확립하기 위하여 필요한 조치를 취한다.
> ㄷ. 당사국은 범죄를 실행한 것으로 추정되는 혐의자가 자기나라 영토 안에 소재하는 경우에, 입수된 정보를 검토한 후 상황에 비추어 정당하다고 판단하게 되면, 국적국에 통고하고 동의를 받은 즉시 범죄혐의자를 구금하거나 또는 그의 신병을 확보하기 위한 그 밖의 법적 조치를 취한다.
> ㄹ. 고문방지위원회의 위원은 3년 임기로 선출되며 위원은 후보로 재지명되는 경우 재선될 수 있다.

① ㄱ, ㄴ
② ㄴ, ㄷ
③ ㄱ, ㄹ
④ ㄷ, ㄹ

고문과 기타 잔혹하거나, 비인도적이거나 모욕적인 대우 혹은 처벌에 반대하는 협약(고문방지협약)에 대한 설명으로 옳은 것은 ㄱ, ㄴ이다.

✅ 선지분석
ㄷ. 즉시 범죄혐의자를 구금하거나 또는 그의 신병을 확보하기 위한 그 밖의 법적 조치를 취한다. 통고나 동의는 규정되지 않았다.
ㄹ. 고문방지위원회의 위원은 4년 임기로 선출된다.

답 ①

14 장애인권리협약(2006)에 대한 설명으로 옳은 것만을 모두 고른 것은?

> ㄱ. 한국은 동 협약에 제25조 마호 생명보험에 관한 조항에 대한 유보하에 2008년 가입하였다.
> ㄴ. 협약에서의 장애인이란 장기간의 신체적·정신적·지적 또는 감각적 손상으로 인하여 다른 사람들과의 동등한 기초 위에서 완전하고 효과적인 사회 참여에 어려움을 겪는 자를 말한다.
> ㄷ. 협약은 장애인들을 사회의 시혜적 보호대상으로 명시하고 장애인의 동등한 사회 참여를 위해 광범위한 내용의 권리 보호를 규정하고 있다.
> ㄹ. 협약은 당사국의 보고서를 심사할 장애인권리위원회를 설치하였다.
> ㅁ. 장애인권리위원회는 협약상의 권리 침해를 받은 개인이나 이들의 대리인이 국가를 상대로 한 개인통보를 심사하나, 권리 침해를 받은 집단의 통보는 심사할 수 없다.

① ㄱ, ㄴ, ㄷ
② ㄱ, ㄴ, ㄹ
③ ㄴ, ㄷ, ㅁ
④ ㄷ, ㄹ, ㅁ

장애인권리협약(2006)에 대한 설명으로 옳은 것은 ㄱ, ㄴ, ㄹ이다.

✅ 선지분석
ㄷ. 협약은 장애인들을 시혜적 보호대상이 아닌 적극적인 인권의 주체로 인정하고 장애인의 동등한 사회 참여를 위해 광범위한 내용의 권리 보호를 규정하고 있다.
ㅁ. 장애인권리위원회는 집단의 통보에 대해서도 심리할 수 있다.

답 ②

15 국제법상 인권보호에 대한 설명으로 옳은 것은?

① 집단살해의 방지와 처벌에 관한 협약은 집단살해범에 대하여는 범죄행위가 발생한 국가의 국내법원이나 국제형사재판소가 관할권을 갖는다고 규정하였으며, 이 협약에 규정된 국제형사재판소가 설립되지 못하였다. 또한 범인소재지국에 대해 범죄인인도 의무도 부과되지 않았기 때문에 처벌제도는 매우 불충분하게 규정되었다.

② 유럽인권재판소 출범 당시에는 개인이 직접 인권재판소에 제소할 수 없었고, 유럽인권위원회와 각료위원회가 중심적인 기능을 했으나, 1998년 제11의정서가 발효된 이후 유럽 인권위원회 심사를 거친 개인의 유럽인권재판소에 대한 직접 제소도 가능해졌다.

③ 미주인권재판소에는 국가나 위원회뿐만 아니라 법인을 포함하여 개인도 제소할 수 있다.

④ 동남아국가연합인 아세안의 경우 2012년 아세안 인권선언을 채택하고 아세안인권법원을 설치했다.

> 정답 및 해설

✓ 선지분석
② 제11의정서의 경우 유럽인권위원회를 거치지 않고도 유럽인권재판소에 개인의 직접 제소가 가능하다.
③ 국가나 위원회만 제소할 수 있다.
④ 인권법원을 설치한 것은 아니다.

답 ①

16 인간의 복제에 관한 UN선언(2005)에 대한 설명으로 옳지 않은 것은?

① UN회원국들은 생명과학(life sciences)의 적용에 있어 인간의 생명을 충분히 보호하는 데 필요한 모든 조치를 채택해야 한다.

② UN회원국들은 모든 형태의 인간복제는 인간의 존엄성 및 인간생명의 보호와 양립할 수 없으므로 이를 금지시켜야 한다.

③ UN회원국들은 인간의 존엄성에 배치될 수 있는 유전자 공학기술의 적용을 제한하는 데 필요한 조치를 채택해야 한다.

④ UN회원국들은 생명과학의 적용에 있어 여성의 이용을 방지하지 위한 조치를 취해야 한다.

> 정답 및 해설

UN회원국들은 인간의 존엄성에 배치될 수 있는 유전자 공학기술의 적용을 금지하는 데 필요한 조치를 채택해야 한다.

답 ③

17

여성에 대한 모든 형태의 차별철폐에 관한 협약(1979)에 대한 설명으로 옳지 않은 것은?

① 남성과 여성 사이의 사실상의 평등을 촉진할 목적으로 당사국이 채택한 잠정적 특별조치는 차별로 보지 아니한다.

② 당사국은 특히 외국인과의 결혼 또는 혼인 중 부에 의한 국적의 변경으로 처의 국적이 자동적으로 변경되거나, 처가 무국적으로 되거나 또는 부의 국적이 처에게 강제되지 아니하도록 확보하여야 한다.

③ 본 협약의 이행상 행하여진 진전을 심의할 목적으로 여성에 대한 차별 철폐위원회를 설치하며, 위원회는 협약의 발효시에는 18인, 그리고 35번째 당사국이 비준 또는 가입한 후에는 25인의 본 협약의 규율 분야에서 높은 도덕적 명성과 능력을 갖춘 전문가로 구성한다.

④ 당사국은 그들이 본 협약의 규정을 실시하기 위하여 채택한 입법, 사법, 행정 또는 기타 조치와 이와 관련하여 이루어진 진전에 대한 보고서를 위원회가 심의하도록 국제연합 사무총장에게 제출할 의무를 진다. 보고서는 관계국에 대하여 발효한 후 1년 이내에, 그 이후에는 최소한 매 4년마다 제출하며 위원회가 요구하는 때는 언제든지 제출한다.

정답 및 해설

35번째 당사국이 비준 또는 가입한 후에는 23인의 본 협약의 규율 분야에서 높은 도덕적 명성과 능력을 갖춘 전문가로 구성한다.

답 ③

01

경제적 · 사회적 · 문화적 권리에 관한 국제협약(A규약) 선택의정서에 대한 설명으로 옳은 것은?

① 개인청원제도, 국가 간 고발제도, 및 사실심사제도를 적용하기 위해서는 A규약 가입국이 별도로 선택의정서에 가입하고 해당 제도들을 또한 수락해야 한다.

② 개인청원에 있어서 청원인은 원칙적으로 국내구제완료 후 2년 이내에 청원을 제기해야 한다.

③ 관련국은 위원회로부터 청원 제출 통지를 받은 후 6개월 이내에 해명서를 제출해야 한다.

④ 선택의정서에 탈퇴권을 명시하지 않았으나, 인권규약의 경우 그 성질상 탈퇴가 부인되는 것으로 보는 것이 일반적이다.

정답 및 해설

✓ 선지분석
① 개인청원제도는 별도의 수락을 필요로 하지 않는다.
② 국내구제완료 후 12개월 이내에 청원을 제기해야 한다.
④ 탈퇴권이 명시되어 있다. UN사무총장에게 탈퇴를 통보하며 통보 후 6개월이 지나면 효력이 발생한다.

답 ③

02

경제적·사회적·문화적 권리에 관한 국제규약에 대한 설명으로 옳지 않은 것은 몇 개인가?

> ㄱ. 규약당사국은 인권과 국가경제를 충분히 고려하여 규약에서 인정된 경제적 권리를 어느 정도까지 자국민이 아닌 자에게 보장할 것인지를 결정할 수 있다.
> ㄴ. 규약당사국이 되는 때에 무상으로 초등의무교육을 실시할 수 없는 당사국은 무상의무교육을 실시하기 위한 세부실천계획을 2년 이내에 채택해야 한다.
> ㄷ. 당사국은 규약상 권리의 준수를 실현하기 위해 취한 조치에 관한 보고서를 UN사무총장에게 제출하며, 경제사회이사회가 심의한다.
> ㄹ. 규약의 해석 및 적용에 대한 분쟁이 발생하는 경우 당사국 간 합의에 의해 중재 또는 국제사법재판소(ICJ)에 회부할 수 있다.
> ㅁ. 협약에 대해 유보할 수 없다.

① 1개 ② 2개 ③ 3개 ④ 4개

정답 및 해설

경제적·사회적·문화적 권리에 관한 국제규약에 대한 설명으로 옳지 않은 것은 ㄱ, ㄹ, ㅁ. 3개이다.
ㄱ. 모든 당사국이 아닌 개발도상국에 대해 적용되는 내용이다.
ㄹ. 분쟁해결에 대한 규정은 없다.
ㅁ. 유보에 대한 규정은 없다.

✅ 선지분석
ㄴ. 규약상 초등교육은 무상으로 의무적으로 실시해야 하며, 중등교육은 무상교육을 점진적으로 도입, 고등교육은 능력에 기초해 무상교육을 점진적으로 도입해야 한다.
ㄷ. 경제사회이사회가 심의하기 위해, 경제사회이사회 결의하에 보고서 검토를 담당하는 경제적·사회적·문화적 권리에 관한 위원회가 설치되었다.

답 ③

03

경제적·사회적·문화적 권리에 관한 국제규약(1966)에 대한 설명으로 옳지 않은 것은?

① 모든 사람은 그들 자신의 목적을 위하여 그들의 천연의 부와 자원을 자유로이 처분할 수 있다. 어떠한 경우에도 사람은 그들의 생존수단을 박탈당하지 아니한다.
② 규약당사국은 규약에서 선언된 권리들이 인종, 피부색, 언어, 종교, 정치적 또는 기타의 의견, 민족적 또는 사회적 출신, 재산, 출생, 또는 기타의 신분 등에 의한 어떠한 종류의 차별도 없이 행사되도록 보장할 것을 약속한다.
③ 규약의 당사국은 모든 사람이 교육에 대한 권리를 가지는 것을 인정하며, 동 권리의 완전한 실현을 달성하기 위하여 초등교육은 모든 사람에게 무상의무교육으로 실시되어야 한다는 점을 인정한다.
④ 당사국은 규약에서 인정된 권리의 준수를 실현하기 위하여 취한 조치와 성취된 진전 사항에 관한 보고서를 UN총회에 제출하며, 동 보고서는 경제사회이사회가 심의한다.

정답 및 해설

당사국은 규약에서 인정된 권리의 준수를 실현하기 위하여 취한 조치와 성취된 진전 사항에 관한 보고서를 UN사무총장에게 제출한다.

✅ 선지분석
① 경제적·사회적·문화적 권리에 관한 국제규약(1966) 제1조 제2항에 대한 내용이다.
② 동 규약(1966) 제2조 제2항에 대한 내용이다.

답 ④

04

경제적 · 사회적 · 문화적 권리에 관한 국제협약(A규약) 선택의정서에 대한 설명으로 옳은 것은?

① 국가 간 고발제도 및 사실심사제도를 적용하기 위해서는 A규약 가입국이 별도로 선택의정서에 가입하고 해당 제도들을 또한 수락해야 한다.
② 개인청원에 있어서 청원인은 원칙적으로 국내구제완료 후 6개월 이내에 청원을 제기해야 한다.
③ 관련국은 위원회로부터 청원 제출 통지를 받은 후 3개월 이내에 해명서를 제출해야 한다.
④ 선택의정서에 탈퇴규정을 명시하지 않았으나, 인권규약의 경우 그 성질상 탈퇴가 부인되는 것으로 보는 것이 일반적이다.

☑ 선지분석
② 청원인은 국내구제완료 후 12개월 이내에 청원을 제기해야 한다.
③ 관련국은 청원 제출 통지를 받은 후 6개월 이내에 해명서를 제출해야 한다.
④ 선택의정서에 탈퇴권이 명시되어 있다. 탈퇴 통보는 UN사무총장에게 하며 통보 후 6개월이 지나면 효력이 발생한다.

답 ①

05

경제적 · 사회적 · 문화적 권리에 관한 국제규약(A규약, 1966) 및 선택의정서에 대한 설명으로 옳지 않은 것은?

① 당사국은 규약에서 인정된 권리의 준수를 실현하기 위하여 취한 조치와 성취된 진전사항에 관한 보고서를 UN사무총장에게 제출한다.
② UN경제사회이사회는 당사국이 제출한 보고서 검토를 담당하기 위해 '경제적 · 사회적 · 문화적 권리에 관한 위원회'를 설치하였다. 18인으로 구성되며 임기는 4년이다.
③ 국가 간 고발제도와 달리 사실심사제도는 선택의정서 체약국으로서 이들 절차에 대한 경제적 · 사회적 · 문화적 권리위원회의 권한을 인정한다고 선언한 국가들에 대해서만 발동이 가능하다.
④ 선택의정서에 의하면 국가 간 고발제도에 따라 타당사국의 통보를 받은 당사국은 통보받은 날로부터 3개월 이내에 문서로써 해명해야 한다.

국가 간 고발제도의 적용을 위해서는 사실심사제도와 마찬가지로 A규약 선택의정서 관련규정을 수락해야 한다.

☑ 선지분석
④ 국가 간 고발제도를 통해 통보한 후 6개월 안에 해결되지 않으면 위원회는 일방적으로 주선을 마련한다.

답 ③

06 국제인권 A규약 선택의정서(2008)에 대한 설명으로 옳지 않은 것은?

① 위원회는 통보를 접수한 후 본안판결 이전에 언제라도, 침해를 받았다고 주장하는 피해자에 대한 돌이킬 수 없는 피해를 회피하기 위해 예외적인 상황에서 필요할 수도 있는 잠정조치의 채택을 긴급히 고려할 것을 관련 당사국에 요청할 수 있다.

② 국가 간 통보제도와 관련하여 통보 접수국이 최초의 통보를 접수한 후 6개월 이내에 관련 두 당사국을 만족시킬 만큼 해당 문제가 해결되지 않을 경우, 어느 한 국가는 위원회 및 상대방 국가에 대한 통지를 통해 해당 문제를 위원회에 이첩해야 한다.

③ 의정서의 당사국은 사실심사에 관한 위원회의 권한을 인정한다는 것을 언제라도 선언할 수 있으며 그러한 선언은 언제라도 유엔 사무총장에게 통지함으로써 철회될 수 있다.

④ 사실심사와 관련하여 조사가 정당한 것이고 관련 당사국의 동의가 있을 경우, 조사는 동 당사국 영토에 대한 방문을 포함할 수 있다.

> **정답 및 해설**
>
> 어느 한 국가는 위원회 및 상대방 국가에 대한 통지를 통해 해당 문제를 위원회에 이첩할 권리를 가진다.
>
> 답 ②

07 시민적·정치적 권리에 관한 국제규약(1966)에 대한 설명으로 옳은 것은 모두 몇 개인가?

> ㄱ. 모든 사람은 자결권을 가지며, 또한 그들 자신의 목적을 위하여 그들의 천연의 부와 자원을 자유로이 처분할 수 있다.
>
> ㄴ. 규약당사국은 자국 영토 내에 있는 모든 개인에 대하여 인종, 피부색, 성, 언어, 종교, 정치적 또는 기타의 의견, 민족적 또는 사회적 출신, 재산, 출생, 또는 기타의 신분 등에 의한 어떠한 종류의 차별도 없이 규약에서 인정되는 권리들을 존중하고 확보할 것을 약속한다.
>
> ㄷ. 국민의 생존을 위협하는 비상사태의 경우 그러한 비상사태의 존재가 공식으로 선포되어 있을 때에는 당사국은 당해 사태의 긴급성에 의해 엄격히 요구되는 한도 내에서 동 규약 및 국제법상의 여타 의무에 위반되는 조치를 취할 수 있다.
>
> ㄹ. 모든 인간은 고유한 생명권을 가지며 규약당사국은 사형제도의 폐지를 통해 인간의 생명이 국가기관에 의해 박탈당하지 아니하도록 보장해야 한다.
>
> ㅁ. 규약당사국은 모든 사람이 도달 가능한 최고 수준의 신체적·정신적 건강을 향유할 권리를 가지는 것을 인정한다.

① 모두 맞음   ② 1개   ③ 2개   ④ 3개

> **정답 및 해설**
>
> 시민적·정치적 권리에 관한 국제규약(1966)에 대한 설명으로 옳은 것은 ㄱ. 1개이다.
>
> **✓ 선지분석**
>
> ㄴ. "자국 영토 내에 있으며, 그 관할권하에 있는 모든 개인에 대하여 …"라고 규정되어 있다(동 규약 제2조 제1항).
>
> ㄷ. "… 다만 그러한 조치는 당해국의 국제법상의 여타 의무에 저촉되어서는 아니 되며 …"라고 규정되어 있다(동 규약 제4조 제1항).
>
> ㄹ. 사형제도의 폐지를 규정하지 않았다. 동 규약 제6조 제2항은 "사형을 폐지하지 아니하고 있는 국가에 있어서 사형은 범죄 당시의 현행법에 따라서 또한 이 규약의 규정과 집단살해죄의 방지 및 처벌에 관한 협약에 저촉되지 아니하는 법률에 의하여 가장 중대한 범죄에 대해서만 선고될 수 있다."라고 하여 사형제도를 인정하고 있다.
>
> ㅁ. 경제적·사회적·문화적 권리에 관한 국제협약 제12조 제1항의 규정사항이다.
>
> 답 ②

시민적·정치적 권리에 관한 국제규약(1966)에 대한 설명으로 옳지 않은 것은?

① 합법적으로 어느 국가의 영역 내에 있는 모든 사람은 그 영역 내에서 이동의 자유 및 거주의 자유에 관한 권리를 가진다.

② 합법적으로 당사국 영역 내에 있는 외국인은 법률에 따라 이루어진 결정에 의하여서만 그 영역으로부터 추방될 수 있으며, 또한 국가안보상 불가피하게 달리 요구되는 경우를 제외하고는 자기의 추방에 반대하는 이유를 제시할 수 있고 또한 권한 있는 당국에 의하여 자기의 사안이 심사되는 것이 인정된다.

③ 모든 사람의 이동의 자유, 거주의 자유 및 퇴거의 권리는 법률에 의해 제한될 수 있다.

④ 당사국은 어떠한 경우에도 자국에 돌아올 권리를 박탈할 수 없다.

정답 및 해설

어느 누구도 자국에 돌아올 권리를 '자의적으로' 박탈당하지 아니한다(시민적·정치적 권리에 관한 국제규약 제12조 제4항). 따라서 자의적이지 아니하다면 자국에 돌아올 권리가 박탈될 수 있다.

✔ 선지분석

① 동 규약 제12조 제1항으로 거주·이전의 자유를 규정하였다.

② 동 규약 제13조로 국가안보상 불가피하게 달리 요구되는 경우 피추방자는 항변권이 없다.

③ 비상사태의 존재가 공식적으로 선포되어 있을 때, 그리고 국제법상의 여타 의무에 저촉되지 않으며 차별을 포함하지 않을 때 법률에 의해 인권이 제한될 수 있다(동 규약 제4조 제1항 참고).

답 ④

시민적·정치적 권리에 관한 국제규약(1966)에 대한 설명으로 옳지 않은 것은?

① 종교의 자유는 법률에 규정되고 공공의 안전, 공중 보건, 도덕 또는 타인의 기본적인 권리 및 자유를 보호하기 위하여 필요한 경우에만 제한받을 수 있다.

② 표현의 자유는 법률에 의해 규정되고 또한 타인의 권리 또는 신용의 존중, 또는 국가안보 또는 공공질서 또는 공중보건 또는 도덕의 보호를 위해 필요한 경우 제한될 수 있다.

③ 모든 사람은 자기의 이익을 보호하기 위하여 노동조합을 결성하고 이에 가입하는 권리를 포함하여 다른 사람과의 결사의 자유에 대한 권리를 가진다.

④ 동 규약상 권리의 실현을 위해 인권이사회(Human Rights Committee)를 설치한다. 인권이사회 위원은 18인으로 구성되며, 동일인이 재지명될 수 없다.

정답 및 해설

인권이사회 위원의 임기는 4년이며, 동일인이 재지명되어 재선될 수 있다.

✔ 선지분석

① 시민적·정치적 권리에 관한 국제규약 제18조 제3항에 대한 내용이다.

② 동 규약 제19조 제3항에 대한 내용이다.

③ 동 규약 제22조 제1항으로, 우리나라가 유일하게 유보하고 있는 조항이다.

답 ④

10 시민적 및 정치적 권리에 관한 국제규약(1966)상 국가 간 고발제도에 대한 설명으로 옳지 않은 것은?

① 당사국은 타 당사국이 규약상의 의무를 이행하지 아니하고 있다고 주장하는 일방 당사국의 통보를 접수, 심리하는 이사회의 권한을 인정한다는 것을 언제든지 선언할 수 있다.

② 동 규약 제41조를 수락한 국가 상호 간에 있어서 일방은 타방에 규약의 규정을 이행하지 아니하고 있음을 서면으로 통보하여 주의를 환기할 수 있다.

③ 통보를 접수한 국가는 6개월 이내에 당해 문제를 해명하는 설명서 또는 기타 진술을 서면으로 통보한 국가에 송부해야 한다.

④ 국가 간 고발제도에 대한 당사국의 수락은 사무총장에 대한 통고에 의해 언제든지 철회될 수 있으나, 이미 송부된 통보에 대한 심의는 방해받지 아니한다.

정답 및 해설

3개월 이내에 해명서 등을 송부해야 한다. 통보 접수 후 6개월 이내에 당해 문제가 관련 쌍방 당사국에게 만족스럽게 조정되지 아니할 경우, 일방 당사국은 당해 문제를 이사회에 회부할 권리를 가진다.

✓ **선지분석**

① 동 수락선언은 언제든지 선언할 수 있고 언제든지 철회할 수도 있다.

★ 관계당사국은 당해 문제가 심의되고 있는 동안 자국의 대표를 참석시키고 구두 또는 서면으로 의견 제출이 가능하다.

답 ③

11 시민적·정치적 권리에 관한 국제협약(1966)상 특별조정위원회에 대한 설명으로 옳은 것을 모두 고른 것은?

> ㄱ. 특별조정위원회는 관계당사국에게 모두 수락될 수 있는 5인의 위원으로 구성된다.
>
> ㄴ. 관계당사국이 1개월 이내에 특별조정위원회의 전부 또는 일부의 구성에 관하여 합의에 이르지 못하는 경우, 합의를 보지 못하는 특별조정위원회의 위원은 비밀투표에 의하여 인권이사회 위원 중에서 인권이사회 위원 2/3의 다수결투표로 선출된다.
>
> ㄷ. 특별조정위원회의 위원은 관계당사국, 이 규약의 비당사국 또는 국가 간 고발제도의 수락 선언을 행하지 아니한 당사국의 국민이어서는 아니 된다.
>
> ㄹ. 특별조정위원회는 당해 문제를 접수한 후 어떠한 경우에도 15개월 이내에 관계당사국에 통보하기 위하여 인권이사회의 위원장에게 보고서를 제출한다.

① ㄱ, ㄴ   ② ㄱ, ㄷ

③ ㄴ, ㄹ   ④ ㄷ, ㄹ

정답 및 해설

시민적·정치적 권리에 관한 국제협약(1966)상 특별조정위원회에 대한 설명으로 옳은 것은 ㄱ, ㄷ이다.

✓ **선지분석**

ㄴ. 3개월 이내에 특별조정위원회의 전부 또는 일부의 구성에 관하여 합의에 이르지 못하는 경우이다.

ㄹ. 12개월 이내에 제출하여야 한다.

답 ②

12

시민적·정치적 권리에 관한 국제규약(B규약)의 이행감독장치에 대한 설명으로 옳은 것만을 모두 고른 것은?

> ㄱ. 국가 간 고발제도, 개인의 국가고발제도라는 2가지 이행감독장치를 가지고 있다.
> ㄴ. 국가 간 고발제도는 B규약 선택의정서 수락국 간에만 적용된다.
> ㄷ. 개인의 국가고발제도를 이용하기 위해서는 B규약에 열거되어 있는 특정 권리를 침해당하였다고 주장하는 경우여야 하며, 국내구제수단을 완료하여야 한다.
> ㄹ. 손종규 사건에서 B규약 인권위원회는 손종규의 행위를 제3자 개입금지조항으로 처벌한 것은 표현의 자유 침해라는 견해를 제시하였다.

① ㄱ, ㄴ　　　　　　　② ㄱ, ㄷ
③ ㄴ, ㄷ　　　　　　　④ ㄷ, ㄹ

시민적·정치적 권리에 관한 국제규약(B규약)의 이행감독장치에 대한 설명으로 옳은 것은 ㄷ, ㄹ이다.
ㄷ. 국내구제수단은 완료하여야 하나, 재심청구를 하거나 사면이나 감형의 탄원을 완료해야 하는 것은 아니다.

✅ 선지분석
ㄱ. '보고서 검토'를 포함하여 3가지의 이행감독장치를 가지고 있다.
ㄴ. B규약 선택의정서 수락국 간에만 적용되는 것은 개인의 국가고발제도이다. 국가 간 고발제도는 B규약 제41조에 대해 수락선언을 한 국가 간에 적용된다. 단, 동 수락선언은 언제든지 철회될 수 있다.

답 ④

13

시민적 및 정치적 권리에 관한 국제규약의 이행과 관련하여 개인통보제도(국가고발제도)에 대한 설명으로 옳지 않은 것은 모두 몇 개인가?

> ㄱ. B규약 및 B규약 선택의정서에 가입한 국가의 영토 내에서 또는 그의 관할하에서 피해를 입은 자연인에게 인정되는 권리이다.
> ㄴ. 우리나라는 B규약 및 동 선택의정서에 가입하였으나, 현재 외국인이 우리나라를 상대로 개인청원을 제기한 사례는 없다.
> ㄷ. B규약에 열거된 권리가 침해되었다고 주장하는 개인들은 모든 이용 가능한 국내적 구제조치를 완료하였을 경우 이사회에 심리를 위한 서면 통보를 제출할 수 있다. 단, 구제조치의 적용이 불합리하게 지연되는 경우에는 적용되지 않는다.
> ㄹ. 선택의정서에 따른 통보가 익명이거나, 통보 제출권의 남용 또는 규약규정과 양립할 수 없는 것으로 간주되는 경우 개인청원은 허용되지 않는다.
> ㅁ. 개인청원이 접수된 경우 당사국은 3개월 이내에 관련 문제 및 취하여진 구제조치가 있는 경우 이를 설명하는 서면 설명서 또는 진술서를 이사회에 제출한다.
> ㅂ. 당사국은 언제든지 UN사무총장에 대한 서면 통보에 의하여 선택의정서를 폐기할 수 있다. 폐기는 사무총장이 통보를 접수한 날로부터 6개월 후에 효력을 발생한다.

① 1개　　　　　　　② 2개
③ 3개　　　　　　　④ 4개

개인통보제도(국가고발제도)에 대한 설명으로 옳지 않은 것은 ㄴ, ㅁ, ㅂ. 3개이다.

ㄴ. 외국인이 우리나라를 상대로 개인청원을 제기한 사례도 있다.

ㅁ. 6개월 이내에 설명서 또는 진술서를 이사회에 제출한다(제4조 제2항).

ㅂ. 사무총장에게 폐기를 통보하는 서면을 제출한 날로부터 3개월 후에 효력을 발생한다(제12조 제1항).

⊘ 선지분석

ㄷ. 구두소송절차는 부재한다.

ㄹ. 개인청원제도에 따라 인권위원회에 통보사항이 제출된 이상, 다른 국제절차와 중복되어서도 안 된다.

답 ③

14 개인청원제도(또는 개인의 국가고발제도, B규약상)에 대한 설명으로 옳지 않은 것만을 모두 고른 것은?

ㄱ. 인권위원회의 견해는 단지 권고적 효력만을 가지고 있기 때문에 국가들에 의해 인용되는 경우가 거의 없어 동 제도는 실효성이 떨어지는 것으로 평가되고 있다.

ㄴ. 동일문제가 다른 국제적 조사 또는 해결절차에 따라 심사되고 있지 않아야 한다.

ㄷ. 규약에 규정된 권리를 침해당하였다고 주장하는 개인 이외에 대리인에 의한 진정서 접수는 인정되지 않는다.

ㄹ. 익명청원은 심리거부사유가 된다.

ㅁ. 우리나라는 손종규 사건에서 인권위원회의 권고를 받아들여 국내적으로 실시할 것을 약속하였다.

ㅂ. 본안심리는 서면심리가 원칙이다.

① ㄱ, ㄴ, ㄹ   ② ㄱ, ㄷ, ㅁ
③ ㄴ, ㄷ, ㅂ   ④ ㄴ, ㄹ, ㅁ

개인청원제도(또는 개인의 국가고발제도, B규약상)에 대한 설명으로 옳지 않은 것은 ㄱ, ㄷ, ㅁ이다.

ㄱ. 인권위원회의 견해는 법적 구속력은 없으나, 국가들에 대한 정치적 압박수단으로서 그 실효성이 입증되고 있다.

ㄷ. 피해자와 신청인 간에 충분한 연관성이 있으면 피해자가 진정서를 직접 제출할 수 없는 경우, 동 피해자를 위한 대리인의 진정서 접수를 인정한다.

ㅁ. 우리나라는 손종규 사건에서 인권위원회의 권고가 법적 구속력이 없음을 이유로 국내적 실시를 거부하겠다는 의사를 표시하였다.

⊘ 선지분석

ㄴ. 법정에 따라 상이한 결과가 나올 가능성을 배제하고, 각 국제기관 간의 갈등 방지를 목적으로 한다.

ㄹ. 개인청원제도는 궁극적으로 개인이 입은 피해의 구제가 목적이므로 익명청원의 경우 구제대상이 존재하지 않아 심리거부사유로 보고 있다.

답 ②

15 국제법상 개인청원(통보)제도에 대한 설명으로 옳은 것은?

① 개인통보제도는 B규약, A규약, 인종차별철폐협약, 고문방지협약, 여성차별철폐협약, 이주노동자권리협약, 장애인권리협약, 아동권리협약, 제노사이드 방지 및 처벌협약 등에 마련되어 있다. (각 협약은 관련 의정서를 포함한 개념으로 이해한다)

② 당사국의 관할권에 복종하지 않는 외교사절이 저지른 침해 행위에 대해 개인청원을 제기할 수 있다.

③ 박태훈 사건에서 인권이사회(Human Rights Committee)는 국가보안법 조항에 대해 한국의 헌법재판소가 여러 차례 합헌을 선언한 바 있기 때문에 헌법소원은 실효적 구제수단이 될 수 없으므로 국내구제완료의 대상 수단이 아니라고 하였다.

④ 국제사법재판소(ICJ)에 의하면 외국 영토를 군사점령 중인 국가가 당사국인 인권조약은 점령지에 적용되지 않는다고 판시하였다.

> **정답 및 해설**

✓ **선지분석**
① 제노사이드 방지 및 처벌협약에는 없다.
② 개인청원을 제기할 수 없다.
④ 점령지에도 적용(역외적용)된다고 판시하였다.

답 ③

16 시민적·정치적 권리에 관한 국제규약(B규약)상 국가 간 통보제도에 대한 설명으로 옳지 않은 것은?

① 관계당사국은 당해 문제가 이사회에서 심의되고 있는 동안 자국의 대표를 참석시키고 구두 또는 서면으로 의견을 제출할 권리를 가진다.

② 국가 간 통보제도는 B규약 제41조를 수락한 당사국 상호 간에만 적용되며 수락문서는 UN사무총장에게 기탁한다.

③ 통보를 접수한 국가가 최초의 통보를 접수한 후 6개월 이내에 당해 문제가 관련 당사국 쌍방에게 만족스럽게 조정되지 아니할 경우 양 당사국은 합의를 통해 당해 문제를 인권이사회(Human Rights Committee)에 회부할 수 있다.

④ 이사회는 통보의 접수일로부터 12개월 이내에 보고서를 제출한다.

> **정답 및 해설**

인권이사회(Human Rights Committee)에 일방적으로 당해 문제를 회부할 수 있다. 회부된 경우 인권위원회(Human Rights Committee)에서 주선을 해주나, 주선을 통한 문제 해결도 실패하면 양당사국 간 합의하에 특별조정위원회가 구성되어 조정절차가 진행된다.

답 ③

17 국제인권위원회가 우리나라 사인이 제기한 청원을 심사한 양심적 병역거부 사건(2007)에 대한 설명으로 옳지 않은 것은?

① 종교적 이유로 병역을 거부한 우리나라 사인에 대해 한국이 병역법 위반을 이유로 징역형을 부과하자 국제인권위원회에 청원을 제기하였다.

② 개인청원을 제기하기 위해서는 국내구제를 완료해야 하며, 이 사건에서 청원인들은 대법원 판결을 받고 나서 청원을 제기하였으므로 국내구제를 완료하였다.

③ 국제인권위원회는 한국이 일견 종교의 자유를 위반하였으나 국방상 긴절한 이유로 위반한 것이므로 조약을 위반하지 않았다는 한국의 입장을 수용하여 종교의 자유를 침해하지 않았다고 평결하였다.

④ 만약 우리나라가 종교의 자유를 침해한 것이라는 판단을 받았다고 해도 국제인권위원회의 견해는 법적 구속력이 없으므로 그에 따를 의무는 없다.

> **정답 및 해설**
>
> 한국이 대체복무제에 대한 어떠한 검토도 없이 징역형을 부과한 것은 종교의 자유를 침해한 것이라고 보았다.
>
> 답 ③

18 인권이사회(Human Rights Committee)에 대한 설명으로 옳지 않은 것은?

① 국제인권규약(B규약)에 의해 설치되었다.

② 인권이사회 위원의 임기는 4년이며 재선될 수 있다.

③ 인권이사회는 동일 국가의 국민을 2인 이상 포함할 수 없다.

④ 모든 당사국은 인권이사회에 타 당사국의 규약위반 사실을 통고하여 심리하게 할 수 있다.

> **정답 및 해설**
>
> 모든 당사국이 아니라, 국제인권규약(B규약) 제41조를 수락한 국가 상호 간에만 국가 간 통보제도가 적용된다.
>
> ✅ **선지분석**
>
> ① 인권이사회(Human Rights Committee)는 B규약에 근거해 설치되었으나, 경제·사회·문화적 권리위원회는 A규약에 의거해 설치되지 않고 경제사회이사회 결의에 의해서 설립되었다는 점에 유의해야 한다.
>
> 답 ④

□□□

19

인권 관련 기관에 대한 설명으로 옳지 않은 것만을 모두 고른 것은?

ㄱ. 인권위원회(Commission on Human Rights)는 당초 UN경제사회이사회결의에 의해 창설되었고 임기 3년의 53개국으로 구성되었으나 2006년 UN총회로 소속을 변경하였다.
ㄴ. 인권이사회(Human Rights Council)는 총회에서 재적 과반수 다수결로 선출되는 47개 회원국으로 구성되며 이사국의 임기는 3년이며 재선될 수 있다.
ㄷ. 1966년 국제인권B규약에 기초하여 설립된 인권위원회(Human Rights Committee)는 B규약에 기초하여 제출된 개인청원을 심리한다.
ㄹ. 1966년 국제인권A규약에 기초하여 설립된 경제적·사회적·문화적 권리위원회는 매 5년마다 제출되는 정기보고서를 심의한다.

① ㄱ, ㄷ
② ㄴ, ㄹ
③ ㄷ, ㄹ
④ ㄱ, ㄷ, ㄹ

정답 및 해설

인권 관련 기관에 대한 설명으로 옳지 않은 것은 ㄷ, ㄹ이다.
ㄷ. 개인청원은 국제인권B규약 선택의정서를 통해 입법화되었다.
ㄹ. 경제적·사회적·문화적 권리위원회는 UN경제사회이사회결의를 통해 설립되었다.

☑ 선지분석
ㄴ. 인권이사회 이사국은 지역그룹의 추천 없이 개별 국가별로 선출된다.

답 ③

□□□

20

인권 관련 기관에 대한 설명으로 옳지 않은 것은?

① UN경제사회이사회결의에 기초하여 설립된 경제적·사회적·문화적 권리위원회는 규약당사국들이 제출하는 정기보고서를 심의한다.
② 인권위원회(Commission on Human Rights)는 당초 UN경제사회이사회결의에 의해 창설되었고 임기 3년의 53개국으로 구성되었으나 2006년 UN총회로 소속을 변경하였다.
③ 1966년 국제인권B규약에 기초하여 설립된 인권위원회(Human Rights Committee)는 B규약에 기초하여 제출된 개인청원을 심리한다.
④ 인권이사회(Human Rights Council)는 총회에서 재적과반수 다수결로 선출되는 47개 회원국으로 구성되며 이사국의 임기는 3년이며 재선될 수 있다.

정답 및 해설

개인청원은 B규약 선택의정서를 통해 입법화되었다.

☑ 선지분석
① 경제적·사회적·문화적 권리위원회는 A규약에 의거해 설립되지 않았음을 유의해야 한다.

답 ③

21

인권보호를 위한 1966년의 B규약 및 그 선택의정서에 대한 설명으로 옳지 않은 것은?

① 시민적·정치적 권리에 관한 규약(B규약)은 각국의 의무이행 여부의 감독을 위해 인권위원회(Human Rights Committee)를 설치하고 있다.

② B규약은 모든 당사국들에 대하여 자국의 인권상황 전반에 대해 UN사무총장에게 보고를 제출하도록 의무화하고 있다.

③ B규약은 또한 규약상의 의무를 이행하지 않는 당사국을 상대로 다른 회원국이 그 시정을 촉구하고 이에 불응하는 경우, 이를 인권위원회(Human Rights Committee)에 부탁할 수 있는 이른바 '국가 간 고발제도'를 두고 있다.

④ 1966년 인권규약과 함께 선택된 의정서는 개인청원제도를 마련하고 있는 바, 국내적 구제절차가 부당하게 지연되고 있는 경우에도 반드시 해당 국가 내에서 국내적 구제절차를 완료해야 한다.

> **정답 및 해설**

국내적 구제절차가 부당하게 지연되고 있는 경우에는 국내적 구제절차를 완료할 필요 없이 개인청원제도를 이용할 수 있다.

☑ 선지분석

① 이사회는 당사국들이 제출한 정기 보고서를 심의하는 한편, B규약 제1선택의정서에 따라 제출된 개인청원을 심의한다. 위원은 18명으로 임기 4년이다.

② UN사무총장은 제출받은 보고서를 인권위원회에 송부하고, 인권위원회는 당사국들이 제출한 보고서를 검토하고 자체보고서 및 적정하다고 생각되는 일반적 의견을 당사국에 송부한다.

답 ④

22

B규약 이행을 위한 개인청원제도에 대한 설명으로 옳은 것은?

① B규약 선택의정서를 수락한 국가의 관할하의 국민, 외국인, 법인 및 NGO에게 청원권이 인정된다.

② 국내구제절차를 완료해야 하나, 부당한 지연이 있는 경우 배제될 수 있다.

③ 청원에 대해서는 인권심의회(Commission on Human Rights)에서 심사하며 심사결과는 법적 구속력이 없다.

④ 국가 영토 밖에서 인권침해가 발생한 경우 개인청원을 제기할 수 없다.

> **정답 및 해설**

체약국의 규약 위반에 관하여 인권위원회에 진정서를 제출하기 위해서는 두 가지 조건을 충족시켜야 한다. ⅰ) B규약에 열거되어 있는 특정 권리를 침해당하였다고 주장하는 경우이어야 하고, ⅱ) '부당하게 지연되지 않는 한' 이용 가능한 국내구제수단을 완료하여야 한다.

☑ 선지분석

① 법인 및 NGO는 청원적격이 인정되지 아니한다.

③ 국제인권위원회(Human Rights Committee)에서 심사한다.

④ 개인청원을 제기할 수 있다. 즉, 인권조약의 역외적용이 인정된다.

답 ②

Judge v. Canada 사건에 대한 설명으로 옳지 않은 것은?

① Human Rights Committee(HRC)는 사형폐지국은 사형이 적용되는 위험에 개인을 방치하지 않을 의무가 있으므로 폐지국은 합리적으로 사형선고가 예상된다면, 강제퇴거이든 범죄인 인도이든 사형을 집행하지 않는다는 보증이 없이는 자국의 관할로부터 개인을 이송할 수 없다고 하였다.

② Human Rights Committee(HRC)는 캐나다는 사형폐지국으로서 사형폐지의정서 비준과 상관없이 사형을 집행하지 않는다는 보증을 받지 않은 상태에서 Judge를 사형이 선고된 미국으로 강제퇴거 조치를 함으로써 제6조 제1항에 따른 생명에 대한 Judge의 권리를 침해하였다.

③ Human Rights Committee(HRC)는 캐나다의 사형 폐지를 고려하면, Judge에게 상소 기회를 주지 않은 채 사형을 선고한 국가로 강제퇴거처분을 내린 결정은 자의적인 것이며, 규약 제6조에 위반된다고 하였다.

④ Human Rights Committee(HRC)는 이전 Kindler 사건에서도 사형을 집행하지 않겠다는 보증이 없는 인도 결정이 제6조 위반이라고 판시한 바 있다.

정답 및 해설

Human Rights Committee(HRC)는 이전 Kindler 사건에서는 사형을 집행하지 않겠다는 보증이 없는 인도 결정이 자의적이고 약식으로 이루어지지 않았다면 제6조 위반이 되지 않는다고 판단하였으나, 이번 결정에서는 입장을 변경한 것이다.

답 ④

제3절 | 국제난민법

국제난민법에 대한 설명으로 옳은 것(○)과 옳지 않은 것(×)을 바르게 표시한 것은?

> ㄱ. 1967년 난민지위에 관한 의정서는 1951년 난민협약에 비해 난민의 개념을 더 넓게 정의하고 있다.
> ㄴ. 난민지위의 결정은 UN난민고등판무관(UNHCR)의 고유 권한이다.
> ㄷ. 난민협약은 정치적 난민과 경제적 난민을 보호대상으로 한다.
> ㄹ. 강제송환금지 원칙(principle of non-refoulement)에 대해서는 어떠한 예외도 인정되지 않는다.
> ㅁ. UN난민고등판무관(UNHCR)은 당사국의 동의 없이도 당사국의 영토에 존재하는 난민에 대해 구호조치를 실시할 수 있다.
> ㅂ. 난민이 당국에 지체 없이 출석하여 불법적인 입국에 대해 상당한 이유를 제시하는 경우에는 불법 입국을 이유로 하여 처벌할 수 없다.

	ㄱ	ㄴ	ㄷ	ㄹ	ㅁ	ㅂ
①	○	×	×	○	×	○
②	○	○	○	×	○	×
③	○	×	○	×	×	○
④	○	×	×	×	×	○

국제난민법에 대한 설명으로 옳은 것은 ㄱ, ㅂ이고, 옳지 않은 것은 ㄴ, ㄷ, ㄹ, ㅁ이다.
ㄱ. [O] 1967년 난민지위에 관한 의정서는 1951년 난민협약에 나타난 난민 정의의 시간적 제약(1951년 1월 1일 이전) 및 지리적 제약(유럽)을 제거하여 난민의 개념을 더 넓게 정의하고 있다.
ㄴ. [×] UNHCR규정의 목적을 위한 난민지위의 결정은 UN총회와 경제사회이사회의 지침을 따르는 UN난민고등판무관(UNHCR)의 특권이며, 난민협약의 목적을 위한 특정 집단과 인원의 난민자격의 결정은 체약당사국의 특권이다.
ㄷ. [×] 난민협약은 정치적 난민만을 보호대상으로 한다.
ㄹ. [×] 강제송환금지 원칙의 예외로는 국가안보에 위해를 가할 것으로 인정되는 자, 중대한 비정치적 범죄를 저지른 자, 난민자격에서 배제되는 자 등이 있다.
ㅁ. [×] UN난민고등판무관(UNHCR)이 당사국의 영토에 존재하는 난민에 대해 구호조치를 실시하기 위해서는 당사국의 동의가 있어야 한다.
ㅂ. [O] 1951년 난민협약 제31조 제1항에 대한 내용이다.

답 ④

02

난민의 지위에 관한 협약(1951)에 대한 설명으로 옳지 않은 것은 모두 몇 개인가?

> ㄱ. 난민이란 1951년 1월 1일 이전에 발생한 사건의 결과로서, 인종, 종교, 국적, 또는 특정 사회집단의 구성원 신분 또는 정치적 의견을 이유로 박해를 받을 우려가 있다는 충분한 이유가 있는 공포로 인하여 국적국 밖에 있는 자로서 그 국적국의 보호를 받을 수 없거나 또는 그러한 공포로 인하여 그 국적국의 보호를 받는 것을 원하지 아니하는 자를 포함한다.
> ㄴ. 동 협약에 의하면 상주국가 밖에 있는 무국적자로서 종전의 상주국가로 돌아갈 수 없거나 또는 공포로 인하여 종전의 상주국가로 돌아가는 것을 원하지 아니하는 자도 난민지위를 인정받을 수 있다.
> ㄷ. 이중국적자의 경우 하나의 국적국으로부터의 이유 있는 공포로 당해국을 떠난 경우 타방 국적국의 보호 가능성과 무관하게 난민으로 인정될 수 있다.
> ㄹ. 동 협약은 1951년 1월 1일 이전에 유럽이 아닌 기타 지역에서 발생한 난민에 대해서도 적용할 수 있다. 각 체약국은 서명, 비준 또는 가입 시에 이 협약상의 의무를 이행함에 있어서 유럽 이외 지역에 대한 적용을 선택하여 선언할 수 있다.
> ㅁ. 동 협약은 UN난민고등판무관을 비롯하여 국제연합의 기관이나 또는 기구로부터 보호 또는 원조를 현재 받고 있는 자에게는 적용하지 아니한다.

① 모두 맞음
② 1개
③ 2개
④ 3개

난민의 지위에 관한 협약(1951)에 대한 설명으로 옳지 않은 것은 ㄷ, ㅁ. 2개이다.
ㄷ. 이중국적자의 경우 '국가'라 함은 이중국적국 모두를 말한다. 따라서 두 국가 모두로부터 난민지위를 인정받을 수 있는 경우 난민으로 인정될 수 있다. 즉, 일국으로부터는 보호 가능성이 있다면 난민지위를 인정받을 수 없다[동 협약 제1조 A (2)].
ㅁ. 이 협약은 UN난민고등판무관 외에 UN의 기관이나 또는 기구로부터 보호 또는 원조를 현재 받고 있는 자에게는 적용하지 아니한다(동 협약 제1조 D). 따라서 UN난민고등판무관의 보호 또는 원조를 받고 있는 자는 협약상 난민으로 인정되어 보호를 받을 수 있다.

답 ③

03 우리나라 난민법에 대한 설명으로 옳은 것은?

① 난민이란 인종, 종교, 국적, 특정 사회집단의 구성원인 신분 또는 정치적 견해를 이유로 박해를 받을 수 있다고 인정할 충분한 근거가 있는 공포로 인하여 국적국의 보호를 받을 수 없거나 보호받기를 원하지 아니하는 외국인을 말하며, 무국적자는 제외한다.

② 난민신청자는 난민협약 제33조 및 고문 및 그 밖의 잔혹하거나 비인도적 또는 굴욕적인 대우나 처벌의 방지에 관한 협약 제3조에 따라 본인의 의사에 반하여 강제로 송환되지 아니한다.

③ 난민인정결정은 난민인정신청서를 접수한 날부터 6개월 안에 하여야 하나 부득이한 경우에는 3개월의 범위에서 기간을 정하여 연장할 수 있다.

④ 법무부장관은 난민신청자가 난민에 해당한다고 인정하는 경우에도 UN난민기구 등 UN의 다른 기구 또는 기관으로부터 보호 또는 원조를 현재 받고 있는 경우 난민불인정결정을 할 수 있다.

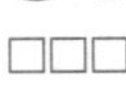

⊘ 선지분석

① 난민은 대한민국에 입국하기 전에 거주한 국가로 돌아갈 수 없거나 돌아가기를 원하지 아니하는 무국적자인 외국인을 포함한다.

③ 부득이한 경우 난민인정결정의 기간을 6개월의 범위에서 연장할 수 있다.

④ UN난민기구의 보호를 받는 자는 예외적으로 난민인정을 받을 수 있다.

답 ②

04 난민의 지위에 관한 협약(1951)에 대한 설명으로 옳은 것은 모두 몇 개인가?

ㄱ. 모든 난민은 자신이 체제하는 국가에 대하여 특히 그 국가의 법령을 준수할 의무 및 공공질서를 유지하기 위한 조치에 따를 의무를 진다.

ㄴ. 체약국은 그 영역 안의 난민에게 종교의 자유를 부여함에 있어서 적어도 외국인에게 부여하는 대우와 동등한 호의적 대우를 부여해야 한다.

ㄷ. 체약국은 난민에게 이 협약이 더 유리한 규정을 두고 있는 경우를 제외하고, 일반적으로 자국민에게 부여하는 대우와 동등한 대우를 부여한다.

ㄹ. 난민의 개인적 지위는 주소지 국가(the country of his domicile)의 법률에 의하거나 또는 주소가 없는 경우 거소지 국가(the country of his residence)의 법률에 의해 규율된다.

ㅁ. 난민은 동산 및 부동산 소유권의 취득 등에 있어서는 최소한 외국인에게 부여하는 대우보다 불리하지 아니한 대우를 부여하며, 산업재산권의 보호 등에 있어서는 그 국가의 국민에게 부여되는 보호와 동일한 보호를 부여한다.

① 모두 맞음

② 2개

③ 3개

④ 4개

난민의 지위에 관한 협약(1951)에 대한 설명으로 옳은 것은 ㄱ, ㄹ, ㅁ. 3개이다.

ㄱ. 난민에게는 외국인과 같이 재류국의 사법상·공법상 의무를 부담하고, 재류국의 법령을 준수하고, 납세해야 하는 등 의무가 있다.

ㅁ. 난민은 동산 및 부동산에 관해서는 최혜국대우 원칙이 적용된다(동 협약 제13조).

✓ 선지분석

ㄴ. 체약국은 그 영역 안의 난민에게 종교의 자유를 부여함에 있어서 적어도 자국민에게 부여하는 대우와 동등한 호의적 대우를 부여해야 한다.

ㄷ. 체약국은 난민에게 이 협약이 더 유리한 규정을 두고 있는 경우를 제외하고, 일반적으로 외국인에게 부여하는 대우와 동등한 대우를 부여한다.

답 ③

05

우리나라 난민법에 대한 설명으로 옳은 것은?

① 난민인정자가 자발적으로 국적국의 보호를 받고 있는 경우 등에는 난민인정결정을 취소할 수 있다.

② 난민위원회나 법원은 난민신청자나 그 가족 등의 안전을 위하여 필요하다고 인정하면 난민신청자의 신청에 따라 또는 직권으로 심의 또는 심리를 공개하지 아니하는 결정을 할 수 있다.

③ 외교부장관은 UN난민기구(UNHCR)가 난민인정자 상황 등에 대하여 통계 등의 자료를 요청하는 경우 협력하여야 한다.

④ 대한민국에 체류하는 난민지위 신청자는 다른 법률에도 불구하고 난민협약에 따른 처우를 받는다.

✓ 선지분석

① 난민인정자가 자발적으로 국적국의 보호를 받고 있는 경우 난민인정결정을 철회할 수 있다.

③ UN난민기구(UNHCR)에 협력할 의무는 법무부장관의 의무이다.

④ 난민지위 신청자가 아닌 난민인정자에 대한 규정이다.

답 ②

06

1951년 난민협약에 대한 설명으로 옳은 것만을 모두 고른 것은?

> ㄱ. 무국적자에 대해서도 난민지위를 부여할 수 있다.
> ㄴ. 체약국은 국가안보 또는 공공질서를 이유로 하는 경우를 제외하고 그 영역에 있는 난민을 추방해서는 안 된다.
> ㄷ. 체약국은 인종, 종교, 국적, 특정 사회집단의 구성원 신분 또는 정치적 의견을 이유로 그 생명 또는 자유가 위협받고 있는 영역으로부터 직접 온 난민으로서 허가 없이 그 영역에 입국하거나 또는 그 영역 내에 있는 자에 대해 불법 입국을 이유로 형벌을 과해서는 안 된다.
> ㄹ. 난민협약 제33조에 규정된 강제송환금지의 원칙은 강행규범으로 성립한 것으로 평가된다.

① ㄱ, ㄴ
② ㄱ, ㄷ
③ ㄴ, ㄷ
④ ㄷ, ㄹ

정답 및 해설

1951년 난민협약에 대한 설명으로 옳은 것은 ㄱ, ㄷ이다.
ㄱ. 1951년 난민협약은 국적을 가진 자와 함께 무국적자에 대해서도 난민지위를 인정하고 있다.
ㄷ. '(제3국을 경유하지 않고) 직접 온' 난민에 대해서만 협약 제31조가 적용되며, 이를 First Asylum doctrine이라고 한다.

✓ 선지분석
ㄴ. '합법적으로' 그 영역에 있는 난민의 추방만 금지된다(합법난민추방금지). 즉, 불법 체류 난민은 추방 가능하다.
ㄹ. 강행규범으로 인정되지는 않는다.

답 ②

07

난민의 지위에 관한 협약(1951)에 대한 설명으로 옳은 것만을 모두 고른 것은?

> ㄱ. 체약국은 합법적으로 그 영역 안에 체재하는 난민에게, 임금이 지급되는 직업에 종사할 권리에 관하여, 동일한 사정하에서 외국 국민에게 부여되는 대우 중 가장 유리한 대우를 부여한다.
> ㄴ. 공급이 부족한 물자의 분배를 규제하는 것으로서 주민 전체에 적용되는 배급제도가 존재하는 경우, 난민은 그 배급제도의 적용에 있어서 내국민에게 부여되는 대우와 동일한 대우를 부여받는다.
> ㄷ. 체약국은 어떠한 경우에도 합법적으로 그 영역 안에 있는 난민을 추방해서는 아니 된다.
> ㄹ. 동 협약에 대한 유보는 전면 금지된다.
> ㅁ. 체약국은 UN난민고등판무관 사무국 또는 그를 승계하는 UN의 다른 기관의 임무 수행에 있어서 이들 기관과 협력할 것을 약속하고, 특히 이들 기관이 이 협약의 규정을 적용하는 것을 감독하는 책무의 수행에 있어서 이들 기관에게 편의를 제공한다.
> ㅂ. 동 협약의 해석 및 적용에 대한 분쟁이 다른 방법에 의해 해결될 수 없는 경우 분쟁당사국 중 어느 일방 당사국의 요청에 의하여 국제사법재판소(ICJ)에 회부된다.

① ㄱ, ㄴ, ㄷ, ㅁ
② ㄱ, ㄴ, ㅁ, ㅂ
③ ㄱ, ㄷ, ㄹ, ㅁ
④ ㄴ, ㄷ, ㄹ, ㅂ

난민의 지위에 관한 협약(1951)에 대한 설명으로 옳은 것은 ㄱ, ㄴ, ㅁ, ㅂ이다.
ㄱ. 임금이 지급되는 직업에 관한 권리에 대해 최혜국대우가 적용된다(동 협약 제17조).
ㄴ. 공조구호 혜택, 배급제도의 혜택, 공공교육 등은 난민의 거주 기간과 무관하게 내국민대우가 부여된다.
ㅁ. 동 협약 제35조 제1항에 대한 내용이다.

⊘ 선지분석
ㄷ. 체약국은 국가안보 또는 공공질서를 이유로 하는 경우를 제외하고 합법적으로 그 영역에 있는 난민을 추방하여
서는 아니 된다(동 협약 제32조).
ㄹ. 동 협약 제42조에 유보금지조항을 열거해 두고 있다.

답 ②

08 재중국 탈북자의 법적 지위와 보호에 대한 설명으로 가장 옳지 않은 것은?

① 탈북자가 경제적 난민이라면 난민협약(1951)의 보호를 받을 수 없다.
② 탈북자에 대해 한국은 외교적 보호권을 발동할 수 있다.
③ 탈북자에 대해 UN난민고등판무관은 인도적 지원조치를 할 수 있으나 반드시 중국의 동의를 얻어야
한다.
④ 난민협약 당사국인 중국이 탈북자를 북한으로 강제송환하는 것은 강제송환금지의무를 반드시 위반하
는 것은 아니다.

탈북자의 국적국이 한국이라고 보기는 어렵기 때문에 중국에 대해 외교적 보호권을 발동할 수 없다.

⊘ 선지분석
① 난민협약(1951)에 의해 보호되는 난민은 정치적 난민만 포함된다.
③ 관행상 재중국 탈북자는 위임난민에 해당한다. 위임난민(mandate refugees)이란 UNHCR(UN난민고등판무
관사무소)에 의해 보호받는 난민으로, 정치적 이유뿐 아니라 경제, 환경, 실향 등 다양한 이유로 인해 난민이
된 사람들을 말한다.

답 ②

09 국제인권 및 난민에 관한 국제판례에 대한 설명으로 옳지 않은 것만을 모두 고른 것은?

□□□

ㄱ. 쇠링(Söring) 사건(1989)은 국제인권위원회(Human Rights Committee)의 입장과 달리 사형폐지국이 사형유지국으로 범죄인을 인도하는 것은 인권협약 위반이라고 판시하였다.
ㄴ. 국제인권위원회(Human Rights Committee)는 한국의 병역법이 대체복무제의 마련 없이 일률적으로 병역의무를 부과하고 이를 거부하는 자를 처벌하는 것은 시민적·정치적 권리에 관한 규약상 종교의 자유에 위반된다고 판시하였으나, 최초 판단 이후 제기된 청원은 중복청원 금지를 규정한 B규약 제1선택의정서에 따라 관할권을 행사하지 않고 각하하였다.
ㄷ. 우리나라 대법원은 난민 판정 시 박해에 대한 입증책임은 난민신청자가 지며 박해의 경험에 대한 진술이 불일치하고 과장이 있다면 전반적인 난민신청자의 불안정한 상황에도 불구하고 난민지위를 인정하기 어렵다는 입장을 보여준 바 있다.
ㄹ. 우리나라는 1992년 12월 난민지위협약과 동 의정서에 동시에 가입하였고, 2013년 7월부터 난민법이 발효 중이다.

① ㄱ, ㄴ, ㄷ   ② ㄱ, ㄷ, ㄹ
③ ㄴ, ㄷ, ㄹ   ④ ㄱ, ㄴ, ㄷ, ㄹ

정답 및 해설

국제인권 및 난민에 관한 국제판례에 대한 설명으로 옳지 않은 것은 ㄱ, ㄴ, ㄷ이다.
ㄱ. 국제인권위원회(Human Rights Committee)도 사형폐지국이 사형유지국으로 범죄인을 인도하는 것은 인권협약 위반이라고 판시하였다.
ㄴ. 중복청원은 금지되나, 중복청원으로 인정되어 각하된 건은 없다.
ㄷ. 부분적으로 불일치하고 과장이 있다고 해도 전체적으로 판단하여 박해를 받을 근거 있는 공포가 존재하면 난민지위를 인정할 수 있다고 하였다.

답 ①

---

10 우리나라 난민법에 대한 설명으로 옳은 것은?

□□□

① 난민이란 인종, 종교, 국적, 특정 사회집단의 구성원인 신분 또는 정치적 견해를 이유로 박해를 받을 수 있다고 인정할 충분한 근거가 있는 공포로 인하여 국적국의 보호를 받을 수 없거나 보호받기를 원하지 아니하는 외국인을 말하며, 무국적자는 제외한다.
② 난민신청자는 난민협약 제33조 및 고문 및 그 밖의 잔혹하거나 비인도적 또는 굴욕적인 대우나 처벌의 방지에 관한 협약 제3조에 따라 본인의 의사에 반하여 강제로 송환되지 아니한다.
③ 난민인정결정은 난민인정신청서를 접수한 날부터 6개월 안에 하여야 하나 부득이한 경우에는 3개월의 범위에서 기간을 정하여 연장할 수 있다.
④ 법무부장관은 난민신청자가 난민에 해당한다고 인정하는 경우에도 현재 UN난민기구 등 UN의 다른 기구 또는 기관으로부터 보호 또는 원조를 받고 있는 경우 난민불인정결정을 할 수 있다.

정답 및 해설

✅ **선지분석**
① 대한민국에 입국하기 전에 거주한 국가로 돌아갈 수 없거나 돌아가기를 원하지 않는 무국적자인 외국인을 포함한다.
③ 6개월 연장할 수 있다.
④ UN난민기구의 보호를 받는 자는 예외적으로 난민인정을 받을 수 있다.

답 ②

11 난민의 국제적 보호에 대한 설명으로 옳지 않은 것을 모두 고른 것은?

ㄱ. UNHCR의 기본 임무는 국제협약의 체결과 비준을 장려하고 각국 정부와의 특별협정을 통하여 자발적 본국 귀환이나 새로운 국내공동체 내에서의 동화를 장려하는 일등이다.

ㄴ. 1954년 UN난민고등판무관실 결의에 기초하여 1955년 UN난민기금이 설치되었다.

ㄷ. 난민은 현재 국적국이나 상주국 밖에 사람이긴 하지만 이들이 국가를 떠날 때 이미 정치적 박해를 받고 있었을 것이 요구되지는 않는데, 이처럼 개인이 국적국인 상주국을 떠난 뒤 외국 땅에서 나중에 난민이 되는 경우를 현장난민으로 부르기도 한다.

ㄹ. 피난국 당국에 의하여 1951년 협약이나 1967년 의정서 중에서 하나에 의거하여 난민으로 인정된 자는 그가 1951년 협약이나 1967년 의정서의 당사국인 국가 내에 있는지에 관계없이 UNHCR이 제공하는 UN의 보호를 받을 자격이 있다.

① ㄱ, ㄴ   ② ㄱ, ㄷ

③ ㄴ, ㄹ   ④ ㄷ, ㄹ

정답 및 해설

난민의 국제적 보호에 대한 설명으로 옳지 않은 것은 ㄴ, ㄹ이다.

ㄴ. UN총회결의에 기초한 것이다.

ㄹ. UNHCR사무소규정의 난민기준을 충족하는 자는 그가 1951년 협약이나 1967년 의정서의 당사국인 국가 내에 있는지에 관계없이, 또는 그가 피난국당국에 의하여 이들 두 조약 중에서 하나에 의거하여 난민으로 인정되었느냐에 관계없이, UNHCR이 제공하는 UN의 보호를 받을 자격이 있다.

답 ③

제4절 ┃ 국제형사재판소

01 국제형사재판소(ICC)에 대한 설명으로 옳지 않은 것은?

① ICC는 국내재판소에 대해 보충적 관할권을 가지나 구유고국제형사재판소는 국내재판소에 대해 우위를 갖는다.

② 인종청소(ethnic cleansing), 즉 특정 집단에 속하는 민간인들을 특정 지역, 특정 마을로부터 강제로 몰아내는 여러 정책 또는 그 이행행위 자체는 제노사이드의 정의에 해당되지 아니한다.

③ 전심부가 수사권부여 거부 결정을 내린 경우 검사가 동일 사태에 관한 새로운 사실 또는 새로운 증거에 기초하여 다시 수사허가신청서를 제출하는 것은 수사권의 남용에 해당되므로 허용되지 아니한다.

④ ICC는 자신의 선례에 관한 한 이를 적용할 수는 있지만 적용할 의무가 있는 것은 아니므로, ICC 판결에 선례구속의 원칙이 적용되지 않는다.

정답 및 해설

새로운 사실 또는 새로운 증거에 기초하여 다시 수사허가신청서를 제출하는 것을 막지 아니한다.

답 ③

02 개인의 국제형사책임에 대한 설명으로 옳지 않은 것은?

① 개인의 국제범죄는 원칙적으로 국내법에 따라 처벌된다.
② 제2차 세계대전의 전범들을 처벌하였던 뉘른베르크 군사법원은 인도에 대한 죄 및 평화에 대한 죄는 죄형법정주의에 반한다고 보고 전통적 전쟁범죄에 대해서만 처벌하였다.
③ 구유고형사재판소는 국제연합 안전보장이사회가 UN헌장 제41조에 기초하여 창설하였다.
④ 국제형사법원(ICC)은 최초의 상설 국제형사재판소이다.

정답 및 해설

피고 측으로부터 죄형법정주의에 반한다는 강한 항변이 제기되었으나, 뉘른베르크 군사법원은 새로운 전쟁범죄인 인도에 대한 죄 및 평화에 대한 죄가 피고들의 행위 시 이미 국제관습법으로 성립되었다고 보고 항변을 기각하였다.

✅ 선지분석
① 하지만 국제형사법을 위반한 개인의 행위는 동시에 국가의 국제법 위반책임을 야기할 수 있다.
③ 이는 안전보장이사회의 비무력적 강제조치에 해당한다.
④ 제노사이드협약(1948)은 국제형사법원의 설립을 예정하였으나 이는 실현되지 못하고, 1998년 채택된 ICC 설립규정이 2002년 발효되면서 국제형사재판소(ICC)가 설립되었다.

답 ②

03 국제형사재판소 설립을 위한 로마협약에 대한 설명으로 옳지 않은 것은?

① 범죄가 선박이나 항공기에서 범해진 경우 그 선박이나 항공기의 등록국이 협약당사국이거나 재판소의 관할권을 수락한 경우 재판소는 관할권을 행사할 수 있다.
② 재판소장은 재판관들의 절대다수결에 의하여 선출되며 임기는 3년이고 한 번 재선될 수 있다.
③ 당사국은 UN사무총장에 대한 서면통보에 의하여 협정에서 탈퇴할 수 있으며, 원칙적으로 통보서 접수일로부터 6개월 후에 효력을 발생한다.
④ 재판관들은 판결에 있어서 전원합의를 이루도록 노력하되, 전원합의를 이루지 못한 경우 판결은 재판관의 과반수에 의한다.

정답 및 해설

1년 경과 후에 탈퇴의 효력이 발생한다.

✅ 선지분석
① 협약에 규정된 관할권을 행사할 수 있는 경우에 당해 행위가 발생한 영역국 또는 범죄가 선박이나 항공기에서 범해진 경우에는 그 선박이나 항공기의 등록국이 포함된다. 즉, 속지주의 관할권을 규정한 것이다(국제형사재판소 설립을 위한 로마협약 제12조 제2항).

답 ③

04

국제형사재판소 설치를 위한 로마협약(1998)에 대한 설명으로 옳지 않은 것은 모두 몇 개인가?

ㄱ. 상소심부는 재판소장과 4인의 다른 재판관, 1심부는 6인 이상의 재판관, 전심부는 8인 이상의 재판관으로 구성된다.

ㄴ. 재판관은 어떠한 사유에서든 자신의 공정성이 합리적으로 의심받을 수 있는 어떠한 사건에도 참여하지 아니한다.

ㄷ. 소추관 또는 수사 중이거나 기소 중인 자는 재판관의 제척을 요청할 수 있다. 재판관의 제척에 관한 모든 문제는 재판관의 절대다수결에 의해 결정된다. 이의가 제기된 재판관은 이 문제에 관한 자신의 의견을 진술할 권리가 있으나, 결정에는 참여하지 아니한다.

ㄹ. 소추관은 당사국총회에서 회원국의 비밀투표에 의해 절대다수결로 선출된다.

ㅁ. 소추관과 부소추관의 임기는 원칙적으로 9년이며 재선될 수 있다.

① 1개 ② 2개
③ 3개 ④ 4개

> **정답 및 해설**

국제형사재판소 설치를 위한 로마협약(1998)에 대한 설명으로 옳지 않은 것은 ㄱ, ㅁ. 2개이다.

ㄱ. 전심부는 6인 이상의 재판관으로 구성된다.

ㅁ. 소추관과 부소추관도 재선될 수 없다.

⊘ 선지분석

ㄴ. 재판관의 강제 제척을 명시한 규정이다[동 협약 제41조 제2항 (가)].

ㄷ. 동 협약 제41조 제2항 (다)의 내용이다.

답 ②

05

국제사법재판소(ICJ)와 국제형사재판소(ICC)에 대한 비교 설명으로 옳은 것은?

① 법관 임기는 9년이며 재선될 수 없다는 점에서 동일한다.

② 국제사법재판소(ICJ)는 법률심이나, 국제형사재판소(ICC)는 사실심이자 법률심이다.

③ 국제사법재판소(ICJ) 법관은 UN총회가 선출하나, 국제형사재판소(ICC)는 당사국 총회에서 출석투표 2/3 이상 찬성으로 선출한다.

④ 국제사법재판소(ICJ)는 궐석재판이 인정되나, 국제형사재판소(ICC)는 원칙적으로 궐석재판이 인정되지 않는다.

> **정답 및 해설**

⊘ 선지분석

① 국제사법재판소(ICJ) 재판관은 재선될 수 있다.

② 국제사법재판소(ICJ)도 사실심이자 법률심이다.

③ 국제사법재판소(ICJ) 법관은 총회와 안전보장이사회에서 각각 투표하고 절대다수를 얻은 자를 선발한다.

답 ④

06 국제형사재판소 설립을 위한 로마협약에 대한 설명으로 옳은 것은?

① 재판소는 UN총회가 승인하고 그 후 재판소를 대표하여 재판소장이 체결하는 협정을 통하여 국제연합과 관계를 맺는다.
② 재판소의 국제적 법인격은 명시되지 않았으나 그 기능의 행사와 목적 달성에 필요한 법적 능력을 가지는 것으로 인정된다.
③ 소추관이 수사를 개시할 합리적인 근거가 있다고 결정하였거나 소추관이 수사를 개시한 경우, 소추관은 모든 당사국과 이용 가능한 정보에 비추어 당해 범죄에 대하여 통상적으로 관할권을 행사할 국가에게 이를 통지할 수 있다.
④ 재판소는 자신에게 회부된 모든 사건에 대하여 재판소가 관할권을 가지고 있음을 확인하여야 하며 재판소는 직권으로 사건의 재판적격성을 결정할 수 있다.

> **정답 및 해설**

⊘ 선지분석
① 재판소는 당사국 총회가 승인한다.
② 협약에는 재판소의 국제법 법인격을 명시하고 있다.
③ 소추관은 모든 당사국과 이용 가능한 정보에 비추어 당해 범죄에 대하여 통상적으로 관할권을 행사할 국가에게 이를 통지해야 한다(의무).

답 ④

07 국제형사재판소(ICC)가 재판관할권을 행사할 수 있는 경우로 옳은 것은?

① 사건이 그 사건에 대하여 재판관할권을 가진 국가에 의해 수사 중인 경우
② 사건이 그 사건에 대하여 재판관할권을 가진 국가가 소추의사 또는 능력이 없어 관련자를 소추하지 않기로 결정한 경우
③ 관련자가 제소의 대상이 된 행위에 대하여 이미 독립, 공정한 재판을 받은 경우
④ 사건이 국제형사재판소(ICC)에 의한 추가적인 행동을 정당화할 만큼 충분히 중대하지 않은 경우

> **정답 및 해설**

국제형사재판소(ICC)의 재판적격성에 대한 문제이다. 국제형사재판소(ICC) 설립을 위한 로마협정 제17조에서는 재판적격성 판단기준으로 3가지를 제시하고 있다.

> **관련 이론** **재판적격성 판단기준**
>
> 1. 범죄가 국내법에 따라 수사, 기수, 불기소된 경우. 다만, 기소의사가 없거나 기소불능인 경우 재판적격성이 인정된다.
> 2. 일사부재리 원칙에 따라 이미 국내재판소에서 재판을 받고 유죄 또는 무죄 판결을 받은 경우에도 재판적격성이 인정되지 않는다.
> 3. 범죄의 충분한 중대성(sufficient gravity)이 인정되지 않는 경우에도 재판적격성이 없다.

답 ②

08 국제형사재판소(ICC)에 대한 설명으로 옳지 않은 것은?

① '로마규정(Rome Statute of the International Criminal Court)'이 발효한 후에 행하여진 범죄에 대해서만 재판관할권을 가진다.
② 자연인에 대하여만 재판관할권이 있고 법인에 대하여는 재판관할권이 없다.
③ 재판관할권을 가진 국가가 수사 중인 사건에 대해서도 원칙적으로 재판관할권을 행사한다.
④ 범행 당시 18세 미만인 자에 대해서는 재판관할권을 가지지 아니한다.

> **정답 및 해설**

수사 중인 사건의 경우 원칙적으로 '보충성의 원칙'에 따라 재판관할권을 행사할 수 없다. 다만, 예외적으로 기소의사가 없거나 기소불능에 해당하는 경우 재판할 수 있다.

⊘ 선지분석
① 범죄에 대해 소급금지 원칙이 적용되며, 추후 가입국도 협약이 발효된 연도인 2002년까지만 소급이 가능하다. 로마규정은 이와 같은 형사 실체규범도 포함하고 있다.

답 ③

09 국제형사재판소(ICC)의 관할권에 대한 설명으로 옳지 않은 것은?

① 국제형사재판소(ICC)는 그 규정의 발효 후에 발생한 범죄에 대하여 관할권을 가진다.
② 국제형사재판소(ICC)가 관할권을 행사하기 위해서는 범죄발생지국과 피고인의 국적국이 모두 국제형사재판소(ICC)규정의 당사국이어야 한다.
③ 안전보장이사회는 국제형사재판소(ICC)의 관할범죄가 범하여진 것으로 보이는 사태를 국제형사재판소(ICC) 소추관(prosecuter)에게 회부할 수 있다.
④ 국제형사재판소(ICC)규정의 당사국이 된 국가는 이에 의하여 국제형사재판소(ICC)의 관할범죄에 대하여 동 재판소의 관할권을 수락한다.

> **정답 및 해설**

범죄발생지국 '또는' 피고인의 국적국이 당사국이어야 한다. 당사국이 아닌 경우 관할권 수락선언을 할 수 있다.

⊘ 선지분석
④ 국제형사재판소(ICC)규정의 당사국이 되는 국가는 국제형사재판소(ICC가 제5조에 규정되어 있는 관할대상범죄에 대해 관할권을 가짐을 자동적으로 승인하게 된다. 이른바 자동관할권이 창설되는 것이다.

답 ②

1998년 채택된 국제형사재판소(ICC)규정에 대한 설명으로 옳지 않은 것은?

① 국제형사재판소(ICC)가 관할권을 행사할 수 있는 대상은 자연인에 한정된다.

② 국제형사재판소(ICC)는 국내재판소가 해당 범죄에 대하여 적절하게 관할권을 행사하고 있는 경우에는 관할권을 행사할 수 없다.

③ 국제형사재판소(ICC)의 관할범죄 중 침략범죄에 관하여는 이에 대한 정의와 국제형사재판소(ICC) 관할권 행사의 조건을 설정하는 규정이 채택될 때까지 관할권 행사를 유예하고 있었으나, 현재 관련 규정이 채택되어 침략범죄에 대한 관할권을 행사할 수 있다.

④ 국제형사재판소(ICC)에 대해 그 관할범죄에 대한 보편적 관할권을 인정하고 있다.

정답 및 해설

국제형사재판소(ICC)는 원칙적으로 국가의 동의에 기초하여 국가관할권을 보충하고 있으므로 보편관할권을 인정하고 있다고 볼 수 없다. 보편관할권이 인정된다면 국제형사재판소(ICC)는 자신의 판단에 따라 범죄인을 체포하고 처벌할 수 있어야 하나, 로마규정에는 그러한 권한이 인정되지 않는다.

☑ 선지분석
② 국제형사재판소(ICC)는 국내 형사관할권을 보충하는 역할을 한다. 재판관할권을 가진 국가에 의해 수사 중인 경우 국제형사재판소(ICC)는 재판권을 행사할 수 없다. 개별국에게 기소의사나 기소능력이 없는 경우에만 예외적으로 국제형사재판소(ICC)가 재판할 수 있다.

답 ④

11

국제형사재판소(ICC)에 대한 설명으로 옳지 않은 것은?

① 국제형사재판소(ICC)의 상소재판부는 관할권을 가진 국가 측에서 수사나 기소를 하지 않고 있거나, 지금까지 하지 않았다면 의사부재나 능력부재문제를 결정할 필요 없이 소의 허용성이 인정된다고 본다.

② 국제형사재판소(ICC)는 전쟁범죄, 특히 그것이 계획 또는 정책의 일부로서 또는 그러한 범죄의 대규모적인 수행의 일부로서 행하여진 경우 재판관할권을 가지지 않는다.

③ 구유고국제형사재판소 상소부는 Tadić 사건에 대한 판결에서 인도에 대한 죄가 전쟁범죄보다 더 중대하며 따라서 더 무거운 과형을 정당화하는가의 문제와 관련하여 두 범죄 사이에 위계가 존재하는 것은 아니라고 판시하였다.

④ 침략범죄처벌과 관련하여 국제형사재판소(ICC)는 어떤 당사국이 범한 침략행위로부터 야기되는 침략범죄에 대해 재판권을 행사할 수 있으나, 그 당사국이 재판소 행정처장에게 제출하는 선언을 통해 재판소의 이와 같은 재판권을 수락하지 아니한다고 사전에 선언한 경우에는 그러하지 아니하다.

정답 및 해설

국제형사재판소(ICC)는 계획 또는 정책의 일부로서 또는 그러한 범죄의 대규모적인 수행의 일부로서 행하여진 경우에 대해 재판관할권을 가진다.

☑ 선지분석
③ Tadić 사건은 인도에 반한 죄의 성립요건에 대하여 1심에서는 차별적 목적요건이 요구된다고 판단하였으나, 상소심에서 차별적 이유에 대한 필요성을 삭제하며, 이는 박해에만 요구되는 요건이라고 구분지었다.

④ 침략범죄에 대한 재판관할권을 행사하기 위해서는, 협약의 당사국인 침략국이 침략범죄와 관련해 선택적 배제선언을 하지 않았어야 한다.

답 ②

국제범죄 중 제노사이드 범죄에 대한 설명으로 옳지 않은 것은?

① 집단 전체가 아닌 일부만을 대상으로 하는 제노사이드도 성립할 수 있으나 일부의 파괴가 전체 집단에 상당한 충격을 줄 정도의 규모가 되어야 한다.

② 르완다 국제형사재판소는 제노사이드로부터의 보호집단(group)은 선천적으로 소속이 결정되는 안정적 집단이 아닌 개인이 자발적 의사를 통하여 소속될 수 있는 가변적 집단을 의미한다고 해석하였다.

③ 국제사법재판소(ICJ)는 제노사이드 범행의 대상인 집단에 해당하기 위한 판단기준으로 특정 집단의 상당한 부분을 차지할 것, 지리적으로 제한된 지역 내의 집단일 것, 단순한 숫자 외의 질적 성격도 고려할 것을 기준으로 제시하였다.

④ 언어와 문화의 파괴 같은 문화적 말살행위는 제노사이드에 해당하지 않으며 특정 정치집단 역시 제노사이드로부터의 보호집단에 포함되지 않는다.

르완다 국제형사재판소는 제노사이드로부터의 보호집단(group)은 선천적으로 소속이 결정되는 안정적 집단으로, 개인이 자발적 의사를 통해 소속될 수 있는 가변적 집단을 의미하는 것이 아니라고 해석하였다.

⊘ 선지분석

③ 제노사이드방지협약의 적용에 대한 사건에서 국제사법재판소(ICJ)는 위 요건을 제노사이드 대상이 되는 집단의 판단기준으로 제시하였다.

④ 특정 집단의 언어와 문화를 파괴하는 것을 문화적 제노사이드 또는 에쓰노사이드(ethnocide)라고 한다.

답 ②

국제범죄 중 침략범죄에 대한 설명으로 옳지 않은 것은?

① 국제형사재판소(ICC)의 '2010년 침략범죄 관련 개정안'은 침략범죄의 정의로 '정치적 또는 군사적 행동을 실질적으로 통제하거나 지휘하는 자에 의한 침략행위의 계획, 준비, 개시 및 실행으로서 UN헌장의 명백한 위반을 구성하는 행위'라고 규정하였다.

② 군사력 사용의 위협(threat) 역시 침략범죄에 해당한다.

③ 국제형사재판소(ICC)는 침략범죄에 대해서 국제연합(UN)안전보장이사회에 의한 회부뿐만 아니라 당사국에 의한 회부와 소추관의 직권기소를 모두 인정한다.

④ 국제형사재판소(ICC) 당사국에 의한 회부 또는 소추관의 직권기소는 해당 범죄가 비당사국에서 발생하거나 비당사국 국민이 범행을 저지른 경우에는 적용되지 않는다.

군사력 사용의 위협(threat)은 침략범죄의 정의에서 제외되었다.

⊘ 선지분석

③ 안전보장이사회가 침략행위의 존재에 대해서 결정을 내리지 않는 경우 당사국에 의한 회부와 소추관의 직권기소로 수사할 수 있다.

답 ②

14

국제형사재판소설립조약(로마조약)상 침략범죄에 대한 설명으로 옳은 것은?

① 여타 범죄와 달리 침략범죄에 대한 제소는 안전보장이사회 및 소추관만 할 수 있다.

② 범죄의 특성상 주로 국가의 공조직의 고위 직책자가 해당되며 이에 속하지 않는 산업계 지도자는 포함되지 않는다.

③ 안전보장이사회는 로마규정 비당사국의 침략행위에 대해서는 재판소에 회부할 수 없다.

④ 침략범죄는 지도자 범죄이므로 국가의 침략행위에 단순 참가하거나 동원된 자들은 침략범죄로 처벌되지 않는다.

정답 및 해설

⊘ 선지분석

① 당사국도 침략범죄에 대해 제소할 수 있다.

② 산업계 지도자도 침략범죄로 처벌될 수 있다.

③ 비당사국의 침략행위에 대해서도 회부할 수 있다.

답 ④

15

국제형사재판소설립조약(로마조약)상 침략범죄에 대한 설명으로 옳지 않은 것만을 모두 고른 것은?

ㄱ. 침략범죄의 경우 협약 발효 후 7년 경과 후 개최되는 당사국회의나 재검토회의에서 범죄의 정의와 관할권 행사방법을 채택한 이후 관할권을 행사할 수 있도록 하였으며, 2010년 재검토회의에서 이를 채택하였으나 현재 미발효 중이다.

ㄴ. 침략범죄에 대한 제소는 안전보장이사회 및 당사국이 할 수 있으며, 여타 범죄와 달리 소추관은 직권으로 수사할 수 없다.

ㄷ. 안전보장이사회는 로마규정의 당사국은 물론 비당사국의 침략행위도 재판소로 회부할 수 있다.

ㄹ. 침략범죄는 지도자를 비롯하여 국가의 침략행위에 단순 참가하거나 동원된 자들도 광범위하게 그 대상으로 한다.

ㅁ. 범죄의 특성상 주로 국가의 공조직의 고위 직책자가 해당되며 이에 속하지 않는 산업계 지도자도 침략범죄로 처벌될 수 있다.

① ㄱ, ㄴ, ㄷ

② ㄱ, ㄴ, ㄹ

③ ㄴ, ㄷ, ㅁ

④ ㄷ, ㄹ, ㅁ

정답 및 해설

국제형사재판소설립조약(로마조약)상 침략범죄에 대한 설명으로 옳지 않은 것은 ㄱ, ㄴ, ㄹ이다.

ㄱ. 2018년 7월 발효하였다.

ㄴ. 소추관도 일정한 조건하에 직권으로 수사할 수 있다.

ㄹ. 국가의 침략행위에 단순 참가하거나 동원된 자들은 침략범죄로 처벌되지 않는다.

⊘ 선지분석

ㅁ. 한 국가의 정치적 또는 군사적 행동을 실효적으로 통제·지시할 수 있는 지위에 있는 자를 지도자라고 본다.

답 ②

16 국제형사재판소(ICC)의 관할권에 대한 설명으로 옳은 것은?

① 집단살해죄, 인도에 대한 죄, 전쟁범죄 및 침략범죄를 관할하며 로마협약은 채택 당시 각각의 범죄의 구성요건에 관하여 상세한 규정을 두고 있다.
② 전쟁범죄의 경우 국제적 무력충돌 시 야기되는 행위를 포함하나 비국제적 무력충돌 시 야기되는 행위는 관할할 수 없다.
③ 국제형사재판소(ICC)규정의 당사국인 국가는 로마협약이 자국에 대해 발효한 지 7년 내에 물적 관할 대상범죄에 대한 관할권 수락 여부를 통보하여야 한다.
④ 국제형사재판소(ICC)는 범죄발생지국 또는 피고인의 국적국이 국제형사재판소(ICC)의 관할권 행사에 동의한 경우 관할권을 행사할 수 있다.

> **정답 및 해설**

로마규정 제12조 제2항에 대한 내용이다.

☑ 선지분석

① 침략범죄에 대해서는 상세한 구성요건을 규정하지 못하였으며 규정 발효 후 7년이 경과한 이후 개최되는 당사국회의나 재검토회의에서 구성요건을 채택하기로 하였다. 이에 따라 2010년 재검토회의를 개최하여 구성요건을 채택하였다.
② 비국제적 무력충돌 시 발생한 범죄행위도 포함된다.
③ 로마협약은 이른바 '자동관할권'을 규정하여(로마규정 제12조 제1항) 국제형사재판소(ICC)의 당사국은 모든 국제형사재판소(ICC)의 물적 대상범죄에 대해 관할권을 수락한 것으로 간주된다.

답 ④

17 국제형사재판소(ICC)에 대한 설명으로 옳은 것은?

① 범죄발생지국 및 피고인 국적국이 모두 국제형사재판소(ICC) 당사국이 아닌 경우 국제형사재판소(ICC)는 어떠한 경우도 당해 사안에 대해 관할권을 행사할 수 없다.
② 소는 국제형사재판소(ICC)당사국, UN안전보장이사회 및 UN사무총장에 의해 제기될 수 있다.
③ 재판적격성이 있는지 여부가 문제되는 경우 재판소장은 이를 국제사법재판소(ICJ)에 부탁할 수 있다.
④ 국제형사재판소(ICC)는 일사부재리 원칙의 적용을 받는다.

> **정답 및 해설**

☑ 선지분석

① UN안전보장이사회에 의해 제소되는 경우 당사국인지 여부는 문제되지 않는다. 또한, 비당사국은 국제형사재판소(ICC)의 관할권 수락선언을 할 수 있다.
② UN사무총장이 아니라 국제형사재판소(ICC)검사가 직권으로 수사할 수 있다.
③ 재판적격성의 판단주체는 국제형사재판소(ICC) 전심재판부이다.

답 ④

18 국제형사재판소(ICC)의 재판절차에 대한 설명으로 옳지 않은 것은?

① 국제형사재판소(ICC)는 보충성의 원칙, 일사부재리의 원칙 및 범죄의 충분한 중대성을 기준으로 하여 재판적격성이 있는지 여부에 대해 스스로 심사해야 한다.
② 형벌의 종류로는 30년 이하의 유기징역과 무기징역이 있으며 법정최고형은 사형이다.
③ 유죄선고를 받은 자는 유무죄여부 및 양형부당에 대해 상소할 수 있고, 검사 역시 상소할 수 있다.
④ 유죄 확정 이후 중대한 새로운 증거가 발견된 경우에는 재심이 허용된다.

사형은 형벌의 종류에 포함되지 않았다.

✓ 선지분석
① 재판적격성에 대한 판단은 전심재판부에서 전담한다. 재판적격성에 관해 상소심재판부에 상소하거나 피의자 또는 는 국가가 이의제기를 할 수 있다.
③ 상소심은 파기환송이 가능할 뿐 아니라 파기자판, 즉 직접 사실조사도 할 수 있다.
④ 재심이 가능한 기한이 따로 규정되어 있지는 않다.

답 ②

19 국제형사재판소(ICC)의 로마규정에 대한 설명으로 옳지 않은 것은?

① 침략범죄에 대해서는 2018년 7월 17일 이후 관할권을 행사할 수 있다.
② 국제형사재판소(ICC)는 관할범죄에 대하여 그 행위가 발생한 영역국 및 그 범죄 혐의자의 국적국이 당사국이거나 국제형사재판소(ICC)의 관할권을 수락하였다면 그 사건에 대하여 관할권을 행사할 수 있다.
③ 국제형사재판소(ICC)는 관할범죄에 대하여 그 범죄 관련 사태가 UN안전보장이사회에 의하여 소추관에게 회부된 경우 그 사건에 대하여 관할권을 행사할 수 있다.
④ 특정 사건에 대하여 관할권을 가지는 국가가 이를 수사하고 있더라도 그 국가가 진정으로 수사할 의사가 없는 경우에는 국제형사재판소(ICC)는 그 사건에 대하여 관할권을 행사할 수 있다.

영역국 '또는' 범죄 혐의자의 국적국이 당사국인 경우 관할권 행사의 전제조건이 충족된다.

✓ 선지분석
① 침략범죄의 구성요건은 2010년 채택되었으며, 발효요건을 충족하여 2018년 7월 17일 발효되었다.
③ 제소장치는 당사국, UN안전보장이사회 및 소추관이다.
④ 재판적격성에 대한 내용이다. 특정 사건에 대해 국가가 수사를 하는 경우 원칙적으로 국제형사재판소(ICC)의 재판적격성이 부인된다. 그러나 기소의사 또는 기소능력 부재에 해당하는 것으로 인정되는 경우 국제형사재판소(ICC)가 재판할 수 있다.

답 ②

20

국제형사재판소(ICC)에 대한 설명으로 옳은 것은?

① 관할권 행사의 전제조건으로 범죄행위지국 및 피고인 국적국의 관할권에 대한 동의를 요한다.

② 침략범죄에 대해서는 범죄의 구성요건이 채택되지 않아 사실상 관할권 행사가 불가능하다.

③ 국제형사재판소(ICC)는 보충성 원칙에 기초하고 있으므로 국내 수사절차의 부당한 지연이 있더라도 동 재판소에서 재판할 수 없다.

④ 피고인뿐 아니라 검사도 양형부당에 대해 상소할 수 있다.

정답 및 해설

 **선지분석**

① 관할권 행사의 전제조건은 범죄행위지국 '또는' 피의자 국적국의 관할권 행사에 대한 동의이다. 양국 중 일국이라도 국제형사재판소(ICC)로마협약의 당사국이면 관할권 행사의 전제조건이 충족되며, 양국 모두 로마협약의 당사국이 아니라면 관할권 수락선언을 할 수 있다. 한편, 안전보장이사회의 제소 시에는 관할권 행사의 전제조건의 충족이 요구되지 않는다.

② 침략범죄에 대해서는 2010년 구성요건이 채택되었고 현재 발효되었다.

③ 국내 수사절차의 부당한 지연은 '기소의사 부재'에 해당되어 보충성의 예외에 해당한다. 따라서 국제형사재판소(ICC)는 재판할 수 있다.

답 ④

21

국제형사재판소설립을 위한 로마협약(1998)상 재심절차에 대한 설명으로 옳지 않은 것은?

① 유죄판결 또는 공소사실의 확인에 참여하였던 1인 이상의 재판관이 당해 사건에서 그들의 직의 상실을 정당화할 정도로 충분히 중대한 부정행위 또는 심각한 의무위반을 범한 경우 재심을 신청할 수 있다.

② 상소심재판부는 신청이 근거 없다고 판단되는 경우 이를 기각할 수 있다.

③ 신청이 이유 있다고 판단되는 경우, 상소심재판부는 절차 및 증거규칙에 규정된 방식으로 각 당사자들을 심리한 후 판결이 수정되어야 할지 여부에 대한 결정에 이르기 위하여, 원래의 1심재판부를 재소집할 수 있다.

④ 신청이 이유 있다고 판단되는 경우, 상소심재판부는 절차 및 증거규칙에 규정된 방식으로 각 당사자들을 심리한 후 판결이 수정되어야 할지 여부에 대한 결정에 이르기 위하여, 새로운 1심재판부를 구성할 수 있다.

정답 및 해설

상소심재판부는 신청이 근거 없다고 판단되는 경우 이를 기각한다(의무).

답 ②

22 국제형사재판소(ICC)에 대한 설명으로 옳은 것은?

> ㄱ. 국제형사재판소(ICC)는 상소를 허용하나, 재심은 허용하지 않는다.
> ㄴ. 국제형사재판소(ICC)의 규정에 대해서는 어떠한 유보도 허용되지 않는다.
> ㄷ. 국제형사재판소(ICC)의 재판권 행사는 첫째, 어떤 당사국에 의하여 검사에게 부탁된 경우, 둘째, 안전
>   보장이사회에 의하여 검사에게 부탁된 경우에만 개시될 수 있다.
> ㄹ. 국제형사재판소(ICC)의 재판적격성 여부에 대한 판단의 결정 주체는 국제형사재판소(ICC)이다.
> ㅁ. 국제형사재판소(ICC)는 유죄가 선고된 자에게 자유형, 무기자유형, 사형 중 하나를 부과할 수 있다.

① ㄱ, ㄴ   ② ㄴ, ㄷ
③ ㄴ, ㄹ   ④ ㄷ, ㅁ

국제형사재판소(ICC)에 대한 설명으로 옳은 것은 ㄴ, ㄹ이다.
ㄴ. 국제형사재판소(ICC)규정 제120조에 대한 내용이다.

✓ 선지분석
ㄱ. 국제형사재판소(ICC)는 재심을 허용한다.
ㄷ. 검사가 스스로 인지하여 그러한 범죄에 대해 수사를 개시한 경우에도 국제형사재판소(ICC)의 재판권이 행사될
    수 있다.
ㅁ. 사형은 부과할 수 없다.

답 ③

23 국제형사재판소(ICC)에 대한 설명으로 옳은 것은?

① 각 당사국은 ICC의 범죄수사 및 기소와 관련하여 로마규정에 따라 완전히 협력할 의무를 지며, 그
   한 결과로서 당사국들은 규정에 명시된 모든 형태의 협력을 위하여 국내법상 이용가능한 절차를 협약
   발효 후 1년 이내에 마련하여야 한다.
② ICC는 정부 간 기구들에 대하여 정보·서류 제공을 요청할 수 있다.
③ ICC는 동 재판소의 명에 따라 이미 구금된 기간이 조금이라도 있으면 그 기간은 공제하여야 하며,
   당해 범죄의 기초가 된 행위와 관련하여 달리 구금된 기간이 있으면 이것 역시 공제해야 한다.
④ 총회에서 컨센서스에 도달할 수 없는 경우, 실체문제(matters of substance)에 관한 결정은 당사국의
   절대다수가 투표를 위한 정족수를 구성할 것을 조건으로 출석하여 투표한 당사국의 3/4의 다수결로
   승인되어야 하며, 절차문제(matters of procedure)에 관한 결정은 출석하여 투표한 당사국의 단순과
   반수에 의하여 채택된다.

✓ 선지분석
① 국내법 정비 기간은 규정이 없다.
③ 당해 범죄의 기초가 된 행위와 관련하여 달리 구금된 기간이 있으면 이것은 공제할 수 있다.
④ 실체문제의 경우 출석하여 투표한 당사국의 2/3의 다수결로 승인되어야 한다.

답 ②

국제형사재판소설립을 위한 로마협약(1998)상 재심절차에 대한 설명으로 옳은 것은?

① 피고인을 대신한 소추관은 일정한 조건하에 유죄 또는 형의 확정판결에 대하여 재심을 청구할 수 있으며 재심은 전심재판부 또는 상소심재판부에 청구할 수 있다.

② 재판 당시에는 입수할 수 없었던 증거로서 그 입수불능에 대하여 전적으로든 부분적으로든 신청 당사자에게 귀책사유가 없었고, 재판 당시 입증되었다면 다른 판결을 가져 왔을 충분히 중요한 증거가 발견된 경우 재심을 신청할 수 있다.

③ 신청이 이유 있다고 판단되는 경우, 상소심재판부는 절차 및 증거규칙에 규정된 방식으로 각 당사자들을 심리한 후 판결이 수정되어야 할지 여부에 대한 결정에 이르기 위하여 전심재판부를 재소집할 수 있다.

④ 재판에서 고려되었고 유죄판결의 근거가 된 결정적 증거가 허위, 위조 또는 변조되었음이 새로이 판명된 경우 재심을 신청할 수 있으나, 이 경우 전심재판부에 신청해야 한다.

정답 및 해설

✓ 선지분석

① 재심은 상소심재판부에 청구할 수 있다.

③ 심리한 후 판결이 수정되어야 할지 여부에 대한 결정에 이르기 위하여, 원래의 1심재판부를 재소집할 수 있다.

④ 재심은 상소심재판부에 신청한다.

답 ②

제 5 편

국제법의 규율 대상

제1장　해양법

제2장　국제법의 객체

제3장　국제환경법

제1장 해양법

01

해양법의 발달과정에 대한 설명으로 옳지 않은 것은?

① 영해와 공해라는 이원적 해양구조가 과거 오랫동안 유지되어 왔다.
② 주권이나 배타적 권리가 인정되는 해역을 넓히려는 연안국의 요구와 국제항해에 필요한 해역을 확보하려는 해양강대국 간의 타협으로 배타적 경제수역이 인정되게 되었다.
③ 배타적 경제수역은 제1차 UN해양법회의에서 제도화되었고 대륙붕은 제3차 UN해양법회의 결과 채택된 UN해양법협약에서 처음으로 제도화되었다.
④ 영해의 폭에 대하여 오랜 기간 동안 다양한 주장이 제기되었으나 합의를 보지 못하다가, 제3차 UN해양법회의 결과 채택된 UN해양법협약에서 처음으로 그 폭에 대하여 합의를 보았다.

정답 및 해설

배타적 경제수역은 제3차 UN해양법회의에서 제도화되었고, 대륙붕은 1958년 제1차 UN해양법회의에서 제도화되었다.

⊘ 선지분석

④ 1958년 제1차 UN해양법회의가 개최되고 제네바협약이 채택되었으나, 접속수역의 폭이 12해리로 합의된 데에 반해 영해의 폭은 합의되지 않았었다.

답 ③

02

1958년 제네바(Geneva)해양법회의에서 채택된 협약으로 옳지 않은 것은?

① 영해의 범위에 관한 협약
② 어업 및 공해생물자원보존에 관한 협약
③ 대륙붕에 관한 협약
④ 공해에 관한 협약

정답 및 해설

1958년의 제1차 UN해양법회의에서는 영해 및 접속수역, 공해, 공해상의 어업 및 생물자원의 보존, 대륙붕 등 4개의 제네바(Geneva)협약이 체결되었으나 영해의 범위는 확정되지 않았다.

답 ①

03 1982년 UN해양법협약에서 처음으로 명문화된 제도로 옳은 것만을 모두 고른 것은?

ㄱ. 최대 12해리 영해제도　　　　　　　ㄴ. 심해저제도
ㄷ. 대륙붕제도　　　　　　　　　　　　ㄹ. 군도수역제도
ㅁ. 무해통항제도

① ㄱ, ㄴ, ㄷ　　　　　　　　　　　　② ㄱ, ㄴ, ㄹ
③ ㄱ, ㄹ, ㅁ　　　　　　　　　　　　④ ㄴ, ㄷ, ㅁ

정답 및 해설

1982년 UN해양법협약에서 처음으로 명문화된 제도로 옳은 것은 ㄱ, ㄴ, ㄹ이다.
ㄱ. 영해의 폭은 1982년 제3차 UN해양법회의에서 처음으로 확정되었다.
ㄴ, ㄹ. 제3차 UN해양법회의에서 심해저 제도와 군도수역제도가 처음 명문화되었다.

⊘ 선지분석
ㄷ, ㅁ. 대륙붕제도는 제1차 UN해양법회의에서 창설되었고, 국제관습법상 인정된 무해통항제도 역시 제1차 UN해양법회의에서 명문화되었다.

답 ②

제2절 | 내수

01 내수에 대한 설명으로 옳은 것은?

① 영해의 측정기준이 되는 기선의 육지 측 수역을 의미한다.
② 내수는 호소, 하천, 운하로 구성되며 항, 만, 내해는 영해에 포함된다.
③ 내수는 1982년 해양법회의 이후 연안국의 배타적 주권이 미치지 못한다.
④ 내수에서는 무해통항권이 원칙적으로 인정된다.

정답 및 해설

⊘ 선지분석
② 내수의 구성요소는 호소, 하천, 운하, 항, 만, 내해이다.
③ 내수는 육지 영토의 일부로 간주된다. 따라서 연안국의 배타적 주권이 미치며, 원칙적으로 연안국의 국내법의 지배를 받는다.
④ 내수에서 외국 선박의 무해통항권은 원칙적으로 인정되지 않는다. 다만, 직선기선 후 기선의 내측에 포함된 경우는 무해통항권이 인정된다.

답 ①

□□□

UN해양법협약에 대한 설명으로 옳은 것은?

① 강이 직접 바다로 유입하는 경우, 연안국은 원칙적으로 양쪽 강둑의 저조선상의 지점을 연결하여 통상기선을 설정해야 한다.
② 만과 관련하여 만입의 안에 있는 섬은 만입수역의 일부로 본다.
③ 선박이 화물을 싣거나 내리고, 닻을 내리기 위하여 통상적으로 사용되는 정박지는 그 전부가 영해의 바깥한계 밖에 있는 경우에 한하여 영해에 포함된다.
④ 간조노출지 전부가 본토나 섬으로부터 영해의 폭을 넘는 거리에 위치하는 경우, 관련 국제기구의 승인이 없는 한 그 간조노출지는 자체의 영해를 가지지 아니한다.

정답 및 해설

UN해양법협약 제10조 제3항에 대한 내용이다.

✓ 선지분석
① 기선은 양쪽 강둑의 저조선상의 지점을 하구를 가로 질러 연결한 직선으로 한다.
③ 정박지는 전부 또는 일부가 영해의 바깥한계 밖에 있는 경우 영해에 포함된다.
④ 이 경우 간조노출지는 자체의 영해를 가지지 아니하며, 예외는 명시되지 않았다.

답 ②

03
□□□

산 후안강 사건(ICJ, 2009)에 대한 설명으로 옳은 것은 모두 몇 개인가?

ㄱ. 니카라과와 코스타리카는 1858년 국경선획정조약을 체결함에 있어서 산 후안강에 탈베크 원칙을 적용하여 가항 수로의 중간선으로 국경선을 획정하였다.
ㄴ. 국제하천에서는 관습법상 연안국들의 항행의 자유가 인정되는 것이 원칙이다.
ㄷ. 재판부는 조약 해석에 있어서 시제법의 원칙이 적용되므로 조약문은 체결 당시 부여된 의미대로 해석하는 것이 원칙이라고 보았다.
ㄹ. 장기간 지속이 예상되는 조약의 경우 조약 체결 당시 의미가 변천될 수 있으며, 당사국이 당초 이를 인지하고 있었다면 추후 변화된 의미로 해석될 수 있다.
ㅁ. 국가는 국제하천의 이용에 있어서 자국 측 하천의 배타적 이용을 가지기 때문에 타국의 이익을 침해하는 문제가 있다고 하더라도 사전통고의무는 없다.
ㅂ. 인도령 통행권 사건과 달리 양자 간에 관습이 형성되기 위해서는 일반관행 및 법적확신이 모두 존재해야 한다고 하였다.

① 1개
② 2개
③ 3개
④ 4개

정답 및 해설

산 후안강 사건(ICJ, 2009)에 대한 설명으로 옳은 것은 ㄷ, ㄹ. 2개이다.

✓ 선지분석
ㄱ. 탈베크 원칙을 적용하지 않고, 산 후안강 대부분을 니카라과 영역으로 포함하는 방향으로 국경선을 획정하였다.
ㄴ. 국제하천은 내수에 해당되므로 자유항행이 인정되지 않는다. 다만, 유역국들이 조약을 체결하여 자유항행권을 주고 이와 함께 제3자효를 인정하기도 한다.
ㅁ. 타국의 이익을 침해하는 문제가 있는 경우 사전통고해야 한다.
ㅂ. 인도령 통행권 사건 역시 일반관행과 법적확신이 모두 존재해야 한다고 보았다.

답 ②

04 1982년 UN해양법협약에서 규정하고 있는 만에 대한 내용으로 옳지 않은 것은?

① 입구 길이는 24해리를 초과하지 않아야 한다.
② 입구에 도서가 있는 경우 도서의 길이는 24해리에 포함되지 않는다.
③ 입구 길이가 24해리를 초과할 경우 24해리 입구선을 최대수역을 포함하도록 그을 수 있다.
④ 내포수역은 입구 길이를 지름으로 하는 반원보다 작아야 한다.

정답 및 해설

육지로 깊숙이 몰입한 해역의 입구 길이가 24해리보다 작고, 그 내포수역이 입구 길이를 지름으로 하는 반원보다 '큰' 경우를 만이라고 한다.

✓ 선지분석
① 입구 길이는 24해리를 초과하지 않아야 한다. 단, 역사적인 만인 경우 24해리를 초과할 수 있다(UN해양법협약 제10조 제6항).
③ UN해양법협약 제10조 제5항에 대한 내용이다.

답 ④

05 엘살바도르 대 온두라스 해양경계획정 사건(ICJ, 1992)에 대한 설명으로 옳은 것은 모두 몇 개인가?

ㄱ. 자발적 참가를 위해서는 재판에 의해 영향을 받는 법률적 성질의 이해관계가 필요하며, 소송당사국과의 특정 관계(link)를 전제조건으로 한다.
ㄴ. 폰세카만은 엘살바도로, 온두라스 및 니카라과의 공유수역(condominium)이다.
ㄷ. 국가의 행위와 법적 권원이 일치하지 않는 경우에는 법적 권원보다 국가행위의 실효성이 우선적으로 고려된다.
ㄹ. 국제적 분쟁의 존재여부는 객관적으로 결정해야 할 문제이며, 분쟁의 존재는 당사국의 주장의 객관적 타당성에 의존하는 것은 아니다.
ㅁ. 1849년 12월 영국이 일시적으로 El Tigre 섬을 점령하였지만 온두라스에 반환한다고 진술한 점, 같은 해 10월 온두라스가 미국과 이 섬을 18개월간 이양한다고 하는 조약을 체결한 점, 1854년 온두라스가 폰세카만 연안과 섬의 토지를 매각하려고 할 때 엘살바도르가 El Tigre 섬에 대해 주권을 주장하지 않았다는 점 등 역사적 사건들을 고려하여, 양국의 행위는 일관되게 El Tigre 섬이 온두라스에 속하는 것으로 가정하고 있다는 결론을 내렸다.

① 1개   ② 2개
③ 3개   ④ 4개

정답 및 해설

엘살바도르 대 온두라스 해양경계획정 사건(ICJ, 1992)에 대한 설명으로 옳은 것은 ㄴ, ㄹ, ㅁ. 3개이다.
ㄴ. 폰세카만은 한 지역에 대해 복수의 국가가 동등하게 주권을 행사할 수 있음이 인정되는 공유수역이다. 공유수역에는 폰세카만 이외에도 과거 영국과 프랑스가 공동주권을 행사하였던 New Hebrides가 있었다.

✓ 선지분석
ㄱ. 자발적 참가는 특정 관계(link)를 전제조건으로 하지 않는다.
ㄷ. 국가행위의 실효성보다 법적 권원이 우선하는 것이 원칙이다. 만약 법적 권원이 존재하지 않는 경우에는 국가행위의 실효성이 고려된다.

답 ③

01

1982년 UN해양법협약상 군도수역에 대한 설명으로 옳은 것은?

① 군도직선기선의 길이는 원칙적으로 100해리를 초과할 수 없으나 총 기선 수의 3% 이내에서 최대 120해리까지로 확장될 수 있다.

② 간출지에는 군도직선기선을 설정할 수 없으나 등대와 같이 항구적으로 해면 위에 있는 유사한 시설물이 설치된 경우 예외적으로 군도직선기선을 설정할 수 있다.

③ 군도직선기선의 내측 수역은 군도수역이며, 군도수역은 내수와 유사한 지위를 가지므로 선박의 무해통항권은 원칙적으로 허용되지 아니한다.

④ 군도직선기선 외측에 설정된 영해에서 군도국가는 군도해로대를 설정해야 하며, 군도해로대에서는 잠수함의 잠항이 허용된다.

> **정답 및 해설**

UN해양법협약 제47조 제4항에 대한 내용이다.

☑ **선지분석**
① 군도직선기선의 최대 길이는 125해리이다.
③ 군도수역에서는 원칙적으로 선박의 무해통항권이 인정된다.
④ 군도해로대는 군도수역 내에 설정되어 있으며, 잠수함의 잠항, 항공기의 상공비행, 군함을 포함한 선박의 통항 등이 인정된다.

답 ②

02

군도수역에 대한 설명으로 옳은 것만을 모두 고른 것은?

> ㄱ. 제3차 해양법회의에서 새롭게 창설된 제도이다.
> ㄴ. 군도국가는 군도직선기선을 설정할 수 있으며, 이러한 기선의 길이는 100해리를 초과할 수 없다.
> ㄷ. 군도수역의 내측은 영해이다.
> ㄹ. 군도국가는 군도수역의 해저와 하층토 및 이에 포함된 자원에 대하여 주권을 가지나, 군도수역의 상공에 대해서는 배타적 지배권을 가지지 아니한다.
> ㅁ. 군도수역에서는 무해통항은 인정되지 않으며 군도항로대 통항만이 적용된다.

① ㄱ, ㄴ ② ㄱ, ㄷ ③ ㄱ, ㄹ ④ ㄴ, ㄷ

> **정답 및 해설**

군도수역에 대한 설명으로 옳은 것은 ㄱ, ㄴ이다.
ㄴ. '군도를 둘러싸는 기선 전체수의 3%까지는 125해리로 획정될 수 있다'는 예외가 있으나 '기선의 길이는 100해리를 초과할 수 없다'는 옳은 지문으로 보아야 한다(UN해양법협약 제47조 제2항 1문 참조). 단, '기선의 길이는 어떠한 경우에도 100해리를 초과할 수 없다'는 등 단정하여 진술될 경우에는 옳지 않은 지문이 될 것이다.

☑ **선지분석**
ㄷ. 군도수역의 내측은 내수이며, 외측은 영해이다.
ㄹ. 군도국가는 군도수역의 상공에 대해서도 배타적 지배권을 가진다.
ㅁ. 종래 내수가 아니었던 지역이 군도직선기선의 채택으로 군도수역이 되었을 경우 당해 수역에서는 '무해통항'이 인정된다(UN해양법협약 제52조 제1항). 또한 군도수역에서의 원칙적 통항권은 '무해통항권'이다.

답 ①

03 군도수역에 대한 설명으로 옳지 않은 것은?

① 대양상의 군도국가에게 인정되는 특수수역이다.

② 군도국가의 안전을 도모하고 협소한 면적을 보충하려는 것이다.

③ 군도수역의 외쪽 한계선은 해상교통을 고려하여 설치하도록 규정되어 있다.

④ 직선군도기준선 1개의 길이가 200해리까지 허용되나 이를 초과할 수 없다.

> **정답 및 해설**

군도기선의 길이는 100해리를 초과하지 못하나 총 기선 수의 3% 내에서 최대 125해리 직선을 설정할 수 있다.

✅ 선지분석

① 군도국가란 국가 전체가 1개 또는 다수의 군도로 구성된 국가를 말하며, 군도수역제도는 제3차 해양법회의에서 새롭게 창설되었다.

답 ④

04 군도기선에 대한 설명으로 옳지 않은 것은?

① 군도국가의 최외곽도서 및 암초의 최외곽점을 연결하는 선을 의미한다.

② 군도기선으로부터 영해, 배타적 경제수역(EEZ) 및 대륙붕의 폭이 확정된다.

③ 군도기선의 내측 수역을 군도수역이라고 한다.

④ 군도직선기선 내의 육지와 바다의 면적 비율은 1 : 1에서 1 : 10 범위 내에 있어야 한다.

> **정답 및 해설**

군도직선기선 내의 육지와 바다의 면적 비율은 1 : 1에서 1 : 9 사이여야 한다(해양법협약 제47조).

✅ 선지분석

③ 군도 중 지리학적으로 가장 큰 섬 및 정치·경제적으로 가장 중요한 섬은 군도직선기선의 내측에 위치하고 있어야 한다.

★ 군도기선 내의 육지에는 환초도 포함된다.

답 ④

05 군도항로대 통항권에 대한 설명으로 옳은 것은?

① 모든 선박은 군도수역에서 원칙적으로 군도항로대 통항권을 가진다.

② 군도항로대에서 국가 항공기를 제외한 모든 항공기는 상공비행의 자유를 가진다.

③ 군도항로대에서 군함을 제외한 모든 선박은 통과통항권을 가진다.

④ 군도항로대에서 잠수함은 잠항할 수 있다.

> **정답 및 해설**

✅ 선지분석

① 군도수역에서 원칙적인 통항권은 무해통항권임에 주의해야 한다. 군도항로대 통항권은 연안국이 지정한 군도항로대에서만 인정되는 통항권이다.

② 국가 항공기를 포함한 모든 항공기는 상공비행의 자유를 가진다.

③ 모든 선박은 군도항로대 통항권을 가지며, 군함도 군도항로대 통항권을 향유한다. 군도항로대 통항권이 통과통항권과 유사하다고 해서 통과통항권이라고 할 수는 없다.

답 ④

01

1982년 UN해양법협약상 영해(領海)에 대한 설명으로 옳지 않은 것은?

① 영해기선으로부터 12해리 범위 내에서 인정된다.
② 해안선이 깊게 굴곡이 지거나 잘려 들어간 지역 또는 해안을 따라 가까이 섬이 흩어져 있는 지역에서는 직선기선을 채택할 수 있다.
③ 영해의 폭을 측정하는 방법으로 통상기선을 기준으로 하는 경우 일반적으로는 항행에 편리하다는 실제적 이유 때문에 원호식 방법이 많이 이용된다.
④ 제3국의 군함은 무해통항을 위하여 연안국에게 사전통고하도록 명시되어 있다.

> **정답 및 해설**

1982년 UN해양법협약상 군함의 무해통항권 인정 여부 및 방식에 대한 명시적 규정은 없다.

⊘ 선지분석
② 통상기선을 원칙적으로 설정하나, 예외적으로 직선기선을 선택할 수 있다. 다만, 통상기선을 설정할 수 있음에도 직선기선을 설정한 경우 직선기선은 무효이다(카타르 – 바레인 해양경계획정 사건).

답 ④

02

1982년 UN해양법협약상 영해에 대한 설명으로 옳지 않은 것은?

① 연안국은 영해에서의 통항에 대한 위험을 인지한 경우 이를 공표하여야 한다.
② 영해의 폭에 관한 12해리의 규정은 영해의 폭이 예외 없이 12해리여야 한다는 것을 의미하지는 않는다.
③ 영해의 폭을 측정하기 위한 통상기선은 달리 규정된 경우를 제외하고 '만조시 연안국의 해안선(high – water line along the coast)'이다.
④ 인공섬은 그 자체의 영해를 가지지 아니한다.

> **정답 및 해설**

통상기선은 연안국이 공인하는 대축척해도에 기재되어 있는 해안의 저조선이다. 저조선은 간조 시 육지와 해수가 접하는 선이다.

⊘ 선지분석
① 연안국의 영해에 대한 의무로 무해통항에 대한 방해금지의무, 통항 시 위험에 대한 공시의무, 통항에 대한 과징금 부과 금지의무가 있다.
② 모든 국가는 이 협약에 따라 결정된 기선으로부터 12해리를 '넘지 아니하는 범위에서' 영해의 폭을 설정할 권리를 가진다(UN해양법협약 제3조).

답 ③

03

1982년 UN해양법협약상 영해에 대한 설명으로 옳지 않은 것은?

① 모든 국가는 영해기선으로부터 12해리를 초과하지 아니하는 범위에서 영해의 폭을 설정할 권리를 가진다.

② 영해의 폭을 측정하기 위한 통상기선은 원칙적으로 연안국이 공인한 대축척해도에 표시된 해안의 저조선(low-water line)으로 한다.

③ 모든 국가의 선박과 항공기는 영해에서 무해통항권(right of innocent passage)을 향유한다.

④ 잠수함과 기타 잠수항행기기는 외국 영해에서 해수면 위로 국기를 게양하고 항행하여야 한다.

정답 및 해설

무해통항권(right of innocent passage)은 선박에 대해서만 인정되며, 항공기에는 일절 인정되지 않는다.

⊘ 선지분석

① UN해양법협약 제3조에 대한 내용이다.

② 동 협약 제5조에 대한 내용이다.

답 ③

04

1982년 UN해양법협약상 직선기선에 대한 설명으로 가장 옳은 것은?

① 해안선의 굴곡이 심하거나 그 인근에 섬이 많은 경우 통상기선을 긋기가 불편하다고 하여 대신 적절한 기점들을 직선으로 연결하여 영해측정의 기선을 삼는 것은 인정되지 않는다는 것이 영국-노르웨이 어업(Anglo-Norwegian Fisheries) 사건에서 확인되었다.

② 삼각주가 있거나 그 밖의 자연조건으로 인하여 해안선이 매우 불안정한 곳에서는 바다 쪽 가장 바깥 저조선을 따라 적절한 지점을 선택할 수 있으나, 그 후 저조선이 후퇴하게 되면 직선기선도 따라서 후퇴하게 된다.

③ 직선기선은 원칙적으로 간조노출지까지 또는 간조노출지로부터 설정할 수 있다.

④ 특정한 기선을 결정함에 있어서 그 지역에 특유한 경제적 이익이 있다는 사실과 그 중요성이 오랜 관행에 의하여 명백히 증명된 경우 그 경제적 이익을 고려할 수 있다.

정답 및 해설

⊘ 선지분석

① 영국-노르웨이 어업(Anglo-Norwegian Fisheries) 사건은 직선기선의 관습법성을 확인한 판례이다.

② UN해양법협약 제7조 제2항에 의하면 이 경우 직선기선은 협약에 따라 연안국에 의하여 수정될 때까지 유효하다.

③ 간조노출지에는 원칙적으로 직선기선을 설정할 수 없다. 다만, 영구적으로 해면 위에 있는 등대나 이와 유사한 시설이 간조노출지 위에 세워진 경우 또는 간조노출지 사이의 기선 설정이 일반적으로 국제적인 승인을 받는 경우에는 그러하지 아니하다(동 협약 제7조 제4항).

답 ④

직선기선에 대한 설명으로 옳은 것만을 모두 고른 것은?

> ㄱ. 국제사법재판소(ICJ)는 북해대륙붕 사건(1969)에서 그 합법성을 인정하였다.
> ㄴ. 해안선이 깊게 굴곡이 지고 잘려 들어간 지역, 혹은 해안을 따라 아주 가까이에 섬이 산재하고 있는 지역에서는 채택할 수 없다.
> ㄷ. 국제사법재판소(ICJ)는 카타르 – 바레인 해양경계획정 사건(2001)에서 직선기선은 통상기선의 예외로서 제한적으로 적용되어야 한다고 하였다.
> ㄹ. 직선기선은 간출지까지 그리고 간출지로부터는 설정할 수 없으나, 간출지에 등대나 영구적으로 해면 위에 있는 유사한 시설이 세워진 경우에는 그러하지 않다.

① ㄱ, ㄴ
② ㄱ, ㄷ
③ ㄴ, ㄷ
④ ㄷ, ㄹ

정답 및 해설

직선기선에 대한 설명으로 옳은 것은 ㄷ, ㄹ이다.
ㄹ. 간출지로부터의 기선설정이 국제적 승인을 받는 경우에도 간출지로부터 또는 간출지까지 직선기선을 설정할 수 있다.

⊘ 선지분석
ㄱ. 직선기선의 합법성은 영국 – 노르웨이 어업 사건(1951)에서 인정되었다.
ㄴ. 해안선이 깊게 굴곡이 지고 잘려 들어간 지역, 혹은 해안을 따라 아주 가까이에 섬이 산재하고 있는 지역에서도 직선기선을 채택할 수 있다.

답 ④

해양에서 중첩 해양수역의 경계획정에 대한 설명으로 옳지 않은 것은?

① 1958년 영해협약 및 1982년 해양법협약은 영해 경계획정에 있어서 중간선 원칙을 규정하였다.
② 대륙붕 경계획정의 경우 1958년 조약은 중간선 원칙을 규정하였으나 1982년 해양법협약은 등거리선 원칙을 규정하였다.
③ 중첩 배타적 경제수역의 경계획정은 합의에 의하여 형평하게 해결해야 한다.
④ 1982년 협약은 접속수역의 경계획정에 대해 별다른 규정을 두지 않았다.

정답 및 해설

해양법협약은 대륙붕 경계획정에 있어서 합의에 기초한 형평한 해결 원칙을 규정하였다. 즉, 중간선 원칙이나 등거리선 원칙이 도입되지 않았다.

⊘ 선지분석
① 영해 경계획정에 있어서 대항국 간 중간선 원칙이, 인접국 간 등거리선 원칙이 적용된다.
③ 형평에 의한 해결에 있어서는 3단계 접근법이 적용된다. 잠정적 중간선 또는 등거리선을 획정한 후, 형평을 위해 해안선의 길이, 해저 지형 등을 고려해 이동한 다음, 비례성을 판단해 조정하는 방식이다.

답 ②

07 영해측정기선에 대한 설명으로 옳지 않은 것은?

① 영해, 접속수역, 대륙붕, 배타적 경제수역 등 모든 관할수역은 영해측정기준선에서 출발한다.
② 어느 국가의 원칙적인 영해기준선은 그 국가가 공식적으로 인정한 대규모 지도상에 표시된 간조선 또는 저조선이다.
③ 해안선의 굴곡이 톱니모양으로 복잡하거나 깊이 잘려 들어간 곳 등은 직선기준선을 사용하여 영해기준선을 그을 수 있다.
④ 1958년 영해 및 접속수역에 관한 제네바협약은 직선기준선제도를 인정하지 않았다.

정답 및 해설

영국 – 노르웨이 어업분쟁 사건(1951)에서의 국제사법재판소(ICJ)의 판결에 영향을 받아 1958년 영해 및 접속수역에 관한 제네바협약 제4조는 직선기준선제도를 인정하였다.

✅ 선지분석
② 국가의 영해기준선은 원칙적으로 '연안국'이 공인하는 대축적지도에 기재되어 있는 간조 시 해안선을 의미한다.

답 ④

08 다음 사례에 대한 설명으로 옳지 않은 것은? (다툼이 있는 경우 판례에 의함)

> 1947년 A국 영해인 국제해협을 통항하던 B국 군함은 해협 내에서 기뢰와 충돌하여 군함 일부가 파손되고 병사 10명이 사망하였다. B국은 A국의 동의를 얻지 않은 상태에서 해협에 자국 군함을 정박시킨 다음 기뢰제거 작업을 진행하였다. B국은 이 사건을 안전보장이사회에 회부함과 동시에 A국을 군함의 무해통항권 침해를 이유로 국제사법재판소(ICJ)에 제소하였다. B국은 국제사법재판소(ICJ)규정상 선택조항을 수락하였으나 A국은 수락하지 않았다. 다만, A국은 안전보장이사회의 권고에 따라 B국의 제소에 응소하여 재판소에 출정하였으며 피고로서 방어권을 충분히 행사하였으나 최종적으로 패소하여 손해배상을 명령받았다.

① A국은 해협에서 군함의 무해통항권을 침해하였으며 구체적으로 관습법상의 위험사실 고지의무를 위반한 것으로 볼 수 있다.
② B국의 기뢰제거작업은 A국의 영토주권을 침해한 것이나 자위권에 의해 위법성이 조각된다.
③ 안전보장이사회가 다루고 있는 사안이라도 국제사법재판소(ICJ)는 재판을 진행할 수 있다.
④ A국과 B국 간에 국제사법재판소(ICJ)에서 확대관할권이 성립된 것으로 볼 수 있다.

정답 및 해설

코르푸 해협 사건에 따르면 타국 영해 내에서 기뢰제거작업을 한 것은 자위권으로 정당화되지 않는다. A국이 의도적으로 B국 군함에 대해 무력공격을 가한 것으로 볼 수 없기 때문이다.

✅ 선지분석
③ 정치적 성격과 법적 성격이 혼재한 혼합분쟁에서 안전보장이사회는 정치적 측면을, 국제사법재판소(ICJ)는 법적 측면을 각각 다룰 수 있다는 것이 국제사법재판소(ICJ)의 입장이다. 따라서 현재 안전보장이사회가 다루고 있는 사안에 대해 국제사법재판소(ICJ)가 재판을 진행할 수 있다.

답 ②

09 영해에서 외국 선박의 무해통항권에 대한 설명으로 옳은 것(○)과 옳지 않은 것(×)을 바르게 표시한 것은?

□□□

> ㄱ. 선박은 연안국의 사전허가나 연안국에 대한 사전통고 없이도 외국 영해를 무해하게 통과할 권리를 향유한다.
> ㄴ. '무해'라 함은 연안국의 평화, 공공질서, 또는 안전을 해치지 아니하는 것을 말하며 UN해양법협약 제19조 제2항은 무해한 행위를 열거하고 있다.
> ㄷ. '통항'이라 함은 내수에 들어감이 없이 단지 영해를 횡단하기 위해 영해를 통과하는 것을 말한다.
> ㄹ. 통항은 계속적이고 신속하여야 하나, 다만 정선이나 닻을 내리는 행위가 통상의 항행에 부속되는 경우, 불가항력이나 조난으로 인하여 필요한 경우, 위험하거나 조난상태에 있는 인명·선박 또는 항공기를 구조하기 위한 경우에는 통항에 포함된다.
> ㅁ. 우리나라 영해 및 접속수역법은 외국의 군함 또는 비상업용 정부선박이 우리나라 영해를 통항하고자 할 경우 그 통항 3일 전까지 외교부장관에게 통고하도록 하고 있다.
> ㅂ. 통과통항과 달리 무해통항은 일시정지될 수 없다.

	ㄱ	ㄴ	ㄷ	ㄹ	ㅁ	ㅂ
①	○	○	×	○	×	×
②	○	○	○	×	○	○
③	○	×	○	○	○	×
④	○	×	×	○	○	×

정답 및 해설

영해에서 외국 선박의 무해통항권에 대한 설명으로 옳은 것은 ㄱ, ㄹ, ㅁ이고, 옳지 않은 것은 ㄴ, ㄷ, ㅂ이다.
ㄱ. [○] UN해양법협약 제17조에 대한 내용이다.
ㄴ. [×] UN해양법협약 제19조 제2항은 '유해'한 행위를 열거하고 있다.
ㄷ. [×] 통항이라 함은 내수에 들어감이 없이 단지 영해를 횡단하기 위해, 내수로 가기 위해, 또는 내수를 떠나기 위해 영해를 통과하는 것을 말한다(UN해양법협약 제18조 제1항).
ㄹ. [○] UN해양법협약 제18조 제2항에 대한 내용이다.
ㅁ. [○] 영해 및 접속수역법 제5조 및 시행령 제4조에 대한 내용이다.
ㅂ. [×] 무해통항은 일시정지될 수 있으며, 이러한 권리를 연안국의 보호권이라고 한다.

답 ④

10 연안국이 영해의 특정 수역에서 무해통항을 일시적으로 정지시킬 수 있는 사유로 옳은 것은?

□□□

① 연안국의 안전보장에 절대적으로 필요한 경우
② 연안국의 어로작업에 절대적으로 필요한 경우
③ 연안국의 경찰권 행사에 필요한 경우
④ 국제 교통의 안전을 위해 필요한 경우

정답 및 해설

연안국은 자국의 안보를 위해 필수불가결한 경우에 영해의 특정 수역에 외국선의 무해통항을 공시 후 일시적으로 정지할 수 있다(UN해양법협약 제25조 제3항). 즉, 무기를 사용하는 훈련과 같이 자국의 안보에 위협이 되는 경우 영해 특정 수역에서 선박을 일시정지할 수 있다. 다만, 이는 사전공시되어야 하며, 모든 국가의 선박에 비차별적으로 적용되어야 한다.

답 ①

11 □□□ 1982년 UN해양법협약상 무해통항권과 통과통항권에 대한 설명으로 옳지 않은 것은?

① 영해에는 무해통항권이 인정된다.
② 무해통항권과 통과통항권은 모두 선박과 항공기에 인정된다.
③ 통과통항권은 계속적이고 신속한 통과만을 목적으로 하는 항행이다.
④ 공해 또는 경제수역의 일부분과 공해 또는 경제수역의 다른 부분 간의 국제항행에 사용되는 해협에는 통과통항권이 인정된다.

> **정답 및 해설**

무해통항권은 항공기에 인정되지 않으며, 선박 중 군함에 인정되는지에 대해서는 학설 대립이 있다.

✅ **선지분석**
③ 통과통항권은 모든 국가의 선박과 항공기에 인정되는 권리이다.

답 ②

---

12 □□□ 1982년 해양법협약상 무해통항과 통과통항에 대한 설명으로 옳은 것은?

① 모든 해협에서 통과통항제도가 적용된다.
② 외국 영해에서 어로활동에 종사하는 것은 무해통항으로 간주된다.
③ 외국 영해에서 잠수함은 수면에 부상하여 국기를 게양하고 항해해야 한다.
④ 해협연안국은 해협의 통과통항을 일시적으로 정지시킬 수 있다.

> **정답 및 해설**

✅ **선지분석**
① 무해통항이 인정되는 해협도 있으므로 모든 해협에서 통과통항제도가 적용되는 것이 아니다.
② 외국 영해에서 어로활동에 종사하는 것은 유해한 행위이다.
④ 통과통항은 일시정지시킬 수 없다.

답 ③

---

13 □□□ 무해통항제도와 통과통항제도의 차이점에 대한 설명으로 옳지 않은 것은?

① 무해통항제도와 달리 통과통항제도는 1982년 UN해양법협약에서 새로 도입된 것이다.
② 군함의 경우 무해통항은 인정되지만 통과통항은 인정되지 않는다.
③ 잠수함의 경우 무해통항은 잠수항행을 할 수 없지만 통과통항은 잠수항행을 할 수 있다고 해석된다.
④ 연안국은 무해통항을 일시정지시킬 수 있지만 통과통항은 일시정지시킬 수 없다.

> **정답 및 해설**

통과통항은 군함에도 인정되며, 전투기를 포함한 모든 항공기에도 통과통항이 인정된다.

✅ **선지분석**
③ 무해통함과 달리 통과통항권은 모든 선박과 잠수함, 항공기 등에 적용되므로 잠수항행을 할 수 있다고 본다.
④ 연안국은 영해 특정 수역에서 선박을 일시정지시킬 수 있다. 이는 사전공시되어야 하며, 모든 국가의 선박에 비차별적으로 적용되어야 한다.

답 ②

14

A국이 취한 조치들 중 1982년 UN해양법협약상 무해통항제도에 합치하는 것으로 옳은 것은?

> ㄱ. 유조선에 대하여서 일정한 항로대만을 통항하도록 요구하였다.
> ㄴ. 핵추진선박에 대하여 일정한 항로대만을 통항하도록 요구하였다.
> ㄷ. 무기를 사용하는 훈련이 예정된 영해수역에서 B국 선박의 항행을 공표 없이 무기한 정지시켰다.
> ㄹ. 영해에서 허가 없이 밀수하는 외국 선박을 나포하였다.

① ㄱ, ㄴ, ㄷ

② ㄱ, ㄴ, ㄹ

③ ㄱ, ㄷ, ㄹ

④ ㄴ, ㄷ, ㄹ

정답 및 해설

1982년 UN해양법협약상 무해통항제도에 합치하는 것으로 옳은 것은 ㄱ, ㄴ, ㄹ이다.

ㄱ, ㄴ. 연안국은 무해통항에 대하여 분리통항방법을 설정할 권리를 가진다. 이때 연안국은 국제기구의 권고에 따를 필요 없이 통항 분리 방식을 지정할 수 있다.

ㄹ. 연안국의 영해를 통과 중인 상선이 마약 불법매매에 가담하고 있다면 연안국이 형사재판관할권을 행사할 수 있다.

⊘ 선지분석

ㄷ. 연안국은 무기를 사용하는 훈련을 포함하여 자국의 안전보호상 긴요한 경우에는 영해의 지정된 수역에서 외국 선박을 형식상 또는 실질상 차별하지 아니하고 무해통항을 '일시적으로' 정지시킬 수 있다. 이러한 정지조치는 적절히 공표한 후에만 효력을 가진다(UN해양법협약 제25조 제3항). 따라서 무기한 정지시킬 수는 없으며, 일시적으로 정지시키는 데 그쳐야 한다.

답 ②

15

1982년 UN해양법협약상 영해에서의 외국 선박에 대한 연안국의 권한 행사에 대한 설명으로 옳지 않은 것은?

① 영해를 통항 중인 외국 선박 내에 있는 사람에 대한 민사관할권을 행사하기 위하여 그 선박을 정지시킬 수 없다.

② 기국의 외교관이 현지당국에 지원을 요청하면 영해를 통항하고 있는 외국 선박 내에서 통항 중에 발생한 범죄와 관련된 사람을 체포할 수 있다.

③ 영해에 정박한 외국 선박에 대하여 민사소송절차의 목적으로 강제집행할 수 있다.

④ 연안국 수역을 항행하기 위하여 선박 스스로 부담한 의무의 경우 그 선박에 대하여 민사소송절차의 목적으로 강제집행을 할 수 없다.

정답 및 해설

선박 스스로 부담한 의무에 관한 한 강제집행을 할 수 있다. 또한 내수에서 영해로 항행하는 선박에 대해서도 보전처분이나 강제집행조치를 취할 수 있다.

⊘ 선지분석

① 외국 선박 내에서의 민사사건에 대해서는 원칙적으로 선박소속국, 즉 기국이 민사관할권을 가진다.

②, ③ 예외적으로 영해를 통과하는 타국가의 선박에 대해 민사관할권을 행사할 수 있는 경우이다.

답 ④

16 □□□ 乙국 선박 A호는 甲국과 甲국 주위의 일정 수역(水域)을 통항 중이다. UN해양법협약 관련 규정에 근거하여 판단할 때 옳은 것은?

① A호가 乙국 군함인 경우, 甲국의 내수에 체류하는 A호는 면제특권이 부여되지 않는다.

② 무해통항 중인 乙국 선박 내에서 행해진 범죄에 대해서는 A호 선장이 지원을 요청한 경우를 제외하고는 甲국은 관할권을 가질 수 없다.

③ 연안국 甲국은 甲국 영해를 통항 중인 乙국 선박 내에 있는 사람에 대한 민사관할권을 행사하기 위하여 원칙적으로 그 선박을 정지시킬 수 있다.

④ 甲국 영해에 정박하고 있거나 甲국 내수를 떠나 영해를 통항 중인 A호에 대하여 甲국은 자국법에 따라 민사소송절차를 위하여 강제집행이나 나포를 할 수 있다.

> 정답 및 해설

✅ **선지분석**

① 乙국 군함인 경우, A호는 면제특권이 부여된다.

② 그 외에 '범죄가 연안국의 평화나 영해의 공공질서를 교란하는 종류인 경우, 기국의 외교관 또는 영사가 현지 당국에 지원을 요청한 경우, 마약이나 향정신성 물질의 불법거래를 진압하기 위하여 필요한 경우'에도 甲국은 관할권을 가질 수 있다(UN해양법협약 제27조 제1항).

③ 민사재판권의 행사를 위하여 무해통항하는 선박을 정지시킬 수는 없다. 형사재판권의 행사도 비상업용 선박에 대해서는 불가능하며, 상업용 선박인 경우에도 마약 거래 등 UN해양법협약이 규정하고 있는 특별한 예외 사유에 해당하지 않는 한 선박 내에서 범인의 체포를 위하여 선박을 정지시킬 수 없다.

답 ④

17 □□□ 다음 설명 중 옳은 것은?

① 우리나라의 영해법에 의하면 우리 영해를 통항하고자 하는 외국 군함은 23시간 전에 우리 정부로부터 통항에 관한 허가를 받아야 한다.

② 우리나라의 영해법에 의하면 서해 다도해에 한하여 영해측정을 위하여 직선기선의 방식을 취하고 있다.

③ 제주해협은 그 외측(대양 측)에 항행에 편의한 항로가 있으므로 UN해양법협약상 국제해협이 아니다.

④ UN해양법협약상 연안국은 영해만을 통항 중인 외국 선박에 승선하고 있는 사람에 대한 민사재판권의 행사를 위하여 그 선박을 정선시키지 못한다.

> 정답 및 해설

민사재판권의 행사를 위하여 무해통항하는 선박을 정지시킬 수는 없다. 형사재판권의 행사도 비상업용 선박에 대해서는 불가능하며, 상업용 선박인 경우에도 마약 거래 등 UN해양법협약이 규정하고 있는 특별한 예외 사유에 해당하지 않는 한 선박 내에서 범인의 체포를 위하여 선박을 정지시킬 수 없다.

✅ **선지분석**

① 외국 군함이 우리나라 영해를 통항할 경우에는 통항 3일 전까지 외무부장관에게 선명, 선종 및 번호, 통항목적, 항로 및 일정을 통보하도록 규정하고 있다.

② 남해에도 직선기선의 방식이 적용된다.

③ 해협이 연안국의 본토와 부속도서 사이에 형성되고 있고, 그 섬의 바다 쪽으로 유사한 편의를 가지는 항로가 있으면 무해통항권이 인정된다(UN해양법협약 제38조 제1항 후단).

답 ④

01

해협에 대한 설명으로 옳은 것만을 모두 고른 것은?

> ㄱ. 국제해협의 통과방식은 원칙적으로 무해통항이다.
> ㄴ. 제3차 UN해양법회의에서 새롭게 도입된 제도이다.
> ㄷ. 해협연안국의 본토와 그의 섬 사이에 형성되어 있는 국제해협으로서 당해 섬 외측으로 유사한 편의의 공해 또는 배타적 경제수역(EEZ) 통과항로가 존재하는 경우, 당해 해협에서는 통과통항이 인정되지 않는다.
> ㄹ. 해협 내의 내수에서는 통과통항은 인정되지 않고 무해통항만 가능하지만, 종래 내수가 아니었던 수역이 직선기선의 채택으로 내수로 된 수역에서는 통과통항과 무해통항이 보장된다.
> ㅁ. 통과통항은 통항로의 양 입구가 모두 공해 또는 영해로 연결된 국제해협에서만 적용된다.
> ㅂ. 해협국은 해협에 통항로(sea lane)를 지정하고 분리통항방법을 설정할 수 있다.

① ㄱ, ㄴ, ㄹ   ② ㄴ, ㄷ, ㄹ
③ ㄴ, ㄷ, ㅂ   ④ ㄷ, ㄹ, ㅁ

정답 및 해설

해협에 대한 설명으로 옳은 것은 ㄴ, ㄷ, ㅂ이다.
ㄷ. UN해양법협약 제38조 제1항 단서에 대한 내용이다.
ㅂ. 동 협약 제41조 제1항에 대한 내용이다.

⊘ 선지분석
ㄱ. 자유통항, 무해통항, 통과통항의 3가지 방식이다. 국제해협 안에 공해 또는 배타적 경제수역(EEZ)이 있는 경우 당해 수역에서는 자유통항이 인정된다.
ㄹ. 해협 내의 내수에서는 통과통항과 무해통항 모두 인정되지 않는다.
ㅁ. 통과통항은 통항로의 양 입구가 모두 공해 또는 배타적 경제수역(EEZ)으로 연결되고, 오로지 영해로 구성되는 국제해협에서만 적용된다.

답 ③

02

1982년 UN해양법협약상 해협통항제도에 대한 설명으로 옳은 것은?

① 공해와 외국의 영해를 연결하는 해협에는 통과통항이 적용된다.
② 통과통항은 항공기에는 적용되지 않는다.
③ 국제항행용 해협 안에 항행상 및 수로상의 특성에서 유사한 편의성이 인정되는 공해통과항로가 있는 경우, 이 해협에서는 통과통항이 적용되지 않는다.
④ 연안국의 섬과 본토에 의하여 형성된 해협으로서, 섬의 해양 쪽에 항행상 및 수로상의 특성에서 유사한 편의성이 인정되는 공해통과항로가 있는 해협에서는 통과통항이 적용된다.

정답 및 해설

대한해협이 이 경우에 해당한다.

⊘ 선지분석
① 해협에는 무해통항이 적용된다.
② 통과통항은 모든 국가의 모든 선박 및 모든 항공기에 적용된다.
④ 공해통과항로가 있는 해협에서는 무해통항만 인정된다.

답 ③

03 1982년 UN해양법협약상 통항제도에 대한 설명으로 옳은 것은?

① 직선기선에 의하여 종래 내수로 인정되지 않았던 수역이 내수로 포함되는 경우 이 수역에서는 외국 선박의 무해통항권이 인정된다.

② 공해 또는 배타적 경제수역(EEZ)의 일부분과 공해 또는 배타적 경제수역(EEZ)의 다른 부분 사이의 국제항행에 이용되는 해협에서는 선박의 자유통항권이 인정된다.

③ 공해에서는 모든 국가의 선박 및 항공기에 대하여 통과통항권이 인정된다.

④ 잠수함 또는 잠수항행용 기기가 외국 영해에서 무해통항권을 행사하기 위해서는 수면 위로 부상하여야 하지만 국기를 게양할 필요는 없다.

> **정답 및 해설**

직선기선을 설정함으로써 종래 내수가 아니었던 수역이 내수에 포함되는 경우, 협약에 규정된 무해통항권이 그 수역에서 계속 인정된다(UN해양법협약 제8조 제2항).

☑ 선지분석
② 통과통항권이 인정된다.
③ 자유통항권이 인정된다.
④ 잠수함 또는 잠수항행용 기기는 국기를 게양하고 항행해야 하며, 그렇지 않은 경우 유해한 행위로 인정된다.

답 ①

04 국제항행해협에서 통과통항권에 대한 설명으로 옳은 것은?

① 원칙적으로 항공기의 상공비행의 자유가 인정되나 군용항공기는 사전통고를 요한다.

② 잠수함의 잠항가능성에 대해서는 명시적 규정이 없으므로 허용되지 아니하는 것으로 본다.

③ 국제항행해협에서는 연안국의 보호권(일시정지권)이 인정되지 아니한다.

④ 사선박과 달리 군함에 대해서는 일시정지권이 인정되며 통항 전에 허가를 요한다.

> **정답 및 해설**

통과통항의 경우 연안국은 정지시킬 수 없으며, 무해통항권이 적용되는 국제항행해협이라 하더라도 연안국의 보호권이 인정되지 않으므로 정지시킬 수 없다.

☑ 선지분석
① 모든 항공기에 대해 사전허가나 사전통고 없는 자유통항권이 인정된다.
② 잠수함의 잠항이 인정되는 것으로 해석된다.
④ 군함도 사선박과 마찬가지로 일시정지권이 인정되지 아니하며, 사전통고나 사전허가를 요하지도 아니한다.

답 ③

01

1982년 UN해양법협약상 접속수역에 대한 설명으로 옳지 않은 것은?

① 영해기선으로부터 24해리 범위 내에서 설정할 수 있다.
② 연안국이 당연히 가지는 수역이 아니라 연안국의 선포를 요한다.
③ 접속수역의 해저로부터 역사적 유물을 반출하는 행위는 연안국의 영토나 영해에서의 법령 위반행위로 추정될 수 있다.
④ 해양자원이용 및 해양과학조사를 위하여 국가관할권을 확장한 수역이다.

정답 및 해설

해양자원이용 및 해양과학조사를 위한 것은 배타적 경제수역(EEZ)이다. 접속수역은 연안국의 영토 및 영해에서 관세·재정·출입국·위생에 관한 법령의 위반을 방지하고 위반 시 처벌하기 위해 도입된 것이다.

✓ 선지분석
② 해양법제도하에서 접속수역과 배타적 경제수역(EEZ)은 연안국의 선포를 요한다.
③ 연안국은 이러한 경우 영토 또는 영해에 적용되는 법을 접속수역에 확대 적용할 수 있다. 연안국은 필요한 조치를 취할 수 있으나, 확인 가능한 소유주의 권리에는 영향을 미치지 않는다.

답 ④

02

접속수역에 대한 설명으로 옳지 않은 것은?

① 1958년 영해 및 접속수역에 관한 조약은 접속수역의 폭을 기선으로부터 최대 12해리 이내로 제한하였다.
② 1982년 UN해양법협약에 의하면 접속수역은 영해기선으로부터 최대 24해리까지 설정될 수 있다.
③ 1982년 UN해양법협약은 중첩되는 접속수역의 경계획정에 대해 중간선 원칙 및 등거리선 원칙을 규정하였다.
④ 접속수역에서 연안국은 관세·재정·출입국·위생법규 위반에 관한 사항에 대해 관할권을 행사할 수 있다.

정답 및 해설

1982년 UN해양법협약은 중첩되는 접속수역의 경계획정에 대해 특별한 규정을 두지 않았다.

✓ 선지분석
① 1958년 당시에는 영해의 폭이 확정되지 않았다.
④ 연안국은 관세·재정·출입국·위생법규 위반에 관한 사항 외에 어업에 관한 사항이나 안전에 관한 사항에 대해서는 관할권을 행사할 수 없다.

답 ③

01

배타적 경제수역(EEZ)에 대한 설명으로 옳은 것(○)과 옳지 않은 것(×)을 바르게 표시한 것은?

ㄱ. 1958년 대륙붕 및 배타적 경제수역에 관한 제네바협약에서 최초로 규정되었다.

ㄴ. 원칙적으로 영해기선으로부터 200해리를 벗어날 수 없으나, 예외적인 경우 최대 350해리까지 확장될 수 있다.

ㄷ. 연안국은 해저의 상부수역, 해저 및 그 하층토의 천연자원의 탐사·개발·보존 및 관리를 목적으로 하는 주권적 권리, 그리고 이 수역의 경제적 개발과 탐사를 위한 그 밖의 활동에 관한 관할권을 가진다.

ㄹ. 모든 체약국은 배타적 경제수역(EEZ)에서 항행·상공비행의 자유와 해저전선 및 관선 부설의 자유를 가지나, 비체약국의 경우에는 그러하지 아니하다.

ㅁ. 서로 마주보거나 인접한 연안을 가진 국가 간의 배타적 경제수역(EEZ) 경계획정은 중간선 또는 등거리선 원칙에 의한다.

ㅂ. 연안국은 자신이 설정한 허용어획량을 전부 어획할 능력이 없을 경우 개발도상국에 대한 특별한 고려를 포함하여 타국에게 입어권(入漁權)을 보장해야 할 의무를 부담한다.

	ㄱ	ㄴ	ㄷ	ㄹ	ㅁ	ㅂ
①	○	○	×	×	×	×
②	×	×	○	×	×	○
③	×	×	×	×	×	○
④	×	×	○	○	○	○

정답 및 해설

배타적 경제수역(EEZ)에 대한 설명으로 옳은 것은 ㅂ이고, 옳지 않은 것은 ㄱ, ㄴ, ㄷ, ㄹ, ㅁ이다.

ㄱ. [×] 1982년 제3차 UN해양법협약에서 최초로 규정되었다. 단, 국제사법재판소(ICJ)는 튀니지 – 리비아 대륙붕 사건과 리비아 – 몰타 대륙붕 사건을 통해 배타적 경제수역제도가 1982년 협약발효 이전에 이미 국제관습법상 확립된 것으로 인정하였다.

ㄴ. [×] 200해리를 벗어날 수 없다.

ㄷ. [×] '주권적 권리'와 '관할권'을 구분할 필요가 있다. 연안국은 이 수역상의 해저, 해상, 하층토 및 그 상부수역의 생물 및 무생물 등의 천연자원의 탐사·개발·보존 및 관리를 목적으로 하는 '주권적 권리'와, 해수·해류·해풍을 이용한 에너지 생산과 같은 이 수역의 경제적 개발과 탐사를 위한 그 밖의 활동에 관한 '주권적 권리'를 보유한다[UN해양법협약 제56조 제(a)호]. 한편 연안국은 인공섬, 시설 및 구조물 설치와 사용, 해양과학조사, 해양환경의 보호와 보전에 관해 이 협약의 관련 규정에 따른 '관할권'을 보유한다[동 협약 제56조 제(b)호].

ㄹ. [×] 체약국, 비체약국 가릴 것 없이 '모든 국가'는 배타적 경제수역(EEZ)에서 항행·상공비행의 자유와 해저전선 및 관선 부설의 자유를 가진다.

ㅁ. [×] 서로 마주보거나 인접한 연안을 가진 국가 간의 배타적 경제수역(EEZ) 경계획정은 형평한 해결에 이르기 위하여 ICJ규정 제38조에 언급된 국제법을 기초로 하여 합의에 의한다.

ㅂ. [○] 동 협약 제62조 제1항·제2항에 대한 내용이다.

답 ③

해양경계획정 관련 판결에 대한 설명으로 옳지 않은 것은 모두 몇 개인가?

> ㄱ. Maritime Delimitation in the Black Sea 사건(2009)에서 국제사법재판소(ICJ)는 형평한 해결을 위해 3단계 방법론을 적용하였다.
> ㄴ. Maritime Delimitation in the Black Sea 사건(2009)에 의하면 3단계 방법론에서 제3단계에서 이루어지는 것은 불균형검사(disproportionality test)이지 균형검사(proportionality test)가 아니므로 각각의 해역이 연안의 길이에 정확하게 비례해야 하는 것은 아니다.
> ㄷ. Delimitation of the Maritime Boundary between Bangladesh and Myanmar in the Bay of Bengal 사건에서 국제해양법재판소는 배타적 경제수역(EEZ)이나 대륙붕 경계획정에 있어서 경계획정지역의 해저의 지질이나 지형학적 특질을 기초로 판단할 수는 없다고 판시하였다.
> ㄹ. Maritime Delimitation in the Black Sea 사건(2009)에 따르면 배타적 경제수역(EEZ)과 대륙붕은 별개의 제도이나, 협약상 동일한 경계획정 원칙을 규정하고 있으므로 대향국들이나 인접국들은 대륙붕과 배타적 경제수역(EEZ) 공동의 단일경계선을 선택해야 한다.
> ㅁ. Case Concerning Territorial and Maritime Dispute between Nicaragua and Honduras in the Caribbean Sea 사건에서 국제사법재판소(ICJ)는 육지가 바다를 지배하므로 섬에 대한 주권은 해양경계획정 이전에 그리고 그것과는 별도로 결정될 필요가 있다고 하였다.

① 1개
② 2개
③ 3개
④ 4개

정답 및 해설

해양경계획정 관련 판결에 대한 설명으로 옳지 않은 것은 ㄹ. 1개이다.
ㄹ. 배타적 경제수역(EEZ)과 대륙붕은 별개의 제도이므로 대향국들이나 인접국들은 대륙붕과 배타적 경제수역(EEZ) 공동의 단일경계선을 선택할 수도 있고, 별개의 경계선을 선택할 수도 있다.

⊘ **선지분석**
ㄷ. 해당 사건은 해양법법원이 최초로 경계획정에 관해 판결을 내린 사건으로 경계획정 지역의 해저 지질이나 지형학적 특질을 기초로 판단할 수 없다고 하였다. 다만 이 내용은 특히 해당 사건에서 적용된 것이므로, 항상 해당하는 내용은 아니라는 점에 주의해야 한다.

답 ①

배타적 경제수역(EEZ)에 대한 설명 중 옳지 않은 것은?

① 배타적 경제수역(EEZ)제도는 1958년의 UN해양법협약에서 처음으로 성문화되었다.
② 배타적 경제수역(EEZ)에서 어업법령 위반에 대한 연안국의 처벌에는 관련국 간 달리 합의하지 않는 한 금고 또는 다른 형태의 체형이 포함되지 아니한다.
③ 타국은 연안국의 동의 없이는 배타적 경제수역(EEZ) 내에서 해양과학조사를 행할 수 없다.
④ 연안국은 필요한 경우 인공섬과 시설물 및 구조물의 주위에 안전수역을 설치할 수 있다.

정답 및 해설

배타적 경제수역(EEZ)제도는 1982년 UN해양법협약에서 최초로 도입되었다. 참고로 1958년은 제1차 해양법회의가 열렸던 해로, 해당 회의에서는 '영해 및 접속수역에 관한 협약', '공해에 관한 협약', '공해상 어업 및 생물자원 보존협약', '대륙붕에 관한 협약' 등 4개 협약이 체결되었다.

⊘ **선지분석**
② UN해양법협약 제73조 제3항에 대한 내용이다.
③ 타국은 연안국의 명시적 또는 묵시적 동의와 함께 연안국이 정한 조건에 따라서 해양과학조사를 할 수 있다.

답 ①

 **04**
□□□

1982년 UN해양법협약은 연안국이 배타적 경제수역(EEZ)에서 가지는 권리를 주권적 권리와 관할권으로 구분하고 있다. 다음 중 연안국이 주권적 권리를 가지는 사항으로 옳은 것만을 모두 고른 것은?

ㄱ. 어업	ㄴ. 해양의 과학적 조사
ㄷ. 폐기물 투기의 규제	ㄹ. 인공섬의 설치
ㅁ. 석유의 채굴	ㅂ. 풍력발전

① ㄱ, ㄴ, ㄷ   ② ㄱ, ㄷ, ㅁ

③ ㄱ, ㅁ, ㅂ   ④ ㄴ, ㄷ, ㄹ

> 정답 및 해설

연안국이 주권적 권리를 가지는 사항으로 옳은 것은 ㄱ, ㅁ, ㅂ이다.

> **관련 이론** 배타적 경제수역(EEZ)에서의 주권적 권리와 관할권

주권적 권리	생물·비생물자원의 이용 및 보존권, 수역의 경제적 이용권
관할권	인공도·시설 및 구조물의 설치·사용권, 해양환경의 보호·보존권, 해양과학조사권

답 ③

 **05**
□□□

1982년 UN해양법협약상 배타적 경제수역(EEZ)에 대한 설명으로 옳지 않은 것은?

① 배타적 경제수역(EEZ)은 영해기선으로부터 200해리를 초과할 수 없다.
② 연안국은 배타적 경제수역(EEZ)에서 해상과 하층토는 물론 상부 수역과 상공에 대해서도 주권을 행사할 수 있다.
③ 인간이 거주할 수 없거나 독자적인 경제활동을 유지할 수 없는 바위섬(rocks)은 배타적 경제수역(EEZ)을 가지지 아니한다.
④ 모든 국가는 일정한 제한에 따를 것을 조건으로 항행·상공 비행의 자유 등을 향유한다.

> 정답 및 해설

배타적 경제수역(EEZ)의 상공에 대해서는 주권을 행사할 수 없다.

⊘ 선지분석
③ 바위섬(rocks)은 영해와 접속수역만 가진다.
④ 배타적 경제수역(EEZ)은 연안국이 주권적 권리 및 관할권을 행사하는 수역이자 동시에 공해적 성격을 가지기 때문에 모든 국가는 항행·상공 비행의 자유를 향유한다.

답 ②

배타적 경제수역(EEZ)에 대한 설명으로 옳지 않은 것은?

① 연안국은 배타적 경제수역(EEZ)의 해저 및 하층토는 물론 상부 수역에 있는 자원에 대한 관할권을 가진다.
② 연안국은 배타적 경제수역(EEZ) 내에서 어업에 대한 배타적인 권한을 가지는 동시에 생물자원을 보존·관리하기 위한 조치를 취하여야 한다.
③ 연안국은 모든 섬에 대해서 배타적 경제수역(EEZ)을 설정할 수 있다.
④ 대향국 또는 인접국 간의 배타적 경제수역(EEZ)의 경계획정은 당사국 간의 합의에 의하고, 합의가 되지 않으면 UN해양법협약상의 분쟁해결절차에 회부한다.

| 정답 및 해설 |

인간의 거주나 독자적 경제생활을 지탱하기 힘든 섬(rocks)에 대해서는 영해와 접속수역만 인정되고, 배타적 경제수역(EEZ)과 대륙붕은 인정되지 않는다.

☑ 선지분석
② 연안국은 생물자원에 대한 보존조치를 고려하여 경제수역 내의 생물자원의 허용어획량 내에서 자국의 어획능력량을 결정해야 한다. 또한 허용어획량 중 자국의 어획능력량을 초과하는 잉여어획량에 대해서 타국에 어로를 의무적으로 허용해야 한다.

답 ③

1982년 UN해양법협약상 배타적 경제수역(EEZ)에 대한 설명으로 옳지 않은 것은?

① 배타적 경제수역(EEZ)은 영해를 200해리까지 확장하려는 연안국가와 이를 저지하려는 해양국가 간의 타협의 산물이다.
② 인간이 거주할 수 있고 독자적인 경제활동을 유지할 수 있는 도서는 자체의 배타적 경제수역(EEZ)을 가질 수 있다.
③ 바다가 없는 내륙국은 타국의 배타적 경제수역에서 어떠한 권리도 인정받지 못한다.
④ 배타적 경제수역(EEZ) 내에서 연안국 법령을 위반한 선박이 공해상으로 도주하는 경우 연안국은 추적권을 행사할 수 있다.

| 정답 및 해설 |

내륙국이나 지리적 불리국은 공해어로자유축소에 대한 보상으로 타국의 배타적 경제수역(EEZ)에서 입어권을 인정받을 수 있다.

☑ 선지분석
② 반면 인간이 거주할 수 없고 독자적인 경제활동을 유지할 수 없는 바위섬(rocks)은 영해와 접속수역까지만 가질 수 있고, 배타적 경제수역(EEZ)은 가지지 못한다.
④ 연안국은 연안국의 내수, 군도수역, 접속수역, 영해, 배타적 경제수역(EEZ) 또는 대륙붕상에서 연안국의 법령을 위반하였다고 믿을 만한 외국 선박을 당해 관할수역으로부터 공해까지 추적하여 나포할 수 있는 권리를 가진다.

답 ③

1982년 UN해양법협약상 배타적 경제수역(EEZ)에 대한 설명으로 옳지 않은 것은?

① UN해양법협약에 의하면 배타적 경제수역(EEZ)은 영해와 공해에 속하지 않는 '특별한 법제도'에 따르도록 되어 있다.

② 연안국은 배타적 경제수역(EEZ)의 해저와 그 지하자원에 대해서도 관할권을 행사한다.

③ 연안국은 배타적 경제수역(EEZ)의 해양환경의 보호 및 보존 등에 관한 관할권을 갖는다.

④ 연안국은 배타적 경제수역(EEZ) 관련 자국 법령을 위반한 선박에 승선, 검색, 나포 및 금고형 등 사법절차를 포함하여 필요한 조치를 취할 수 있다.

> **정답 및 해설**

연안국은 배타적 경제수역(EEZ)의 생물자원을 탐사·개발·보존 및 관리하는 주권적 권리를 행사함에 있어서, 이 협약에 부합되게 채택한 자국 법령을 준수하도록 보장하기 위하여 승선, 검색, 나포 및 사법절차를 포함하여 필요한 조치를 취할 수 있다(UN해양법협약 제73조 제1항).

⊘ 선지분석

① 배타적 경제수역(EEZ)은 영해 밖에 인접한 수역으로서, 연안국의 권리와 관할권 및 다른 국가의 권리와 자유가 이 협약의 관련규정에 의하여 규율되도록 이 부에서 수립된 특별한 법제도에 따른다(동 협약 제55조).

② 연안국은 배타적 경제수역(EEZ)에서 그 해저·지하·상부 수역의 자원개발 및 보존, 그리고 공해방지에 관한 배타적 권한을 가진다.

③ 동 협약 제56조에 대한 내용이다.

답 ④

1982년 UN해양법협약상 서로 마주보고 있거나 인접한 연안을 가진 국가 간의 배타적 경제수역(EEZ) 및 대륙붕의 경계획정에 관한 규정에 대한 설명으로 옳지 않은 것은?

① 등거리선 원칙과 중간선 원칙을 최대한 고려하도록 하고 있다.

② 대륙붕 및 배타적 경제수역(EEZ)의 경계에 대해 동일한 규정을 두고 있다.

③ 형평한 해결에 이르기 위하여, 국제사법재판소(ICJ)규정 제38조에 언급된 국제법을 기초로 하는 합의에 의하여 이루어진다.

④ 관련국 간에 발효 중인 협정이 있는 경우, 배타적 경제수역(EEZ)의 경계획정에 관련된 사항은 그 협정의 규정에 따라 결정된다.

> **정답 및 해설**

1958년 공해 및 대륙붕에 관한 협약과 달리 1982년 UN해양법협약은 배타적 경제수역(EEZ)이 중첩되는 경우에도 국제법에 기초하여 형평한 해결을 위해 상호 합의할 것을 규정하고 있을 뿐, 중간선 원칙이나 등거리선 원칙은 도입하지 않았다.

⊘ 선지분석

③ 배타적 경제수역(EEZ) 및 대륙붕 경계획정의 형평한 해결을 위해서 3단계 접근법이 사용되며, 이는 특히 Territorial and Maritime Dispute(니카라과 대 콜롬비아, ICJ, 2012)에서 국제관습법임이 확인되었다.

답 ①

10 1982년 UN해양법협약과 국제관행에 의할 때 배타적 경제수역(EEZ)과 대륙붕에 대한 설명으로 옳은 것은?

① 대륙붕에 대한 연안국의 권리는 실효적이거나 관념적인 점유 또는 명시적 선언에 의존한다.
② 대륙붕은 영해기준선으로부터 200해리를 초과할 수 없다.
③ 연안국이 배타적 경제수역(EEZ)이나 대륙붕을 탐사하지 아니하거나 그 천연자원을 개발하지 아니할 경우 타국은 연안국의 명시적인 동의 없이도 이러한 활동을 할 수 있다.
④ 연안국은 자국의 배타적 경제수역이나 대륙붕에서 인공섬 시설 및 구조물을 설치할 수 있다.

UN해양법협약 제60조와 제80조에 대한 내용이다.

☑ 선지분석
① 배타적 경제수역(EEZ)제도는 연안국이 선포하는 경우에 비로소 인정되는 선택적인 제도인 데 반하여, 대륙붕제도는 법에 의하여 연안국에 당연히 인정되는 관할권이다.
② 대륙붕의 외측 한계선을 이루는 고정점은 영해기선으로부터 350해리를 넘거나 2,500m 수심을 연결하는 선인 2,500m 등심선으로부터 100해리를 넘을 수 없다(동 협약 제76조).
③ 연안국의 명시적인 동의가 필요하다.

답 ④

---

11 배타적 경제수역(EEZ)과 대륙붕을 비교한 것으로 옳지 않은 것은?

① 대륙붕은 해저의 해상, 해저지하로 구성되나 배타적 경제수역(EEZ)은 상부수역도 포함된다.
② 대륙붕의 횡적 범위는 200해리를 초과하지 못하나 배타적 경제수역(EEZ)은 200해리 또는 350해리 이내로 결정된다.
③ 대륙붕의 상부 수역은 공해로서의 성격이나 배타적 경제수역(EEZ)의 상부수역은 UN해양법협약에 따르면 제3의 수역이다.
④ 대륙붕에 대한 권리는 당연히 당초부터 존재하는 것이나 배타적 경제수역(EEZ)의 경우 명백한 법적 행위가 선행되어야 한다.

대륙붕의 횡적 범위는 200해리 또는 350해리 이내로 결정되나(UN해양법협약 제76조 제1항·제5항), 배타적 경제수역(EEZ)은 수심에 관계없이 영해기선으로부터 200해리를 초과하지 못한다(동 협약 제57조).

☑ 선지분석
① 대륙붕은 해저의 해상(sea bed), 해저지하(subsoil)로 구성되나(동 협약 제76조 제3항), 배타적 경제수역(EEZ)은 해저의 해상(sea bed), 해저지하 및 상부수역(super–adjacent waters)으로 구성된다[동 협약 제56조 제1항 제(a)호].
③ 동 협약 제86조에 대한 내용이다.
④ 대륙붕에 관한 연안국의 권리는 당연히 당초부터(ipso facto, ab initio) 존재하므로 실효적으로나 관념적으로 점유나 명시적 선언 등에 의존하지 아니한다(동 협약 제77조 제3항). 그러나 배타적 경제수역(EEZ)의 경우 연안국의 별도의 명시적 주장과 점유 등 명백한 법적 행위가 선행되어야 한다.

답 ②

12

1982년 UN해양법협약상 선박관할권에 대한 설명으로 가장 옳지 않은 것은?

① 내수에서는 원칙적으로 기국주의가 적용되나, 내수에 정박하고 있는 선박 내부 사건인 경우 예외적으로 연안국주의가 적용된다.

② 군도수역을 항행하고 있는 외국 상선에 대해 연안국은 보호권을 발동할 수 있다.

③ 배타적 경제수역에서 급유(給油) 중인 외국 선박에 대해 연안국은 나포할 수 없다.

④ 공해에서 대량살상무기를 운반 중인 선박에 대해서는 기국 이외의 국가는 임검권을 발동할 수 없다.

> **정답 및 해설**

내수에서는 원칙적으로 연안국주의가 적용되며, 프랑스주의 관행에서는 원칙적으로 기국주의가 적용된다.

✅ **선지분석**

② 모든 국가의 선박에게 영해에서 인정된 것과 동일하게 군도수역을 무해통항할 권리가 보장됨에 따라 연안국도 무해통항이 적용되는 영역에서처럼 군도수역 내 특정 수역에서 보호권을 발동할 수 있다. 일시적·비차별적일 것, 사전공시할 것, 특정 수역일 것이라는 요건이 갖추어져야 한다.

답 ①

13

국제해양분쟁해결 사례에 대한 설명으로 옳지 않은 것은 모두 몇 개인가?

> ㄱ. 코르푸 해협 사건(1949)에서 국제사법재판소(ICJ)는 안전보장이사회가 당해 사건을 국제사법재판소(ICJ)에 회부하도록 한 결의는 법적 구속력이 있으므로 영국의 일방적 제소에 대해 관할권을 가진다고 판시하였다.
> ㄴ. 흑해 해양경계획정 사건(2009)에 비추어볼 때 독도는 해양경계획정에 있어서 중간선의 조정을 위한 고려요소가 될 것으로 예상할 수 있다.
> ㄷ. M/V Saiga호 사건(1999)에 의하면 위법한 추적권 발동으로 선박이 피해를 입은 경우 선박의 국적국은 국내구제완료 및 국적계속 원칙을 충족해야만 외교적 보호권을 발동할 수 있다.
> ㄹ. 벵갈만 해양경계획정 사건(2012)에서 국제사법재판소(ICJ)는 크기와 인구, 경제활동에 있어서 상당한 규모의 섬은 영해 경계획정 시 완전한 효과가 부여된다고 판시하였다.

① 1개   ② 2개
③ 3개   ④ 4개

> **정답 및 해설**

국제해양분쟁해결 사례에 대한 설명으로 옳지 않은 것은 ㄱ, ㄴ, ㄷ, ㄹ. 4개이다.

ㄱ. UN헌장 제6장에 따른 결의이므로 권고적 효력만 가진다. 코르푸 해협 사건(1949)은 알바니아의 자발적 출정으로 관할권이 창설되었다.

ㄴ. 흑해 해양경계획정 사건(2009)에서 뱀섬이 본토로부터 약 20해리 밖에 위치하여 해안의 일반적 형상을 이루는 것이 아니라고 판단되어 중간선 조정요소가 아니라고 하였다. 이와 같은 판결에 따를 때 독도는 울릉도로부터는 약 47.2해리, 경북 주변으로부터는 약 117.1해리 떨어져 있어서 중간선 조정요소로서는 무시될 것으로 예상할 수 있다.

ㄷ. 추적권 관련 해양법을 위반한 것은 선박의 국적국에 대한 직접적 침해라고 보아 외교적 보호권 발동요건을 충족하지 않아도 청구를 제기할 수 있다고 본 사건이다.

ㄹ. 국제해양법법원의 사례이다.

답 ④

14 신한일어업협정(1998)에 대한 설명으로 옳은 것만을 모두 고른 것은?

ㄱ. 체약국은 이 협정의 목적을 효율적으로 달성하기 위하여 한일어업공동위원회를 설치하며, 위원회는 UN사무총장이 임명하는 1인의 대표 및 1인의 위원으로 구성된다.
ㄴ. 분쟁해결과 관련하여 어느 일방체약국의 정부가 타방체약국의 정부로부터 분쟁의 원인이 기재된 당해 분쟁의 중재를 요청하는 공문을 받은 경우에 있어서 그 요청에 응하는 통보를 타방체약국 정부에 대하여 행할 때에는 그 분쟁은 그 통보를 받은 날부터 30일의 기간 내에 각 체약국 정부가 임명하는 각 1인의 중재위원과 이와 같이 선정된 2인의 중재위원이 그 기간 후 30일 이내에 합의하는 제3의 중재위원 또는 그 기간 후 30일 이내에 그 2인의 중재위원이 합의하는 제3국의 정부가 지명하는 제3의 중재위원과의 3인의 중재위원으로 구성된 중재위원회에 결정을 위하여 회부된다.
ㄷ. 이 협정의 어떠한 규정도 어업에 관한 사항 외의 국제법상 문제에 관한 각 체약국의 입장을 해하는 것으로 간주되어서는 안 된다.
ㄹ. 이 협정은 효력이 발생하는 날부터 3년간 효력을 가진다.
ㅁ. 어느 일방체약국도 이 협정을 종료시킬 의사를 타방체약국에 서면으로 통고할 수 있으며, 이 협정은 그러한 통고가 있는 날부터 12월 후에 종료하며, 그와 같이 종료하지 아니하는 한 계속 효력을 가진다.

① ㄱ, ㄴ, ㄷ
② ㄱ, ㄷ, ㄹ
③ ㄴ, ㄷ, ㄹ
④ ㄴ, ㄹ, ㅁ

정답 및 해설

신한일어업협정(1998)에 대한 설명으로 옳은 것은 ㄴ, ㄷ, ㄹ이다.

⊘ 선지분석
ㄱ. 한일어업공동위원회의 대표와 위원은 양 체약국 정부가 임명한다.
ㅁ. 협정은 통고가 있는 날부터 6월 후에 종료한다.

답 ③

15 신한일어업협정(1998)에 대한 설명으로 옳지 않은 것은?

① 각 체약국은 호혜의 원칙에 입각하여 자국의 배타적 경제수역(EEZ)에서 타방 체약국 국민 및 어선이 어획하는 것을 허가한다.
② 각 체약국은 자국의 국민 및 어선이 타방 체약국의 배타적 경제수역(EEZ)에서 어획할 때에는 타방 체약국이 결정하는 타방 체약국의 배타적 경제수역(EEZ)에서의 조업에 대한 구체적인 조건과 이 협정의 규정을 준수하도록 필요한 조치를 취해야 하며 이 조치는 타방 체약국의 배타적 경제수역(EEZ)에서의 자국의 국민 및 어선에 대한 임검, 정선 및 기타의 단속을 포함한다.
③ 각 체약국은 타방 체약국의 국민 및 어선이 자국의 배타적 경제수역(EEZ)에서 어획할 때에는 자국이 결정하는 자국의 배타적 경제수역(EEZ)에서의 조업에 관한 구체적인 조건과 이 협정의 규정을 준수하도록 국제법에 따라 자국의 배타적 경제수역(EEZ)에서 필요한 조치로서 권한 있는 당국은 타방 체약국의 어선 및 그 승무원을 나포 또는 억류할 수 있다.
④ 이 협정의 해석이나 적용에 관한 양 체약국 간의 분쟁은 먼저 협의에 의하여 해결하나, 협의에 의하여 해결되지 아니하는 경우에는 양 체약국의 동의에 의하여 중재에 회부한다.

신한일어업협정(1998)의 규정을 준수하도록 취해야 하는 조치에 임검, 정선 및 기타 단속조치는 포함하지 않는다.

✅ **선지분석**

③ 중간수역에서는 기국주의가 적용되어 한국이 일본 어선을 통제할 수 없는 것과 달리, 한국의 배타적 경제수역(EEZ)에서 일본 어선은 한국이 통제 가능하다. 이는 UN해양법협약과 유사한 법리이다.

답 ②

16

흑해 해양경계획정 사건(ICJ, 2009)에 대한 설명으로 옳지 않은 것은 모두 몇 개인가?

> ㄱ. 자원 관련 기준은 국제법정이나 재판소의 결정에 의해 보다 신중히 취급되어 왔다고 보고 해양경계획정에 있어서 관련 사정으로 적용하지 않았다.
> ㄴ. 경계획정에 있어서 3단계로 나누어 접근하였다. 우선 제1단계로 기하학적으로 객관적이며 그 지역의 형상에 맞는 방법을 사용해 잠정적 중간선 또는 등거리선을 긋는다. 제2단계에서 형평한 해결에 도달하기 위해 그 잠정적 중간선을 수정하거나 이동시켜야 할 만한 관련사정이 있는지 검토한다. 제3단계에서는 해안선 길이 비율과 내포 수역 간에 비례성을 평가한다.
> ㄷ. 섬이 분쟁당사국 해안선의 일반적 형상이 아닌 경우 잠정적 등거리선의 기점이 될 수 없다.
> ㄹ. 섬이 본토 해안선에서 200해리 이내에 있는 경우 형평을 위해 잠정적 경계선을 수정할 만한 사정으로 인정되지 않는다.
> ㅁ. 섬이 본토 해안선에서 약 20해리 정도 떨어져 있는 경우라 하더라도 협약 제121조 제3항의 요건을 충족시키는 섬(Island)에 해당되는 경우 잠정적 경계선을 수정할 만한 사정으로 인정된다.

① 1개   ② 2개
③ 3개   ④ 4개

흑해 해양경계획정 사건(ICJ, 2009)에 대한 설명으로 옳지 않은 것은 ㅁ. 1개이다.
ㅁ. 제121조 제3항의 요건 충족 여부와 무관하게 잠정적 경계선을 수정할 만한 사정으로 인정하지 않았다. 해안선의 일반적 방향으로부터 벗어나 있는지를 중요한 요소로 판단하였다.

✅ **선지분석**

ㄷ. 사건에서 문제되었던 뱀섬은 본토 이원 20해리에 위치하였기 때문에 우크라이나 해안선의 일반적 형상이 아니므로 등거리선의 기점이 될 수 없다고 판단하였다. 즉, 뱀섬은 경계획정에 있어서 zero-effect를 가진다고 판단하였다.

답 ①

<table><tr><td>**17**
□□□</td><td>방글라데시와 미얀마 벵골만 해양경계획정 사건(국제해양법법원)에 대한 설명으로 옳지 않은 것은 모두 몇 개인가?</td></tr></table>

> ㄱ. 국제해양법재판소 역사상 최초 판결이다.
> ㄴ. 중첩해양수역 경계획정에 있어서 2009년 루마니아와 우크라이나 사건에서 국제사법재판소(ICJ)가 적용한 3단계 접근법을 적용하였다.
> ㄷ. 대부분의 선례들이 등거리 방법의 적용이 가능하지 않거나 적절하지 않은 경우를 제외하고, 등거리 방법에 의한 잠정적 경계를 사용한 점과 미얀마 해안의 상황을 고려할 때 이등분선 등 다른 방법은 적절하지 않다고 하였다.
> ㄹ. 잠정적 등거리선은 방글라데시 해안에 차단효과를 주기 때문에 방글라데시 해안의 오목함을 관련 상황이라고 결정하였다.
> ㅁ. 마틴섬은 잠정적 등거리선의 이동 또는 조정을 하게 하는 관련 상황으로 고려할 수 없으며, 배타적 경제수역과 대륙붕 경계획정에 아무런 효과도 가지지 않는다.
> ㅂ. 200해리 이내의 해저와 하층토, 그리고 상부 수역 모두에 적용 가능한 단일 해양경계선의 위치와 방향은 당해 지역의 지질학 또는 지형학에 근거하는 것이 아니라 당사국 연안에 관련되는 지리학에 기초하여 결정되어야 한다.

① 1개
② 2개
③ 3개
④ 4개

정답 및 해설

방글라데시와 미얀마 벵골만 해양경계획정 사건(국제해양법법원)에 대한 설명으로 옳지 않은 것은 ㄱ. 1개이다.
ㄱ. 해양경계획정에 대한 최초 판결이다.

⊘ 선지분석
ㄴ. 형평한 해결을 위한 3단계 접근법은 국제사법재판소(ICJ)와 해양법법원에서 통용되고 있는 국제관습법적 원칙이다.
ㅁ. 즉, 마틴섬은 zero-effect를 가진다.

답 ①

18

배타적 경제수역(EEZ)에 대한 설명으로 옳은 것은?

① 한일어업협정(1998)은 각국 기선으로부터 35해리 배타적 경제수역(EEZ)을 설정하고, 배타적 경제수역(EEZ)에서 타국의 입어를 허용하며, 독도 인근 수역은 중간수역으로 설정하고, 중간수역에 타국의 입어를 허용하되 한국의 관할권이 인정되었다.

② 한중어업협정(2000)은 각국 기선으로부터 32해리 배타적 경제수역(EEZ)을 설정하였으며, 한시적 성격의 과도수역을 설정하였고, 과도수역에서 타국의 입어를 허용하되 기국주의 원칙을 적용하였다.

③ 니카라과와 온두라스 해양경계획정 사건(2007)에서 국제사법재판소(ICJ)는 육지가 아닌 해양경계획정의 경우 uti possidetis 원칙을 적용할 수 없다고 하였다.

④ M/V Virginia G호 사건(2014) 재판부는 배타적 경제수역(EEZ)에서 어로활동을 하는 선박에 대한 연료 공급이 어업 관련 활동은 아니므로 배타적 경제수역(EEZ) 관련 법률을 적용할 수 없다고 판시하였다.

> **정답 및 해설**

☑ 선지분석

① 기국주의 원칙이 적용된다.

③ 국제사법재판소(ICJ)는 해양경계획정 시에도 uti possidetis 원칙을 적용할 수 있다고 보았다.

④ 어로활동을 하는 선박에 대한 연료 공급이 어업 관련 활동이라고 판단하고 연안국은 생물자원 보전 관리를 위해 자국의 배타적 경제수역(EEZ) 내의 외국 어선에게 연료를 공급하는 선박을 규제할 수 있다고 판시하였다.

답 ②

19

다음 설명 중 옳지 않은 것은?

① 98금양호 사건에서 한국 정부 입장에 의하면 배타적 경제수역(EEZ)에서 발생한 선박 충돌 사건에 대해 공해와 마찬가지로 가해선의 기국이나 가해선원의 국적국이 형사관할권을 가진다.

② 니카라과와 온두라스 해양경계획정 사건(2007)에서 국제사법재판소(ICJ)는 지리적 근접성은 영유권 인정에 있어서 유리한 추정이 부여될 수는 있으나, 근접성은 본토로부터의 근접성을 말하고, 인근 섬으로부터의 근접성을 의미하는 것은 아니라고 하였다.

③ 리비아 – 몰타 대륙붕 경계획정 사건(1985)에서 국제사법재판소(ICJ)에 의하면 배타적 경제수역(EEZ) 제도는 UN해양법협약이 발효되기 전에 이미 국제관습법이 되었다.

④ M/V Virginia G호 사건(2014) 재판부는 어로활동을 하는 선박에 대한 연료 공급이 어업 관련 활동이라고 판단하고 연안국은 생물자원 보전 관리를 위해 자국의 배타적 경제수역(EEZ) 내의 외국 어선에게 연료를 공급하는 선박을 규제할 수 있다고 판단하였다.

> **정답 및 해설**

배타적 경제수역(EEZ)에서 발생한 선박 충돌 사건에 대해 공해와 마찬가지로 가해선의 기국이나 가해선원의 국적국이 형사관할권을 가지는 것은 배타적 경제수역(EEZ)에서 발생한 선박 충돌 사건에 대한 입장이다.

☑ 선지분석

② 섬의 귀속 여부는 지리적 근접성을 고려하지 않으며, 실효적 지배 여부에 의해 판단된다.

③ UN해양법협약은 1994년에 발효되었으며, 사건이 진행되던 1985년에 이미 배타적 경제수역(EEZ)제도에 대한 관습성을 인정하였다.

답 ①

UN해양법협약(1982)상 배타적 경제수역(EEZ)에 대한 설명으로 옳은 것은?

① 동일 어족이나 연관된 종의 어족들이 2개국 이상의 연안국의 배타적 경제수역(EEZ)에 출현하는 경우, 이러한 연안국들은 직접 또는 적절한 소지역기구나 지역기구를 통하여 이러한 어족의 보존과 개발을 조정하고 보장하는 데 필요한 조치에 합의해야 한다.

② 프랑스 - 캐나다 중재재판소는 Franco-Canadian Arbitration 사건(1986)에서 배타적 경제수역(EEZ) 내에서 고기 가공(fish processing)에 종사하는 선박은 생물자원의 이용에 대한 주권적 권리를 갖는 연안국의 관할권에 종속된다고 판시하였다.

③ 연안국과 고도회유성어종(highly migratory species)을 어획하는 국민이 있는 그 밖의 국가는 배타적 경제수역(EEZ)와 그 바깥의 인접수역에서 그러한 어종의 보존을 보장하고 최적이용목표를 달성하기 위하여 국제기구의 매개 없이 반드시 직접적으로 협력해야 한다.

④ 소하성어족(anadromus stocks)이 기원하는 하천의 국가는 이 어족에 대한 일차적 이익과 책임을 가진다.

정답 및 해설

⊘ 선지분석
① 연안국들은 직접 또는 적절한 소지역기구나 지역기구를 통하여 이러한 어족의 보존과 개발을 조정하고 보장하는 데 필요한 조치에 합의하도록 노력해야 한다.
② 배타적 경제수역(EEZ) 내에서 고기 가공(fish processing)에 종사하는 선박은 연안국의 관할권에 종속되지 않는다고 판시한 바 있다.
③ 직접 또는 적절한 국제기구를 통하여 협력해야 한다.

답 ④

21
Ghana - Cote d'Ivoire Maritime Delimitation 사건(2017)에 대한 설명으로 옳은 것을 모두 고른 것은?

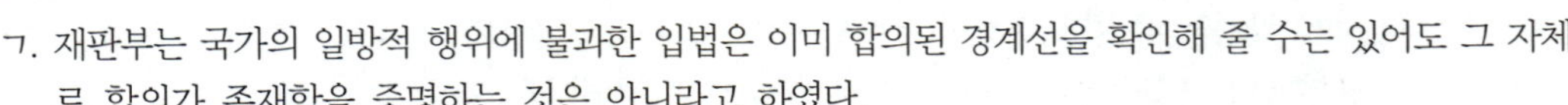

> ㄱ. 재판부는 국가의 일방적 행위에 불과한 입법은 이미 합의된 경계선을 확인해 줄 수는 있어도 그 자체로 합의가 존재함을 증명하는 것은 아니라고 하였다.
> ㄴ. 재판부는 경계획정에 있어서 잠정적 경계선 설정, 형평을 위해 잠정적 경계선의 이동, 필요성 판단의 3단계 접근법을 적용하였다.
> ㄷ. 재판부는 잠정적 경계선의 이동 요인이 없으며, 비례성 차원에서도 잠정적 경계선이 문제가 없다고 판단하고, 잠정적 등거리선에 기초한 경계획정을 최종적 경계로 확정지었다.
> ㄹ. 재판부는 해안선의 오목함(concavity) 자체가 등거리선 조정을 필요로 하는 관련 상황이 될 수 있다고 판시하였다.

① ㄱ, ㄴ   ② ㄱ, ㄷ   ③ ㄴ, ㄹ   ④ ㄷ, ㄹ

정답 및 해설

Ghana - Cote d'Ivoire Maritime Delimitation 사건(2017)에 대한 설명으로 옳은 것은 ㄱ, ㄷ이다.

⊘ 선지분석
ㄴ. 3단계는 비례성을 판단한다.
ㄹ. 해안선의 오목함(concavity) 자체가 등거리선 조정을 필요로 하는 관련 상황이 될 수는 없으나, 양국 간 등거리선이 해안의 오목함으로 인해 잠식 효과를 발생시킬 경우 공정한 결과 도출을 위해 잠정적 경계선 조정이 필요할 수 있다고 하였다.

답 ②

01

1982년 UN해양법협약상 대륙붕제도에 대한 설명으로 옳지 않은 것은?

① 연안국은 대륙붕을 탐사하고 그 천연자원을 개발할 수 있는 대륙붕에 관한 주권적 권리를 행사한다.

② 대륙변계의 외측 한계가 영해기선으로부터 200해리에 미치지 않는 경우, 대륙붕은 영해기선으로부터 200해리까지의 해저지역의 해저와 하층토로 이루어진다.

③ 대륙변계가 영해기선으로부터 200해리 밖으로 확장되는 경우, 대륙붕의 외측 한계는 영해기선으로부터 350해리를 넘거나 2,500m 등심선으로부터 100해리를 넘을 수 없다.

④ 연안국이 자원개발을 수행하고 있는 지점의 반경 12해리 이내에서는 제3국 선박들의 항행이 금지된다.

> **정답 및 해설**
>
> 대륙붕 상부수역은 공해로서의 법적 지위를 가지므로 자유통항이 인정된다. 따라서 연안국은 대륙붕에서 권리를 행사함에 있어 제3국 선박들의 항행을 방해해서는 안 된다.
>
> ☑ **선지분석**
> ③ 대륙변계가 영해기선으로부터 200해리를 넘는 경우, 연안국은 대륙붕한계위원회에 관련 정보를 제공할 의무가 있다. 대륙붕한계위원회는 해당 사항을 검토한 후 권고하며, 연안국은 이 권고를 바탕으로 최종적으로 대륙붕의 외측 한계를 확정한다.
>
> 답 ④

02

대륙붕에 대한 설명으로 옳은 것은?

> ㄱ. 대륙붕의 범위는 상부수역, 해상, 하층토이다.
> ㄴ. 국가들은 대륙붕에서 해저전선과 관선을 부설하는 데 있어 연안국의 동의를 받아야 한다.
> ㄷ. 대륙붕은 영해기선으로부터 350해리를 넘거나, 혹은 2,500m 등심선(等深線)으로부터 100해리를 넘을 수 없다.
> ㄹ. 국제사법재판소(ICJ)는 북해대륙붕 사건(1969)에서 대륙붕은 육지영토의 자연적 연장임을 강조하였다.
> ㅁ. 제3차 UN해양법협약(1982)은 대향국 또는 인접국 간의 대륙붕 경계획정은 중간선 원칙 또는 등거리선 원칙에 따라 해결한다고 규정하고 있다.
> ㅂ. 연안국은 대륙붕을 탐사하고 그 천연자원을 개발할 주권적 권리를 가진다. 따라서 타국은 연안국의 명시적 동의 없이는 그러한 활동을 할 수 없다.

① ㄱ, ㄴ, ㄷ 　　② ㄱ, ㄷ, ㄹ 　　③ ㄴ, ㄷ, ㅁ 　　④ ㄷ, ㄹ, ㅂ

> **정답 및 해설**
>
> 대륙붕에 대한 설명으로 옳은 것은 ㄷ, ㄹ, ㅂ이다.
> ㄷ. UN해양법협약 제76조 제5항에 대한 내용이다.
> ㅂ. 동 협약 제77조 제1 ~ 2항에 대한 내용이다.
>
> ☑ **선지분석**
> ㄱ. 대륙붕의 범위에 상부수역은 포함되지 않는다.
> ㄴ. 모든 국가는 대륙붕에서 해저전선과 관선을 부설할 자격을 가진다(동 협약 제79조). 즉, 해저전선과 관선 부설에 있어 연안국의 동의는 필요하지 않다. 다만, 제79조 제3항에 의해 관선 부설경로의 설정은 연안국의 동의를 받아야 한다.
> ㅁ. "형평한 해결에 이르기 위하여 ICJ규정 제38조에 언급된 국제법을 기초로 하여 합의에 의하여 이루어져야 한다."라고 규정하고 있다(동 협약 제83조).
>
> 답 ④

1982년 UN해양법협약상 대륙붕에 대한 설명으로 옳지 않은 것은?

① 1945년 트루먼선언이 최초의 대륙붕선언이며, 1958년 대륙붕협약에 최초로 입법되었다.

② 200해리를 초과하는 대륙붕에 대해서는 비생물자원 개발에 대해 기여금을 금전이나 현물로 해저기구에 납부해야 한다.

③ 중첩 대륙붕 경계획정 관련 분쟁은 강제절차에서 배제되어 강제조정절차가 적용되나, 영유권 분쟁이 혼재된 혼합분쟁인 경우 강제조정절차로부터도 배제된다.

④ 1974년 한국과 일본은 조약을 통해 대한해협에서 대륙붕 경계를 중간선으로 설정하였으며, 1978년 조약을 통해 동중국해 중첩 대륙붕을 공동개발하기로 하였다.

정답 및 해설

중첩 대륙붕 경계획정 관련 분쟁은 '선택적 배제'를 통해 강제절차로부터 배제할 수 있다.

☑ 선지분석

② 200해리를 초과하는 대륙붕에 대해서는 기여금 납부의무가 있다. 단, 개발도상국은 기여금 납부로부터 면제받는다.

④ 1978년 체결된 공동 개발협정에 따르면 2025년부터 일방적인 통고에 의해 협정이 2028년 이후 종료될 수 있다. 협정 종료 시 우리나라가 독자적으로 개발을 진행할 수 있는 수역은 거의 없어지게 되므로 협정 종료로 인해 동중국해가 경계미획정수역이 되면 한중일 간 갈등이 심해질 것으로 보기도 한다.

답 ③

해양경계획정에 대한 설명으로 옳은 것은 모두 몇 개인가?

> ㄱ. Anglo - Norwegian Fisheries 사건에 따르면 해양경계획정에 있어서 획정행위 자체는 연안국의 권리이나, 경계획정의 타 국가들에 대한 유효성은 국제법에 따라 결정된다.
> ㄴ. North Sea Continental Shelf 사건에 따르면 공유대륙붕 경계획정은 형평한 원칙들에 따라 모든 관련 사정을 고려하여 합의에 의해 이루어져야 한다.
> ㄷ. North Sea Continental Shelf 사건에 따르면 대륙붕 경계획정 분쟁이 발생하는 경우 분쟁당사국들은 합의에 이르기 위해 교섭에 들어갈 의무가 있으며 교섭이 의미 있는 것이 되도록 행동할 의무를 진다.
> ㄹ. North Sea Continental Shelf 사건에 따르면 대륙붕 경계획정의 본질은 공유물이나 무주지를 나누어 가지는 배분(apportionment)의 과정이다.
> ㅁ. Jan Mayen 사건(1993)에 따르면 국제사법재판소(ICJ)는 국제법은 형평한 해결에 도달하기 위해 해양 경계획정을 요하는 모든 영역에 걸쳐 단일 방법을 채택할 것을 명령하고 있지는 아니하며, 필요하면 대상 지역의 여러 부분에 여러 방법을 적용할 수 있다고 하였다.

① 1개　　　　　② 2개　　　　　③ 3개　　　　　④ 4개

정답 및 해설

해양경계획정에 대한 설명으로 옳은 것은 ㄱ, ㄴ, ㄷ, ㅁ. 4개이다.

ㄴ. North Sea Continental Shelf 사건에서 1958년 제네바협약상 대륙붕 경계획정에 관련한 중간선 원칙은 관습이 아니라고 판단하였다. 유보가 가능한 조항은 관습으로 성립되지 않는다고 본 것이다.

ㄷ. North Sea Continental Shelf 사건은 대륙붕이 육지 영토의 자연적 연장임을 최초로 언급한 사건이다.

☑ 선지분석

ㄹ. 대륙붕 경계획정은 공유물이나 무주지를 나누어 가지는 배분(apportionment)의 과정이 아니라 관련국들에게 잠재적으로 속하는 지역 간의 경계선을 분명히 하는 과정이다.

답 ④

05

Maritime Delimitation in the Indian Ocean 사건(2017)에 대한 설명으로 옳지 않은 것은?

① UN해양법협약에 의하면 200해리 이원의 대륙붕 한계 획정에 있어서 당사국은 대륙붕 한계위원회에 관련 자료를 협정 발효 후 10년 이내에 제출해야 한다.

② UN해양법협약에 의하면 200해리 이원의 대륙붕 한계 획정에 있어서 당사국은 대륙붕 한계위원회에 관련자료 제출의무가 있으며, 분쟁 수역의 경우 동 자료 제출에 대해 분쟁당사국의 사전동의가 있어야 한다.

③ 양국이 분쟁을 국제사법재판소(ICJ)에 제소하기로 합의한 양해 각서는 각 서명자가 본국 정부의 위임을 받아 서명한다고 적시되어 있었고 서명과 동시에 발효한다고도 명시되어 있으므로 양해 각서는 유효한 국가 간 조약이라고 확인하고, 소말리아 의회의 비준을 받지 못하였으므로 무효라는 소말리아의 주장을 수용하지 않았다.

④ 국제사법재판소(ICJ)에 의하면 재판 청구국이 해당 사건에서 문제가 되는 조약을 위반한 경우 재판의 수리 가능성이 없다.

조약 위반이 청구의 수리 가능성에 영향을 미치는 것은 아니다.

✓ 선지분석

① 대륙붕한계위원회는 제공된 정보를 검토한 후 권고하며, 연안국은 이 권고를 바탕으로 대륙붕 이원 한계를 최종 확정한다.

답 ④

06

UN해양법협약(1982)상 대륙붕에 대한 설명으로 옳은 것은?

① 대륙변계는 연안국 육지의 해면 아래쪽 연장으로서, 대륙붕·대륙사면·대륙융기의 해저와 하층토로 이루어지며, 해양산맥을 포함하되 심해대양저나 그 하층토는 포함하지 않는다.

② 대륙붕에서 국가의 관선 부설경로의 설정은 연안국의 동의를 받아야 한다.

③ 연안국은 영해기선으로부터 200해리 밖에 있는 대륙붕의 무생물 자원 개발에 관하여 금전을 지급하거나 현물을 공여해야 하며, 금전지급과 현물공여는 생산개시 10년 후부터 그 광구에서 생산되는 모든 생산물에 대하여 매년 납부된다.

④ 대향국 간 또는 인접국 간의 대륙붕의 경계획정에 있어서 관련국은 합의에 이르는 동안 이해와 상호협력의 정신으로 실질적인 잠정약정을 체결해야 한다.

✓ 선지분석

① 해양산맥을 포함한 심해대양저나 그 하층토는 포함하지 않는다.

③ 생산개시 5년 후부터 그 광구에서 생산되는 모든 생산물에 대하여 매년 납부된다.

④ 실질적인 잠정약정을 체결할 수 있도록 모든 노력을 다해야 한다.

답 ②

01

공해에 대한 설명으로 옳은 것은?

① 1958년 공해협약에 따르면 공해란 국가의 영해 또는 영수에 포함되지 아니한 해양의 모든 부분을 의미한다.

② 공해는 원칙적으로 각 국가의 영역에 속하지 않으나, 법적 주장으로 배타적으로 관할할 수 있다.

③ 공해에서 항행의 자유는 인정되나 어업의 자유는 제한받는다.

④ 공해상에서의 외국 선박에 관할권은 동의가 없는 경우 행해질 수 없다.

정답 및 해설

✅ 선지분석

② 공해는 특정 국가 또는 각 국가의 영역에 속하지 않으며 어떤 국가도 배타적으로 관할할 수 없는 특수한 수역이다.

③ 모든 국가는 공해에서 자유롭게 어업에 종사할 수 있는 어업의 자유를 지닌다.

④ 공해상에서의 금지행위인 해적행위, 노예수송 등의 경우 동의가 없어도 외국 선박에 대한 관할권이 가능하다.

답 ①

02

공해에 대한 설명으로 옳은 것만을 모두 고른 것은?

ㄱ. 공해는 공공재(public goods)의 성격을 가진다.

ㄴ. 공해상에서 비상업적 목적의 정부선박은 기국의 배타적 관할하에 있으며 이에 대해서는 어떠한 예외도 없다.

ㄷ. 로터스호 사건(1927)에서 상설국제사법재판소(PCIJ)는 공해상에서의 선박 충돌 시 가해선의 기국이 재판관할권을 가져야 한다는 프랑스의 주장을 인정하면서, 이러한 관행이 국제관습법으로 성립하였음을 확인하였다.

ㄹ. UN해양법협약은 선박의 등록에 있어 선박과 기국 간에 진정한 관련(genuine link) 조건을 도입하고 있다.

① ㄱ, ㄴ   ② ㄱ, ㄷ

③ ㄴ, ㄷ   ④ ㄴ, ㄹ

정답 및 해설

공해에 대한 설명으로 옳은 것은 ㄴ, ㄹ이다.

ㄴ. UN해양법협약 제96조에 대한 내용이다. 반면, 상업적 목적의 정부선박 및 기타 선박의 관할은 원칙적으로 기국주의에 의하지만, 이러한 기국주의에 대해 일정한 경우 임검권, 추적권 등의 예외가 인정된다.

ㄹ. 동 협약 제91조에 대한 내용이다.

✅ 선지분석

ㄱ. 공공재(public goods)가 아니라 공공물(res communis omnium)의 성격을 가진다.

ㄷ. 상설국제사법재판소(PCIJ)는 프랑스가 주장하는 바의 관행이 있는 것은 사실이나 이것이 국제관습법으로 성립하였는지는 확실하지 않다고 하였다.

답 ④

03

1982년 UN해양법협약에 의할 때 공해상의 기국주의 원칙의 예외로 옳지 않은 것은?

① 해적선에 대한 임검권
② 무국적선에 대한 임검권
③ 국제테러혐의선박에 대한 임검권
④ 노예매매선박에 대한 임검권

정답 및 해설

국제테러혐의선박에 대한 임검권은 기국주의 원칙의 예외가 아니다.

관련 이론 UN해양법협약 제110조 제1항

외국 선박을 공해에서 만난 군함은 다음과 같은 혐의를 가지고 있다는 합리적 근거가 없는 한 그 선박을 임검하는 것은 정당화되지 아니한다. 다만, 간섭행위가 조약에 따라 부여된 권한에 의한 경우는 제외한다.
1. 그 선박의 해적행위에의 종사
2. 그 선박의 노예거래에의 종사
3. 그 선박의 무허가방송에의 종사 및 군함 기국이 제109조에 따른 관할권 보유
4. 무국적선
5. 선박이 외국기를 게양하고 있거나 국기제시를 거절하였음에도 불구하고 실질적으로 군함과 같은 국적 보유

답 ③

04

공해의 법질서에 대한 설명으로 옳지 않은 것은 모두 몇 개인가?

ㄱ. Nuclear Test 사건에서 국제사법재판소(ICJ)는 프랑스가 남태평양에서 대기권 핵실험을 하는 것은 국제관습법규인 공해자유원칙을 위반하는 것이라고 판시하였다.
ㄴ. Grand Prince호 사건에서 국제해양법재판소는 선박의 위법행위 당시 동 선박은 벨리즈에 등록되어 있었으나, 소 제기 이전 이미 벨리즈가 선박의 등록을 박탈한 상태였으므로 벨리즈는 더 이상 기국이 아니므로 동 법원에 소를 제기할 수 없다고 하였다.
ㄷ. Constitution of the Maritime Safety Committee of the Inter-Governmental Maritime Consultative Organization 사건(1960)에서 국제사법재판소(ICJ)는 선박 최대 소유국을 규정함에 있어서 오로지 국가들에 등록된 톤수에 달려 있으므로 진정한 관련의 문제는 검토할 필요가 없다고 하였다.
ㄹ. 유럽사법재판소에 따르면 선박은 형식적으로 특정 국가에 등록하는 것만으로 국적을 획득하기에 충분하고 진정한 관련을 구성하기 위해 추가적으로 요구되는 것은 없다.
ㅁ. 우리나라 대법원은 선박을 실제로 소유한 회사와 당해 회사가 라이베리아에 편의치적 목적으로 설립한 회사와의 관계에 있어서 법인격부인론을 적용하여 선박을 실제로 소유한 회사가 민사소송에서 법적 책임을 부담한다고 하였다.

① 1개　　　　② 2개　　　　③ 3개　　　　④ 4개

정답 및 해설

공해의 법질서에 대한 설명으로 옳지 않은 것은 ㄱ. 1개이다.
ㄱ. 호주와 뉴질랜드의 주장이나 재판이 중간에 종료되어 국제사법재판소(ICJ)가 판단을 내리지 않았다.

✓ **선지분석**
ㄴ. Grand Prince호 사건은 선박의 진정한 관련성에 관련된 판례이다.
ㅁ. 이는 우리나라 대법원이 법인격부인론을 적용한 사건이다.

답 ①

05 국제해양법법원의 M/V Norstar호 사건(2019)에 대한 설명으로 옳지 않은 것은?

① 해양법법원에 의하면 공해상 주유활동은 공해자유 원칙의 범위에 해당한다.

② 해양법법원에 의하면 공해상 주유활동을 이유로 선박에 대해 이탈리아가 관할권을 행사한 것은 공해 자유 원칙을 위반한 것이 아니다.

③ 해양법법원에 의하면 공해상 외국 선박을 기국 이외 국가의 관할권에 종속시키는 행위는 위축 효과 (chilling effect)의 발현 여부와 무관하게 공해자유를 침해할 수 있다.

④ 해양법법원에 의하면 법집행이 내수에서 수행되었다 하더라도 해당 국가가 자국 형법과 관세법을 외 국 선박의 공해상 행위까지 영토 외적으로 확대해서 동 행위를 범죄화하였다면 공해자유 원칙에 위반 될 수 있다.

해양법법원은 이탈리아가 공해자유 원칙을 위반하였다고 보았다.

☑ 선지분석

③ 공해상 외국 선박에 대해서는 기국 이외의 어느 국가도 관할권을 행사할 수 없다. 따라서 물리적인 방해나 법집 행이 아니더라도, 입법관할권을 행사한 것 자체만으로 국제법에 위반되는 것이라고 판단하였다.

답 ②

06 UN해양법협약상 해적에 대한 설명으로 옳은 것만을 모두 고른 것은?

> ㄱ. 해적은 재판적격성을 충족하는 경우에 한하여 국제형사재판소(ICC)에서 처벌된다.
> ㄴ. 해적은 원칙적으로 공해 또는 기타 국가 관할권 이외의 지역에서 발생한다.
> ㄷ. 해적은 보편관할권의 대상이므로 국가에게 해적을 처벌할 의무가 있는 것은 아니다.
> ㄹ. 항공기는 해적행위를 할 수 없으나, 군용항공기는 해적행위를 진압할 수 있다.

① ㄱ, ㄴ ② ㄱ, ㄷ
③ ㄴ, ㄷ ④ ㄷ, ㄹ

UN해양법협약상 해적에 대한 설명으로 옳은 것은 ㄴ, ㄷ이다.

ㄴ. 해석상 무주지나 배타적 경제수역(EEZ)에서 발생하는 해적도 포함된다.

ㄷ. 임의적 보편관할권이 적용되므로, 어떤 국가든지 해적의 지배하에 있는 선박이나 항공기를 나포하여 법원에 기 소되어 처벌될 수 있으나, 처벌할 '의무'가 있는 것은 아니다.

☑ 선지분석

ㄱ. 국제형사재판소(ICC)의 관할대상범죄는 집단살해죄, 인도에 대한 죄, 전쟁범죄, 침략범죄에 한정되며, 해적은 관할대상범죄가 아니다.

ㄹ. 항공기 역시 해적행위의 주체가 될 수 있다. 진압주체에는 군용항공기도 포함된다.

답 ③

07 해적행위에 대한 국가관할권 행사에 대한 설명으로 옳지 않은 것은?

□□□
① 보편주의 원칙에 기초하여 모든 국가가 관할권을 행사할 수 있다.
② UN해양법협약상 해적행위에 대한 관할권은 의무적 관할권이다.
③ 해적행위의 혐의가 있는 선박의 나포가 충분한 근거 없이 행하여진 경우, 나포를 행한 국가는 그 선박의 국적국에 대하여 나포로 인하여 발생한 손실 또는 손해에 대한 책임을 진다.
④ 해적행위를 이유로 한 나포는 군함·군용항공기 또는 정부업무를 수행 중인 것으로 명백히 표시되고 식별이 가능하며 그러한 권한이 부여된 그 밖의 선박이나 항공기만이 행할 수 있다.

> **정답 및 해설**

해적행위에 대한 관할권은 '임의적 보편관할권'의 성격을 띤다. 즉, 보편관할권은 국가의 권리일 뿐 의무는 아니다.

답 ②

08 공해 법질서에 관한 판례 및 사례에 대한 설명으로 옳지 않은 것은 모두 몇 개인가?

□□□
> ㄱ. 2002년 12월 북한 선적 서산호는 국기를 게양하지 않고 공해를 항행하던 중 스페인 군함에 의해 임검을 당하였으나, 미국은 예멘이 선적된 무기를 제3국에 인도하지 않겠다고 약속하자 놓아주도록 하였다.
> ㄴ. Lotus호 사건에서 상설국제사법재판소(PCIJ)는 프랑스는 주관적 속지주의에 의해, 터키는 객관적 속지주의에 근거하여 당해 사건에 대해 관할권을 가진다고 하였다.
> ㄷ. Lotus호 사건과 달리 UN해양법협약(1982)은 공해상 선박 충돌 사건에 대한 형사관할권은 가해선의 기국 또는 가해자의 국적국가가 가지도록 입법화하였다.
> ㄹ. Arctic Sunrise호 사건(2015)에서 중재재판소는 배타적 경제수역(EEZ) 내의 석유시추 플랫폼은 포괄적으로 해석할 때 선박의 일종으로 볼 수 있으므로 해적행위가 성립한다고 판시하였다.
> ㅁ. 선박이 노예무역에 종사하는 혐의가 있는 경우 외국 군함은 임검권을 발동할 수 있으나, 혐의가 사실로 판명되더라도 기국의 동의가 없다면 당해 선박을 나포하거나 관련자들을 소추할 수 없다.

① 1개
② 2개
③ 3개
④ 4개

> **정답 및 해설**

공해 법질서에 관한 판례 및 사례에 대한 설명으로 옳지 않은 것은 ㄹ. 1개이다.
ㄹ. 석유시추 플랫폼은 선박이 아니기 때문에 해당 플랫폼에 올라가려 한 행위는 해적행위가 아니라고 하였다.

⊘ 선지분석

ㄴ, ㄷ.Lotus호 사건은 1927년 상설국제사법재판소(PCIJ)에서 내려진 판결로, 당시에는 공해상 선박 충돌 시 가해선의 국적국이 관할권을 행사하는 이른바 기국주의가 관습으로 성립되지 않았다. 이에 따라 프랑스가 아닌 터키가 객관적 속지주의에 의해 관할권을 행사하였다. 하지만 현행법상으로는 기국주의가 인정된다.
ㅁ. 모든 국가는 자국기를 게양하는 선박의 노예 수송을 방지 및 처벌할 의무가 있다. 임검권은 모든 국가가 발동할 수 있으나, 노예 수송 선박 처벌에 대해서는 기국주의가 적용된다.

답 ①

09 국제해양법에 대한 설명으로 옳은 것은?

① 중재재판소는 The Arctic Sunrise Arbitration 사건에서 연안국들이 단속해야 할 수역이 광대하고 더욱 신뢰할 수 있는 발전된 과학기술이 이용가능하다고 하더라도 협약 규정에 따라 정선명령은 보거나 들을 수 있는 거리에서 시각신호와 청각 신호로 해야 하고, 무선통신에 의한 정선명령은 허용되지 않는다고 판시하였다.

② 선박이 무허가방송에 종사하고 있다고 판단되는 경우 임검권을 행사할 수 있는 군함의 기국은 선박의 소유자의 국적국, 시설의 등록국, 무허가방송종사자의 국적국, 송신이 수신될 수 있는 국가, 허가된 무선통신이 방해받는 국가이다.

③ UN해양법협약에 의하면, 군함의 임검권은 다섯 가지 혐의(해적행위, 노예무역, 무허가방송, 무국적선이라고 의심되는 경우, 외국기 게양하고 있거나 국기제시를 거절하였음에도 불구하고 실제로 군함과 동일한 국적을 보유하고 있다고 의심되는 경우)가 있는 경우에만 발동될 수 있다.

④ 공해생물자원의 허용어획량을 결정하고 기타 보존조치를 수립함에 있어 국가들은 최대 생산량(maximum yield)을 생산할 수 있는 수준에서 포획어족의 자원량을 유지 또는 회복하기 위한 조치를 취해야 한다.

✅ **선지분석**
① 연안국들이 단속해야 할 수역이 광대하고 더욱 신뢰할 수 있는 발전된 과학기술도 이용가능한 마당에 '무선통신(radio communications/messages)'에 의한 정선명령을 보거나 들을 수 있는 거리로 국한하는 것은 이치에 맞지 않는다고 판시하였다.
② 선박의 기국이 포함된다. 선박 소유자의 국적국은 제외된다.
④ 국가들은 최대지속적 생산량(maximum sustainable yield)을 생산할 수 있는 수준에서 포획어족의 자원량을 유지 또는 회복하기 위한 조치를 취해야 한다.

답 ③

10 다음 사례에 대한 설명으로 옳은 것은?

> A국에 등록된 어선 X호는 공해상에서 조업을 하던 중 B국 국민 Y가 A국 선장 Z를 살해하는 사건이 발생하였다. 마침 인근을 항행 중이던 C국 군함이 X호에 접근하여 상황을 파악한 X호와 Y를 자국 항구로 나포한 다음 Y를 자국 형법에 따라 벌금형을 부과하였다. X호는 3개월간 억류되어 조업을 하지 못하여 막대한 손해를 입게 되었다.

① C국은 보편주의에 기초하여 적법하게 관할권을 행사한 것이다.

② A국이 C국에 대해 외교적 보호권을 발동하고자 하는 경우 X호는 C국 내에서 국내구제를 우선 완료해야 한다.

③ ILC외교보호초안(2006)에 따르면 A국은 Y가 C국의 불법적 형사관할권 행사로 입은 손해에 대하여 C국에 손해배상을 청구할 수 있으나, Y의 국적국인 B국의 외교적 보호권 발동이 배제되는 것은 아니다.

④ 사례와 같은 형사사건이 공해상에서 발생한 것이므로 해적행위에 해당된다.

✅ **선지분석**

① C국은 형사관할권을 가질 수 없다. 공해에서는 기국주의가 원칙이며, 기국주의의 예외는 해적, 노예수송, 무허가방송, 무국적 선박 등에 한정된다. 사례는 선박 내에서 발생한 형사사건이므로 기국주의가 적용된다. 따라서 기국이 아닌 C국은 형사관할권을 가질 수 없다.

② C국의 위법행위가 공해상에서 발생한 것이어서 X호와 C국 간에는 자발적 관련성이 없다. 따라서 C국 내에서 국내구제완료의무가 없다.

④ 공해상에서 발생한 것이긴 하나 해적의 조건을 충족하지 못하였다. 한 선박 내에서 발생한 사건은 해적이 아니다. 해적이 성립하기 위해서는 해적의 주체선박과 대상선박이 모두 존재해야 한다.

답 ③

11 다음 사례에 대한 설명으로 옳은 것은? (다툼이 있는 경우 판례에 의함)

> A국에 등록된 어선 X호는 공해상에서 조업활동을 하고 있던 중 B국에 등록된 선박 Y호 선장의 과실로 충돌하여 선원 5명이 사망하였다. Y호는 항행을 계속하여 A국 항구에 입항하였으며, A국은 자국 형법을 적용하여 Y호 선장에 대해 벌금형을 부과하였다.

① A국이 형사관할권을 행사할 수 있는 이론적 기초는 주관적 속지주의이다.

② A국이 자국 형법을 적용하여 Y호 선장에게 벌금형을 부과한 것은 국가주권의 영토적 한계를 벗어난 위법한 관할권 행사로 볼 수 있다.

③ 만약 A국이 UN해양법협약(1982)의 당사국이라면 동 협약을 위반한 것으로 볼 수 있다.

④ 만약 X호가 A국에 편의치적으로 선적을 취득한 경우라면 A국은 X호가 입은 손해와 관련하여 형사관할권을 행사할 수 없다.

해양법협약은 가해선이나 가해선 관련자의 국적국만 형사재판관할권을 행사하도록 규정하고 있으므로 피해선의 기국인 A국이 형사관할권을 행사한 것은 동 협약 위반이다.

✅ **선지분석**

① 객관적 속지주의에 해당된다.

② A국이 형사관할권을 행사한 장소는 자국의 내수이므로 집행관할권의 영토적 한계를 벗어난 것으로 볼 수 없다.

④ X호가 편의치적선이라 할지라도 현행법상 편의치적을 금지하는 국제법은 없으므로 X호를 A국 국적 선박으로 보는 것은 법적 하자가 없다.

답 ③

12
Lotus호 사건판결에 대한 설명으로 옳지 않은 것은?

① 1927년 상설국제사법재판소(PCIJ)의 의장이 결정투표권(Casting vote)을 행사한 판결이다.
② 프랑스 여객선 Lotus호가 공해상에서 터키 화물선 Boz‑Kourt호와 충돌한 사건이다.
③ 터키는 Lotus호의 당직사관을 체포하여 벌금형을 부과하였다.
④ 공해상에서 선박충돌 시 가해선박의 국적국만이 관할권을 행사할 수 있다고 하였다.

정답 및 해설

프랑스는 공해상에서 선박충돌 시 가해국의 기국만이 관할권을 행사하는 것이 관습법이라고 주장하였으나, 상설국제사법재판소(PCIJ)는 프랑스의 입증이 충분하지 못하다고 판단하고 기각판결하였다.

✓ 선지분석
③ 터키가 주장한 객관적 속지주의 관할권이 인정되어 터키가 관할권을 행사하였다.

답 ④

13
Artic Sunrise Arbitration(네덜란드 v. 러시아, 국제중재, 2014년)에 대한 설명으로 옳지 않은 것은?

① 그린피스는 법정의 조언자로서의 의견 제출의 기회를 달라고 요청하였으나, 중재재판부는 만장일치로 거절하였다.
② 재판소는 국제해양법재판소가 M/V Saiga호 사건에서 지적한 바와 같이 UN해양법협약 제111조에 명시된 추적권 행사를 위한 요건은 누적적인 것으로 각 요건이 모두 충족되어야 하는데, 러시아는 모선박에 대해 정선명령을 내리지 않았으므로 추적권 행사를 위한 누적적 요건을 충족시키지 못하였다고 판단하였다.
③ 중재재판소는 러시아 EEZ 내의 석유시추 플랫폼 프리라즈롬나야는 선박이 아닌 고정된 플랫폼이기 때문에 해적행위가 성립하기 위한 타 선박의 요건에 해당하지 않으므로 해적에 해당되지 않는다고 하였다.
④ 중재재판소는 만장일치의 결정을 통해 러시아가 UN해양법협약을 위반하여 행동하였으며, 피해선박의 기국인 네덜란드는 Artic Sunrise호에 가해진 중대한 손해에 대한 이자와 함께 금전배상을 받을 권리가 있다고 판시하였다.

정답 및 해설

러시아의 추적은 도중에 중단되었기 때문에 추적권 행사를 위한 누적적 요건을 충족시키지 못하였다고 판단하였다. 그러나 추적권 개시 요건인 정선명령은 적법하게 내려졌다고 판단하였다.

답 ②

14 추적권에 대한 설명으로 옳지 않은 것은?

① 추적권은 추적당하는 외국 선박이 그 기국 또는 제3국의 영해에 들어감과 동시에 소멸한다.
② 추적권과 관련된 사건으로는 '아임 얼론(I'm Alone)호 사건'과 '베링해 해구중재 사건'을 들 수 있다.
③ 추적권은 피추적선이 배타적 경제수역(EEZ) 또는 대륙붕상에 있어서 그 곳에 적용되는 연안국의 법령을 위반한 경우에 적용된다.
④ 정선명령은 보고 들을 수 있는 거리에서 시각신호와 청각신호로 해야 하며, 불가피할 경우 무전에 의한 통고만으로도 가능하다.

> **정답 및 해설**
>
> 무전에 의한 통고만으로는 정선명령이 되기에 충분하지 않다. 추적은 정선명령을 내린 후가 아니면 개시할 수 없다(UN해양법협약 제111조 제4항).
>
> **⊘ 선지분석**
> ① 피추적선이 제3국의 배타적 경제수역(EEZ)에 있다면 추적권은 여전히 인정되어 추적이 가능하다.
> ② '아임 얼론호 사건'에서는 추적권 발동 시 무력을 사용할 수 있으나 비례의 원칙을 준수해야 한다는 판단이 내려졌고, '베링해 해구 중재 사건'은 판결이 내려졌던 1893년 당시 추적권은 국제관습법이 아니었으며, 공해자유의 원칙을 준수해야 한다고 판시하였다.
>
> 답 ④

15 추적권에 대한 설명으로 옳지 않은 것은?

① 추적권은 피추적선이 그 국적국 또는 제3국의 배타적 경제수역에 들어감과 동시에 소멸한다.
② 추적의 방법은 중단이 없는 계속추적이어야 하나, 인계추적도 인정된다.
③ 추적사유는 피추적선이 연안국의 법령을 위반한 것으로 믿을 만한 충분한 사유가 있어야 한다.
④ 추적선은 연안국의 군함, 군용항공기, 특별히 추적의 권한이 인정된 공선 또는 공항공기이다.

> **정답 및 해설**
>
> 추적권은 피추적선이 기국 또는 제3국의 '영해' 내에 들어가면 소멸한다.
>
> **⊘ 선지분석**
> ② 한 추적선이 추적하다 다른 추적선에 인계할 수 있는가에 대한 명문규정은 없으나, 해석상 가능하다고 판단된다.
>
> 답 ①

16

추적권(right of hot pursuit)에 대한 설명으로 옳지 않은 것은?

① 추적권(right of hot pursuit)이 인정되는 선박 또는 항공기는 군함·군용항공기 또는 특히 추적권(right of hot pursuit)이 부여된 공선이나 공항공기에 한한다.

② 자선이 관할수역 내에서 연안국법령에 위반하여 추적대상이 될지라도 모선이 관할수역 내에 있지 않을 경우 모선은 추적의 대상이 되지 않는다.

③ 추적은 중단되어서는 안 되고 계속적 추적이어야 하며, 추적이 중단되지 않는 한 공해에까지 계속 추적할 수 있다.

④ 추적권(right of hot pursuit)은 공해에서만 행사할 수 있으며, 피추적선이 기국 또는 제3국의 영해 내에 들어가면 소멸한다.

> **정답 및 해설**

자선이 관할수역 내에서 추적을 받기 시작한다면 추적개시 당시 관할수역 외부에 있던 모선을 추적하는 것도 가능하다. 이를 '추정적 존재이론'이라고 한다.

⊘ 선지분석
② 추정적 존재이론은 다른 말로 해석학적 현장성 이론이라고도 한다.
④ 피추적선은 추적 개시 당시에 연안국의 법령이 적용되는 영역에 위치해야 한다.

답 ②

17

1982년 UN해양법협약에서의 추적권(right of hot pursuit)에 대한 설명으로 옳지 않은 것은?

① 추적권(right of hot pursuit)은 국제관습법으로 성립되어 있다가 1958년 공해에 관한 제네바협약에서 처음으로 성문화되었다.

② 1893년 미국과 영국 간의 베링해 물개 사건 중재재판에서는 추적권(right of hot pursuit)을 국제관습법으로 인정하고 영국의 공해자유의 원칙이 우선된다는 주장을 배척하였다.

③ 1935년 미국과 캐나다 간의 I'm Alone호 사건에서 합동위원회는 추적권(right of hot pursuit) 행사의 정당성을 인정하였으나 선박의 나포가 아닌 격침은 위법임을 인정하였다.

④ 모선(母船)은 공해상에 있으나 자선(子船)이 연안국 관할수역에서 법령을 위반한 경우 모선도 추정적 존재이론(doctrine of constructive presence)에 입각하여 계속추적의 대상이 된다.

> **정답 및 해설**

1893년 당시 중재재판관은 추적권(right of hot pursuit)이론은 국제법상 확립된 원칙이 아니며 당시 영국이 주장한 공해자유의 원칙이 우선된다는 주장을 지지하였다.

⊘ 선지분석
③ 또한, 합동위원회는 피추적선의 침몰이 적법한 무력사용의 결과 우발적으로 발생하였다면 추적국의 법적 책임이 없다고 판단하였다.

답 ②

18 M/V Saiga호 사건(1999)에 대한 설명으로 옳은 것은?

① 국제사법재판소(ICJ)에 제소된 첫 번째 사건이다.

② 혼합청구 사건에서는 압도적 우세기준이 적용된다고 판시하였다.

③ 위법한 추적권 발동으로 피해를 입은 선박의 국적국은 국내구제완료 원칙과 무관하게 국가책임을 추궁할 수 있다고 하였다.

④ 배타적 경제수역(EEZ)에서는 자국의 관세, 위생, 재정 및 출입국관리 관련 법령을 적용할 수 없으나, 그 위반이 중대한 경우에 한하여 예외적으로 자국 법령을 적용할 수 있다고 하였다.

✅ **선지분석**

① UN해양법법원에 제소된 첫 번째 사건이다.

② 혼합청구에 대한 사건이 아니다.

④ 배타적 경제수역(EEZ)에서는 배타적 경제수역(EEZ) 관련 법령만 적용할 수 있고, 그 위반을 이유로만 추적권을 발동할 수 있다고 하였다.

답 ③

19 국제법상 추적권에 대한 설명으로 옳지 않은 것은 모두 몇 개인가?

> ㄱ. The Arctic Sunrise호 중재재판소 판결에 따르면 피추적선이 러시아의 배타적 경제수역(EEZ) 내 안전수역을 벗어난 직후 정선명령이 발령되었으나 안전수역이 500m에 불과하다는 점을 고려하여 추적 개시 시점이 문제시되지는 않는다.
>
> ㄴ. The Arctic Sunrise호 중재재판소 판결에 따르면 연안국들이 단속해야 할 수역이 광대하고 더욱 신뢰할 수 있는 발전된 과학기술을 이용할 수 있으므로 무선통신에 의한 정선명령을 보거나 들을 수 있는 거리로 국한하는 것은 합리적이지 않다.
>
> ㄷ. I'm Alone호 사건에서 캐나다 – 미국 공동위원회 의견에 따르면 혐의선박에 승선하여 수색하고 나포하는 등의 목적을 달성하기 위하여 필요하고도 합리적인 무력을 사용할 수 있다.
>
> ㄹ. I'm Alone호 사건에서 캐나다 – 미국 공동위원회 의견에 따르면 피추적선의 침몰이 국내법 집행을 위해 필요하고도 합리적 무력사용 결과 우발적으로 발생한 것이라면 추적국이 법적 책임을 지지 않는다.
>
> ㅁ. M/V Saiga호 사건에서 국제해양법법원은 추적권을 규정한 UN해양법협약 제111조상의 요건들은 누적적이므로 모두 충족해야 한다고 보았으며, 또한 기니는 추적권 발동 시 무력을 사용하였으나 그 비례성의 한도를 넘지 않아 위법한 행위가 아니라고 하였다.

① 1개

② 2개

③ 3개

④ 4개

국제법상 추적권에 대한 설명으로 옳지 않은 것은 ㅁ. 1개이다.

ㅁ. 기니는 추적권 발동 시 무력을 사용하면서 그 비례성의 한도를 넘어 과도하게 사용하였으므로 위법이라고 하였다.

✅ **선지분석**

ㄱ. 500m 안전수역 침범문제에 대해서, 러시아에서 안전수역 설치에 대한 국내법은 이미 제정되었지만 안전수역이 실제로 설치되지는 않았었다. 또한 수역이 설치되었다 하더라도, 네덜란드의 침범은 인정되지만 추적권이 중단되었기 때문에 인정되지 않는다고 재판에서 판시되었다.

답 ①

20

M/V Saiga호 사건(1999)에 대한 설명으로 옳은 것은 모두 몇개인가?

> ㄱ. 국제법원은 당사자의 동의가 없는 한 국내법이 국제법에 합치되는지에 대해 판단할 권한을 가지지
>   않는다.
> ㄴ. 배타적 경제수역(EEZ)에서 연안국은 관세법을 적용하여 추적을 개시할 수 있다.
> ㄷ. 추적권의 발동이 위법한 경우 그 결과로 발생한 선박의 체포와 억류, 선장의 기소와 유죄평결, 화물의
>   몰수 그리고 선박의 압류도 역시 위법행위이다.
> ㄹ. 추적권 발동 시 시각 신호나 청각 신호를 선행해야 하고 중단되어서는 아니 된다.
> ㅁ. 추적권 발동 시 무력사용이 불가피한 경우에도 합리적이고 필요한 범위를 벗어날 수 없다.
> ㅂ. 타국의 국제불법행위에 대해 피해국이 가해국에 대해서 손해배상을 받을 권리가 있다는 것은 확립된
>   국제법상 원칙이다.

① 1개　　　　　② 2개　　　　　③ 3개　　　　　④ 4개

M/V Saiga호 사건(1999)에 대한 설명으로 옳은 것은 ㄷ, ㄹ, ㅁ, ㅂ. 4개이다.
ㄹ. UN해양법협약 문구상 '시각이나 음향 정선신호가 외국 선박이 보거나 들을 수 있는 거리에서 발신된 후 비로소
   이를 시작할 수 있다'고 시각, 음향신호가 선택적인 것처럼 표현되어 있다. 그러나 판례 및 관행상 시각 신호와
   음향 신호는 모두 요구된다. 즉, 둘 다 의무적으로 선행되어야 추적이 개시될 수 있다(UN해양법협약 제111조
   제4항).

선지분석
ㄱ. 국제법원은 당사자의 동의와 무관하게 국제법에 대한 국내법의 위반 여부를 판단할 수 있다.
ㄴ. 관세법이 배타적 경제수역(EEZ)에 적용되는 것은 아니므로 이에 대한 위반을 이유로 추적을 개시할 수 없다.

답 ④

21

국제해양법재판소가 판결한 M/V Louisa호 사건(2013)에 대한 설명으로 옳지 않은 것은?

① 재판부는 분쟁 당사국이 범위를 달리하여 해양법협약 제287조상 선언을 하였을 경우 재판부의 관할권
   은 양국 선언이 중첩되는 부분에 한정된다고 밝혔으며 ICJ의 관련 판례를 인용하였고 양국의 관할권
   수용 선언 중 더 범위가 좁은 국가의 선언에 따라 관할권 범위를 정해야 한다는 위 판례에 따라 범위
   가 더 협소한 세인트빈센트 그레나딘의 선언이 의미하는 바를 해석해야 할 필요가 있다고 보았다.
② 세인트빈센트 그레나딘은 스페인의 선박 및 선원의 억류가 해양법협약 제73조에 위반한다고 주장하
   였고, 재판부는 M/V Louisa호가 배타적 경제수역(EEZ) 내 생물자원에 관한 스페인의 법령 위반 혐의
   로 억류된 것이므로 해양법협약 제73조는 세인트빈센트 그레나딘의 주장의 법적 근거가 될 수 있다고
   하였다.
③ 세인트 빈센트 그레나딘은 억류로 인해 공해 상의 항행 자유가 침해되었다고 주장하였으나, 재판부는
   해상에서의 항행 자유를 규정한 협약 제87조는 M/V Louisa호에 대해 진행 중인 사법 절차에도 불구
   하고 공해 접근권과 출항권을 부여해야 하는 방식으로 해석할 수 없다고 하였다.
④ 재판부는 자국 항구에 정박된 상업 선박 승선 시 기국에 사전 통지하거나 기국 또는 선장의 허가를
   득해야 한다는 규정은 해양법협약에 없다고 판시하였다.

재판부는 M/V Louisa호가 배타적 경제수역(EEZ) 내 생물자원에 관한 스페인의 법령 위반 혐의로 억류된 것이 아
니라 무기 소지 및 해저 유물 무단 채취 혐의로 형사 입건된 것임을 고려하여 제73조가 적용되지 않는다고 하였다.

답 ②

01 국제심해저제도에 대한 설명으로 옳지 않은 것은?

① 국제심해저란 국가관할권을 넘어서 존재하는 공해의 해상과 그 지하(하층토)이다.
② 국제심해저제도는 개발도상국들이 해저자원의 공동개발을 위하여 선진국의 참여 없이 만든 것이다.
③ 심해저자원의 탐사·이용을 총괄하기 위하여 국제심해저기구(Authority)가 있다.
④ 심해저자원개발의 사업기관으로 국제심해저기업(Enterprise)이 있다.

정답 및 해설

선진국들은 심해저자원에 대해서도 공해자유의 원칙을 적용하여 자유이용을 주장하였으나 해양법협약의 성립에는 참여하였다.

☑ 선지분석
① 심해저는 연안국 주권하에 있는 대륙붕의 한계 외측에 위치한, 공해의 해저와 해양저 및 그 하층토를 말한다.
③, ④ 협약상 심해저기구와 심해저기업은 모두 국제법인격을 가진다.

답 ②

02 1994년 이행협정(UN해양법협약 국제심해저 부분 개정)의 주요 내용을 나열한 것으로 옳지 않은 것은?

① 의결권상 선진국의 지위를 개선하였다.
② 심해저광업을 시장지향적으로 변경하였다.
③ 참여기업의 재정부담을 감소시켰다.
④ 국제심해저기업에 대한 특혜를 강화하였다.

정답 및 해설

심해저기업에 대한 특혜를 감축함으로써, 선진국기업의 투자여건을 개선하는 내용을 담고 있다.
★ 이행협정과 UN해양법협약 상충 시 이행협정 우선, 심해저의 개발 및 탐사에 시장경제 원리 도입, UN해양법협약상의 생산제한 규정 배제 등 내용을 담고 있다.

답 ④

03 1982년 UN해양법협약의 내용에 대한 설명으로 옳지 않은 것은?

① 군도수역을 규정함으로써 군도국가의 이익을 도모하였다.
② 배타적 경제수역(EEZ)과 심해저제도를 규정하였다.
③ 접속수역의 외측 한계를 영해기선으로부터 24해리까지로 확대하였다.
④ 심해저와 그 자원을 '인류의 공동유산'이라고 규정하고, 모든 국가의 자유로운 개발을 허용하였다.

정답 및 해설

심해저개발은 국제적으로 관리되므로 자유로운 개발이 허용되지 않는다.

답 ④

04

심해저에 대한 설명으로 옳지 않은 것은?

① 심해저란 연안국 주권하에 있는 대륙붕의 한계 외측에 위치하는 공해의 해저와 해양저 및 그 하층토를 의미한다.
② 심해저의 범위는 연안국 주권하에 있는 대륙붕의 한계 외측이다.
③ 1982년 UN해양법협약은 기업 외에 협약당사국 및 그 국민도 개발에 참여하는 '병행개발체제'를 채택하였다.
④ 심해저기구는 심해저개발에 관여하는 선진국들이 심해저활동을 조직하고 통제하기 위해 수립한 기구이다.

심해저기구는 UN해양법협약 당사국들이 심해저활동을 조직하고 통제하기 위해 수립한 기구이다.

⊘ 선지분석
① UN해양법협약 제1조 제1항에 대한 내용이다.
③ UN해양법협약 제153조에 대한 내용이다.

답 ④

제11절 | 섬

01

UN해양법협약에 대한 설명으로 옳지 않은 것은?

① 국제해협에서의 통과통항권은 항공기의 통항도 포함된다.
② 섬은 영해와 대륙붕 및 배타적 경제수역(EEZ)을 가지나, 암석(Rocks)은 영해, 대륙붕, 배타적 경제수역(EEZ)을 가지지 않는다.
③ 군함이 영해의 통항에 대한 연안국의 법령을 준수하지 않고 연안국의 준수요청도 무시하는 경우에 연안국은 그 군함을 영해로부터 즉각 퇴거하도록 요구할 수 있다.
④ 원칙적으로 연안국은 내수에서 외국 선박에 대해 무해통항권을 보장할 의무가 없다.

암석(Rocks)은 배타적 경제수역(EEZ)과 대륙붕은 가지지 않으나, 영해와 접속수역은 가진다.

⊘ 선지분석
③ 군함의 영해 통항에 관해서는 UN해양법협약상 불명확하다. 따라서 각 나라마다 다른 관행을 보이고 있으며, 국제관행상 사전통고 또는 사전허가제도가 적용된다. 예를 들어 한국은 3일 전 외교부장관에게 사전통고를 해야 하며, 미국은 현재 무해통항권이 인정되고 있다.
④ 무해통항권은 연안국의 영해에서 보장되는 권리이다. 내수에서는 연안국의 배타적 주권이 미치며, 원칙적으로 연안국의 국내법의 지배를 받는다.

답 ②

02 UN해양법협약상 섬(islands)에 대한 설명으로 옳지 않은 것은?

① 섬은 만조 시에도 수면 위에 있는 자연적으로 형성된 육지이다.
② 섬은 크기에 상관없이 자신의 영해와 접속수역을 가질 수 있다.
③ 인공섬은 섬의 지위를 가지지 아니하기 때문에 그 자신의 영해를 가지지 아니한다.
④ 본토로부터 200해리 밖에 있는 섬은 그 자신의 배타적 경제수역을 가질 수 없다.

정답 및 해설

섬이 배타적 경제수역(EEZ)을 가질 수 있는지 여부는 당해 섬이 '바위섬(rock)'인지 여부를 기준으로 판단한다. 따라서 200해리 밖에 있는 섬이라 할지라도 '섬(island)'에 해당한다면 그 자신의 배타적 경제수역(EEZ)과 대륙붕을 가질 수 있다.

✅ 선지분석
① 만조 시에도 수면 위에 존재해야 하기 때문에 간출지는 섬이 아니며, 자연적으로 형성된 육지여야 하기 때문에 인공섬은 섬이 아니다.
② 바위섬(rocks)이 아닌 섬은 영해, 접속수역뿐 아니라 배타적 경제수역(EEZ)과 대륙붕까지 가질 수 있다.

답 ④

03 UN해양법협약(1982)상 섬에 대한 설명으로 옳지 않은 것은 모두 몇 개인가?

> ㄱ. 섬은 자연적으로 형성된 육지영토로서 간조 시에 수면 위에 부상해 있어야 한다.
> ㄴ. 간조노출지(low-tide elevation)는 만조 시에 수면 위에 부상해 있는 자연형성 육지영토로서 UN해양법협약상 섬으로 볼 수 없다.
> ㄷ. 섬에는 원칙적으로 직선기선을 설정할 수 없으나, 항구적 시설물이 설치된 경우 예외적으로 직선기선을 설정할 수 있다.
> ㄹ. 흑해해양경계획정 사건에서 국제사법재판소(ICJ)는 우크라이나가 영유한 도서는 UN해양법협약상의 섬이라고 볼 수 없으므로 경계획정에서 형평을 위해 고려할 사안이 아니라고 판시하였다.

① 1개
② 2개
③ 3개
④ 4개

정답 및 해설

UN해양법협약(1982)상 섬에 대한 설명으로 ㄱ, ㄴ, ㄷ, ㄹ. 4개 모두 옳지 않다.
ㄱ. 섬은 '만조 시' 수면 위에 부상해 있어야 한다.
ㄴ. 간조노출지(low-tide elevation)는 '간조 시'에만 드러나는 육지영토이다.
ㄷ. 섬에는 직선기선이 설정될 수 있다. 간조노출지는 원칙적으로 직선기선이 설정될 수 없으나 항구적 시설물이 있는 경우 예외적으로 직선기선의 기점이나 종점이 될 수 있다.
ㄹ. 국제사법재판소(ICJ)는 섬인지 여부에 대해 판단하지 않았다.

답 ④

04 섬에 대한 설명으로 옳지 않은 것은 모두 몇 개인가?

> ㄱ. Territorial and Maritime Dispute 사건에서 국제사법재판소(ICJ)는 섬의 정의에 있어서 자연적으로 형성되고, 만조 시에도 수면 위에 있는 것인지가 기준이고, 섬의 지질학적 구성은 섬에 해당되는지 여부를 판단하는 기준이 아니라고 하였다.
> ㄴ. 국제사법재판소(ICJ)는 바위섬과 섬을 구분하는 기준에 대해 정면으로 다룬 바가 없다.
> ㄷ. South China Sea Arbitration 사건에서 중재재판소는 인간들의 변형을 통해 간출지가 섬이 될 수는 없다고 하였다.
> ㄹ. Territorial and Maritime Dispute 사건에서 국제사법재판소(ICJ)는 UN해양법협약상 섬의 정의, 섬의 해양수역, 섬과 바위섬의 구분 관련 규정은 국제관습법의 지위를 가진다고 하였다.
> ㅁ. 국제사법재판소(ICJ)에 따르면 바위섬이 아닌 섬의 경우 대향국이나 인접국 간의 대륙붕과 배타적 경제수역(EEZ) 경계획정 시 언제나 완전효과를 부여받는다.
> ㅂ. Island of Palmas 사건에서 중재재판관은 일단의 섬은 상황에 따라 한 개의 단일체로 간주될 수 있으며, 그 결과 주된 부분의 운명이 나머지 부분에도 관련이 있을 수 있다고 하였다.

① 1개 ② 2개 ③ 3개 ④ 4개

섬에 대한 설명으로 옳지 않은 것은 ㅁ 1개이다.
ㅁ. 언제나 효과를 부여받는 것은 아니며, 무효과이거나 반분효과를 부여받기도 한다.

⊘ 선지분석
ㄴ. 바위섬과 섬을 구분하는 기준은 South China Sea Arbitration 사건(남중국해 중재 판정부)에서 처음 판시되었다.

답 ①

05 국제법상 섬에 대한 설명으로 옳지 않은 것은?

① South China Sea Arbitration 사건 판결에서 재판부는 거주에 해당하기 위해서는 소수 사람의 단순한 존재만으로 부족하고, 어느 정도 규모의 사람 집단이나 공동체의 거주를 필요로 하며, 상당 기간 계속적이고 안정적으로 거주할 수 있도록 최소한의 음식·식수·주거 등이 유지될 수 있어야 한다고 판단했다.
② South China Sea Arbitration 판결에서 재판부는 독자적 경제활동의 요건을 충족시키기 위해서 당해 섬에 자원이 충분히 존재하는 경우만으로 충분하다고 하였다.
③ South China Sea Arbitration 판결에서 재판부는 인간의 거주가능성과 독자적 경제활동 지탱가능성 중 어느 하나의 요건만 충족하면 그 섬은 독자의 배타적 경제수역 등을 가질 수 있다고 판단했다.
④ 해양법협약(1982)에 의하면 섬(Island)은 영해와 접속수역 외에 EEZ와 대륙붕을 갖는다.

당해 섬에 자원이 충분히 존재하는 경우만으로는 부족하고, 그 자원을 이용·개발·분배하기 위한 일정 수준의 지속적 현지 인간활동이 필요하다고 판단했다.

답 ②

01 UN해양법협약(1982)상 해양분쟁해결제도에 대한 설명으로 옳지 않은 것은?

□□□

① 강제절차와 조정절차로 대별되며 조정은 임의조정이 원칙이며 법적 구속력이 없다.

② 당사국은 협약에 대한 분쟁을 자신들이 선택하는 평화적 수단에 해결하기로 언제든지 합의할 수 있으며, 협약상 분쟁해결제도는 그러한 합의가 부재한 경우 적용된다.

③ 강제절차 선택은 재량이며 또한 언제든지 철회할 수 있으나 철회통고가 UN사무총장에게 기탁된 때로부터 6개월이 경과해야 효력이 발생한다.

④ 특별중재의 경우 특별중재를 선택한 당사국 상호 간에만 적용되며 어업, 해양환경보호, 해양과학조사, 선박기인 오염 등 4가지 문제에 한하여 관할권을 가진다.

> **정답 및 해설**

철회통고가 UN사무총장에게 기탁된 때로부터 3개월이 경과하면 효력이 발생한다.

⊘ 선지분석

① 그러나 구속력 있는 강제절차의 적용이 제한되는 사안에 대해서는 강제조정이 진행된다.

② 분쟁당사자의 평화적 해결에 대한 합의가 부재한 경우, 분쟁당사자가 공통으로 선택한 강제절차가 적용되며, 공통된 강제절차가 다르거나 선택한 절차가 없다면 중재법원을 선택한 것으로 간주된다.

답 ③

02 UN해양법협약상 해양분쟁해결제도에 대한 설명으로 옳지 않은 것만을 모두 고른 것은?

□□□

> ㄱ. 분쟁해결의 제1원칙은 분쟁해결수단선택의 자유 원칙, 제2원칙은 평화적 해결 원칙이다.
> ㄴ. 배타적 경제수역(EEZ)의 생물자원에 대한 연안국의 주권적 권리 및 행사에 대한 분쟁의 경우 강제절차 적용이 제한된다.
> ㄷ. 육지나 섬에 대한 주권에 대한 분쟁 시, 일국이 선택적 배제(optional exception)를 선언한 경우, 의무적 조정절차가 적용된다.
> ㄹ. 강제절차수단에 대한 당사국의 하나 이상의 선택 또는 선언이 없는 경우 중재법원을 선택한 것으로 간주된다.

① ㄱ, ㄷ　　　　② ㄱ, ㄹ　　　　③ ㄴ, ㄷ　　　　④ ㄷ, ㄹ

> **정답 및 해설**

UN해양법협약상 해양분쟁해결제도에 대한 설명으로 옳지 않은 것은 ㄱ, ㄷ이다.

ㄱ. UN해양법협약 제15부에 규정된 분쟁해결의 제1원칙은 제79조상의 분쟁의 평화적 해결 원칙이고, 제1원칙은 제180조상의 수단선택의 자유 원칙이다. 수단선택의 자유란 각 협약당사국은 협약의 해석 및 적용에 관한 분쟁을 자신들이 선택하는 수단에 의해 해결하기로 언제든지 합의할 수 있다는 것이다.

ㄷ. 선택적 배제(optional exception)가 있는 경우, '해양경계획정과 역사적 만 또는 권원'에 대한 분쟁은 의무적 조정절차가 적용되나, 육지나 섬에 대한 주권이나 기타 권리에 대한 분쟁이나 이러한 사실관계가 반드시 함께 검토되어야 하는 혼합분쟁은 의무적 조정절차로부터도 면제된다.

⊘ 선지분석

ㄹ. 또한 분쟁당사자 간 공통된 강제절차에 의해 분쟁을 해결하는 것이 원칙이다. 그러나 분쟁당사국이 선택한 절차가 상호 다르나 달리 합의가 없는 경우, 구속력 있는 결정을 내리는 강제절차를 선택하지 않은 경우에는 중재법원을 선택한 것으로 간주된다.

답 ①

UN해양법협약(1982)상 강제절차 적용이 제한되는 분쟁으로 옳은 것은 모두 몇 개인가?

> ㄱ. 배타적 경제수역(EEZ)과 대륙붕에서 해양과학조사에 관련한 연안국의 권리나 재량권 행사
> ㄴ. 배타적 경제수역(EEZ)과 대륙붕에서의 해양과학조사의 정지나 중지를 명령하는 연안국의 결정
> ㄷ. 배타적 경제수역(EEZ)의 생물자원에 대한 연안국의 주권적 권리 및 행사에 관련한 분쟁
> ㄹ. 해양경계획정과 역사적 만 또는 역사적 권원
> ㅁ. 해양과학조사 및 어업에 대한 연안국의 법집행활동

① 1개　　　　　　　　　　② 2개
③ 3개　　　　　　　　　　④ 4개

정답 및 해설

UN해양법협약(1982)상 강제절차 적용이 제한되는 분쟁으로 옳은 것은 ㄱ, ㄴ, ㄷ. 3개이다.
ㄱ, ㄴ, ㄷ. UN해양법협약 제297조 제2항에 대한 내용이다.

⊘ 선지분석
ㄹ, ㅁ. 선택적 배제에 해당하는 분쟁이다.

답 ③

04
UN해양법협약(1982)상 강제관할권의 적용방식이 다른 분쟁으로 옳은 것은?

① 접속수역 경계획정에 관한 분쟁
② 배타적 경제수역(EEZ)에서 생물자원에 대한 연안국의 주권적 권리에 관한 분쟁
③ 대륙붕 경계획정에 관한 분쟁
④ 영해에서 어업에 관한 연안국의 법집행활동에 관한 분쟁

정답 및 해설

배타적 경제수역(EEZ)에서 생물자원에 대한 연안국의 주권적 권리에 관한 분쟁은 강제관할권 적용 제한 분쟁이다.

⊘ 선지분석
①, ③, ④ 선택적 배제에 대한 분쟁이다.

관련 이론 강제관할권의 적용방식	
강제관할권 적용 제한 분쟁	• 배타적 경제수역(EEZ)과 대륙붕에서 해양과학조사에 관한 연안국의 권리에 관한 분쟁 • 배타적 경제수역(EEZ)과 대륙붕에서 해양과학조사의 정지를 명령하는 연안국의 결정에 관한 분쟁 • 배타적 경제수역(EEZ)의 생물자원에 대한 연안국의 권리 및 그 행사에 관한 분쟁
선택적 배제	• 해양경계획정과 역사적 만 또는 역사적 권원에 관한 분쟁 • 군사활동에 관한 분쟁 • 해양과학조사 및 어업에 관한 연안국의 법집행활동에 관한 분쟁 • UN안전보장이사회에서 다루고 있는 분쟁

답 ②

05 1982년 UN해양법협약의 해석이나 적용에 관한 분쟁(해양분쟁)의 해결에 대한 설명으로 옳지 않은 것은?

① 해양분쟁의 해결을 위한 기본원칙은 분쟁을 UN헌장 제33조 제1항에 의해 평화적으로 해결한다는 것이다.

② 해양분쟁과 도서 영토에 관한 분쟁이 함께 검토되어야 하는 경우 의무적 조정절차로부터 면제된다.

③ 당사국은 가입 시 또는 그 이후 어느 때라도 국제사법재판소(ICJ) 및 1982년 UN해양법협약 부속서에 규정된 해양분쟁의 해결 방법 중 하나 이상을 선택할 수 있다.

④ 당사국은 가입 시 또는 그 이후 어느 때라도 해양분쟁의 해결 방법을 선택하지 않은 경우 국제해양법재판소(ITLOS)를 선택한 것으로 간주한다.

| 정답 및 해설 |

해양분쟁의 해결 방법을 선택하지 않은 경우 중재를 선택한 것으로 간주된다.

✓ 선지분석

① 협약당사국은 협약의 해석 및 적용에 관한 분쟁을 자신들이 선택하는 평화적 수단에 의해 해결하기로 언제든지 합의할 수 있다. 즉, 수단 선택의 자유가 있다.

② 선택적 배제선언에 관한 사항이다. 선택적 배제시 해양경계획정, 역사적 만, 역사적 권원에 관한 분쟁은 강제절차가 배제되고 강제적 조정절차가 적용되나, 영토분쟁이 혼합된 분쟁인 경우 강제(의무)적 조정절차로부터도 배제된다.

답 ④

06 UN해양법협약상 중재재판소의 구성에 대한 설명으로 옳지 않은 것은 모두 몇 개인가?

ㄱ. 중재재판소는 5인으로 구성된다.
ㄴ. 분쟁당사자는 각각 1인의 중재관을 선임할 수 있으나, 자국민은 배제해야 한다.
ㄷ. 5인의 중재관 중 다른 3인의 중재재판관은 당사자 사이의 합의에 따라 선임한다. 가능한 한 그들은 명부 안에서 선출되어야 하며 당사자가 달리 합의하지 아니하는 한 제3국 국민이어야 한다. 분쟁당사자는 이 중재재판관 3인 가운데에서 중재재판소소장을 선임한다.
ㄹ. 분쟁당사자 간 중재재판관 선임에 대해 합의하지 못하는 경우 국제해양법재판소 소장이 필요한 선임을 행한다.
ㅁ. 국제해양법재판소 소장이 어느 한 분쟁당사자의 국민일 경우, 선임은 분쟁당사자의 국민이 아니며 출정 가능한 국제해양법재판소의 다음 연장자에 의하여 이루진다.

① 1개   ② 2개
③ 3개   ④ 4개

| 정답 및 해설 |

중재재판소의 구성에 대한 설명으로 옳지 않은 것은 ㄴ. 1개이다.
ㄴ. 분쟁당사자는 중재관으로서 자국민도 선임할 수 있다.

✓ 선지분석

ㄷ. 5인의 중재관 중 각국은 자국적인 중재관을 1인씩 선임하는데, 당사국은 4명을 지명해 중재관 명부에 등재하고 있다가 그중 1인을 선임한다. 이 명부는 UN사무총장이 관리한다.
ㄹ. 중재관 3인에 대해 60일 내 합의가 되지 않으면 국제해양법재판소 소장이 선임한다.

답 ①

07 국제해양법법원에 대한 설명으로 옳지 않은 것은?

① 국제해양법법원은 해양분쟁해결기구로서 UN해양법협약의 규정과 제6부속서에 의거하여 설립되었다.
② UN해양법협약의 당사국만 국제해양법법원의 소송당사자가 될 수 있다.
③ 심해저자원개발 관련 분쟁의 관할권에 대하여 배타적 관할권을 가진다.
④ 국제해양법법원의 판결은 최종적이며 모든 당사자를 구속한다.

정답 및 해설

협약의 당사국이 아니더라도 해양법협약 제11장에 명시적으로 규정되거나, 이 재판소의 관할권을 인정하는 다른 협약에 따라 분쟁해결을 부탁하는 모든 주체도 이 재판소의 소송당사자가 될 수 있다(UN해양법협약 제20조).

 선지분석
③ 국제해양법법원은 억류된 선박과 선언의 신속한 석방을 위한 특별절차에 관한 것과 심해저자원개발 관련 분쟁에 관한 것에 대해 배타적 관할권을 가진다.
④ 해양법협약 제33조에 대한 내용이다.

답 ②

08 국제해양법재판소에 대한 설명으로 옳지 않은 것은?

① 국제사법재판소(ICJ)와 같이 9년 임기의 15명의 재판관으로 구성되어 있다.
② 국제사법재판소(ICJ)와 같이 동일 국적의 재판관이 2인 이상 선출될 수 없다.
③ 재판관 선출을 위한 당사국회의의 정족수는 당사국들의 2/3이다.
④ UN총회 지역안배상 각 지역은 최소한 3명 이상의 재판관을 확보한다.

정답 및 해설

국제해양법재판소는 9년 임기의 21명의 재판관으로 구성된다.

선지분석
③ 구체적으로 말하자면, 당사국회의에 출석하여 투표하는 당사국의 2/3 이상의 다수표를 얻은 사람이 선출된다. 이때 출석하여 투표하는 당사국의 2/3 이상의 다수에는 전체 당사국의 과반수가 포함되어야 한다.
④ 재판관 선출 시 UN이 작성한 지리적 안배를 고려해야 하며, 각 지역은 최소 3명 이상의 재판관을 확보해야 한다.

답 ①

09 국제해양법재판소에 대한 설명으로 옳은 것은 모두 몇 개인가?

> ㄱ. 재판소의 소재지는 독일연방공화국의 한자자유시인 함부르크로 한다.
> ㄴ. 재판소는 해양법 분야에서 능력이 인정된 사람 가운데서 선출된 18인의 독립적 재판관으로 구성된다.
> ㄷ. 재판관은 UN총회가 설정한 각 지리적 그룹에서 적어도 3인 이상의 재판관이 선출된다.
> ㄹ. 재판관은 당사국회의에서 최다득표를 한 사람으로서 출석하여 투표하는 당사국의 2/3 이상의 다수의 표를 얻은 사람을 재판관으로 선출한다. 단, 출석하여 투표하는 당사국의 2/3 이상의 다수에는 전체 당사국의 과반수가 포함되어야 한다.
> ㅁ. 재판관의 임기는 9년이며 재선될 수 없다.

① 1개   ② 2개
③ 3개   ④ 4개

정답 및 해설

국제해양법재판소에 대한 설명으로 옳은 것은 ㄱ, ㄷ, ㄹ. 3개이다.

✅ 선지분석
ㄴ. 재판소는 해양법 분야에서 능력이 인정된 사람 가운데서 선출된 21인의 독립적 재판관으로 구성된다.
ㅁ. 재판관은 재선될 수 있다.

답 ③

10 UN해양법협약(1982)상 해양분쟁해결제도에 대한 설명으로 옳지 않은 것을 모두 고른 것은?

> ㄱ. 어떠한 국가도 이 협약의 서명, 비준, 가입시 서면 선언에 의하여 이 협약의 해석이나 적용에 관한 분쟁의 해결을 위하여 협약에 열거된 수단 중의 어느 하나 또는 그 이상을 자유롭게 선택할 수 있으나, 협정 발효 후 또는 가입 후에도 자유롭게 선택할 수 있다.
> ㄴ. 분쟁해결절차를 선택하는 선언은 취소통고가 국제연합사무총장에게 기탁된 후 6개월까지 효력을 가진다.
> ㄷ. 중재재판소가 구성되는 동안 잠정조치의 요청이 있는 경우 당사자가 합의하는 재판소가, 만일 잠정조치의 요청이 있은 후 10일 이내에 이러한 합의가 이루어지지 아니하는 경우에는 국제해양법재판소(또는 심해저활동에 관하여서는 해저분쟁재판부)가, 이 조에 따라 잠정조치를 명령, 변경 또는 철회할 수 있다.
> ㄹ. 분쟁이 회부된 중재재판소는 국제해양법재판소가 취한 잠정조치를 확인할 수 있으며, 변경하거나 철회할 수도 있다.

① ㄱ, ㄴ   ② ㄴ, ㄷ
③ ㄱ, ㄹ   ④ ㄴ, ㄹ

정답 및 해설

UN해양법협약(1982)상 해양분쟁해결제도에 대한 설명으로 옳지 않은 것은 ㄴ, ㄷ이다.
ㄴ. 3개월까지 효력을 가진다.
ㄷ. 2주일 이내에 이러한 합의가 이루어지지 아니하는 경우

답 ②

11 국제해양법재판소에 대한 설명으로 옳지 않은 것은?

① 모든 재판관은 직무를 시작하기 전에 공정하고 양심적으로 자기의 권한을 행사할 것을 공개 법정에서 선서한다.
② 재판소는 3년 임기의 소장과 부소장을 선출하며 이들은 재선될 수 있다.
③ 참여 가능한 모든 재판관은 재판에 참가하며 재판정을 구성하는 데 필요한 정족수는 9인이다.
④ 재판소는 특정한 종류의 분쟁을 처리하기 위하여 필요하다고 인정하는 때에는 3인 이상의 재판관으로 구성되는 특별재판정을 설치할 수 있다.

정답 및 해설

재판정을 구성하는 데 필요한 정족수는 11인이다.

✓ 선지분석
④ 또한, 약식절차에 따라 분쟁을 처리하고 결정하는 재판정이 매년 구성되며, 이때 5인의 재판관이 참여한다.

답 ③

12 국제해양법재판소에 대한 설명으로 옳지 않은 것은?

① 해석적 소송참가는 허용되지 않는다.
② 재판소의 결정은 종국적이며 모든 당사자를 구속한다.
③ 결정의 의미나 범위에 대한 분쟁이 있는 경우 당사자의 요청에 따라 이를 해석한다.
④ 재판소가 달리 결정하지 않는 한 분쟁 당사자는 각기 자체비용을 부담한다.

정답 및 해설

국제해양법재판소에서는 자발적 참가와 함께 해석적 소송참가도 인정된다.

✓ 선지분석
④ 한편, 해양법재판소의 경비에 대해서는 당사국과 심해저기구가 공동으로 부담한다. 당사국이나 해저기구가 아닌 주체가 분쟁당사자인 경우에는 재판소가 결정한다.

답 ①

13 국제해양법재판소에 대한 설명으로 옳은 것은?

① 국제사법재판소(ICJ)와 달리 분쟁당사자의 국적재판관은 당해 사건에 재판관으로서 참여할 수 없다.

② 국제해양법재판소는 업무를 신속하게 처리하기 위하여 약식절차에 따라 분쟁을 처리하고 결정할 수 있는 5인의 재판관으로 구성되는 재판정을 매년 구성한다.

③ UN해양법협약의 당사국이 아닌 국가에 대해 국제해양법재판소를 개방하지 아니한다.

④ 국제해양법재판소의 경비는 당사국회의가 결정하는 기간과 방법에 따라 당사국이 부담한다.

> **정답 및 해설**
>
> ✅ **선지분석**
> ① 분쟁당사자의 국적재판관은 당해 사건에 재판관으로서 참여할 수 있다.
> ③ 다른 협정에서 국제해양법재판소에 관할권을 부여한 경우 재판소는 당해 사건에 대해서도 관할권을 행사할 수 있다.
> ④ 국제해양법재판소의 경비는 당사국과 심해저기구가 부담한다.
>
> 답 ②

14 해양법재판소에 대한 설명으로 옳은 것은?

① 판사는 당사국 총회에서 출석투표당사국 2/3 이상 찬성을 받은 자 중 최다득표순으로 선발하며, 출석투표당사국 2/3 이상은 전 당사국 과반수 이상을 포함해야 한다.

② 협약의 당사국이 아닌 경우 소송당사자가 될 수 없다.

③ 재판소에 대해 국제기구와 달리 국가는 권고적 의견을 요청할 수 없다.

④ MOX공장 사건에서 아일랜드는 잠정조치명령을 국제해양법법원에 요청하였고, 법원은 아일랜드가 요청한 잠정조치를 명령하였다.

> **정답 및 해설**
>
> ✅ **선지분석**
> ② 협약의 당사국이 아닌 경우에도 소송당사자능력이 인정된다.
> ③ 국가도 권고적 의견을 요청할 수 있다.
> ④ 국제해양법법원은 아일랜드가 요청한 조치와 다른 조치를 잠정조치로서 명령하였다. 아일랜드는 영국 측의 MOX공장 건설 중단을 요청하였으나, 재판소는 이와 달리 추가정보 교환 등의 조치를 명령하였다.
>
> 답 ①

제2장 국제법의 객체

제1절 | 영토

01 영토에 대한 설명으로 옳지 않은 것은?

① 현대국제법은 정복에 의한 영토 취득을 인정하지 않는다.
② Uti Possidetis 원칙이란 기존의 국경을 유지하는 원칙이다.
③ 영역의 일부이전을 병합(annexation), 전부이전을 할양(cession)이라고 한다.
④ 선점(occupation)은 무주지(terra nullius)를 대상으로 한다.

정답 및 해설

영역의 일부를 이전하는 것은 할양(cession)이며, 전부를 이전하는 것을 병합(annexation)이라고 한다.

✓ 선지분석

① 종래 정복은 영역의 원시적 취득방법이었으나, 오늘날 국제법은 무력행사를 금지 내지는 불법화하고 있으므로 이에 위반하여 행해진 정복은 무효라 볼 것이다.
② Uti Possidetis 원칙이란, 남미지역 국가들이 스페인으로부터 독립한 이후에도 스페인이 구획한 행정구역을 국경선으로 인정한다는 원칙, 즉 현상유지 원칙이다.
④ 선점(occupation)의 대상이 되는 지역은 무주지(terra nullius)에 한한다. 무주지(terra nullius)란 어느 국가에도 귀속되지 않은 지역으로서 주민의 유무와는 무관하다. 일정한 문명수준에 이르지 않은 토착민이 거주하거나 사인자격으로 거주하는 지역은 선점(occupation)할 수 있다. 그러나 정치적·사회적 조직화가 이루어져 있고 인민을 대표하는 족장을 가진 부족의 거주지는 무주지(terra nullius)가 아니다(1975년 서부사하라 사건).

답 ③

02 영역권원에 대한 설명으로 옳은 것만을 모두 고른 것은?

> ㄱ. 현재 지구상에는 무주지(terra nullius)가 남아있지 않으므로, 오늘날 영역권원으로서 선점이 문제되는 일은 없다.
> ㄴ. 선점의 대상은 무주지인 데 반해 시효의 대상은 주인국가가 있는 영토이다.
> ㄷ. 미국이 러시아로부터 알래스카를 구매한 것은 할양에 해당한다.
> ㄹ. Chamizal 사건(1911)은 선점과 관련된 사건이다.

① ㄱ, ㄴ   ② ㄱ, ㄷ   ③ ㄴ, ㄷ   ④ ㄴ, ㄹ

정답 및 해설

영역권원에 대한 설명으로 옳은 것은 ㄴ, ㄷ이다.
ㄷ. 할양은 조약에 의거하여 한 국가의 영토 일부를 타국으로 양도하는 것이다. 할양의 원인은 무상양도인 경우도 있고 미국의 알래스카 구매와 같이 유상양도도 있다.

✓ 선지분석

ㄱ. 현재의 영토분쟁이 과거에 행해진 선점에 기초한 경우가 있으므로 현재에도 문제가 된다.
ㄹ. 자연적 작용 또는 시효와 관련된 사건이다.

답 ③

03 영토에 대한 설명으로 옳은 것은?

① 시제법의 원칙은 이전법과 다른 현행법의 소급적용을 인정하는 원칙을 의미한다.
② 결정적 기일(critical date)이란 영역분쟁이 최고조에 이르러 무력충돌이 발생한 날짜를 의미한다.
③ 조차의 경우 조대국은 조차기간 동안 조차지에 대한 잠재적·실질적 영역권을 가진다.
④ 1978년의 조약승계협약에 의하면 대부분의 지역권 설정조약은 승계가 원칙이다.

정답 및 해설

지역권 설정조약은 승계하는 것이 원칙이다. 단, 외국군대기지 설정조약은 승계되지 않는다.

✓ 선지분석

① 영역에 대한 권한의 유효성을 결정하기 위해 어느 세기의 법을 적용해야 하는가의 문제가 있다. 이에 대해 시제법의 원칙은 그 취득 당시에 유효하였던 국제법규에 입각하여 유효성을 판단하고, 현행법의 소급적 적용은 원칙적으로 인정되지 않는다는 원칙이다.
② 결정적 기일(critical date)이란 당사자의 행위가 계쟁된 법률관계에 하등의 영향도 주지 않기 시작하는 그 기일을 말한다.
③ 조대국은 조차기간 중 조차지에 대해 잠재적 영역권만을 가질 뿐 이에 대한 영역권은 조차국이 행사한다.

답 ④

04 영토에 대한 설명으로 옳은 것은?

① 프레아 비헤아 사원 사건에서 국제사법재판소(ICJ)는 자연국경에 의해 설정되지 아니한 캄보디아와 태국의 국경의 무효를 선언하였다.
② 국경하천의 경우 Uti Possidetis 원칙에 따라 가항수로의 중간선을 국경으로 한다.
③ 영토 취득에 있어서 선점은 주권자가 있는 영토를 객체로 하나 시효는 주권자가 없는 영토를 객체로 한다는 점에서 구별된다.
④ Chamizal 사건에서 중재법원은 시효에 의한 미국 측의 영토 취득을 부인하였다.

정답 및 해설

Chamizal 사건은 미국과 멕시코 양국의 경계인 리오그란데 강의 수로가 급격히 변경되면서 종래 멕시코영역이던 Chamizal Tract지역이 Thalweg 원칙의 적용으로 미국에 속하는 상황이 되자 중재재판에 회부한 사건이다. 미국은 시효로 인한 동 지역의 권원 획득을 주장하였지만 거부되었고, 급작스런 수로 변경으로 인한 영역 증가도 인정되지 않았다.

✓ 선지분석

① 지도상의 국경이 애초에 합의한 자연국경과 상이하였으나 태국이 이를 묵인하였다고 보고 지도상의 국경을 양국 간 국경선으로 승인하였다.
② 가항수로의 중간선을 국경선으로 하는 원칙을 'Thalweg 원칙'이라고 한다. Uti Possidetis 원칙은 '지금 갖고 있는 것을 앞으로도 가진다'는 뜻으로, 남미 지역국가들 상호 간에 옛 행정구역을 국경선으로 하기로 합의한 것을 의미한다.
③ 선점은 무주지를, 시효는 주권자가 있는 영토를 객체로 한다.

답 ④

05 국가영역의 취득사유에 대한 설명으로 옳지 않은 것은?

① 오늘날 정복에 의한 영토 취득은 국제법상 무효이다.
② 선점의 대상은 무주지(terra nullius)이며, 이러한 무주지(terra nullius)는 무인지(無人地)이어야 한다.
③ 시효(時效)는 선점의 경우와 비교하여 실효적 지배가 더 오랜 기간 요구된다.
④ 할양(割讓)이란 국가 간의 합의에 의한 영토 일부의 이전을 말한다.

선점의 대상은 무주지(terra nullius)로, 무주지(terra nullius)란 어느 국가에도 소속되지 않는 지역을 의미하며 주민의 거주 유무와는 무관하다.

 선지분석
① 다만, 시제법의 원칙이 적용됨에 따라 관련된 규범이 없던 과거에 정복한 땅은 영유권이 인정된다.
④ 국가 간 합의에 의해 영토의 '전부'가 이전되는 것은 병합이며, '일부'가 이전되는 것은 할양이다.

답 ②

06 선점에 대한 설명으로 옳지 않은 것만을 모두 고른 것은?

ㄱ. 무주지에 대한 선점이 성립하기 위해서는 영유의사와 실효적 지배가 요구된다.
ㄴ. 클리퍼튼 섬 사건(1932)에서 중재재판관은 실효적 지배를 위해서는 비록 무인도라 하더라도 단순한 주권의 천명만으로는 불충분하고 행정기구 설치 등 별도의 적극적 행위가 요구된다고 하였다.
ㄷ. 서남아프리카 사건(1975)에서 국제사법재판소(ICJ)는 국가 단계에까지 이르지는 못하였지만 사회·정치적 조직을 갖추고 있는 종족이 살고 있는 땅은 무주지로 간주될 수 없다고 하였다.
ㄹ. 선점 시 이해관계국에게 통고해야 하는가의 여부에 대해서는 논란이 있으나 일반국제법상 확립된 원칙이라고 하기는 어렵다.

① ㄱ, ㄴ
② ㄱ, ㄷ
③ ㄴ, ㄷ
④ ㄷ, ㄹ

선점에 대한 설명으로 옳지 않은 것은 ㄴ, ㄷ이다.
ㄴ. 클리퍼튼 섬과 같은 완전한 무인도의 경우 실효적 지배를 위해서는 주권의 천명만으로 충분하다고 하였다.
ㄷ. 서부사하라 사건에 대한 설명이다.

선지분석
ㄱ. 실효적 지배는 선점의 객관적인 요소이며, 입법, 사법, 행정 관할권을 행사함을 통해 나타난다. 행정기구의 설치가 실효적 지배의 완성조건은 아니다.
ㄹ. 페드라 브랑카 사건에서 국제사법재판소(ICJ)는 선점 시 통고에 대한 요건성을 부정하였으나, 1885년 베를린회의에서 작성된 콩고의정서는 요건성을 긍정하기도 하였다.

답 ③

07

선점에 의해 영토를 취득하기 위한 요건에 대한 설명으로 옳은 것만을 모두 고른 것은?

ㄱ. 선점의 객체는 무주지(terra nullius)여야 하며 무주지(terra nullius)란 무인지를 의미한다.
ㄴ. 선점의 주체는 국가여야 하며, 사인이나 사조직은 선점의 주체가 될 수 없다.
ㄷ. 해당 토지를 자국의 영토로 하겠다는 영유의사(animus occupandi)가 있어야 한다.
ㄹ. 클리퍼튼 섬 사건(1931)에서 중재위원회는 공해상의 무인도인 클리퍼튼 섬의 경우에는 정주(定住)나 통치행위가 필요없고, 주권의 천명만으로 실효적 지배(effective control) 요건을 충족한다고 하였다.
ㅁ. 이해관계국에 대한 선점 사실의 통고의무는 일반국제법상 확립된 원칙이다.

① ㄱ, ㄴ   ② ㄱ, ㄹ   ③ ㄴ, ㅁ   ④ ㄷ, ㄹ

정답 및 해설

선점에 의해 영토를 취득하기 위한 요건에 대한 설명으로 옳은 것은 ㄷ, ㄹ이다.

☑ **선지분석**
ㄱ. 무주지(terra nullius)란 정치·사회적 지배조직이 없는 지역을 의미한다.
ㄴ. 사전에 국가의 위임을 받거나 사후에 국가의 추인을 받는 경우 사인이나 사조직에 의한 선점도 가능하다.
ㅁ. 선점 사실의 통고는 일반국제법상 확립된 원칙이라고 하기는 어렵지만, 점유의 개시를 이해관계국이 알기 어려운 경우에는 통고가 있어야 한다는 견해도 적지 않다.

답 ④

08

국제법상 선점에 대한 설명으로 옳지 않은 것은 모두 몇 개인가?

ㄱ. Western Sahara 사건에서 국제사법재판소(ICJ)는 무주지 선점은 19세기 후반에 이미 영토주권을 취득하기 위한 일반적으로 인정된 법적 방법의 하나였다고 판시하였다.
ㄴ. Island of Palmas 사건에서 중재관은 네덜란드 동인도 회사와 원주민 추장과의 합의는 국제법상 조약은 아니지만 법적 구속력이 있다고 보았다.
ㄷ. Clipperton Island 사건에서 중재관은 1897년 결정적 기점 이전 동 섬에 대한 프랑스의 행동은 1858년의 주권 천명뿐이지만 이것은 프랑스가 동 섬을 실효적 지배하에 두기에 충분하였다고 판시하였다.
ㄹ. Clipperton Island 사건에 의하면 무인도의 실효적인 점유를 위해 어떠한 실제적인 정주와 통치행위도 요구되지 않는다.
ㅁ. Minquiers and Ecrehos 사건에 의하면 국제사법재판소(ICJ)는 동 섬들은 영국이 실효적으로 지배하고 영유의사를 보유하였으므로 영국에 의한 선점이 인정되어 영유권을 취득하였다.

① 1개   ② 2개   ③ 3개   ④ 4개

정답 및 해설

선점에 대한 설명으로 옳지 않은 것은 ㅁ. 1개이다.
ㅁ. Minquiers and Ecrehos 사건은 선점에 의해 영유권이 인정된 사례가 아니다. '상대적 권원'에 의해 영국이 좀 더 강력하게 지배하였으므로 영국 영유권이 인정된다고 하였다.

☑ **선지분석**
ㄴ. 구속력이 인정되기 때문에, 네덜란드가 영유권을 주장하는 데에 유리하게 작용하였다.
ㄷ. 무인도에 대한 실효적 점유가 상징적 지배로 인정되었다. 상징적 지배에 관한 다른 사건으로는 정주인구가 없는 극지에 대한 점유가 인정된 '동부그린란드 사건'이 있다.

답 ①

09

선점에 대한 판례나 사건으로 옳지 않은 것은?

① 1928년 팔마스 섬 중재판결
② 1933년 상설국제사법재판소(PCIJ)의 동부 그린란드 사건판결
③ 1975년 국제사법재판소(ICJ)의 서부사하라의 지위에 관한 권고적 의견
④ 1919년 미국 – 멕시코 간 차미잘 중재 사건

정답 및 해설

1919년 미국 – 멕시코 간 차미잘 중재 사건은 시효에 대한 사건이다.

 **관련 이론 1919년 미국 - 멕시코 간 차미잘 중재 사건**

미국과 멕시코 양국의 경계인 리오그란데 강의 수로가 급격히 변경되면서 종래 멕시코영역이던 차미잘(Chamizal Tract)지역이 Thalweg 원칙의 적용으로 미국에 속하는 상황이 되자 중재재판에 회부한 사건이다. 미국은 시효로 인한 동 지역의 권원 획득을 주장하였지만 거부되었고, 급작스런 수로 변경으로 인한 영역 증가도 인정되지 못하였다.

답 ④

10

선점에 대한 설명으로 옳은 것은?

① 서부사하라 사건에 의하면 발견은 미성숙의 권원이므로 빠른 시일 내에 실효적으로 지배되어야 한다.
② 클리퍼튼 섬 사건이나 리기탄·시파단 섬 사건에서는 무인도와 정주인구가 없는 지역에 대해서는 상징적 지배가 인정된다고 하였다.
③ 페드라 브랑카 섬 사건에서 동 섬은 싱가포르의 고유영토였으나 싱가포르가 영유권을 포기하고, 말레이시아에게 영유권이 승계되었다고 판시하였다.
④ 리기탄·시파단 섬 사건에서 영유권의 승계는 부인되었고, 실효적 지배의 정도를 따져 말레이시아에게 영유권이 인정되었다.

정답 및 해설

⊘ **선지분석**
① 팔마스 섬 사건에 대한 설명이다.
② 리기탄·시파단 사건과 상징적 지배는 관련이 없다. 동부그린란드 사건이 상징적 지배를 인정한 판례이다.
③ 페드라 브랑카 섬은 말레이시아의 고유영토였으나, 말레이시아의 포기에 의해 영유권이 싱가포르에게 이전되었다고 판시하였다.

답 ④

11 Uti Possidetis 원칙에 대한 설명으로 옳지 않은 것은?

① 구유고연방의 해체 후 세르비아와 크로아티아, 보스니아 – 헤르체고비나 간의 경계획정문제를 다룬 중재위원회에서도 달리 합의된 바 없으면 종전의 국경을 존중한다고 함으로써 재확인되었다.
② 식민통치지역의 행정상 경계선 획정과 관련이 있다.
③ 식민지 주민들의 민족자결권에 따른 원칙이다.
④ 1964년 아프리카단결기구(OAU)의 국가수반회의에서 식민지 당시의 경계를 존중한다고 결의됨으로써 확인된 바 있다.

Uti Possidetis 원칙은 민족자결주의에는 배치되나 기존 국경의 현상을 유지함으로써 국제분쟁을 방지하자는 취지를 담고 있는 원칙이다.
★ 니카라과 – 콜롬비아 국경분쟁 사건(ICJ, 2012)에서는, 분쟁지역이 독립 이전 어느 식민 당국에 속하는지 불확실하다면 Uti Possidetis 원칙은 적용하지 않는 것이 적절하다고 판시하였다.

답 ③

12 국가영역에 대한 설명으로 옳지 않은 것을 모두 고른 것은?

ㄱ. ICJ는 Eastern Greenland 사건에서 다른 국가의 우월한 주장이 없는 한 극지와 같은 인구가 별로 없는 지역의 경우 매우 간단한 주권행사만으로도 영유권 확립이 인정될 수 있다고 판단했다.
ㄴ. ICJ는 The Minquiers & Ecrehos 사건에서 중세의 사건으로부터 추론되는 간접적인 추정에는 가치를 부여하지 않고, 이 섬들에 대한 현재의 점유와 직접적으로 관계되는 근래의 증거만을 중요시하여 프랑스령으로 판정했다.
ㄷ. ICJ는 Land, Island and Maritime Frontier Dispute, El Salvador/Honduras: Nicaragua Intervening 판결(1992)에서 연안국의 일관된 주장과 타국의 항의의 부재를 근거로 폰세카만의 3해리 바깥 수역이 연안 3개국인 니카라과, 엘살바도르, 온두라스의 공동 주권에 속하는 역사적 수역이라고 인정했다.
ㄹ. ICJ는 Sovereignty over Pulau Ligitan and Pulau Sipadan 판결(2002)에서 당장의 경제적 가치가 적은 소규모 무인도는 질적으로나 양적으로 비교적 간단하고 간헐적 국가행위만으로도 영유권을 인정받을 수 있다고 판시했다.

① ㄱ, ㄴ   ② ㄱ, ㄷ
③ ㄴ, ㄷ   ④ ㄷ, ㄹ

국가영역에 대한 설명으로 옳지 않은 것은 ㄱ, ㄴ이다.
ㄱ. PCIJ 판례이다.
ㄴ. 영국령으로 판정했다.

답 ①

13 Sovereignty over Pulau Ligitan and Pulau Sipadan 사건에 대한 설명으로 옳지 않은 것은 모두 몇 개인가?

ㄱ. 리기탄 섬과 시파단 섬의 영유권에 대해 싱가포르와 말레이시아가 다툰 사건이다.
ㄴ. 말레이시아는 Sultan of Sulu가 가지고 있던 영역권이 스페인, 미국, 영국, 말레이시아로 순차적으로 이전되었다고 주장하였으나, 국제사법재판소(ICJ)는 권원의 이전을 인정하지 않았다.
ㄷ. 국제사법재판소(ICJ)는 사람이 살지 않거나 상주인구가 없는 매우 작은 섬의 경우 주권적 권한의 행사가 매우 부족할 수 있음을 인정하였다.
ㄹ. 국제사법재판소(ICJ)에 따르면 사인의 행위는 그것이 공적 규제에 기초하거나 정부권한하에서 발생하지 않으면 주권적 권한의 행사로 볼 수 없으므로 어부들이 섬 주변을 활용한 것이 주권자의 자격으로 행한 행위를 구성하지 않는다.
ㅁ. 국제사법재판소(ICJ)는 환경 관련 국내입법을 영토에 대한 주권적 권한의 실효적 행사로 인정하지 않았다.

① 1개　　　　② 2개　　　　③ 3개　　　　④ 4개

Sovereignty over Pulau Ligitan and Pulau Sipadan 사건에 대한 설명으로 옳지 않은 것은 ㄱ, ㅁ. 2개이다.
ㄱ. 리기탄·시파단 섬 사건은 인도네시아와 말레이시아 간의 사건이다.
ㅁ. 국제사법재판소(ICJ)는 입법행위도 주권적 권한의 행사에 해당한다고 보았다.

⊘ 선지분석
ㄴ. 말레이시아의 승계에 의한 영유권 주장이 배척되었다.
ㄷ. 즉, 무인도에서는 실효적 지배의 기준이 완화됨을 인정하였다.

답 ②

14 영토분쟁은 어느 쪽 당사자가 더욱 실효적인 지배를 행사해왔는지, 즉 '상대적 권원'을 기준으로 판단할 수밖에 없는 경우가 많다. 이와 같은 사례에 대한 설명으로 옳은 것만을 모두 고른 것은?

ㄱ. 팔마스 섬 사건(1928)에서 Max Huber 중재재판관은 무인도의 경우 발견은 완전한 권원으로 간주될 수 있으므로, 비록 네덜란드가 이후 계속적이고 평온하게 권능 행사를 해왔다고 하더라도 네덜란드의 권원이 스페인의 발견에 비해 우선할 수는 없다고 하였다.
ㄴ. 동부그린란드 사건(1933)에서 상설국제사법재판소(PCIJ)는 인구가 별로 없는 지역에서는 주권적 권리의 실제적 행사가 크게 요구되지 않는다고 하면서, 노르웨이가 이 지역을 수차례 탐험하고 라디오 방송국을 설립한 뒤 무주지라는 이유로 선점을 선언한 행위는 덴마크의 권원에 비해 우선한다고 하였다.
ㄷ. 망끼에 - 에끄레오 사건(1953)에서 영국이 동 제도(諸島)에서 수차례 형사재판권을 행사하고 이곳에 지은 가옥을 과세대상으로 삼았으며 이 지역에서의 부동산매매계약이 지방행정당국의 통제를 받도록 한 것은 영국이 이들 섬에 대해 국가적 기능을 행사한 것이며, 이는 프랑스의 권원에 비해 우선한다고 하였다.
ㄹ. 리기탄 - 시파단 섬 사건(2002)에서 국제사법재판소(ICJ)는 말레이시아의 두 섬에 대한 거북보존포고령, 조류보호지구 지정 등 환경 관련 국내입법을 영토에 대한 주권적 권한의 실효적 행사로 인정하면서, 이를 인도네시아가 자국의 어부들이 전통적으로 두 섬 주위를 사용해왔다는 주장에 비해 우월한 권원으로 인정하였다.

① ㄱ, ㄴ　　　　② ㄱ, ㄷ　　　　③ ㄴ, ㄷ　　　　④ ㄷ, ㄹ

사례에 대한 설명으로 옳은 것은 ㄷ, ㄹ이다.

ㄷ. 섬에 대한 선점 여부가 불명확하였기 때문에, 당사국의 요청에 따라 상대적 권원에 기초해 영유권이 판단되었던 사건이다.

ㄹ. 상대적 권원에 따라 실효적 지배가 확인되었다.

⊘ 선지분석

ㄱ. 발견은 완전한 권원으로 간주될 수 없고 스페인은 이후 팔마스 섬을 실제로 점유하거나 그곳에서 주권을 행사한 적이 없으므로, 스페인의 '발견'이라는 불완전한 권원은 이후 네덜란드의 계속적이고 평온한 권능 행사에 우선할 수 없다고 하였다.

ㄴ. 인구가 적은 지역에서는 주권적 권리의 실제적 행사가 크게 요구되지 않는다고 하면서 비록 덴마크가 이 지역에서 식민(植民)을 하지는 않았지만 타국들과의 조약에서 이곳을 덴마크 영토의 일부로 언급하고, 그곳에서 무역을 허락하고, 덴마크의 입법적·행정적 규정을 그곳에 대해 적용하는 등의 행위에 수반된 덴마크의 권리 주장이 노르웨이에 비해 우월한 것으로 보았다.

답 ④

15

부르키나파소 대 말리 국경분쟁 사건의 판결에 대한 설명으로 옳은 것은 모두 몇 개인가?

ㄱ. Uti Possidetis 원칙은 스페인령 아메리카에서 최초로 사용되었으나 이는 국제법의 특정 체계에 대한 특별규칙이 아니라 일반적 원칙이다.

ㄴ. Uti Possidetis 원칙은 인민의 자결권과 모순되지만, 아프리카에서의 영역의 현상 유지는 독립 투쟁에 의하여 달성된 것을 유지하고, 다수의 희생에 의해 획득한 것을 유지하는 최선의 방법이다.

ㄷ. 당사국의 합의가 없더라도 '법에 반하는(contra legem) 형평'이나 '법을 초월한(praeter legem) 형평'은 적용할 수 있다.

ㄹ. 당사국의 합의를 전제로 '법 아래에서의(intra legem) 형평', 즉 유효한 법의 해석방법을 구성하고 동시에 동 법의 속성의 하나인 형평의 형태를 검토할 수 있다.

ㅁ. 말리 대통령의 일방행위로부터 어떠한 법적 의무도 도출되지 않는다.

① 1개   ② 2개
③ 3개   ④ 4개

부르키나파소 대 말리 국경분쟁 사건의 판결에 대한 설명으로 옳은 것은 ㄱ, ㄴ, ㅁ 3개이다.

ㄱ. Uti Possidetis 원칙은 당초 라틴아메리카의 지역 관습이었으나, 추후 일반관습화되었다.

ㄴ. 1963년 아프리카 단결기구 선언에서도 Uti Possidetis 원칙이 인정되었다.

⊘ 선지분석

ㄷ. 법에 반하는(contra legem) 형평과 법을 초월한(praeter legem) 형평은 당사국의 합의를 전제로 적용된다.

ㄹ. 법 아래에서의(intra legem) 형평은 당사국의 합의가 없더라도 적용할 수 있다.

답 ③

16 라누호 중재 사건에 대한 설명으로 옳지 않은 것은?

① 프랑스가 라누호의 유로를 변경시키자 스페인이 반대하여 분쟁이 발생하였다.
② 국제하천 이용에 관한 국제법 원칙이 쟁점이었다.
③ 중재법원은 유역국의 동의 없이 기존 이용체계를 변경할 수 없다고 하였다.
④ 중재법원은 상류국은 하류국의 이익을 침해하지 않는 범위 내에서 국제하천수를 이용할 수 있다고 하였다.

> **정답 및 해설**

스페인은 수량이 결과적으로 변동이 없다고 하더라도 국제관습법상 유역국의 동의 없이 라누호의 물의 기존 이용체계를 본질적으로 변경할 수 없다고 하였다. 중재법원은 수량을 변경시키지 않았기 때문에 프랑스의 행위를 적법하다고 보았다. 즉, 관건은 단순한 이용체계의 문제가 아니라 하류국의 이익 침해 문제이다.

☑ 선지분석
④ 이는 하천 이용에 관한 제한적 영역주권설을 기반으로 내려진 판단이다. 국가는 자국 영토의 하천을 자유롭게 이용하지만, 타국의 이익을 침해해서는 안 된다는 것이다. 형평의 원칙이 관습임을 확인하였다.

답 ③

17 국제법상 영토 취득에 대한 설명으로 옳지 않은 것은 모두 몇 개인가?

ㄱ. Palmas Island 사건은 영토 취득에 있어서 경쟁국의 승인, 묵인, 금반언이 결정적 역할을 수행할 수 있다는 사실을 보여준다.
ㄴ. Sovereignty over Pedra Branca 사건에서 싱가포르 당국이 주권자의 자격으로 행한 행위들에 대해 말레이시아가 반응을 보이지 않은 것이 싱가포르의 영유권 주장을 공고히 하는 데 결정적 역할을 하였다.
ㄷ. Legal Status of Eastern Greenland 사건에 의하면 근접성(contiguity)은 상황에 따라서는 문제의 영토에 근접한 국가에 유리한 추정(presumption)을 불러일으킬 수 있다.
ㄹ. Land and Maritime Boundary between Cameroon and Nigeria 사건에서 국제사법재판소(ICJ)는 '역사적 응고 이론(historical consolidation of title)'은 논쟁의 여지가 많고, 국제법하의 확립된 권원 취득의 방식들을 대신할 수 없다고 하였다.
ㅁ. Island of Palmas 사건에 의하면 지도는 매우 간접적인 지시를 제공할 따름이고, 법적 문서에 부속된 경우를 제외하고는 권리의 승인이나 포기를 동반하는 법적 문서로서의 가치를 가지지 않는다.

① 1개　　　　② 2개　　　　③ 3개　　　　④ 4개

> **정답 및 해설**

국제법상 영토 취득에 대한 설명으로 옳지 않은 것은 ㄱ. 1개이다.
ㄱ. Palmas Island 사건은 묵인, 시효, 금반언 등과는 관련이 없다. Temple of Preah Vihear 사건이 경쟁국의 묵인, 시효, 금반언 등에 대한 대표적 사례이다.

☑ 선지분석
ㄴ. Pedra Branca 섬의 영유권이 말레이시아에서 싱가포르로 이전되었음을 확인하였으며, 무주지를 선점한 것은 아님을 확인하였다.
ㄹ. '역사적 응고 이론(historical consolidation of title)'은 영역주권이 특정한 권원 취득 방식에 의해 획득되기보다 당초 불안정한 권원이 기간의 경과, 합의, 승인, 묵인 등의 요소에 의해 서서히 응고되고 확정되어 간다는 주장으로 이 이론과 관련되어 논쟁이 존재한다. 이 이론은 당초 권원 취득의 불법성을 문제시하지 않는다는 문제점이 있다.

답 ①

18 국제법상 영역에 대한 설명으로 옳지 않은 것은?

① 가항하천의 경우 중심수류를 경계선으로 삼는 탈베크 원칙이 일반적으로 적용된다.
② 국제사법재판소(ICJ)는 폰세카 만 사건에서 폰세카 만이 니카라과, 엘살바도르, 온두라스의 공동 주권에 속하는 역사적 수역으로서의 콘도미니엄(Condominium)에 해당하지 않는다고 판시하였다.
③ effectivites는 정부 권한의 행사로서 권원 취득에 직접 관계되는 주권의 표시 또는 이미 성립된 권원을 확인하기 위한 증거로서의 관할권 행사나 표시를 의미하는데, 부르키나파소와 말리 간 국경분쟁 사건에서 처음 등장하였다.
④ 국제사법재판소(ICJ)는 2002년 카메룬과 나이지리아 간 육지 및 해양경계획정 사건에서 de Vissher가 제시한 역사적 응고이론(historical consolidation) 개념에 대해 비판적 입장을 밝힌 바 있다.

정답 및 해설

콘도미니엄(Condominium)으로 인정하였다. 콘도미니엄(Condominium)은 한 지역이나 주민에 대해 복수의 국가가 동등하게 주권을 행사하는 것을 말한다.

✅ 선지분석
③ effectivites는 정부권한의 행사로서 권원 취득에 직접 관계되는 주권의 표시 또는 이미 성립된 권원을 확인하기 위한 증거로서의 관할권 행사나 표시를 의미한다. effectivites는 유효한 권원이 성립되어 있는 경우 권원을 확인시켜 주는 역할을 하나, 확립된 권원과 충돌되는 경우 별다른 효력을 가질 수 없다. 아직 권원이 확인되지 않는 경우에는 국가의 실행인 effectivites가 영유권 판단에 있어서 중요한 역할을 한다. 이 개념은 부르키나파소와 말리 간 국경분쟁 사건에서 처음 등장하였다.
④ de Vissher는 역사적 응고이론(historical consolidation)을 주장하였다. 영역주권이 특정한 권원 취득 방식에 의해 획득되기보다는 처음에는 불안정한 상태에서 출발할지라도 장기간의 이용, 합의 승인, 묵인 등과 같은 다양한 요인들의 상호작용에 의해 역사적으로 서서히 응고되며 확정되어 간다는 주장이다. 국제사법재판소(ICJ)는 2002년 카메룬과 나이지리아 간 육지 및 해양경계획정 사건에서 이 개념에 대해 비판적 입장을 밝혔다.

답 ②

19 지역권(servitude)에 대한 설명으로 옳지 않은 것은?

① 지역권(servitude)은 반드시 조약에 의해 창설되어야 한다.
② 지역권(servitude)은 영토주권에 대한 특별한 제한이므로 포괄적 제한을 설정하는 조차지와 구별된다.
③ 국제하천 및 국제운하는 지역권(servitude)의 일종이다.
④ 국제하천의 이용에 있어서 상류국은 일정한 제한을 받는다.

정답 및 해설

지역권(servitude)은 국제관습법에 의해서도 창설될 수 있다. 그 예로 인도령 통항권 사건에서 통항권이라는 지역권은 인도와 포르투갈 간 양자관습법에 의해 창설된 것이 있다.

✅ 선지분석
④ 상류국은 하천을 자유롭게 이용하되 하류국의 권리나 이익을 침해하지 아니할 의무가 있다.

답 ①

20

국제법상 영토 취득에 대한 설명으로 옳지 않은 것은?

① 우티 포시데티스(uti possidetis) 원칙은 일반국제관습법으로 확립되었다.

② 결정적 기일(critical date)이란 국가 간 분쟁이 발생한 일자 또는 영유권자가 확정된 일자를 말하며 결정적 기일(critical date) 이전에 취한 국가의 조치는 실효적 지배의 증거로 인정되지 않는다.

③ 영토 취득에 있어서도 시제법의 원칙이 적용되므로 과거 정복에 의해 취득된 영토가 반드시 무효라고 볼 수 없다.

④ 철도부설권이나 군대통과권이 인정된 영토를 적극적 지역이라고 하며 국가승계문제가 발생한 경우 승계국은 이를 승계할 국제관습법상 의무가 있다.

정답 및 해설

결정적 기일(critical date) 이전의 조치가 실효적 지배의 증거로 인정된다.

✅ 선지분석

① 구유고 연방이 해체한 후, 세르비아 – 크로아티아 – 보스니아 헤르체고비나 간 경계획정문제를 다룬 중재위원회에서도 우티 포시데티스(uti possidetis) 원칙이 확인되었다.

④ 국제지역은 국가 간의 특별한 합의에 의해 일정한 국가영역에 부과되는 영역권의 특정 제한이며, 국가 간 합의는 관습법에 의해서도 창설 가능하다.

답 ②

국제하천에 대한 설명으로 옳은 것은?

① 국제하천이란 복수국의 경계를 구성하거나 복수국의 영토를 관통하는 하천으로서 항행이 가능한 하천을 말한다.

② 라누호 중재 사건에서 중재법원은 상류국은 국제하천의 이용에 있어서 하류국의 이익을 침해하지 아니할 의무가 있다고 하였다.

③ 1997년 UN총회에서 채택된 국제수로의 비항행적 이용에 관한 법을 위한 협약은 국제관습법상 인정된 하몬주의를 성문화하였다.

④ 가브치코보 – 나기마로스 사건에서 국제사법재판소(ICJ)는 국제하천의 이용에 관한 조약은 비처분적 조약으로서 국제관습법상 승계가 인정되지 아니하는 조약이라고 판시하였다.

정답 및 해설

국제관습법인 '형평한 이용의 원칙'을 확인한 판례이다.

✅ 선지분석

① 항행 가능 여부는 국제하천의 요건에 포함되지 아니한다.

③ 형평한 이용의 원칙 또는 제한적 영역주권설에 기초하고 있다.

④ 처분적 조약으로서 승계가 인정된다고 판시하였다. 즉, 체코슬로바키아와 헝가리 간 체결된 조약은 분열국 중의 하나인 슬로바키아가 승계할 의무가 있다고 하였다.

답 ②

영토 취득과 관련 있는 판례에 대한 설명으로 옳은 것만을 모두 고른 것은?

> ㄱ. 서부사하라 사건은 사회적·정치적 조직을 가지는 부족이나 주민이 거주하는 지역은 무주지가 아니라고 판시하였다.
> ㄴ. 클리퍼튼 섬 사건에서 중재관은 클리퍼튼 섬은 완전히 무인도였기 때문에 단순한 주권의 천명만으로도 섬을 프랑스의 실효적 지배하에 두기에 충분하다고 하였다.
> ㄷ. 차미잘 사건에 의하면 국제하천의 경우 가항수로의 중간선에 의해 국경선이 획정되는 것이 원칙이나 하천의 유로가 홍수 등의 영향으로 급격하게 변경된 경우 국경선이 변동하지 않는다고 하였다.
> ㄹ. 팔마스 섬 사건에 의하면 국가의 해안에 인접하여 있는 섬의 경우 그 지리적 위치만으로 주권을 주장하는 인접성 원칙은 국제법규칙으로 인정할 수 없다.
> ㅁ. 페드라 브랑카 사건에서 국제사법재판소(ICJ)는 영유권의 포기 및 이전의 법리에 따라 말레이시아의 고유 영토였던 페드라 브랑카 섬은 싱가포르에 영유권이 이전되었다고 판시하였다.

① ㄱ, ㄴ, ㄷ
② ㄱ, ㄴ, ㄷ, ㄹ
③ ㄱ, ㄴ, ㄷ, ㅁ
④ ㄱ, ㄴ, ㄷ, ㄹ, ㅁ

정답 및 해설

영토 취득과 관련 있는 판례에 대한 설명으로 ㄱ, ㄴ, ㄷ, ㄹ, ㅁ. 모두 옳다.
ㄴ. 동부그린란드 사건(PCIJ)과 함께 상징적 지배를 인정한 판례이다.
ㄷ. 가항수로의 중간선을 국경으로 하는 원칙을 '탈베크 원칙'이라고 한다.

답 ④

제2절 | 영공

영공에 대한 설명으로 옳지 않은 것은?

① 영공이란 영토 및 영수를 덮고 있는 상공으로 구성된 국가영역을 말한다.
② 영공에 대한 배타성이 확립되지 않아 조약에 의해 규율된다.
③ 영공에 대한 국제법적 규율로는 1919년 파리국제항공협약 및 이를 대체한 1944년 시카고민간항공협약이 있다.
④ 영공에 대한 영토국의 국권에 대한 법적 성질로는 '완전주권설'이 통설이다.

정답 및 해설

현재 영공의 배타성에 대해서는 국제관습법으로 확립되어 있다.

✅ 선지분석

① 영공의 수평적 한계는 영토와 영수의 상공으로 확립되어 있으나, 수직적 한계는 영공의 상방이 우주공간이라는 점은 확립되었으나 영공과 우주공간의 경계가 불확실하다. 항공기 도달설, 실효적 지배설, 대기권설이 대립하나 현재 대기권설이 가장 유력하다.

답 ②

 **영공에 대한 설명으로 옳지 않은 것만을 모두 고른 것은?**

ㄱ. 모든 국가는 영공에 대해 완전하고 배타적인 주권을 가진다.
ㄴ. 영공의 상방 한계에 대해서는 항공기도달설, 실효적지배설, 대기권설, 인공위성설 등이 대립하고 있다.
ㄷ. 민간여객기가 고의로 영공을 침범한 경우 영토국이 경고 및 착륙 요구를 한 뒤 이에 응하지 않을 경우 최종적으로 무력을 사용할 수 있다.
ㄹ. 조난을 당한 민간항공기에 대한 원조의무는 오늘날 국제관습법으로 성립되었다.
ㅁ. 시카고협약은 정기국제항공업무에 종사하지 아니하는 항공기가 무착륙 횡단비행 또는 운송 이외의 목적으로 착륙하기 위해서는 영역국의 사전허가를 받도록 하고 있다.
ㅂ. 시카고협약은 항공기는 등록된 국가의 국적을 가진다고 규정하면서, 항공기와 등록국 간에 진정한 관련(genuine link)을 요구하고 있다.

① ㄱ, ㄹ, ㅁ
② ㄴ, ㄷ, ㅂ
③ ㄷ, ㄹ, ㅁ
④ ㄷ, ㅁ, ㅂ

영공에 대한 설명으로 옳지 않은 것은 ㄷ, ㅁ, ㅂ이다.
ㄷ. 민간여객기에 대해서는 '어떠한 경우에도' 무력을 사용해서는 안 된다.
ㅁ. 시카고협약 제5조는 정기국제항공업무에 종사하지 아니하는 항공기가 사전허가를 받을 필요 없이 무착륙 횡단비행 또는 운송 이외의 목적으로 착륙하는 권리를 체약국들이 부여하도록 규정하고 있다. 단, 부정기항공기라 하더라도 전세항공에 종사하는 경우 사전허가를 얻어야만 체약국에 들어갈 수 있다.
ㅂ. 시카고협약에 항공기의 등록에 진정한 관련(genuine link)이 요구되는가에 대한 명문규정은 없다.

✓ 선지분석
ㄱ. 시카고협약 제1조에 대한 내용이다.
ㄴ. 영공의 상방 한계에 대한 학설로 항공기도달설, 실효적지배설, 대기권설, 인공위성설뿐만 아니라 활동의 성질을 기준으로 하는 기능적 접근법도 제기된다.

관련 이론 영공의 상방 한계에 대한 학설	
항공기도달설	항공기가 비행할 수 있는 상방 한계까지를 영공의 한계로 봄
실효적지배설	상공에 영토국의 실효적 지배가 가능한 한 영토국의 주권이 미친다고 봄
대기권설	공기가 존재하는 곳을 영공으로 봄
인공위성설	인공위성의 우주활동이 가능한 공간의 하한선을 경계로 하여 지상에서 인공위성까지의 공역을 영공으로 봄

ㄹ. 시카고협약 제25조는 조난항공기에 대한 원조의무를 규정하고 있는데, 이는 오늘날 국제관습법화되었다고 볼 수 있다.

답 ④

03 국제법상 영공에 대한 설명으로 옳지 않은 것은?

① 영공의 수평적 한계는 확립되어 있으나 영공의 수직적 한계는 확립되어 있지 않다.
② 현행법상 영공은 육지, 섬, 내수, 영해의 상공만을 말한다.
③ 최근 접속수역 상공에 '방공식별구역(ADIZ)'을 설정하는 관행이 증가하고 있으나 접속영공제도가 확립되어 있다고 보기 어렵다.
④ 시카고협약에 의하면 민간항공기가 조난에 의해 영공을 침범한 경우 원조의무가 있다.

군도수역의 상공도 현행법상 영공에 포함된다.

✅ 선지분석
① 영공의 수평적 한계는 영토와 영수의 상공으로 확립되어 있으나, 수직적 한계는 영공의 상방이 우주공간이라는 점은 확립되었으나 영공과 우주공간의 경계가 불확실하다. 항공기 도달설, 실효적 지배설, 대기권설이 대립하나 현재 대기권설이 가장 유력하다.
③ 한국은 2007년 군용항공기 운영 등에 관한 법률을 제정해 방공식별구역에 대한 법적 근거를 마련하였다. 미국, 캐나다, 일본, 필리핀 등이 운영 중이나 대부분의 국가가 실시하는 제도는 아니며, 운영 폭 등에 대한 통일된 기준이 없다.

답 ②

04 영공에 대한 설명으로 옳은 것은?

① 영공은 영토와 영수의 상공으로서, 영토에는 육지와 섬이, 영수에는 내수, 영해, 배타적 경제수역(EEZ)만 포함된다.
② 연안국은 접속수역 상공에서 접속수역 관련 법령을 위반한 항공기에 대해 규제할 수 있고, 위법혐의의 항공기는 나포하여 조사 및 처벌할 수 있다.
③ 민간항공기가 조난으로 영공을 침범한 경우 시카고협약 제25조에 의하면 영토국이 원조의무를 진다.
④ 대한항공 007기 사건을 계기로 1984년 ICAO총회는 시카고협정을 개정하여 체약국은 비행 중인 민간항공기에 대해서는 어떠한 경우에도 무력을 사용할 수 없도록 하였다.

✅ 선지분석
① 배타적 경제수역(EEZ)의 상공은 공공이며 군도수역의 상공도 영공에 포함된다.
② 위법행위에 대해 규제할 수 있으나, 위법혐의의 항공기를 인근 공항에 착륙하도록 요구할 수 있을 뿐 강제로 나포할 수는 없다.
④ 민간항공기에 대한 무기사용을 자제해야 하며, 요격할 경우 탑승자의 생명과 항공기의 안전을 위험에 빠뜨리지 말아야 함을 인정한다고 규정하여 무력사용가능성을 전면 배제한 것은 아니다.

답 ③

다음 설명 중 옳은 것만을 모두 고른 것은?

ㄱ. 한미주둔군지위협정(SOFA) 제10조에 의하면 한·미 양국은 공용(公用) 항공기에 한하여 상호 영공을 개방하기로 하였다.
ㄴ. 1944년 체결된 시카고협약은 민간항공기에만 적용되며, 국가항공기에는 적용되지 않는다.
ㄷ. 시카고협약 체약국 간에는 영토국의 사전허가를 얻지 않더라도 부정기국제항공업무가 인정된다.
ㄹ. 시카고협약은 항공기와 등록국 간에 진정한 관련(genuine link)을 요구하는 명시적 규정을 두고 있다.

① ㄱ, ㄴ 　　　　② ㄱ, ㄷ
③ ㄴ, ㄷ 　　　　④ ㄷ, ㄹ

정답 및 해설

옳은 것은 ㄴ, ㄷ이다.
ㄴ. 시카고협약의 정식 명칭은 '국제민간항공에 관한 시카고협약'이다.
ㄷ. 단, 부정기'전세'국제항공업무는 정기국제항공업무와 마찬가지로 사전허가가 필요하다.

✓ 선지분석
ㄱ. 한국의 영공만 미국 공용(公用) 항공기에 대해 개방하고 있다.
ㄹ. 시카고협약에는 진정한 관련(genuine link)에 대한 명시적 규정이 없다.

답 ③

06

국제민간항공협약(1944)에 대한 설명으로 옳지 않은 것만을 모두 고른 것은?

ㄱ. 체약국은 모든 국가가 비행 중인 국가항공기에 대하여 무기의 사용을 삼가야 하며, 민간항공기를 유도통제하는 경우에 탑승객의 생명과 항공기의 안전을 위태롭게 해서는 안 된다는 것을 인정한다.
ㄴ. 체약국은 모든 국가가 그 주권을 행사함에 있어서, 민간항공기가 허가 없이 그 영토 상공을 비행하거나 또는 이 협약의 목적에 합치되지 아니하는 어떠한 의도로 사용되고 있다고 믿을 만한 합리적인 이유가 있는 경우, 동 민간항공기에 대하여 지정된 공항에 착륙할 것을 요구할 수 있음을 인정한다.
ㄷ. 정기국제항공업무에 종사하지 않는 체약국의 항공기는 사전허가를 받을 필요 없이 피비행국의 착륙 요구권에 따를 것을 조건으로 체약국의 영역 내에의 비행 또는 그 영역을 무착륙으로 횡단비행하는 권리 및 운수 이외의 목적으로서 착륙하는 권리를 향유한다.
ㄹ. 항공기는 그 등록국의 국적을 보유하며, 2개 이상의 국가에서 유효히 등록할 수 없다. 또한 그 등록은 일국으로부터 타국으로 변경할 수 없다.
ㅁ. 각 체약국은 그 영역 내에서 조난당한 항공기에 대하여 실행 가능하다고 인정되는 구호조치를 취할 것을 약속하고, 동 항공기의 소유자 또는 동 항공기의 등록국의 관헌이 상황에 따라 필요한 구호조치를 취하는 것을 그 체약국의 관헌의 감독에 따를 것을 조건으로 하여 허가할 것을 약속한다.

① ㄱ, ㄷ 　　　　② ㄱ, ㄹ
③ ㄴ, ㄹ 　　　　④ ㄹ, ㅁ

정답 및 해설

국제민간항공협약(1944)에 대한 설명으로 옳지 않은 것은 ㄱ, ㄹ이다.
ㄱ. '민간항공기'에 대하여 무기의 사용을 삼가야 한다(동 협약 제3조의2). 시카고협약은 민간항공기에 대해 적용되는 조약이다[동 협약 제3조 제(a)호].
ㄹ. 등록국을 변경하는 것은 허용된다(동 협약 제18조).

답 ②

07 국제민간항공기구에 대한 설명으로 옳은 것은 모두 몇 개인가?

> ㄱ. 국제민간항공협약(시카고협약)에 의해 설립되었다.
> ㄴ. 총회는 최소한 3년에 1회 회합하며 적당한 시일과 장소에 이사회가 소집한다.
> ㄷ. 총회의 결정은 원칙적으로 투표 과반수에 의해 성립한다.
> ㄹ. 이사회는 총회에서 선출한 36개국의 체약국으로 구성되며, 이사회의 결정은 구성원의 과반수의 승인을 필요로 한다.
> ㅁ. 이사회 의장, 사무총장, 직원은 다른 공적 국제기구 직원에 부여하는 것에 상당한 면제와 특권을 부여받는다.

① 모두 맞음　　　　　　　　② 2개
③ 3개　　　　　　　　　　　④ 4개

국제민간항공기구에 대한 설명으로 옳은 것은 ㄱ, ㄴ, ㄷ, ㅁ. 4개이다.
ㄱ. 국제민간항공기구는 1944년에 채택된 민간항공에 관한 기본조약에 의해 설립되었다.
ㄴ. 시카고협약 제48조 제(a)호에 대한 내용이다.
ㄷ. 시카고협약 제48조 제(c)호에 대한 내용이다.
ㅁ. 시카고협약 제60조에 대한 내용이다.

⊘ 선지분석
ㄹ. 이사회는 27개국으로 구성된다(시카고협약 제50조 참조).

답 ④

08 국제민간항공협약(1944)에 대한 설명으로 옳은 것은?

① 협약의 적용상 국가의 영역이라 함은 그 나라의 주권, 종주권 보호 또는 위임통치하에 있는 육지와 그에 인접하는 영수로서, 영수에는 군도수역이 포함된다.
② 정기 국제항공업무는 체약국의 특별한 허가 또는 인가를 받지 않더라도 체약국의 영역의 상공을 비행하거나 또는 그 영역에 진입할 수 있다.
③ 총회는 적어도 매 2년에 1회 회합하고 적당한 시일과 장소에서 이사회가 소집한다.
④ 총회는 기구에 대한 재정상의 의무를 상당한 기간 내에 이행하지 아니한 체약국의 총회와 이사회에 있어서의 투표권을 정지할 수 있다.

⊘ 선지분석
① 협약의 적용상 국가의 영역이라 함은 그 나라의 주권, 종주권보호 또는 위임통치하에 있는 육지와 그에 인접하는 영수를 말한다. 영수에 군도수역은 포함되지 아니한다.
② 정기 국제항공업무는 체약국의 특별한 허가 또는 인가를 받고 그 허가 또는 인가의 조건에 따르는 경우를 제외하고 그 체약국의 영역의 상공을 비행하거나 또는 그 영역에 진입할 수 없다.
③ 총회는 적어도 매 3년에 1회 회합하고 적당한 시일과 장소에서 이사회가 소집한다.

답 ④

 **항공기 내에서 범한 범죄 및 기타 행위에 관한 협약(동경협약, 1963)에 대한 설명으로 옳지 않은 것은 모두 몇 개인가?**

> ㄱ. 동 협약은 형법에 위반하는 범죄 및 범죄 구성여부를 불문하고 항공기와 기내의 인명 및 재산의 안전을 위태롭게 할 수 있거나 위태롭게 하는 행위 또는 기내의 질서 및 규율을 위협하는 행위에 적용된다.
> ㄴ. 체약국에 등록된 항공기가 비행 중이거나 공해 수면상에 있거나 또는 어느 국가의 영토에도 속하지 않는 지역의 표면에 있을 때에 동 항공기에 탑승한 자가 범한 범죄 또는 행위에 관하여 적용된다.
> ㄷ. '비행 중'이란 항공기가 이륙의 목적을 위하여 시동이 된 순간부터 착륙 활주가 끝난 순간까지를 의미한다.
> ㄹ. 항공기의 등록국은 항공기 내에서 범하여진 범죄나 행위에 대한 재판관할권을 행사할 권한을 가지며, 각 체약국은 자국에 등록된 항공기 내에서 범하여진 범죄에 대하여 등록국으로서 재판관할권을 확립하기 위하여 필요한 조치를 취할 수 있다.
> ㅁ. 체약국으로서 등록국이 아닌 국가는 범죄가 자국에 영향을 미치는 경우, 자국민에 대해 또는 자국민에 의해 범죄가 범하여진 경우, 범죄가 자국의 안전에 반하는 경우, 자국에 대해 발효하고 있는 비행 및 항공기의 조종에 관한 법규를 위반한 범죄인 경우, 자국이 국제조약 이행을 위해 재판관할권 행사가 요구되는 경우에 한하여 예외적으로 항공기 기내 범죄에 대한 형사재판관할권 행사를 위하여 비행 중인 항공기에 간섭할 수 있다.

① 모두 맞음
② 1개
③ 2개
④ 3개

정답 및 해설

항공기 내에서 범한 범죄 및 기타 행위에 관한 협약(동경협약, 1963)에 대한 설명으로 옳지 않은 것은 ㄹ. 1개이다.
ㄹ. 등록국은 재판관할권을 확립하기 위하여 필요한 조치를 취하여야 한다(동경협약 제3조 제2항).

⊘ 선지분석
ㄱ. 동 협약 제1조 제1항에 대한 내용이다.
ㄴ. 동 협약 제1조 제2항에 대한 내용이다.
ㄷ. 동 협약 제1조 제3항에 대한 내용이다.
ㅁ. 동 협약 제4조에 대한 내용으로, 항공기의 등록국이 아닌 국가가 형사재판관할권을 행사할 수 있는 예외적인 상황에 대한 규정이다.

답 ②

10 항공기 내에서 범한 범죄 및 기타 행위에 관한 협약(동경협약, 1963)에 대한 설명으로 옳지 않은 것만을 모두 고른 것은?

> ㄱ. 항공기 기장은 자신의 판단에 따라 항공기 등록국의 형사법에 규정된 중대한 범죄를 기내에서 범하였다고 믿을 만한 상당한 이유가 있는 자에 대하여 누구임을 막론하고, 항공기가 착륙하는 영토국인 체약국의 관계당국에 그 자를 인도해야 한다.
> ㄴ. 기내에 탑승한 자가 폭행 또는 협박에 의하여 비행 중인 항공기를 방해하거나 점유하는 행위 또는 기타 항공기의 조종을 부당하게 행사하는 행위를 불법적으로 범하였거나 또는 이와 같은 행위가 범하여지려고 하는 경우 체약국은 동 항공기가 합법적인 기장의 통제하에 들어가고, 그가 항공기의 통제를 유지할 수 있도록 모든 적절한 조치를 취하여야 한다.
> ㄷ. 협약은 체약국 상호 간 범죄인 인도조약이 부존재하는 경우 범죄인 인도조약으로 원용될 수 있다.
> ㄹ. 체약국에서 등록된 항공기 내에서 범하여진 범행은 범죄인 인도에 있어서는 범죄가 실제로 발생한 장소에서뿐만 아니라 항공기 등록국의 영토에서 발생한 것과 같이 취급되어야 한다.

① ㄱ, ㄷ
② ㄴ, ㄷ
③ ㄴ, ㄹ
④ ㄷ, ㄹ

정답 및 해설

항공기 내에서 범한 범죄 및 기타 행위에 관한 협약(동경협약, 1963)에 대한 설명으로 옳지 않은 것은 ㄱ, ㄷ이다.
ㄱ. 관계당국에 그 자를 인도할 수 있다(동 협약 제9조 제1항).
ㄷ. 범죄인 인도조약으로 원용될 수 없다(동 협약 제16조 제2항).

⊘ **선지분석**
ㄴ. 동 협약 제11조 제1항에 대한 내용이다.
ㄹ. 동 협약 제16조 제1항에 대한 내용이다.

답 ①

항공기 내에서 범한 범죄 및 기타 행위에 관한 협약(동경협약, 1963)에 대한 설명으로 옳지 않은 것은?

① 범죄의 구성 여부를 불문하고 항공기와 기내의 인명 및 재산의 안전을 위태롭게 할 수 있거나 하는 행위 또는 기내의 질서 및 규율을 위협하는 행위에 적용된다.

② 원칙적으로 체약국에 등록된 항공기가 비행 중이거나 공해 수면상에 있거나 또는 어느 국가의 영토에도 속하지 않는 지역의 표면에 있을 때에 동 항공기에 탑승한 자가 범한 범죄 또는 행위에 대하여 적용된다.

③ 항공기가 이륙의 목적을 위해 시동이 된 순간부터 착륙 활주가 끝난 순간까지를 비행 중인 것으로 간주한다.

④ 체약국은 자국에 등록된 항공기 내에서 범하여진 범죄에 대하여 등록국으로서의 재판관할권을 확립하기 위하여 필요한 조치를 취하여야 하며, 자국에서 처벌을 원하지 않는 경우 관할권을 가지는 타 체약국에 인도할 의무가 있다.

> **정답 및 해설**
>
> 동경협약에는 헤이그협약이나 몬트리올협약과 달리 '인도 아니면 소추 원칙'이 규정되지 않았다.
>
> **✓ 선지분석**
> ③ 헤이그협약은 '비행 중'의 정의에 대해 '탑승 후 모든 외부의 문이 닫힌 순간으로부터 하기를 위하여 그와 같은 문이 열려지는 순간까지'라고 규정하고 있다.
>
> 답 ④

12

항공기 내에서 범한 범죄 및 기타 행위에 관한 협약(동경협약, 1963)상 기내에서의 범죄에 관하여 재판관할권을 행사할 수 있는 국가로 옳은 것만을 모두 고른 것은?

> ㄱ. 범죄가 자국의 영역에 영향을 미치는 경우
> ㄴ. 자국 국민이나 영주자에 의하여 또는 이들에 대하여 범죄가 범하여진 경우
> ㄷ. 범죄가 자국의 안전에 반하는 경우
> ㄹ. 다변적 국제협정하에 부담하고 있는 의무의 이행을 보장함에 있어서 재판관할권의 행사가 요구되는 경우

① ㄴ, ㄷ
② ㄱ, ㄴ, ㄷ
③ ㄱ, ㄷ, ㄹ
④ ㄱ, ㄴ, ㄷ, ㄹ

> **정답 및 해설**
>
> ㄱ, ㄴ, ㄷ, ㄹ. 모두 재판관할권을 행사할 수 있다.
> 범죄가 발생한 항공기의 등록국 이외에 관할권을 행사할 수 있는 국가들이다.
>
> 답 ④

13

항공기 내에서 범한 범죄 및 기타 행위에 관한 협약(동경협약, 1963)에 대한 설명으로 옳지 않은 것은?

① 군용, 세관용, 경찰용 업무에 사용되는 항공기에는 적용되지 아니한다.
② 체약국에서 등록된 항공기 내에서 범하여진 범행은 범죄인 인도에 있어서는 범죄가 실제로 발생한 장소에서뿐만 아니라 항공기 등록국의 영토에서 발생한 것과 같이 취급되어야 한다.
③ 체약국은 국제민간항공기구에 통고함으로써 협약을 폐기할 수 있으며 폐기통고가 접수된 날로부터 6개월 이후에 효력을 발생한다.
④ 협약에 대한 유보가 전면금지된다.

체약국은 동경협약 제24조 분쟁해결조항에 대해 유보할 수 있으며, 그 이외의 조항에 대해서는 유보할 수 없다. 협의를 통한 분쟁해결이 어려운 경우 당사자 간 합의를 통해 중재재판에 회부할 수 있으나, 6개월 내 합의가 이루어지지 않은 경우 일방은 타방을 국제사법재판소(ICJ)에 제소할 수 있다.

✓ 선지분석
③ 이후에 채택된 항공 범죄 관련 조약들(헤이그협약, 몬트리올협약, 북경협약 등)은 협약 폐기 시 폐기 통고를 국제민간항공기구(ICAO)가 아닌 기탁국에 할 것을 요구하였다.

답 ④

14

항공기 불법납치 억제를 위한 헤이그협약(1970)에 대한 설명으로 옳은 것만을 모두 고른 것은?

ㄱ. 비행 중에 있는 항공기에 탑승한 자가 폭력에 의해 불법적으로 항공기를 납치 또는 점거하거나 점거하고자 하는 경우 및 공범자인 경우 동 협약상 범죄를 범한 것으로 본다.
ㄴ. 비행 중이란 탑승 후 모든 외부의 문이 닫힌 순간부터 하기를 위하여 항공기의 문이 열려지는 순간까지를 말한다.
ㄷ. 기상에서 범죄가 행해지고 있는 항공기의 이륙장소 또는 실제의 착륙장소가 그 항공기의 등록국 영토 내에 위치한 경우에만 적용되며, 그 항공기가 국제 혹은 국내 항행에 종사하는지 여부는 따지지 않는다.
ㄹ. 각 체약국은 범죄혐의자가 그 영토 내에 존재하고 있으며, 관할권을 가지는 국가에 그를 인도하지 않는 경우 범죄에 관한 관할권을 확립하기 위하여 필요한 제반조치를 취하여야 한다.
ㅁ. 범죄는 체약국들 간 현존하는 인도조약상의 인도범죄에 포함되는 것으로 간주된다. 범죄인 인도조약이 체결되지 않은 경우 협약상 범죄 처벌을 위한 범죄인 인도조약을 체결해야 한다.

① ㄱ, ㄴ, ㄷ
② ㄱ, ㄴ, ㄹ
③ ㄴ, ㄷ, ㅁ
④ ㄷ, ㄹ, ㅁ

항공기 불법납치 억제를 위한 헤이그협약(1970)에 대한 설명으로 옳은 것은 ㄱ, ㄴ, ㄹ이다.
ㄱ. 동 협약 제1조에 대한 내용이다.

✓ 선지분석
ㄷ. 항공기가 등록국 영토 밖에 위치한 경우에만 적용된다(동 협약 제3조 제3항).
ㅁ. 별도의 범죄인 인도조약을 체결할 의무는 규정되지 않았다. 다만, 동 협약을 범죄인 인도를 위한 법적 근거로서 간주할 수 있다(동 협약 제8조 제2항).

답 ②

15

항공기 불법납치 억제를 위한 헤이그협약(1970)에 대한 설명으로 옳지 않은 것은?

① 비행 중인 항공기에 탑승한 자가 폭력에 의해 불법적으로 항공기를 납치 또는 점거하거나 또는 그와 같은 행위를 하고자 시도하는 경우에 대해 적용된다.

② 각 체약국은 범죄를 엄중한 형벌로 처벌할 의무를 진다.

③ 기상에서 범죄가 행하여지고 있는 항공기의 이륙장소 또는 실제의 착륙장소가 그 항공기의 등록국가의 영토 내에 위치한 경우에만 적용되며, 그 항공기가 국제 혹은 국내 항행에 종사하는지 여부는 가리지 아니한다.

④ 영토 내에서 범죄혐의자가 발견된 체약국은 만약 혐의자를 인도하지 않을 경우에는 예외 없이 또한 그 영토 내에서 범죄가 행하여진 것인지를 불문하고 소추를 하기 위하여 권한 있는 당국에 동 사건을 회부해야 한다.

정답 및 해설

기상에서 범죄가 행하여지고 있는 항공기의 이륙장소 또는 실제의 착륙장소가 그 항공기의 등록국가의 영토 '외에' 위치한 경우에만 적용된다.

✓ 선지분석

② '엄중한' 형벌이라고 표현하여, 구체적인 형량을 규정하지는 않았다(항공기 불법납치 억제를 위한 헤이그협약 제2조).

④ 체약국의 강제적 보편관할권, 즉 인도 아니면 소추 원칙을 규정하고 있다(동 협약 제7조).

답 ③

16

항공기 불법납치 억제를 위한 헤이그협약(1970)에 대한 설명으로 옳지 않은 것은?

① 범죄가 자국에 등록된 항공기 기상에서 행하여진 경우 당해 국가는 동 범죄에 대해 관할권을 확립하기 위하여 필요한 제반조치를 취해야 한다.

② 기상에서 범죄가 행하여진 항공기가 아직 기상에 있는 범죄혐의자를 싣고 영토 내에 착륙한 경우 당해 국가는 동 범죄에 대해 관할권을 확립하기 위하여 필요한 제반조치를 취해야 한다.

③ 범죄가 주된 사업장소를 자국에 가진 임차인에게 승무원 없이 임대된 항공기 기상에서 발생한 경우 당해 국가는 동 범죄에 대해 관할권을 확립하기 위하여 필요한 제반조치를 취할 수 있다.

④ 국내법에 의거하여 행사되는 어떠한 형사관할권도 배제하지 아니한다.

정답 및 해설

항공기 불법납치 억제를 위한 헤이그협약 제4조는 형사재판관할권을 확립하기 위해 필요한 제반조치를 취해야 하는 상황에 대해 규정하고 있다.

답 ③

17 항공기 불법납치 억제를 위한 헤이그협약(1970)에 대한 설명으로 옳지 않은 것은?

① 범죄는 체약국들 간에 현존하는 인도조약상의 인도범죄에 포함되는 것으로 간주된다.

② 체약국들은 범죄를 그들 사이에 체결될 모든 인도조약에 인도범죄로서 포함할 수 있다.

③ 인도에 관하여 조약의 존재를 조건으로 하는 체약국이 상호 인도조약을 체결하지 않은 타 체약국으로부터 인도 요청을 받은 경우, 본 협약을 범죄에 관한 인도를 위한 법적인 근거로 간주할 수 있다.

④ 인도에 관하여 조약의 존재를 조건으로 하지 않는 체약국들은 피요청국의 법률에 규정된 제 조건에 따를 것을 조건으로 범죄를 동 국가들 간의 인도범죄로 인정하여야 한다.

> **정답 및 해설**

체약국들은 범죄를 그들 사이에 체결될 모든 인도조약에 인도범죄로 '포함해야' 한다.

✓ 선지분석

① 체약국들은 범죄를 그들 사이에 체결될 모든 인도조약에 인도범죄로서 포함할 의무를 진다(항공기 불법납치 억제를 위한 헤이그협약 제8조 제1항).

③ 동 협약 제8조 제2항에 대한 내용이다.

④ 조약의 존재를 조건으로 하지 않는 체약국들은 '피요청국'의 법률에 규정된 조건에 따르는 것이며, '요청국'의 법률에 규정된 조건에 따르는 것이 아님을 주의한다(동 협약 제8조 제3항).

답 ②

18 민간항공의 안전에 대한 불법적 행위 억제를 위한 협약(몬트리올협약, 1971)에 대한 설명으로 옳은 것은 모두 몇 개인가?

> ㄱ. 비행 중인 항공기에 탑승한 자에 대하여 폭력행위를 행하고, 그 행위가 그 항공기의 안전에 위해를 가할 가능성이 있는 경우 협약상 범죄로 본다.
> ㄴ. 운항 중인 항공기를 파괴하는 경우 또는 그러한 비행기를 훼손하여 비행을 불가능하게 하거나 또는 비행의 안전에 위해를 줄 가능성이 있는 경우 협약상 범죄로 본다.
> ㄷ. 여하한 방법에 의하여서라도 운항 중인 항공기상에 그 항공기를 파괴할 가능성이 있는 장치나 물질을 설치하는 경우 협약상 범죄로 본다.
> ㄹ. 항공시설을 파괴 또는 손상하거나 또는 그 운용을 방해하고 그러한 행위가 비행 중인 항공기의 안전에 위해를 줄 가능성이 있는 경우 협약상 범죄로 본다.
> ㅁ. 항공기는 일정 비행을 위하여 지상원 혹은 승무원에 의하여 항공기의 비행 전 준비가 시작된 때부터 착륙 후 24시간까지 운항 중에 있는 것으로 본다.

① 모두 맞음 ② 2개

③ 3개 ④ 4개

> **정답 및 해설**

민간항공의 안전에 대한 불법적 행위 억제를 위한 협약(몬트리올협약, 1971)에 대한 설명으로 ㄱ, ㄴ, ㄷ, ㄹ, ㅁ. 모두 옳다. 몬트리올협약은 항공시설에 대한 범죄 처벌을 위한 목적으로 체결한 조약이지만, 항공시설에 대한 범죄가 아닌 경우도 규율범위에 포함된다는 점을 주의해야 한다.

답 ①

19

항공범죄에 관한 몬트리올협약(1971) 및 몬트리올협약 보충의정서(1988)에 대한 설명으로 옳은 것은?

① 항공범죄에 관한 몬트리올협약(1971)은 국내항공에 종사하는 항공기에 대해서는 적용되지 않는다.
② 항공범죄에 관한 몬트리올협약(1971)은 항공기의 이륙 또는 착륙장소가 항공기 등록국 영토 내에 위치하는 경우 적용된다.
③ 몬트리올협약 보충의정서(1988)에 따르면 몬트리올협약 탈퇴 시 동 의정서에서도 탈퇴한 것으로 간주된다.
④ 항공범죄에 관한 몬트리올협약(1971)에 따르면 범죄혐의자 소재지국은 적법하게 관할권을 가진 타 당사국에게 그를 인도할 의무가 있다.

> **정답 및 해설**

✅ 선지분석
① 항공범죄에 관한 몬트리올협약(1971)은 국내항공기에 대해서도 적용된다.
② 영토 밖에 존재하는 경우에 적용된다.
④ 항공범죄에 관한 몬트리올협약(1971)은 소재지국이 관할권을 행사하여 기소할 수도 있다.

답 ③

20

북경협약(2010)에 대한 설명으로 옳지 않은 것은 모두 몇 개인가?

> ㄱ. 사망, 중대한 육체적 침해, 혹은 재산이나 환경에 대한 중대한 손해를 초래하거나 초래할 가능성이 있는 방식으로 생물무기, 화학무기 또는 핵무기 등을 운항 중인 항공기로부터 발사 또는 방출하는 행위는 북경협약의 관할대상범죄이다.
> ㄴ. 폭발성 또는 방사성 무기, 생물무기, 화학무기, 핵무기 등을 항공기로 운송하는 행위는 대상범죄에서 제외되었다.
> ㄷ. 범죄인의 국적국은 대상범죄를 처벌하기 위해 재판관할권을 수립할 수 있다.
> ㄹ. 몬트리올협약과 마찬가지로 적용대상범죄들을 정치범죄로 간주하지 아니한다고 명시하였다.
> ㅁ. 몬트리올협약과 마찬가지로 '인도 아니면 소추 원칙', 즉 강제적 보편관할권을 규정하고 있다.

① 1개   ② 2개
③ 3개   ④ 4개

> **정답 및 해설**

북경협약(2010)에 대한 설명으로 옳지 않은 것은 ㄴ, ㄷ, ㄹ. 3개이다.
ㄴ. 대상범죄에 포함된다.
ㄷ. 범죄인의 국적국이 재판관할권을 수립해야 하는 의무규정이다.
ㄹ. 몬트리올협약에는 적용대상범죄들을 정치범죄로 간주하지 않는다고 명시한 규정이 없다.

답 ③

21 북경협약(2010)에 대한 설명으로 옳지 않은 것만을 모두 고른 것은?

> ㄱ. 강제적 보편관할권이 적용되나, 인도청구가 종교를 이유로 한 소추나 처벌로 이어질 수 있다고 믿을
>   만한 이유가 있는 경우 인도를 거절해야 한다.
> ㄴ. 사망, 중대한 육체적 침해, 혹은 재산이나 환경에 대한 중대한 손해를 초래하거나 초래할 가능성이
>   있는 방식으로 생물무기, 화학무기 또는 핵무기 등을 운항 중인 항공기로부터 발사 또는 방출하는 행
>   위는 북경협약의 관할대상범죄이다.
> ㄷ. 속인주의 국가는 대상범죄를 처벌하기 위해 재판관할권을 수립할 수 있다.
> ㄹ. 수동적 속인주의 국가는 대상범죄를 처벌하기 위해 재판관할권을 수립해야 한다.
> ㅁ. 2022년 기준 가입국 수가 불충분하여 발효되지 않았다.

① ㄱ, ㄴ, ㄷ, ㅁ
② ㄱ, ㄴ, ㄹ, ㅁ
③ ㄱ, ㄷ, ㄹ, ㅁ
④ ㄴ, ㄷ, ㄹ, ㅁ

정답 및 해설

북경협약(2010)에 대한 설명으로 옳지 않은 것은 ㄱ, ㄷ, ㄹ, ㅁ이다.

ㄱ. 인도를 거절할 수 있다.

ㄷ. 재판관할권을 수립해야 하는 의무규정이다.

ㄹ. 재판관할권을 수립할 수 있는 재량규정이다.

ㅁ. 2018년 7월 1일 발효되었다(Pursuant to its recent ratification by the Government of Turkey, ICAO has announced that the Convention on the Suppression of Unlawful Acts Relating to International Civil Aviation, commonly referred to as the Beijing Convention, will enter into force on 1 July).

답 ③

22 국제민간항공 관련 불법행위의 억제에 관한 협약(베이징협약)에 대한 설명으로 옳지 않은 것은?

① 협약에 따라 법인이 책임을 진 경우 당해 범죄에 책임이 있는 개인의 형사책임은 면제된다.

② 범죄가 자국민에 대하여 범하여진 경우 당사국은 그런 범죄에 대해 관할권을 확립할 수 있다.

③ 범죄가 자국 영토 내에 상거소를 가진 무국적자에 의해 범하여진 경우 당사국은 그런 범죄에 대해 관할권을 확립할 수 있다.

④ 어떠한 체약국도 수탁자에 대한 서면통고로써 본 협약을 폐기할 수 있다.

정답 및 해설

법인이 책임을 진 경우 그러한 책임은 범죄를 저지른 개인의 형사책임을 침해함이 없이 발생한다.

답 ①

01

외기권에 발사된 물체의 등록에 관한 협약(1975)에 대한 설명으로 옳은 것은?

① 우주물체가 지구 궤도 또는 그 이원에 발사되었을 때, 발사국은 유지하여야 하는 적절한 등록부에 등재하여 우주물체를 등록해야 하고, 각 발사국은 동 등록의 확정을 외기권 평화적 이용 위원회에 통보하여야 한다.

② 등록의 내용 및 그것이 유지되는 조건은 UN사무총장에 의하여 결정되어야 한다.

③ 등록국은 때때로 등록이 행해진 우주물체에 관련된 추가 정보를 국제연합 사무총장에게 제공할 수 있다.

④ 협약의 어느 당사국도 발효 후 1년이 경과할 시에는 국제연합 사무총장에 대한 서면 통지로서 협약에의 탈퇴를 통고할 수 있으며, 그러한 탈퇴는 이 통고의 수령일로부터 6개월이 경과하였을 시 효력이 있다.

> **정답 및 해설**
>
> ✅ **선지분석**
> ① 각 발사국은 동 등록의 확정을 국제연합 사무총장에게 통보하여야 한다.
> ② 등록의 내용 및 그것이 유지되는 조건은 관련 등록국에 의하여 결정되어야 한다.
> ④ 탈퇴는 이 통고의 수령일로부터 1년이 경과하였을 시 효력이 있다.
>
> 답 ③

02

달과 기타 천체를 포함한 외기권의 탐색과 이용에 있어서의 국가활동을 규율하는 원칙에 관한 조약(1967)에 대한 설명으로 옳지 않은 것은?

① 달과 기타 천체를 포함한 외기권에 있어서의 과학적 조사의 자유가 있으며 국가는 이러한 조사에 있어서 국제적인 협조를 용이하게 하고 장려한다.

② 당사국은 지구 주변의 궤도에 핵무기 또는 기타 모든 종류의 대량파괴 무기를 설치하지 않으며, 천체에 이러한 무기를 장치하거나 기타 어떠한 방법으로든지 이러한 무기를 외기권에 배치하지 아니할 것을 약속한다.

③ 달과 기타 천체의 평화적 탐색에 필요한 어떠한 장비 또는 시설의 사용도 금지되지 아니한다.

④ 당사국은 달과 기타 천체를 포함한 외기권에 있어서 그 활동을 정부기관이 행한 경우에 한해 국가활동에 관하여 그리고 본 조약에서 규정한 조항에 따라서 국가활동을 수행할 것을 보증함에 관하여 국제적 책임을 져야 하나, 비정부 주체가 행한 경우 국가는 국제적 책임을 지지 아니한다.

> **정답 및 해설**
>
> 그 활동을 정부기관이 행한 경우나 비정부 주체가 행한 경우를 막론하고, 국가활동에 관하여 그리고 본 조약에서 규정한 조항에 따라서 국가활동을 수행할 것을 보증함에 관하여 국제적 책임을 져야 한다.
>
> 답 ④

03 우주공간에 대한 설명으로 옳지 않은 것은?

① 브라질, 콩고, 에콰도르 등 8개 적도국가들은 1976년 보고타선언(Bogota Declaration)을 통하여 적도 상공 약 36,000km 지점의 이른바 지구정지궤도에 대해 주권을 주장했다.

② 달과 기타 천체를 포함한 외기권을 탐사하고 이용하는 국가의 활동에 적용되는 원칙에 관한 조약에 의하면 우주물체에 대한 관할권과 통제권은 그것이 외기권에 있는 동안에만 등록국, 즉 발사국이 보유하며 우주물체가 타국 영역에 진입하여 떨어진 경우에는 당해 영토국의 관할권하에 놓인다.

③ 외기권에 발사된 물체의 등록에 관한 협약에 의하면 우주물체가 외기권, 즉 지구궤도 또는 그 이원에 발사되면 발사국은 자국의 적절한 등록부에 동 우주물체를 등록하여야 한다.

④ 1986년 외기권에서 지구의 원격탐사에 관한 원칙에 의하면 원격탐사를 함에 있어 탐사국은 피탐 사국의 사전동의를 구해야 하고 피탐사국의 요청이 있을 경우 협의에 응할 것이 요구된다.

> **정답 및 해설**
>
> 탐사국은 피탐사국의 사전동의를 구할 의무는 없으나, 피탐사국의 요청이 있을 경우 협의에 응할 것이 요구된다.
>
> 답 ④

04 인류공동유산(common heritage of mankind)의 개념이 최초로 명문화된 국제조약으로 옳은 것은?

① 남극조약
② 멸종위기에 처한 야생동식물종의 국제거래에 관한 협약
③ 달과 기타 천체에서의 국가 활동에 관한 협약
④ 대륙붕에 관한 협약

> **정답 및 해설**
>
> 1967년, Malta의 UN 대표 Pardo가 최초로 심해저를 '인류의 공동유산'이라 하여 국제기구에 의한 공동개발을 주장하였다. 이후 UN총회결의 등을 통해 이 개념이 사용되면서 1982년 해양법협약 심해저규정에 도입되었으나, 최초로 명문화된 '조약'은 1979년 '달과 기타 천체에서의 국가 활동에 관한 조약'이다. 달과 기타 천체에서의 국가 활동에 관한 조약에서 제11조에서 달과 그 천연자원은 인류의 공동유산임을 명시하고 있다.
>
> 답 ③

05 우주법의 법원에 대한 설명으로 옳지 않은 것은?

① 우주물체로 인한 손해의 국제책임에 관한 조약안을 마련하고 있다.
② 1979년 달 및 다른 천체에서의 우주활동협정은 주요국이 불참하였다.
③ 1967년 원칙조약이 가장 주요한 법원이다.
④ 1975년 우주물체등록에 관한 협약이 체결되었다.

> **정답 및 해설**
>
> 1972년 UN총회의 조약안이 조약으로 체결되었다.
>
> **⊘ 선지분석**
>
> ② 1979년에 체결된 달조약은 제3세계의 압력으로 '인류의 공동유산' 개념을 적용하고 있다. 이로 인해 주요국인 미국과 구 소련은 이에 서명하지 않았다.
>
> 답 ①

06 우주물체에 의하여 발생한 손해에 대한 국제책임에 관한 협약(1972)에 대한 설명으로 옳지 않은 것은?

① 발사국이라 함은 우주물체를 발사하거나 또는 우주물체의 발사를 야기하는 국가 또는 우주물체가 발사되는 지역 또는 시설의 소속국을 의미한다.

② 우주물체가 발사된 지역 또는 시설의 소속국은 공동 발사의 참가국으로 간주된다.

③ 발사국측의 절대 책임의 면제는 손해를 입히려는 의도하에 행하여진 청구국 또는 청구국이 대표하는 자연인 및 법인측의 작위나 부작위 또는 중대한 부주의로 인하여 전적으로 혹은 부분적으로 손해가 발생하였다고 발사국이 입증하는 한도까지 인정된다.

④ 발사국의 우주물체에 의하여 발사국의 국민에게 발생한 손해에 대해서는 발사국의 과실이 존재하는 경우에 한하여 발사국의 배상책임이 인정될 수 있다.

> **정답 및 해설**
>
> 협약의 규정은 발사국의 우주물체에 의하여 발사국의 국민에게 발생한 손해에는 적용되지 않는다.
>
> 답 ④

07 우주물체에 의하여 야기된 손해에 대한 국제책임에 관한 협약에 대한 설명으로 옳지 않은 것은?

① 우주물체가 지구표면의 사람이나 재산에 또는 비행 중의 항공기에 끼친 손해에 대해서는 고의·과실 여부를 묻지 아니하고 발사국이 절대책임을 진다.

② 발사국을 우주물체의 발사를 실시 또는 조직하는 국가와 우주물체가 발사되는 영토 또는 시설의 소속국으로 정의하고 있다.

③ 우주활동에 종사하는 정부간국제기구들에게도 적용되는데, 이것은 국제기구가 책임협약에 규정된 권리와 의무를 수락한다는 선언을 하고, 또한 국제기구의 과반수 회원국이 책임협약 및 우주조약의 당사국인 경우에 한한다.

④ 청구국은 발사국에 배상을 청구하기 전에 청구국 자신이나 자연인 또는 법인이 발사국의 국내적 구제절차를 거쳐야 하나, 청구국과 피청구국의 합의에 의해 이를 배제할 수 있다.

> **정답 및 해설**
>
> 청구국은 발사국에 배상을 청구하기 전에 청구국 자신이나 자연인 또는 법인이 발사국의 국내적 구제절차를 거칠 필요가 없다.
>
> 답 ④

08 국제우주조약체제에 대한 설명으로 옳은 것은?

① 달과 기타 천체를 포함한 외기권의 탐색과 이용에 있어서의 국가 활동을 규율하는 원칙에 관한 조약(1966)에 의하면 달과 기타 천체를 포함한 외기권에 있어서 국제기구가 활동을 행한 경우에는, 본 조약에 의한 책임은 동 국제기구가 전적으로 부담한다.

② 우주물체에 의하여 발생한 손해에 대한 국제책임에 관한 협약(1972)에 의하면 발사국은 자국 우주물체가 지구 표면에 또는 비행중의 항공기에 끼친 손해에 대하여 보상을 지불할 결과책임을 진다.

③ 외기권에 발사된 물체의 등록에 관한 협약(1974)에 의하면 우주물체의 등록의 내용 및 그것이 유지되는 조건은 국제조약에 의하여 결정되어야 한다.

④ 우주항공사의 구조 · 우주항공사의 귀환 및 외기권에 발사된 물체의 회수에 관한 협정(1968)에 의하면 우주선원이 사고, 조난, 비상 또는 불의의 착륙으로 인하여, 체약국의 관할권하에 있는 영역에 착륙한 경우, 동 체약국은 즉시 동 우주선원을 구조하기 위한 모든 가능한 조치를 취하여야 하며 또한 이들에 대하여 모든 필요한 원조를 제공하여야 한다.

> 정답 및 해설

⊘ **선지분석**
① 책임은 동 국제기구와 이 기구에 가입하고 있는 본 조약의 당사국들이 공동으로 부담한다.
② 우주물체에 의하여 발생한 손해에 대한 국제책임에 관한 협약(1972)에 의하면 발사국은 자국 우주물체가 지구 표면에 또는 비행중의 항공기에 끼친 손해에 대하여 보상을 지불할 절대적인 책임을 진다.
③ 외기권에 발사된 물체의 등록에 관한 협약(1974)에 의하면 우주물체의 등록의 내용 및 그것이 유지되는 조건은 관련 등록국에 의하여 결정되어야 한다.

답 ④

09 우주물체에 의하여 발생한 손해에 대한 국제책임에 관한 협약(1972)에 대한 설명으로 옳은 것을 모두 고른 것은?

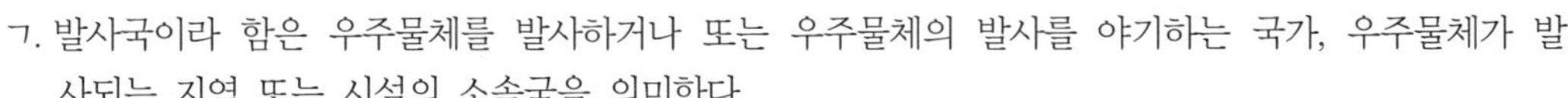

ㄱ. 발사국이라 함은 우주물체를 발사하거나 또는 우주물체의 발사를 야기하는 국가, 우주물체가 발사되는 지역 또는 시설의 소속국을 의미한다.
ㄴ. 협약의 규정은 발사국의 우주물체에 의해 발사기 또는 발사기 이후 어느 시기로부터 하강할 때까지의 단계에서 그 우주물체의 작동에 참여하는 동안 또는 발사국의 초청을 받아 발사 또는 회수 예정 지역의 인접지에 있는 동안의 외국인에 대한 손해에는 적용되지 않는다.
ㄷ. 손해를 입은 국민의 국적국이 보상을 청구하지 않는 경우 UN사무총장이 손해에 대하여 발사국에 보상을 청구할 수 있다.
ㄹ. 청구국과 보상 지불국이 다른 보상 방식에 합의하지 못할 경우, 보상은 지불국의 통화로 지불되며 만일 청구국이 요구하면 청구국의 통화로 지불된다.

① ㄱ, ㄴ   ② ㄴ, ㄷ   ③ ㄱ, ㄹ   ④ ㄷ, ㄹ

> 정답 및 해설

우주물체에 의하여 발생한 손해에 대한 국제책임에 관한 협약(1972)에 대한 설명으로 옳은 것은 ㄱ, ㄴ이다.

⊘ **선지분석**
ㄷ. 손해를 입은 국민의 국적국이 보상을 청구하지 않는 경우 타 국가는 어느 자연인 또는 법인이 자국의 영역 내에서 입은 손해에 대하여 발사국에 보상을 청구할 수 있다.
ㄹ. 보상은 청구국의 통화로 지불되며 만일 청구국이 요구하면 보상 지불국의 통화로 지불된다.

답 ①

10 우주항공사의 구조, 우주항공사의 귀환 및 외기권에 발사된 물체의 회수에 관한 협정(1968)에 대한 설명으로 옳지 않은 것은?

① 우주선원이 사고를 당하였거나 또는 조난상태를 당하고 있거나 또는 체약국의 관할권하에 있는 영역 또는 공해, 또는 어느 국가 관할권에도 속하지 않는 기타 장소에 비상 또는 불의의 착륙을 하였다는 정보를 입수하거나 또는 이러한 사실을 발견한 각 체약국이 발사당국을 확인할 수 없어 동 당국과 교신할 수 없는 경우에는 즉각 동 체약국의 처분하에 있는 모든 적합한 통신수단으로 공개 발표를 하여야 하며 또한 국제연합 사무총장에게 통보하여야 한다.

② 우주선원이 공해상이나 또는 어느 국가의 관할권에도 속하지 않는 기타 장소에 하강하였다는 정보를 입수하거나 또는 이러한 사실을 발견한 경우, 우주선원의 신속한 구조를 보장하기 위하여 동 선원의 탐색 및 구조작업에 원조를 제공할 수 있는 위치에 있는 체약국은, 필요한 경우에는, 여하한 원조를 제공하여야 하며, 동 체약국은 동국이 취하고 있는 조치 및 동 조치의 진전을 발사당국 및 국제연합 사무총장에게 통보하여야 한다.

③ 협정상 발사당국이라 함은 발사에 대하여 책임을 지는 국가, 또는 정부간 국제기구가 발사에 대하여 책임을 지는 경우에는 동 기구를 말한다. 단, 동 기구는 본 협정에 규정된 권리 의무의 승락을 선언하고 또한 동 기구의 회원국의 3/4 이상이 본 협정 및 달과 기타 천체를 포함한 외기권의 탐색과 이용에 있어서의 국가 활동을 규율하는 원칙에 관한 조약의 체약국임을 조건으로 한다.

④ 본 협정의 모든 당사국은 본 협정 발효 1년 후에 기탁국 정부에 대한 서면 통고로써 본 협정으로부터의 탈퇴 통고를 할 수 있다. 이러한 탈퇴 통고는 탈퇴 통고의 접수일자로부터 1년 후에 효력을 발생한다.

> **정답 및 해설**
>
> 동 기구는 본 협정에 규정된 권리 의무의 승락을 선언하고 또한 동 기구의 회원국의 과반수가 본 협정 및 달과 기타 천체를 포함한 외기권의 탐색과 이용에 있어서의 국가 활동을 규율하는 원칙에 관한 조약의 체약국임을 조건으로 한다.
>
> 답 ③

01 남극지역을 규율하는 기본조약인 남극조약을 중심으로 하여 남극조약체제를 구성하고 있지 않는 것으로 옳은 것은?

① 광물자원활동의 조절에 관한 협약
② 물개보존협약
③ 오존층 보호를 위한 비엔나협약
④ 해양생물자원 보존협약

> **정답 및 해설**
>
> 오존층 보호를 위한 비엔나협약은 남극지역을 규율하는 조약과 무관하다. 이는 오존층을 파괴하는 오염물질 배출을 규제하기 위한 조약이다.
>
> 답 ③

02 남극에 대한 국제법에 대한 설명으로 옳지 않은 것은?

① 남극협약(1959)에 의하면 과학적 연구를 위하거나 또는 기타 평화적 목적을 위하여 군의 요원 또는 장비를 사용하는 것을 금지되지 아니한다.

② 남극협약(1959)에 의하면 당자자 간 해결되지 않는 분쟁은 일방 체약국의 제소에 의해 국제사법재판소에서 해결하도록 회부될 수 있다.

③ 남극해양생물자원보존에 관한 협약(1980)에 의하면 동 협약에 의해 설치된 남극해양생물자원보존위원회는 협약의 당사국이 아닌 국가의 국민 또는 선박에 의하여 취해진 활동이 협약의 목적수행에 영향을 미친다고 판단되는 경우 동 국가의 주의를 환기하여야 한다.

④ 환경보호에 관한 남극조약 의정서(1991)에 의하면 활동계획은 그 활동이 사소하거나 일시적인 것에 못 미치는 정도의 영향을 사전에 평가하기 위하여 부속서에 규정된 절차에 따라 수행된다.

> **정답 및 해설**
>
> 남극협약(1959)에 의하면 당자자 간 해결되지 않는 분쟁은 모든 분쟁당사국의 동의를 얻어 국제사법재판소에서 해결하도록 회부되어야 한다.
>
> 답 ②

03 남극의 법적 체제에 대한 설명으로 옳은 것은?

① 남극에 대한 영유권 주장은 1959년 남극조약에 의하여 포기되었다.

② 남극환경보호의정서를 채택하는 데 실패하였다.

③ 평화적 목적 및 군사적 목적으로 이용할 수 있다.

④ 남극조약에 의하면 남극지역에서 행한 임무수행과 관련하여 재판관할권은 그가 소속하는 체약국의 재판권에 의한다.

> **정답 및 해설**
>
> ☑ **선지분석**
> ① 영유권 주장을 동결시켰다.
> ② 남극환경보호의정서가 채택되었다.
> ③ 평화적 목적으로만 남극을 이용할 수 있다.
>
> 답 ④

04

환경보호에 관한 남극조약 의정서(1991)에 대한 설명으로 옳은 것을 모두 고른 것은?

ㄱ. 남극조약지역에서의 활동은 남극환경 및 이에 종속되고 연관된 생태계와 과학적 연구를 수행하기 위한 남극의 가치에 대하여 그러한 활동이 미칠 수 있는 영향을 사전에 평가하고 정확히 판단할 수 있게 하는 충분한 정보에 기초하여 계획되고 수행된다.
ㄴ. 당사국은 이 의정서의 이행을 위하여 취한 조치에 관하여 매년 보고한다.
ㄷ. 과학적 연구를 제외하고는 광물자원과 관련된 어떠한 활동도 금지된다.
ㄹ. 의정서에 대한 유보는 관련 규정이 없으므로 양립성 원칙이 적용된다.

① ㄱ
② ㄱ, ㄴ
③ ㄱ, ㄴ, ㄷ
④ ㄱ, ㄴ, ㄷ, ㄹ

환경보호에 관한 남극조약 의정서(1991)에 대한 설명으로 옳은 것은 ㄱ, ㄴ, ㄷ이다.

⊘ 선지분석

ㄹ. 의정서에 대한 유보는 허용되지 아니한다.

답 ③

05

북극에 대한 설명으로 옳지 않은 것은?

① 북극지방의 그린란드는 덴마크령이며, Svalbard군도는 노르웨이령이다.
② 러시아와 캐나다는 명시적 또는 묵시적으로 선형이론에 근거하여 북극지방에 산재하고 있는 섬들에 대해 주권을 주장해 오고 있다.
③ 미국, 노르웨이, 덴마크, 핀란드 등 다른 북극지방 국가들은 명시적으로 선형이론을 원용하고 있다.
④ 북극지역 영토에 대해 주권을 가진 북극극가(Artic States) 8개국이 1996년 오타와선언을 발표하고 북극이사회를 설립하였다.

미국, 노르웨이, 덴마크, 핀란드 등 다른 북극지방 국가들은 선형이론을 원용하지 않는다.

⊘ 선지분석

④ 오타와선언에 따르면 북극이사회는 북극 이용에 관한 국제규범 성안에 노력 중이다. 북극이사회에 참여한 국가들은 영구 참가자 지위를 획득하였으며 컨센서스로 의사결정을 한다.

답 ③

06

북극지방과 관련하여 오타와선언(1996)에 대한 설명으로 옳지 않은 것만을 모두 고른 것은?

> ㄱ. 북극이사회는 국제기구로 의도되었다.
> ㄴ. 북극이사회에는 토착민공동체가 업무에 참여하고 있다.
> ㄷ. 북극지역의 원주민을 대표하는 일반 민간단체(NGO)는 영구참여자(Permanent Participants)의 자격
> 　　으로 북극이사회의 모든 업무에 참여한다.
> ㄹ. 북극이사회의 의사결정은 단순다수결이며 영구참여자들은 투표권이 없다.
> ㅁ. 비북극국가들, 세계적 및 지역적 차원의 정부 간 및 의회 간 기구, 비정부기구는 북극이사회의 옵서버
> 　　지위를 부여받을 수 있다.

① ㄱ, ㄴ　　　　　　　　　　　　② ㄱ, ㄹ
③ ㄱ, ㅁ　　　　　　　　　　　　④ ㄴ, ㄷ

북극지방과 관련하여 오타와선언(1996)에 대한 설명으로 옳지 않은 것은 ㄱ, ㄹ이다.
ㄱ. 북극이사회는 국제기구로 의도된 것이 아니다.
ㄹ. 북극이사회의 의사결정은 컨센서스(총의제)로 한다.

답 ②

01 국제환경법에 대한 설명으로 옳지 않은 것은?

① 국제환경법이란 자연자원의 보존을 포함한 환경보호와 관련된 국제법규를 말한다.
② 국제환경법은 환경문제를 규율하는 것으로서 국제법과 별개의 법체계를 지닌다.
③ 국제환경법 중 UNEP가 환경문제에 관한 조약을 체결하는 경우 추상적인 골격조약과 구체적인 의정서가 체결되어 이원적 법형식을 이루는 것이 보통이다.
④ 국제환경법에는 사전주의 원칙, 오염자비용부담 원칙 등이 일반원칙으로 거론된다.

정답 및 해설

국제환경법은 국제법과 별개의 법체계로서 존재하는 것이 아니라, 조약, 국제관습법 등으로 이루어진 국제법 중에서 그 법규의 주요 규율대상과 목적이 환경문제에 대한 것을 의미한다.

✅ 선지분석
④ 그 외에도 환경손해를 야기하지 않을 책임, 환경보호를 위한 협력 원칙, 지속가능개발 원칙, 공동의 그러나 차별적인 책임 원칙, 정보제공·협의·영향평가 등 절차적 원칙이 제시되고 있다.

답 ②

02 국제환경보호에 대한 설명으로 옳은 것은?

① '지속 가능한 개발'은 환경보존을 위하여 경제개발을 우선시하려는 개념이다.
② 환경보호에 시장 지향적 개념으로 도입된 제도가 배출권 거래제도이다.
③ 미국은 교토의정서에 비준하지 않았으며 현재 동 의정서는 발효하지 않은 상태이다.
④ 지구의 환경보호를 위하여 교토의정서에 참가하지 않는 국가에게도 온실가스 감축의무를 부담하게 하였다.

정답 및 해설

배출권 거래제도는 국제환경법의 이행에 있어서 '신축성(flexibility)'을 강화하여 국가들의 자발적 이행을 확보하기 위한 제도이다.

✅ 선지분석
① 지속 가능한 개발(sustainable development)원칙은 환경가치와 개발가치의 균형과 양립을 추구하는 가치이다.
③ 미국이 교토의정서에 비준하지 않은 점은 옳지만, 동 의정서는 2005년에 발효되어 이행되고 있으며, 현재 교토의정서 이행기간이 종료(2012)된 이후 모멘텀을 이어가기 위한 국제협상이 전개되고 있다.
④ 온실가스 감축의 법적 의무는 기후변화협약의 당사국들 중 '부속서 1 국가'에게 부과되어 있다.

답 ②

03 국제환경법의 발전과정에 대한 설명으로 옳지 않은 것은?

① 1991년 세계은행과 UNEP 및 UNDP가 함께 세계생태계보호에 혜택을 주는 프로젝트에 재정적 지원을 하기 위해 지구환경기금(Global Environment Facility)이 설치되었다.

② 1982년 채택된 세계자연헌장(World Charter for Nature)은 기존의 환경조약이나 문서들과 달리 생물중심적 접근(biocentric approach)보다는 인간중심적 접근을 추구한다는 점에서 매우 중요한 의미를 갖는다.

③ 1983년 UN총회결의로 설치된 세계환경개발위원회(WEDC)는 '우리 공동의 미래(Our Common Future)'라는 보고서를 제출하고 '지속 가능한 발전' 개념의 실천을 우선과제로 제시하였다.

④ 1992년 리우환경회의에서는 환경과 개발에 관한 리우선언, 산림 원칙 및 의제 21과 같은 구속력 없는 문서와 생물다양성협약과 기후변화협약이 채택되어 서명을 위하여 개방되었다.

> **정답 및 해설**

세계자연헌장(World Charter for Nature)은 기존의 인간중심적 접근에서 벗어나 생물중심적 접근(biocentric approach)을 보여준 문서이다.

답 ②

04 1972년 스톡홀름 인간환경선언에 대한 설명으로 옳은 것은?

① UN과는 무관하게 채택되었다.
② 법적 구속력을 가지는 조약으로 채택되었다.
③ 선언의 일부 원칙들은 오늘날 국제관습법적 지위를 가진다고 간주된다.
④ 1992년 리우환경개발회의에서 전면 부정되었다.

> **정답 및 해설**

⊘ 선지분석
① 1968년 UN총회결의에 따라 UN인간환경회의가 개최되었다.
② '선언'은 법적 구속력이 없다.
④ 1992년 리우환경개발회의는 인간환경선언에 법적 구속력을 부여하는 다양한 조약들을 채택하였다.

답 ③

05 스톡홀름회의에 대한 설명으로 옳지 않은 것은?

① 1972년 스톡홀름에서 UN인간환경회의가 개최되었다.
② 인간환경선언과 인간환경행동계획을 심의·채택하였다.
③ UNEP, 즉 UN환경계획기구의 설립결의를 채택하였다.
④ 인간환경선언은 윤리적 선언에 불과한 것이 아니고 법적 구속력을 가진 규범이다.

정답 및 해설

인간환경선언은 법적 구속력이 없다.

✓ 선지분석
③ UNEP은 환경 문제의 중요성에 대한 정치적 인식을 증진시키고, 문제의 성격과 대응방안에 관한 과학적 합의의 형성을 돕고, 협상을 촉진하며, 국가들의 환경관리능력을 증대시키는 데 핵심적 역할을 수행하였다. 1978년 UNEP은 자연보호헌장을 선포하였다.

답 ④

06 리우선언에 대한 설명으로 옳지 않은 것은?

① 선진국과 개발도상국의 공동의 그러나 차별적인 책임(common but differentiated responsibility)
② 환경보호에 있어서 여성의 특별한 역할 인정
③ 개발도상국 등의 특수사정 고려 및 개발의 권리
④ 환경보호를 위한 각국의 재량적 무역제한조치의 인정

정답 및 해설

리우선언에는 개발도상국의 주장이었던 '환경을 구실로 한 부당한 무역규제 불가'의 내용이 포함되었다.

답 ④

07 국제환경법에 대한 설명으로 옳은 것을 모두 고른 것은?

ㄱ. 재판부는 2004년 Rhine 강 염화물 오염방지협약에 관한 중재재판(네덜란드/프랑스)에서 오염자 부담 원칙이 국제관습법의 일부가 되었다고 판단했다.
ㄴ. Convention on Environmental Impact Assessment in a Transboundary Context(일명 Espoo 협정)은 국경을 넘어 악영향을 미칠 개연성이 있는 활동에 관해서 사전에 환경영향평가 실시를 의무화하고 있다.
ㄷ. 1997년 기후변화 기본협약에 관한 교토의정서는 선진국들의 감축대상인 온실가스 배출량을 2008년부터 2012년까지 1990년에 비해 최소 5%를 감축시키기로 하고, 각국별로 차등적 목표치를 부과했으나 개도국에 대하여는 감축이 요구되지 않았는데, 한국은 개도국으로 분류되었다.
ㄹ. 1972년 폐기물 및 기타 물질의 투기에 의한 오염방지협약(런던협약)은 선박·항공기·해양 구조물 등으로부터의 고의적인 폐기물 투기는 규제하나 선박·항공기·구조물 자체를 투기하는 행위도 금지하지 못했다는 점에서 제한적이었다.

① ㄱ, ㄴ   ② ㄴ, ㄷ
③ ㄱ, ㄹ   ④ ㄴ, ㄹ

국제환경법에 대한 설명으로 옳은 것은 ㄴ, ㄷ이다.

✓ 선지분석
ㄱ. 오염자 부담 원칙이 국제법의 일부가 아니라고 판단했다.
ㄹ. 선박 · 항공기 · 구조물 자체를 투기하는 행위도 금지한다.

답 ②

08 의제 21(agenda 21)에 대한 설명으로 옳지 않은 것은?

① 의제 21(agenda 21)이란 환경보호에 대한 21개의 주요 원칙을 말한다.
② 리우선언의 시행을 위한 구체적 행동지침을 담은 실천강령이다.
③ 1992년 UN환경개발회의가 UN인간환경회의와 구별되는 가장 큰 특징이 바로 의제 21(agenda 21)이다.
④ 제3부의 주요 그룹의 역할은 환경과 개발문제 담당자의 초점을 정부 측에서 여성, 청소년, NGO 등 각 계층그룹으로 다원화한 것이다.

의제 21(agenda 21)은 '21개의 주요 원칙'이 아니라 '21세기를 향한 지구환경보전 종합실천계획'이라는 뜻이다.

✓ 선지분석
② 의제 21(agenda 21)은 지속 가능한 개발, 사막화 방지, 유해폐기물 관리 등에 관한 행동계획을 제공한다.

답 ①

09 스톡홀름회의 및 리우회의에 대한 설명으로 옳지 않은 것은?

① 스톡홀름회의는 1972년 '오직 하나뿐인 지구'를 슬로건으로 113개국이 참가한 UN인간환경회의를 말한다.
② 리우회의는 1992년 114개국 정상과 183개국 정부대표 및 다수의 환경단체가 참여하여 'Earth Summit'이라고도 불리는 UN환경개발회의(UNCED)를 의미한다.
③ 스톡홀름회의에서 '인간환경선언(스톡홀름선언)'과 '인간환경행동계획'을 채택되었다.
④ 스톡홀름회의에서 '의제 21' 및 '산림 원칙'을 채택되었다.

리우회의에서 '리우선언', '의제 21' 및 '산림 원칙'이 체결되었다. 리우선언은 개발도상국과 선진국의 입장을 반영하는 선언으로 개발과 환경에 대한 조화를 내용으로 하고 있다. 의제 21은 리우선언의 시행을 위한 구체적 행동지침이다.

✓ 선지분석
③ 스톡홀름회의에서 '인간환경선언(스톡홀름선언)' 및 '인간환경행동계획'이 채택되었다.

 **관련 이론 인간환경선언(스톡홀름선언)과 인간환경행동계획**

인간환경선언(스톡홀름선언)은 법적 구속력은 없으나 국제환경법의 이정표로 평가받으며 재생 가능한 자원의 합리적 사용, 현세대와 미래세대를 위한 환경보호 등을 내용으로 한다. 인간환경행동계획은 인간주거, 천연자원관리, 오염물질규제, 환경정책제한 등 5개 분야에 대한 10제 9항목의 구체적 권고를 내용으로 한다.

답 ④

10 환경 관련 국제책임에 대한 설명으로 옳은 것은?

① 환경 관련 국제책임은 다른 국제책임과 마찬가지로 사인이 행한 경우 국가행위가 아니므로 국가가 책임지지 않는다.
② '초국경적 환경오염피해 방지의무'는 국제관습법상 확립된 국가의 기본적 의무이다.
③ 초국경적 환경오염이 심각해지자 국제불법행위 및 국가귀속성 여부와 상관없는 절대책임의무가 국제관습법으로 확립되었다.
④ 국제환경법은 인권협약과는 달리 이행감독체제를 확보하지 못하고 있다.

> **정답 및 해설**

'초국경적 환경오염피해 방지의무'는 1941년 Trail Smelter 중재 사건, 1957년 Lanoux호 사건 등의 국제 판례에 의해 확인된 국가의 의무이다.

⊘ 선지분석
① '초국경적 환경오염피해 방지의무'의 경우 자국 관할 내의 위험한 활동으로 인해 타국의 영역이나 재산 및 사람이 부당한 피해를 입는 것을 방지하는 의무로서 사인에 대한 관할이 있을 경우 국가행위가 아니라 하더라도 국가 책임이 성립한다. 그러나 국제판례에 의하며 '상당한 주의의무'를 다할 경우 국가책임은 성립하지 않는다.
③ 절대책임(absolute liability)은 아직 국제법상 확립되지 못하고 있으며 1972년 우주책임협약 등 일부 조약의 형식을 통해 존재한다.
④ 국제환경협약 역시 이행감독체제를 활용하고 있는 바, 몬트리올의정서는 국가보고제도를 채택하였다.

답 ②

11 초국경적 환경오염 피해에 대한 국제책임에 대한 설명으로 옳은 것만을 모두 고른 것은?

> ㄱ. 타국 환경에 대한 손상방지의무는 1972년 인간환경에 관한 '스톡홀름선언원칙 21'을 통해 국제관습법으로 확립되었다.
> ㄴ. 고의나 과실로 환경오염을 야기하거나, 환경오염을 방지하는 데 상당한 주의의무를 다하지 못한 경우 국가책임이 발생한다.
> ㄷ. 현행 국제법상 국제환경법의 적용에 있어 적법한 행위의 결과로서 위해한 결과가 발생된 경우 가해국은 그 결과에 대한 책임을 이행할 의무가 있다.
> ㄹ. 1957년 Lake Lanoux은 타국 환경에 대한 손상방지의무가 관습법임을 최초로 확인한 판례이다.

① ㄱ, ㄴ   ② ㄱ, ㄴ, ㄷ   ③ ㄱ, ㄷ, ㄹ   ④ ㄱ, ㄴ, ㄷ, ㄹ

> **정답 및 해설**

초국경적 환경오염 피해에 대한 국제책임에 대한 설명으로 옳은 것은 ㄱ, ㄴ이다.
ㄱ. 타국 환경에 대한 손상방지의무, 즉 영역사용의 관리책임 원칙은 트레일 제련소 사건에서 최초로 언급되었으며, 1949년 코르푸 해협 사건에서 국제사법재판소(ICJ)는 동 원칙을 확인하였다.

⊘ 선지분석
ㄷ. 타국 환경에 대한 손상방지의무가 위법행위로 인한 경우만을 대상으로 하는 것인지 아니면 적법한 행위로 인한 경우까지도 포함하는 것인가에 대해서는 논쟁이 있다. 절대책임설은 환경손상의 방지의무를 넓게 이해하여 결과에 대한 책임 또한 지는 것이 타당하다고 본다. 반면에 위법행위책임설은 환경손상방지의무를 오염의 방지를 '보장'할 의무가 아니라, 그러한 위해를 방지하기 위한 '상당한 주의'가 발휘되어야만 한다는 것으로 해석하고 위반행위가 있는 경우에만 국가책임이 발생한다고 본다. 현행 국제법상 결과책임에 대한 국가책임의 성립은 형성 중인 법리(de lege ferenda)에 해당한다.
ㄹ. 타국 환경에 대한 손상방지의무는 1941년 트레일 제련소 사건에서 관습법임이 최초로 확인되었다.

답 ①

12

환경오염으로 국가책임의 성립요건에 대한 설명으로 옳지 않은 것은?

① 국가가 국제의무 위반으로 인해 인접국에게 환경상의 침해를 발생시킨 경우 전통국제법상의 불법행위책임이 성립한다.

② 사인의 행위에 의해서도 인접국에 대한 국제책임이 성립할 수 있다.

③ 사인의 행위로 인한 국가책임은 국가가 스스로의 영토상에서 발생하는 사인들의 행위를 '통제하고 방지할 수 있었음에도 불구하고' 이러한 의무를 이행하지 않았음이 요구된다.

④ 국제사법재판소(ICJ)의 바르셀로나 전기·전력회사 사건은 최초로 환경 관련 국제책임을 인정한 판례이다.

정답 및 해설

트레일 제련소 사건이 초국경적 환경오염피해에 대한 책임을 최초로 인정한 판례에 해당한다. 트레일 제련소 사건은 국제사법재판소(ICJ)가 아니라 미국과 캐나다 간 중재재판 사건이다.

✓ 선지분석

① 국가의 국제의무 위반으로 인한 환경상 침해가 있어야 한다는 점에서 인과관계의 확실성을 전제하고 있다.

답 ④

13

국제환경법의 발전과정에 대한 설명으로 옳지 않은 것은?

① 1909년 캐나다와 미국 간 체결된 국경조약은 최초로 오염방지의무를 부과하고 국제공동위원회를 설립하여 조약의무의 집행을 제도화하였다.

② Pacific Fur Seal Arbitration에서 중재재판부는 관할권 이원 지역에서의 물개의 적절한 보호와 보존을 위한 규제체제를 세우고 그 보전을 보장하기 위하여 자연자원에 대한 관할권을 주장할 권리가 있다는 미국의 주장을 기각하였다.

③ 세계자연보전연맹(International Union for the Conservation of Nature: IUCN)은 국가와 비정부기구(INGOs)가 함께 참여하는 독특한 기구로서 야생동물의 보호와 자연자원의 보호에 큰 역할을 수행하고 있다.

④ 1958년 채택된 제1차 해양법협약은 전반적인 해양오염에 대한 일반적인 규정을 마련하는 데에는 실패하였으나 공해생물자원보존협약을 채택하여 어족자원 보존을 위한 규정들을 두었다.

정답 및 해설

제1차 해양법협약(1958)에 해양오염에 대한 일반적인 규정을 마련하였다.

✓ 선지분석

③ 세계자연보전연맹(International Union for the Conservation of Nature: IUCN)은 1948년 스위스 민법에 근거해 창설되었으며, 프랑스, 네덜란드, 벨기에, 스위스 4개국과 다양한 국제기구, NGO 등이 참여하고 있다. 우리나라의 경우 자연환경보전협회(1966), 환경부(1985), 문화재청(2008), 산림청(2010)이 가입하고 있다.

답 ④

14

세계자연보전연맹(International Union for the Conservation of Nature: IUCN)에 대한 설명으로
옳지 않은 것은?

① 1948년 스위스 민법에 근거하여 세계자연보호를 위해 프랑스, 네덜란드, 벨기에, 스위스 4개국과 7개
   국제기구 및 107개의 NGO가 참여하여 처음 설립되었다.
② 세계자연보전연맹(IUCN)은 참여하는 모든 회원들은 동등한 투표권을 보장받는다.
③ 우리나라는 1966년 '자연환경보전협회' 가입을 시작으로 1985년 환경부가 정부기관으로 가입한 이후
   2008년 문화재청, 2010년 산림청 등이 정부기관회원으로 가입하였다.
④ 세계자연보전연맹(IUCN)은 자연자원의 형평하고 생태적으로 지속 가능한 사용과 자연보호를 통해
   생물 다양성 보장을 전 세계에 촉구하고 장려하며 지원하는 활동을 한다.

> **정답 및 해설**

세계자연보전연맹(IUCN)에서는 국가는 3표, 국제적 NGO는 2표, 국내 NGO는 1표로 차등되는 가중치투표제도를
도입하고 있다.

답 ②

15

국가가 자국의 영토이용으로 인하여 타국에 환경적 피해를 주지 말아야 한다는 월경 피해 방지의 원칙을
확인한 국제판례로 옳은 것은?

① 트레일 제련소 사건(Trail Smelter Case)
② 새우 – 바다거북 사건(Shrimp – Turtle Case)
③ 프랑스 핵실험 사건(Nuclear Tests Case)
④ 나우르 인산염지대 관련 사건(Certain Phosphate Lands in Nauru Case)

> **정답 및 해설**

⊘ **선지분석**
② GATT1994 제11조 수량제한 금지원칙 위반과 GATT1994 제20조에 의한 정당화 여부가 문제가 되었다.
③ 일방행위의 효력을 인정한 판례이다.

답 ①

16

국제환경 관련 국제판례에 대한 설명으로 옳지 않은 것만을 모두 고른 것은?

> ㄱ. 트레일 제련소 사건(1941)은 최초로 초국경적 환경오염피해에 대한 배상을 인정하여, 주권국가는 자국
>   영토 내에서 절대적인 주권행사가 가능함을 확인하였다.
> ㄴ. 우루과이강 펄프 공장 사건(2010)은 우루과이와 아르헨티나 합의에 기초하여 약정관할권이 성립한
>   것이며, 국제사법재판소(ICJ)는 환경영향평가는 국제관습법이나 우루과이가 이를 위반하였다고 판시
>   하였다.
> ㄷ. WTO 판정례에 의하면 미국이 'dolphin safe'라는 라벨 부착을 요구한 것은 사실상 이를 강제한 것이
>   므로 기술규정에 해당하며, 멕시코에 대한 차별적 조치를 구성한다.
> ㄹ. 일본 포경 사건(2014)은 호주가 국제포경협약규정에 따라 제소하여 약정관할권이 창설된 사례이며,
>   국제사법재판소(ICJ)는 일본이 국제포경협약을 위반하였다고 판시하였다.

① ㄱ, ㄹ　　　　　　　　　　　② ㄱ, ㄴ, ㄹ
③ ㄱ, ㄷ, ㄹ　　　　　　　　　④ ㄴ, ㄷ, ㄹ

국제환경 관련 국제판례에 대한 설명으로 옳지 않은 것은 ㄱ, ㄴ, ㄹ이다.
ㄱ. 절대적인 주권행사가 인정되는 것이 아니라 타국에 피해를 주지 않는 한도 내에서 제한적으로 주권을 행사할 수 있다고 하였다.
ㄴ. 환경영향평가의무의 내용이 명확하지 않으므로 우루과이가 이를 위반한 것은 아니라고 하였다.
ㄹ. 호주와 일본이 모두 선택조항을 수락하고 있어 '강제관할권'이 창설된 사건이다.

✓ 선지분석
ㄷ. 미국은 멕시코 상품에 대하여 차별적인 대우를 하였으므로 내국민대우를 위반하였다고 판단하였다(멕시코산 참치 수입 제한 사건, 2012).

답 ②

제2절 | 국제환경법의 원칙

01

□□□

> ㄱ. 지속 가능한 개발 원칙(sustainable development)은 세대 간 형평의 원칙, 지속 가능한 사용의 원칙, 세대 내 형평의 원칙, 환경과 개발의 통합 원칙을 포함하는 개념이다.
> ㄴ. 사전주의 원칙은 일정한 물질이나 활동의 결과 피해 발생의 리스크가 매우 높고, 적절한 규제조치를 취하는 데 대한 과학적 정당성이 충분한 경우 적용되는 원칙이다.
> ㄷ. 사전예방 원칙과 사전주의 원칙은 일반국제법상 확립된 법규이다.
> ㄹ. 오염자부담 원칙은 오염방지책임에 대한 원칙인 측면보다는 오염통제비용의 배분을 위한 경제정책적인 측면이 강하다.

국제환경법의 원칙에 대한 설명으로 옳지 않은 것만을 모두 고른 것은?

① ㄱ, ㄴ   ② ㄱ, ㄹ
③ ㄴ, ㄷ   ④ ㄴ, ㄷ, ㄹ

국제환경법의 원칙에 대한 설명으로 옳지 않은 것은 ㄴ, ㄷ이다.
ㄴ. 사전주의 원칙은 적절한 규제조치를 취하는 데에 요구되는 필요하고도 충분한 과학적 인과관계의 증명(full scientific certainty)이 기술적으로 매우 어려운 경우 적용되는 원칙이다.
ㄷ. 사전예방 원칙은 일반국제법상 확립된 법규로서 관습법에 해당하나, 사전주의 원칙은 연성법규성을 강하게 가진다.

✓ 선지분석
ㄹ. 오염자부담 원칙은 오염비용의 내부화를 지향하는 원칙이다. 상품이나 용역의 가격에 환경 보호에 관한 비용을 포함시킴으로써 환경적으로 유해한 상품이나 용역의 가격은 높이고 소비는 줄여 결과적으로 환경을 보호하고자 한다.

답 ③

02

1987년 세계환경개발위원회(WCED)에 의해 제시되었으며, 1992년 UN환경개발회의(UNCED)의 부속 문서 채택과정에서 중심적 역할을 하였던 개념으로 옳은 것은?

① 지속 가능한 개발(sustainable development)
② 오염자부담의 원칙(polluter pays principle)
③ 차별적 공동의 책임(common but differentiated responsibility)
④ 보상적 불평등(compensative inequality)

1992년 UN환경개발회의(UNCED) 이후 지속 가능한 개발의 원칙은 오늘날 국제환경법의 기본 원칙의 하나로 자리잡아가고 있는데, 세대 간 형평의 원칙, 지속 가능한 이용의 원칙, 공평한 이용의 원칙, 환경과 개발의 통합 원칙 등으로 구분될 수 있다.

답 ①

03

국제환경법의 일반원칙에 대한 설명으로 옳은 것은 모두 몇 개인가?

ㄱ. 1928년 Palmas Island 사건에서 Max Huber 중재관은 모든 국가는 자국 관할권 내에서의 활동이 다른 국가나 국민의 권리를 침해하지 않게 할 국제법적 의무가 있다고 판시하였다.
ㄴ. 1949년 코르푸 해협 사건에서 국제사법재판소(ICJ)는 어떤 국가도 자국의 영토가 다른 국가의 권리를 침해하는 방법으로 사용되지 아니할 의무가 있다고 하였다.
ㄷ. 1996년 핵무기의 위협 또는 사용의 합법성에 관한 권고적 의견에서 국제사법재판소(ICJ)는 국가가 자국의 관할권이나 통제 내에서의 활동이 타국의 환경 또는 자국 관할권 밖의 영역의 환경을 존중할 일반적 의무가 있음은 환경과 관련된 국제법의 내용 중 하나라고 하였다.
ㄹ. 1997년 Gabcikovo - Nagimaros Project 사건과 2010년 Pulp Mills on the River Uruguay 사건에서 국제사법재판소(ICJ)는 환경손해를 야기하지 않을 책임원칙이 관습법이라고 하였다.

① 1개
② 2개
③ 3개
④ 4개

국제환경법의 일반원칙에 대한 설명으로 ㄱ, ㄴ, ㄷ, ㄹ. 4개 모두 옳다.
ㄱ. Palmas Island 사건은 국제환경법에 대한 판례는 아니지만, 영역 사용의 관리책임 원칙을 제시하였다.
ㄴ. 코르푸 해협 사건은 영역 사용의 관리책임원칙을 제시하였으나, 국제환경법에 관한 판례는 아니다.
ㄷ. 핵무기의 위협 또는 사용의 합법성에 관한 권고적 의견은 국제환경법과 관련하여 영역 사용의 관리책임 원칙이 관습임을 확인한 판례이다.
ㄹ. 국제사법재판소(ICJ)는 일관되게 영역 사용의 관리책임 원칙이 관습법이라고 확인하였다.

답 ④

04 지속 가능한 개발 원칙에 대한 설명으로 옳은 것은?

① 지속 가능한 개발 원칙은 국가가 자연자원을 지속 가능하도록 하기 위해 자연자원의 개발을 가능한 억제하는 원칙이다.
② 지속 가능한 개발 원칙은 구체적으로 세대 간 형평의 원칙, 지속 가능 사용의 원칙, 형평한 이용의 원칙, 환경과 개발의 통합 원칙을 의미한다.
③ 세대 간 형평의 원칙은 법적 의무로 존재하는 환경법 원칙 중의 하나이다.
④ 지속 가능 사용의 원칙을 규정한 협약은 없으나 스톡홀름환경선언과 리우환경선언에서 직접적·간접적으로 언급하고 있다.

정답 및 해설

지속 가능한 개발 개념은 Sands에 의해 분류된 것으로서 크게 4가지로 나눌 수 있다. 이는 스톡홀름선언원칙 1·13, 리우선언 3·4, 기후변화협약 제3조 제4항, 생물다양성협약 제1조 등에 나타나 있다.

✅ 선지분석

① 지속 가능 개발의 원칙은 국가가 자연자원을 개발하고 사용함에 있어 지속 가능하도록 보장해야 한다는 것으로 개발억제 원칙은 아니다. 1987년 세계환경개발위원회 보고서에 따르면 '미래세대의 그들의 필요에 응할 능력과 타협함이 없이 현세대의 필요에 응한 개발'을 의미한다.
③ 세대 간 형평의 원칙이 법적인 의무로 존재하는가에 대해서는 의문이 있지만 적어도 도덕적 의무로 존재한다는 것에서는 합의가 이루어져 가고 있다.
④ 지속 가능 사용의 원칙, 즉 자연자원과 환경의 지속 가능한 사용의 원칙은 UN해양법협약, 기후변화협약, 생물다양성협약 등에서 규정하고 있으며 스톡홀름환경선언과 리우환경선언에서도 직접적·간접적으로 언급되고 있다.

답 ②

05 국제환경법상 지속 가능한 발전(sustainable development)에 대한 설명으로 옳지 않은 것은?

① 1980년 세계환경보존전략(World Conservation Strategy)은 지속 가능한 발전의 원칙을 다룬 최초의 시도이다.
② 1982년 세계자연헌장(World Charter for Nature)에서는 자연보전과 발전이 밀접한 관계가 있음을 선언하고 지속가능한 발전의 원칙의 주요 내용을 인정하였다.
③ 지속 가능한 발전은 세대 간 형평, 자연자원의 지속 가능한 이용, 자연자원의 공평한 이용, 환경과 발전의 통합의 4가지 원칙을 포함한다.
④ 1987년 Brundtland위원회는 '우리 공동의 미래' 보고서에서 지속적 발전에 관한 각국의 세대 간의 책임을 강조하고 경제 발전보다는 환경 보호가 더 시급하고 중요한 가치라고 하였다.

정답 및 해설

지속 가능한 발전(sustainable development)은 경제 발전과 환경 보호를 조화시켜야 한다는 원칙이다. 환경 보호를 더 우위에 둔 개념은 아니다.

✅ 선지분석

③ 세대 내 형평(intra-generational equity)도 포함되는데, 이는 자연자원 이용 시 다른 나라의 사정을 고려하여 형평성 있게 처리해야 한다는 의미이다. 선진국과 개발도상국 사이에 존재하는 부의 불균형을 시정하기 위함이다.

답 ④

06 사전주의 원칙(precautionary principle)에 대한 설명으로 옳은 것은?

① 미리 예방적 조치를 취하지 않으면 대재앙적 환경손해를 초래할 수 있는 경우 과학적 확실성을 근거로 조치를 취한다는 원칙이다.
② 몬트리올의정서는 사전주의 원칙을 최초로 도입한 국제합의로 인정되고 있다.
③ 아직까지 사전주의 원칙의 존재를 확인한 판례는 존재하지 않는다.
④ 1992년 리우선언 제15원칙은 심대하거나 회복할 수 없는 손상의 우려가 예상될 때, 과학적 확실성이 있다면 환경 악화를 방지하는 비용 대비 효과적인 조치를 지연시켜서는 안 된다고 밝히고 있다.

정답 및 해설

1985년 오존층 보존을 위한 비엔나협약과 동 조약상의 의무를 구체화한 몬트리올의정서는 사전주의 원칙을 최초로 도입한 국제합의로 인정된다. 그 이후 리우선언, 기후변화협약, 생명공학안정의정서 등의 문서에도 규정하고 있다.

✓ 선지분석
① 사전주의 원칙은 과학적 확실성이 없는 경우에도 예방적 조치를 취하지 않으면 대재앙적 환경손해를 초래할 수 있는 경우에 해당하는 원칙이다.
③ '가브치코보 – 나기마로스댐 사건'이나 '핵실험 사건'에서 국제사법재판소(ICJ)는 사전주의 원칙의 존재를 확인하였다. 또한 'EC – 호르몬 사건'에서도 패널이 사전주의 원칙을 확인하고 적용기준을 제시하였다고 평가받는다.
④ 1992년 리우선언 제15원칙은 과학적 확실성이 없다는 이유로 환경 악화를 방지하는 비용 대비 효과적 조치를 지연시켜서는 안 된다고 밝히고 있다.

답 ②

07 국제환경법상 '사전주의 원칙(precautionary principle)'에 대한 설명으로 옳은 것은 모두 몇 개인가?

ㄱ. 사전주의 원칙이란 국가가 환경에 악영향을 미칠 수 있는 활동과 관련하여 과학적 확실성이 결여되어 있는 경우라 할지라도 미리 환경훼손 방지조치를 취해야 한다는 것이다.
ㄴ. 사전주의 원칙의 개념은 독일 연방 임미시온방지법 제5조에서 규정하고 있는 'Vorsorge – prinzip(사전배려 원칙)'에서 유래하여 1980년대 중반부터 국제환경법 문서에 나타나기 시작하였다.
ㄷ. 1992년 리우선언 제15원칙은 사전주의 원칙을 천명하고 있으며, 의제 21은 사전주의적 조치, 환경영향평가, 청정생산기술, 재활용 등 사전주의 원칙을 실천하는 구체적인 방법을 제시하고 있다.
ㄹ. 1985년 오존층 파괴물질에 관한 몬트리올의정서는 프레온가스 및 할론가스가 오존층을 파괴하는지의 인과관계가 불확실하더라도 이러한 물질의 생산과 소비를 규제하고 있다.
ㅁ. 1992년 생물다양성협약과 기후변화협약, 1995년 경계성 왕래 어족 및 고도 회유성 어족의 보존과 관리에 관한 협약, 1996년 런던협약 개정의정서, 2000년 생물다양성협약과 생물안정성에 관한 카르타헤나의정서 등에서 사전주의 원칙을 도입하고 있다.

① 1개　　　　② 2개　　　　③ 3개　　　　④ 4개

정답 및 해설

국제환경법상 '사전주의 원칙(precautionary principle)'에 대한 설명으로 옳은 것은 ㄱ, ㄴ, ㄷ, ㅁ. 4개이다.
ㄱ. 환경 피해의 위험이 큰 활동에 대해서는 일종의 증명책임이 완화되거나 전환됨을 의미한다.
ㄴ. 'Vorsorge – prinzip'(사전배려 원칙)은 독일에서 1960년대 중반 오염에 대한 관심이 증대됨으로써 제창된 것으로, 1970년대 초 독일의 국내입법에도 도입되었다.

✓ 선지분석
ㄹ. 오존층 파괴물질에 관한 몬트리올의정서는 1987년 채택되었다. 모조약인 오존층 보호를 위한 비엔나협약이 1985년 채택되었다.

답 ④

08 국제환경 보호와 관련있는 판례에 대한 설명으로 옳지 않은 것은?

① 가브치코보 – 나기마로스 사건(1997)에서 국제사법재판소(ICJ)는 긴급피난의 근거로서의 생태적 위험을 인정하였으나 조약의 종료사유로는 원용할 수 없다고 하였다.
② 베링해 물개 중재 사건(1893) 재판부는 공해에서의 생물자원보존을 위한 미국 관할권 행사를 인정하지 않고 영토주권의 해양상의 공간적 한계가 영토국의 주권이 미치는 영해임을 분명하게 보여 주었다.
③ 펄프 공장 사건(2010)에서 국제사법재판소(ICJ)는 환경영향평가의무가 국제관습법으로 확립되었다고 하였다.
④ EC – 석면 사건(2001)에서 패널은 사전주의 원칙의 관습법성이 불명확하다고 하였다.

> **정답 및 해설**

EC – 석면 사건(2001)은 사전주의 원칙과 관련이 없다. EC – 호르몬 사건이나 EC – GMO 사건에서 사전주의 원칙의 관습법성이 다루어졌다.

⊘ 선지분석

① 조약의 종료사유로는 조약의 중대한 위반, 후발적 이행불능, 사정의 근본적 변경, 신강행법규의 출현 등 4가지 사유로 조약법에 관한 비엔나협약에 열거되어 있다.
③ 다만 환경영향평가의 결과에 대해 통지하거나 관련 협의를 해야 하는 절차적 의무를 위반한 것이지, 실체적 의무는 위반한 것이 아니라고 판단하였다. 이에 따라 절차적 의무 위반에 대해 '만족'의 방식으로 책임을 해제하였다.

답 ④

09 국제환경법에 대한 설명으로 옳지 않은 것은?

① 1983년 UN총회는 장기적으로 지구환경보전전략을 수립하기 위해 세계환경개발위원회를 설립하였다.
② UN총회는 의제 21의 이행상황을 정기적으로 검토 및 감시하기 위해 경제사회이사회 산하에 지속가능 개발위원회를 설치하기로 결의하였다.
③ 국제해양법재판소는 사전주의 원칙(precautionary principle)이 관습법으로 확립되었다고 판시하였다.
④ 오염자부담 원칙은 1972년 OECD에서 처음 논의되었고 스톡홀름선언에는 반영되어 있지 않으나, 리우선언 제16원칙에 반영되어 있다.

> **정답 및 해설**

국제해양법재판소는 사전주의 원칙(precautionary principle)이 국제관습법으로 가는 과정에 있다고 평가하여, 관습법으로 확립된 것은 아니라고 판시하였다.

⊘ 선지분석

① 세계환경개발위원회는 1987년 '우리 공동의 미래' 보고서를 채택해 지속 가능한 개발의 원칙을 최초로 명시하였다.
④ 지속 가능한 개발 원칙 관련하여 1946년 국제포경협약에 '세대 간 형평'이 명시되었으며, 1949년 자원 보존 및 이용에 관한 제1차 UN 회의에서 처음으로 보존과 개발이 연계되었다.

답 ③

10 **국제환경법상 오염자부담 원칙(Polluter – Pays – Principle: PPP)에 대한 설명으로 옳지 않은 것은?**

① 오염자부담 원칙(PPP)은 행위의 편익을 취한 자가 그와 관련된 불이익을 부담해야 한다(ubi emolumentum, ibi onus)는 법언(法諺)에 근거한다.

② 오염자부담 원칙(PPP)은 오염방지 비용뿐만 아니라 오염의 피해 복구에 소용되는 비용을 기본적으로 해당 환경오염의 원인을 제공한 자가 부담해야 한다는 것이다.

③ 오염자부담 원칙(PPP)은 1972년 유럽공동체(EC) 각료이사회가 채택한 환경정책의 국제경제적인 측면에 관한 지도원칙에 관한 권고에서 최초로 언급되었다.

④ OECD는 1974년 오염자부담 원칙의 이행에 관한 권고에서 오염방지 및 제거 비용뿐 아니라 잔여오염 물질로 인해 피해를 입은 자에 대한 보상도 오염자부담 원칙(PPP)의 내용에 포함된다고 하였다.

정답 및 해설

오염자부담 원칙(PPP)은 OECD 각료이사회가 채택하였다.

⊘ 선지분석
② 오염자부담 원칙(PPP)은 오염 통제를 위한 비용의 배분에 관한 논의이다. 환경오염이 발생한 경우 그에 대한 원인 규명 및 책임자에 대한 배상 추구를 목적으로 하지 않는다.
④ 이후 리우선언 제16원칙에서는 "국가는 원칙적으로 오염자가 오염비용을 부담해야 한다는 접근방법을 고려해 환경비용의 내재화에 노력해야 한다."라고 하였다.

답 ③

11 **환경영향평가에 대한 설명으로 가장 옳지 않은 것은?**

① 환경영향평가는 1969년 유럽에서 최초로 도입되었으며, 전 세계적으로 보편적인 제도로 자리를 잡아가고 있다.

② 많은 국가가 환경영향평가제도를 시행하고 있지만, 국가별로 다양한 형태를 띠고 있기 때문에 이를 조화·통합하기는 쉽지 않다.

③ 리우선언 제17원칙은 환경에 심각한 악영향을 끼칠 것이 우려되는 사업계획에 대하여는 각국이 환경영향평가를 실시하도록 요구하고 있다.

④ 환경영향평가를 명시적으로 언급하고 있는 협약은 1982년 UN해양법협약, 1985년 아세안 자연보전협정, 1991년 초국경적 환경영향평가에 관한 협약, 1992년 생물다양성협약 등이 있다.

정답 및 해설

환경영향평가는 1969년 미국의 국가환경정책법에 환경영향평가제도가 규정되면서 시작되었다.

⊘ 선지분석
④ 초국경적 환경영향평가에 관한 협약(Espoo 협약)은 채택된 초기에는 환경영향평가의 대상이 되는 활동을 제한하였으나, 2004년 개정(2017년 발효)하여 그 활동 범위를 확대하였다. 이와 달리 2001년 채택된 ILC 예방초안은 환경영향평가의 대상이 되는 활동에 대해 제한하지 않았으며 열거하지도 않았다.

답 ①

12 국제환경법상 환경영향평가 원칙에 대한 설명으로 옳은 것은?

① UN환경계획(UNEP)의 공유자원행위규칙이 환경영향평가를 구체적으로 언급하고 있는 최초의 국제법 문서이다.

② 국제사법재판소(ICJ)는 환경영향평가 원칙은 관습법으로 확립되었으며 국경을 넘어 중대한 해를 끼칠 수 있는 위험을 내포한 활동에 대해서는 환경영향평가를 실시해야 하나, 반드시 사전에 실시해야 하는 것은 아니고, 사후적으로 실시할 수 있다고 판시하였다.

③ 스톡홀름선언 제21원칙은 환경영향평가 원칙과 사전예방 원칙을 명시하였다.

④ 리우선언 제15원칙, 2001년 ILC가 작성한 예방초안 등에 규정되었다.

정답 및 해설

✅ 선지분석

② 반드시 사전에 환경영향평가를 실시해야 한다고 하였다.

③ 제21원칙은 사전예방 원칙에 대한 것이다. 환경영향평가 원칙은 명시되지 않았다.

④ 리우선언 제17원칙에 규정되었다. 제15원칙은 사전주의 원칙에 대한 것이다.

답 ①

13 우루과이강 펄프공장 사건(ICJ, 2010) 및 관련 사항에 대한 설명으로 옳지 않은 것은 모두 몇 개인가?

> ㄱ. 절차적 조항과 실체적 조항은 각각 별도의 성격을 보유하는 의무를 부과하고 있으며 하나의 의무 위반이 반드시 다른 의무에 대한 위반을 자동적으로 초래하지는 아니한다.
>
> ㄴ. 국제환경협정이 요구하고 있는 환경영향평가는 국제관습법의 일부를 구성하는 것으로 볼 수 있다.
>
> ㄷ. 환경에 영향을 초래하는 개발 프로젝트를 시작하기 이전에 환경영향평가를 실시하여야 하고 공장 등 건설 이후에도 지속적으로 환경영향평가를 실시하여야 한다.
>
> ㄹ. 환경영향평가에 포함되는 내용은 우루과이강 환경과 연관되는 제반요소이며 구체적 항목은 관련된 국제기준을 참고하여 평가 시행국이 결정할 수 있다.
>
> ㅁ. 우루과이가 사전적으로 환경영향평가를 실시하지 아니하였으므로 국제관습법을 위반한 것이다.
>
> ㅂ. 국제사법재판소(ICJ)는 환경영향평가문제를 다룬 후속 판결에서 심각한 월경 침해의 위험이 존재하지 않는 경우에도 환경영향평가를 실시할 것이 요구된다고 하였다.

① 1개 　　　　　　　　② 2개

③ 3개 　　　　　　　　④ 4개

정답 및 해설

우루과이강 펄프공장 사건(ICJ, 2010) 및 관련 사항에 대한 설명으로 옳지 않은 것은 ㅁ, ㅂ. 2개이다.

ㅁ. 환경영향평가의 구체적 구성요소는 국내법에 위임되어 있다고 보고, 우루과이가 사전에 환경영향평가를 실시하였다고 판시하였다.

ㅂ. 심각한 월경 침해의 위험이 없다면 환경영향평가를 실시할 것이 요구되지 않는다고 하였다.

✅ 선지분석

ㄴ. 다만, 1975년에 양국이 체결한 조약이나 국제관습법에 환경영향평가의 범위와 내용에 대해 규정하고 있지 않기 때문에 이에 대해서는 관할국의 결정에 따르고, 관할국은 사업 착수 후 환경에 미치는 영향을 지속적으로 모니터링할 의무를 부담한다고 판시하였다.

답 ②

14

Certain Activities and Construction of a Road 사건(ICJ, 2015)에 대한 설명으로 옳지 않은 것은 모두 몇 개인가?

> ㄱ. 국가는 자국 영토나 관할 지역 내의 활동이 타국의 환경에 중대한 영향을 미치지 않도록 가용한 모든 수단을 활용해야 할 것이며 계획된 산업 활동이 월경성 피해를 초래할 위험성이 있을 경우 환경영향평가를 시행하는 것은 일반국제법상의 의무이다.
> ㄴ. 환경영향평가 결과 월경성 피해 위험의 존재가 확인되면 사업시행국은 충분한 주의의무상 이를 피해가 우려되는 국가에 통지하고 협의해야 한다.
> ㄷ. 공사계획이 중대한 월경성 환경영향을 초래하지 않을 정도라 하더라도 국제관습법상 환경영향평가를 시행할 의무 및 관계국에 이를 통지하고 협의할 의무가 있다.
> ㄹ. 각국은 개개 사안에 따라 요구되는 환경영향평가의 특정한 내용을 국내법규나 사업 승인 과정에서 결정할 수는 있으나 국내법규에 비상 사태 면탈 조항이 있다 하여 환경영향평가를 시행해야 하는 국제법상의 의무가 영향을 받는 것은 아니다.
> ㅁ. 환경영향평가 시행의무는 중대한 월경성 피해 가능성을 사전에 평가하는 것으로서 반드시 착공 이전에 시행되어야 한다.

① 1개
② 2개
③ 3개
④ 4개

정답 및 해설

Certain Activities and Construction of a Road 사건(ICJ, 2015)에 대한 설명으로 옳지 않은 것은 ㄷ. 1개이다.

ㄷ. 모든 사업이 아닌, 국경을 넘어 타국에 중대한 해를 야기할 위험을 내포한 활동에 관해서 사전에 환경영향평가를 실시해야 한다고 명확히 하였다.

⊘ 선지분석

ㄹ. 즉, 국제법이 국내법에 있어서 우위를 가진다.

답 ①

01 파리협정(2015)에 대한 설명으로 옳지 않은 것은?

① 산업화 전 수준 대비 지구 평균 기온 상승을 섭씨 2도보다 현저히 낮은 수준으로 유지하는 것 및 산업화 전 수준 대비 지구 평균 기온 상승을 섭씨 1.5도로 제한하기 위한 노력의 추구를 통해 기후 변화의 위협에 대한 전지구적 대응을 강화하는 것을 목표로 한다.

② 협정은 상이한 국내 여건에 비추어 형평 그리고 공통적이지만 그 정도에 차이가 나는 책임과 각자의 능력의 원칙을 반영하여 이행될 것이다.

③ 파리협정의 당사국인 기후변화협약 부속서 2 국가들은 경제 전반에 걸친 절대량 배출 감축목표를 약속함으로써 주도적 역할을 지속하여야 한다.

④ 당사자는 당사자총회의 결정에 따라 5년마다 국가결정기여를 통보한다.

> **정답 및 해설**

파리협정의 선진국 당사자들에게 부과된 의무이다.

✓ 선지분석

② 명확한 선진국과 개발도상국의 이분법이 아니라, 단일한 법적 원칙에 따라 각 조항을 구별 없이 적용하는 것을 원칙으로 하되 개별 조항에서 선진국과 개발도상국의 능력에 따른 차별화를 부분적으로 인정하는 유연한 접근법(built-in flexibility)을 채택하였다.

④ 당사국들은 국가별 감축목표 달성에 대한 국제법적 의무가 없고, 향후에 목표를 달성하지 않아도 어떠한 법적인 제재를 받지 않는다.

답 ③

02 파리협정(2015)에 대한 설명으로 옳지 않은 것은?

① 선진국 당사자는 가능하다면 개발도상국 당사자에게 제공될 공적 재원의 예상 수준을 포함하여, 정성적·정량적 관련 정보를 적용 가능한 범위에서 2년마다 통보한다.

② 당사자는 이 협정이 자신에 대하여 발효한 날부터 3년 후에는 언제든지 수탁자에게 서면통고를 하여 이 협정에서 탈퇴할 수 있으며, 탈퇴는 수탁자가 탈퇴통고서를 접수한 날부터 2년이 경과한 날 또는 탈퇴통고서에 그보다 더 나중의 날짜가 명시된 경우에는 그 나중의 날에 효력이 발생한다.

③ 선진국 당사자는 공적 개입을 통하여 제공 및 조성된 개발도상국 당사자에 대한 지원에 관하여 투명하고 일관된 정보를 2년마다 제공한다.

④ 산업화 전 수준 대비 지구 평균 기온 상승을 섭씨 2도보다 현저히 낮은 수준으로 유지하는 것 및 산업화 전 수준 대비 지구 평균 기온 상승을 섭씨 1.5도로 제한하기 위한 노력의 추구를 통해 기후변화의 위협에 대한 전지구적 대응을 강화하는 것을 목표로 한다.

> **정답 및 해설**

탈퇴는 수탁자가 탈퇴통고서를 접수한 날부터 1년이 경과한 날 또는 탈퇴통고서에 그보다 더 나중의 날짜가 명시된 경우에는 그 나중의 날에 효력이 발생한다.

답 ②

03 국제환경협약에 대한 설명으로 옳지 않은 것은?

① 오존층 보호를 위한 비엔나협약(1985)은 오존층의 보호를 위해 염화불화탄소(CFC) 및 할론의 사용을 전면 금지하였다.

② 오존층 보호를 위한 비엔나협약의 몬트리올의정서(1987)는 규제물질이나 규제물질을 사용하여 생산한 제품에 대해 비당사국과의 무역을 원칙적으로 금지하였으나, 비당사국이 의정서에 따른 규제조치를 준수하고 있음을 당사국회의에서 확인한 경우 비당사국과의 규제물질 교역이 허용될 수 있다.

③ 기후변화협약(1992)에 의하면 부속서 1 선진당사국들은 온실가스 배출량을 감축하기 위한 법적 의무를 부담한다.

④ 파리협정(2015)에 의하면 최빈개도국과 군소도서국가를 제외하고, 모든 당사국은 2년마다 국가결정공약 이행보고서를 UN기후변화사무국에 제출해야 한다.

> **정답 및 해설**
>
> 오존층 보호를 위한 비엔나협약(1985)은 구체적인 행동의무는 부과하지 않았고, 조치의 대상이 될 원인물질을 명확히 지적하지도 않았다. 규제물질과 행동의무는 몬트리올의정서(1987)에서 구체적으로 규정하였다.
>
> **⊘ 선지분석**
> ② 몬트리올의정서는 1989년 발효되었으며, 한국은 1992년에 가입하였다.
> ③ 구체적으로는, 한국을 제외한 OECD 국가들과 동구권 국가들이 해당 의무를 부여받았다. 이들은 온실가스 배출을 2000년까지 1990년 수준으로 감축해야 하는 의무가 있었다.
>
> 답 ①

04 기후변화에 관한 UN기본협약(1992)상 원칙에 대한 설명으로 옳은 것은 모두 몇 개인가?

> ㄱ. 당사자는 형평에 입각하고 공통적이면서도 그 정도에 차이가 나는 책임과 각각의 능력에 따라 인류의 현재 및 미래 세대의 이익을 위하여 기후체계를 보호해야 한다. 선진국인 당사자는 기후변화 및 그 부정적 효과에 대처하는 데 있어서 선도적 역할을 해야 한다.
> ㄴ. 당사자는 기후변화의 원인을 예견·방지 및 최소화하고 그 부정적 효과를 완화하기 위한 예방조치를 취해야 한다.
> ㄷ. 심각하거나 회복할 수 없는 손상의 위협이 있는 경우, 충분한 과학적 확실성이 없다는 이유로 필요한 조치를 연기해서는 아니 된다.
> ㄹ. 당사자는 지속 가능한 발전을 증진할 권리를 보유하며 또한 증진하여야 한다. 인간활동으로 야기된 기후변화로부터 기후체계를 보호하기 위한 정책과 조치는 각 당사자의 특수한 상황에 적절하여야 하며, 국가계발계획과 통합되어야 한다.
> ㅁ. 일방적인 조치를 포함하여 기후변화에 대처하기 위하여 취한 조치는 국제무역에 대한 자의적 또는 정당화할 수 없는 차별수단이나 위장된 제한수단이 되어서는 아니 된다.

① 2개   ② 3개   ③ 4개   ④ 5개

> **정답 및 해설**
>
> 기후변화에 관한 UN기본협약(1992)상 원칙에 대한 설명으로 ㄱ, ㄴ, ㄷ, ㄹ, ㅁ. 5개 모두 옳다. 단, 사전주의 원칙이 도입되었다는 점에 주의해야 한다.
> ㄱ. 기후변화에 관한 UN기본협약 제3조 제1항에 대한 내용으로, 공동의 그러나 차별 책임 원칙이다.
> ㄴ, ㄷ. 동 협약 제3조 제3항에 대한 내용으로, 사전주의원칙이다.
> ㄹ. 동 협약 제3조 제4항에 대한 내용으로, 지속 가능한 개발원칙이다.
> ㅁ. 동 협약 제3조 제5항에 대한 내용으로, 환경과 무역의 조화를 추구한다.
>
> 답 ④

05 기후변화협약 교토의정서(Kyoto Protocol)에 대한 설명으로 옳지 않은 것만을 모두 고른 것은?

> ㄱ. 제1부속서에 포함된 국가들은 자발적으로 온실가스를 2008 ~ 2012년 동안 1990년 대비 평균 5% 이상 감축한다.
> ㄴ. 배출권 거래, 공동이행, 청정개발체제 등 신축성제도를 도입하였다.
> ㄷ. 중국, 미국, 인도 등 온실가스 배출순위 1 ~ 3위 국가들은 교토의정서(Kyoto Protocol)에 의해 특별히 온실가스 감축의무를 부과받고 있다.
> ㄹ. 2011년 12월 개최된 제17차 기후변화협약 당사국총회(COP17)에서 교토의정서(Kyoto Protocol)를 5년 또는 8년 연장하기로 하였다.

① ㄱ, ㄴ   ② ㄱ, ㄷ   ③ ㄴ, ㄷ   ④ ㄴ, ㄹ

정답 및 해설

기후변화협약 교토의정서(Kyoto Protocol)에 대한 설명으로 옳지 않은 것은 ㄱ, ㄷ이다.
ㄱ. 감축할 '의무'를 부담한다.
ㄷ. 인도는 개발도상국으로 인정받아 감축의무가 없으며, 미국은 의회의 비준 거부로 인해 협약에 참가하고 있지 않다.

☑ 선지분석
ㄹ. 당사국들은 새로운 기후변화협약을 위한 협상을 2015년까지 완료하고, 2020년부터 개발도상국에도 적용되는 새로운 체제 출범에 합의해 더반 플랫폼(Durban Platform for Enhanced Action) 기반이 구축되었다.

답 ②

06 국제환경법에 대한 설명으로 옳은 것을 모두 고른 것은?

> ㄱ. 오존층 파괴물질에 관한 몬트리올 의정서에 따른 이행확보 방안으로서의 비준수절차(Non-Compliance Procedure)에 의하면, 당사국은 자신의 이익이 침해된 경우에 한해 다른 당사국의 비준수를 통보할 수 있다.
> ㄴ. 1972년 폐기물 및 기타 물질의 투기에 의한 오염방지협약(런던협약)에 의하면, 수은 · 카드뮴 · 플라스틱 · 유류 · 방사능 물질 · 생물 및 화학전에 사용되는 물질 등의 투기는 원칙적으로 금지되나, 국가의 긴절한 필요가 있는 경우 투기할 수 있다.
> ㄷ. 2000년 바이오 안전성에 관한 의정서(일명 카르타헤나 의정서)는 특히 식품이나 사료로 직접 이용되거나 그 가공용 유전자 변형 생명체에 대하여는 그 잠재적인 부정적 영향에 대한 과학적 정보와 지식이 불충분한 경우에도 수입국이 사전주의 원칙을 적용하여 이를 규제할 수 있도록 허용하고 있다.
> ㄹ. 2010년 나고야 의정서에 의하면, 외국의 유전자원 또는 관련 전통 지식을 이용하려 하는 경우 이용자는 유전자원 제공국에게 사전통고 · 승인을 받아야 한다.

① ㄱ, ㄴ   ② ㄱ, ㄷ   ③ ㄴ, ㄹ   ④ ㄷ, ㄹ

정답 및 해설

국제환경법에 대한 설명으로 옳은 것은 ㄷ, ㄹ이다.

☑ 선지분석
ㄱ. 당사국은 자신의 이익침해 여부와 관계없이 다른 당사국의 비준수를 통보할 수 있다.
ㄴ. 어떠한 경우에도 전면 금지된다.

답 ④

 **07** 1972년 폐기물 및 기타물질의 투기에 의한 해양오염 방지에 관한 협약(런던덤핑협약)에 대한 설명으로 옳은 것만을 모두 고른 것은?

> ㄱ. 선박·항공기·플랫폼 등의 통상적 운용에 수반되는 해상폐기와 심해저 광물자원의 탐사, 개발에서 발생한 폐기물 투기는 런던덤핑협약의 적용을 받지 않는다.
> ㄴ. 1993년 개정으로 방사능물질의 해양투기가 원칙적으로 허용되었다.
> ㄷ. 1996년 개정의정서는 종래의 투기금지품목의 명시방법(Negative Listing System)에서 투기허용품목의 명시방법으로 전환하여 Positive Listing System을 도입하였다.
> ㄹ. 런던덤핑협약은 심해저 개발 관련 투기는 협약 적용에서 제외하였으나, 1996년 의정서는 폐선박 및 폐인공구조물의 고의적인 심해저 방치와 유기도 포함하여 협약의 적용범위를 확대하였다.
> ㅁ. 1996년 개정의정서는 런던덤핑협약이 적용되는 해양의 범위에 내수(Internal Waters)를 제외하여 연안국의 주권에 대한 제한을 최소화하기로 하였다.

① ㄱ, ㄴ, ㄷ

② ㄱ, ㄷ, ㄹ

③ ㄴ, ㄷ, ㄹ

④ ㄴ, ㄹ, ㅁ

1972년 폐기물 및 기타물질의 투기에 의한 해양오염 방지에 관한 협약(런던덤핑협약)에 대한 설명으로 옳은 것은 ㄱ, ㄷ, ㄹ이다.

 **선지분석**
ㄴ. 방사능물질의 해양투기가 금지되었다.
ㅁ. 런던덤핑협약이 적용되는 해양의 범위에 내수(Internal Waters)를 포함한다.

답 ②

08 해양투기에 관한 국제법에 대한 설명으로 옳지 않은 것은?

① 런던덤핑협약 제1부속서에 기재된 폐기물과 기타 물질의 투기는 절대적으로 금지되고, 제2부속서에 기재된 폐기물과 기타 물질의 투기는 사전특별허가를 필요로 하며, 기타 모든 폐기물과 물질의 투기는 사전일반허가를 필요로 한다.

② 런던덤핑협약에 의하면, 특별허가나 일반허가를 부여할 일차적 책임은 선박·항공기의 국적이나 투기 장소에 관계없이 폐기물이 선적되는 국가에 있다.

③ UN해양법협약 제210조 제5항은 배타적 경제수역(EEZ)에서의 투기와 대륙붕상의 투기에 대해서도 영해에서의 투기와 달리 연안국의 명시적 또는 묵시적인 동의를 얻을 것을 요구하고 있다.

④ 1996년 의정서는 이른바 역리스트 방식(reverse list approach)을 채택하여 체약국들에게 제1부속서에 열거된 것을 제외하고는 일체의 폐기물이나 기타 물질의 투기를 금지시킬 의무를 지우고 있다.

영해에서의 투기와 마찬가지로 연안국의 명시적인 동의를 얻을 것을 요구하고 있다.

답 ③

09 □□□ 1972년 폐기물 및 기타물질의 투기에 의한 해양오염 방지에 관한 협약(런던덤핑협약)에 대한 설명으로 옳지 않은 것은?

① 런던덤핑협약은 전면적으로 해양투기가 금지되는 폐기물의 종류(부속서 1) 및 사전에 특별허가를 요하는 물질(부속서 2)로 대별하여 규정하였다.
② 천재지변 등 불가항력과 국제법에 의해 주권면제가 부여되는 선박과 항공기의 경우 런던덤핑협약 적용에서 제외된다.
③ 1996년 개정의정서는 종래의 투기허용품목의 명시방법(Positive Listing System)에서 투기금지품목의 명시방법(Negative Listing System)으로 전환하여 투기를 보다 엄격하게 금지하고자 하였다.
④ 1996년 개정의정서는 런던덤핑협약이 적용되는 해양의 범위에 내수(Internal Waters)를 포함하여 협약의 적용 범위를 확대하였다.

종래의 투기금지품목의 명시방법(Negative Listing System)에서 투기허용품목의 명시방법으로 전환하여 Positive Listing System을 도입하였다.

답 ③

10 □□□ 생물다양성협약에 대한 설명으로 옳지 않은 것은?

① UNEP의 후원 아래 4년간 교섭을 하여 UNCED, 즉 리우회의에서 서명을 위하여 개방되었다.
② 생물다양성 보전과 그 구성요소의 지속 가능한 이용을 목적으로 하고 있다.
③ 생물다양성협약은 생물다양성의 보전에 대하여 강제적 의무조항을 두고 있다.
④ 생물의 보존을 위한 기타의 국제협약으로는 RAMSAR협약이 있다.

생물다양성협약에서 강제적인 의무가 표현되어 있는 부분은 기술이전과 재정지원에 대한 조항이며, 정작 생물다양성의 보전과 관련해서는 강제적 의무가 없기 때문에 과연 생물다양성협약이 생물다양성을 보전할 수 있느냐 하는 의문이 제기되고 있다.

✅ 선지분석

② 생물다양성의 보존 및 지속가능한 이용에 있어서 중요한 요소인 생태계와 종을 조사하고, 표본조사 등을 통해 상기 요소를 감시하며 또한 보존 및 이용에 심각한 악영향을 주는 범주의 활동을 조사·감시하고자 한다.
④ 물새서식처로서 국제적으로 중요한 습지에 관한 협약(1971년 채택). 당사국은 1개 이상의 보호 대상 습지를 지정하고 자연보호구역을 설치해 보호해야 한다.

답 ③

11

생물다양성에 관한 협약(1992)에 대한 설명으로 옳지 않은 것은 모두 몇 개인가?

> ㄱ. 국가는 UN헌장과 국제법의 원칙에 의거하여 자신의 환경정책에 따라 자신의 자원을 개발할 수 있는 주권적 권리를 가지며, 또한 자신의 관할 또는 통제지역 안에서의 활동으로 다른 국가의 환경 또는 자신의 관할권 이원 지역의 환경에 피해가 발생하지 아니하도록 보장할 책임을 진다.
> ㄴ. 각 체약당사자는 생물다양성의 보전과 지속 가능한 이용을 관련 개별 분야별 계획·프로그램 및 정책에 가능한 한 그리고 적절히 통합한다.
> ㄷ. 각 체약당사자는 가능한 한 그리고 적절히 생물다양성을 보전하기 위하여 보호지역제도 또는 특별조치 필요지역제도 등 현지 내 보전조치를 수립한다.
> ㄹ. 각 체약당사자는 주로 현지 내 조치를 보완하기 위하여 가능한 한 그리고 적절히 가급적 생물다양성의 구성요소의 원산국 안에서 그 구성요소의 현지 외 보전을 위한 조치를 채택한다.
> ㅁ. 각 체약당사자는 개발도상국의 특별한 필요를 고려하여 생물다양성과 그 구성요소의 확인·보전 및 지속 가능한 이용을 위한 조치에 관한 과학·기술교육계획 및 훈련계획을 수립·유지하며, 개발도상국의 특별한 필요를 위하여 이러한 교육 및 훈련을 위한 지원을 제공한다.

① 모두 맞음
② 1개
③ 3개
④ 4개

생물다양성에 관한 협약(1992)에 대한 설명으로 ㄱ, ㄴ, ㄷ, ㄹ, ㅁ. 모두 옳다.
ㄱ. 영역 사용의 관리책임 원칙 또는 초국경적 환경오염피해 방지의무라고 한다.
ㄴ. 지속 가능 개발 원칙에 대한 것이다.
ㄷ. 현지 내 보전조치라고 한다.
ㄹ. 현지 외 보전조치라고 한다.
ㅁ. 차별책임 원칙 차원에서 개발도상국 우대조치를 규정한 것이다.

답 ①

12

멸종위기의 야생동식물거래에 관한 협약에 대한 설명으로 옳지 않은 것은?

① 1973년 채택된 협약으로, CITES협약이라고도 한다.
② CITES는 우리나라를 포함한 다수 국가가 가입하여 야생동식물 보호와 관련된 국제협약 중에서 가장 성공적인 협약이다.
③ CITES가 채택하고 있는 규제는 어떠한 국제적인 범죄의 유형을 규정하거나 위반에 대한 제재를 과하지는 않고 단지 수출국과 수입국에 의하여 실시되는 허가제도이다.
④ CITES는 단지 국경을 넘는 야생동식물의 교역뿐만 아니라 체약국의 영토 내에서 생기는 일에 대하여도 적용된다.

CITES는 단지 국경을 넘는 야생동식물의 교역에만 적용될 뿐, 체약국의 영토 내에서 생기는 일에 대해서는 적용되지 않는다.

 **선지분석**
① 또는 워싱턴협약이라고도 한다.
③ 또한 CITES는 멸종위기에 처하거나 처할 위험이 있는 종들을 유형별로 규제한다. 부속서 1은 무역거래로 인해 멸종위기에 처한 종, 부속서 2는 멸종위기에 처해 있지는 않지만 보호받지 못하면 그렇게 될 수 있는 종, 부속서 3은 그 이외의 종들에 대해 규제한다.

답 ④

13 바젤협약에 대한 설명으로 옳지 않은 것은?

① 유해폐기물의 국가 간 이동요건으로서 수입국의 기후 등 조건이 수출국에서의 처리보다 환경상 유리하다고 판단되는 경우를 명시하고 있다.
② 수출국은 경유국에도 통지를 하고 동의를 받아야 한다.
③ 수입국의 동의를 받지 못한 이동일 경우에는 수입국에서 즉시 처리하고 재이동을 막아야 한다.
④ 협약당사국과 비당사국의 유해폐기물 교역을 금지하고 있다.

> **정답 및 해설**

수입국의 동의를 받지 못한 이동일 경우 즉시 수출국에서 이를 재수입하여야 한다.

⊘ 선지분석
② 수출국은 서면으로 관할관청을 통해 폐기물의 월경 이동을 관계국의 관할관청에 통고해야 한다.
④ 또한 남위 60도 이남지역으로의 유해폐기물의 수출도 금지하고 있다. 자국 영역 내에서 허가받은 자 이외의 유해폐기물의 수송 또는 처리도 금지된다.

답 ③

14 유해폐기물의 월경 이동 및 처리의 통제에 관한 바젤협약에 대한 설명으로 옳은 것은?

① 바젤협약과 관련하여 Ban Amendment(1995)를 채택하여 선진국으로부터 개발도상국으로의 유해폐기물 이동을 금지하였다.
② 당사국은 남위 60도 이남지역으로의 유해폐기물의 수출을 허가하지 않을 수 있다.
③ 수출국이 경유국에게 통고한 후 60일 내에 경유국의 회답이 없는 경우 수출국은 월경 이동을 허용할 수 없다.
④ 당사국 간 분쟁이 교섭 등에 의해 해결되지 못한 경우 일방적으로 국제사법재판소(ICJ)나 국제중재에 부탁될 수 있다.

> **정답 및 해설**

⊘ 선지분석
② 당사국은 남위 60도 이남지역으로의 유해폐기물의 수출을 허가하지 않아야 한다.
③ 60일 내에 경유국의 회답이 없는 경우 월경 이동을 허용할 수 있다.
④ 당사국 간 분쟁이 교섭 등에 의해 해결되지 못한 경우 합의에 기초하여 부탁될 수 있다.

답 ①

15

유해폐기물의 국가 간 이동 및 그 처리의 통제에 관한 바젤협약(1989)에 대한 설명으로 옳지 않은 것은?

① 방사성으로 인하여 특별히 방사성 물질에 적용되는 국제적 문서 등 다른 국제적 규제체제의 적용을 받는 폐기물은 이 협약의 범위에서 제외된다.

② 당사자는 수입국이 폐기물의 수입을 금지하지 않았을 경우 만약 수입국이 특정 수입에 대하여 동의하지 않으면 유해 폐기물과 그 밖의 폐기물의 수출을 허가하지 아니한다.

③ 경유국이 수출국의 통지를 접수한 날부터 60일 이내에 수출국이 어떠한 회신을 접수하지 못하면 수출국은 경유국을 통하여 수출이 행하여지도록 허가할 수 있다.

④ 협약에 대하여는 어떠한 유보나 예외도 행할 수 없다.

당사자는 수입국이 폐기물의 수입을 금지하지 않았을 경우 만약 수입국이 특정 수입에 대하여 서면으로 동의하지 않으면 유해 폐기물과 그 밖의 폐기물의 수출을 허가하지 아니하거나 금지한다.

답 ②

16

국제환경협약에 대한 설명으로 옳지 않은 것은?

① 1973년 멸종위기에 처한 야생 동식물종의 국제거래에 관한 협약(CITES) 제1부속서에 포함된 품목은 당장 멸종위기에 있지는 않으나 앞으로 표본의 교역이 엄격히 규제되지 않으면 멸종이 우려되는 종들로서 수출국의 수출허가를 받아야만 교역이 가능하다.

② 1971년 물새 서식처로서 국제적으로 중요한 습지에 관한 협약(람사르 협약)은 각 당사국이 자국 내에서 생태학적 · 식물학적 · 동물학적 · 수문학적 견지 등에서 국제적으로 중요하다고 판단되는 습지를 지정해 이의 보존을 위한 계획을 수립하고 실행할 것을 요구한다.

③ 1989년 유해폐기물의 국가 간 이동 및 그 처리의 통제에 관한 바젤협약에 의하면 폐기물의 국제적 이동이 허용되는 경우에도 수출국은 이의 이동 계획을 수입국과 경유국에 통지해야 하며 수입국과 경유국이 이에 동의해야만 이동이 가능하다.

④ 1995년 당사국 회의는 선진국으로부터 개도국의 유해 폐기물의 이동을 금지하는 이른바 Ban Amendment를 채택했고, 1999년에는 손해에 대한 책임과 보상에 관한 의정서를 채택했으며 동 의정서는 미발효 중이다.

제2부속서에 대한 설명이다.

답 ①

제 6 편

국제분쟁해결 및 무력사용

제1장 국제분쟁해결제도
제2장 무력사용에 관한 법

제1장　국제분쟁해결제도

01

분쟁의 평화적 해결 수단에 대한 설명으로 옳지 않은 것만을 모두 고른 것은?

ㄱ. 교섭은 제3자의 관여가 전혀 없다.

ㄴ. 분쟁당사자들이 교섭에 임하게 되면 주선의 임무는 종료한다.

ㄷ. 중개는 비정치적이고 중립적인 제3자가 분쟁당사국들의 동의를 얻어 분쟁의 기초가 된 사실을 조사하고 당사자의 의견을 청취한 다음 해결책을 제시하는 절차를 말한다.

ㄹ. 1979년 이집트 – 이스라엘 평화협정(Camp David협정)은 성공적인 조정(調停) 사례이다.

ㅁ. Dogger Bank 사건(1904)은 사실심사에 대한 사례이다.

ㅂ. 조정절차에서 조정위원회가 최종적으로 제시하는 해결책, 즉 조정보고서는 원칙적으로 분쟁당사국들에게 구속력이 있다.

① ㄱ, ㄹ, ㅁ

② ㄴ, ㄷ, ㅂ

③ ㄷ, ㄹ, ㅁ

④ ㄷ, ㄹ, ㅂ

정답 및 해설

분쟁의 평화적 해결 수단에 대한 설명으로 옳지 않은 것은 ㄷ, ㄹ, ㅂ이다.

ㄷ. 조정에 대한 설명이다.

ㄹ. 중개의 사례이다.

ㅂ. 조정위원회의 조정보고서는 분쟁당사국들에 대한 제안에 불과하므로 그 자체는 원칙적으로 분쟁당사자들에게 구속력이 없다.

ⓥ 선지분석

ㄱ. 교섭에는 제3자의 관여가 전혀 없다는 점이 특징이다.

ㄴ. 주선은 제3자가 분쟁당사국들의 동의를 얻어 그들이 직접 접촉하거나 교섭에 임하도록 알선하는 것, 즉 분쟁당사국들이 교섭에 들어가도록 제3자가 영향력을 행사하는 것을 말한다. 따라서 분쟁당사자들이 일단 교섭에 임하게 되면 주선의 임무는 종료한다.

답 ④

02 국제분쟁해결제도에 대한 설명으로 옳은 것은?

① 1899년 제1차 만국평화회의에서 러시아의 제안으로 국제분쟁의 평화적 해결에 관한 조약에서 국제조정제도가 처음 도입되었다.
② 국제사법재판소 및 국제형사재판소는 궐석재판이 인정된다.
③ ICJ는 1993년 처음으로 7인의 판사로 구성된 영토분쟁 담당 소재판부를 설치하였다.
④ 미국과 캐나다 간 메인만 사건(1982)에서 처음으로 ICJ 역사상 처음으로 특별재판부가 설치되었다.

> **정답 및 해설**

✓ **선지분석**
① 사실심사제도가 처음 도입되었다.
② 국제형사재판소는 인정되지 않는다.
③ 환경 담당 소재판부를 처음으로 설치하였다.

답 ④

03 국제심사에 대한 설명으로 옳지 않은 것은?

① 국제심사위원회가 분쟁의 사실관계를 명백히 밝히는 제도이다.
② 국제심사위원회는 사실관계만을 밝힌다.
③ 국제심사위원회는 1899년 헤이그협약에 의해 설치된 상설기구이다.
④ 국제심사의 보고서는 법적 구속력이 없다.

> **정답 및 해설**

국제심사위원회는 분쟁이 발생한 경우에 당사국 간의 사실심사조약이라는 특별합의에 의해 설치되는 임시(ad hoc)기구로 5인으로 구성된다. 1904년 러시아와 영국 간 '도거 어장 사건'에서 프랑스가 개입해 러시아와 영국이 국제심사위원회를 결성하고 분쟁을 해결한 사례가 있다.

답 ③

04 국제조정(conciliation)에 대한 설명으로 옳지 않은 것은?

① 조정의 결과는 일반적으로 당사자를 법적으로 구속한다.
② 중개(mediation)나 사실심사(fact – finding 또는 inquiry)보다 제3자 개입의 정도가 더 크다.
③ 조정에 회부할 것을 조약에 의하여 사전에 합의할 수 있다.
④ 제3자가 분쟁의 내용을 심사하고 그 해결방안을 제시하여 분쟁을 비사법적으로 해결하는 방법이다.

> **정답 및 해설**

국제분쟁의 평화적 해결에는 사법적 해결절차인 중재재판, 국제사법재판과 비사법적 해결절차인 직접교섭, 주선, 중개, 사실심사, 조정이 있으며, 사법적 해결절차만 법적 구속력이 있다. 따라서 비사법적 해결절차인 조정의 결과는 일반적으로 당사자를 법적으로 구속하지 않는다.

✓ **선지분석**
② 조정은 법적 측면을 포함한 분쟁의 모든 측면을 고려하여 분쟁당사국 주장을 조정하여 우호적 해결을 도모하고, 나아가 스스로 해결안을 제시한다. 따라서 중개나 사실심사보다 제3자 개입의 정도가 더 크다.
④ 1981년 동카리브 국가기구 설립조약과 같이 조약 규정을 통해 조정에 구속력을 부여하는 경우도 있다.

답 ①

05 국제분쟁의 비사법적 해결에 대한 설명으로 옳지 않은 것은?

① 주선(good office)과 중개(mediation)는 제3국이 분쟁당사국 간의 교섭에 개입하여 분쟁의 평화적 해결을 촉진하기 위한 원조를 행하는 것이다.
② 심사(inquiry)란 비정치적이고 중립적인 위원회가 분쟁의 사실관계를 조사하여 그 결과를 보고하는 절차를 말한다.
③ 조정(conciliation)이란 일체의 부당한 압력이나 간섭 없이 당사국들 간 해결을 도모하는 과정이다.
④ 심사와 조정을 구별하는 기준 중의 하나는 법률문제에 관여하는지의 여부이다.

정답 및 해설

직접교섭에 대한 설명이다. 조정(conciliation)이란 원칙적으로 비정치적이고 중립적인 국제위원회가 분쟁의 사실관계를 심사함과 동시에, 분쟁의 모든 측면을 고려하여 분쟁당사국 주장의 조정과 그 우호적 해결을 도모하고 나아가 스스로 해결안을 제시하는 절차이다.

선지분석
① 주선(good office)의 예시로 러일전쟁 시 포츠머스 강화조약 성립을 위해 미국이 주선한 것이나 1980년대 카타르와 바레인이 석유 매장이 예상되는 도서에 관한 영유권분쟁 시 사우디아라비아가 해결을 주선한 것을 들 수 있다.
② ★ 20세기 초반 체결된 Bryan조약은 미국과 외국 간 분쟁 시 국제심사(inquiry)를 통해 평화적 해결을 도모한다는 내용을 규정하였다. 이는 미국과 22개 국가 간 체결된 조약이다.

답 ③

06 국제분쟁의 해결 사례로 옳지 않은 것은?

① 1904년 러일전쟁에 대한 1905년 포츠머스 강화조약은 미국의 중개로 체결되었다.
② 1967년 중동전쟁에 대한 이집트와 이스라엘 간의 1978년 캠프데이비드협정은 미국의 중개로 체결되었다.
③ 1904년 영국과 러시아의 Dogger Bank 사건에서 러시아의 발포는 일본 어뢰정에 의해 도발된 것이라는 러시아 측 주장의 진위 여부를 판단하기 위해 심사위원회를 구성하였다.
④ 1982년 미국과 캐나다 간의 메인만 해상경계획정 사건에서 처음으로 국제사법재판소(ICJ) 특별재판부가 구성되었다.

정답 및 해설

1905년 포츠머스 강화조약은 미국의 주선으로 체결되었다. 참고로 UN헌장 제6장 제33조 제1항에는 주선이 규정되어 있지 않다.

선지분석
② 중개의 예시로는 1979년 알제리의 중개로 진행된 테헤란 영사 사건, 1985년 UN사무총장의 중개로 해결된 Rainbow Warrior호 사건 등이 있다.

답 ①

07 도거 뱅크 사건(1905) 및 관련 쟁점에 대한 설명으로 옳은 것은 모두 몇 개인가?

ㄱ. 러일전쟁 당시 러시아 함대가 1904년 10월 21일 밤 북해의 도거 뱅크(Dogger Bank)상에서 조업 중인 영국 어선단을 일본의 어뢰정으로 오인하여 포격하였다.
ㄴ. 프랑스는 분쟁이 사실에 대한 견해 차이에 기인하고 있다는 점에 착안하여, 1899년 체결된 국제분쟁의 평화적 해결조약에서 규정하는 조정위원회에 부탁할 것을 제안하였다.
ㄷ. 영국과 러시아 양국 정부는 프랑스의 제안에 동의하여 11월 25일 상트페테르부르크협정을 체결하고 조정위원회를 5명으로 구성하기로 하였다.
ㄹ. 조정위원회는 포격 및 그 결과에 대한 책임은 러시아 함대 사령관(러시아)에게 귀속되어야 한다고 발표하였다.
ㅁ. 러시아가 조정위원회의 구속적 결정에 따라 영국에 배상금을 지불함으로써 종결되었다.

① 1개
② 2개
③ 3개
④ 4개

정답 및 해설

도거 뱅크 사건(1905) 및 관련 쟁점에 대한 설명으로 옳은 것은 ㄱ. 1개이다.

⊘ 선지분석

ㄴ, ㄷ, ㄹ. 도거 뱅크 사건(1905)은 국제심사위원회에 회부된 사건이다.
ㅁ. 도거 뱅크 사건(1905)은 국제심사위원회에 회부된 사건으로, 국제심사위원회의 의견은 법적 구속력이 없다.

답 ①

제2절 | 사법적 해결

01 중재재판에 대한 설명으로 옳은 것은?

① 당사자들이 선택조항 수락으로 인해 강제적으로 적용되는 재판절차 중의 하나이다.
② 중재재판은 분쟁 발생 이전과 이후 모두 합의에 의해 부탁할 수 있다.
③ UN해양법협약의 경우 분쟁 발생 이후 합의에 의해 제소하는 임의적 중재방식을 채택하고 있다.
④ 중재재판관의 구성은 합의로 정한 제3국이 결정한다.

정답 및 해설

중재재판은 분쟁 발생 이전의 사전합의에 의한 일방적 제소인 의무적 중재 및 분쟁 발생 이후의 사후합의에 의한 제소인 임의적 중재 모두 가능하다.

⊘ 선지분석

① 선택조항 수락은 ICJ규정 제36조에 따른 강제적 관할권을 의미하는 것으로, 중재재판과 무관하다.
③ UN해양법협약은 의무적 중재방식을 채택하고 있다.
④ 중재재판관은 각 당사국이 동일 수를 선출하고 이들의 합의에 의해 제3국의 1인을 선출한다.

답 ②

02 중재재판과 국제사법재판소(ICJ)의 차이점에 대한 설명으로 옳은 것은?

① 국제사법재판소(ICJ)와 달리 중재재판에서는 분쟁당사국이 재판부의 구성과 재판준칙을 합의에 의해 결정할 수 있다.
② 중재재판은 법적 구속력이 없다는 점에서 국제사법재판소(ICJ)와 차이가 있다.
③ 국제사법재판소(ICJ)는 법적 분쟁을 해결하는 반면, 중재재판은 정치적 분쟁을 다룬다.
④ 중재재판은 양 분쟁당사국의 합의에 의하므로 관습법을 재판준칙으로 삼을 수 없다.

✓ 선지분석
② 중재재판의 판결도 국제사법재판소(ICJ)와 마찬가지로 사법적 해결절차이므로 법적 구속력이 있다.
③ 국제사법재판소(ICJ)와 중재재판 모두 법적 분쟁을 다룬다. 대부분의 중재재판조약에서는 법적 분쟁, 특히 체약국 간의 다른 조약의 해석에 대한 분쟁을 중재재판에 부탁하는 것을 약정하고 국가의 정치적 분쟁에 대한 문제는 제외하는 것이 일반적이다.
④ 중재재판은 양 분쟁당사국의 합의에 의해 관습법을 재판준칙으로 삼을 수도 있다.

답 ①

03 국제중재재판에 대한 설명으로 옳지 않은 것만을 모두 고른 것은?

> ㄱ. 중재법정의 구성은 원칙적으로 분쟁당사국들 간의 합의에 의해 결정된다.
> ㄴ. 중재법정의 결정은 분쟁당사국들을 구속한다.
> ㄷ. 중재법정의 결정에 불복하는 당사국은 국제사법재판소(ICJ)에 항소를 제기할 수 있다.
> ㄹ. UN안전보장이사회는 중재결정의 이행을 확보하기 위하여 필요한 권고 또는 강제조치를 취할 수 있다.

① ㄱ, ㄴ
② ㄱ, ㄷ
③ ㄴ, ㄷ
④ ㄷ, ㄹ

국제중재재판에 대한 설명으로 옳지 않은 것은 ㄷ, ㄹ이다.
ㄷ. 중재법정은 국제사법재판소(ICJ)와 마찬가지로 최종법원의 기능을 한다. 따라서 중재법정 판결의 효력은 최종적이며, 국제사법재판소(ICJ)에 항소할 수 없다.
ㄹ. UN안전보장이사회는 국제사법재판소(ICJ) 판결의 강제집행기관으로 예정되어 있으나(UN헌장 제94조 제2항), 중재재판의 강제집행기관은 아니다.

✓ 선지분석
ㄱ. 중재법정의 구성은 원칙적으로 합의에 의해 결정된다. 특히 상설중재법원에서는 법관명부를 상시 비치해 분쟁 발생 시 분쟁당사국이 이 명부 중에서 중재법관을 선임하는 것을 원칙으로 하고 있으나, 실제로는 당사국이 명부 외의 사람을 선임할 수 있다.

답 ④

04 상설중재재판소(Permanent Court of Arbitration: PCA)에 대한 설명으로 옳은 것은?

① 상설중재재판소(PCA)는 1901년에 설치되어 활동하다가 국제사법재판소(ICJ)가 만들어진 후에 해산되었다.
② 상설중재재판소(PCA)는 15인의 중재재판관으로 구성된 재판기관이다.
③ 상설중재재판소(PCA)의 중재재판관은 국제사법재판소(ICJ) 재판관 전체회의에서 선출된다.
④ 팔마스(Palmas)섬 사건은 상설중재재판소(PCA)의 중재판정으로 해결되었다.

팔마스(Palmas)섬 사건은 상설중재재판소(PCA)의 후버 중재관에 의한 단독 중재재판 사례로, 팔마스(Palmas)섬의 영유권이 네덜란드에게 있다고 판시하였다.

✅ 선지분석
① 상설중재재판소(PCA)는 해산되지 않고 현존하고 있다.
② 상설중재재판소(PCA) 중재관은 체약국들이 지명하는 4명 이내의 법관 전원으로 구성된다.
③ 상설중재재판소(PCA)의 중재재판관은 선출직이 아니며, 체약국들이 지명하는 법관 전원으로 구성된다.

답 ④

제3절 | 국제사법재판소(ICJ)

01 국제사법재판소(ICJ)와 국제연합(UN)과의 관계에 대한 설명으로 옳은 것만을 모두 고른 것은?

> ㄱ. 국제사법재판소(ICJ)의 경비는 총회가 정하는 방식에 따라 분쟁당사국이 부담한다.
> ㄴ. 국제연합(UN)의 어떠한 주요 기관 또는 전문기구도 국제사법재판소(ICJ)에 국가를 상대로 계쟁 사건(contentious case)소송을 제기할 수 없다.
> ㄷ. 국제사법재판소(ICJ)의 재판관 선임과정에 총회와 안전보장이사회가 관여한다.
> ㄹ. 총회와는 달리 안전보장이사회는 모든 법률문제에 대하여 국제사법재판소(ICJ)에 권고적 의견을 요청할 수 있다.
> ㅁ. 모든 UN 회원국은 ICJ규정의 당사국이다.

① ㄱ, ㄴ, ㅁ   ② ㄴ, ㄷ, ㄹ
③ ㄴ, ㄷ, ㅁ   ④ ㄷ, ㄹ, ㅁ

국제사법재판소(ICJ)와 국제연합(UN)과의 관계에 대한 설명으로 옳은 것은 ㄴ, ㄷ, ㅁ이다.
ㄷ. 국제사법재판소(ICJ) 재판관은 총회와 안전보장이사회가 각각 투표해 절대 다수를 얻은 자가 선출되며, 이때 상임이사국의 거부권은 적용되지 않는다. 동일국 국민이 2인 이상 선출된 경우에는 최연장자만이 당선된다.
ㅁ. UN 비회원국이나 ICJ규정에 가입한 국가도 있을 수 있으며 그 국가의 국민이 재판관으로 당선될 수도 있다. 안전보장이사회의 권고와 총회의 결정이 있다면 가능하다.

✅ 선지분석
ㄱ. 국제사법재판소(ICJ)의 경비는 국제연합(UN)이 부담한다(ICJ규정 제33조).
ㄹ. 총회와 안전보장이사회 모두 모든 법률문제에 대해 국제사법재판소(ICJ)에 권고적 의견을 요청할 수 있다.

답 ③

02

세계무역기구(WTO)에 의한 분쟁해결과 국제사법재판소(ICJ)에 의한 분쟁해결에 대한 설명으로 옳은 것은?

① 세계무역기구(WTO) 상소기구의 판정과 국제사법재판소(ICJ)의 판결 모두 전원재판정에 의한다.
② 세계무역기구(WTO) 분쟁해결기구의 관할권은 세계무역기구(WTO) 회원국 간의 분쟁에 대하여 성립하지만, 국제사법재판소(ICJ)에 의한 분쟁해결은 ICJ규정 비당사국에게도 개방된다.
③ 세계무역기구(WTO) 회원국이 ICJ판결을 이행하지 않은 경우 세계무역기구(WTO)에 의한 무역보복조치가 가능하다.
④ WTO협정과 ICJ규정 모두 원칙적으로 강제관할권이 인정된다.

정답 및 해설

국제사법재판소(ICJ)의 경우 세계무역기구(WTO)와는 달리 비당사국이라 할지라도 안전보장이사회가 정하는 조건에 따라 재판당사자가 될 수 있다.

☑ 선지분석
① 국제사법재판소(ICJ)의 경우 재판소는 전원이 출석하여 개정하는 것이 원칙이다(ICJ규정 제25조 제1항). 그러나 세계무역기구(WTO) 상소기구의 경우에는 7인으로 구성되나 3인이 하나의 사건을 담당한다(DSU 제17조 제1항).
③ 국제사법재판소(ICJ) 판결 불이행 시 세계무역기구(WTO)에 의한 무역보복조치 관련 규정은 없으며, 안전보장이사회가 제재조치를 취할 수 있다.
④ 세계무역기구(WTO)는 강제관할권이 인정된다고 볼 수 있다. 그러나 국제사법재판소(ICJ)는 임의관할이 원칙이고, 강제관할이 예외이다.

답 ②

03

로커비 사건(ICJ, 1992)에 대한 설명으로 옳은 것은?

① 리비아는 영국 등을 제소하면서 국제사법재판소(ICJ)에 영국 등의 인도요청 중지를 내용으로 하는 잠정조치를 요청하였고, 국제사법재판소(ICJ)는 안전보장이사회의 인도명령에도 불구하고, 재판소는 안전보장이사회결정과 무관하게 잠정조치 여부를 결정할 수 있다고 보고 리비아의 요청대로 범죄인 인도 요청을 중지하라는 잠정조치를 지시하였다.
② 국제사법재판소(ICJ)는 직권으로 재판관할권의 존부 등 선결적 쟁점을 다룰 수 있으나, 소송당사자가 제기한 선결적 항변이 전적으로 선결적인 성질이 아니라고 스스로 판단할 수 없으므로 반드시 본안판단 전에 선결적 항변에 대한 판단이 선행되어야 한다.
③ 국제사법재판소(ICJ)는 동일한 분쟁을 안전보장이사회와 재판소가 동시병렬적으로 취급할 수 없다는 점에 대해 1980년 테헤란 주재 미국 대사관 사건에서 명시하고, 1984년 니카라과 사건에서 이를 재확인하였으며, 이 사건에서도 동일한 판단을 하였다.
④ 국제사법재판소(ICJ)에 따르면 안전보장이사회의 결의에 따를 회원국의 의무는 헌장 제103조에 따라 몬트리올협약(1971)을 포함한 다른 국제협정상 의무에 우선한다.

UN헌장에는 "국제연합(UN) 회원국의 헌장상의 의무와 다른 국제협정상의 의무가 상충되는 경우에는 이 헌장상의 의무가 우선한다."라고 규정되어 있으며, 국제사법재판소(ICJ)는 '헌장상의 의무'에 안전보장이사회의 구속력 있는 결의가 포함된다고 보는 것이다.

✓ 선지분석

① 국제사법재판소(ICJ)는 범죄인 인도를 결정한 안전보장이사회결의가 우선이라고 보고 잠정조치 요청을 기각하였다.

② 국제사법재판소(ICJ)는 소송당사자가 제기한 선결적 항변이 전적으로 선결적인 성질이 아니라고 스스로 판단할 수 있으며, 이 경우 당해 쟁점을 본안에서 심리할 수 있다.

③ 동일한 사건을 안전보장이사회와 국제사법재판소(ICJ)가 동시에 다룰 수 있음을 1980년 테헤란 주재 미국 대사관 사건 및 1984년 니카라과 사건을 통해 인정하였다.

답 ④

04. 로커비 사건(ICJ, 1992) 및 관련 쟁점에 대한 설명으로 옳지 않은 것은 모두 몇 개인가?

ㄱ. UN안전보장이사회는 리비아가 안전보장이사회결의를 이행하지 아니한 것은 평화에 대한 위협을 구성하는 것으로 결정하고, 리비아에 대해 로커비 사건의 용의자에 대한 인도를 명령하였다.

ㄴ. 리비아는 영국 등을 제소하면서 국제사법재판소(ICJ)에 영국 등의 인도요청 중지를 내용으로 하는 잠정조치를 요청하였고, 국제사법재판소(ICJ)는 안전보장이사회의 인도명령에도 불구하고, 재판소는 안전보장이사회 결정과 무관하게 잠정조치 여부를 결정할 수 있다고 보고 리비아의 요청대로 범죄인 인도요청을 중지하라는 잠정조치를 지시하였다.

ㄷ. 소송 진행 중 리비아와 영국 등이 합의하여 피의자를 인도하기로 하고 소를 취하하였다.

ㄹ. 국제사법재판소(ICJ)에 따르면 안전보장이사회의 결의에 따를 회원국의 의무는 헌장 제103조에 따라 몬트리올협약(1971)을 포함한 다른 국제협정상 의무에 우선한다.

ㅁ. 국제사법재판소(ICJ)에 따르면 제소시점에 관할권의 유효성이 인정될 경우에 그 법적 상태는 그 이후의 사태에 의하여 영향을 받지 않는다.

ㅂ. 국제사법재판소(ICJ)는 직권으로 재판관할권의 존부 등 선결적 쟁점을 다룰 수 있으나, 소송당사자가 제기한 선결적 항변이 전적으로 선결적인 성질이 아니라고 스스로 판단할 수 없으므로 반드시 본안판단 전에 선결적 항변에 대한 판단이 선행되어야 한다.

ㅅ. 국제사법재판소(ICJ)는 동일한 분쟁을 안전보장이사회와 동시병렬적으로 취급할 수 없다는 점에 대해 1980년 테헤란 주재 미국 대사관 사건에서 명시하고, 1984년 니카라과 사건에서 이를 재확인한 바 있다.

① 1개   ② 2개

③ 3개   ④ 4개

로커비 사건(ICJ, 1992) 및 관련 쟁점에 대한 설명으로 옳지 않은 것은 ㄴ, ㅂ, ㅅ 3개이다.

ㄴ. 국제사법재판소(ICJ)는 범죄인 인도를 결정한 안전보장이사회결의가 우선이라고 보고 잠정조치 요청을 기각하였다.

ㅂ. 국제사법재판소(ICJ)는 소송당사자가 제기한 선결적 항변이 전적으로 선결적인 성질이 아니라고 스스로 판단할 수 있으며, 이 경우 당해 쟁점을 본안에서 심리할 수 있다.

ㅅ. 동일한 사건을 안전보장이사회와 국제사법재판소(ICJ)가 동시에 다룰 수 있음을 1980년 테헤란 주재 미국 대사관 사건 및 1984년 니카라과 사건을 통해 인정하였다.

답 ③

05 국제사법재판소(ICJ) 재판관의 선출방법에 대한 설명으로 옳지 않은 것은?

① 총회와 안전보장이사회의 절대다수표를 얻어야 한다.
② 절대다수표를 얻지 못하는 경우 3차 선거까지 실시한다.
③ 3차 선거에서도 선출에 실패하면 총회와 안전보장이사회는 각 3인으로 공동협의회를 구성해 재판관을 선출한다.
④ 재판관의 임기는 9년이며 단임이 원칙이다.

정답 및 해설

국제사법재판소(ICJ) 재판관은 재선될 수 있다.

✓ 선지분석
②, ③ 이러한 절차를 거친 후에도 결정되지 않으면 총회와 안전보장이사회에서 각각 3명씩 선출된 합계 6인으로 구성되는 합동협의회를 열어 각 공석에 대하여 한 명씩 투표로 법관을 선정하고 총회와 안전보장이사회에 제출해 쌍방에서 채택되었을 때 당선된다.

답 ④

06 국제사법재판소(ICJ) 재판관에 대한 설명으로 옳지 않은 것은?

① 국제사법재판소(ICJ) 재판관은 총회와 안전보장이사회에 의해 선출되며, 각각 독립하여 재판관을 선출한다.
② 국제사법재판소(ICJ) 재판관은 전문적 성질을 가지는 다른 어떠한 직업에도 종사할 수 없다.
③ 국제사법재판소(ICJ) 재판관은 재판소업무에 종사하는 동안 외교특권과 면제를 향유한다.
④ 국제사법재판소(ICJ) 재판관은 원칙적으로 해임이 가능하다.

정답 및 해설

국제사법재판소(ICJ) 재판관은 그 직무를 독립적으로 수행할 수 있도록 보호받아야 할 필요가 있다. 따라서 재판관은 다른 재판관의 전원일치의 의견에 의하여 그가 필요한 조건을 결여한다고 인정될 때를 제외하고는 해임되지 아니한다(ICJ규정 제18조).
★ 관행상 안전보장이사회 상임이사국은 항상 자국 출신의 판사를 배출한다.

답 ④

07 국제사법재판소(ICJ)에 대한 설명으로 옳은 것만을 모두 고른 것은?

> ㄱ. UN 회원국은 당연히 국제사법재판소(ICJ)규정의 당사국이 된다.
> ㄴ. 국제사법재판소(ICJ)의 재판관은 자신의 국적국이 분쟁당사자인 사건의 재판절차에는 참가할 수 없다.
> ㄷ. 국제사법재판소(ICJ)는 '특정한 부류의 사건(particular categories of cases)'을 다루기 위한 소재판부(chamber)를 설치할 수 있다.
> ㄹ. 선택조항(optional clause) 수락선언 시 수락국은 기간의 유보를 달 수 없다.

① ㄱ, ㄷ   ② ㄱ, ㄹ
③ ㄴ, ㄷ   ④ ㄴ, ㄹ

국제사법재판소(ICJ)에 대한 설명으로 옳은 것은 ㄱ, ㄷ이다.
ㄷ. 1993년 7인으로 구성된 환경 담당 소재판부를 설치하였으나, 실제 이용이 없자 더 이상 설치되지 않았다.

☑ 선지분석
ㄴ. 국제사법재판소(ICJ)의 재판관은 국적국이 분쟁당사자인 사건의 심리에 참여할 권리를 보장받고 있다.
ㄹ. 선택조항(optional clause)에 조건 또는 기한을 정하여 수락할 수 있다.

답 ①

08 국제사법재판소(ICJ)의 임시재판관(Judge ad hoc)에 대한 설명으로 옳은 것은?

① 재판관 중에 자국민이 없는 분쟁당사국은 임시재판관(Judge ad hoc)을 선임해야 한다.
② 임시재판관(Judge ad hoc)은 보통 국적재판관(national judge)으로 불리므로 분쟁당사국과 동일 국적을 가져야 한다.
③ 임시재판관(Judge ad hoc)제도는 환경 문제 전담 재판부(Chamber for Environmental Matters) 사건에는 적용되지 아니한다.
④ 동일한 이해관계를 가진 수개의 분쟁당사국은 1인의 임시재판관(Judge ad hoc)을 선임할 수 있다.

☑ 선지분석
① 임시재판관(Judge ad hoc)을 선임할 수 있는 것이지, 반드시 선임해야 하는 것은 아니다.
② 반드시 자국의 국적을 가져야 할 이유는 없으며, 자국에 적절한 인물이 없을 경우 외국인을 자국의 임시재판관(Judge ad hoc)으로 선임할 수 있다.
③ 임시재판관(Judge ad hoc)제도는 모든 사건에 적용된다.

답 ④

09 국제사법재판소(ICJ)의 소재판부(Chamber)에 대한 설명으로 옳지 않은 것은?

① 국제사법재판소(ICJ)는 특정 사건을 처리하기 위한 소재판부(Chamber)를 언제든지 설치할 수 있는데, 실제로 '메인(Maine)만 사건'에서 이러한 소재판부(Chamber)가 설치되었다.
② 1993년 국제사법재판소(ICJ)는 환경 사건을 처리하기 위하여 재판관 7명으로 구성된 소재판부(Chamber)를 설치한 바 있다.
③ 국제사법재판소(ICJ)는 당사자의 요청이 있는 경우 간이소송절차로 사건을 심리하고 결정할 수 있는, 재판관 5명으로 구성된 소재판부(Chamber)를 매년 설치하여야 한다.
④ 소재판부(Chamber)의 결정에 불복이 있는 경우 전원재판부에 상소할 수 있다.

국제사법재판소(ICJ)는 단심제로서 상소심은 없으며, 소재판부(Chamber)의 결정 역시 종국적이다.

☑ 선지분석
① 특정 사건 소재판부의 구성은 판사들의 비밀투표로 결정하나 국제사법재판소(ICJ) 소장은 그 구성에 관해 당사국의 의견을 확인해야 한다. 실제로는 분쟁당사국이 동의하는 판사들에 의해 소재판부가 구성된다(메인만 경계획정 사건).
★ 소재판부 제도가 권고적 의견에도 적용될 수 있는지는 불분명하다. 과거 상설국제사법재판소(PCIJ)규칙에는 권고적 의견을 전원재판부가 다룬다는 조항이 있었으나, 현재는 삭제되었다.

답 ④

10 국제사법재판소(ICJ)규정상 소재판부에 대한 설명이다. (가) ~ (라)에 들어갈 말로 옳은 것은?

> ㄱ. 재판소는 특정한 부류의 사건, 예컨대 노동 사건과 통과 및 운수 통신에 대한 사건을 처리하기 위하여 재판소가 결정하는 바에 따라 (가) 또는 그 이상의 재판관으로 구성되는 1 또는 그 이상의 소재판부를 수시로 설치할 수 있다.
> ㄴ. 재판소는 특정 사건을 처리하기 위한 소재판부를 언제든지 설치할 수 있다. 그러한 소재판부를 구성하는 재판관의 수는 (나)의 승인을 얻어 재판소가 결정한다.
> ㄷ. 업무의 신속한 처리를 위하여 재판소는, 당사자의 요청이 있는 경우 간이소송절차로 사건을 심리하고 결정할 수 있는, (다)의 재판관으로 구성되는 소재판부를 (라) 설치한다. 또한 출석할 수 없는 재판관을 교체하기 위하여 2인의 재판관을 선정한다.

	(가)	(나)	(다)	(라)
①	5인	재판소장	3인	매년
②	3인	당사자	5인	매년
③	3인	재판소장	3인	수시로
④	5인	당사자	3인	수시로

정답 및 해설

국제사법재판소(ICJ)규정상 소재판부는 3가지 형태가 있으며, 이에 대한 설명 중 '(가) 3인, (나) 당사자, (다) 3인, (라) 매년'이 들어가야 한다.
ㄱ. 전문 사건을 다루는 소재판부에 대한 설명으로, 3인 이상으로 구성될 수 있으며 수시로 설치할 수 있다. 환경분쟁 전담재판부에 설치된 경우가 있다.
ㄴ. 특정 사건 재판부에 대한 설명으로, 재판관 수가 사전에 정해져 있지 않으며 분쟁당사국들이 재판부와 합의하여 정한다. 국제사법재판부가 중재재판정처럼 운용된다는 비판이 있다.
ㄷ. 재판의 신속한 진행을 위한 소재판부에 대한 설명으로, 매년 설치해야 하며 5인으로 구성된다.

답 ②

11 국제사법재판소(ICJ)에 대한 설명으로 옳은 것은?

① 국제사법재판소(ICJ)규정 당사국이 아닌 경우 총회의 권고에 따라 안전보장이사회가 부과한 조건을 따라 재판 사건 당사자가 될 수 있다.
② 국제사법재판소(ICJ) 관할권 성립 여부는 제소시점을 기준으로 판단하며 추후 상황 변화로 인해 제소가 가상적인 일로 되는 경우 재판소의 관할권이 자동으로 소멸한다.
③ 2002년 콩고와 프랑스 간 사건에서 콩고의 일방적 제소 이후 프랑스가 이에 응소하자 국제사법재판소(ICJ)는 확대관할권을 확립시키는 동의가 형성되었다고 판단하였다.
④ 금화 원칙(Monetary Gold Principle)과 관련하여 판결의 결과 제3국의 법익이 영향을 받을 수 있는 경우 국제사법재판소(ICJ)는 재판관할권을 행사할 수 없다.

Certain Criminal Proceedings in France 사건에 대한 내용이다.

✓ **선지분석**

① 안전보장이사회가 부과한 조건을 따라 재판 당사자가 될 수 있다.

② 관할권은 제소 시점을 기준으로 판단하므로 상황 변화가 있더라도 관할권은 유지된다.

④ 금화 원칙(Monetary Gold Principle)이 적용되기 위해서는 제3국의 법익 침해 여부가 재판의 전제가 되어야 한다. 단지 제3국의 법익이 영향을 받을 가능성이 있는 것만으로 재판적격성이 부정되는 것은 아니다.

답 ③

12

Legality of Use of Force 사건(2004)에 대한 설명으로 옳은 것만을 모두 고른 것은?

> ㄱ. 재판부는 세르비아와 몬테네그로의 구유고연방 승계 선언부터 UN 신규 가입까지의 UN 내 지위는 잠정적인 UN 회원국의 지위를 유지하였다고 판단하였다.
>
> ㄴ. 세르비아와 몬테네그로가 1999년 4월 25일 국제사법재판소(ICJ)의 강제관할권을 수락하자 UN사무총장은 이를 UN 회원국에게 회람하였고 수락 선언의 적법성에 대한 슬로베니아 등의 의문 제기를 UN 사무총장이 받아들이지 않았다.
>
> ㄷ. 재판부는 세르비아와 몬테네그로의 UN 회원국 지위 관련 독특한 상태는 2000년 11월 1일 UN 정식 가입과 함께 종료되었고 가입 효력은 소급되는 것이 아니라고 하였다.
>
> ㄹ. UN 비회원국이 가입한 특정 조약이 발효 중이고 그 조약의 분쟁해결조항이 국제사법재판소(ICJ) 관할권을 규정하고 있으면 분쟁당사국은 UN 비회원국, 즉 국제사법재판소(ICJ) 헌장당사국이 아니어도 UN안전보장이사회가 정한 조건에 따라 국제사법재판소(ICJ) 재판당사국이 될 수 있다.
>
> ㅁ. 재판부는 1948년 집단 살해 방지 및 처벌에 관한 협약의 발효일은 1951년 1월 12일이므로 1948년 국제사법재판소(ICJ)규정 발효 당시에는 아직 발효하지 않은 상태였음에도 불구하고 세르비아와 몬테네그로는 1948년 협약과 국제사법재판소(ICJ)규정을 원용하여 국제사법재판소(ICJ) 재판을 청구하거나 피소국이 될 수 있다고 하였다.

① ㄱ, ㄴ, ㄷ

② ㄱ, ㄷ, ㄹ

③ ㄴ, ㄷ, ㄹ

④ ㄴ, ㄹ, ㅁ

Legality of Use of Force 사건(2004)에 대한 설명으로 옳은 것은 ㄴ, ㄷ, ㄹ이다.

✓ **선지분석**

ㄱ. 동 사건에서 UN 내 지위에 대한 UN의 권위 있는 결정이 이루어지지 않아 애매모호하고 상이한 판단이 가능한 독특한(sui generis) 상태에 있었다고 한다.

ㅁ. 세르비아와 몬테네그로는 1948년 협약과 국제사법재판소(ICJ)규정을 원용하여 국제사법재판소(ICJ) 재판을 청구하거나 피소국이 될 수 없다고 하였다.

답 ③

국제사법재판소(ICJ)의 재판(계쟁)관할권에 대한 설명으로 옳지 않은 것만을 모두 고른 것은?

> ㄱ. 국제사법재판소(ICJ)규정 비당사국은 안전보장이사회가 정하는 조건에 따라 국제사법재판소(ICJ)규정의 당사국이 될 수 있다.
> ㄴ. 국제사법재판소(ICJ)의 재판 사건에서는 국가와 국제기구만이 당사자가 될 수 있으며, 개인은 당사자가 될 수 없다.
> ㄷ. 재판소는 국제기구들에게 사건에 관련된 정보를 요청할 수 있으며, 또한 이들 기구가 자발적으로 제공하는 정보를 받아야 한다.
> ㄹ. 재판소는 국제법을 적용함으로서 해결될 수 있는 법적(法的) 분쟁에 대해서만 재판관할권을 가지며, 국제사법재판소(ICJ)는 관련 분쟁 전체가 법적 성격을 가져야 할 필요는 없는 것으로 보고 있다.
> ㅁ. 국제사법재판소(ICJ)는 분쟁당사국들이 자신에게 해결을 부탁하기로 동의한 사건에 대해서만 관할권을 가지며, 그러한 동의는 명시적으로 부여되어야 한다.
> ㅂ. 국제사법재판소(ICJ)규정 제36조 제2항에 따른 일방적 선언을 함에 있어서는 무조건적으로, 수개 국가 또는 일정 국가와의 상호주의를 조건으로, 혹은 일정한 기간을 정하여 할 수 있다.

① ㄱ, ㄴ, ㄹ
② ㄱ, ㄴ, ㅁ
③ ㄴ, ㄷ, ㅁ
④ ㄷ, ㄹ, ㅂ

정답 및 해설

국제사법재판소(ICJ)의 재판(계쟁)관할권에 대한 설명으로 옳지 않은 것은 ㄱ, ㄴ, ㅁ이다.

ㄱ. 국제사법재판소(ICJ)규정 비당사국은 안전보장이사회가 정하는 조건에 따라 재판소에서 당사자능력(원고 또는 피고로서 재판소에 출두할 수 있는 권리)을 가질 수 있다(ICJ규정 제35조 제2항). 한편 UN 비회원국은 안전보장이사회의 권고에 의하여 총회가 결정하는 조건에 따라 국제사법재판소(ICJ)규정 당사국이 될 수 있다(UN헌장 제93조 제2항).

ㄴ. 국제사법재판소(ICJ)의 재판 사건에서는 국가만이 당사자가 될 수 있으며, 국제기구와 개인은 당사자가 될 수 없다(ICJ규정 제34조 제1항).

ㅁ. 국제사법재판소(ICJ)에 분쟁의 해결을 부탁하기 위한 동의는 반드시 명시적으로 부여될 필요는 없으며, 재판관할권 문제에 조건을 달지 않고 소송사안에 대하여 주장을 제출하는 등 그것을 결정적으로 입증하는 행동으로부터 추론될 수 있다고 하였다.

⊘ 선지분석

ㄷ. 국제사법재판소(ICJ)규정 제34조 제2항에 대한 내용이다.

ㄹ. 관련 분쟁 전체가 법적 성격을 가져야만 재판소의 관할권이 성립하는 것인지 여부에 대하여 국제사법재판소(ICJ)는 니카라과 사건(1986)에서 이를 명백히 부인하였다.

ㅂ. 국제사법재판소(ICJ)규정 제36조 제3항에 대한 내용이다.

답 ②

14 국제사법재판소(ICJ)규정상의 선택조항에 대한 설명으로 옳은 것만을 모두 고른 것은?

> ㄱ. 선택조항은 국제사법재판소(ICJ)규정에서 처음으로 도입되었다.
> ㄴ. 선택조항을 수락할 수 있는 주체는 국제사법재판소(ICJ)규정의 당사국이다.
> ㄷ. 어떠한 조건, 기한 또는 유보 없이 선택조항을 수락한 국제사법재판소(ICJ)규정 당사국 상호 간에 국제법상의 문제에 대한 분쟁 발생 시 일방 당사국의 제소에 의하여 강제관할권이 성립한다.
> ㄹ. 선택조항의 수락은 다른 당사국과의 합의에 의하여야 한다.
> ㅁ. 선택조항 수락선언서는 UN사무총장에게 기탁된다.

① ㄱ, ㄴ, ㄷ
② ㄱ, ㄴ, ㄹ
③ ㄱ, ㄹ, ㅁ
④ ㄴ, ㄷ, ㅁ

정답 및 해설

국제사법재판소(ICJ)규정상의 선택조항에 대한 설명으로 옳은 것은 ㄴ, ㄷ, ㅁ이다.
ㄷ. 선택조항의 일부에 대해서만 수락할 수 없으나, 수락선언에 기한을 정하거나 조건부 선택조항 수락을 내용으로 하는 유보를 붙일 수는 있다.

✔ 선지분석
ㄱ. 상설국제사법재판소(PCIJ)규정에 따른 선택조항 수락선언 승계가 가능하다(ICJ규정 제36조 제5항 참고). 니카라과 사건에서는 니카라과의 상설국제사법재판소(PCIJ)에서의 선택조항 수락선언이 국제사법재판소(ICJ)에 승계된다고 보아 분쟁당사국으로 참여할 수 있었다.
ㄹ. 선택조항 수락선언은 '일방적 행위'이다.

답 ④

15 국제사법재판소(ICJ)규정의 선택조항에 대한 설명으로 옳지 않은 것은?

① 선택조항은 1920년 상설국제사법재판소(PCIJ)규정 채택 당시 강제관할권을 논의하는 과정에서 나온 타협의 산물로 이를 국제사법재판소(ICJ)가 그대로 계승한 것이다.
② 선택조항 수락선언은 일방적으로 할 수 있으며, 동 선언서는 UN사무총장에게 기탁해야 한다.
③ 선택조항은 조건부로 수락할 수 있다.
④ 국제사법재판소(ICJ) 제소 시에 이미 유효하게 성립한 관할권일지라도 선택조항 수락선언의 철회에 의하여 관할권이 소멸될 수 있다는 것이 국제사법재판소(ICJ) 판례의 입장이다.

정답 및 해설

제소 시 이미 유효하게 성립한 관할권은 선택조항 수락선언을 철회하더라도 해당 사건에 한해서는 유효하다.

✔ 선지분석
② UN사무총장은 선택조항 수락선언의 사본을 국제사법재판소(ICJ)규정 당사국들과 국제사법재판소(ICJ) 행정처장(ICJ 서기)에 송부한다.
③ 선택조항 수락 시 선택조항 일부에 대해서만 수락할 수는 없으나, 선택조항의 수락에 시간적·물적·인적 유보를 붙일 수 있다는 것이 통설이다.

답 ④

16

국제사법재판소(ICJ)의 재판관할권 행사에 대한 설명으로 옳은 것만을 모두 고른 것은?

> ㄱ. 국가와 국제기구 간의 분쟁도 이들 양 당사자 간의 합의에 의하여 회부되는 경우 국제사법재판소(ICJ)는 관할권을 행사할 수 있다.
> ㄴ. 특정의 분쟁에 대하여 국제사법재판소(ICJ)가 관할권을 가지는지의 여부에 대해서는 국제사법재판소(ICJ)가 스스로 결정한다.
> ㄷ. 국제사법재판소(ICJ)는 분쟁의 성격을 고려하여 필요하다고 판단하는 경우, 당사자들의 의사와 상관 없이 형평과 선(ex aequo et bono)에 따라 재판할 수 있다.
> ㄹ. 상설국제사법재판소(PCIJ)규정에 의한 선택조항(optional clause)의 수락선언은 국제사법재판소(ICJ)에 대하여는 효력을 가지지 못한다.
> ㅁ. 국제사법재판소(ICJ)는 사정에 의하여 필요하다고 인정하는 때에는 각 당사자의 권리를 보전하기 위하여 잠정조치(provisional measures)를 제시할 수 있다.

① ㄱ, ㄴ   ② ㄱ, ㄷ

③ ㄴ, ㄷ   ④ ㄴ, ㅁ

정답 및 해설

국제사법재판소(ICJ)의 재판관할권 행사에 대한 설명으로 옳은 것은 ㄴ, ㅁ이다.
ㅁ. 일견 관할권이 존재한다는 개연성이 있고, 회복 불가능한 권리 침해의 위험이 존재하고, 위험이 급박하다는 조건하에 잠정조치가 내려질 수 있다. 이는 1999년 La Grand 형제 사건에서 법적 구속력이 있음이 명확하게 밝혀졌다.

✓ 선지분석

ㄱ. 국제사법재판소(ICJ)에 제소할 수 있는 것은 국가뿐이다.
ㄷ. 형평과 선(ex aequo et bono)은 당사자들이 합의할 때 적용된다.
ㄹ. 상설국제사법재판소(PCIJ)규정 제36조에 대한 수락선언은 국제사법재판소(ICJ)규정 당사국 상호 간에 승계된다. 이때 UN의 원회원국에 대해서만 적용된다. 1955년 ELAL기 사건(이스라엘 v. 불가리아, ICJ, 1959)에서 추후 가입한 불가리아는 관할권 창설이 부인되었다.

답 ④

17

국제사법재판소(ICJ)의 소송관할권 및 재판절차에 대한 설명으로 옳지 않은 것은?

① Nicaragua Case에서는 분쟁 전체가 법적 성격을 가져야만 한다는 점을 부인한 바 있다.
② 재판소가 관할권을 가지는지의 여부에 관하여 분쟁이 있는 경우에는, 그 문제는 재판소의 결정에 의하여 해결된다.
③ 재판소에서의 심리(hearing)는 공개되지만 평의(deliberations)는 공개되지 않는다.
④ 모든 문제는 재적 재판관의 과반수로 결정된다.

정답 및 해설

모든 문제는 '출석한' 재판관의 과반수로 결정된다(ICJ규정 제55조).

✓ 선지분석

② 관할권 성립 여부에 대한 판단 시점은 '제소 시'이다. 일단 관할권이 성립된 경우, 이후 사태 발전은 관할권 존속 여부에 영향을 미치지 않는다[노테봄 규칙(Nottebohm rule)].

답 ④

18 국제사법재판소(ICJ)의 강제관할권의 유보에 대한 내용으로 옳지 않은 것은?

① 국제사법재판소(ICJ)규정 제36조의 유보가능 여부에 대한 명시적 규정은 없으나 실제 관행상으로는 유보가 허용되어 행해지고 있다.

② 분쟁당사국 중 일방이 자동적 유보를 한 경우 타방 당사국은 이를 원용할 수 있다.

③ 강제관할권 수락 시 한 유보의 내용, 기한, 조건 등은 상호주의적으로 원용할 수 있다.

④ 자동유보 또는 코넬리(Conally) 유보는 유효라는 견해가 유력하다.

> **정답 및 해설**
>
> 1946년 8월 미국은 국제사법재판소(ICJ)규정 제36조 제2항을 수락하는 선언을 하면서 '미국이 결정하는 바에 따라 본질적으로 미국의 국내관할권에 속하는 문제에 관해서는 국제사법재판소(ICJ)의 강제관할권을 인정하지 않는다'는 유보, 즉 이른바 '자동유보' 혹은 '코넬리(Conally) 유보'를 가하였다. 그러나 어떤 사항이 미국의 국내 문제에 속하는가를 국제사법재판소(ICJ)가 아닌 미국 자신이 판단한다는 것은, 국제사법재판소(ICJ)관할권 존부(存否)에 대한 판단은 오로지 국제사법재판소(ICJ)에게 있다고 규정한 국제사법재판소(ICJ)규정 제36조 제6항에 위배되어 무효라는 견해가 유력하다.
>
> ✅ **선지분석**
>
> ① 기간을 정하거나 선택조항의 수락을 조건부로 할 수 있다. 이때에도 유보에 관한 양립성의 원칙은 지켜져야 한다.
>
> 답 ④

19 국제사법재판소(ICJ)의 관할권의 성립에 대한 설명으로 옳은 것은?

① 국제사법재판소(ICJ)규정 제36조 제2항의 선택조항을 수락한 당사국 상호 간에는 분쟁 후 일방의 제소에 의해 국제사법재판소(ICJ)의 관할권이 성립한다.

② 사전적인 재판조약 또는 조약 내 분쟁회부조항이 국제사법재판소(ICJ)에의 회부를 명시한 경우 분쟁 시 별도의 합의를 통해 국제사법재판소(ICJ) 관할권이 성립한다.

③ 분쟁이 발생한 이후에 분쟁당사국 간 합의를 통한 관할권은 인정되지 않는다.

④ 국제사법재판소(ICJ) 관할권 성립은 반드시 명시적이어야 하므로 확대관할권은 부정된다.

> **정답 및 해설**
>
> ✅ **선지분석**
>
> ② 약정관할권이 창설된 경우 당해 조약의 요건에 따라 당사국은 일방적으로 국제사법재판소(ICJ)에 제소할 수 있다.
>
> ③ 특별협정에 의한 관할권의 성립이 가능하다.
>
> ④ 합의가 소송 개시 이후에 표명될 경우 관할권상의 흠결이 치유되어 소송을 진행시킬 수 있는 바, 확대관할권은 인정된다.
>
> 답 ①

20

Legality of Use of Force 사건(2004)에 대한 설명으로 옳지 않은 것은?

① 재판부는 세르비아와 몬테네그로의 UN 회원국 지위 관련 독특한 상태는 2000년 11월 1일 UN 정식 가입과 함께 종료되었고 가입 효력은 소급되는 것이 아니라고 하였다.

② UN 비회원국이 가입한 특정 조약이 발효 중이고 그 조약의 분쟁 해결 조항이 ICJ 관할권을 규정하고 있으면 분쟁 당사국은 UN 비회원국, 즉 ICJ헌장 당사국이 아니어도 UN총회가 정한 조건에 따라 ICJ 재판 당사국이 될 수 있다.

③ 재판부는 세르비아와 몬테네그로가 2000년 11월 1일 UN 가입 이전에는 UN 회원국이 아니었으며 ICJ 규정의 당사국도 아니었다고 판시하였다.

④ 재판부는 ICJ규정상의 발효 중인 조약이란 ICJ 규정 발효 당시 발효하고 있던 조약을 의미한다고 해석하였다.

> **정답 및 해설**
>
> UN안전보장이사회가 정한 조건에 따라 ICJ 재판 당사국이 될 수 있다.

답 ②

21

국제사법재판소(ICJ)의 확대관할권(forum prorogatum)과 직접적으로 관계되는 사건으로 옳은 것은?

① 아이히만 사건(Eichmann Case)

② 코르푸 해협 사건(Corfu Channel Case)

③ 로터스호 사건(The Lotus Case)

④ 바르셀로나 전력회사 사건(Barcelona Traction Co. Case)

> **정답 및 해설**
>
> 코르푸 해협 사건(Corfu Channel Case)은 1946년 10월 영국 군함이 알바니아 영해인 코르푸 해협(Corfu Channel)을 통과할 때 기뢰 폭발로 인하여 손상을 입은 사건이다. 이 사건에서 양국 간 명시적 관할권의 기초가 없었으나, 영국의 제소에 대해 알바니아가 출정함으로써 이를 관할권의 기초로 인정하였다.

답 ②

22

국제사법재판소(ICJ)의 권고적 의견에 대한 설명으로 옳지 않은 것은?

① UN사무총장은 UN의 행정에 대한 법률문제에 관하여 국제사법재판소(ICJ)에 권고적 의견을 요청할 수 있도록 UN총회의 사전승인을 받고 있다.

② UN총회의 허가를 받은 세계보건기구(WHO)는 그 활동범위 안에서 발생하는 법률 문제에 관하여 국제사법재판소(ICJ)에 권고적 의견을 요청할 수 있다.

③ 국가는 권고적 의견을 요청할 수 없지만 권고적 의견절차에서 서면 또는 구두진술을 할 수 있다.

④ 권고적 의견이 요청된 경우에도 국제사법재판소(ICJ)규정 제31조에 규정된 임시재판관(judge ad hoc) 제도가 적용될 수 있다.

국제사법재판소(ICJ)에 권고적 의견을 요청할 수 있는 것은 총회와 안전보장이사회 그리고 총회에 의해 그러한 권리를 부여받은 UN의 기관 및 전문기구이다. 현재 UN총회의 승인을 받은 기관은 경제사회이사회, 신탁통치이사회, 총회중간위원회(소총회), UN행정재판소 재심소청심사위원회이다.

✅ **선지분석**

② 권고적 의견을 요청할 수 있는 기타 UN기관과 전문기관은 그 활동범위 내에서 발생하는 법적 문제에 관해서만 요청 가능하다. '여하한 법적 문제'에 관해 권고적 의견을 요청할 수 있는 기관은 총회와 안전보장이사회뿐이다.

③ 국제사법재판소(ICJ)규칙에 따르면, 국제사법재판소(ICJ)는 권고적 의견의 요청이 현재 국가들 간에 계쟁 중인 법률 문제에 관계되는지 여부를 검토하도록 되어 있다. 하지만 국가의 권리가 문제되는 경우에도 국제사법재판소(ICJ)는 의견 부여 요청을 거절하지 않는다.

답 ①

23

국제사법재판소(ICJ)의 권고적 관할권에 대한 설명으로 옳은 것만을 모두 고른 것은?

> ㄱ. 국제사법재판소(ICJ)규정의 당사국은 국제사법재판소(ICJ)에 권고적 의견을 요청할 권리가 있으나, 국제사법재판소(ICJ)규정의 비당사국은 그러한 권리를 가지지 못한다.
> ㄴ. 총회와 안전보장이사회는 어떠한 문제에 대해서도 권고적 의견을 줄 것을 국제사법재판소(ICJ)에 요청할 수 있다.
> ㄷ. 요청에 의하여 국제사법재판소(ICJ)가 권고적 의견을 제시하는 것은 재량적인 것이며 의무적인 것은 아니다.
> ㄹ. 전시 또는 기타 무력충돌 시 국가에 의한 핵무기 사용의 적법성에 대하여 WHO(국제보건기구)가 권고적 의견을 요청하자, 국제사법재판소(ICJ)는 제기된 문제는 WHO(국제보건기구)의 활동범위 내에서 발생하는 것이 아니라고 보아 동 요청을 거절하였다.
> ㅁ. 권고적 의견을 위해 부탁된 문제가 특정 분쟁과 관련되지 않고 그 성격상 추상적인 것이라면 국제사법재판소(ICJ)는 권고적 의견 제시를 거절할 수 있다.

① ㄱ, ㄴ　　　　　　　　　　② ㄴ, ㄷ

③ ㄴ, ㅁ　　　　　　　　　　④ ㄷ, ㄹ

국제사법재판소(ICJ)의 권고적 관할권에 대한 설명으로 옳은 것은 ㄷ, ㄹ이다.

ㄷ. 재판소는 그 어떤 법적 문제에 대해서도 권고적 의견을 제시할 수(may) 있다(ICJ규정 제51조 제1항). 따라서 재판소의 권고적 의견 제시는 의무적인 것이 아니라 재량적인 것이다.

ㄹ. 같은 문제에 대하여 WHO(국제보건기구)와 총회가 순차적으로 권고적 의견을 요청하였는데, 국제사법재판소(ICJ)는 WHO(국제보건기구)의 요청에 대해서는 권고적 의견의 제시를 거절하였으나 총회의 요청에 대해서는 권고적 의견을 제시하였다.

✅ **선지분석**

ㄱ. '국가'에게는 권고적 의견을 요청할 수 있는 권한이 부여되지 않았다.

ㄴ. 총회와 안전보장이사회는 어떠한 '법적 문제'에 대해서도 권고적 의견을 요청할 수 있다.

ㅁ. 권고적 관할권의 목적은 직접적으로 국가 간의 분쟁을 해결하는 데 있는 것이 아니라 의견을 요청한 기관이나 기구에게 법적 자문을 제공하는 데 있으므로, 재판소에 부탁된 문제가 특정 분쟁에 관련된 것이 아니거나 부탁된 문제가 그 성격상 추상적이라 하더라도 권고적 관할권은 영향받지 않는다.

답 ④

24

국제사법재판소(ICJ)의 권고적 관할권에 대한 설명으로 옳은 것만을 모두 고른 것은?

> ㄱ. 총회와 안전보장이사회는 어떠한 법적 문제에 대해서도 국제사법재판소(ICJ)에 권고적 의견을 주도록 요청할 수 있다.
> ㄴ. 안전보장이사회에 의해 그같은 권한을 허락받은 UN의 전문기구들은 그들의 활동범위 내의 법적 문제에 대해 국제사법재판소(ICJ)에 권고적 의견을 주도록 요청할 수 있다.
> ㄷ. 핵무기 사용의 적법성에 대하여 국제사법재판소(ICJ)는 국제보건기구(WHO)의 권고적 의견 부여 요청에 대해 그 활동범위 내에 속하지 않는다고 하면서 이를 거절하였다.
> ㄹ. 권고적 의견은 어떠한 경우에도 법적 구속력을 가지지 않는다.

① ㄱ, ㄴ　　　　　　　　　　② ㄱ, ㄷ
③ ㄴ, ㄷ　　　　　　　　　　④ ㄴ, ㄹ

국제사법재판소(ICJ)의 권고적 관할권에 대한 설명으로 옳은 것은 ㄱ, ㄷ이다.
ㄷ. 국제보건기구(WHO)의 권고적 의견 부여 요청을 거절한 반면, 총회의 요청에는 응하였다.

✅ 선지분석
ㄴ. '총회'에 의해 허락받아야 한다.
ㄹ. 당사국들이 권고적 의견에 법적 구속력을 부여하기로 합의하면 권고적 의견은 당사국들을 구속한다.

답 ②

25

국제사법재판소(ICJ)의 선결적 항변(preliminary objections)에 대한 설명으로 옳지 않은 것은?

① 선결적 항변(preliminary objections)은 대체로 원고국가가 피고국가의 동의 없이 일방적으로 제기하는 소송에서 피고 측이 재판관할권이나 '청구의 허용성(admissibility of claim)'을 다투기 위하여 제기하는 항변이다.
② 선결적 항변(preliminary objections)이 제기되더라도 재판의 신속한 진행을 보장하기 위하여 본안심리가 계속되면서 관할권 문제에 대한 심리가 이루어진다.
③ 국제사법재판소(ICJ)는 선결적 항변(preliminary objections)을 인정하여 당해 사건을 소송명부에서 지울 수 있다.
④ 국제사법재판소(ICJ)는 "재판관할권이 있다고 인정되는 경우에만 청구의 허용성문제를 다루는 것이 재판소의 확립된 판례"라고 언급한 바 있다.

선결적 항변(preliminary objections)이 제기된 경우, 원칙적으로 그 문제(관할권 여부)를 해결하고 나서 본안심리가 이루어진다.

✅ 선지분석
① 선결적 항변 사유로는 재판관할권의 존부에 대한 항변, 사건의 재판 가능성에 대한 항변, 재판적격성에 대한 항변 등이 있다. 청구의 허용 가능성에 대한 항변에서는 국내구제 미완료 또는 법률적 분쟁 여부 등이 문제된다.
④ 콩고 영토 무력분쟁 사건(ICJ, 2006)에서 언급한 내용이다.

답 ②

26 선결적 항변(preliminary objections)에 대한 설명으로 옳은 것만을 모두 고른 것은?

> ㄱ. 피고국이 당해 분쟁은 선택조항 수락선언에서 유보에 의해 배제된 분쟁에 해당한다고 주장하는 경우 이는 청구의 허용 가능성(admissibility of the claim)에 대한 항변이다.
> ㄴ. 피고국은 원고국의 진술서가 전달된 후 3개월 이내에 서면으로 선결적 항변을 제기하여야 한다.
> ㄷ. 선결적 항변사유가 여러 개인 경우 이들 중 하나라도 인용된다면 재판은 더 이상 진행되지 않는다.
> ㄹ. 선결적 항변이 유효하게 제기된 경우 본안절차는 반드시 중단된다.

① ㄱ, ㄴ
② ㄱ, ㄷ
③ ㄴ, ㄷ
④ ㄴ, ㄹ

정답 및 해설

선결적 항변(preliminary objections)에 대한 설명으로 옳은 것은 ㄴ, ㄷ이다.
ㄴ. 2000년 국제사법재판소(ICJ)규칙이 개정되면서 확립된 내용이다.
ㄷ. 반대로, 국제사법재판소(ICJ)가 선결적 항변에 대한 판단을 통항관할권을 인정하였음에도 불구하고 분쟁당사국이 합의에 도달하면 사건의 심리는 중단된다(나우루 인산염 사건).

✅ 선지분석
ㄱ. 국제사법재판소(ICJ)의 재판관할권(jurisdiction of the Court)에 대한 항변이다. 그 외에 선택조항 수락선언이 이미 종료되었다거나, 국제사법재판소(ICJ)의 강제관할권을 인정하는 조약의 적용시점 이전에 발생한 분쟁이라고 주장하는 경우 등이 포함된다. 반면 청구의 허용 가능성(admissibility of the claim)에 대한 항변사유로는 국내적 구제가 완료되지 않은 경우, 분쟁이 법률적 분쟁이 아닌 경우 등이 있다.
ㄹ. 원칙적으로 본안절차는 중단되나, 선결적 항변사유가 전적으로 선결적인 성격만 가지는 것이 아닌 경우에는 본안절차에서 함께 검토하기로 결정되기도 한다.

답 ③

27 국제사법재판소(ICJ)의 선결적 항변에 대한 설명으로 옳은 것은?

① 선결적 항변 제기주체는 원고국에 국한된다.
② 선결적 항변은 재판적격성에 대한 항변만 인정된다.
③ 분쟁당사국이 선택조항 수락선언에 기초하여 재판을 받는 경우 분쟁당사국은 선결적 항변을 제기할 수 없다.
④ 인터한델 사건과 노테봄 사건은 외교적 보호권에 대하여 선결적 항변이 제기된 사례들이다.

정답 및 해설

인터한델 사건은 국내구제 미완료에 대한 항변이 피고국인 미국으로부터 제기되었으며, 노테봄 사건은 리히텐슈타인이 노테봄에 부여한 국적은 국제법의 기준(진정한 관련, genuine link)을 충족하지 못하였다는 선결적 항변이 과테말라에 의해 제기되었다.

✅ 선지분석
① 피고국이 제기할 수도 있다.
② 관할권에 대한 항변이 제기되기도 한다.
③ 선택조항 수락선언에 유보가 부가된 경우 그 해석에 대한 분쟁이 제기되기도 한다.

답 ④

28

Nuclear Arms and Disarmament 사건(ICJ, 2016) 및 관련 쟁점에 대한 설명으로 옳지 않은 것은 모두 몇 개인가?

> ㄱ. 마샬 군도가 영국, 인도, 파키스탄이 핵 군축 협상을 하지 않고 핵군비를 개선, 유지하는 것이 핵확산방지조약(NPT) 위반에 해당한다고 주장하며 제소한 사건이다.
> ㄴ. 마샬 군도는 인도, 파키스탄, 영국에 대해 NPT에 기초한 약정관할권을 재판 청구의 근거로 삼았다.
> ㄷ. 인도, 파키스탄, 영국은 마샬 군도와 NPT 제6조에 관한 분쟁 자체가 존재하지 않는다는 이유로 국제사법재판소(ICJ)의 재판적격성을 부인하였다.
> ㄹ. 마샬 군도는 자신의 국제회의에서의 공개 발언이 핵보유국과 핵 군축 및 철폐 협상과 관련하여 분쟁이 있음을 나타낸다고 주장하였다.
> ㅁ. 국제사법재판소(ICJ)는 마샬 군도와는 핵 군축 협상 등에 관한 분쟁 자체가 존재하지 않는다는 분쟁 3국의 항변을 수용하고 이 사건에 대해 재판부는 재판적격성이 없다고 판시하였다.

① 1개
② 2개
③ 3개
④ 4개

정답 및 해설

Nuclear Arms and Disarmament 사건(ICJ, 2016) 및 관련 쟁점에 대한 설명으로 옳지 않은 것은 ㄴ 1개이다.
ㄴ. 국제사법재판소(ICJ)의 강제관할권에 기초하여 제소한 사건이다.

답 ①

29

국제사법재판소(ICJ)에 대한 설명으로 옳은 것은?

① 피소국이 관할권 부인만을 목적으로 소송에 참여하는 경우에는 국제사법재판소(ICJ)규정에 명시된 확대관할권이 성립되지 아니한다.
② 국제사법재판소(ICJ)규정 제36조 제2항의 선택조항에 따른 국제사법재판소(ICJ) 관할권은 분쟁당사국들이 공통적으로 수락한 범위 내에서만 성립되므로, 분쟁의 피소국은 자신이 첨부한 유보뿐만 아니라 제소국이 첨부한 유보를 근거로도 국제사법재판소(ICJ) 관할권의 성립을 부인할 수 있다.
③ 계쟁관할권 미수락국가의 사건을 재판소에 맡기기 위한 우회적인 방법으로 권고적 의견이 요청된 경우라면 국제사법재판소(ICJ)는 권고적 관할권을 행사할 수 없다.
④ 재판소는 선결적 항변 절차상 관련 당사자들이 제기하지 아니한 선결적 쟁점을 자발적으로 검토할 수 없다.

정답 및 해설

⊘ 선지분석

① 국제사법재판소(ICJ)규정에 명시되지 않았다. 관할권 부인을 목적으로 한 출정이라면 확대관할권은 인정되지 않는다.
③ 관할권 행사 여부에 대한 판단은 국제사법재판소(ICJ)의 재량이다. 우회목적이라고 해서 관할권 행사가 금지된 것은 아니다.
④ 재판소는 자발적으로 선결적 쟁점을 검토할 수 있다.

답 ②

30

Phosphate Lands in Nauru 사건(나우루 인산염 사건, ICJ, 1993) 및 관련 쟁점에 대한 설명으로 옳은 것은 모두 몇 개인가?

> ㄱ. 국제사법재판소(ICJ)규정 제36조 제2항에 따른 강제관할권 조항은 오직 선택조항을 수락한 국가 간의 분쟁에 국한되어 적용된다.
> ㄴ. 호주는 선택조항 수락선언 시 분쟁당사국이 기타의 평화적 해결방법을 사용하기로 합의한 분쟁은 강제관할권 적용 대상에서 제외한다는 유보를 부가하였으나, 국제사법재판소(ICJ)는 이 유보가 양립성 원칙에 위배되므로 효력을 인정할 수 없다고 하였다.
> ㄷ. 재판부는 호주와 나우루 간에 기타의 분쟁의 평화적 해결방법에 대해 합의를 한 사실이 없으므로 유보조항에 근거한 호주의 관할권 항변은 성립하지 않는다고 판단하였다.
> ㄹ. 재판부는 비록 신탁통치 종료 결의안에 나우루가 폐광 복원 요구 권리가 있음이 명시되지는 않았으나 그렇다고 해서 신탁통치당국의 복원의무를 면책한 것으로 해석할 수는 없다고 판단하였다.
> ㅁ. 국제사법재판소(ICJ)는 지나치게 지연된 청구라 하더라도 수리불능사유가 될 수 없다고 하였으며, 또한 국제법은 분쟁 제기 시한에 대해 특별히 규정하고 있지는 않으므로 재판부가 사안에 따라 판단할 수 있는 문제라고 보았다.
> ㅂ. 국제사법재판소(ICJ)는 금화 원칙(monetary gold principle)을 적용하여 나우루가 호주를 상대로 제기한 재판 사건에 대해 재판적격성이 없다고 판시하였다.

① 1개　　　　　　　　　　② 2개
③ 3개　　　　　　　　　　④ 4개

Phosphate Lands in Nauru 사건(나우루 인산염 사건, ICJ, 1993) 및 관련 쟁점에 대한 설명으로 옳은 것은 ㄱ, ㄷ, ㄹ. 3개이다.
★ 동 사건에서 국제사법재판소(ICJ)는 사건과 관련된 법률상 이해관계를 가진 모든 국가가 소송에 참가하여야 하는 것은 아니며, 복수국가의 합의로 설립된 기구라 하여 항상 독자적 법인격을 가지는 것은 아니라고 하였다.

선지분석
ㄴ. 국제사법재판소(ICJ)는 유보의 효력을 인정하였다.
ㅁ. 국제사법재판소(ICJ)는 지나치게 지연된 청구가 수리불능사유가 될 가능성이 있음은 인정하였다.
ㅂ. 국제사법재판소(ICJ)는 금화 원칙(monetary gold principle)은 이 사안에 적용되지 않는다고 판시하였다.

답 ③

31 국제사법재판소(ICJ)의 재판절차에 대한 설명으로 옳지 않은 것은?

① 국제사법재판소(ICJ)는 선결적 항변(preliminary objection)의 경우 판단순서에 대하여 재판관할권이 있다고 인정되지 않아도 청구의 허용성문제를 다룰 수 있다고 언급한 바 있다.
② 국제사법재판소(ICJ)는 유고공습 등 무력사용의 합법성에 대한 유고의 가보전조치청구에서 '일단은 명백해 보이는(prima facie)' 관할권이 없다는 이유로 가보전조치를 취할 수 없다고 결정하였다.
③ 피제소국의 잠정조치청구가 본안사건에 대한 재판관할권을 묵시적으로 인정하는 것은 아니며 피제소국이 잠정조치를 청구한 경우에도 본안사건에 대한 선결적 항변이 가능하다.
④ 잠정조치는 재판의 어느 단계에서나 신청할 수 있고 이에 대한 신청이 있으면 긴급성을 수반하므로 우선적으로 처리된다.

국제사법재판소(ICJ)는 선결적 항변(preliminary objection)의 판단순서와 관련하여 재판관할권이 있다고 인정되는 경우에만 청구의 허용성문제를 다루는 것이 재판소의 확립된 판례라고 언급한 바 있다.

☑ 선지분석
② 1999년 코소보 사태에서 비롯된 NATO의 유고공습에 대해 유고가 공습 참가 10개국을 무력사용금지 원칙 위반, 국내문제간섭 등을 이유로 제소하면서 동시에 공습 중단을 위한 가보전조치를 청구하였다. 국제사법재판소(ICJ)는 이에 대한 결정으로 미국과 스페인은 국제사법재판소(ICJ)가 관할권을 가지지 못한다는 이유로 아예 사건리스트에서 제외시켰으며 나머지 8개국에 대해서는 일단은 명백해 보이는(prima facie) 관할권이 없다는 이유로 가보전조치를 취할 수 없다고 결정하였다. 다만 국제사법재판소(ICJ)는 이러한 판단이 본안판단에 대한 관할권 여부를 확정하는 것이 아님을 분명히 하였다.
③ 원고가 잠정조치를 요청한 동시에 피고가 선결적 항변을 제기한 경우, 잠정조치를 내릴 개연성이 존재한다면 잠정조치 명령이 가능하다. 또한 잠정조치 명령 이후에도 선결적 항변을 언제든지 제기할 수 있다. 그러나 소송이 시작되기 이전에는 잠정조치를 지시할 수 없음은 명확하다.

답 ①

32 국제사법재판소(ICJ)의 소송절차에 대한 설명으로 옳지 않은 것만을 모두 고른 것은?

ㄱ. 판결의 의미나 범위에 대한 분쟁은 재판소에 요청할 수 없다.
ㄴ. 소송절차는 서면절차와 구두절차로 구분된다.
ㄷ. 모든 문제는 출석한 재판관들의 2/3의 찬성에 의하여 결정된다.
ㄹ. 재심청구는 판결의 선고 시 분쟁당사자와 재판소가 알지 못하였던 결정적 요소가 되는 사실의 발견에 근거하여야 한다.
ㅁ. 판결은 종국적이며, 상소할 수 없다.

① ㄱ, ㄴ　　　　② ㄱ, ㄷ　　　　③ ㄴ, ㄷ　　　　④ ㄷ, ㄹ

국제사법재판소(ICJ)의 소송절차에 대한 설명으로 옳지 않은 것은 ㄱ, ㄷ이다.
ㄱ. 판결의 의미나 범위에 대한 해석 역시 재판소에 부탁할 수 있다.
ㄷ. 출석한 재판관 과반수의 찬성으로 의결하며, 가부동수인 경우 재판소장이 결정투표권(casting vote)을 행사한다.

☑ 선지분석
ㄹ. 재심사유를 발견함에 있어서 과실이 있어서는 안 된다. 재심 청구는 새로운 사실이 발견된 때로부터 늦어도 6개월 이내, 판결일자로부터 10년 이내에 가능하며, 일방적으로 청구가 가능하다.

답 ②

33 국제사법재판소(ICJ)에 대한 설명으로 옳은 것은?

① 국제사법재판소(ICJ)규정 당사국이 아닌 경우 총회의 권고에 따라 안전보장이사회가 부과한 조건을 따라 재판 사건의 당사자가 될 수 있다.

② 국제사법재판소(ICJ)의 관할권 성립여부는 제소시점을 기준으로 판단하며 추후 상황변화로 인해 제소가 가상적인 일로 되는 경우 재판소의 관할권이 자동으로 소멸한다.

③ 2002년 콩고와 프랑스 간 사건에서 콩고의 일방적 제소 이후 프랑스가 이에 응소하였으나 국제사법재판소(ICJ)는 확대관할권을 확립시키는 동의에는 미치지 못한다고 판단하였다.

④ 금화 원칙(Monetary Gold Principle)에 대하여 판결의 결과 제3국의 법익이 단지 영향을 받을 수 있다는 이유만으로는 국제사법재판소(ICJ)가 재판관할권의 행사를 거부하지 않는다.

정답 및 해설

금화 원칙(Monetary Gold Principle)이 적용되기 위해서는 제3국의 법익 침해 여부가 재판의 전제가 되어야 한다. 단지 영향을 받을 가능성이 있다고 해서 재판적격성이 부정되는 것은 아니다.

⊘ 선지분석

① 안전보장이사회가 부과한 조건을 따라 재판당사자가 될 수 있다.

② 재판소의 관할권이 자동으로 소멸하지는 않는다. 재판소의 결정에 따라 종결될 수 있다.

③ 콩고의 일방적 제소와 프랑스의 응소 동의로 확대관할권은 성립하였다.

답 ④

34 국제사법재판소(ICJ)의 가보전조치(Interim measure of protection)에 대한 설명으로 옳지 않은 것은?

① 국제사법재판소(ICJ)의 소송절차의 완전성을 확보하기 위한 수단이다.

② 가보전조치(Interim measure of protection)에 대한 국제사법재판소(ICJ)의 결정은 명령(order)의 형태로 내려진다.

③ 피고국의 요청에 의하여 가보전조치(Interim measure of protection)가 취해질 수도 있다.

④ 가보전조치(Interim measure of protection)가 지시(indicate)된 경우 분쟁당사국들은 그 이후 국제사법재판소(ICJ)의 관할권에 대한 이의를 제기할 수 없다.

정답 및 해설

가보전조치(Interim measure of protection)와 선결적 항변은 독립적 제도이므로, 가보전조치(Interim measure of protection)가 지시(indicate)되더라도 선결적 항변을 제기할 수 있다.

⊘ 선지분석

② 잠정조치에 관해서는 개연성설이 받아들여진다. '일단 명백해 보이는 관할권'이 있어야 잠정조치 명령이 내려질 수 있다는 의미이다. 1999년 코소보 사태에서 비롯된 NATO의 유고 공습 시에, 유고는 공습 참가 10개국의 무력사용금지 원칙, 국내문제 불간섭의무 위반을 이유로 제소하고 공습 중단을 위한 잠정조치를 청구하였었다. 이때 국제사법재판소(ICJ)는 개연성설을 채택하며 명백해 보이는 관할권이 없다는 이유로 청구를 기각하였다.

답 ④

35

국제사법재판소(ICJ)의 재판절차에 관한 설명으로 옳지 않은 것은?

① 국제사법재판소(ICJ)는 선결적 항변(preliminary objection)의 경우 판단순서와 관련하여 재판관할권이 있다고 인정되지 않아도 청구의 허용성문제를 다룰 수 있다고 언급한 바 있다.

② 국제사법재판소(ICJ)는 유고공습 등 무력사용의 합법성과 관련한 유고의 가보전조치 청구에서 '일단은 명백해 보이는(prima facie)' 관할권이 없다는 이유로 가보전조치를 취할 수 없다고 결정하였다.

③ 피제소국의 잠정조치 청구가 본안 사건에 대한 재판관할권을 묵시적으로 인정하는 것은 아니며 피제소국이 잠정조치를 청구한 경우에도 본안사건에 대한 선결적 항변이 가능하다.

④ 잠정조치는 재판의 어느 단계에서나 신청할 수 있고 이에 대한 신청이 있으면 긴급성을 수반하므로 우선적으로 처리된다.

정답 및 해설

국제사법재판소(ICJ)는 선결적 항변의 판단순서와 관련하여 재판관할권이 있다고 인정되는 경우에만 청구의 허용성문제를 다루는 것이 재판소의 확립된 판례라고 언급한 바 있다.

⊘ 선지분석

② 1999년 코소보사태에서 비롯된 NATO의 유고공습에 대해 유고가 공습 참가 10개국을 무력사용금지 원칙 위반, 국내문제간섭 등을 이유로 제소하면서 동시에 공습 중단을 위한 가보전조치를 청구하자 국제사법재판소(ICJ)는 이에 대한 결정으로 미국과 스페인은 국제사법재판소(ICJ)가 관할권을 가지지 못한다는 이유로 아예 사건리스트에서 제외시켰으며 나머지 8개국에 대해서는 일단은 명백해 보이는 관할권이 없다는 이유로 가보전조치를 취할 수 없다고 결정하였다. 다만, 국제사법재판소(ICJ)는 이러한 판단이 본안판단에 대한 관할권 여부를 확정하는 것이 아님을 분명히 하였다.

답 ①

36

LaGrand 사건에 대한 설명으로 옳은 것은?

① LaGrand는 독일에서 사형선고를 받은 미국인 형제이다.

② 중재판결에 의해 LaGrand형제는 석방되었다.

③ 외교관계에 관한 비엔나협약상 통신불가침의무 위반 여부가 쟁점이었다.

④ 법원은 잠정조치의 법적 구속력을 정면으로 인정하였다.

정답 및 해설

재판소는 그 기능을 수행하는 데 방해받지 않기 위해서 잠정조치명령은 법적 구속력을 가지는 것으로 해석되어야 한다고 보았다.

⊘ 선지분석

① LaGrand는 미국에서 사형선고를 받은 독일인 형제이다.

② 국제사법재판소(ICJ)가 재판기관이었으며, LaGrand형제는 모두 미국에서 처형되었다.

③ 영사관계에 관한 비엔나협약 제36조 제1항 제(b)호에 규정된 고지의무 위반 여부가 쟁점이었다.

답 ④

37 소송참가에 대한 설명으로 옳은 것은?

① 소송참가란 제3국이 자신의 법률상의 이익보호를 위해 소송에 개입하는 것을 의미한다.
② 국제사법재판소(ICJ)는 제63조에서 해석적 소송참가를 규정하고 있는데, 이는 재판부의 '허가'에 의해 이루어진다.
③ 소송참가 시 법원의 판결은 참여국 모두에게 동일한 효력이 있다.
④ 국제사법재판소(ICJ)규정 제62조는 어떤 국가도 영향 받는 법적 이익이 있을 경우 소송에 참가할 권리가 있다고 규정하고 있다.

⊘ 선지분석
② 국제사법재판소(ICJ)규정 제63조에 의하면 소송당사국이 아닌 국가가 체약국인 조약이 문제되는 경우 법원서기의 통고의무를 규정하고 있는데, 통고를 받은 국가는 소송에 참가할 '권리'를 가진다. 즉, 허가 없이도 행사할 수 있는 권리이다.
③ 법원의 판결은 당사자 간에만 효력이 있다(ICJ규정 제59조).
④ 국제사법재판소(ICJ)에 소송참가를 신청할 수 있으며 국제사법재판소(ICJ)가 이 신청에 대해 결정하는 바, 법원의 허가에 기초한 소송참가이다.

답 ①

38 국제사법재판소(ICJ)의 소송절차 참가에 대한 설명으로 옳은 것만을 모두 고른 것은?

ㄱ. 사건의 결정에 의해 영향을 받을 수 있는 사실상의 이해관계가 있다고 인정하는 국가는 재판소에 소송참가의 허락을 요청할 수 있다.
ㄴ. 사건에 관련된 국가 이외의 다른 국가가 당사국으로 있는 협약의 해석이 문제가 된 경우 재판소 서기는 즉시 그러한 모든 국가들에게 통고해야 한다.
ㄷ. 통고를 받은 모든 국가는 소송절차에 참가할 권리를 가진다.
ㄹ. 소송참가권을 행사한 경우 판결의 주문은 그 국가에 대해서도 동일한 구속력을 가진다.

① ㄱ, ㄴ   ② ㄱ, ㄷ
③ ㄴ, ㄷ   ④ ㄴ, ㄹ

국제사법재판소(ICJ)의 소송절차 참가에 대한 설명으로 옳은 것은 ㄴ, ㄷ이다.
ㄴ, ㄷ. ICJ규정 제63조상 해석적 소송참가에 관련된 내용이다. 서기의 통고를 받은 국가는 소송에 참가할 권리를 가진다. 이는 권리로서의 소송참가이기 때문에 재판부의 별도 허가를 요하는 것이 아니며, 소송참가국은 판결에 구속을 받지 않지만 판결에 의한 조약의 해석에는 구속을 받는다.

⊘ 선지분석
ㄱ. 사실상의 이해관계가 아니라 '법률상의' 이해관계가 있다고 인정할 때에만 소송참가를 요청할 수 있다.
ㄹ. 조약에 부여된 해석에는 구속되나, 판결의 다른 부분이나 주문에는 구속되지 않는다.

답 ③

39 국제사법재판소(ICJ)의 소송참가에 대한 설명으로 옳지 않은 것은?

① 1990년 국제사법재판소(ICJ)는 엘살바도르와 온두라스 간 국경분쟁 사건에서 니카라과에게 소송참가를 처음으로 허용하였다.

② 국제사법재판소(ICJ)는 니카라과와 콜롬비아 간 사건(2011)에서 법원은 소송참가를 당사자참가와 비당사자참가로 구분하고 당사자참가의 경우 관할권적 근거가 있어야 하나, 판결의 구속을 받지는 않는다고 하였다.

③ 남극해 포경 사건에서 뉴질랜드는 제63조에 따른 소송참가권을 행사하였고 국제사법재판소(ICJ)는 이를 허용하였다.

④ 폰세카만 사건(1990)에서 엘살바도르와 온두라스 간 소송에 니카라과가 제62조에 따른 소송참가를 신청한 사건에서 국제사법재판소(ICJ)는 소송당사국들이 반대하거나, 당사국과 참가요청국 간 재판관할권이 성립하지 않아도 소송참가를 허용할 수 있다고 판단하고, 니카라과의 소송참가를 허용하였다.

정답 및 해설

당사자로서 참가한 국가는 판결의 구속을 받는다.

> **관련 이론** ICJ규정 제62조상의 소송참가에 대한 국제사법재판소(ICJ)의 입장
>
> 국제사법재판소(ICJ)는 니카라과와 콜롬비아 간 사건(2011)의 온두라스와 코스타리카의 소송참가 신청에 대한 판결에서 제62조 소송참가를 두 가지로 구분하였다. 제62조의 소송참가는 비당사자참가와 당사자참가로 대별된다. 비당사자참가에서는 소송에 법률적 성질의 이해관계를 가지는 국가가 소송의 당사국은 아닌 자격에서 소송참가를 하는 경우이다. 사건의 결정에 의해 영향을 받을 수 있는 이해관계를 제시하면 되므로 반드시 영향을 받게 될 것임을 증명할 필요까지는 없다. 비당사자참가국은 소송당사국으로서의 권리의무를 가지지 못하며 판결도 참가국에게 구속력을 가지지 않는다. 비당사자참가를 위해 기존의 소송당사국들과 소송참가국 사이에도 국제사법재판소(ICJ)의 재판관할권이 성립될 근거는 필요 없다. 한편, 당사자참가는 소송참가를 하는 제3국이 사건의 당사국이 되는 경우이다. 당사자참가를 하는 경우 원소송당사국과 소송참가국 간에도 재판관할권 성립의 근거가 필요하다. 당사자참가국은 본안판결의 구속을 받는다. 아직 국제사법재판소(ICJ)가 당사자참가를 인정한 사례는 없다.

선지분석

③ 뉴질랜드와 일본 모두 '포경규제협약'의 당사국이기 때문에 뉴질랜드에게 해석적 소송참가가 인정되었다.

답 ②

---

40 카메룬과 나이지리아 영토·해양경계 사건(ICJ, 2002)에 대한 설명으로 옳지 않은 것은 모두 몇 개인가?

> ㄱ. 카메룬이 선택조항 수락선언을 제소 26일 전에 기탁하였다고 하여 국제사법재판소(ICJ)의 관할권의 성립을 부정할 수 없다.
> ㄴ. 선택조항 수락선언에 기초하여 제소하는 경우 반드시 양자 간 교섭이 제소보다 선행되어야 한다.
> ㄷ. 자발적 참가(비당사자참가)가 인정되기 위해서는 당해 사건에 이해 영향을 받을 수 있는 법적 성격을 띤 이해관계의 존재를 증명해야 한다.
> ㄹ. 비당사자참가에 있어서는 참가국과 당사국 사이에 국제사법재판소(ICJ)의 관할권이 확립되어야 한다.
> ㅁ. 역사적 응고 이론에는 다툼이 있으므로 합의에 의해 확립된 권원을 뒤집는 근거가 되지 않는다.
> ㅂ. 2000년의 국제사법재판소(ICJ)규칙 개정에 따르면, 선결적 항변은 원고 측의 진술서 제출 후 3개월 이내에 제기되어야 한다.
> ㅅ. 제3국의 이익이 분쟁의 주제 그 자체인 경우에 당해 소송은 수리 가능성이 없으나, 단지 영향을 받을 뿐인 경우에는 그 소송의 수리 가능성은 부정되지 않는다.

① 1개 　　　　② 2개 　　　　③ 3개 　　　　④ 4개

카메룬과 나이지리아 영토·해양경계 사건(ICJ, 2002)에 대한 설명으로 옳지 않은 것은 ㄴ, ㄹ. 2개이다.
ㄴ. 반드시 양자 간 교섭이 제소보다 선행되어야 하는 것은 아니다.
ㄹ. 비당사자참가의 경우 관할권의 확립을 요구하지 않는다.

답 ②

41 국제사법재판소(ICJ)에 대한 설명으로 옳지 않은 것은?

① 판결에 대한 모든 문제는 원칙적으로 출석 재판관의 과반수로 결정한다.
② 재판소에서의 심리는 공개를 원칙으로 한다.
③ 재판소 및 재심을 청구하는 당사자가 판결 당시에 과실 없이 알지 못하였던 결정적 요소가 발견되는 경우 정해진 기간 내에 재심청구가 가능하다.
④ 재판소가 달리 결정하지 아니하는 한 패소국이 모든 소송비용을 부담한다.

재판소가 달리 결정하지 아니하는 한, 각 당사자는 각자의 소송비용을 부담한다(ICJ규정 제64조).

✓ 선지분석
① 선결적 항변도 마찬가지이다.
③ 새로운 사실이 발견되는 때로부터 늦어도 6개월 이내, 판결일자로부터 10년이 지나기 전에 재심 청구가 가능하다.

답 ④

42 Territorial and Maritime Dispute(Nicaragua – Columbia) 사건(ICJ, 2012)에 대한 설명으로 옳지 않은 것은 모두 몇 개인가?

> ㄱ. 분쟁당사국이 제3국의 소송참가에 반대하는 경우 재판소는 이를 존중할 의무가 있으므로 소송참가를 허가할 수 없다.
> ㄴ. 제3국이 판결에 의해 영향을 받을 법적인 이해관계를 충분히 입증하지 못한 경우 재판부는 제3국의 소송참가 신청을 기각할 수 있다.
> ㄷ. 소송당사자 일방이 해양법협약(1982)에 가입하지 않은 경우 대륙붕 관련 규정을 당해 사건에 적용할 수 없다.
> ㄹ. 대륙붕한계위원회에 200해리 이원의 대륙붕에 대한 정보를 제출하지 않은 경우 재판소는 200해리 이원의 대륙붕 경계획정에 관한 권한을 가지지 않는다.
> ㅁ. 대륙붕해역 경계획정은 통상적인 3단계 획정 방식, 즉 잠정적인 등거리선 획정의 방식, 특수한 사정 존재시 잠정 등거리선 이동 및 조정의 방식, 해안선 길이비와 배정된 해역 면적비 간의 현저한 불비례성 존재 여부 확인 및 필요 시 반영의 방식을 적용하였다.

① 1개 　　　　② 2개 　　　　③ 3개 　　　　④ 4개

Territorial and Maritime Dispute(Nicaragua – Columbia) 사건(ICJ, 2012)에 대한 설명으로 옳지 않은 것은 ㄱ, ㄷ. 2개이다.
ㄱ. 소송당사자의 의사와 독립하여 재판부는 소송참가에 대해 결정할 수 있다.
ㄷ. 대륙붕 관련 규정은 관습법이므로 협약비당사국에 대해서도 적용 가능하다고 하였다.

답 ②

43

국제사법재판소(ICJ) 재심절차에 대한 설명으로 옳은 것은?

① 재심청구를 위해서는 당사자 간 별도 합의가 있어야 한다.
② 판결 시 당사자와 재판소 모두 몰랐던 사실이어야 하며, 이에 대한 당사자의 과실이 없어야 하고, 재심청구국이 무과실에 대해 증명해야 한다.
③ 판결일로부터 1년 이내에 청구해야 한다.
④ 국제사법재판소(ICJ)에 재심이 신청된 사례는 없다.

⊘ 선지분석
① 재심은 일방적으로 청구할 수 있다.
③ 판결일로부터 10년 이내에 청구해야 한다.
④ 현재까지 모두 4건의 재심이 신청되었으나 현재까지 인정된 사례는 없다.

답 ②

44

국제사법재판소(ICJ)의 판결의 효력 및 집행에 대한 설명으로 옳은 것만을 모두 고른 것은?

> ㄱ. 판결은 출석한 재판관의 과반수에 의하며, 가부동수인 경우 부결된 것으로 본다.
> ㄴ. 판결 및 그 이유는 공개가 원칙이나, 판결을 위한 평의는 비공개이며 비밀로 한다.
> ㄷ. 판결에 대해서는 선례구속의 원칙이 인정되지 않으며, 판결은 종국적이고 상소할 수 없다.
> ㄹ. 패소국이 국제사법재판소(ICJ) 판결을 이행하지 않을 경우 승소국은 1차적으로 패소국에 대해 판결의 이행을 요구해보고, 이에 불응할 시 2차적으로 자력구제에 의하여 판결을 직접 집행할 수 있다.
> ㅁ. 안전보장이사회가 패소국에 의한 국제사법재판소(ICJ) 판결 불이행을 평화에 대한 위협으로 결정하여 헌장 제7장상의 강제조치를 취하는 것은 헌장 제94조 제2항의 '판결을 집행하기 위하여 필요한 조치'를 벗어나는 것으로 본다.
> ㅂ. 총회는 안전보장이사회가 헌장 제94조 제2항의 권한을 행사하지 않을 경우 헌장 제10조의 일반적 권한 및 제11조에 기초하여 동 의제에 대해 토의하고 이행을 권고할 수 있으며, 이때의 권고는 예외적으로 구속력이 있는 것으로 본다.

① ㄱ, ㄴ, ㄷ
② ㄴ, ㄷ, ㄹ
③ ㄴ, ㅁ, ㅂ
④ ㄷ, ㄹ, ㅁ

국제사법재판소(ICJ)의 판결의 효력 및 집행에 대한 설명으로 옳은 것은 ㄴ, ㄷ, ㄹ이다.
ㄴ. 국제사법재판소(ICJ)규정 제54조, 국제사법재판소(ICJ)규칙 제94조, 제95조에 대한 내용이다.
ㄷ. 국제사법재판소(ICJ)규정 제59조, 제60조에 대한 내용이다.
ㄹ. 패소국이 판결내용을 이행하지 않는 것은, 위법행위로 국가책임이 성립하였음에도 위법행위국이 손해를 배상하지 않는 경우와 같은 법리가 적용될 수 있다.

⊘ 선지분석
ㄱ. 가부동수인 경우 재판소장 또는 그를 대리하는 재판관의 결정투표권(casting vote)을 행사한다(ICJ규정 제55조 제2항).
ㅁ. 안전보장이사회가 패소국의 국제사법재판소(ICJ) 판결 불이행을 이유로 헌장 제7장상의 강제조치를 취할 수 있다는 긍정설과 국제사법재판소(ICJ) 판결 불이행은 강제조치의 발동요건이 될 수 없다고 보는 부정설로 나뉘나, 헌장의 취지상 긍정설이 타당하다고 보아야 할 것이다.
ㅂ. 총회의 권고는 법적 구속력이 없다.

답 ②

45 국제사법재판소(ICJ) 판결의 효력에 대한 설명으로 옳은 것은?

① UN안전보장이사회의 이행보장결의가 있을 때만 법적 구속력을 가진다.

② 판결의 의의 또는 범위에 대하여 분쟁이 있을 때, 국제사법재판소(ICJ)는 어느 분쟁당사자의 요청이 있는 경우라도 이를 해석하여야 한다.

③ 선례구속성(stare decisis)의 원칙이 적용된다.

④ 판결에 대한 재심청구는 허용되지 않는다.

정답 및 해설

✅ 선지분석

① 판결은 법적 구속력이 있다.

③ 원칙적으로 선례불구속성이 적용된다.

④ 분쟁당사국이 판결 당시 국제사법재판소(ICJ) 및 자국에게 알려지지 않았던 결정적 요소가 될 성질의 사실을 발견한 경우 10년 이내에 재심청구가 인정된다.

답 ②

46 국제사법재판소(ICJ)에 대한 설명으로 옳은 것만을 모두 고른 것은?

> ㄱ. 당사자의 권리를 보전하기 위하여 취해지는 잠정조치는 법적 구속력이 없다는 것이 국제사법재판소(ICJ)의 입장이다.
>
> ㄴ. 소송의 당사자는 아니지만 자신이 당사국으로 있는 협약의 해석이 문제가 되어 소송에 참가한 국가는 재판소의 판결에 의해 부여된 해석에 구속되지 않는다.
>
> ㄷ. 판결이 선고되었을 당시 당사자와 재판소가 알지 못하였던 결정적 사실이 발견된 경우, 재심이 청구될 수 있다.
>
> ㄹ. 일방 당사자가 재판소에 출석하지 않거나 그 사건을 방어하지 않는 경우, 타방 당사자는 자기의 청구에 유리하게 결정할 것을 재판소에 요청할 수 있다.
>
> ㅁ. UN헌장은 회원국이 그들 간의 분쟁을 해결하기 위하여 국제사법재판소(ICJ) 이외의 다른 재판소에 제소하는 것을 방해하지 않는다.

① ㄱ, ㄴ, ㄷ

② ㄱ, ㄴ, ㄹ

③ ㄱ, ㄷ, ㅁ

④ ㄷ, ㄹ, ㅁ

정답 및 해설

국제사법재판소(ICJ)에 대한 설명으로 옳은 것은 ㄷ, ㄹ, ㅁ이다.

ㄷ. 재심에 있어서는 무과실 요건이 요구되며, 구할 수 있는 정보를 얻기 위해 필요한 모든 노력을 다하지 않았다면 과실이 추정된다. 이때까지 국제사법재판소(ICJ)에 모두 4건의 재심 요청이 있었으나 모두 각하되었다고 한다.

ㅁ. "이 헌장의 어떠한 규정도 국제연합 회원국이 그들 간의 분쟁의 해결을 이미 존재하거나 장래에 체결될 협정에 의하여 다른 법원에 의뢰하는 것을 방해하지 않는다."라고 규정되어 있다(UN헌장 제95조).

✅ 선지분석

ㄱ. 국제사법재판소(ICJ)는 잠정조치의 법적 구속력을 정면으로 인정하고 있다(LaGrand형제 사건).

ㄴ. 해석적 소송참가에 있어서 소송참가한 제3국은 '판결'에는 구속을 받지 않는다. 그러나 '조약의 해석'에는 구속을 받는다.

답 ④

47

국제사법재판소(ICJ) 판결과 그 효력에 대한 설명으로 옳은 것은?

① UN 회원국은 자국의 당사자 여부와는 관계없이 어떤 사건에 있어서도 국제사법재판소(ICJ)의 결정에 따를 것을 약속한다.
② 재판청구에 충분한 근거가 없어도 궐석재판은 허용된다.
③ 사건의 당사자가 재판소가 내린 판결에 따라 자국이 부담하는 의무를 이행하지 아니하는 경우에는 타방의 당사자는 안전보장이사회에 호소할 수 있다.
④ 안전보장이사회는 언제든지 판결을 집행하기 위하여 권고하거나 취해야 할 기타 조치를 결정할 수 있다.

정답 및 해설

UN헌장 제94조 제2항에 대한 내용이다.

✅ 선지분석
① 국제사법재판소(ICJ)의 결정은 당해 사건에 한하여 당사국 간에만 효력을 가진다.
② 국제사법재판소(ICJ)는 재판청구에 충분한 근거가 있음을 확인해야만 한다(ICJ규정 제53조 참조).
④ 안전보장이사회는 '필요하다고 인정하는 경우' 판결을 집행하기 위하여 권고하거나 취해야 할 조치를 결정할 수 있다(UN헌장 제94조 제2항).

답 ③

48

국제사법재판소(ICJ)의 재판절차와 세계무역기구(WTO) 분쟁해결기구의 패널절차 간의 공통성이 있는 것만을 모두 고른 것은?

> ㄱ. 제소 또는 패널설치의 전제조건으로서의 협의절차
> ㄴ. 판결 또는 판정에 대한 항소 가능성
> ㄷ. 분쟁해결절차 진행 중 당사자 간 합의에 따른 사건 종료 가능성
> ㄹ. 판결 평의 또는 판정 심의(deliberations)의 비공개성
> ㅁ. 서면 신청에 의한 절차 개시

① ㄱ, ㄴ, ㄷ   ② ㄱ, ㄴ, ㅁ
③ ㄱ, ㄹ, ㅁ   ④ ㄷ, ㄹ, ㅁ

정답 및 해설

공통성이 있는 것은 ㄷ, ㄹ, ㅁ이다.

✅ 선지분석
ㄱ. 국제사법재판소(ICJ)는 협의절차를 전제조건으로 하지 않는 반면, 세계무역기구(WTO) 패널설치를 요청하기 위해서는 반드시 협의절차를 거쳐야 한다.
ㄴ. 국제사법재판소(ICJ)는 단심제이며 항소절차가 없는 반면, 패널판정에 이의가 있는 국가는 상설항소기구에 항소할 수 있다.

답 ④

49

LaGrand형제 사건(2001)에 대한 설명으로 옳은 것만을 모두 고른 것은?

> ㄱ. 국제사법재판소(ICJ)는 미국이 영사관계에 관한 비엔나협약 제36조를 위반함으로써 LaGrand형제뿐만 아니라 독일에 부담하는 의무를 위반하였다고 판시하였다.
> ㄴ. 국제사법재판소(ICJ)는 잠정조치의 구속력을 인정하지 아니하였다.
> ㄷ. 미국은 제36조 제2항상 '절차해태규칙'을 위반하였다.
> ㄹ. 국제사법재판소(ICJ)는 미국의 위반에 대한 구제책으로서 재심기회를 제공하도록 판시하였다.

① ㄱ, ㄴ

② ㄱ, ㄴ, ㄹ

③ ㄱ, ㄷ, ㄹ

④ ㄱ, ㄴ, ㄷ, ㄹ

정답 및 해설

LaGrand형제 사건(2001)에 대한 설명으로 옳은 것은 ㄱ, ㄷ, ㄹ이다.

ㄷ. 절차해태규칙이란 하급심에서 원용할 수 있던 것을 원용하지 않으면 상급심에서 원용할 수 없다는 것이다. 절차해태규칙 자체는 위법하지 않고, 이 규칙에 따라 유죄 판결 및 형 선고를 재검토하지 않은 미국의 행위를 위법이라고 판단하였다.

⊘ 선지분석

ㄴ. LaGrand 사건에서 국제사법재판소(ICJ)는 최종 판결 시까지 LaGrand형제의 사형집행이 이루어지지 않도록 이용할 수 있는 모든 조치를 취하여야 한다는 구속력 있는 잠정조치상의 의무를 미국이 위반하였음을 인정하였다.

> **관련 이론** 잠정조치
>
> 일응 본안에 대한 관할권이 존재한다고 여겨지는 경우 ICJ규정 제41조에 의하여 제시될 수 있는 것으로 종국판결에 의하여 보호되어야 할 당사자의 권리가 회복 불가능한 상태로 침해되는 것을 방지하기 위하여 인정되는 절차이다.

답 ③

제1절 | 무력사용금지원칙 및 예외

01 무력사용 및 위협금지 원칙에 대한 설명으로 옳은 것은 모두 몇 개인가?

ㄱ. 드라고 - 포터조약(1907)은 채무불이행국가에 대한 무력사용을 제한하면서 상대적 약소국을 보호하기 위해 이에 대한 예외를 허용하지 않았다.

ㄴ. 직접적인 무력사용뿐만 아니라 간접적인 무력사용도 금지되는데, 간접적인 무력사용이란 타국의 반란단체를 무장시키고 훈련시키는 행위, 타국에 대한 병참지원이나 기지제공, 재정지원 등을 의미한다.

ㄷ. 무력사용금지 원칙 위반 시 피해국이 아닌 국가도 국가책임을 원용할 수 있다.

ㄹ. 국제연맹규약 제12조는 전쟁을 전면 금지시키고 있으나, 다만 '전쟁'이라는 기술적 용어를 사용함으로써 전쟁에 이르지 않는 무력의 사용은 금지되지 않는다는 해석을 가능하게 하였다.

ㅁ. 1928년 부전조약은 국가정책수단으로서의 전쟁, 즉 침략전쟁의 포기를 규정하였다.

ㅂ. 무력사용이 있는 경우 상대국은 자위권을 발동할 수 있으나 안전보장이사회에 즉각 보고해야 한다.

① 1개   ② 2개

③ 3개   ④ 5개

정답 및 해설

무력사용 및 위협금지 원칙에 대한 설명으로 옳은 것은 ㄷ, ㅁ. 2개이다.

ㄷ. 무력사용금지 원칙은 강행규범 또는 대세적 의무로 인정되기 때문에 이를 위반한 국가에 대해서는 모든 국가들이 국가 책임을 추궁할 수 있다. 다만, 위반국에 대해 손해배상을 청구할 수는 없으며 피해국에 대해 손해배상을 이행할 것을 청구하거나 재발 방지를 요구할 수 있다.

✓ 선지분석

ㄱ. 채무국이 중재 제안을 수락하지 않거나, 중재를 수락하면서도 합의를 거절하거나, 중재결정을 거부하는 경우 예외적으로 전쟁할 수 있다.

ㄴ. 재정지원은 간접적인 무력사용에는 해당하지 않지만, 그럼에도 불구하고 그것은 타국의 국내문제에 대한 간섭으로서 국제법에 위배된다.

ㄹ. 국제연맹규약 제12조는 전쟁을 전면 금지한 것이 아니라 일정 절차 종료 후 3개월의 냉각기간의 제약을 받는 데 불과하였다.

ㅂ. 무력'공격'이 있는 경우에만 자위권을 발동할 수 있다. 무력공격과 무력사용은 다른 개념이다.

답 ②

02 무력사용 및 위협금지 원칙에 대한 설명으로 옳은 것만을 모두 고른 것은?

> ㄱ. UN헌장에서 제2조 제4항의 예외는 제42조(UN에 의한 군사적 조치), 제51조(자위권) 2가지뿐이다.
> ㄴ. 직접적인 무력사용뿐만 아니라 간접적인 무력사용도 금지되는데, 간접적인 무력사용이란 타국의 반
>   란단체를 무장시키고 훈련시키는 행위, 타국에 대한 병참지원이나 기지제공, 재정지원 등을 의미한다.
> ㄷ. 강행규범에 해당한다.
> ㄹ. 국제연맹규약 제12조는 전쟁을 전면 금지시키고 있으나, 다만 '전쟁'이라는 기술적 용어를 사용함으로
>   써 전쟁에 이르지 않는 무력의 사용은 금지되지 않는다는 해석을 가능하게 하였다.
> ㅁ. 1928년 부전조약은 국가정책수단으로서의 전쟁, 즉 침략전쟁의 포기를 규정하였다.
> ㅂ. 국가는 어떤 경우에도 타국의 영토를 무력의 위협 또는 사용을 통하여 취득할 수 없게 됨에 따라 침
>   략국의 영토라 하더라도 전시점령은 가능하지만 병합할 수는 없다.

① ㄱ, ㄴ, ㄹ   ② ㄴ, ㄷ, ㄹ
③ ㄴ, ㄹ, ㅂ   ④ ㄷ, ㅁ, ㅂ

무력사용 및 위협금지 원칙에 대한 설명으로 옳은 것은 ㄷ, ㅁ, ㅂ이다.

ㅁ. 1928년 전쟁포기에 관한 조약은 전쟁 자체를 위법화한 최초의 조약으로, 국가정책수단으로서의 전쟁만을 금지
   한 조약이며 일체의 무력사용을 금지한 것은 아니었다. 국제연맹의 제재로서의 군사조치나 자위를 위한 전쟁 등
   은 여전히 인정되었다.

✓ 선지분석

ㄱ. 그 외에도 제53조(지역적 기구에 의한 강제행동) 및 현재 사문화된 제107조(구적국조항)가 있다.

ㄴ. 재정지원은 간접적인 무력사용에는 해당하지 않지만, 그럼에도 불구하고 그것은 타국의 국내문제에 대한 간섭으
   로서 국제법에 위배된다.

ㄹ. 국제연맹규약 제12조는 전쟁을 전면 금지한 것이 아니라 일정 절차 종료 후 3개월의 냉각기간의 제약을 받는
   데 불과하였다.

답 ④

03 무력사용금지 원칙에 대한 설명으로 옳지 않은 것은?

① 국제연맹규약은 전쟁을 일으킨 회원에 대해 경제제재를 가할 의무를 다른 모든 회원들에게 지우고
   있었으나, 군사행동에 관한 한 연맹이사회는 관련 정부들에게 적절한 군사적 조치를 사용할 것을 권
   고할 수 있는 권한밖에 가지고 있지 않았다.

② 1923년 국제연맹총회가 채택한 상호원조에 관한 조약 초안에서 "체약국은 침략전쟁이 국제범죄임을
   엄숙히 선언하며, 그 누구도 이를 범하지 않을 것을 각자 약속한다."라고 규정하였다.

③ 1927년 연맹총회에서 채택된 침략전쟁에 관한 선언은 침략전쟁을 금지하였으며 국제범죄로 규정하였다.

④ 1977년의 제네바 제1의정서는 민족해방투쟁을 국가 간의 무력투쟁과 달리 비국제적 무력충돌이라고
   규정하였다.

제네바 제1의정서는 민족해방투쟁을 국제적 무력충돌로 규정하였다.

✓ 선지분석

① 전쟁을 일으킨 회원국에 대해서는 '자동적으로' 경제제재를 가할 의무가 있었다.

②, ③ 국제연맹에서 침략전쟁을 '범죄'로 규정하려고 시도한 예이다.

답 ④

04 자국민 보호를 위한 무력행사에 대한 설명으로 옳지 않은 것은?

① 1976년 프랑스 항공기가 팔레스타인 게릴라에 의하여 납치되어 우간다의 엔테베 공항에 억류되자 이스라엘 특공대가 급습하여 인질들을 구출한 것과 같이, 해외에서 급박한 위험에 처한 자국민의 보호를 위한 무력사용은 그 정당성이 인정된다는 주장이 있다.

② 자국민 보호를 위한 무력사용의 적법성을 주장하는 측에서는 급박한 위험에 처한 자국민을 구출하려는 무력행사는 타국의 정치적 독립성이나 영토적 단일성을 침해하는 무력행사가 아니므로 UN헌장 제2조 제4항의 금지대상이 아니고 국내문제 불간섭의무에도 위배되지 않는다고 주장한다.

③ 자국민 보호를 위한 무력사용의 정당성을 주장하는 측은 현지국이 국민을 보호할 능력이나 의사가 없을 것, 국민이 심각하고 급박한 위험상황에서 생명을 위협받는 상태일 것, 무력사용은 사태 해결을 위한 마지막 수단일 것, 무력은 필요한 범위 내에서만 합리적으로 사용되며 사태가 해결되면 신속히 철수할 것 등의 요건을 적용하면 남용의 위험도 막을 수 있다는 입장이다.

④ 국제사법재판소(ICJ)는 테헤란 영사 사건에서 자국민 보호를 위한 무력행사는 자위권으로 위법성을 조각할 수 없으나, 엄격한 요건하에 긴급피난에 해당될 수 있다고 판시하였다.

> **정답 및 해설**

자국민 보호를 위한 무력행사에 관하여 자위권의 이름으로 정당성이 주장되기도 하나, 헌장 제51조의 해석상 해외의 자국민에 대한 공격을 국가에 대한 무력공격으로 간주하기는 어렵다. 국제사법재판소(ICJ)가 자국민 보호를 위한 무력사용의 적법성을 심리한 사례는 없다.

답 ④

05 국제연맹규약상 무력행사금지에 대한 설명으로 옳지 않은 것은?

① 연맹은 무력행사 중 전쟁에 대해서만 언급하고 있다.
② 국제연맹규약은 전쟁을 포괄적으로 제한하고 있다.
③ 무력복구에 대해서는 아무런 규정이 없기 때문에 허용된다고 본다.
④ 국제연맹규약은 정책수단으로서의 전쟁을 최초로 포기하였다는 데 의의가 있다.

> **정답 및 해설**

국가정책수단으로서의 전쟁을 최초로 포기한 것은 1928년 체결되어 1929년에 발효한 Kellogg – Briand조약이다.

⊘ 선지분석

② 국제연맹 규약은 국가의 개전권을 일정한 범위에서 통제하고 이를 위반한 국가에 대한 제재를 결부시킨 최초의 조약이나, 군사행동에 관한 한 연맹이사회는 관련 정부들에게 적절한 군사적 조치를 사용할 것을 '권고'할 수 있는 권한밖에 없었다.

답 ④

국제법상 무력사용에 대한 설명으로 옳지 않은 것만을 모두 고른 것은?

> ㄱ. 적의 공격이 중지된 경우 이후에 일련의 공격이 확실한 경우라 하더라도 자위권을 발동할 수 없으며, 무력을 사용한 경우 위법한 무력복구에 해당된다. 다만, 중지된 적의 공격이 재개된 경우 이에 대한 공격은 자위권을 인정할 수 있다.
>
> ㄴ. UN총회의 침략정의 결의(총회결의 3314)에 의하면 침략은 어느 국가가 타국의 주권, 영토보전 또는 정치적 독립에 대해 무력을 사용하거나 UN헌장에 위배되는 기타 방법을 사용하는 것을 말한다.
>
> ㄷ. Military and Paramilitary Activities in and against Nicaragua 사건에서 법원은 무력공격과 무력사용을 구분하고 자위권의 행사를 위해서 필요한 무력공격은 양자의 구별기준으로 필요성과 비례성을 제시하였다.
>
> ㄹ. UN헌장 제정과정에서 헌장을 저해하지 않고도 지역적 협정에 의거한 강제조치가 가능하도록 하기 위해 집단적 자위권을 도입하였다.
>
> ㅁ. 무력공격에 대해 안전보장이사회가 개입하여 UN헌장 제41조 또는 제42조의 조치를 헌장 제7장에 따라 취하는 경우 자위권 발동을 중단해야 한다.

① ㄱ, ㄴ, ㄷ

② ㄱ, ㄴ, ㄹ

③ ㄱ, ㄷ, ㅁ

④ ㄴ, ㄹ, ㅁ

정답 및 해설

국제법상 무력사용에 대한 설명으로 옳지 않은 것은 ㄱ, ㄷ, ㅁ이다.

ㄱ. 자위권을 발동할 수 있다.

ㄷ. 무력공격과 무력사용의 구별기준으로 중대한 규모와 효과(scale and effects)를 제시하였다.

ㅁ. 경제제재조치라는 비실효적 조치를 취하는 경우라면 개별 국가의 자위권 행사는 계속될 수 있다.

답 ③

07

국제사법재판소(ICJ)의 콩고령 군사활동 사건(2005)에 대한 설명으로 옳지 않은 것은?

① 우간다가 콩고 영토에서 반군세력을 지원하는 것은 간접적 무력공격에 해당된다고 하였다.

② 콩고가 일정 부분 콩고 영토 내에서의 우간다의 무력사용에 동의하였다고 하더라도 콩고의 동의를 벗어나서 무력을 사용한 것은 위법성이 조각되지 않는다고 하였다.

③ 우간다는 위법성 조각사유로 자위권을 원용하였으며 국제사법재판소(ICJ)는 이를 인용하였다.

④ 만약 우간다가 콩고 중앙정부의 동의를 받지 않고 반군세력을 무력지원한다면 이는 국내문제에 대한 위법한 간섭이며 또한 무력사용금지의무 위반이다.

정답 및 해설

국제사법재판소(ICJ)는 자위권 발동요건을 충족하지 못하였다고 판시하였다. 특히 안전보장이사회에 대한 사후보고 등 헌장상 요건을 충족하지 못하였다고 보아 인용하지 않았다.

답 ③

08 현행 국제법에 합치되는 국가의 조치로 옳은 것은 모두 몇 개인가?

> ㄱ. A국은 타국의 요청에 따라 내전 진압을 위해 군대를 파견하여 그 통제하에 내전 진압작전을 전개하였다.
> ㄴ. B국은 타국의 요청에 따라 민족자결권을 행사하는 집단의 진압을 위해 군대를 파견하여 그 통제하에 진압작전을 전개하였다.
> ㄷ. C국은 D국으로부터 분리독립을 추진하고 있는 민족해방운동단체의 지도자를 자국으로 초청하여 지원조치에 대해 협의하였다.
> ㄹ. E국은 F국에서 폭동이 발생하자 일방적으로 자국 군대를 파견하여 자국민 보호조치를 취하였다.
> ㅁ. 국제연합(UN)은 G국 독재정권의 인권탄압에 대해 조사를 수행할 위원회를 구성하고 정보수집활동을 시작하였다.

① 1개   ② 2개
③ 3개   ④ 4개

정답 및 해설

현행 국제법에 합치되는 국가의 조치로 옳은 것은 ㄱ, ㄷ, ㅁ. 3개이다.
ㄱ. 정통정부의 요청에 의한 무력사용이므로 허용된다.
ㄷ. 민족자결권은 대세적 권리 또는 의무이므로 지원조치를 취할 수 있다.
ㅁ. 인권문제는 국내문제가 아니므로 국제연합(UN)이 개입할 수 있다.

선지분석
ㄴ. 민족해방운동단체를 무력으로 진압하는 것은 강행규범 또는 대세적 의무 위반이다.
ㄹ. 자국민 보호를 위한 무력사용이라고 칭하나 국제법에 합치된다고 단정하기 어렵다.

답 ③

09 콩고 영토에서의 무력분쟁 사건(2005)에 대한 국제사법재판소(ICJ)의 판결에 대한 설명으로 옳은 것은?

① 자위권 발동의 대상이 되는 무력공격의 주체는 국가에 한정되며, 비국가주체에 의한 공격의 경우 어떤 경우에도 자위권을 발동할 수 없다.
② 타국 영토 내에서의 천연자원의 위법한 착취행위는 jus ad bellum을 위반하는 것이므로 국제책임을 진다.
③ 무력충돌 시 국제인권법과 국제인도법 모두 적용되며, 국제인권법은 외국 영토 내의 점령지역에도 적용된다.
④ 접수국에 소재하는 외교공관이 공격을 받는 경우 공격주체가 명확히 입증되는 경우에 한하여 파견국이 자위권을 발동할 수 있다.

정답 및 해설

선지분석
① 비국가주체의 공격이 국가로 귀속되는 경우 당해 국가에 대해 자위권을 발동할 수 있다.
② 'jus in bello'에 위반하는 것이다.
④ 접수국에 소재하는 공관에 대한 공격은 피침국의 영토 밖으로부터의 공격이 아니므로 자위권을 발동할 수 없다.

답 ③

핵무기 사용의 적법성에 대한 권고적 의견(ICJ, 1996)에 대한 설명으로 옳지 않은 것은 모두 몇 개인가?

> ㄱ. 세계보건기구(WHO)의 권고적 의견 요청은 국제사법재판소(ICJ)의 영향력을 핵무기의 금지를 위한 운동에 활용하기 위한 세계법원계획(WORLD COURT PROJECT)이라는 NGO의 활동에 영향을 받았다.
> ㄴ. UN총회의 권고적 의견 요청에 대해 전적으로 가설적 질문이라는 점에서 논란이 있었으나, 국제사법재판소(ICJ)는 가설적이거나 추상적인 문제인지를 떠나 모든 법률문제에 권고적 의견을 낼 수 있으며 특정 분쟁이 발생한 경우가 아니더라도 권고적 의견을 낼 수 있다고 하였다.
> ㄷ. 국제사법재판소(ICJ)는 제네바가스의정서(1925)는 핵무기 사용에 대해서도 포괄적으로 금지하고 있다고 판시하였다.
> ㄹ. 국제사법재판소(ICJ)는 핵무기의 고유한 특성에 비추어 그 사용이 마르텐스조항 등 국제인도법의 원칙과 양립할 수 없을 것으로 추정될 뿐 아니라, 필연적으로 반한다고 판시하였다.
> ㅁ. 국제사법재판소(ICJ)는 각종 핵군축조약에서 규정하는 핵군축의무를 적시하면서 단순히 교섭에 임할 의무일 뿐 아니라 구체적인 결과를 도출해내기 위한 최종 협상으로 이끌어 나갈 의무라고 하였다.

① 1개

② 2개

③ 3개

④ 4개

정답 및 해설

핵무기 사용의 적법성에 대한 권고적 의견(ICJ, 1996)에 대한 설명으로 옳지 않은 것은 ㄷ, ㄹ. 2개이다.
ㄷ. 제네바가스의정서(1925)는 독 또는 질식성 효과에 의한 살상을 주된 목적으로 하는 무기에 한정되며 각 체약국들은 핵무기 문제를 당연히 배제하는 것으로 인식하여 왔다고 판단하였다.
ㄹ. 국제사법재판소(ICJ)는 필연적으로 반할 것이라는 확신을 이끌어 낼 수 있는 충분한 기초를 가지지 못한다고 판시하였다.

답 ②

Oil Platforms 사건(ICJ, 2003)에 대한 설명으로 옳지 않은 것은 모두 몇 개인가?

> ㄱ. 재판소는 미국의 이란 석유시설(Rashadat)에 대한 공격행위가 자위조치로 정당화되기 위해서는 우선 미국 국적의 선박에 대한 미사일 공격이 이란에 의해 수행되었다는 점이 입증되어야 하나, 여러 증거를 검토한 결과 이란에 의한 공격이 명확하게 입증되지 못하였다고 판시하였다.
> ㄴ. 재판소는 무력공격에 비례적이고 그에 대항하기 위해 필요한 조치에 한해서만 자위조치가 인정된다는 것은 국제관습법상 확립된 원칙이라고 하였다.
> ㄷ. 재판소는 공격 대상이 즉흥적으로 타격 목표로 선정되었다면 자위권 발동의 비례성이 입증될 수 없다고 하였다.
> ㄹ. 재판소는 기뢰 피격에 의해 미국 함정 1척이 손상을 입기는 하였으나 격침되지는 않았고 사망자도 발생하지 않은 사건에 대해 2척의 이란 군함을 격침시키고 다수의 해군 시설과 공군기를 파괴한 전체 작전의 규모를 고려할 때 비례적인 무력사용으로 인정하기 어렵다고 하였다.
> ㅁ. 재판소는 해당 조치의 필요성 여부는 당사국이 주관적으로 판단하는 것이 아니라 재판부가 평가하는 것이라고 판시하였다.

① 1개　　　　② 2개　　　　③ 3개　　　　④ 4개

정답 및 해설

Oil Platforms 사건(ICJ, 2003)에 대한 설명으로 옳지 않은 것은 ㄷ. 1개이다.
ㄷ. 재판소는 공격 대상이 즉흥적으로 타격 목표로 선정되었다면 자위권 발동의 필요성이 입증될 수 없다고 하였다.

⊘ 선지분석
ㄱ. 자위권 발동을 위한 무력공격 유무에 대한 증명책임은 피침국이 진다고 판단하였다.
ㄹ. 또한, 미국 국기를 게양한 상선에 대한 기뢰에 의한 공격은 무력공격을 구성할 수 있지만, 미국인이 소유하지만 국기를 게양하지 않은 다른 상선에 대한 공격은 미국에 대한 무력공격에 해당하지 않는다고 판단하였다.

답 ①

국제법상 무력사용에 대한 설명으로 옳은 것을 모두 고른 것은?

> ㄱ. Thomas Aquinas는 타국의 무력공격을 받을 것을 정전(just war)의 요건으로 들었다.
> ㄴ. ICJ는 Certain Expenses of the UN 권고적 의견에서 안보리의 결의를 근거로 설치되는 평화유지군은 UN 헌장 제29조에 근거한 보조기관에 해당한다고 판시했다.
> ㄷ. 1928년 부전조약은 당사국들이 국제관계에서 국가정책의 이행수단으로서의 전쟁을 포기하고, 국가간 분쟁은 평화적 수단에 의하여만 해결하기로 규정했으나, 자위권의 행사를 전혀 통제하지 않았다.
> ㄹ. ICJ는 Armed Activities on the Territory of the Congo 사건에서 일련의 월경공격에 대응한 자위권의 행사로 국경에서 수백 km 안쪽까지 진입해 공항과 마을을 점령했다면 이는 필요성의 원칙에 위반된다고 보았다.

① ㄱ, ㄴ　　　　② ㄱ, ㄷ　　　　③ ㄴ, ㄷ　　　　④ ㄴ, ㄹ

정답 및 해설

국제법상 무력사용에 대한 설명으로 옳은 것은 ㄴ, ㄷ이다.

⊘ 선지분석
ㄱ. 군주의 정당한 권위, 올바른 의도, 정당한 원인을 정전의 요건으로 들었다.
ㄹ. 비례성 원칙에 위반된다고 하였다.

답 ③

무력사용금지원칙에 대한 설명으로 옳지 않은 것은?

① 1923년 국제연맹총회가 채택한 상호원조에 관한 조약 초안에서 체약국은 침략전쟁이 국제범죄임을 엄숙히 선언하며, 그 누구도 이를 범하지 않을 것을 각자 약속한다라고 규정하였다.

② 1927년 워싱턴협약 당사국 총회에서 채택된 침략전쟁에 관한 선언은 침략전쟁을 금지하였으며 국제범죄로 규정하였다.

③ 1928년 체결된 국가정책수단으로서의 전쟁의 포기를 위한 일반조약(부전조약)에서 체약국들은 상호관계에서 국가정책수단으로서의 전쟁, 즉 침략전쟁을 포기하였으나 이를 국제범죄로 규정하지는 않았다.

④ 제2차 세계대전 후 동경 및 뉘른베르크 국제군사재판소헌장은 침략전쟁의 개시뿐만 아니라 그 준비도 이미 국제법에 의하여 금지된 것으로서, 위법일 뿐만 아니라 범죄를 구성한다는 명제에 기초하여 개인을 처벌하였으나, 침략을 자행한 국가자체에 대해 형사책임을 물은 것은 아니다.

정답 및 해설

연맹총회에서 채택되었다.

답 ②

제2절 | 국제인도법

01

국제인도법에 대한 설명으로 옳은 것만을 모두 고른 것은?

> ㄱ. 포로에게 군사작전과 직접 관계되는 노동을 요구할 수 없다.
> ㄴ. 국제사법재판소(ICJ)는 Legality of the Threat or Use of Nuclear Weapons(1996)에서 국가는 민간인을 공격목표로 하여서는 안 되며, 따라서 민간목표물과 군사목표물을 구분할 수 없는 무기는 결코 사용하여서는 안 된다고 하였다.
> ㄷ. 방어되지 아니하여 민간적 성격을 보유하는 마을이나 건물에 대해서는 어떤 수단에 의해서도 공격이나 포격하여서는 안 된다.
> ㄹ. 간첩활동을 한 군대 구성원은 포로가 될 수 없다.
> ㅁ. 모든 부상병자는 의료적인 이유 및 국적 이외에 어떠한 차별도 없이 상태개선을 위한 편의제공을 받는다.

① ㄱ, ㄴ

② ㄱ, ㄴ, ㄷ

③ ㄱ, ㄴ, ㄷ, ㄹ

④ ㄱ, ㄴ, ㄷ, ㄹ, ㅁ

정답 및 해설

국제인도법에 대한 설명으로 옳은 것은 ㄱ, ㄴ, ㄷ, ㄹ이다.

ㄱ. 장교에게는 노동을 강제할 수 없으며, 부사관 포로에게는 감독직만 요구된다.

ㄴ. 무력충돌 당사국의 안전에 대해 유해행위를 한 민간인의 경우에도 그 혐의가 명백하더라도 무력충돌의 당사국 또는 점령국의 안전이 허용하는 한 피보호자로서의 권리 및 특권이 허용된다. 따라서 무력충돌의 당사국은 민간인을 직접 공격목표로 하여서는 안 된다.

✓ 선지분석

ㅁ. 그들의 소속국에 관계없이 존중되고 보호를 받는다.

답 ③

02 전시에 있어서 민간인의 보호에 관한 1949년 제네바협약(제4협약)에 대한 설명으로 옳지 않은 것은?

① 적대행위에 능동적으로 참여하지 않는 자는 어떠한 경우에도 차별 없이 인도적인 대우를 받아야 한다.
② 점령국은 원칙적으로 점령지의 현행 법령을 존중해야 하나, 점령을 위해 불가피한 사정이 있는 경우 법령을 위반할 수 있다.
③ 피보호자로부터 정보를 얻기 위해 육체적 또는 정신적으로 강제할 수 없다.
④ 점령국은 점령지를 병합할 수 없으나, 전쟁 종결을 위해 불가결한 경우 병합할 수 있다.

> **정답 및 해설**

점령국은 점령지를 병합할 수 없으며, 그 예외는 없다.

⊘ 선지분석
② 점령지역 현지 법이 점령국의 안전을 위협하는 경우 점령국은 이를 폐지하거나 정지시킬 수 있다.
③ 민간인 보호에 관한 공통규칙으로, ㉠ 신앙, 명예, 풍속 및 관습을 존중받음, ㉡ 정보를 얻기 위해 육체, 정신적 강제를 가해서는 안 됨, ㉢ 민간인 자신이 하지 않은 행위로 처벌받지 않음, ㉣ 민간인인지 여부가 의심스러운 경우 민간인으로 간주함 등이 있다.

답 ④

03 포로의 대우에 관한 1949년 8월 12일자 제네바협약과 1949년 8월 12일자 제네바협약에 대한 추가 및 국제적 무력충돌의 희생자 보호에 대한 의정서의 내용으로 옳지 않은 것은?

① 특정한 군사목표물을 표적으로 하지 아니하는 공격은 금지된다.
② 민간주민 사이에 테러를 만연시킴을 주목적으로 하는 폭력행위 및 위협은 금지된다.
③ 정규군이 아닌 비정규군은 포로대우를 받지 않는다.
④ 군용항공기의 민간인 승무원은 포로대우를 받는다.

> **정답 및 해설**

비정규군도 포로대우를 받는다.
★ 1949년 제네바협약까지는 정규군과 비정규군의 포로 자격이 구별되었으나, 제1추가의정서는 비정규군에 대한 제한조건을 삭제하면서 모든 전투원이 포로가 될 수 있도록 그 자격을 일원화하였다.

⊘ 선지분석
③ 포로 자격이 인정되지 않는 대상에는 간첩과 용병이 있다.

답 ③

04 마르텐스조항(Martens clause)에 대한 설명으로 옳지 않은 것은?

① 전수이론 또는 교전조리와 동일한 목적을 가진 조항이다.

② 1899년 헤이그 평화회의의 러시아 측 대표인 마르텐스(Martens)의 요청으로 헤이그 육전협약에 삽입된 전쟁법의 기본정신에 대한 것이다.

③ 조약 혹은 관습에 의하여 금지되지 않는 것은 합법이라는 전통국제법의 기본사상을 전쟁법에 대한 한 부인하는 것이다.

④ 핵무기 사용 또는 위협의 적법성(Legality of the Threat or Use of Nuclear Weapons) 사건에 대한 국제사법재판소(ICJ)의 권고적 의견에서 언급되었다.

마르텐스조항(Martens clause)은 전수이론을 배척하는 원칙을 규정한 조항이다. 전수이론은 전쟁 중 교전당사국이 전쟁법을 준수함으로써 자국의 중대한 이익이 위험에 직면하는 경우 전쟁의 필요가 전쟁법에 우선하여 전쟁법의 구속으로부터 해방된다는 이론이다.

⊘ 선지분석

② 마르텐스조항(Martens clause)은 관련 법에 명시적 조항을 두지 않고 있다고 하더라도 공공의 양심 등의 요구에 따라 민간인 등에 대한 무력사용을 자제해야 한다는 원칙이다.

③ 일반적 허용 원칙을 배척한다는 의미이다.

④ 핵무기의 사용이 마르텐스조항(Martens clause)을 위반할 소지가 있다는 점에 대해 확인하였다.

답 ①

05 민간군사보안회사(private military and security companies)에 대한 설명으로 옳지 않은 것은?

① 민간군사보안회사(private military and security companies)란 정부와 계약을 맺고 병력 제공 등의 서비스를 제공하는 민간회사이다.

② 정부와 계약을 맺고 파견되어 활동하는 사람들은 용병이므로 국제법상 포로대우를 받을 수 없다.

③ 2008년 9월 민간군사보안회사(private military and security companies) 관련 '몽트뢰문서'가 채택되었으나 법적 구속력을 가지는 문서는 아니다.

④ 몽트뢰문서는 스위스와 국제적십자위원회(ICRC)가 공동으로 제안한 문서이다.

정부와 계약을 맺고 파견되어 활동하는 사람들이 현행법상 용병에 해당되는지, 따라서 포로대우를 받을 수 없는지는 명확하지 않다.

⊘ 선지분석

③ 몽트뢰지침은 국제인도법상 정부 당국만이 수행할 수 있도록 예정된 기능은 민간군사기업에 맡기지 말아야 한다는 내용과 정부의 권한을 행사하도록 위임받은 민간군사기업 직원이 국제위법행위를 할 경우 국가에 책임이 있다는 내용 등을 규정하고 있다.

답 ②

06 전시인도법에 대한 설명으로 옳은 것은?

① 1949년 제네바협약은 육전법규에 관한 조례, 해상에서 군대의 상병자 및 조난자 상태개선협약, 포로 대우협약, 전시민간인 보호협약으로 구성되어 있다.

② 몽트뢰지침(2008)에 의하면 민간군사기업 직원은 원칙적으로 국제인도법상 민간인으로서 보호된다.

③ 2010년 스위스 정부 주도로 작성된 '민간군사기업을 위한 국제행동지침'은 몽트뢰지침에 법적 구속력을 부여하는 문서로서 민간군사기업의 구체적인 법적 지위를 규정하고 있다.

④ 마르텐스조항은 법규의 부존재를 이유로 하는 비인도적 행위를 방지하여 일반적 허용 원칙을 적용하고 있다.

정답 및 해설

✅ **선지분석**
① 육전법규에 관한 조례 대신 군대의 상병자 상태개선협약이 포함된다.
③ 민간군사기업을 위한 국제행동지침은 법적 구속력이 없다. 민간군사기업의 자발적 준수를 목표로 하는 문서이다.
④ 마르텐스조항은 일반적 허용원칙의 적용을 배제한다.

답 ②

07 국제인도법에 대한 설명으로 옳지 않은 것은?

① 정규군은 국가법령에 의하여 편성되고 국가가 직접 통합하고 책임을 지며 외부에서 인식할 수 있는 기장을 착용한 군대로서 전투원뿐만 아니라 군종이나 의무요원과 같은 비전투원도 포함한다.

② 댐이나 원전과 같이 위험한 물리력을 포함하는 시설물은 공격대상이 아니지만 중요한 군사지원용으로 사용되고 이를 중단시킬 다른 방법이 없는 경우 공격할 수 있다.

③ 국제적십자위원회는 1954년 무력분쟁 시 문화재 보호를 위한 협정과 2개의 추가의정서를 채택하여 문화재의 특성을 반영한 특별한 보호를 하였다.

④ 충돌당사국 영역 내 적국인은 충돌당사국으로부터 퇴거할 권리를 가진다.

정답 및 해설

무력분쟁 시 문화재 보호를 위한 협정은 UNESCO에서 채택한 조약이다.

✅ **선지분석**
④ 충돌당사국 영역 내 외국인의 보호와 관련해, 국가적 이익에 필요하다고 판단되는 경우 외국인을 억류할 수 있다. 또한 충돌당사국 내 적국인은 평상시 외국인 관련 규정을 적용받으며, 현지 국민과 같은 수준 이상의 노동을 강제당하지 않는다.

답 ③

08 국제인도법에 대한 설명으로 옳은 것은?

① 충돌 당사국에 계속 머물게 된 외국인은 원칙적으로 평상시 외국인에 관한 규정의 적용을 받으며, 어떤 경우에도 노동을 강제당하지 않는다.
② 피점령국 국민이 아닌 피보호자는 그 지역에서 퇴거할 수 없다.
③ 전시 점령이 그 지역의 국제법적 지위를 확정적으로 변경시키지는 못하므로 점령국은 원칙적으로 형법을 포함한 현지 법령을 존중해야 한다. 다만 기존 법령이 점령국의 안전을 위협하는 경우 점령국은 이를 폐지하거나 정지시킬 수 있다.
④ 제네바 제2추가의정서는 자결권을 행사하기 위해 식민통치, 외세의 점령, 인종차별에 대항해 투쟁하는 무력충돌을 국제적 무력충돌로 격상시켜 제네바협약을 전면적으로 적용시켰다.

> 정답 및 해설

⊘ 선지분석
① 현지 국민과 같은 수준 이상의 노동을 강제당하지 않는다.
② 피점령국 국민이 아닌 피보호자는 그 지역에서 퇴거할 수 있다.
④ 민족해방투쟁은 제네바 제1추가의정서의 규율을 받는다.

답 ③

09 국제인도법에 대한 설명으로 옳은 것은?

① 1907년 "육전의 법규 및 관습에 관한 헤이그협약" 및 그 부속규칙에는 총가입조항이 삽입되어 있고, 1949년의 4개 제네바협약은 총가입조항을 명시적으로 인정하고 있다.
② 인권조약들은 체약국들이 국가의 생존이 위협받는 비상사태에서 직면하여 일정 인권을 일시적으로 훼손하는 조치를 채택하는 것을 허용하고 있는 데 반해, 무력충돌이라는 비상사태에서 적용되는 국제인도법은 그 정의에 의해 이같은 훼손가능성을 인정하지 않는다.
③ 마르텐스 조항이란 어떤 무기 또는 전쟁방식이 구체적으로 혹은 명시적으로 금지되지 않은 경우 국가의 전쟁 권한을 제한해서는 안 된다는 이론을 반영한 조항을 말한다.
④ 헤이그법은 전쟁의 희생자 보호에 관한 법을 지칭하는 것으로서, 전투능력을 상실한 전투원(군부상자, 병자, 조난자)과 적대행위에 참여하지 않는 사람들(포로, 민간인)에 대한 보호장치를 제공하고 있다.

> 정답 및 해설

⊘ 선지분석
① 명시적으로 배척하고 있다.
③ 구체적으로 혹은 명시적으로 금지되지 않았더라도 공공양심의 요구가 적용된다는 이론이다.
④ 제네바법에 대한 설명이다.

답 ②

제 7 편

국제경제법

제1장 국제경제법 총론 및 WTO설립협정

제2장 WTO설립협정 부속서 1A

제3장 WTO설립협정 부속서 1B 및 부속서 1C

제4장 WTO설립협정 부속서 2 및 부속서 4

제1절 | 총론

01 

GATT에 대한 설명으로 옳지 않은 것은?

① GATT는 관세 및 무역에 관한 조약이며 국제기구의 성격도 일부 가지고 있다.
② 비차별을 바탕으로 하는 통상자유의 원칙이 핵심이다.
③ 개발도상국의 특혜주장도 비차별 원칙상 거부되었다.
④ 케네디 라운드(Kennedy Round), 도쿄 라운드(Tokyo Round)를 통해 관세가 인하되었다.

정답 및 해설

개발도상국의 특혜에 대한 대표적인 예는 일반특혜관세제도(GATT 제18조)이다.

☑ 선지분석
① GATT는 ITO(국제무역기구) 창설과 병행하여 설립된 관세 인하를 위한 협정으로 1947년 10월 채택되었다. 한국은 1967년 GATT에 가입해 1995년 출범한 WTO의 원회원국 지위를 유지하였다.
④ 케네디 라운드는 모든 상품의 관세의 1/3을 인하하는 선형관세 인하방식을 채택하였고, 동경 라운드는 공식에 의한 감축방식을 채택하였다.

답 ③

02 

WTO에 대한 설명으로 옳지 않은 것은?

① WTO는 우루과이 라운드 다자무역협상이 종료된 1993년 12월 15일 출범하였다.
② WTO의 출범으로 제2차 세계대전의 종료 후 세계경제질서의 근간인 브레튼우즈체제가 완성되었다고 볼 수 있다.
③ IMF가 국제통화 분야의 대표적인 국제기구라면 WTO는 국제무역 분야의 대표적인 국제기구이다.
④ WTO는 스위스 제네바에 소재한다.

정답 및 해설

WTO는 1994년 4월 15일 마라케쉬 각료회의에서 채택한 최종의정서에 따라 1995년 1월 1일 출범하였다.

☑ 선지분석
③ WTO는 IMF, IBRD 및 제휴기구들과 적절히 협력한다.
★ WTO는 법인격을 가진 기구이며 법인격에 관한 명문규정이 있다. 또한 WTO는 UN의 전문기구가 아니다.

답 ①

03 WTO의 국제법적 특성에 대한 설명으로 옳지 않은 것은?

① WTO체제는 GATT체제보다 더욱 발전된 세계무역규범을 구성한다.
② WTO체제는 회원국의 권리·의무관계에서 GATT체제보다 단일화된 법적 체제를 구성한다.
③ WTO체제에서 개발도상국은 그들의 낙후된 경제적 지위에도 불구하고 상품무역에 관한 가장 대표적 장벽인 관세 등에 대한 인하의 약속을 하도록 요구된다.
④ WTO 회원국은 GATT체제에서와 마찬가지로 WTO설립협정을 잠정적용의정서를 통하여 간접적으로 적용하게 된다.

> **정답 및 해설**

WTO설립협정은 그 자체 조약으로서 직접적으로 회원국에게 적용된다.

⊘ 선지분석

① WTO체제에는 GATT체제에서 제외되었던 농업, 섬유 및 의류 분야가 새로이 편입되었으며, 무역정책검토제도를 새로 도입하였다. 또한 GATT체제에도 존재하였던 당사국 간 무역 분쟁해결을 위한 분쟁해결절차를 더 발전시켜 분쟁해결양해를 실행하고 있다.

답 ④

04 GATT체제와 WTO체제를 비교 설명한 것으로 옳지 않은 것은?

① WTO는 GATT와 달리 별도의 협정에 의해 설립되었다는 점에서 차이가 있다.
② 도쿄 라운드(Tokyo Round)에서 채택된 9건의 부수협정의 경우 이에 가입한 당사자에게만 적용되었음에 비하여, WTO의 다자간무역협정은 일부 분야를 제외하고는 모든 회원국에게 적용된다는 점에서 차이가 있다.
③ 과거 GATT체제에서는 농산품의 규율이 사실상 방치되었으나, WTO체제에서는 농업협정을 통해 이를 실질적으로 규제하고 있다.
④ 무역정책검토제도(TPRM)는 GATT체제 당시 시행되기 시작하여 WTO체제하에서도 계속 시행되고 있는 제도이다.

> **정답 및 해설**

무역정책검토제도(TPRM)는 WTO체제에서 새롭게 도입된 제도이다.

⊘ 선지분석

② 도쿄 라운드에서 채택된 9건의 부수협정을 Code 9이라고 하며, 보조금과 상계관세, 무역에 관한 기술적 장벽, 수입 허가절차, 정부 조달, 관세 장벽, 반덤핑, 쇠고기협정, 국제낙농협정, 민간항공기협정이 포함되어 있다.
③ 농업협정은 크게 시장개방 기초, 수출보조 기초, 국내보조 기초로 구성된다. 시장접근에 있어서 예외 없는 관세화규칙을 규정하고 있으나 이에 대한 예외도 규정하고 있다.

답 ④

05

세계무역기구(WTO)와 관세 및 무역에 관한 일반협정(GATT)에 대한 설명으로 옳지 않은 것은?

① 1947년 채택되어 그 후 여러 차례 수정·보완된 GATT는 WTO체제하에서도 원칙적으로 유효하다.

② GATT는 법적으로 국제기구라 할 수 없으나, WTO는 법인격을 보유한 국제기구이다.

③ GATT 비체약국은 WTO설립협정을 수락하기 전에 먼저 1947년 GATT에 가입하여야 한다.

④ WTO 회원국은 주권국가에 한정되므로 독립된 관세영역은 회원국이 될 자격이 없다.

> **정답 및 해설**

국가 또는 완전한 자치권을 보유하는 독자적 관세영역은 이 협정에 가입할 수 있다(WTO설립협정 제12조 제1항).

✓ 선지분석

① WTO설립협정에는 발효 이전에 수정된 GATT1947 규정, GATT1947하에서 발효된 '관세양허와 관련된 의정서와 증명서', '가입의정서' 등과 함께 GATT1994에 명시된 양해 등이 포함된 GATT1994가 포함되어 있다. GATT1947과 GATT1994는 법적으로 별개이며, GATT1947은 1995년 한 해 동안 WTO협정과 공존한 뒤 소멸하였다.

답 ④

제2절 | WTO설립협정

01

세계무역기구(WTO)의 기능 및 구조에 대한 설명으로 옳지 않은 것은?

① 최고 의사결정기구는 각료회의(Ministerial Conference)이다.

② 분쟁해결에 대한 문제는 WTO 회원국 대표로 구성된 분쟁해결기구(DSB)에서 담당한다.

③ 사무총장은 각료회의에 의하여 임명된다.

④ WTO설립협정 규정상 한 국가가 WTO에 가입하려면 각료회의에서 회원국의 총의(consensus)에 의한 가입승인이 필요하다.

> **정답 및 해설**

WTO 가입 시 회원국 2/3의 다수결에 의해 가입조건에 관한 합의를 승인한다(WTO설립협정 제12조 제2항).

✓ 선지분석

① 각료회의는 모든 회원국의 대표로 구성되며, 최소 2년에 한 번 개최한다.

② 분쟁해결기구는 필요에 따라 개최되는 전 회원국 대표가 모인 일반이사회의 권한에 따라 운영된다.

③ 사무총장의 임기는 4년이며, 재선이 가능하다.

답 ④

02 세계무역기구(WTO)의 가입과 탈퇴에 대한 설명으로 옳은 것만을 모두 고른 것은?

> ㄱ. 오직 주권국가만이 WTO에 가입할 수 있다.
> ㄴ. 각료회의는 WTO 회원국 과반수의 찬성에 의하여 새로운 회원국의 가입조건에 대한 합의를 승인한다.
> ㄷ. WTO협정으로부터의 탈퇴는 서면의 탈퇴 통고가 WTO 사무총장에게 접수된 날로부터 12개월이 경과한 후에 발효한다.
> ㄹ. WTO협정으로부터의 탈퇴는 다자간무역협정에 자동적으로 적용된다.
> ㅁ. 복수국간무역협정에의 가입과 탈퇴는 동 협정의 규정에 따른다.

① ㄱ, ㄴ
② ㄴ, ㄷ
③ ㄴ, ㄹ
④ ㄹ, ㅁ

정답 및 해설

WTO의 가입과 탈퇴에 대한 설명으로 옳은 것은 ㄹ, ㅁ이다.
ㄹ. 하지만 복수국간무역협정(PTA)의 탈퇴는 당해 별도의 협정 규정에 따른다.

⊘ 선지분석
ㄱ. '국가'와 '독자적 관세영역'은 WTO에 가입할 수 있다(WTO설립협정 제12조 제1항).
ㄴ. 2/3 다수결에 의하여 새로운 회원국의 가입조건에 대한 합의를 승인한다.
ㄷ. WTO협정으로부터 탈퇴는 서면의 탈퇴 통고가 WTO사무총장에게 접수된 날로부터 6개월이 경과한 후에 발효한다.

답 ④

03 세계무역기구(WTO)의 법적 지위에 대한 설명으로 옳지 않은 것은?

① 세계무역기구(WTO)는 법인격(legal personality)을 가진다.
② 각 회원국은 세계무역기구(WTO)에 대하여 이 기구가 자신의 기능을 수행하는 데 필요한 특권과 면제를 부여한다.
③ 각 회원국은 세계무역기구(WTO)의 회원국 대표에 대하여 이들이 세계무역기구(WTO)와 관련하여 자신의 기능을 독자적으로 수행하는 데 필요한 특권과 면제를 부여한다.
④ 세계무역기구(WTO)는 UN의 전문기구로서 UN경제사회이사회와 업무제휴협정을 맺고 있다.

정답 및 해설

세계무역기구(WTO)는 UN의 전문기구가 아니다.

⊘ 선지분석
①, ② WTO설립협정 제8조 제1항에 대한 내용이다.
③ WTO설립협정 제8조 제2항에 대한 내용이다.

답 ④

04 세계무역기구(WTO)의 설립협정에 대한 설명으로 옳지 않은 것은?

① 회원국의 탈퇴는 서면으로 탈퇴통고가 WTO사무총장에게 접수된 날로부터 6개월이 경과된 날로부터 효력이 발생한다.
② WTO설립협정의 조항과 다자간무역협정의 조항이 상충하는 경우 상충의 범위 내에서 전자가 우선한다.
③ 각료회의는 예외적인 상황에서 회원국 3/4 이상의 다수결에 따라 특정 회원국에 대하여 협정상의 의무를 면제할 수 있다.
④ 각료회의는 WTO 회원국 3/4 이상의 다수결에 의하여 가입조건에 대한 합의사항을 승인함으로써 가입결정을 할 수 있다.

정답 및 해설

가입은 각료회의에서 WTO 회원국 2/3 이상의 다수결에 의한다.

⊘ 선지분석
② 한편 GATT1994와 다자간무역협정이 충돌하는 경우에는 다자간무역협정이 우선되는데, 이는 특별법우선 원칙에 따른 것이다. 특별법 상충 시 분쟁 해결에 대해서는 20일 이내에 합의를 보지 못한 경우, 10일 이내 분쟁해결양해(DSU) 의장이 결정한다.
③ 의무 면제에 대해서는 설립협정 관련 내용은 각료회의에서, 부속서 관련 내용은 각 이사회에서 90일간 검토 기간을 거쳐야 하며, 최종 결정은 각료회의에서 한다.

답 ④

05 세계무역기구(WTO)에 대한 설명으로 옳지 않은 것은?

① 일반이사회는 각료회의에서 선출되며 다자간무역협정의 모든 사항에 대해 결정을 내릴 권한을 가진다.
② 일반이사회는 분쟁해결양해에 규정된 분쟁해결기구의 임무를 이행한다.
③ 각료회의와 일반이사회는 WTO설립협정과 다자간무역협정의 해석을 채택하는 독점적인 권한을 가진다.
④ 세계무역기구(WTO)는 법인격을 가지며, 각 회원국은 세계무역기구(WTO)에게 필요한 특권과 면제를 부여한다.

정답 및 해설

일반이사회는 각료회의가 열리지 않는 기간 각료회의의 기능을 수행하기 위한 것으로, 각료회의와 마찬가지로 모든 회원국의 대표로 구성된다.

⊘ 선지분석
② 일반이사회는 각료회의 비회기 중에 각료회의의 기능을 수행하며, 분쟁해결기구뿐 아니라 무역정책검토기구(TPRB)로써 소집되기도 한다.
③ 협정의 해석에 대한 각료회의와 일반이사회의 결정은 회원국들 3/4 다수결에 의한다.

답 ①

06 세계무역기구(WTO)에 대한 설명으로 옳지 않은 것은?

① WTO설립협정 제11조 제2항에 의하면, 최빈개발도상국들(least - developed countries)은 자국의 개별적인 개발, 금융 및 무역의 필요나 행정 및 제도적인 능력에 부합하는 수준의 약속 및 양허를 하도록 요구된다.
② WTO설립협정의 탈퇴는 탈퇴통지서가 사무총장에게 접수된 날로부터 6개월이 경과하면 효력이 발생한다.
③ 새로운 회원국의 가입은 각료회의가 결정한다.
④ 일반이사회에서의 의사결정은 총의(consensus)에 의해서만 가능하다.

> **정답 및 해설**

일반이사회를 포함하여 세계무역기구(WTO) 모든 기관에서의 의사결정에 대한 원칙은 GATT1947에서 지켜졌던 총의(consensus)에 의한 결정의 관행을 계속 유지한다. 달리 규정되지 아니하는 한, 총의(consensus)에 의하여 결정이 이루어지지 아니하는 경우에는 문제가 된 사안은 표결에 의한다. 즉, 반드시 총의(consensus)에 의하여만 의사결정을 하여야 하는 것이 아니다.

⊘ 선지분석
③ 가입은 각료회의에서 회원국 전체 2/3 이상 찬성으로 결정된다. 원회원국이 될 자격이 없는 국가 또는 독자적 관세영역은 자신과 WTO 사이에 합의되는 조건에 따라 WTO협정에 가입할 수 있다.

답 ④

07 세계무역기구(WTO)의 조직에 대한 설명으로 옳지 않은 것은?

① 회원국의 대표들로 구성되는 각료회의(Ministerial Conference)는 WTO의 기능을 수행하며, 이를 위하여 필요한 조치를 취한다.
② 각료회의(Ministerial Conference)는 2년에 최소한 1회 개최되어야 한다.
③ 각료회의(Ministerial Conference)의 비회기 중에 각료회의(Ministerial Conference)의 기능을 수행하기 위하여 일반이사회(General Council)를 설치하고 있다.
④ 일반이사회(General Council)산하에 무역정책검토기구(TPRB) 및 분쟁해결기구(DSB)를 별도로 설치하고 있다.

> **정답 및 해설**

무역정책검토기구(TPRB)와 분쟁해결기구(DSB)는 별도로 설치된 기구가 아니다. 일반이사회(General Council)가 그 기능을 담당하는 것뿐이다.

답 ④

08

세계무역기구(WTO)의 조직에 대한 설명으로 옳지 않은 것은?

① GATT체제에서 WTO체제로의 이행에 관하여 WTO 준비위원회가 설치되었었다.
② WTO의 최고의사결정기관은 각료회의(Ministerial Conference)이다.
③ 각료회의가 회기 중이 아닐 때에는 일반이사회(General Council)가 각료회의의 임무를 수행한다.
④ WTO사무국의 책임자인 WTO사무총장은 WTO설립협정의 해석에 대한 최종결정권을 가진다.

> **정답 및 해설**
>
> 각료회의(Ministerial Conference)와 일반이사회(General Council)는 WTO설립협정과 다자간무역협정의 해석을 채택하는 독점적인 권한을 갖는다(WTO설립협정 제9조 제2항).
>
> **⊘ 선지분석**
> ② WTO의 최고 기구인 각료회의는 최소 2년에 한 번 개최되며, 산하 위원회로는 무역개발위원회, 국제수지제한위원회, 예산 재정 행정위원회, 무역환경위원회, 지역무역협정위원회가 있다.
>
> 답 ④

09

세계무역기구(WTO)의 의사결정에 대한 설명으로 옳지 않은 것만을 모두 고른 것은?

> ㄱ. WTO는 GATT1947에서 지켜졌던 총의(consensus)에 의한 결정의 관행을 계속 유지한다.
> ㄴ. 일반이사회가 투표에 의해 의무 면제에 관하여 결정을 내릴 때 회원국 2/3 찬성을 요한다.
> ㄷ. 의사결정에 참여한 어떤 회원국도 공식적으로 제안에 반대하지 않으면 총의(consensus)에 의하여 결정된 것으로 간주된다는 점에서 총의(consensus)와 만장일치는 개념상 일치한다.
> ㄹ. EU는 표결 시 WTO의 회원국인 EU의 개별 회원국 수에 해당하는 표결 수를 행사한다.
> ㅁ. 각료회의와 일반이사회의 의사결정은 원칙적으로 투표 과반수에 의하여 이루어진다.
> ㅂ. 총의(consensus)에 의하여 의사결정이 이루어지지 않는 경우에는 부결된 것으로 본다.

① ㄱ, ㄹ, ㅁ　　　　　　　　② ㄴ, ㄷ, ㄹ
③ ㄴ, ㄷ, ㅂ　　　　　　　　④ ㄷ, ㄹ, ㅁ

> **정답 및 해설**
>
> WTO의 의사결정에 대한 설명으로 옳지 않은 것은 ㄴ, ㄷ, ㅂ이다.
> ㄴ. 회원국 전체의 3/4 찬성을 요한다.
> ㄷ. 의사결정에 참여한 어느 한 회원국의 공식적인 반대에 의하여 총의가 형성되지 않는 점에서 총의(consensus)는 모든 회원국들의 적극적인 찬성을 요구하는 만장일치의 개념과 구별된다.
> ㅂ. 총의(consensus)에 의해 의사결정이 이루어지지 않을 경우 표결에 의한다(WTO설립협정 제9조 제1항).
>
> **⊘ 선지분석**
> ㄱ, ㅁ. WTO설립협정 제9조 제1항에 대한 내용이다.
>
> > **📖 관련 이론 투표**
> >
> > 공식안건을 상정하고 정해진 시간에 모여서 투표를 한다. 의결정족수 이상이 정해진 투표시간에 참여해야 개회가 되며, ⅰ) 의사정족수가 투표자 만장일치인 경우 투표에 참여한 모두가 찬성표를 던져야 하고, ⅱ) 의사정족수가 전체회원의 만장일치인 경우에는 모두가 투표에 참여해서 모두가 찬성표를 찍어야 한다. 반면 총의의 경우 일정한 집회에 모이지 않더라도 개별적인 일대일 접촉을 통해 논의할 수도 있다. 따라서 의사정족수가 필요없다. 그리고 공식적인 반대를 하지 않는 한 모두가 반대하지 않는 것으로 여겨진다. 따라서 100명 전체 구성원 중에서 5명만이 제대로 논의를 하고, 나머지 95명은 사안에 관심이 전혀 없어도, 그 논의한 5명만이 공식적으로 찬성하면 아무도 반대한 이가 없는 것으로 간주되어 총의가 성립되었다고 선언하게 된다.
>
> 답 ③

10 세계무역기구(WTO)의 의사결정방법에 대한 설명으로 옳지 않은 것은?

① WTO의 의사결정은 원칙적으로 총의(consensus)에 의하며 총의(consensus)로 결정할 수 없으면 다수결에 의한다.

② 협정조항의 해석 또는 회원국 의무의 면제(waiver)에 대한 결정은 전 회원국 3/4의 찬성을 요한다.

③ 최혜국대우에 관한 협정내용의 개정은 모든 회원국의 동의를 받아야 한다.

④ 회원국 가입결정은 각료회의에서 회원국 3/4의 다수결에 의한다.

정답 및 해설

가입은 각료회의가 결정한다. 각료회의는 세계무역기구 회원국 2/3의 다수결에 의하여 가입조건에 관한 합의를 승인한다(WTO설립협정 제12조 제2항).

⊘ 선지분석

① 동 협정 제9조 제1항에 대한 내용이다.
② 동 협정 제9조 제3항에 대한 내용이다.
③ 동 협정 제10조 제2항에 대한 내용이다.

답 ④

---

11 WTO설립협정상 개정절차에 대한 설명으로 옳지 않은 것은 모두 몇 개인가?

> ㄱ. WTO설립협정 또는 부속서 1의 다자간무역협정에 대한 개정을 수락하는 회원국은 각료회의가 명시한 수락기간 내에 세계무역기구 사무총장에게 수락서를 기탁한다.
> ㄴ. 분쟁해결양해(DSU)에 대한 개정의 승인은 회원국 2/3 다수결에 의하여 결정되며, 이러한 개정은 각료회의의 승인에 따라 모든 회원국에 대하여 발효한다.
> ㄷ. 무역정책검토제도(TPRM)에 대한 개정의 승인결정은 일반이사회의 승인에 따라 모든 회원국에 대하여 발효한다.
> ㄹ. 각료회의는 특정 무역협정의 당사자인 회원국들의 요청에 따라 전적으로 전 회원국 2/3 다수결에 의해서만 동 협정을 부속서 4에 추가하도록 결정할 수 있다. 각료회의는 복수국가간무역협정의 당사자인 회원국들의 요청에 따라 동 협정을 부속서 4로부터 삭제할 수 있다.
> ㅁ. 복수국가간무역협정(PTA)에 대한 개정은 동 협정의 규정에 따른다.

① 0개   ② 1개
③ 2개   ④ 3개

정답 및 해설

WTO설립협정상 개정절차에 대한 설명으로 옳지 않은 것은 ㄴ, ㄷ, ㄹ. 3개이다.
ㄴ. 분쟁해결양해(DSU)에 대한 개정의 승인은 총의(consensus)에 의하여 결정된다.
ㄷ. 무역정책검토제도(TPRM)에 대한 개정의 승인결정은 각료회의의 승인에 따른다.
ㄹ. 각료회의는 특정 무역협정의 당사자인 회원국들의 요청에 따라 전적으로 총의(consensus)에 의해서만 동 협정을 부속서 4에 추가하도록 결정할 수 있다.

⊘ 선지분석

ㄱ. WTO 회원국에 의해 설립협정 또는 부속서에 관한 개정 내용이 발의되면, 각료회의에서 90일 이내에(총의에 의해 결정되지 않으면) 회원국 2/3 의결로 개정 안건을 상정하게 된다.

답 ④

12 WTO설립협정의 개정에 대한 설명으로 옳지 않은 것은?

① WTO 회원국은 각료회의에 개정안을 제출함으로써 설립협정 또는 부속서 1의 다자간무역협정에 대한 개정을 발의할 수 있다.
② 다자간무역협정을 관장하는 부분별 이사회도 자신이 그 운영을 감독하는 부속서 1의 다자간무역협정의 규정에 대한 개정안을 각료회의에 제출할 수 있다.
③ 각료회의는 WTO설립협정과 동 부속서 1의 다자간무역협정의 개정안을 회원국의 수락을 위하여 회원국에게 제출할 것인지 여부에 대하여 컨센서스에 의하여 결정한다.
④ 각료회의는 부속서 2와 3의 다자간무역협정의 개정안을 회원국의 수락을 위하여 회원국에게 제출할 것인지 여부에 대하여 컨센서스에 의하여 결정한다.

정답 및 해설

WTO설립협정 및 부속서 1의 경우와는 달리 부속서 2와 3의 경우에는 각료회의가 그 개정안을 회원국의 수락을 위하여 회원국에게 제출할 것인지 여부를 결정하는 절차가 규정되어 있지 않다(WTO설립협정 제10조 제8항).

✅ 선지분석
①, ②, ③ WTO설립협정 제10조 제1항에 대한 내용이다.

답 ④

13 WTO설립협정의 개정에 대한 설명으로 옳은 것은?

① WTO설립협정의 일반조항은 회원국 과반수의 찬성에 의한다.
② WTO설립협정 제9조(의사결정) 및 제10조(개정)는 모든 회원국이 수락해야 효력이 발생한다.
③ GATT 제1조(MFN 원칙) 및 제2조(관세양허)는 회원국 2/3의 다수결에 의한다.
④ GATS 제2조 제1항 및 TRIPs협정 제4조의 MFN 원칙은 회원국 3/4의 다수결에 의한다.

정답 및 해설

WTO설립협정 제10조 제2항에 대한 내용이다.

✅ 선지분석
① 일반조항은 회원국 2/3의 다수결에 의한다.
③, ④ WTO설립협정 제9조(의사결정) 및 제10조(개정), GATT 제1조(MFN원칙) 및 제2조(관세양허), GATS 제2조 제1항 및 TRIPs협정 제4조의 MFN 원칙 모두 모든 회원국이 수락해야 효력이 발생한다.

답 ②

WTO설립협정의 부속서 중 하나인 다자간상품무역협정을 구성하는 제반 협정에 대한 설명으로 옳지 않은 것은?

① 다자간상품무역협정은 모두 13개의 협정으로 구성되어 있다.
② 다자간상품무역협정 가운데 GATT1994는 상품무역 전반에 관해 규율하는 포괄적인 협정이라는 특징을 가진다.
③ GATT1994 외의 다자간상품무역협정들은 특정한 부문, 일정한 조치 또는 GATT1994의 특정 조문의 시행을 위한 구체적 내용이 담긴 협정이다.
④ GATT1994와 그 외의 다자간상품무역협정의 규정이 상호 충돌하는 경우 포괄적 문서인 GATT1994가 우선하게 된다.

정답 및 해설

GATT1994와 부속서 1A에 포함된 그 외의 다자간무역협정이 상호 충돌하는 경우에는 다자간무역협정상의 규정이 우선적으로 적용된다(부속서 1A에 대한 일반해석지침).

⊘ 선지분석
① 다자간상품무역협정은 관세평가, GATT1994, 반덤핑, 보조금, 세이프가드, 농업협정, SPS, TBT, TRIMs, 선적 전검사, 원산지규정, 수입허가절차 협정으로 구성되어 있다.
② GATT1994와 GATT1947은 법적으로 별개이며, 둘은 WTO협정이 체결된 1995년 한 해 동안 공존하다가 GATT1947이 소멸하게 되었다.

답 ④

세계무역기구(WTO)에 대한 설명으로 옳지 않은 것만을 모두 고른 것은?

> ㄱ. WTO설립협정에 부속된 다자간무역협정(MTA)은 이를 수락한 회원국에 대하여만 구속력을 가진다.
> ㄴ. WTO설립협정에 부속된 복수국간무역협정(PTA)은 모든 회원국에 대하여 구속력을 가진다.
> ㄷ. WTO는 WTO설립협정 부속서 3에 규정된 무역정책검토제도를 시행한다.
> ㄹ. WTO는 법인격을 가지며, 각 회원국은 WTO에 필요한 특권과 면제를 부여한다.

① ㄱ, ㄴ   ② ㄴ, ㄷ
③ ㄷ, ㄹ   ④ ㄱ, ㄹ

정답 및 해설

세계무역기구(WTO)에 대한 설명으로 옳지 않은 것은 ㄱ, ㄴ이다.
ㄱ. 부속서 1, 2, 3에 포함된 협정 및 관련 법적 문서는 이 협정의 불가분의 일부를 구성하며, 모든 회원국에 대하여 구속력을 가진다(WTO설립협정 제2조 제2항).
ㄴ. 부속서 4에 포함된 협정 및 관련 법적 문서(이하 '복수국간무역협정')는 이를 수락한 회원국에 대하여 이 협정의 일부를 구성하며 이를 수락한 회원국에 대하여 구속력을 가진다. 복수국간무역협정은 이를 수락하지 아니한 회원국에게 의무를 지우거나 권리를 부여하지 아니한다(WTO설립협정 제2조 제3항).

⊘ 선지분석
ㄷ. 무역정책검토제도는 모든 회원국의 무역정책과 관행을 주기적으로 검토하는 기구이다. 4대 무역국가(미국, 일본, EU, 캐나다)는 매 2년마다, 그 다음 16대 국가는 매 4년마다, 그 밖의 회원국은 매 6년마다 무역정책과 관행을 검토해 일반이사회에 검토 결과를 보고한다.

답 ①

16

세계무역기구(WTO)에 대한 설명으로 옳은 것은?

① WTO패널은 GATT체제하에서 체약국단에 의하여 채택된 패널결정을 따라야 하지만 동 체약국단의 결정, 절차 및 통상적인 관행은 따를 필요가 없다.
② WTO설립협정과 WTO서비스협정이 충돌한 경우에는 특별법인 WTO서비스협정이 우선한다.
③ WTO 회원국은 WTO분쟁해결절차에 의하여 확정될 때까지는 자기나라의 법률, 규정 및 행정절차를 WTO설립협정의 부속서에 합치시킬 의무는 없다.
④ WTO설립협정의 정본으로 인정되는 언어의 수는 국제사법재판소(ICJ)의 공용어보다 더 많다.

> **정답 및 해설**
>
> WTO설립협정의 정본으로 인정되는 언어는 영어, 불어, 스페인어이다(WTO설립협정 제16조 제6항). 한편 국제사법재판소(ICJ)규정 제39조에 의하면 국제사법재판소(ICJ)의 공용어는 영어와 불어이다.
>
> **⊘ 선지분석**
> ① WTO는 GATT1947 체약국단 및 GATT1947의 틀 내에서 설립된 기구의 결정, 절차 및 통상적인 관행에 따른다(WTO설립협정 제16조 제1항).
> ② 이 협정의 규정과 다자간무역협정의 규정이 상충하는 경우 상충의 범위 내에서 이 협정의 규정이 우선한다(WTO설립협정 제16조 제3항). 즉, WTO설립협정이 우선한다.
> ③ 각 회원국은 자국의 법률, 규정 및 행정절차가 부속 협정에 규정된 자국의 의무에 합치될 것을 보장한다(WTO설립협정 제16조 제4항).
>
> 답 ④

17

세계무역기구(WTO)를 구성하고 있는 법률문서 상호 간 관계에 대한 설명으로 옳지 않은 것은?

① WTO는 달리 규정되지 아니하는 한 GATT1947의 틀 내에서 이루어진 결정, 절차 및 통상적인 관행에 따른다.
② WTO설립협정과 부속서상의 다자간무역협정의 규정이 상충하는 경우 WTO설립협정이 우선한다.
③ WTO설립협정 부속서 1A(상품교역협정) 중의 GATT1994와 다른 MTA가 충돌하는 경우 GATT1994가 우선한다.
④ 각 회원국은 자기나라의 법률, 규정, 행정절차가 부속협정상 자기나라의 의무에 합치할 것을 보장한다.

> **정답 및 해설**
>
> WTO설립협정 부속서 1A(상품교역협정) 중의 GATT1994와 다른 MTA가 충돌하는 경우 다른 MTA가 우선한다.
>
> **⊘ 선지분석**
> ② WTO설립협정 제16조에 대한 문제이다. 제16조는 '기타 규정'이라는 제목으로 구성되어 있으나 법적으로 중요한 원칙들을 규정하고 있다.
> ④ WTO설립협정 제16조 제4항으로, 이는 각 나라에서 특별히 적용되던 조부조항을 삭제할 것을 의미한다.
>
> 답 ③

WTO일반이사회에 대한 설명으로 옳지 않은 것만을 모두 고른 것은?

> ㄱ. 일반이사회는 각료회의와 마찬가지로 WTO설립협정을 해석할 권한을 가진다.
> ㄴ. 일반이사회는 각료회의와 마찬가지로 다자간무역협정을 해석할 권한을 가진다.
> ㄷ. 일반이사회는 WTO설립협정과 다자간무역협정상의 의무 면제에 관하여 각료회의와 같은 권한을 가진다.
> ㄹ. 일반이사회는 WTO설립협정 부속서 2의 분쟁해결양해서상의 분쟁해결기구로서의 별개의 독립된 기능을 수행한다.
> ㅁ. 일반이사회는 동 부속서 3의 무역정책검토기구로서의 별개의 독립된 기능을 수행한다.
> ㅂ. 일반이사회 산하에 다자간무역협정이사회로서 상품무역이사회, 서비스무역이사회, 무역관련지적재산권이사회가 설치되어 있다.

① 없음

② ㄷ, ㄹ, ㅁ

③ ㄱ, ㄴ, ㄷ, ㄹ

④ ㄴ, ㄹ, ㅁ, ㅂ

정답 및 해설

WTO일반이사회에 대한 설명으로 ㄱ, ㄴ, ㄷ, ㄹ, ㅁ, ㅂ. 모두 옳다.

☑ 선지분석

ㄱ, ㄴ.WTO설립협정 및 다자간무역협정 해석에 관한 권한은 각료회의와 일반이사회가 배타적으로 행사하며, 해석에 대한 각 결정은 회원국 3/4 다수결에 의한다.

ㄷ. 의무 면제에 관하여, 각료회의 또는 일반이사회에서 의무 면제 결정이 도출되면 면제 효력 기한에 대해서는 제한이 없으나, 각료회의 검토에 따라 연장이 가능하고 연장 횟수는 제한이 없다. 다만, 1년 이상의 면제가 부여되었을 경우 면제 부여 후 1년마다 면제를 검토해야 한다.

ㅁ. 무역정책검토제도는 부속서 2 분쟁해결양해의 적용 대상이 아니며, 정책 검토의 빈도는 회원국이 세계 무역에서 차지하는 비중에 따라 다르다.

답 ①

WTO설립협정 부속서 1A

제1절 | GATT1994

01 최혜국대우 원칙에 대한 설명으로 옳지 않은 것은?

> ㄱ. A국이 B국에 대해 최혜국대우를 부여하고 있는 상태에서 C국으로부터 A국으로 수입되는 C국 상품에 대해 낮은 관세를 부과하였다면, A국은 B국과 그 국민에 대하여 그와 동일한 낮은 관세를 부여해야 한다.
> ㄴ. D국이 특정한 상품의 E국에 대한 수출에만 특혜를 부여하였다면 이는 최혜국대우 원칙 위반이다.
> ㄷ. 서비스무역에 있어서는 최혜국대우 원칙이 적용되지 않는다.
> ㄹ. 최혜국대우 원칙에 대해서는 어떠한 예외도 인정되지 않는다.
> ㅁ. 최혜국이 비당사국이라 할지라도 타 당사국에 대해 비당사국에 부여한 최혜국대우를 부여해야 한다.

① ㄱ, ㄴ
② ㄴ, ㄷ
③ ㄷ, ㄹ
④ ㄷ, ㅁ

정답 및 해설

최혜국대우 원칙에 대한 설명으로 옳지 않은 것은 ㄷ, ㄹ이다.
ㄷ. 상품, 서비스무역, 무역관련지적재산권에 대해서도 최혜국대우 원칙이 적용된다.
ㄹ. 역사적 예외, 지역무역협정, 국경무역, 의무 면제 등 10가지의 예외가 인정되고 있다.

✓ 선지분석
ㄱ. 최혜국대우 원칙이란 관세, 과징금, 수출입에 관한 규칙 및 절차 등 통상관계에서 제3국에 부여하고 있는 대우보다 불리하지 않은 대우를 다른 국가에게도 부여해야 한다는 원칙이다(GATT 제1조 제1항).
ㄴ. 최혜국대우 원칙은 수입영역에만 적용되는 것이 아니라 수출영역에도 적용되므로, 이 경우 최혜국대우 원칙 위반에 해당한다.
ㅁ. 최혜국이 비당사국이라 할지라도 그 국가가 최혜국이라면 당사국에 대해 최혜국에 부여한 대우를 즉각, 무조건부로 부여해야 한다.

답 ③

GATT의 최혜국대우(MFN)에 대한 설명으로 옳지 않은 것은?

① 최혜국대우(MFN) 원칙은 동종상품(like product)에 대하여 적용된다.
② 최혜국대우(MFN) 원칙은 상품의 수입뿐만 아니라 수출에도 적용된다.
③ 자유무역협정의 경우 최혜국대우(MFN) 원칙의 예외로 인정된다.
④ 최혜국대우(MFN) 원칙 조항의 개정을 위해서는 WTO 회원국의 컨센서스(consensus)가 요구된다.

정답 및 해설

만장일치가 요구된다. 기타 만장일치가 요구되는 사항은 WTO설립협정의 개정, WTO의사결정조항의 개정, 관세양허조항의 개정 등이다.

✔ 선지분석
② 최혜국대우 원칙은 수출입 및 수출입 대금의 국제 송금과 관련하여 부과되는 관세 및 기타 과징금에 대해 적용되며, 동 관세 및 과징금의 부과 방법, 수출입과 관련된 모든 규칙 및 수단에 폭넓게 적용된다.
③ 최혜국대우 원칙의 예외로는 역사적 예외, 지역무역협정(자유무역협정, 관세동맹), 의무면제, 국제수지 예외, 개발도상국 우대조치, GATT 제20조 일반적 예외, 국가안보 예외가 있다.

답 ④

03
□□□

GATT1994에 규정된 동종상품(Like product)에 대한 설명으로 옳지 않은 것은?

① 일반적으로 최혜국대우는 동종상품(Like product)에 대해 적용된다.
② 1981년의 볶지 않은 커피(Unroasted Coffee) 사건에서 GATT패널은 브라질산 볶지 않은 커피(Unroasted Coffee)에 대하여 순한 커피(Mild coffee)보다 고율관세를 부과한 스페인의 조치가 동종상품(Like product)에 대한 최혜국대우 위반이라 하였다.
③ 동종상품(Like product)의 개념과 기준에 대해서는 WTO협정상 확립된 규정이 있다.
④ 동종상품(Like product)은 '직접경쟁 또는 대체 가능 상품(Directly competitive or Substitutable product)'과 그 의미가 다르다는 것이 GATT패널의 입장이다.

정답 및 해설

협정상 명문규정이 없으므로 패널이나 항소기구의 해석관행에 의존하고 있다.

✔ 선지분석
② 스페인의 조치가 동종상품에 대한 사실상의 차별에 해당한다고 보았다.
④ 직접경쟁 또는 대체가능상품은 동종상품보다 더 넓은 개념으로, 내국민대우를 논할 때 중요한 개념이다.

답 ③

04 최혜국대우에 대한 설명으로 옳은 것은?

① 최혜국대우 원칙은 특혜를 받는 상품이 비회원국 상품인 경우 조약상대성의 원칙에 따라 WTO 회원국 상호 간 적용되지 않는다.

② 원산지에 기초한 명백한 차별이 아니어도 객관적 상황에서 특정국 상품에만 유리한 혜택이 주어지는 경우 법률상의 차별에 해당되어 MFN 위반이 될 수 있다.

③ 캐나다 – 자동차 사건에서 패널 및 상소기구는 캐나다가 미국산 자동차에 대해서는 관세 면세 혜택을 부여하면서도 EC나 일본산 자동차에 대해 수입 관세 면세 혜택을 부여하지 않은 것은 사실상 미국에 비해 EC나 일본산 동종자동차를 차별한 것(de facto discrimination)이라고 판정하였다.

④ GATT 제1조 제1항은 관세양허의 이행과 양허효과를 보호하기 위하여 제정된 것이기 때문에 최혜국대우원칙 위반과 관련된 사례에서 중요하게 고려되는 사항은 국내 생산 보호 목적의 문제였다.

정답 및 해설

✅ 선지분석

① 특혜를 받는 상품이 비회원국 상품이라 하더라도 WTO 회원국 상호 간 적용된다.

② 사실상의 차별에 대한 설명이다.

④ 최혜국대우 원칙 위반과 관련된 사례에서 중요하게 고려되는 사항은 관세분류의 문제였다.

답 ③

05 '최혜국대우(Most Favoured Nation, MFN) 원칙'에 대한 설명으로 옳지 않은 것만을 모두 고른 것은?

> ㄱ. 관세, 과징금, 수출입에 관한 규칙 및 절차에 있어 제3국에 부여하고 있는 대우보다 불리하지 아니한 대우를 다른 국가에게도 부여해야 한다는 원칙으로 GATT1994 제1조 제1항에 명시되어 있다.
>
> ㄴ. '불리한 대우' 판단의 기준은 시장에서의 경쟁 조건이 된다.
>
> ㄷ. 수입품의 통관시점 이후의 운송, 판매, 사용시점에는 MFN 원칙이 적용되지 아니한다.
>
> ㄹ. 동종상품뿐만 아니라 직접경쟁 또는 대체 가능한 상품에도 MFN 원칙이 적용된다.

① ㄱ, ㄴ
② ㄱ, ㄹ
③ ㄴ, ㄷ
④ ㄷ, ㄹ

정답 및 해설

'최혜국대우(Most Favoured Nation, MFN) 원칙'에 대한 설명으로 옳지 않은 것은 ㄷ, ㄹ이다.

ㄷ. 통관 이후에 수입품에 적용되는 조치에 대해서도 MFN 원칙이 적용된다.

ㄹ. 현재 WTO패널의 입장은 동종상품 여부를 판단함에 있어 동종성 개념이 '직접경쟁 또는 대체 가능한 상품'과는 구별된다는 것을 전제로 하고 있는 바, MFN 원칙은 동종상품에 대해서만 적용된다고 보는 것이 타당하다.

★ WTO의 최혜국대우 기준은 영역별로 다른데, 상품 분야에서는 실행 MFN 비율, 서비스에서는 시장접근조치, 지적재산권에서는 저작권 보호기간을 기준으로 판단한다.

답 ④

06 GATT의 최혜국대우 및 내국민대우에 대한 설명으로 옳지 않은 것은?

① 차별적인 내국세부과를 금지하는 의무는 양허품목뿐만 아니라 모든 상품에도 적용된다.
② 자국 상품 구매 시 특별한 금융편의를 제공하는 것은 허용되지 않는 특혜이나 생산자에 대한 생산보조금은 허용된다.
③ GATT의 일관된 판례에 따르면 국영무역에 대해서는 최혜국대우 원칙만이 적용되며 내국민대우 원칙은 적용되지 않는다.
④ 국경세조정을 목적으로 수입상품에 대하여 관세 또는 기타의 과징금에 추가하여 내국세를 부과하는 것은 무방하다.

정답 및 해설

GATT의 최혜국대우 원칙은 원칙적으로 사기업이 행하는 무역에 대한 정부의 조치를 규율하는 것이지만, 국영무역에 대해서도 GATT 체약국은 비차별대우에 관한 일반원칙에 합치하는 방법으로 수행할 의무가 있다(GATT 제17조). 즉, 최혜국대우 원칙과 내국민대우 원칙을 모두 준수해야 한다. 그러나 비차별대우 원칙은 정부가 직접 또는 최종적으로 소비하는 상품의 수입에 대해서는 적용되지 않는다.

답 ③

07 GATT1994의 내국민대우 원칙에 대한 설명으로 옳지 않은 것은?

① 수입상품에 대하여 동종의 국산상품보다 불리한 대우를 하면 내국민대우 원칙 위반이다.
② 내국민대우 원칙은 최혜국대우 원칙과 함께 GATT1994의 양대 비차별 원칙으로 여겨진다.
③ 정부조달은 GATT1994 제3조에서 내국민대우 원칙의 예외로 인정되고 있다.
④ GATT1994 제3조 내국민대우 원칙규정의 개정은 모든 WTO 회원국이 수락하는 경우에만 발효한다.

정답 및 해설

내국민대우조항의 개정은 모든 회원국의 수락을 요하지 아니한다(WTO설립협정 제10조 제2항).

✓ 선지분석
① 수입상품에 대해 동종의 국산품보다 불리하지 않은 대우 및 유리한 대우를 하면 내국민대우 원칙을 위반한 것이 아니다.
③ 단, 복수국간무역협정(PTA)인 정부조달협정에 가입한 경우, 동 협정 당사국 상호 간에는 내국민대우를 부여할 의무가 있다.

답 ④

08 GATT의 내국민대우에 대한 설명으로 옳지 않은 것은?

① GATT1994 제3조에 규정된 내국민대우는 수입관세 등에서 수입상품과 국내상품의 차별을 금지한다.
② 내국민대우는 국내시장에서 내국세와 법률에 관하여 수입상품과 국내상품과의 차별 없는 경쟁 조건의 보장을 목적으로 한다.
③ 국내에서 생산된 상품을 구매하도록 요구하는 법률은 내국민대우의 위반이다.
④ GATT 패널 및 상소기구에 의하면 국산 쇠고기와 수입산 쇠고기를 구분판매하는 제도는 내국민대우에 위반된다.

GATT 제3조 내국민대우 원칙은 '내국세, 기타 내국과징금과 상품의 국내판매 등에 영향을 주는 법률, 규칙 및 요건 그리고 특정한 수량 또는 비율의 상품 혼합 등을 요구하는 수량적 규칙'에 있어 수입상품과 국내상품 간 차별을 금지하고 있다. '수입관세' 등 수입 또는 수출과 관련하여 부과되는 관세 및 모든 종류의 과징금과 그 부과방법에 있어 차별이 없을 것을 요구하는 것은 GATT 제1조 최혜국대우 원칙이다.

✓ **선지분석**
④ 쇠고기 구분판매제도는 국내산 한우와 수입산 쇠고기의 경쟁 조건에 있어서 수입산에 불리한 영향을 주기 때문에 내국민대우에 위반된다고 하였다.

답 ①

09 내국민대우 원칙에 대한 설명으로 옳지 않은 것만을 모두 고른 것은?

> ㄱ. A국과 B국이 모두 WTO 회원국일 때, A국이 자국산 상품인 '甲'에 대해서는 100원의 내국세를 부과하면서, A국 내로 수입된 B국산 상품인 '乙'에 대해서는 110원의 내국세를 부과한다면 이는 내국민대우 원칙 위반이다. (단, 甲과 乙은 다른 상품이다)
> ㄴ. 정부기관이 정부용으로 구매하는 상품의 조달을 규제하는 법률, 규칙 또는 요건에는 적용되지 않는다.
> ㄷ. 국내생산업자에 한하여 보조금을 지급한다면 내국민대우 원칙 위반이다.
> ㄹ. 스크린쿼터제도를 유지하는 것은 내국민대우 원칙에 위반된다.
> ㅁ. 수입품과 국내제품 간의 조세부과 문제에 있어서 동종상품(like product)뿐만 아니라 직접경쟁 또는 대체상품(directly competitive or substitutable product: DCSP)에까지 내국민대우 원칙이 적용된다.

① ㄱ, ㄴ, ㄷ　　　② ㄱ, ㄷ, ㄹ　　　③ ㄴ, ㄷ, ㄹ　　　④ ㄴ, ㄷ, ㅁ

내국민대우 원칙에 대한 설명으로 옳지 않은 것은 ㄱ, ㄷ, ㄹ이다.
ㄱ. 내국민대우 원칙은 '동종상품' 및 '직접경쟁 또는 대체상품'에 대해 적용된다. A국 상품 甲과 B국 상품 乙은 동종상품이 아니므로 차별적인 과세가 부과되었다고 하더라도 내국민대우 원칙 위반이 아니다. 예를 들어 甲에 오징어, 乙에 운동화를 넣어보면 이해하기 쉽다.
ㄷ. GATT 제3조 제8항 제(b)호에 따르면 내국민대우 원칙 위반이 아니다. 단, 현금지원과 같은 적극적 방식으로만 가능하다.
ㄹ. 스크린쿼터제도는 GATT 제3조 제10항에 의해 정당화된다.

✓ **선지분석**
ㄴ. GATT 제3조 제8항 제(a)호에 대한 내용이다.
ㅁ. '제3조 제2항의 주해'에 의하면 GATT 제3조 제2항 2문은 DCSP에 관한 조항으로 해석된다. 즉, 1문에 합치되는 조세부과라 하더라도 직접적인 경쟁 또는 대체관계에 있는 상품 간 비슷하게 과세되지 않은 경우(not similarly taxed) 내국민대우 원칙을 위반하게 된다.

답 ②

멕시코 – 청량음료 사건(2006)에 대한 설명으로 옳지 않은 것은 모두 몇 개인가?

> ㄱ. 패널에 의하면 사탕수수당과 사탕무당은 외형, 화학적 성분, 최종용도 등을 종합적으로 검토할 때 동종상품이다.
> ㄴ. 상품의 원료에 따라 간접세를 차별과세하는 것은 내국민대우 원칙에 위반되지 않는다.
> ㄷ. 직접경쟁상품의 경우 최소허용수준을 넘어서면 국내산업 보호목적이 없더라도 내국민대우 원칙에 위반된다.
> ㄹ. 직접세를 차별부과하여 직접경쟁상품에 대해 불리한 대우를 하더라도 내국민대우 원칙에 위반되지 않는다.
> ㅁ. 조약의 준수를 확보하기 위해 필요한 조치를 취하는 경우 일반적 예외로 인정될 수 없다.

① 1개
② 2개
③ 3개
④ 4개

정답 및 해설

멕시코 – 청량음료 사건(2006)에 대한 설명으로 옳지 않은 것은 ㄴ, ㄷ, ㄹ. 3개이다.
ㄴ. 원료에 따른 차별과세도 내국인대우 원칙에 위반된다.
ㄷ. 국내산업 보호목적이 있어야 내국민대우 원칙에 위반된다.
ㄹ. 내국민대우 원칙 위반이다.

답 ③

11

내국민대우에 대한 설명으로 옳지 않은 것은?

① 상품무역협정상 간접세에 있어서 동종상품에 대해 차별과세한 경우 내국민대우에 위반된다.
② 서비스무역협정상 내국민대우는 구체적 약속이므로 회원국이 양허표에 기재하지 않은 분야의 경우 양허표에 명시한 차별조치만 허용된다.
③ 무역관련지적재산권협정상 내국민대우는 상품이 아니라 개인에 대해 적용되며 기존 협약 플러스방식에 따라 기존 협정상 차별조치는 WTO체제에서도 허용된다.
④ 직접경쟁 또는 대체가능상품에 대해 비재정조치로 불리한 대우를 한 경우 내국민대우에 위반된다.

정답 및 해설

양허표에 기재하지 않은 분야에 있어서는 내국민대우의무가 없다.

✓ **선지분석**
① 내외국상품 상호 간 비차별이 지켜져야 하기 때문에, 수입관세는 문제가 되지 않으며 내국세 또는 내국과징금에 있어서 문제된다.
③ 즉, 무역관련지적재산권협정에서 준용되는 기존 협정상의 내국민대우 위반 조치를 취할 수 있다. 하지만 저작인접권에 대해서는 내국민대우 원칙의 예외가 인정되지 않으며, 사법 및 행정절차에 대해서는 원칙이 적용되지 않는다.

답 ②

12 내국민대우 원칙에 대한 설명으로 옳지 않은 것은?

① 내국민대우 원칙 위반인지를 판단하기 위한 선결사항은 비교대상이 되는 수입품과 국산품이 동종상품인지를 판단하는 것이다.
② 내국민대우 원칙의 예외 중에는 스크린쿼터제도가 포함된다.
③ 내국민대우 원칙의 중요한 예외는 정부조달제도이다.
④ 서비스무역에 있어서도 내국민대우 원칙은 일반적 의무사항으로 규정되어 있다.

정답 및 해설

상품무역에 있어서는 내국민대우 원칙이 일반적 의무사항으로 되어 있음에 반하여 서비스무역에서는 구체적 약속(specific commitment)의 형태로 규정되어 있다. 각국은 양허표상에 기재한 서비스분야에 대해서만 원칙적으로 내국민대우를 할 의무가 있다.

⦾ 선지분석

① 동종상품뿐 아니라 직접경쟁 또는 대체가능상품에 대해서도 조세 차별이 금지되며, 이때는 초과 과세를 금지하는 동종상품과 다르게 유사하지 아니한 과세가 금지된다. 이는 최소허용수준을 넘지 않으면 허용되며, 국내생산 보호 목적이 있다면 내국민대우에 위반된다고 판단된다.
② 스크린쿼터제도는 국산영화의무상영제를 말한다. 최혜국대우 예외에는 포함되지 않으니 주의해야 한다.

답 ④

13 WTO 내국민대우 원칙에 대한 설명으로 옳은 것만을 모두 고른 것은?

ㄱ. 일본 – 주세분쟁 사건에서 패널은 물리적 특성의 차이, 소비용도, 관세분류, 시장여건, 국내생산 보호의도 등을 고려하여 동종성을 판단하였다.
ㄴ. 동종성 결정에 있어서 조치목적설은 Frieder Roessler에 의해 주장되었고, 1992년 미국 주류 분쟁 및 1994년 미국 자동차 분쟁에서 적용되었다.
ㄷ. BTA방식은 동종상품의 판단에 있어서 조치의 목적을 고려하는 경우 제소국은 차별조치가 국내생산을 보호하기 위한 것이라는 점도 입증해야 하므로 제소국의 입증부담이 가중된다는 비판이 있다.
ㄹ. 캐나다 – 정기간행물 사건에서 상소기구는 국내 정기간행물과 수입 정기간행물 사이에 경쟁관계가 있으므로 직접경쟁 또는 대체가능상품(DCSP)에 해당한다고 판단하고, 전체 광고가치의 80%에 해당하는 고율의 조세는 유사하게 과세되지 않은 것이고 국내 소비세법의 구조나 형태에 비추어 보았을 때 국내생산 보호목적이 있다고 판시하였다.
ㅁ. 한국 – 주세 사건에서 상소기구는 직접경쟁성 판단에 있어서 소비자의 인식이 기준이 된다고 판단하였다.

① ㄱ, ㄴ, ㄷ
② ㄱ, ㄷ, ㄹ
③ ㄱ, ㄷ, ㅁ
④ ㄴ, ㄹ, ㅁ

정답 및 해설

WTO 내국민대우 원칙에 대한 설명으로 옳은 것은 ㄴ, ㄹ, ㅁ이다.

⦾ 선지분석

ㄱ. 국내생산 보호의도는 판단기준이 아니다.
ㄷ. 조치목적설의 한계에 대한 것이다.

답 ④

14 내국민대우 원칙에 대한 설명으로 옳은 것은?

① 일본 – 주세 사건 패널은 일본산 소주와 수입산 보드카가 동종상품이며 소주에 대한 세율과 유사하지 아니하게 고율과세하였으므로 일본이 GATT 제3조 제2항 제1문을 위반하였다고 판단하였다.

② 직접경쟁상품인 경우 유사하지 아니한 과세가 금지되므로 최소허용수준을 넘지 않는 경우 허용된다.

③ 멕시코 – 청량음료 사건 패널은 GATT 제3조 제4항이 직접경쟁상품을 명시하지 않고 있으므로 직접경쟁상품은 동 조항의 범위에 포함되지 않는다고 판시하였다.

④ 한국 – 주세 사건에서 상소기구는 직접경쟁성 판단에 있어서 소비자의 인식이나 해외시장에서의 기준은 적용될 수 없다고 하였다.

정답 및 해설

최소허용수준에 대한 구체적인 기준은 협정에 명시되어 있지 않다.

✓ 선지분석

① 동종상품인 경우 초과과세금지의무가 있다. 일본이 초과과세하였다고 판시하였다.

③ 직접경쟁상품이 명시되지는 않았으나 제3조 제2항과 차이를 둘 특별한 이유가 없으므로 직접경쟁상품도 포함된다고 하였다.

④ 상소기구는 소비자의 인식, 해외시장에서의 기준, 소비되는 장소의 중첩, 소득에 따른 상품 대체 가능성 등을 고려할 수 있다고 하였다.

답 ②

15 WTO 분쟁해결 사례인 'Japan – Alcoholic Beverages Ⅱ (1996)' 사건의 주요 쟁점 및 판결 내용에 대한 설명으로 옳지 않은 것만을 모두 고른 것은?

> ㄱ. GATT1994 제1조상 최혜국대우(Most – Favored Nation) 원칙과 관련된 판례이다.
>
> ㄴ. 소비자의 인식 및 기호 등을 고려하여 소주와 보드카를 동종상품으로 보았다.
>
> ㄷ. 동종상품의 판단기준으로 '시장기반설(the Market-Based Approach)'을 적용하였다.
>
> ㄹ. 보드카에 대해 높은 수준의 세율을 적용한 일본의 과세상의 차이는 내국민대우(National Treatment) 의무를 위반한 것이라고 보았다.

① ㄱ, ㄷ
② ㄱ, ㄹ
③ ㄴ, ㄷ
④ ㄷ, ㄹ

정답 및 해설

'Japan – Alcoholic Beverages Ⅱ (1996)' 사건의 주요 쟁점 및 판결 내용에 대한 설명으로 옳지 않은 것은 ㄱ, ㄷ이다.

ㄱ. 일본산 소주와 수입산 보드카에 대해 차별과세함으로서 제기된 사건이다. 따라서 GATT1994 제3조 제2항상 내국민대우(National Treatment) 원칙이 쟁점이 되었다.

ㄷ. 동 사건에서 패널과 상소기구는 물리적 특성의 차이, 소비용도, 관세분류, 시장여건 등을 고려하여 동종상품 여부를 판단하였는데, 이는 BTA방식을 적용한 것이다. 동 사건 이후 BTA방식의 적용은 패널의 관행으로 성립되었다.

답 ①

1994년 관세와 무역에 관한 일반협정(GATT)상 수입상품에 대하여 수량제한을 할 수 없는 경우에 해당하는 것으로 옳은 것은?

① 현재 국내에서 공급이 과잉된 상품이 수입되고 있다.
② 대외지불통화의 준비가 현저하게 감소하여 국제수지의 심각한 불균형을 초래하였다.
③ 예측하지 못한 사태로 인하여 특정 상품이 자국의 동종상품 생산자에게 중대한 손해를 입힐 정도로 많이 수입되고 있다.
④ 공중도덕에 유해한 상품이 수입되고 있다.

> 정답 및 해설

⊘ 선지분석
수량제한금지 원칙은 GATT1994 제11조에 규정된 WTO 주요 원칙의 하나이다. 동 원칙에는 다양한 예외가 제11조 및 GATT 다른 조항에 기초하여 인정되고 있다.
② GATT1994 제18조는 '국제수지 예외'를 규정하고 있다.
③ 급격한 수입 증가에 대해서는 보상 및 보복을 조건으로 '세이프가드조치'를 취할 수 있다.
④ GATT1994 제20조는 '일반적 예외'를 규정하고 있는 바, 동조 제(a)호는 공중도덕 보호를 위해 필요한 조치를 인정하고 있다.

답 ①

17

WTO협정상 수량제한금지원칙에 대한 설명으로 옳지 않은 것은?

① 수출을 효과적으로 제한하는 WTO회원국 조치는 법적으로 구속력이 있는가와 관계없이 수량제한금지원칙에 위배되어 금지된다.
② 수입쿼터는 외국으로부터의 수입을 실질적으로 방해하는 경우에만 금지되는 수입제한조치에 해당된다.
③ 국제무역에 있어서 상품의 분류, 등급, 판매에 관한 기준 또는 규칙의 적용을 위해 필요한 수출 및 수입의 금지 또는 제한이 인정된다.
④ 예외적으로 허용되는 수량제한 조치를 취하는 경우 모든 제3국에 대한 수출, 또는 모든 제3국으로부터의 수입되는 동종상품에 다 같이 금지되거나 제한되지 아니하는 한 체약국은 어떠한 금지나 제한을 과할 수 없다.

> 정답 및 해설

수입쿼터가 외국으로부터의 수입을 실질적으로 방해하지 않더라도 금지되는 수입제한조치에 해당된다.

답 ②

GATT1994상 수량제한의 금지 원칙에 대한 설명으로 옳지 않은 것은?

① GATT1994 제20조에 의해 수량제한 금지의무 위반을 정당화할 수 있다.

② 수량제한의 금지는 수출의 통제에는 적용되지 않지만 수입의 제한에는 적용된다.

③ 수입허가제도는 수량제한의 금지에 관한 GATT 제11조의 위반이다.

④ GATT 제11조의 수량제한의 금지대상은 국경조치로서 수입국 내에서 기업이 수입상품보다 국내상품을 구매하도록 요구하는 것은 GATT 제3조의 내국민대우의 위반이다.

> **정답 및 해설**
>
> 수량제한의 금지는 수출 및 수입에 있어 모두 적용된다(GATT 제11조 제1항 참조).
>
> ✅ **선지분석**
> ③ 또한 최저수입가격제도도 금지되는데, 수입상품의 가격을 높여 결과적으로 수입량을 줄일 수 있어서 위반된다 (EEC – 가공청과류 사건).
>
> 답 ②

China – raw materials 사건(2012)에 대한 설명으로 옳지 않은 것은 모두 몇 개인가?

> ㄱ. 패널은 중국의 수출세 부과는 중국의 가입의정서와 불일치한다고 판단하였다.
> ㄴ. 중국의 보크사이트에 대한 수출쿼터는 상품의 '중대한 부족(critical shortage)'을 방지하거나 줄이기 위하여 '일시적으로 적용된(temporarily applied)' 조치였다는 것을 중국이 보여주지 못하였다.
> ㄷ. 중국이 WTO설립협정과 불일치하는 수출세를 정당화하기 위하여 일반적 예외를 원용할 수 없다.
> ㄹ. 중국의 조치는 유한천연자원에 대한 조치이긴 하나, 보존 관련성이 없다고 하였다.
> ㅁ. 중국은 원자재를 보존하기 위하여 원자재의 국내생산 또는 소비에 대한 제한과 결부되어 수출세, 수출쿼터와 같은 제한조치를 채택하였다는 것을 보여줄 수 없었다.

① 1개 ② 2개
③ 3개 ④ 4개

> **정답 및 해설**
>
> China – raw materials 사건(2012)에 대한 설명으로 옳지 않은 것은 ㄹ. 1개이다.
> ㄹ. 보존 관련성은 인정되었다.
>
> 답 ①

20

WTO GATT협정상 일반적 예외에 대한 설명으로 옳은 것은?

① GATT 제20조 제(d)호 판단에 있어서 멕시코 – 청량음료 사건 상소기구는 준수를 '확보한다'의 의미를 준수를 '강제한다'의 의미로 해석하였다.

② 한국 – 쇠고기 구분판매제도 사건에서 패널은 구분 판매제도가 다소 문제를 내포하고 있는 조치이기는 하나 불공정경쟁법상 둔갑 판매를 방지하기 위한 목적의 범위 내에서 적용되는 한 이는 GATT규정에 부합하는 조치라고 보았으며, 또한 필요한 조치라고 판단하였다.

③ 패널 판정에 의하면 유한천연자원으로 보존대상이 되기 위해 보존의 필요성에 대한 국제적 합의를 요하는 것은 아니다.

④ 미국 – 새우 사건에서 패널은 미국의 조치는 GATT 제11조 제1항(수량제한금지의무)을 위반하였다고 판정하고, GATT1994 제20조에 의한 정당화 여부를 검토하였으나 본문의 요건은 충족하나 전문요건을 충족하지 못하였다고 판정하였다.

정답 및 해설

⊘ 선지분석

① 패널은 준수를 '확보한다'의 의미를 준수를 '강제한다'의 의미로 해석하였으나, 상소기구는 '준수를 확보한다(to secure compliance)'는 의미가 반드시 확실성이나 강제성을 의미하는 것은 아니며 준수를 확보하는 데 '기여'할 수 있는 정도면 충분하다고 해석하였다.

② 이는 GATT규정에 부합하는 조치라고 보았으나, 필요한 조치는 아니라고 판단하였다.

③ 보존의 필요성에 대한 국제적 합의를 요한다.

답 ④

21

WTO협정상 일반적 예외에 대한 설명으로 옳은 것은 모두 몇 개인가?

ㄱ. 자유무역원칙을 훼손하는 조치라 할지라도 WTO 회원국이 추구하는 가치를 인정하자는 취지에서 매우 제한적으로 허용되고 있다.

ㄴ. 일반적 예외가 인정되기 위해서는 전문과 본문 요건을 모두 충족시켜야 하며, 전문에 대해서는 제소국이, 본문에 대해서는 피제소국이 각각 입증책임을 진다.

ㄷ. EC – 호르몬 사건에서 패널은 EC의 수입제한조치가 인간이나 동물의 생명이나 건강을 보호하기 위해 필요한 조치에 해당하나, 전문의 요건을 충족하지 못한다고 하였다.

ㄹ. US – Shrimp 사건에서 패널은 미국의 조치가 유한천연자원 보존에 대한 조치이나 동등성 요건을 충족하지 못한다고 하였다.

① 1개   ② 2개
③ 3개   ④ 4개

정답 및 해설

WTO협정상 일반적 예외에 대한 설명으로 옳은 것은 ㄱ. 1개이다.

⊘ 선지분석

ㄴ. 전문과 본문 모두 피제소국이 입증책임을 진다.

ㄷ. 동 사건은 일반적 예외와 무관한다.

ㄹ. 동등성도 충족하여 본문 요건은 충족하나, 전문 요건은 충족하지 못한다고 하였다.

답 ①

22 GATT1994 제20조 일반적 예외에 대한 설명으로 옳은 것은?

① 일반적 예외에 해당하는지에 대한 입증책임은 제소국이 진다.

② 10개의 구체적인 예외에는 공중도덕보호를 위한 조치, 인간 및 동식물의 생명·건강을 보호하기 위한 조치, 유한천연자원보호에 대한 조치가 포함된다.

③ 동 조항에 의해 최혜국대우의무는 이탈할 수 있으나 내국민대우에 대한 이탈은 인정되지 아니한다.

④ 서비스무역에 관한 협정(GATS)에는 이와 유사한 예외가 규정되지 아니하였다.

정답 및 해설

그 외에도 금은의 수출입에 대한 조치, GATT에 반하지 않는 국내법령의 이행 확보를 위한 조치, 제소자의 노동상품에 대한 조치 등이 있다.

✓ 선지분석

① 피제소국이 예외에 해당함을 입증해야 한다.

③ 내국민대우의무를 포함하여 여하한 WTO협정으로부터도 이탈할 수 있다. 단, 제20조에 규정된 요건을 충족해야 함은 물론이다.

④ 서비스무역에 관한 협정(GATS) 제14조에도 일반적 예외에 대한 규정이 있다.

답 ②

23 GATT1994상 일반적 예외에 대한 설명으로 옳은 것만을 모두 고른 것은?

ㄱ. 최혜국대우의무 및 내국민대우의무로부터만 이탈할 수 있다.

ㄴ. 입증에 있어서 제소국은 전문요건에 대해, 피제소국은 본문 요건에 대해 각각 입증책임을 진다.

ㄷ. EC-석면 사건에 의하면 석면 사용 제한 등의 조치는 일반적 예외로 정당화될 수 없다.

ㄹ. 한국-소고기 사건에 의하면 소고기구분판매제도는 동종상품에 대해 한국이 불리한 대우를 하였으나 일반적 예외로서 허용된다.

ㅁ. 중국-천연자원 사건에 의하면 가입의정서 위반에 대해서는 원칙적으로 일반적 예외를 원용할 수 없다.

① ㄹ

② ㅁ

③ ㄴ, ㄹ

④ ㄷ, ㄹ

정답 및 해설

GATT1994상 일반적 예외에 대한 설명으로 옳은 것은 ㅁ이다.

✓ 선지분석

ㄱ. 그 밖에 수량제한금지의무 등으로부터도 이탈할 수 있다.

ㄴ. 전문과 본문 모두 피제소국이 입증책임을 진다.

ㄷ. 일반적 예외를 인정하였다.

ㄹ. 일반적 예외 원용요건을 충족하지 못한다고 판시하였다.

답 ②

24

GATT1994 제20조 일반적 예외에 대한 설명으로 옳지 않은 것은?

① US – Shrimp 사건 상소심은 본문과 전문 검토에 있어서 패널의 입장과 달리 본문을 먼저 검토하는 것이 GATT1994 제20조의 취지에 부합하다고 해석하였다.

② 국내법의 준수를 확보하기 위해 취한 조치는 일반적 예외에 해당되며, 멕시코 – 청량음료 사건에 의하면, 국내법의 범위에 국내법에 편입된 조약은 포함되지 않는다.

③ 미국 – 휘발유 사건에 의하면 미국의 조치는 GATT 제3조 제4항 내국민대우의무에 위반되고, 일반적 예외를 원용할 수 없다.

④ China – Raw Material 사건에 의하면 중국의 천연자원 수출통제조치는 유한천연자원보존에 대한 조치에 해당되나 자의적 차별에 해당되므로 일반적 예외를 원용할 수 없다.

정답 및 해설

유한천연자원보존조치에 해당되지 않는다고 하였다. 즉, 본문의 요건을 충족하지 못한다고 판시하였다.

⊘ 선지분석

② 멕시코 – 청량음료 사건에서는, 멕시코가 미국산 청량음료에 대해 유통세 등을 부과한 조치가 국내법에 편입된 조약(이 사건에서는 NAFTA)의 준수를 확보하기 위해 필요한 조치가 아니라고 하였으며, 동종상품에 원료에 간접세를 부과하는 것이 내국민대우에 위반된다고 판단하였다.

답 ④

25

미국 – 새우 사건(US – Shrimp Case, 1998)의 주요 쟁점과 판결 내용에 대한 설명으로 옳지 않은 것만을 모두 고른 것은?

> ㄱ. 패널 및 상소기구는 미국이 수량제한금지원칙(GATT1994 제11조 제1항)을 위반하였다고 판단하였다.
> ㄴ. 상소기구는 미국이 GATT 제20조 제(g)호의 본문의 요건 중 동등성 요건을 충족하지 못하였다고 판시하였다.
> ㄷ. 상소기구는 미국이 미승인국가에 대해서 TEDs를 사용하여 어획하더라도 수입을 금지한 것은 부당한 차별(unjustifiable discrimination)에 해당한다고 판시하였다.
> ㄹ. GATT1994 제20조상 일반적 예외의 입증책임은 제소국에 있다.

① ㄱ, ㄴ   ② ㄴ, ㄹ
③ ㄴ, ㄷ   ④ ㄷ, ㄹ

정답 및 해설

미국 – 새우 사건(US – Shrimp Case, 1998)의 주요 쟁점과 판결 내용에 대한 설명으로 옳지 않은 것은 ㄴ, ㄹ이다.

ㄴ. 상소기구는 첫째, 바다거북은 유한천연자원이고, 둘째, 미국의 조치는 '보존에 관한(relating to the conservation)'조치이며, 셋째, 미국 내 생산 또는 소비에 대한 제한과 관련하여 실시되었으므로 제20조 제(g)호상 본문의 요건을 모두 충족하였다고 판단하였다.

ㄹ. 패널과 상소기구는 GATT 제20조와 같은 적극적 항변(Affirmative Defense)은 이를 주장하는 측에 입증책임이 있다고 보고 피제소국인 미국 측에 입증책임이 있다고 판결하였다.

답 ②

26

US-Shrimp 사건에 대한 설명으로 옳지 않은 것은 모두 몇 개인가?

> ㄱ. 위반제소에서 GATT 제11조를 위반하였다고 주장하는 제소국 측에 입증책임이 있다.
> ㄴ. GATT 제20조(일반적 예외)와 같은 적극적 항변(Affirmative Defense)은 이를 주장하는 측에 입증책임이 있다.
> ㄷ. 바다거북은 CITES 부속서 1에 포함되어 있으므로 유한한(exhaustible) 자원이다.
> ㄹ. 미국의 조치는 동일한 상황에 있는 국가 간에 자의적이거나 부당한 차별이다.
> ㅁ. 미국의 조치와 무효화 또는 침해 간에 인과관계를 입증하지 못하였으므로 제소국의 비위반제소는 기각되었다.

① 1개
③ 3개
② 2개
④ 4개

US-Shrimp 사건에 대한 설명으로 옳지 않은 것은 ㅁ. 1개이다.
ㅁ. 비위반제소는 제기되지 않았다.

답 ①

27

EC-Asbestos(2001) 사건의 주요 쟁점과 판결 내용에 대한 설명으로 옳은 것만을 모두 고른 것은?

> ㄱ. 패널은 EC의 수입제한조치가 GATT1994 제3조 제4항을 위반한 조치가 아니라고 판정하였으나 상소기구는 위반된다고 판정하였다.
> ㄴ. 상소기구는 프랑스의 조치가 TBT협정에 위반된다고 판시하였다.
> ㄷ. 상소기구는 필요성 테스트에 있어 대체수단이 '추구하는 목적 실현'에 기여하는 정도를 기준으로 판단하여야 한다고 판시하였다.
> ㄹ. GATT1994 제20조상 일반적 예외의 본문 및 전문의 요건을 모두 충족한 유일한 판례이다.

① ㄱ, ㄴ
③ ㄴ, ㄷ
② ㄱ, ㄹ
④ ㄷ, ㄹ

'EC-Asbestos(2001) 사건'의 주요 쟁점과 판결 내용에 대한 설명으로 옳은 것은 ㄷ, ㄹ이다.

✓ 선지분석

ㄱ. 동 사건에서 패널은 온석면과 캐나다산 석면은 최종 용도가 같고 물리적 특성이나 성질이 유사하므로 동종상품으로 간주하고 프랑스의 조치가 GATT 제3조 제4항을 위반하였다고 판정하였다. 그러나 상소기구는 상품에 내재된 건강에의 유해 가능성(health risks)이 상품의 물리적 특성이나 소비자의 기호에 관련되어 있으므로 이를 동종상품 판단 시 고려할 수 있다고 판시하였다. 이에 기초하여 인체유해성이 적은 온석면과 유해성이 높은 캐나다산 석면은 동종상품이라고 볼 수 없으므로 프랑스의 조치는 제3조 제4항에 위반되지 않는다고 판단하였다.

ㄴ. 패널은 프랑스 국내법 중 '금지'에 대한 부분은 기술규정에 해당하지 않으나 '예외'에 대한 부분은 기술규정에 포함되나 캐나다는 '예외' 부분이 TBT협정이 적용되는 것에 대해 주장하지 않았으므로 검토하지 않는다고 하였다. 이에 대해 상소기구는 패널이 프랑스 국내법을 '전체적으로' 평가하지 않고 '부분적으로' 판단한 것은 패널의 오류라고 보고 이러한 해석을 파기하였다. 그러나 패널이 TBT협정 적용을 배제하였으므로 추가적인 검토를 진행하지는 않았다.

답 ④

28

Mexico – Taxes on Soft Drinks 사건(2006)의 주요 쟁점 및 판결 내용에 대한 설명으로 옳은 것만을 모두 고른 것은?

> ㄱ. GATT1994 제3조 제2항뿐만 아니라 제3조 제4항 위반 여부가 주요 쟁점이다.
> ㄴ. 패널은 GATT1994 제20조 제(d)호에 언급된 법령 및 규정(laws and regulations)은 국내규정뿐만 아니라 국제조약을 포함한다고 판시하였다.
> ㄷ. 상소기구는 GATT1994 제20조 제(d)호상 준수의 '확보(to secure compliance)'의 의미를 준수를 확보하는데 '기여'하는 것으로 해석하였다.
> ㄹ. 직접경쟁 또는 대체가능상품 간 20%의 과세 차이는 최소허용수준을 넘어서서 유사하지 아니하게 과세된 것으로 판정하였다.

① ㄱ, ㄹ　　　　② ㄱ, ㄷ, ㄹ　　　　③ ㄴ, ㄷ, ㄹ　　　　④ ㄱ, ㄴ, ㄷ, ㄹ

Mexico – Taxes on Soft Drinks 사건(2006)의 주요 쟁점 및 판결 내용에 대한 설명으로 옳은 것은 ㄱ, ㄷ, ㄹ이다.

⊘ 선지분석

ㄴ. GATT1994 제20조 제(d)호에 언급된 법령 및 규정(laws and regulations)은 국내규정을 의미하는 것이지 국제조약을 포함하는 것은 아니라고 판시하였다.

답 ②

29

Korea – Various Measures on Beef 사건(2001)에 대한 주요 쟁점 및 판결 내용에 대한 설명으로 옳은 것만을 모두 고른 것은?

> ㄱ. 패널은 한국의 '수입쇠고기 구분판매제도'는 GATT1994 제3조 제4항을 위반한 조치에 해당한다고 판시하였다.
> ㄴ. 상소기구는 GATT1994 제3조 제4항상 '불리한 대우(treatment less favourable)'의 유무를 결정하기 위해서는 그러한 구분조치가 수입품에 불리한 방향으로 경쟁의 '조건'을 변경시켰는가를 기준으로 판단해야 한다고 보았다.
> ㄷ. 상소기구는 GATT1994 제20조상 '필요한' 조치의 의미를 '필수불가결한(indispensible)'의 의미로 파악하였다.
> ㄹ. 패널은 한국의 '수입쇠고기 구분판매제도'는 GATT1994 제20조 제(d)호상 본문의 요건을 충족하였으나 전문의 요건을 충족하지 못한다고 판단하였다.

① ㄱ, ㄴ　　　　② ㄱ, ㄴ, ㄷ　　　　③ ㄴ, ㄷ, ㄹ　　　　④ ㄱ, ㄴ, ㄷ, ㄹ

Korea – Various Measures on Beef 사건(2001)에 대한 주요 쟁점 및 판결 내용에 대한 설명으로 옳은 것은 ㄱ, ㄴ, ㄷ이다.

⊘ 선지분석

ㄹ. 패널은 구분판매제도가 불공정경쟁법상 둔갑판매를 방지하기 위한 목적의 범위 내에서 적용되는 조치라고 보았다. 그러나 패널은 동 조치가 반드시 필요한(necessary) 조치라고 보지는 않았다. 패널은 다른 경제 분야에서 구분판매제도의 도입 사실이 없다는 점, 구분판매제도 이외의 WTO협정에 합치되는 대안적 조치(벌금 부과, 조사 강화, 회계기록 보존 등)를 통하여 수입쇠고기 둔갑판매를 억제할 수 있다고 보고 한국의 조치는 GATT 제20조 제(d)호상 본문의 요건을 충족하지 못한다고 판시하였다.

답 ②

30

WTO 판례 중 US-Gasoline 사건(1996)의 주요 쟁점 및 판결 내용으로 옳지 않은 것만을 모두 고른 것은?

> ㄱ. '깨끗한 공기(Clean Air)'는 유한천연자원에 해당한다고 보았다.
> ㄴ. 미국의 휘발유 판매에 대한 차별적 규정은 GATT1994 제3조 제2항 위반이다.
> ㄷ. 미국은 자국의 조치가 GATT1994 제20조 제(b)호, 제(d)호, 제(g)호에 의해 정당화될 수 있다고 주장하였다.
> ㄹ. 패널은 미국의 조치는 GATT1994 제20조 제(b)호상 본문의 요건을 충족하였으나 전문의 요건을 충족하지 못한다고 판단하였다.

① ㄱ, ㄴ   ② ㄱ, ㄹ
③ ㄴ, ㄹ   ④ ㄷ, ㄹ

정답 및 해설

WTO 판례 중 US-Gasoline 사건(1996)의 주요 쟁점 및 판결 내용으로 옳지 않은 것은 ㄴ, ㄹ이다.

ㄴ. 제3조 제2항은 동종상품 또는 직접경쟁 또는 대체가능상품 간의 재정적 차별(내국세, 과징금 등)을 금지하는 조항이다. 동 사안에서 문제가 된 미국의 휘발유 판매에 대한 차별적 규정은 비재정조치를 통한 차별대우로서 제3조 제4항 위반에 해당된다.

ㄹ. 패널은 휘발유 소비로부터 야기되는 대기오염을 감축하는 것은 인간과 동식물의 생명·건강 보호를 위한 정책임은 인정하였으나 동 규칙이 '필요한' 조치라는 점은 인정되지 않으므로 본문의 요건을 충족하지 못하였다고 판시하였다. 패널은 합목적적이고 덜 무역제한적인 다른 조치가 존재할 경우 해당 조치는 필요한 조치로 정당화될 수 없다고 판단하였다.

답 ③

31

GATT 제21조에 규정된 국가안보 예외에 대한 설명으로 옳은 것은?

① 무기, 탄약, 군수물자 등 직접 군사 목적에 사용되는 것뿐만 아니라 의류, 식료품 등 간접적으로 군사 목적에 기여하는 것이면 거래를 제한할 수 있다.
② 무엇이 자국의 중대한 이익인가는 회원국이 스스로 결정하는 사항이므로 조치에 대해 사전통보나 조치의 정당성을 증명할 필요가 없으나, WTO나 회원국들로부터 사전승인이나 추인을 받아야 한다.
③ 회원국의 조치가 제21조의 요건에 부합하는지의 결정은 DSB의 재량사항이다.
④ WTO 회원국이 국가 안보를 이유로 무역제한조치를 취하기 전에 물리적 침입 또는 무력공격과 같은 명백하고 구체적인 위험에 처해 있을 것을 요구한다.

정답 및 해설

핵분열성 물질에 관한 조치, 무기 등의 거래에 관한 조치, 군사시설에 공급하는 물품에 관한 조치, 전시 또는 긴급사태시 취하는 조치, UN헌장상의 의무에 따라 안전보장이사회의 결정에 따른 경제적 제재 조치 등이 이에 포함된다.

✓ 선지분석
② WTO나 회원국들로부터 사전승인이나 추인을 받을 필요가 없다.
③ 당해 국가의 단독 재량사항이다.
④ 위험에 처해 있을 것을 요구하지 않는다.

답 ①

32

WTO협정상 국가안보예외에 대한 설명으로 옳지 않은 것을 모두 고른 것은?

> ㄱ. 회원국이 국제평화와 안보를 위해 UN헌장상 의무에 따라 취하는 조치는 GATT 의무에서 면제된다.
> ㄴ. 자국의 중대한 안보이익(essential security interests)이란 반드시 국내에서 발생한 내란의 위험으로부터 국가를 보호하는 자국의 이익을 의미한다.
> ㄷ. WTO회원국이 국가 안보를 이유로 무역제한조치를 취하기 전에 물리적 침입 또는 무력공격과 같은 명백하고 구체적인 위험에 처해 있어야 한다.
> ㄹ. GATT 준비위원회는 GATT 제21조 또는 여타 어떤 조항도 제23조의 적용대상이라는 점을 분명히 하여 안보예외 원용도 제소대상이 될 수 있다고 하였다.

① ㄱ, ㄴ
② ㄴ, ㄷ
③ ㄱ, ㄷ
④ ㄷ, ㄹ

WTO협정상 국가안보예외에 대한 설명으로 옳지 않은 것은 ㄴ, ㄷ이다.
ㄴ. 자국의 중대한 안보이익(essential security interests)이란 국내외를 불문하고 국가의 안전을 위협하는 침해 또는 내란 등의 위험으로부터 국가를 보호하는 자국의 이익을 의미한다.
ㄷ. WTO회원국이 국가 안보를 이유로 무역제한조치를 취하기 전에 물리적 침입 또는 무력공격과 같은 명백하고 구체적인 위험에 처해 있을 것을 요구하지 않는다.

답 ②

33

관세와 무역에 관한 일반협정(GATT1994) 제24조에 규정된 자유무역협정(FTA)에 대한 설명으로 옳지 않은 것은?

① 관세동맹(Customs Union)과 자유무역지대(Free Trade Area)의 차이점은 체약국들이 공동역외관세를 도입하느냐 여부에 있다.
② 자유무역지대(Free Trade Area)에 참여하지 않는 WTO 회원국에 대하여 무역장벽을 높이는 방법으로 자유무역협정(FTA)을 체결하는 것은 금지되어 있다.
③ 자유무역협정(FTA)체약국 간의 무역에 대하여는 즉시 관세를 철폐하도록 규정되어 있다.
④ WTO 회원국은 자유무역협정(FTA)을 체결하면 WTO에 통보하여야 한다.

규정에 의하면, 관세동맹(Customs Union)이나 자유무역협정(FTA)의 경우 '실질적으로' '모든' 무역에 관해 관세 및 제한적인 상거래규정을 철폐할 것을 규정하고 있지만 '즉시' 철폐해야 하는 것은 아니다.

✓ 선지분석
④ GATT1994 조문상 신속히 체약국단(체약당사자단)에 통보하라고 되어 있으나, 관행상 각료회의하의 RTA위원회가 합치성을 심사한다고 알려져 있다(GATT1994 제24조 제7항).

답 ③

34

지역무역협정에 대한 설명으로 옳지 않은 것은?

① 지역무역협정은 MFN에 대한 예외이지만 WTO체제 내에서 명시적으로 인정되고 있다.

② GATT와 GATS에서 비체약당사국과 지역무역협정 체결 시 의무면제(waiver)를 획득해야 한다.

③ GATT와 GATS 모두 역외적 요건과 역내적 요건을 규정하여 무역창출효과가 무역전환효과보다 크도록 유도하고 있다.

④ 개발도상국과의 지역무역협정 체결 시에는 보다 완화된 기준이 적용된다.

> **정답 및 해설**

GATS 제5조 제1항은 '양자 간 혹은 여러 당사자 간'이라고 기술하고 있어 회원국과 비회원국 모두 가능하다는 해석도 가능하다.

> ✅ **선지분석**

③ 역외적 요건의 경우 GATT는 제24조 제4항, 제24조 제5항의 제(a)호와 제(b)호에서, GATS는 제5조 제4항에서 각각 규율하고 있다. 역내적 요건의 경우 GATT는 제24조 제8항의 제(a)호와 제(b)호에서, GATS는 제5조 제1항에서 각각 규율하고 있다.

④ 권능부여조항[제1조 제2항 제(c)호]이 적용되며, GATS 제5조 제3항은 개발도상국과의 지역협정 체결 시 융통성을 규정하여 보다 완화된 기준을 적용하고 있다.

답 ②

35

GATT 및 WTO의 지역무역협정에 대한 설명으로 옳지 않은 것은?

① WTO에 의하여 설립된 지역협정위원회는 GATT 24조위원회라고도 한다.

② 일정한 요건을 갖춘 국경무역, 관세동맹, 자유무역지대에 대하여는 MFN의무로부터의 면제가 허용된다.

③ WTO협정하에서는 GATT 제24조 외에도 GATT 제24조 해석에 관한 양해가 있으나, 서비스 분야에서는 인정되지 않는다.

④ 역내국 상품에 대해 '실질적으로 모든 교역'에서 관세 및 기타 제한적 무역조치들이 제거되어야 한다.

> **정답 및 해설**

서비스무역에 관한 일반협정(GATS) 제5조는 지역협정을 인정하는 규정을 두고 있다.

> ✅ **선지분석**

② 관세동맹과 자유무역지대의 차이 중 하나는 관세동맹은 자유무역지대와 달리 불가피한 경우, 보상을 조건으로 관세, 비관세장벽을 강화할 수 있다는 점이다. 보상적 조정은 금전 보상을 의미하는 것은 아니다.

④ 그러나 협정에 구체적인 기한은 설정되어 있지 않다.

답 ③

36

WTO협정상 지역무역협정(RTA)에 대한 설명으로 옳지 않은 것은?

① 관세동맹을 형성하기 위해서는 역외국에 대해 실질적으로 동일한 관세 및 상거래규정을 적용해야 한다.
② 관세동맹 형성 시 역외국에 대해 관세나 기타 상거래규칙이 제한적이어서는 안 되나, 현금보상을 조건으로 보다 제한적인 조치를 취할 수 있다.
③ 자유무역협정 체결 시 역내국은 실질적으로 모든 무역에 대한 관세나 기타 제한적 상거래규칙을 폐지해야 하나, 협정 제11조에 의해 허용된 제한조치는 자유무역협정 체결 이후에도 계속해서 유지할 수 있다.
④ 자유무역협정을 위한 잠정협정을 체결한 경우 10년 이내에 실재하는 협정으로 전환해야 한다.

보상을 통해 보다 제한적인 조치를 취할 수 있으나, 현금보상을 의미하는 것은 아니다.
★ 각 체약당사자는 자신의 영토 내의 지역 및 지방 정부와 당국에 의한 이 협정 규정의 준수를 확보하기 위해 자신에게 이용 가능할 수 있는 합리적인 조치를 취한다(GATT1994 제24조 제12항).

답 ②

01

WTO상품무역협정상 관세양허(tariff bindings)에 대한 설명으로 옳지 않은 것은?

① 관세양허(tariff bindings)는 어떤 물품에 대한 관세를 특정 수준으로 양허하기로 동의한 경우 그 수준 이상으로 관세를 인상하지 않기로 하는 회원국의 약속을 의미한다.
② GATT체제하에서 개최된 8차례의 다자간무역협상에서 관세양허문제를 다루지 않은 적은 한 번도 없었다.
③ 회원국들이 통관단계에서 부과하는 실행관세율은 양허관세율과 다를 수 있다.
④ 회원국들은 주요 관련국과 합의를 하면 관세양허 후 매 5년마다 이를 수정 또는 철회할 수 있다.

양허표는 관세양허 후 매 3년마다 수정 또는 철회할 수 있다.

☑ 선지분석
③ 관세양허표상 관세율은 최고세율이며, 실행관세율과 다를 수 있다.
④ 정기적 재협상은 3년 주기이나, 3년이 되기 이전에 특별 재협상을 할 수 있고, 협상 제안을 미리 하고 3년이 되었을 때 실제 협상을 할 수 있는 재협상 유보권이 주어지기도 한다.

답 ④

02 WTO관세평가협정상 수입품에 대한 관세평가의 1차적인 기준으로 옳은 것은?

① 실제로 지불되었거나 지불될 거래가격
② 동종동일상품(Identical goods)의 거래가격
③ 수출국 국내시장에서의 상품가격
④ 생산비에 생산자의 이윤 등 관련 경비를 가산한 구성가격

정답 및 해설

수입품에 대한 관세평가 방법은 실제로 지불되었거나 지불될 거래가격이 1차적 기준으로 적용되고, '② 동종상품의 거래가격 – 유사상품 가격' 순서대로 적용된다.

답 ①

03 WTO협정상 관세에 대한 설명으로 옳지 않은 것은?

① 관세양허 재협상과 관련하여 정기적 재협상은 1958년 1월 1일을 기점으로 매 5년마다 관세양허율을 변경하기 위한 협상을 의미한다.
② 정기적 재협상에 있어서 해당 품목에 대해 양허국에서 상당한 시장점유율을 보유하고 있는 실질적 이해관계국과 관세율에 대해 협의해야 한다.
③ 관세인하방식에 있어서 품목별 협상방식(The Item – by – Item Approach)은 1947년 제1차 제네바 라운드에서 1961년 제5차 딜런 라운드까지 적용된 방식이다.
④ GATT1994 제10조에 의하면, 체약국들은 관세분류에 관한 각종 법규 및 판정을 다른 체약국 정부와 무역업자들이 인지할 수 있는 방식으로 공표해야 한다.

정답 및 해설

정기적 재협상은 1958년 1월 1일을 기점으로 매 3년마다 관세양허율을 변경하기 위한 협상을 의미한다.

답 ①

04 WTO농업협정에 대한 설명으로 옳지 않은 것은?

① 농업협정은 시장접근에 있어 예외 없는 관세화를 규정하였다.
② 비교역관심사항(NTC)에 대한 시장접근의 유예는 어떠한 경우에도 인정되지 아니한다.
③ 농업보조는 감축대상 보조와 허용대상 보조로 나누어지며 수출보조금은 감축대상이다.
④ 시장접근의 예외로서 특별세이프가드조치를 발동할 수 있는데 피해의 발생을 요구하지 않는다.

정답 및 해설

비교역관심사항(NTC)을 반영하는 경우 그에 대한 시장접근의 유예를 허용한다.

> **관련 이론** 시장접근의 유예에 대한 조건
>
> 1. Section A는 ⅰ) NTC일 것(식량안보 및 환경안보와 관련된 농산물), ⅱ) 수입량이 기준년도 기준 국내소비의 3% 미만일 것, ⅲ) 기준년도 이후 수출보조금이 지급된 적이 없을 것, ⅳ) 해당 관세화 유예목에 대해 효과적인 국내생산 제한조치 적용 중일 것을 충족하는 경우 6년간 예외를 규정하고 있다.
> 2. Section B는 개발도상국이 Section A의 4가지 조건을 충족시키는 전통적 기초식량식품의 관세화를 10년간 유예할 수 있다고 규정하고 있다.

선지분석
① 관세율쿼터(TRQ)제도를 도입하였으며 이를 위해 현행시장접근(CMA) 및 최소시장접근(MMA)을 규정하고 있다.
④ 농업협정 제5조는 특별한 제품의 수입량이 일정 수준을 넘거나 수입품의 가격이 일정 가격 이하인 경우 추가관세를 부과할 수 있다고 규정하고 있다. 이는 피해의 발생을 요구하지 않는 등 일반적인 세이프가드조치의 발동 요건과는 전혀 다른 기준이다.

답 ②

05 WTO농업협정에 대한 설명으로 옳지 않은 것은?

① 공정하고 시장지향적인 농산물무역체제를 확립하기 위해 수량제한조치 이외의 모든 장벽을 폐지하기로 합의하였다.
② 회원국은 모든 비관세장벽을 철폐하고 국내외가격차를 관세상당치로 부과하여야 한다.
③ 이행기간 중 특별 긴급수입제한조치를 일정 절차에 따라 한시적으로 운용할 수 있다.
④ 한국은 쌀에 대하여 1995년부터 10년 동안 관세화 유예기간을 인정받았다.

정답 및 해설

WTO농업협정은 '예외 없는 관세화원칙'을 적용하여 모든 수량제한조치의 폐지를 원칙으로 하였다.

선지분석
② 농산물협정상 시장접근에 있어서 예외 없는 관세화원칙이 준수되어야 하며, 회원국은 교역대상이 되는 모든 농산품에 대해 원칙적으로 관세양허를 제출할 의무가 있다.

답 ①

06 WTO농업협정상 특별세이프가드에 대한 설명으로 옳지 않은 것은?

① 농산물 특별세이프가드의 경우 발동조건에 대하여 모든 이해당사국 회원에게 협의기회를 부여한다.

② 일반세이프가드와 달리 국내산업에 대한 중대한 피해를 요건으로 하지 않는다.

③ 특별세이프가드의 발동을 농업위원회에 서면으로 통보한다.

④ 구제조치로서 관세인상과 수입수량제한의 2가지가 허용된다.

> **정답 및 해설**

구제조치로서 수량제한조치는 허용되지 않는다.

☑ 선지분석

② 국내산업 피해와 무관하게 조치를 취할 수 있으나, 수입량이 기초발동수준 이상으로 증가하거나 수입가격이 기초발동가격 이하로 떨어진 경우 조치를 취할 수 있다.

③ 일반이사회가 아닌 농업위원회에 10일 이내에 관련조치에 대해 통보해야 한다.

답 ④

07 WTO협정상 이른바 'Green Box'의 의미에 대한 설명으로 옳은 것은?

① WTO보조금 및 상계조치협정상의 보조금 분류방식으로 보조금 감축대상에서 제외되는 허용보조금을 의미한다.

② WTO농업협정상의 농업보조금 분류방식으로 농업보조금 감축대상에서 제외되는 허용대상 보조금을 의미한다.

③ WTO서비스무역일반협정상의 보조금 분류방식으로 보조금 감축대상에서 제외되는 허용보조금을 의미한다.

④ WTO보조금 및 상계조치협정상 허용되는 환경보조금을 의미한다.

> **정답 및 해설**

'Green Box'는 WTO농업협정상 허용되는 보조금을 의미한다.

답 ②

08 WTO농업협정상의 보조금에 대한 설명으로 옳지 않은 것은?

① 농산물에 대하여도 수출보조금은 금지보조금으로서 금지된다.
② 무역왜곡적 효과나 생산에 미치는 효과가 없거나 보조가 있더라도 미미한 경우 국내보조는 감축대상이 되지 않는다.
③ 허용되는 보조금은 소비자로부터의 소득이전을 수반하지 않으면서 공적 재원으로 조달되는 정부의 지원프로그램에 의해 제공되며 생산자에 대한 가격지지효과가 없어야 한다.
④ 농업협정상의 허용보조금은 정부의 서비스프로그램에 의해 부여되는 보조금과 생산자에게 직접 지급되는 보조금으로 대별된다.

농업보조금에 대한 규율을 WTO보조금협정에 포함시키자는 주장도 있었으나, 그 특수성을 감안하여 농업협정에 위치시켰고 용어도 'subsidy' 대신 'support'를 주로 사용하고 있다. 보조금협정에서는 수출보조금을 금지보조금으로 명시하고 있으나, 농업협정은 GATT 제16조 제3항의 취지를 계승하여 다음에 열거한 5개 항의 수출보조금만이 허용되며 그 보조금도 6년간 이행기간을 두어 감축하도록 하고 있다. 즉, 농업협정에서의 수출보조금은 금지보조금이 아니라 감축대상보조금이다.

> **관련 이론** 수출보조감축대상
>
> 1. 수출이행을 조건으로 한 정부의 직접보조
> 2. 정부 및 정부대행기관에 의한 저가수출
> 3. 수출농산물에 대한 유통비용지원
> 4. 수출농산물에 대한 국내운송비지원
> 5. 수출상품의 원료농산물에 대한 보조금

답 ①

09 WTO농업협정에 대한 설명으로 옳은 것은?

① 우리나라 쌀시장의 경우 비교역적 관심대상 품목으로 인정받아 이행 첫 해 1%의 최소시장접근을 허용하고, 2004년까지 국내소비량의 4% 수준까지 도달하게 해야 한다.
② 시장접근에 있어서 특별세이프가드조치가 한시적으로 허용되었으며 추가적인 관세인상만 허용되었고 수출국은 보복조치를 취할 수 없었다.
③ 국내보조는 허용보조금과 감축보조금으로 구분되며 허용보조금은 보조총액 측정치를 상한선으로 하여 선진국의 경우 1995년부터 2000년간 20%를 균등감축해야 한다.
④ 수출보조금은 금지대상으로서 수출실적을 조건으로 하는 정부의 직접적 보조 등 6가지가 열거되어 있다.

특별세이프가드조치는 관세화 이행기간에만 적용되는 6년간의 한시적 조치였다.

⊘ **선지분석**
① 개발도상국 지위를 인정받은 것이다.
③ 감축보조금에 대한 설명이다.
④ 수출보조금은 금지대상이 아니라 감축대상이다.

답 ②

10

WTO기술무역장벽협정에 대한 설명으로 옳지 않은 것은?

① 기술규정이 추구하는 정당한 목적은 국가안보상 요건, 기만적 관행의 방지, 인간의 건강 또는 안전, 동물 또는 식물의 생명 또는 건강, 또는 환경의 보호 등으로 이는 예시적인 것이다.

② 기술규정은 그 채택을 야기한 상황 또는 목적이 더 이상 존재하지 아니하거나, 변화된 상황 또는 목적이 무역에 덜 제한적인 방법으로 처리될 수 있을 경우에는 유지되지 아니하여야 한다.

③ 기술규정이 요구되고 관련 국제표준이 존재하는 경우 회원국은 이러한 국제표준을 자기나라의 기술규정의 기초로서 사용해야 하며, 그 완성이 임박한 경우에도 회원국은 이러한 국제표준을 자기나라의 기술규정의 기초로서 사용해야 한다.

④ 회원국은 근본적인 기술문제 때문에 국제표준이 추구된 정당한 목적을 달성하는 데 비효과적이거나 부적절한 수단이라 하더라도 국제표준을 자기나라의 기술규정의 기초로서 사용해야 한다.

회원국은 근본적인 기술문제 때문에 국제표준이 추구된 정당한 목적을 달성하는 데 비효과적이거나 부적절한 수단일 경우 국제표준을 자기나라의 기술규정의 기초로서 사용하지 아니할 수 있다.

답 ④

11

WTO의 SPS협정에 대한 설명으로 옳은 것은?

① 회원국은 원칙적으로 SPS조치를 취할 권리를 가지지 않는다.

② 국제적 기준이 존재하지 않는 경우 회원국은 SPS조치를 취할 수 없다.

③ 회원국은 위험평가 결과 과학적 정당성이 없는 경우 어떠한 경우에도 SPS조치를 취할 수 없다.

④ SPS협정과 TBT협정이 동시에 적용될 수 있는 사안의 경우 SPS협정이 우선 적용된다.

또한 SPS협정에 합치되는 조치는 GATT1994 제20조 제(b)호 일반적 예외 중 인간, 동식물의 생명이나 건강 보호를 위한 조치에 합치되는 것으로 추정된다.

✓ 선지분석

① 회원국은 SPS조치를 취할 권리를 가진다. 따라서 SPS협정 위반을 주장하는 제소국이 그 위반에 대한 입증책임을 진다.

② 국제적 기준이 존재하지 않는 경우 회원국은 위험평가를 통해 과학적 정당성이 있다고 판단하는 경우 SPS조치를 취할 수 있다.

③ 과학적 정당성이 없는 경우 잠정조치를 취할 수 있다.

답 ④

"

12

WTO SPS협정 관련 판정례에 대한 설명으로 옳지 않은 것은?

① EC - 호르몬 사건에서 상소기구는 SPS조치와 위험평가의 결론 간에 합리적인 관계가 존재한다면 인과관계가 존재하는 것이라고 판단하였다.

② EC - Biotech Products case 패널은 위험평가는 존재하였으나 위험평가에 기초하지는 않았다고 판단하고 EC의 조치는 SPS협정에 위반된다고 판정하였다.

③ 일본 - 농산물 사건에서 상소기구의 판정례에 의하면 잠정조치를 취하기 위해서는 첫째, 조치가 관련 과학적 증거가 불충분한 경우에 취해졌고, 둘째, 입수 가능한 적절한 정보에 기초하여 채택되었으며, 셋째, 회원국이 더욱 객관적인 위험평가를 위해 필요한 추가적인 정보를 찾기 위해 노력해야 하며, 넷째, 합리적인 기간 내에 조치를 재검토해야 한다고 하였다.

④ 호주 - 연어 사건에 의하면 일단 위험에 관한 과학적 증거가 확정된 경우 회원국은 그 나름대로의 보호수준을 선택할 수 있으며, 위험도 '0' 수준을 적정보호수준으로 채택할 수 있다. EC - 호르몬 사건 패널에 의하면, 부정적 무역효과를 최소화하려는 목적은 기타 SPS협정 조항의 해석에 있어서 고려되어야 한다.

위험평가가 존재하지 않았으며, 위험평가에 기초하지도 않았다고 판단하고 EC의 조치는 SPS협정에 위반된다고 판정하였다.

⊘ 선지분석

① EC - 호르몬 사건에서는 또한 EC의 수입제한조치는 과학적 정당성이 없으며, 사전주의원칙에 대해 관습이 아니고 설령 관습이라도 SPS협정 내 규정이 존재하기 때문에 협정이 먼저 적용된다고 판단하였다.

답 ②

13

위생 및 식물위생조치의 적용에 관한 협정(SPS협정)에 대한 설명으로 옳은 것은?

① SPS조치란 해로운 물질에 대해 취해지는 조치로 그 보호대상은 인간에 한정된다.

② SPS조치는 필요한 한도 내에서 과학적인 원리와 증거에 기초해 채택되도록 해야 한다.

③ 과학적 증거는 필수요건으로서 과학적 증거가 불충분할 경우 취해질 수 없다.

④ 국제표준에 따를 경우 SPS조치의 합치로 추정되며 국제표준을 상회하는 경우 무역에 대한 위장된 제한이 되어 규제된다.

SPS협정 제2조 제2항 및 제3조에 대한 내용이다.

⊘ 선지분석

① 동 협정상 SPS조치란 해로운 물질로부터 인간, 동물, 또는 식물을 보호하기 위해 취해지는 조치이다.

③ 과학적 증거가 불충분할 경우에도 수집 가능한 적절한 정보에 기초해 SPS조치를 취할 수 있어 사전주의 원칙을 도입한 것으로 평가된다. 동 협정 제5조 제7항은 잠정조치를 규정하고 있다.

④ 국제표준을 상회하는 SPS조치를 취한 경우에는 과학적 정당성(scientific justification)을 제시하여야 한다.

답 ②

14

WTO의 SPS협정에 대한 설명으로 옳은 것은?

① EC – 호르몬 사건에서 패널은 EC의 조치에 과학적 정당성은 없으나, 잠정조치로서 인정된다고 판시하였다.

② 국제적 기준이 존재하지 않는 경우 회원국은 SPS조치를 취할 수 없다.

③ 과학적 정당성이 없는 경우 잠정조치를 취할 수 있으나, 원칙적으로 10년으로 제한된다.

④ 한국과 일본 간 후쿠시마 농수산물 분쟁 사건(2019)에서 패널은 한국의 조치가 잠정조치의 요건을 충족하지 못하다고 판시하였으나, 상소기구는 패널이 그 권한범위를 넘어서 심리한 위법이 있다고 보아 패널 판정을 파기하였다.

> **정답 및 해설**

◈ **선지분석**

① 패널은 잠정조치로 정당화될 수 없다고 하였다.

② 국제적 기준이 존재하지 않는 경우 회원국은 위험평가를 통해 과학적 정당성이 있다고 판단하는 경우 SPS조치를 취할 수 있다.

③ 잠정조치의 기한은 명시되지 않았다.

답 ④

15

세계무역기구(WTO)의 '위생 및 식물위생조치의 적용에 관한 협정'에 대한 설명으로 옳지 않은 것은?

① 인간이나 동식물의 생명 또는 건강을 보호하기 위해 필요한 위생 및 식물위생조치를 취할 수 있는 회원국의 기본적 권리를 인정한다.

② 위생 및 식물위생기준을 채택할 경우 관련 국제기구의 '기준, 지침, 권고'에 입각하도록 함으로써 국제기준과의 조화를 의무화하고 있다.

③ 어떠한 경우에도 국제기준과 상이한 국내기준을 채택할 수 없다.

④ 필요성의 원칙, 비차별 원칙, 위장된 무역제한금지 원칙, 과학적 근거 원칙 등에 입각하여 위생 및 식물위생조치를 취할 의무를 부과하였다.

> **정답 및 해설**

과학적 정당성이 있거나 회원국이 특정 보호 수준의 결과 제5조 제1항부터 제8항까지의 관련 규정에 따라 적절하다고 결정하는 경우, 회원국은 관련 국제기준, 지침 또는 권고에 기초한 조치에 의하여 달성되는 위생 또는 식물위생 보호수준보다 높은 보호를 초래하는 위생 또는 식물위생조치를 도입 또는 유지할 수 있다(SPS협정 제3조 제3항 참조).

◈ **선지분석**

② 국제표준과의 조화의무가 있으나, 특정 조치가 과학적 정당성이 있는 경우 국제표준을 상회하는 조치를 취할 수도 있다.

답 ③

16

세계무역기구(WTO)의 SPS협정에 대한 설명으로 옳은 것은?

① SPS조치를 취하는 것은 회원국의 조건부 권리(qualified right)이므로 분쟁 발생 시 조치를 취한 국가는 그 조건 충족 여부에 대해 적극적으로 입증해야 한다.

② WTO상소기구에 의하면 한국이 일본의 농수산물에 대해서만 '추가핵종검사'를 요구한 것은 농수산물이 생산되는 환경조건을 고려할 때 자의적이거나 부당한 차별에 해당되지 않는다.

③ 회원국은 위험평가 결과 과학적 정당성이 없는 경우 어떠한 경우에도 SPS조치를 취할 수 없다.

④ SPS협정과 TBT협정이 동시에 적용될 수 있는 사안의 경우 TBT협정만이 배타적으로 적용된다.

정답 및 해설

✓ 선지분석
① SPS조치는 회원국의 권리이므로 제소국이 권리 행사 조건을 갖추지 못하였음을 적극적으로 입증해야 한다.
③ 잠정조치는 과학적 정당성이 없어도 일정한 조건하에 취할 수 있다.
④ SPS협정만이 배타적으로 적용된다.

답 ②

17

한국 – 일본 농수산물 수입규제 사건(2019)에 대한 설명으로 옳은 것은?

① 패널은 원자력 발전시설 파괴로 일본과 다른 나라가 유사한 조건에 있는 것은 아니지만 일본 식품에 대해서만 강화된 규제를 적용한 한국의 조치는 SPS협정을 지나치게 확대해석한 조치이므로 부당한 차별에 해당한다고 판시하였다.

② 상소기구는 패널이 판정의 여러 부분에서 방사능 오염환경이 식품에 미칠 수 있는 잠재적 위해성을 인정하고 있음에도 불구하고 오염환경으로 인한 잠재적 위해성에 대한 분석을 배제하고 식품에 현존하는 위해성만 검토함으로써 SPS협정을 잘못 적용하였다고 보았다.

③ 잠정조치에 대하여 패널은 한국의 조치가 잠정조치요건을 충족하지 못하였다고 판단하였으나, 상소심은 잠정조치요건을 충족한다고 보았다.

④ 패널은 한국이 요구한 추가핵종검사는 과학적 정당성이 확인되지 않으므로 협정에 위반된다고 하였다.

정답 및 해설

✓ 선지분석
① 패널은 환경조건은 고려하지 않고 상품 자체에 함유될 수 있는 세슘 농도를 놓고 보았을 때, 일본과 다른 국가가 유사한 조건에 있다고 보고, 일본에 대해서만 추가핵종검사를 요구한 것은 부당한 차별이라고 하였다.
③ 상소심은 잠정조치요건 충족 여부보다는 패널이 심사할 수 있는 범위를 초과하여 월권행위를 한 것이라고 보아 패널 판정을 파기하였다.
④ 과학적 정당성에 대해서는 직접적으로 다루어지지 않았다.

답 ②

18 한국 – 일본 농수산물 수입규제 사건(2019)에 대한 설명으로 옳지 않은 것은 모두 몇 개인가?

ㄱ. 대체로 패널은 한국의 조치가 SPS협정에 위반된다고 보았으나, 상소심은 패널 판정을 대부분 파기하였다.

ㄴ. 패널은 일본과 다른 나라가 유사한 조건하에 있음에도 일본 식품에 대해서만 강화된 규제를 적용한 한국의 조치는 부당한 차별에 해당한다고 판시하였다.

ㄷ. 상소기구는 패널이 판정의 여러 부분에서 방사능 오염환경이 식품에 미칠 수 있는 잠재적 위해성을 인정하고 있음에도 불구하고 오염환경으로 인한 잠재적 위해성에 대한 분석을 배제하고 식품에 현존하는 위해성만 검토함으로써 SPS협정을 잘못 적용하였다고 보았다.

ㄹ. 패널은 한국의 조치가 필요 이상의 무역제한조치라고 판단하였으나, 상소심은 한국이 설정한 보호 수준에 비추어 볼 때 필요 이상의 무역제한조치라는 점에 대해 패널이 충분히 심리하지 않았다고 보았다.

ㅁ. 잠정조치에 대하여 패널은 한국의 조치가 잠정조치요건을 충족하지 못했다고 판단하였으나, 상소심은 잠정조치요건을 충족한다고 보았다.

① 1개　　　　　　　　　　　　　② 2개

③ 3개　　　　　　　　　　　　　④ 4개

한국 – 일본 농수산물 수입규제 사건(2019)에 대한 설명으로 옳지 않은 것은 ㅁ. 1개이다.

ㅁ. 상소심은 패널의 위임사항을 벗어난 월권행위를 한 것이라고 보고 패널 판정을 파기하였다.

답 ①

19 세계무역기구(WTO)에서 관할하는 무역관련투자조치협정에 대한 설명으로 옳지 않은 것은?

① 상품무역과 관련된 투자조치에만 적용된다.

② 투명성 원칙이 적용된다.

③ 개발도상국에 대한 우대규정이 없다.

④ 1994년 관세 및 무역에 관한 일반협정(GATT) 제20조(일반적예외)와 제21조(국가안보예외)에 입각한 무역관련투자조치는 예외적으로 허용된다.

개발도상국인 회원국은 제2조의 규정으로부터 일시적으로 이탈할 수 있다(TRIMs협정 제4조).

✓ 선지분석

① 상품무역에 관련된 직접 투자 조치, 즉 무역관련 직접투자조치에만 적용되며, 서비스나 간접투자조치에 대해서는 적용되지 않는다. 조약에는 금지되는 무역관련투자조치 유형이 예시되어 있다. GATT1994 제3조에 위반되는 현지부품조달의무, 수출입균형의무와 같은 조치 또는 GATT1994 제11조 제1항에 위반되는 외환구입제한, 수출제한 조치 등이 예시되어 있다.

답 ③

20

WTO무역관련투자조치협정에 대한 설명으로 옳지 않은 것은?

① 전적으로 상품무역에 대한 투자조치에만 적용된다.
② 해외직접투자뿐만 아니라, 증권투자 등 간접투자에 대해서도 적용된다.
③ 기술이전의무와 국내지분참여의무에 대해서는 적용되지 않는다.
④ GATT1994상 내국민대우 원칙과 수량제한금지 원칙에 위반하는 무역관련투자조치를 허용하지 않는다.

| 정답 및 해설 |

WTO무역관련투자조치협정은 직접투자를 대상으로 적용된다.

 **선지분석**
① 외국인의 국내투자뿐 아니라, 내국인의 국내투자에 대해서도 적용된다(Indonesia Autos 사건).

답 ②

21

WTO 무역관련투자조치협정(TRIMs)에 대한 설명으로 옳은 것은?

① TRIMs는 직접투자뿐만 아니라 간접투자까지 대상으로 한다.
② 외환구입제한조치나 수출제한조치는 TRIMs협정상 GATT 제3조에 위반되는 조치이다.
③ 패널은 TRIMs협정상의 투자조치에 외국인투자 및 국내투자가 포함된다고 하였다.
④ 회원국은 WTO협정 발효 후 90일 이내에 TRIMs에 위배되는 자국의 모든 무역관련 투자조치를 일반 이사회에 통보해야 한다.

| 정답 및 해설 |

선지분석
① 간접투자는 대상에서 제외된다.
② 외환구입제한, 수출제한, 수입제한은 GATT1994 제11조 제1항 수량제한금지원칙에 위반되는 조치이다.
④ 일반이사회가 아닌 상품교역에 관한 이사회에 통보해야 한다.

답 ③

22 세계무역기구(WTO)의 'Indonesia Autos 사건(1998)'의 주요 쟁점 및 판결 내용에 대한 설명으로 옳지 않은 것만을 모두 고른 것은?

> ㄱ. 패널은 인도네시아의 국산품 사용요건은 TRIMs협정 제2조 제1항 적용 대상 조치라고 판단하였다.
> ㄴ. 패널은 TRIMs협정 제2조 제1항상 '무역과 관련된 투자조치'란 무역에 영향을 미치는(affecting) 조치라고 판단하였다.
> ㄷ. 인도네시아의 국산부품 사용요건은 GATT1994 제3조 제4항상 내국민대우원칙에 위배되나 제3조 제8항 제(b)호에 의해 정당화되는 조치라고 판단하였다.
> ㄹ. 패널은 GATT1994와 SCM협정은 경우에 따라 상충할 수 있다고 보고 동시에 적용될 수 없다고 보았다.

① ㄱ, ㄴ

② ㄱ, ㄹ

③ ㄴ, ㄷ

④ ㄷ, ㄹ

WTO의 'Indonesia Autos 사건(1998)'의 주요 쟁점 및 판결 내용에 대한 설명으로 옳지 않은 것은 ㄷ, ㄹ이다.

ㄷ. 제3조 제8항 제(b)호에서는 국내생산자들에게 직접 지급되는 보조금을 허용하는 조항이다. 따라서 인도네시아의 국산부품 사용요건은 제3조 제8항 제(b)호에 의해 정당화될 수 없다.

ㄹ. 인도네시아는 SCM협정이 GATT 제16조를 구체화하고 있는 GATT에 대한 특별법이므로 본 사안에 있어서는 SCM협정만 적용되어야 하며 GATT 제3조를 고려하여서는 아니 된다고 주장하였으나 패널은 이를 기각하였다. 그 논거로서, 첫째 GATT 제3조와 제16조는 GATT체계의 시초부터 병존해 왔으므로 이는 양 규정이 상호보완적이라는 것을 의미하고, 둘째 GATT 제3조와 SCM협정이 특정 조치에 중첩되어 있는 것 같지만 두 규정은 다른 목적과 다른 적용범위를 가지고 있으며 다른 분쟁해결시한, 구제수단, 이행요건을 제공하고 있으므로 특정 조치에 대해 GATT 제3조와 SCM협정이 동시에 적용될 수 있다고 평석하였다.

답 ④

23 WTO 원산지협정에 대한 설명으로 옳은 것은?

① 원산지표시제도가 보호주의적 비관세장벽으로 사용되는 것을 방지하기 위하여 GATT 제9조에서는 원산지표시에 관한 규정을 두고 있다.

② 원산지규정은 원산지를 부여받을 수 있는 기준을 중심으로 기술하는 소극적인 기준(Positive Standard)을 기초로 하여야 한다.

③ 과도기간 중 원산지 판정에 있어서 가공공정기준이나 부가가치기준을 선택적으로 적용할 수 있으나 세번변경기준은 적용할 수 없다.

④ 쿼터제도의 적용의 목적으로 사용되는 원산지규정은 특혜 원산지규정으로서 원산지규정협정의 적용 대상이다.

② 적극적인 기준(Positive Standard)을 기초로 하여야 한다.

③ 가공공정기준을 적용해야 하는 것은 아니나 가공공정기준이 적용되는 경우, 관련 제품의 원산지를 부여하는 공정이 정확하게 명시되어야 한다.

④ 비특혜 원산지규정으로서 원산지규정협정의 적용 대상이다.

답 ①

24 원산지협정에 대한 설명으로 옳지 않은 것은?

① 각국의 원산지규정은 그 사용목적에 따라 특혜원산지규정과 비특혜원산지규정으로 구분할 수 있다.
② 원산지협정은 비특혜원산지규정만을 규제대상으로 한다.
③ 일반특혜관세의 적용, 반덤핑·상계관세의 부과, GATT·WTO의 최혜국대우조항의 적용 등의 경우에 관세 관련 원산지규정이 적용된다.
④ 실질적 변형을 판단함에 있어서 부가가치기준을 적용하도록 의무화하였다.

정답 및 해설

실질적 변형을 판단하는 기준으로 세번변경기준, 부가가치기준, 제조가공공정기준 등이 있으나, 원산지협정은 특정 기준을 적용할 것을 의무화하지 않고, WTO 회원국들의 재량에 맡기되 특정 기준을 적용함에 있어서 비차별적으로 명확하게 적용할 것을 요구하였다.

✅ 선지분석
① 원산지 판정기준은 재량으로 선택이 가능하며, 주로 농산물이나 양식장 어류에는 완전생산 기준이, 공산품에는 실질적 변형기준이 적용된다.
② 특혜원산지규정에는 FTA나 GSP 등이 있다.

답 ④

25 기술무역장벽(TBT)협정에 대한 설명으로 옳은 것은?

① TBT협정은 기만적 관행의 방지라는 단일목표를 지니고 있다.
② 내국민대우 원칙과는 관련이 없다.
③ 기술규정, 표준 및 적합판정절차를 적용범위로 한다.
④ 국제표준은 참고대상일 뿐 준수의무는 없다.

정답 및 해설

기술규정은 제품의 특성 또는 관련 공정 및 생산방법에 관한 행정규정을 포함한 문서로, 국제표준과 달리 준수가 강제적이다. 적합성 판정절차란 기술규정 또는 국제표준 관련요건이 충족되었는지를 결정하기 위해 직접 또는 간접적으로 이용되는 모든 절차를 말한다.

✅ 선지분석
① 기술무역장벽(TBT)협정은 사람의 안전과 건강의 보호, 동식물의 생명과 건강의 보호, 환경보호, 기만적 관행의 방지라는 4가지 목표를 가지고 있다.
② 내국민대우 원칙을 준수해야 한다.
④ 각 중앙정부는 각국 기술규정 제정에 있어 이미 존재하거나 그 성립이 조만간 이루어질 국제표준을 따라야 한다 (TBT협정 제2조 제4항).

답 ③

26 WTO기술무역장벽협정에 대한 설명으로 옳지 않은 것은?

① 기술규정이 추구하는 정당한 목적은 국가안보상 요건, 기만적 관행의 방지, 인간의 건강 또는 안전, 동물 또는 식물의 생명 또는 건강, 또는 환경의 보호 등으로 이는 예시적인 것이다.

② 기술규정은 그 채택을 야기한 상황 또는 목적이 더 이상 존재하지 아니하거나, 변화된 상황 또는 목적이 무역에 덜 제한적인 방법으로 처리될 수 있을 경우에도 회원국이 유지의 필요성을 인정하는 경우 유지할 수 있다.

③ 기술규정이 요구되고 관련 국제표준이 존재하는 경우 회원국은 이러한 국제표준을 자기나라의 기술규정의 기초로서 사용해야 하며, 그 완성이 임박한 경우에도 회원국은 이러한 국제표준을 자기나라의 기술규정의 기초로서 사용해야 한다.

④ 회원국은 근본적인 기술문제 때문에 국제표준이 추구된 정당한 목적을 달성하는 데 비효과적이거나 부적절한 수단일 경우 국제표준을 자기나라의 기술규정의 기초로서 사용하지 아니할 수 있다.

> **정답 및 해설**
>
> 기술규정은 그 채택을 야기한 상황 또는 목적이 더 이상 존재하지 아니하거나, 변화된 상황 또는 목적이 무역에 덜 제한적인 방법으로 처리될 수 있을 경우에는 유지되지 아니하여야 한다.
>
> 답 ②

27 'EC-Hormones 사건(1998)'의 주요 쟁점 및 판결 내용에 대한 설명으로 옳은 것만을 모두 고른 것은?

ㄱ. 패널은 SPS협정 제3조 제1항상 국제표준에 기초(based on)한다는 것은 국제표준에 부합(conform to)하는 것이라고 보고, 상소기구는 이를 지지하였다.

ㄴ. 상소기구는 피제소국(EC)의 조치가 SPS협정 제3조 제1항 및 제3항에 합치되지 않음을 제소국(미국과 캐나다)이 입증하여야 한다고 판단하였다.

ㄷ. 상소기구는 SPS조치와 위험평가의 결론 간에 합리적인 관계가 존재한다면 인과관계가 존재하는 것이라고 판단하였다.

ㄹ. TBT협정과 SPS협정이 동시에 적용될 수 있는 사안의 경우 SPS협정이 우선 적용된다.

① ㄱ, ㄴ   ② ㄱ, ㄹ

③ ㄴ, ㄷ, ㄹ   ④ ㄱ, ㄴ, ㄷ, ㄹ

> **정답 및 해설**
>
> 'EC-Hormones 사건(1998)'의 주요 쟁점 및 판결 내용에 대한 설명으로 옳은 것은 ㄴ, ㄷ, ㄹ이다.
>
> **☑ 선지분석**
>
> ㄱ. 상소기구는 국제표준에 기초(based on)한 조치와 부합되는 조치가 반드시 같은 것은 아니며 국제표준의 요소를 부분적으로 채택하는 경우에도 국제표준에 기초(based on)한 것이라고 할 수 있다고 설명하며 패널의 판정을 번복하였다.
>
> 답 ③

28 'EC – Approval and Marketing of Biotech Products(2006)'의 주요 쟁점 및 판결의 내용에 대한 설명으로 옳지 않은 것만을 모두 고른 것은?

> ㄱ. SPS협정의 적용 가능성이 주요 쟁점이 된 판례이다.
> ㄴ. 패널은 EC의 조치가 위험평가에 기초하였다고 판단하였다.
> ㄷ. 패널은 '기초'의 의미를 위험평가와 문제가 된 조치 간의 '합리적 관계의 존재'로 해석하였고 상소심은 이를 지지하였다.
> ㄹ. 패널은 EC의 잠정조치 발동에 과학적 증거가 불충분하였다고 최종결론을 내렸다.

① ㄱ, ㄴ
② ㄱ, ㄷ
③ ㄴ, ㄹ
④ ㄷ, ㄹ

정답 및 해설

'EC – Approval and Marketing of Biotech Products(2006)'의 주요 쟁점 및 판결의 내용에 대한 설명으로 옳지 않은 것은 ㄴ, ㄹ이다.

ㄴ. EC의 GMO상품의 판매 승인 절차 등을 규율하는 지침 또는 규정의 SPS협정 위반 여부가 쟁점이 된 본 사건에서 패널은 EC의 조치 적용 과정에서 위험평가가 존재하지 않았으며, 위험평가에 기초하지도 않았다고 판단하고 EC의 조치는 SPS협정 제5조 제1항 위반에 해당한다고 판단하였다.

ㄹ. 패널은 EC가 판매중단조치를 채택하면서 대상 GMO상품의 위험평가를 실시하였다고 주장한 점에 주목하여 만일 과학적 증거가 충분하지 않다면 위험평가 자체를 실시할 수 없었을 것이라고 판단하였다. 따라서 과학적 증거가 불충분하지 않았다고 최종결론을 내리고 EC의 조치는 제5조 제7항 위반을 구성한다고 판시하였다.

> **관련 이론** SPS협정 제5조 제7항상 잠정조치의 요건
>
> 다음 4가지 요건 중 하나라도 누락되는 경우 해당 조치는 제5조 제7항에 위반된다.
> 1. 과학적 증거가 불충분할 것
> 2. 입수 가능한 적절한 정보에 기초하여 잠정조치 발동을 채택할 것
> 3. 회원국이 더욱 객관적인 위험평가를 위해 필요한 추가적 정부 입수를 위해 노력할 것
> 4. 합리적 기간 내 조치를 검토해야 할 것

답 ③

01

WTO반덤핑협정에 대한 설명으로 옳지 않은 것은?

① WTO반덤핑협정은 동종상품의 범위 결정 기준에 대해 명시적 규정을 두지 않았다.
② 피해판정과 관련하여 가격에 미치는 영향을 평가함에 있어서 가격하락이란 저가의 덤핑수입상품으로 인하여 동종상품의 국내가격이 현저하게 하락하는 것을 의미한다.
③ WTO분쟁해결사례에 의하면 피해판정에 있어서 조사기간 중 일정 기간 동안 수출상품의 가격이 국내 가격을 상회한 경우 부정적인 가격효과가 있었다고 판단하지 못한다.
④ 덤핑마진이 2% 미만인 경우 최소허용수준에 해당하여 반덤핑조치를 취할 수 없다.

정답 및 해설

일정 기간 동안 수출상품의 가격이 국내가격을 상회하였다고 해서 부정적인 가격효과가 있었다고 판단하지 못하는 것은 아니다.

✓ 선지분석

① WTO체제 내에서 동종상품에 대해 명시적으로 규명하고 있는 조항은 없다.
② 피해판정 시 수입물량, 가격, 국내산업에 대한 영향을 종합적으로 고려해야 하는데, 이 중 가격에 대한 판단요소로는 가격 인하(price undercutting), 가격 하락(depress prices), 가격 인상 억제가 있다.

답 ③

02

WTO반덤핑협정에 대한 설명으로 옳지 않은 것은?

① 반덤핑조치의 발동을 위해서는 덤핑사실이 존재할 것과 덤핑으로 인해 국내산업에 실질적인 피해 또는 피해의 우려가 있어야 한다.
② 각 국가로부터의 수입으로 인한 효과를 개별적으로 평가한다면 어떤 피해도 인정되지 아니하는 경우에 각각의 피해를 합산한 자료를 근거로 피해결정을 내리는 것은 부당하다는 일부 국가들의 주장을 수용하여 협정에서는 예외적인 경우에 한하여 피해의 누적평가를 허용하고 있다.
③ 피해의 결정은 명백한 증거(Positive evidence)에 근거해야 하는데, 여기에는 덤핑수입의 물량 및 덤핑수입품이 동종물품의 가격에 미치는 영향 등에 관한 객관적 검토를 포함한다.
④ 반덤핑협정은 우회덤핑에 대해 규정하고 있지 않으므로 WTO의 모든 회원국은 이를 규제하지 않고 있다.

정답 및 해설

국내법으로 우회덤핑을 규제하고 있는 국가가 많다. 미국이나 유럽연합이 대표적이다.

✓ 선지분석

③ 피해판정 시 수입물량, 가격, 국내산업에 대한 영향을 종합적으로 고려해야 하는데, 이 중 국내산업에 대한 영향을 판단할 때에는 판매, 이윤, 생산량, 시장점유율, 생산성, 투자수익률, 설비가동률의 실제적 잠재적 감소, 덤핑마진의 크기 등을 전부 조사해야 한다. 이들 가운데 일부가 반드시 결정적인 지침이 될 수 없다.

답 ④

03 WTO협정상의 반덤핑제도와 세이프가드제도를 비교한 설명으로 옳지 않은 것은?

① 기본적으로 반덤핑제도는 불공정무역에 대한 규제라는 점에서 세이프가드제도와 취지를 달리한다.
② 국내산업에 대한 피해의 정도에 있어, 세이프가드제도는 반덤핑제도보다 더욱 심한 피해를 그 발동요건으로 하고 있다.
③ 세이프가드제도는 수량제한 형태로만 수입품에 대한 제한이 가해지는 반면, 반덤핑제도는 관세의 인상 형태로만 제한이 가해지는 차이가 있다.
④ 세이프가드조치는 상대국에 대한 보상을 전제로 하나, 반덤핑조치는 그렇지 아니하다.

관세인상 형태도 세이프가드조치로 인정된다.

☑ 선지분석
①, ② 세이프가드조치란 수입 증가로 초래된 특정 국내산업의 피해를 한시적으로 구제해 줌으로써 당해 국내산업을 보호할 목적으로 행사되는 예외적 조치로, 상대국의 적법한 조치에 대해서 발동하기 때문에 반덤핑조치와 달리 '심각한' 피해 정도를 요구한다.

답 ③

04 반덤핑협정에 대한 설명으로 옳지 않은 것은?

① GATT·WTO체제는 덤핑행위 자체를 위법하게 보고 규제하고 있다.
② 덤핑은 동종의 물품을 복수국가에 다른 가격으로 판매하는 것을 의미하는 것으로 가격차별의 일종이다
③ 반덤핑조치는 불공정무역을 제거하고자 함에 그 목적이 있지만 각국이 이를 자의적으로 부과함으로써 오히려 대표적인 비관세장벽이 되고 있다.
④ 덤핑은 상품의 가격인하로 소비자 후생 증가, 수입국 물가 안정과 같은 긍정적 효과가 있으나 시장질서 교란, 수입국 국내산업 위축을 이유로 규제된다.

GATT 제6조에서 일정한 요건에 해당하는 덤핑행위에 대해서만 반덤핑관세를 부과할 수 있다고 규정하고 있으므로 GATT·WTO법상 그 자체가 위법한 것은 아니다.

☑ 선지분석
② WTO협정 부속서상의 용어로 표현하면 덤핑은 수출가격이 정상가격보다 낮은 경우에 존재한다.
③ 각국이 반덤핑조치를 자의적으로 운영함으로써 반덤핑법 및 상계관세법 자체를 규제하는 것이 오늘날 국제적 반덤핑규범 및 상계관세규범의 목적으로 보아야 한다는 견해가 유력하다(Jackson).

답 ①

05 WTO반덤핑협정의 실체적 요건에 대한 설명으로 옳지 않은 것은?

① 덤핑으로 인해 수입국의 관련 산업이 실질적 피해(material injury)를 입거나 피해의 우려가 있거나 또는 국내산업의 설립을 실질적으로 지연시켜야 한다.
② 긴급수입제한조치 발동을 위해 요구되는 중대한 피해(serious injury)와 실질적 피해(material injury)와는 차이가 있다.
③ 동 협정은 최소허용 덤핑마진율을 2%로 규정하였다.
④ 국내산업의 제소적격은 지지 또는 반대의 의사표명을 한 기업 중 동종물품 총생산의 25%를 상회하는 생산자 및 국내산업의 총체적 산출량의 25% 이상 생산자의 지지를 받아야 한다.

> **정답 및 해설**

동 신청에 찬성한 국내생산자의 동종물품의 총생산량이 찬반의사표시에 참여한 국내생산자의 총생산량의 50%를 초과하고 국내산업의 총체적 산출량의 25% 이상의 생산자의 지지를 받아야만 제소적격이 인정된다(반덤핑협정 제5조 제4항).

⊘ 선지분석
② 중대한 피해와 실질적 피해를 명시하는 정의 조항은 없지만, 중대한 피해는 실질적 피해보다 높은 수준의 피해를 의미한다.

답 ④

06 덤핑사실의 존재를 확인하는 방법에 대한 설명으로 옳은 것은?

① 정상가격 결정 시 단위비용 미만의 판매는 조사기관의 재량에 따라 모두 제외될 수 있다.
② 정상가격은 국내판매가격 또는 제3국 수출가격 중에 하나로 재량적으로 결정된다.
③ 국내판매가격이나 제3국 수출가격을 이용하지 못할 경우 이용되는 구성가격은 생산비용으로 결정된다.
④ 수출가격의 경우 실제수출가격이 없거나 신빙성이 없다면 조사기관이 수출가격을 구성할 수 있다.

> **정답 및 해설**

수출가격은 당사자들이 계약서에 정해 놓은 가격을 출발점으로 하여 여기에 수송비나 관세 및 조세 등의 비용과 이윤을 공제하여 산정한다. 이때 실제수출가격이 없거나 신빙성이 없을 경우 조사당국은 수출가격을 구성할 수 있다(반덤핑협정 제2조 제3항).

⊘ 선지분석
① 단위생산비용 미만의 판매는 재량적으로 그 판매를 제외할 수 있지만, '상당기간(일반적으로 1년, 최소 6개월 이상)' 동안 '상당량(거래량의 20% 이하)' 이루어지고, '합리적 기간' 내에 총비용을 회수하지 못하는 가격으로 이루어져야 한다(동 협정 제2조 제2항).
② 정상가격은 1차적으로 수출국 내에 소비되는 동종상품의 통상적 거래 가격으로 결정되며 이 방법으로 산출이 불가능할 경우 제3국 수출가격이나 구성가격이 이용된다(동 협정 제2조 제2항).
③ 구성가격은 생산비용에 합리적인 금액의 관리비, 판매비, 일반비용 및 이윤을 합산한 가격이다(동 협정 제2조 제2항).

답 ④

07 반덤핑협정에서 가격의 공정한 비교에 대한 설명으로 옳은 것은?

① 가격비교 시 가중평균 또는 개별가격 비교방식 모두 동일한 기준이면 이용 가능하다.
② 수출가격과 정상가격은 거래단계가 반드시 같아야 하는 것은 아니다.
③ 표적덤핑이 존재하는 경우에도 가중평균가격과 개별수출가격이 비교되어서는 안 된다.
④ 제로잉(zeroing)은 원칙적으로 금지되나 판례의 동향을 보면 충분한 이유가 설명되는 경우 예외적으로 허용된다.

반덤핑협정은 원칙적으로 정상가격과 수출가격을 가중평균 또는 개별가격의 동일한 기준으로 비교하도록 하고 있다.

⊘ 선지분석
② 수출가격과 정상가격은 공정하게 비교되어야 하므로 양 가격은 동일한 단계, 통상 공장도 단계에서 가능한 한 동일한 시기에 이루어진 판매를 대상으로 하며, 그 밖에 판매조건, 과세 등 가격비교에 영향을 미치는 차이점들을 고려하여 적정한 공제를 해야 한다(반덤핑협정 제2조 제4항).
③ 표적덤핑은 구매자나 지역, 기간별로 현저히 다른 수출가격이 존재하는 경우이다. 이러한 경우에 가중평균 또는 거래별 비교의 사용으로 이러한 차이점이 고려될 수 없다면 가중평균가격과 개별수출가격을 비교할 수 있다(동 협정 제2조 제4항).
④ 제로잉(Zeroing)은 동 협정 제2조 제4항의 해석상 배제되며 판례 역시 일관되게 제로잉(Zeroing)을 금지하고 있다. US – Zeroing Case의 경우 제로잉 법규 그 자체(as such)를 위법하다고 판단한 바, 예외를 허용하고 있다고 볼 수 없다.

답 ①

08 반덤핑협정에서 실체적 요건에 대한 설명으로 옳은 것은?

① 반덤핑관세를 부과하기 위해서는 덤핑의 존재, 국내산업의 피해, 인과관계라는 3가지 요건이 요구된다.
② 피해에는 국내산업에 대한 심각한 피해, 심각한 피해의 우려 및 산업 확립의 실질적 지연이 포함된다.
③ 최소허용 덤핑마진은 3%이며, 최소허용 수입물량은 7%이다.
④ 인과관계를 검토하기 위해서 조사기관은 주요 관련 증거(major relevant evidence)를 검토하여 타 요소로 인해 피해를 당해 수입품에 귀속시켜서는 안 된다.

⊘ 선지분석
② 피해에는 국내산업에 대한 실질적 피해(material injury), 심각한 피해의 우려(threat of injury) 및 산업 확립의 실질적 지연(retardation of the establishment)이 포함된다.
③ 최소허용 덤핑마진은 2%이며, 한 국가당 최소허용 수입물량은 3%이고 복수국가 시 7%이다(반덤핑협정 제5조 제8항).
④ 인과관계를 입증하기 위해서는 제시된 모든 관련 증거(all relevant evidence)를 검토해야 한다.

답 ①

 반덤핑협정의 절차적 요건에 대한 설명으로 옳은 것은?

① 조사절차는 수입국의 국내산업 또는 이를 대신하여 행해진 서면신청으로만 개시된다.
② 국내산업이 신청하는 경우 찬성한 생산자의 총생산량이 의사표시를 한 생산자의 총생산량의 25%를 초과하고 국내산업의 총체적 산출량의 50% 이상의 생산자의 지지를 받아야 한다.
③ 덤핑마진 산정 시 모든 수출입자 및 상품을 조사해야 하며 표본조사(sampling)는 허용되지 않는다.
④ 이해당사자가 합리적 기간 내에 정보 접근을 거부하거나 제공하지 아니하는 경우에는 입수 가능한 사실에 근거하여 판정을 내릴 수 있다.

> **정답 및 해설**

이해당사자가 합리적인 기간 내에 필요한 정보에의 접근을 거부하거나 달리 동 정보를 제공하지 아니하는 경우, 또는 조사를 중대하게 방해하는 경우에는 입수 가능한 사실, 즉 입수 가능 증거(best information available: BIA)에 기초하여 판정을 내릴 수 있다.

✔ 선지분석
① 당사자의 신청이 없어도 관계당국이 충분한 증거가 있다고 판단하는 경우 직권으로 조사개시를 결정할 수 있다(반덤핑협정 제5조 제6항).
② 국내산업이 신청하는 경우 찬성한 생산자의 총생산량이 의사표시를 한 생산자의 총생산량의 50%를 초과하고 국내산업의 총체적 산출량의 25% 이상의 생산자의 지지를 받아야 한다(동 협정 제5조 제4항).
③ 원칙적으로 각 수출자 혹은 생산자별로 덤핑마진을 사전해야 하나, 관련 수출자, 수입자, 상품 수가 많은 경우 표본조사(sampling)를 할 수 있다(동 협정 제6조 제10항).

답 ④

10 WTO반덤핑협정에 대한 설명으로 옳은 것은?

① 덤핑수입이 관련 국내산업에 미치는 영향에 대한 조사는 판매, 이윤, 생산량, 시장점유율, 생산성, 투자수익률, 또는 설비가동률의 실제적이고 잠재적인 감소, 국내가격에 영향을 미치는 요소, 덤핑마진의 크기, 자금 순환, 재고, 고용, 임금, 성장, 자본 또는 투자 조달능력에 대한 실제적이며 잠재적인 부정적 영향 등 산업의 상태에 영향을 미치는 경제적 요소와 지표에 대한 평가를 포함하며, 이러한 요소는 누적적이고, 이들 가운데 판매, 이윤, 생산량, 시장점유율이 결정적인 지침이라고 하였다.
② 상품이 2개국 이상으로부터 수입되고, 동시에 반덤핑조사의 대상이 되는 경우 조사기관은 수입상품으로 발생하는 피해의 효과를 누적적으로 평가할 수 있으나 각국으로부터 수입된 상품의 덤핑마진이 최소허용수준을 초과하지 않아야 한다.
③ 덤핑의 결과로서 국내산업에 피해가 야기되었어야 함을 입증하기 위해 조사기관은 제시된 모든 관련증거를 검토해야 하나, 국내산업에 피해를 초래하는 덤핑수입품 이외 알려진 요소는 검토할 필요가 없다.
④ 예비판정은 의무적이지 않으나 잠정조치를 취하거나 가격인상약속을 제안 또는 수락하기 위해서는 반드시 긍정적 예비판정이 전제되어야 한다.

> **정답 및 해설**

잠정조치의 예시로는 잠정관세를 부여하거나 보증금을 요구하는 조치 등이 있다.

✔ 선지분석
① 이들 가운데 일부가 반드시 결정적인 지침이 될 수는 없다.
② 덤핑마진이 최소허용수준을 초과해야 한다.
③ 국내산업에 피해를 초래하는 덤핑수입품 이외 모든 알려진 요소를 검토해야 한다.

답 ④

11

US – Offset Act 사건(2003)에 대한 설명으로 옳은 것은 모두 몇 개인가?

> ㄱ. 패널에 따르면 재정적 인센티브 부여가 국내생산자들에게 조사신청을 지지하도록 '사실상 강제'하고 있으므로 제소자격에 관한 반덤핑협정의 관련 규정을 위반한다.
> ㄴ. 상소심은 패널과 마찬가지로 사실상의 강제는 제소자격에 대한 관련 규정을 위반한다고 하였다.
> ㄷ. 덤핑에 대응한 조치로서 잠정조치, 가격인상 약속, 확정조치 이외에는 취해질 수 없다.
> ㄹ. 패널에 따르면 덤핑에 대응한 조치란 덤핑과 수입국이 취한 조치 간 '부정적 관계'가 있어야 하며, 재정적 재원의 이전이 있다면 부정적 관계가 있는 것으로 볼 수 있다.
> ㅁ. 수입국은 반덤핑조치를 덤핑마진을 초과하여 부과할 수 없으며, 부과에 있어서 경미과세원칙(lesser duty rule)이 법적 의무로서 적용된다.

① 1개　　　　　② 2개　　　　　③ 3개　　　　　④ 4개

US – Offset Act 사건(2003)에 대한 설명으로 옳은 것은 ㄱ, ㄷ, ㄹ 3개이다.

⊘ 선지분석

ㄴ. 상소심은 패널 판정을 파기하였다. 법적 강제가 있어야 한다고 하였다.
ㅁ. 경미과세원칙(lesser duty rule)은 법적 의무가 아니다.

답 ③

12

US – Offset Act 사건(2003)의 주요 쟁점 및 판결 내용으로 옳은 것만을 모두 고른 것은?

> ㄱ. 미국의 조치의 덤핑에 대한 대항성을 인정하였다.
> ㄴ. 반덤핑협정 제18조 제1항상 'GATT1994의 규정에 따르는 경우'란, 잠정조치, 가격인상 약속, 확정관세의 부과에 국한된다.
> ㄷ. 패널은 '부정적 관계(adverse bearing)'를 피제소국의 덤핑조치를 단념하게 하는 효과가 있는 조치로 해석하였다.
> ㄹ. 상소기구는 버드수정법(Byrd Amendment)이 국내생산자들로 하여금 조사신청을 지지하도록 사실상 강제하는 것은 반덤핑협정에 위반된다고 판정하였다.

① ㄱ　　　　　② ㄱ, ㄴ　　　　　③ ㄱ, ㄴ, ㄷ　　　　　④ ㄱ, ㄴ, ㄷ, ㄹ

'US – Offset Act 사건(2003)'의 주요 쟁점 및 판결 내용으로 옳은 것은 ㄱ, ㄴ, ㄷ이다.

⊘ 선지분석

ㄹ. 동 사건에서 제소국들은 '버드수정법(Byrd Amendment)'이 반덤핑 조사신청에 찬성한 국내생산자들에게 재정적 인센티브를 부여함으로써 찬성의 수준을 객관적이고 성실한 방법으로 조사하지 못하도록 방해한다고 주장하였다. 패널은 재정적 인센티브 부여가 국내생산자들에게 조사신청을 지지하도록 '사실상 강제'하고 있으므로 AD협정 제5조 제4항과 SCM협정 제11조 제4항에 위반된다고 판정하였으나 상소기구는 인센티브를 부여하는 것 자체가 특정한 행동을 강제하거나 요구하는 것은 아니라고 보고 패널 판정을 파기하였다.

답 ③

13 제로잉(zeroing)에 대한 WTO 분쟁해결사례에 대한 설명으로 옳지 않은 것만을 모두 고른 것은?

> ㄱ. 'US – Stainless Steel 사건(2001)'에서 패널은 제로잉(zeroing)에 있어 다중평균산정방식의 위법성을 확인하였다.
> ㄴ. 'EC – Bed Linen 사건(2001)'에서 상소기구는 EC의 원심단계에서 A – A비교가 반덤핑협정 제2조 제4항 위반에 해당한다고 판시하였다.
> ㄷ. 'US – Corrosion – Resistent Steel Sunset Review 사건(2004)'에서 상소기구는 반덤핑협정 제2조 제1항 상의 '이 협정을 위하여(For the purpose of this agreement)'라는 문구에 비추어 볼 때 제2조상 덤핑의 정의는 반덤핑협정 전반에 적용된다고 판정하였다.
> ㄹ. 'US – Zeroing 사건(2006)'에서 상소기구는 연례재심에서의 제로잉(zeroing)은 반덤핑협정 제2조 제4항의 위반을 구성하지 아니한다고 판시하였다.

① ㄱ, ㄴ
② ㄱ, ㄹ
③ ㄴ, ㄷ
④ ㄷ, ㄹ

제로잉(zeroing)에 대한 WTO 분쟁해결사례에 대한 설명으로 옳지 않은 것은 ㄱ, ㄹ이다.

ㄱ. US – Stainless Steel 사건에서 패널은 반덤핑협정 제2조 제4항이 다중평균산정 자체를 금지하고 있지는 않으므로 다중평균산정방식을 적용할 수 있다고 판정하였다. 다만, 상소기구는 조사기간 내에 국내시장과 수출시장 간에 상대적인 판매량의 차이와 가격의 변화가 모두 있는 경우에만 조사당국이 판매시점의 차이가 비교가능성에 문제를 야기한다고 결론 내리는 것을 정당화할 수 있다고 결론을 내리고 미국이 물량 요소를 고려하지 않고 가격요소만을 고려한 것은 협정 제2조 제4항 공정한 가격의 비교원칙 위반에 해당한다고 판시하였다.

ㄹ. US – Zeroing 사건에서 패널은 문리 해석에 치중하여 반덤핑협약 제2조 제4항은 원조사 단계에만 적용되는 것이라 해석하고 연례재심에서 제로잉(zeroing)을 적용하는 것은 제2조 제4항 위반을 구성하지 않는다고 판단하였으나 상소기구는 패널의 결정을 파기하였다.

답 ②

14 WTO 보조금 및 상계조치협정(SCM협정)에 대한 설명으로 옳지 않은 것은?

① 금지보조금과 관련하여 협의를 요청한 경우 요청 후 30일 이내에 상호 합의된 해결책에 도달하지 못한 경우 협의당사국은 일방적으로 DSB에 사안을 회부할 수 있다.
② 특정성 있는 보조금 지급에 따른 양허 혜택의 무효화 또는 침해와 같은 부정적 효과를 발생시키는 보조금은 조치가능보조금에 해당된다.
③ 보조금액이 종가기준 1% 미만인 경우 조사는 즉시 종결된다.
④ 모든 확정상계관세는 원칙적으로 부과일로부터 5년 이내에 소멸되나, 심사를 통해 최대 5년 더 연장할 수 있다.

일몰재심을 통해 연장할 수 있으나, 최장기간은 규정이 없다.

답 ④

15 WTO보조금 및 상계조치협정에 대한 설명으로 옳지 않은 것은?

① 보조금은 금지보조금(Prohibited subsidy), 상계보조금(Actionable subsidy), 상계불가보조금(Non-actionable subsidy)으로 나뉜다.
② 수입품 대신 국내상품의 사용을 조건으로 지급되는 보조금은 금지보조금이다.
③ 특정성이 있다고 판단되는 경우 상계조치에 대한 규정이 적용된다.
④ 상계조치규정은 최소규칙(de minimis rule) 및 종결조항(sunset clause)이 적용되지 않는다.

| 정답 및 해설 |

보조금액이 종가기준 1% 미만인 경우 최소허용수준으로 간주된다. 또한 종결조항(sunset clause)도 인정된다.

✅ 선지분석
② 금지보조금은 수출실적에 따라 지급되는 수출보조금과 수입품 대신 국내상품의 사용을 조건으로 지급되는 수입대체보조금으로 구성된다.
③ 보조금 지급기준이 지나치게 엄격해서 지급받는 대상이 사실상 특정 기업으로 제한되면, 사실상 특정성이 있는 것으로 간주한다.

답 ④

16 보조금 및 상계조치에 관한 협정에 대한 설명으로 옳지 않은 것은?

① 보조금이란 정부가 민간기업에 대해 국고를 이용해 재정적 지원을 실시하는 조치이다.
② 보조금협정에서의 보조금은 정부 또는 공공기관의 재정적 기여로 인해 수혜자에게 혜택이 주어지는 경우이다.
③ 보조금에 대한 구제조치는 오로지 상계관세부과만이 인정된다.
④ 조사개시 후 긍정적 예비판정이 있는 경우 잠정조치 및 약속이 가능하다.

| 정답 및 해설 |

보조금에 대한 구제조치는 상계관세부과조치뿐만 아니라 가격약속, 잠정관세부과조치도 인정된다. 또한 보조금 지급국과 직접적인 협의절차 등을 통해 보조금의 폐지를 추구할 수도 있다.

✅ 선지분석
① 보조금은 인위적으로 수출상품의 경쟁력을 높여주어 국제교역의 흐름을 왜곡하기 때문에 제한이 필요하다. 보조금의 지급대상은 영리기업에 국한되며, 사업자가 아닌 개인이나 비영리단체에 대한 지원은 협정상 대상에서 제외된다.
② 보조금에 대한 최초의 명문규정으로서 보조금협정 제1조에 규정되어 있다.

답 ③

17 WTO의 보조금 및 상계조치협정(SCM)에 대한 설명으로 옳은 것은?

① 정부 또는 공공기관이 직접 지급하는 보조금만을 대상으로 한다.
② 금지보조금은 특정성이 있는 것으로 간주된다.
③ 보조금지급은 반드시 직접 지급의 형태를 취해야 하며 조세감면형태를 취하는 경우 SCM협정이 적용되지 아니한다.
④ 상계조치를 취하기 위해서는 보조금의 지급, 심각한 피해 및 보조금의 지급과 피해 간 인과관계가 있어야 한다.

✓ 선지분석
① 민간기관에 대한 지시나 위임을 통해 간접적으로 제공되는 보조금에 대해서도 규율한다.
③ 조세감면 역시 재정적 기여에 해당하므로 협정이 적용된다.
④ 피해의 정도에 있어서 세이프가드협정과 달리 '실질적 피해(material injury)'를 요한다.

답 ②

18 WTO보조금협정 중 조치가능보조금(actionable subsidies)에 대한 설명으로 옳지 않은 것은?

① 보조금협정은 조치가능보조금(actionable subsidies)에 대해 직접적인 정의 규정을 두지 않고 있기 때문에 금지보조금이나 허용보조금 이외의 모든 보조금이 여기에 해당한다.
② 보조금협정은 보조금의 지원을 통해 다른 회원국의 이익에 부정적 효과(adverse effect)를 초래해서는 안 된다고 규정하고 있다.
③ 부정적 효과(adverse effect)로는 다른 국가의 국내산업에 대한 피해, 다른 국가의 GATT협정에 의한 양허혜택의 무효화 또는 침해, 다른 국가의 이익에 대한 심각한 손상(serious prejudice)을 주는 것이다.
④ 조치가능보조금에 대한 상대국의 대응은 상계관세만을 부과할 수 있다.

금지보조금에 대한 구제절차와 같이 상계관세부과 이외에 WTO에 제소하는 것도 가능하다.

✓ 선지분석
① 조치가능보조금에 대해 즉각적인 철폐의무가 있는 것은 아니다.
③ 보조금 지급 결과 제3국에 수출하는 다른 회원국의 기업이 가격 경쟁을 유지하기 위해 특정 제품의 가격 인하를 해야 하는 경우 부정적 효과를 초래할 수 있다.

답 ④

19 보조금협정상 보조금의 구성요건에 대한 설명으로 옳은 것은?

① 협정상 보조금이란 정부에 의한 재정적 기여가 있는 경우를 의미한다.
② 보조금의 공여가 특정 기업으로 명백히 한정되는 경우는 언제나 특정성이 있는 것으로 간주된다.
③ 간접보조금은 협정의 목적상 규율대상에서 제외된다.
④ 정부의 재정지원을 통한 보조금은 특정적인 경우에만 규제대상이 된다.

어떠한 정부의 재정지원이 보조금협정 제1조상의 보조금의 정의에 해당된다고 하더라도 당해 재정지원이 제2조상의 특정성의 요건을 충족하지 않는 경우에는 보조금협정상의 규제대상에서 제외된다.

✓ 선지분석
① 협정상 보조금은 정부에 의한 재정적 기여와 이로 인해 경제적 혜택이 발생한 경우를 의미한다(보조금협정 제1조 제1항).
② 보조금의 공여가 특정 기업으로 한정되어 있다 하더라도, 중립적이고 경제적이며 객관적 기준과 조건에 따라 자동적으로 정해지며 이러한 기준과 조건이 엄격히 준수되는 경우에는 특정성이 없다[동 협정 제2조 제1항 제(b)호].
③ 간접보조금도 규율되는 바, 동 협정 제1조 제1항 제(a)호 (ⅳ)에서는 정부의 영향력 아래에 있는 민간기관이 무상지원 등의 기능을 수행하는 경우를 규정하고 있다.

답 ④

20 보조금협정상 규제대상 보조금에 대한 설명으로 옳은 것은?

① 2009년 10월 현재 보조금은 금지보조금, 조치가능보조금 및 허용보조금으로 구별되어 적용되고 있다.
② 금지보조금은 수출보조금과 수입대체보조금으로 구성되는바, 보조금협정 부속서 1은 12가지 유형의 수출보조금을 예시하고 있다.
③ 금지보조금 및 조치가능보조금의 경우 DSU의 절차가 동일하게 준용된다.
④ 다자절차를 이용한 후 판정을 불이행한다면 보상과 보복조치가 이루어질 수 있다.

부속서 1에는 크게 (ⅰ) 수출실적에 따라 기업 또는 산업에 대해서 제공하는 보조금, (ⅱ) 지불해야 할 직접세 등을 수출과 관련하여 경감 면제 유예, (ⅲ) 국내간접세를 초과한 관세의 환급처럼 간접세 및 수입과징금에 기한 수출보조금, (ⅳ) 수출신용 및 수출신용보증에 기한 수출보조금 등이 예시되어 있다.

✓ 선지분석
① 허용보조금은 2000년 1월 1일자로 그 적용이 만료되어 현재는 금지보조금 및 조치가능보조금만 적용되고 있다.
③ 금지보조금의 경우 특칙으로서 그 DSU 기간이 반이다.
④ 금지보조금의 경우 보상은 존재하지 않으며 보복조치만 역총의제에 의해 가능하다(보조금협정 제4조 제10항).

답 ②

21

보조금협정상 상계관세 조사 및 부과에 대한 설명으로 옳지 않은 것은?

① 상계관세란 보조금을 교부받은 상품이 국내산업에 실질적인 피해(material injury)를 초래한 경우 자국 시장 보호를 위해 취하는 대응조치이다.

② 보조금액이 종가기준 1% 미만인 경우에는 최소허용수준으로 간주된다.

③ 피해의 우려는 가능성의 정도와 무관히 피해가 일어날 것이라고 예상되거나 추측되는 경우를 의미한다.

④ 확정관세 부과 시 무차별적으로 부과되어야 하며 보조금 액수를 초과한 상계관세부과는 금지된다.

> **정답 및 해설**
>
> 피해의 우려는 단지 피해가 일어날 것이 예상된다거나 추측될 수 있는 정도로는 부족하고, 피해의 가능성이 명백히 예측되고 급박한 것이어야 한다.
>
> ⊘ **선지분석**
> ② 보조금협정 제11조 제9항에 대한 내용이다.
> ④ 동 협정 제19조에 대한 내용이다.
>
> 답 ③

22

WTO보조금협정상 상계조치에 대한 설명으로 옳지 않은 것은?

① 보조금 지급으로 인한 피해는 수입국에서 동종상품을 생산하는 산업에 발생해야 한다.

② 상계관세는 원칙적으로 잠정조치의 효력 발생 이후 소비용으로 반입되는 상품에 대해서만 적용되어야 한다.

③ 상계관세는 원칙상 5년 이내 소멸되어야 하나, 5년이 지나기 전 직권 또는 국내산업의 청구에 의해 재심사하여 연장 가능하다.

④ 일몰재심에서 관세종료가 보조금지급 및 피해 지속 재발 초래 가능성이 있는지를 판단하며, 일반적으로 일몰재심은 심사개시일로부터 12개월 이내에 종료되어야 한다.

> **정답 및 해설**
>
> 원칙적으로 최종 상계관세부과결정의 효력 발생 이후 반입되는 상품에 대해서만 적용된다.
>
> ⊘ **선지분석**
> ③ 5년의 존속기간 이전이라도, 상계관세 부과 이후 합리적인 기간이 경과한 후에는 직권 또는 당사자의 요청에 따라 관세부과명령의 존속 여부에 대해서 상황재심을 실시할 수 있다.
> ★ 상계관세는 원칙적으로 상계관세 부과결정 이후 장래효를 가지나, 실질적 피해판정이 있을 경우 잠정조치 효력 발생 이후까지 소급효를 가질 수도 있다.
>
> 답 ②

23 US – DRAMs CVD 사건(2005)에 대한 설명으로 옳은 것은?

① WTO보조금 및 상계조치협정에 의하면 정부나 공공기관이 직접 지급하는 보조금과 달리 정부가 민간기관에게 지시나 위임을 통해 지급되는 보조금은 통제대상이 아니다.

② 패널은 지시나 위임은 반드시 명시적이거나 공식적이어야 하는 것은 아니고 암묵적이거나 비공식적일 수도 있다고 판시하였다.

③ 상소기구는 위임은 정부가 민간기관에 대해 권한을 행사할 수 있는 상황에서, 지시란 정부가 민간기관에 책임을 부여할 때 발생할 수 있는 것이므로 우임과 지시를 각각 위양과 명령의 의미로 해석하는 것은 의미를 지나치게 협소하게 해석하는 것이라고 지적하였다.

④ 패널은 공공기관으로 간주된 4개 금융기관의 하이닉스 반도체 구조조정 지원조치는 특정성이 없다고 판정하였다.

> **정답 및 해설**

✓ **선지분석**
① 민간기관에게 지시나 위임을 통해 지급되는 보조금도 통제대상이다.
③ 지시는 정부가 민간기관에 대해 권한을 행사할 수 있는 상황에서, 위임이란 정부가 민간기관에 책임을 부여할 때 발생할 수 있는 것이다.
④ 패널은 구조조정 지원조치가 특정성이 있다고 판시하였다.

답 ②

24 'EC – Commercial Vessels 사건(2005)'과 'Korea – Commercial Vessels 사건'에 대한 주요 쟁점 및 판결 내용에 대한 설명으로 옳지 않은 것만을 모두 고른 것은?

> ㄱ. 패널은 한국의 수출입은행이 '공공기관(public body)'에 해당한다고 판정하였다.
> ㄴ. 한국의 수출입은행 관련 법규 자체가 보조금협정에 위반된다.
> ㄷ. EC의 TDM조치는 보조금에 대응하는(against) 구체적 조치(specific action)로서 한국의 보조금 지급 조치를 단념하게 하는 효과가 있다고 보았다.
> ㄹ. EC의 TDM조치는 DSU 제23조상 다자간체제 강화에 위배된다.

① ㄱ, ㄴ   ② ㄱ, ㄹ
③ ㄴ, ㄷ   ④ ㄷ, ㄹ

> **정답 및 해설**

'EC – Commercial Vessels 사건(2005)'과 'Korea – Commercial Vessels 사건'에 대한 주요 쟁점 및 판결 내용에 대한 설명으로 옳지 않은 것은 ㄴ, ㄷ이다.

ㄴ. 패널은 수출입은행 관련 법규 자체가 보조금에 해당한다고는 인정하였으나 '강행법규(mandatory norm)'가 아니므로 법 자체가 보조금협정에 위반되지는 않는다고 판단하였다. 즉, 수출입은행법규 자체가 보조금 지급을 '강제'하지 않으므로 법규 자체는 적법하다.

ㄷ. 패널은 TDM 조치가 한국의 보조금에 대응하는(against) 구체적 조치(specific action)이기 위해서는 당해 조치의 디자인 및 구조가 주로 한국 생산업자 또는 수출업자와 이들과 경쟁관계에 있는 EC 내 경쟁자들 간에 '재정적 재원의 이전(transfer of financial resources)'을 가져와야 한다고 보았다. 패널은 TDM규정이 한국을 특정하여 겨냥한 점은 인정되나 그렇다고 한국이 자국 조선소에 제공하는 보조금을 단념시키거나 중단시키려는 유인을 내재적으로 그 고안과 구조상에 내포하고 있지는 않다고 보고 대항성 요건을 충족하지 못한다고 판단하였다.

답 ③

25

WTO분쟁해결기구가 판시한 Korea – Commercial Vessels 사건(2005)에 대한 설명으로 옳지 않은 것은?

① 보조금 요건을 충족하지 못한 경우 보조금협정이 적용되지 않으므로 특정성은 별도로 판단할 필요가 없다.

② 수출입은행이 각 조선사에 제공한 제작 금융 이자율이 시장기준보다 높게 책정되어 동 이자율 차액만큼 혜택을 부여한 것이므로 보조금에 해당한다.

③ 수출입은행이 개별 조선소에 제공한 선수급환급보증(APRG)이 수출보조금에 해당하기 위해서는 협정상 보조금이고 또한 수출부수성이 있어야 한다.

④ 개별적인 선수급환급보증(APRG)이 보조금에 해당하기 위해서 공공기관이 재정적 기여를 하고, 기업에 혜택이 존재해야 한다.

시장기준보다 높다면 혜택이 존재하지 않으므로 보조금에 해당하지 않는다.

답 ②

26

Korea – Commercial Vessels 사건(2005)에 대한 설명으로 옳지 않은 것은 모두 몇 개인가?

ㄱ. 수출입은행이 개별 조선소에 제공한 선수급환급보증(APRG)이 수출보조금에 해당하기 위해서는 협정상 보조금이고 또한 수출부수성(export contingency)이 있어야 한다.

ㄴ. 개별적인 선수급환급보증(APRG)이 보조금에 해당하기 위해서 공공기관이 재정적 기여를 하고, 기업에 혜택이 존재해야 한다.

ㄷ. 선수급환급보증(APRG)은 수출거래에 제공된 것이므로 수출부수성(export contingency)이 있어 수출보조금에 해당한다.

ㄹ. 수출입은행이 각 조선사에 제공한 제작 금융 이자율이 시장기준보다 높게 책정되어 동 이자율 차액만큼 혜택을 부여한 것이므로 보조금에 해당한다.

ㅁ. 보조금 요건을 충족하지 못한 경우 보조금협정이 적용되지 않으므로 특정성은 별도로 판단할 필요가 없다.

① 1개
② 2개
③ 3개
④ 4개

Korea – Commercial Vessels 사건(2005)에 대한 설명으로 옳지 않은 것은 ㄹ. 1개이다.
ㄹ. 시장기준보다 높다면 혜택이 존재하지 않으므로 보조금이 아니다.

답 ①

27

US-Lumber 사건(2002)에 대한 설명으로 옳지 않은 것은 모두 몇 개인가?

> ㄱ. 캐나다 정부의 벌채권 부여는 '사회간접 자본 이외의 상품이나 서비스의 제공'에 해당하는 재정적 기여(financial contribution)에 해당되지 않는다.
>
> ㄴ. 미국이 혜택(benefit)의 수준을 산정함에 있어서 캐나다 국내가격을 사용하지 않고 동종상품의 미국 내 가격을 사용한 것은 보조금협정에 위반된다.
>
> ㄷ. 미국은 캐나다 입목가격이 정부에 의해 왜곡되어 있어 이를 기준으로 혜택을 산정할 수 없다고 항변하였으나 패널은 반드시 왜곡되지 아니한 시장여건을 요구하는 것이 아니라 '있는 그대로(as they exist)'의 시장여건을 의미한다고 반박하였다.
>
> ㄹ. 원자재업자와 파생상품 생산업자가 동일인이 아닌 이상 원자재업자에 대한 보조금의 혜택이 파생상품 생산자에게 이전된다고 간주할 수 없으므로 반드시 이전분석(pass-through analysis)을 수행해야 한다.
>
> ㅁ. 캐나다의 조치는 특정 산업에 대한 특정성이 인정되지 않으므로 미국은 상계조치를 발동할 수 없다.

① 1개　　　② 2개　　　③ 3개　　　④ 4개

정답 및 해설

US-Lumber 사건(2002)에 대한 설명으로 옳지 않은 것은 ㄱ, ㅁ. 2개이다.
ㄱ. 재정적 기여(financial contribution)에 해당된다.
ㅁ. 캐나다의 조치는 특정 산업에 대한 특정성이 인정된다.

답 ②

28

긴급수입제한조치협정(세이프가드협정)에 대한 설명으로 옳은 것은?

① GATT 제19조와 세이프가드협정은 불가분의 관계로서 양자의 규정이 모두 준수된다.
② 세이프가드조치란 급격한 수입증가로 인한 국내산업의 피해를 구제하기 위해 불공정 무역관행에 대처해 발동하는 조치이다.
③ 세이프가드협정은 긍정적 예비판정이 있을 경우에도 잠정조치를 취할 수 없다.
④ 세이프가드조치는 필요한 기간 동안 적용되며 5년을 초과할 수 없으며 연장되는 경우 10년을 초과할 수 없다.

정답 및 해설

WTO부속서 1A에 대한 일반해석은 충돌 시 세이프가드협정이 우선한다는 것이다. 그러나 'Argentina-Footware SG case'에서 상소기구는 패널의 판결을 뒤집고 WTO 이후 세이프가드조치는 '제19조'와 '세이프가드협정' 양자의 규정을 준수해야 한다고 결론내렸다. 또한 'US-Steel case'에서 '제19조'와 '세이프가드협정'은 불가분의 관계로서 예견하지 못한 사태의 발전의 존재를 입증해야 한다고 밝힌 바 있다.

☑ 선지분석
② 세이프가드조치는 반덤핑조치나 상계관세조치와는 달리 공정무역관행에 대한 규제를 부과할 수 있도록 허용하는 조치이다.
③ 세이프가드협정은 긍정적 예비판정이 있은 후에 잠정조치를 취할 수 있다. 이때 심각한 피해 또는 피해의 우려에 대한 명백한 증거가 있어야 한다(동 협정 제6조).
④ 세이프가드조치는 연장되지 않는 한 4년을 초과해서는 안 되며, 연장되는 경우에도 잠정조치기간을 포함하여 8년을 초과할 수 없다(동 협정 제7조 제1항).

답 ①

29 세이프가드조치의 발동요건에 대한 설명으로 옳은 것은?

① 예측하지 못한 사태의 발전으로 인한 수입량의 증가, 국내산업의 심각한 피해 또는 우려 및 인과관계의 성립이 세이프가드조치 발동을 위한 실체적 요건이다.

② 수입이 절대적으로 증가한 경우에 한하여 조치를 발동할 수 있다.

③ 국내산업이란 동종상품을 생산하는 출고량 합계가 상당한 비율을 차지하는 생산자들을 의미한다.

④ 심각한 피해의 우려의 존재는 추측 또는 가능성에 기초하여 평가한다.

> 정답 및 해설

세이프가드조치의 실제적 발동요건은 세이프가드협정 제2조에 규정되어 있으며, 또한 불가분의 관계인 GATT 제19조의 예측하지 못한 사태의 발전이 추가된다.

✅ **선지분석**

② 세이프가드협정에서는 '절대적 또는 상대적으로'라고 표현하여 수입이 상대적으로 증가한 경우에도 조치를 발동할 수 있다.

③ 세이프가드협정은 반덤핑협정 및 보조금협정과는 달리 동종상품 이외에도 직접경쟁적인 상품을 생산하는 국내산업도 피해판정에 있어서 고려의 대상이 된다.

④ '심각한 피해의 우려'의 존재에 대한 결정은 사실에 기초해야 하며 단순한 주장이나 추측 또는 희박한 가능성을 근거로 해서는 아니 된다[세이프가드협정 제4조 제1항 제(b)호].

답 ①

30 WTO세이프가드협정에 대한 설명으로 옳지 않은 것만을 모두 고른 것은?

> ㄱ. 동종상품의 급격한 수입 증가로 인한 국내산업의 피해가 발생한 경우 세이프가드조치를 취할 수 있다.
> ㄴ. 회색지대조치의 경우 세이프가드협정이 적용되지 않는다.
> ㄷ. 구체적인 세이프가드방안에는 관세 인상, 수량 할당 등이 있다.
> ㄹ. 수입 증가와 국내산업의 피해 간에는 인과관계가 있어야 한다.

① ㄱ, ㄴ   ② ㄱ, ㄹ

③ ㄴ, ㄷ   ④ ㄷ, ㄹ

> 정답 및 해설

WTO세이프가드협정에 대한 설명으로 옳지 않은 것은 ㄱ, ㄴ이다.

ㄱ. 회원국은 특정 상품이 동종 또는 직접경쟁상품을 생산하는 국내산업에 심각한 피해를 초래하거나 초래할 우려가 있을 정도로 국내 생산에 비해 절대적 또는 상대적으로 증가된 물량으로 자국의 영토 내로 수입되고 있다고 판정한 경우에만, 그 상품에 대하여 긴급수입제한조치를 취할 수 있다(WTO세이프가드협정 제2조 제1항). 즉, 동종상품이 아닌 직접경쟁상품의 급격한 수입 증가로 인한 산업피해의 경우에도 긴급수입제한조치 발동이 가능하다.

ㄴ. 수출자율규제 등 회색지대조치에 대해서도 세이프가드협정이 규제하고 있다. 신규 조치 도입은 금지되며, 기존 조치도 점진적으로 폐지해야 한다.

✅ **선지분석**

ㄷ. 세이프가드조치의 형태에는 제한이 없으므로, 필요한 기간 동안 관세 인상, 수량 제한, 관세 할당 등의 조치를 취할 수 있다. 하지만 잠정조치는 예비적 판정이 긍정적인 경우 관세인상만 가능하다.

ㄹ. 예측하지 못한 사태 발전과 GATT협정상 부담하는 의무의 효과로 인해 당해 상품이 국내 생산에 비해 절대적 또는 상대적으로 증가해야 한다.

답 ①

31 □□□ WTO긴급수입제한조치협정에 대한 설명으로 옳지 않은 것은?

① 특정 제품의 수입 증대로 인한 국내산업 피해를 보호하기 위한 수입제한조치를 허용한다.
② 수출국의 불공정무역에 대해서만 관세 및 비관세 수입규제조치를 취하는 것을 허용한다.
③ 긴급수입제한조치는 모든 해당제품에 대해 무차별적으로 필요한 기간 동안만 취해져야 한다.
④ 긴급수입제한조치는 GATT1947 제19조에서도 인정되고 있다.

> **정답 및 해설**

수출국 행위의 공정성과 무관하게 관세 및 비관세 수입규제조치를 적용할 수 있다.

> **⊘ 선지분석**
> ① 특정 제품 수입의 증가는 최근(recent), 갑작스럽고(sudden), 급격하며(sharp), 상당한(significant) 요건을 충족해야 하며, 상당한 증가는 국내 소비에 대한 수입의 비중이 증가하였음을 의미한다.
> ③ 차별적이거나 선별적으로 취할 수 없다.

답 ②

32 □□□ WTO긴급수입제한조치협정상 긴급수입제한조치의 최대 허용기간으로 짝지어진 것으로 옳은 것은?

	선진국	개발도상국
①	2년	4년
②	4년	6년
③	6년	8년
④	8년	10년

> **정답 및 해설**

긴급수입제한조치의 총 적용기간은 잠정조치 적용기간, 최초 적용기간 및 그 연장을 포함하여 8년을 초과하지 않는다(세이프가드협정 제7조 제3항). 개발도상회원국은 제7조 제3항에 규정된 최대기간(8년)을 초과하여 최장 2년까지의 기간 동안 긴급수입제한조치의 적용기간을 연장할 권리를 가진다(동 협정 제9조 제2항).

답 ④

WTO분쟁해결사례 'Argentina Footwear 사건(2000)'의 주요 쟁점 및 판결 내용에 대한 설명으로 옳지 않은 것만을 모두 고른 것은?

> ㄱ. 상소기구는 GATT1994 제19조 제1항상 '예측하지 못한 사태 발전(unforseen developments)'의 요건성을 부정한 패널의 태도를 지지하였다.
> ㄴ. 병행주의(parallelism)원칙이 주요 쟁점이 되었다.
> ㄷ. '수입의 증가'란 국내산업에 심각한 피해 또는 그 우려를 초래하기에 충분할 정도로 최근이고(recent), 갑작스러우며(sudden), 급격하고(sharp), 심각해야(significant) 한다고 보았다.
> ㄹ. WTO협정 발효 이후에 행사되는 세이프가드조치는 GATT 제19조와 무관하게 세이프가드협정의 규정을 준수하기만 하면 충분하다고 판시하였다.

① ㄱ, ㄴ   ② ㄱ, ㄹ
③ ㄴ, ㄷ   ④ ㄷ, ㄹ

정답 및 해설

WTO 분쟁해결사례 'Argentina Footwear 사건(2000)'의 주요 쟁점 및 판결 내용에 대한 설명으로 옳지 않은 것은 ㄱ, ㄹ이다.

ㄱ. 상소기구는 WTO설립협정 제2조 제2항에도 규정되었듯이 GATT와 긴급수입제한조치협정은 동일한 조약의 불가분의 일부(integral part)를 구성하며 모든 WTO 회원국에게 동등하게 적용되고 동등한 구속력을 받는다고 보았다. 따라서 긴급수입제한조치는 협정과 GATT1994 제19조의 요건을 모두 충족해야 한다고 결론지었다. 즉, 수입급증과 심각한 피해 상황에 반드시 예상할 수 없었음이 입증되어야 한다.

ㄹ. 상소기구는 WTO협정 발효 이후 행사되는 세이프가드조치는 GATT 제24조와 세이프가드협정 양자의 규정을 모두 준수해야 한다고 결론내렸다.

답 ②

제1절 | 서비스무역에 관한 협정(GATS)

01 

서비스무역일반협정(GATS)에 대한 설명으로 옳지 않은 것은?

① 점진적으로 서비스무역을 확대함으로써 모든 무역당사국의 경제성장을 촉진하는 것이 목적이다.

② GATT1994와 비교하여 최혜국대우 원칙에 있어 광범위한 예외가 인정된다.

③ 서비스무역일반협정(GATS)의 경우 내국민대우 원칙이 회원국의 일반적 의무가 아닌 구체적 약속의 형태로 규정되어 있다.

④ 투명성 원칙은 각 국가의 시장상황 차이를 감안하여 전면적으로 적용되지 않는 것으로 하였다.

> **정답 및 해설**
>
> 투명성 원칙은 서비스무역일반협정(GATS)상의 주요 원칙이다.
>
> ✓ **선지분석**
>
> ② 예를 들어 부속서를 통해 회원국이 차별적 조치를 취할 수 있도록 허용하였다. 또한, 면제 기간이 5년 이상 부여되었을 경우 WTO설립협정 발효 이후 5년 이내 심사하도록 하였으며, 부가가치가 높은 일정 서비스에 대해 예외 적용이 가능하도록 하였다.
>
> 답 ④

02

'WTO서비스무역에 관한 일반협정(GATS)'의 주요 특징으로 옳지 않은 것은?

① 각 분야에 따른 특수성을 고려한 부속서가 작성되었다.

② 서비스 분야별로 상호주의에 입각하여 최혜국대우에 대한 광범위한 예외가 인정된다.

③ 관세라는 개념은 의미가 없으며 시장접근과 내국민대우가 자유화 조치의 핵심이다.

④ 분야별 서비스시장 개방은 WTO의 차기 뉴라운드에서 실시하기로 하였다.

> **정답 및 해설**
>
> 조선시장, 금융시장 등 분야별 서비스시장 개방협상이 완료되었다.
>
> ✓ **선지분석**
>
> ② GATS에서 말하는 서비스란 정부의 권한을 행사함에 있어서 공급되는 서비스를 제외하며, 정부서비스라도 상업적 기초에서 제공되는 서비스 협정은 GATS의 규제를 받는다. 서비스 거래의 형태는 국경 간 공급, 해외 소비, 상업적 주재, 자연인의 이동으로 구분되었다.
>
> 답 ④

03 서비스무역에 관한 일반협정(GATS)에 대한 설명으로 옳지 않은 것은?

① 7년간의 논의 끝에 UR협정의 일부로서 서비스무역에 관한 일반협정(GATS)이 채택되었다.
② UR협상은 서비스무역의 전체적 구도를 위한 골격협정으로서 서비스무역에 관한 일반협정(GATS)을 탄생시켰다.
③ 서비스무역에 관한 일반협정(GATS)은 서비스무역에 관한 협정이나, 법적 구속력이 없는 복수국 간 무역협정(PTA)에 불과하다.
④ 최혜국대우를 원칙으로 하나, 회원국이 부속서에 명시한 경우 일정한 예외와 면제가 인정된다.

정답 및 해설

서비스무역에 관한 일반협정(GATS)은 법적 구속력이 있으며, 또한 다자간무역협정으로서 모든 WTO 회원국들에게 적용된다.

✓ 선지분석
④ 최혜국대우 원칙 적용에 있어서 동종서비스를 대상으로 하며, 경쟁관계의 존부 기준에 의해 동종서비스 여부가 판단된다. 법률상 차별뿐 아니라 사실상 차별도 당연히 금지된다.

답 ③

04 WTO서비스무역협정(GATS)에 대한 설명으로 옳지 않은 것은?

① US - Gambling 사건에서 패널은 미국이 자국 내에서 인터넷을 통한 내기 서비스 제공에 대해 별다른 제한조치를 취하지 아니하였으므로 자의적이거나 정당화될 수 없는 차별 또는 국제무역에 대한 위장된 제한에 해당한다고 평결하였다.
② GATT와 달리 국제평화와 안전을 유지하기 위하여 UN헌장상의 의무를 준수하기 위하여 회원국이 서비스무역에 대한 제한조치를 취할 수 없다.
③ 세이프가드조항은 마련되지 못하였으며, 서비스협정 발효 이후 3년 내에 이에 대한 협상을 완료하고 협상결과가 있을 경우에 한하여 동 조항이 발효된다.
④ 구체적 약속을 한 서비스분야에 있어서 동 분야의 서비스거래와 기업 설립 등에 필요한 자금의 이동을 제한할 수 없다.

정답 및 해설

국제평화와 안전을 유지하기 위하여 UN헌장상의 의무를 준수하기 위하여 회원국이 서비스 무역에 대한 제한조치를 취할 수 있다.

답 ②

05 WTO의 '서비스무역에 관한 일반협정'의 범위 및 적용대상이 되는 서비스무역의 유형에 대한 설명으로 옳지 않은 것은?

① 한 회원국의 영토에서 다른 회원국 영토 내로의 서비스 공급
② 한 회원국의 정부가 비회원국의 정부에게 제공하는 모든 서비스 공급
③ 한 회원국의 영토 내에서 다른 회원국 소비자에 대한 서비스 공급
④ 한 회원국의 서비스 공급자에 의한 다른 회원국 영토 내에서의 상업적 주재를 통한 서비스 공급

> **정답 및 해설**

서비스무역에 관한 일반협정은 WTO 회원국 상호 간 서비스 무역관계를 규율한다. 따라서 회원국과 비회원국 간 서비스 공급에 대해서는 규율하지 않는다.

⊘ 선지분석
①, ③, ④ 서비스무역에 관한 일반협정상 서비스무역유형에는 국경 간 공급, 해외소비, 상업적 주재, 자연인의 주재 등 4가지 유형이 있다.

답 ②

06 WTO서비스협정에 대한 설명으로 옳지 않은 것은?

① 서비스거래의 형태에는 국경 간 공급, 해외소비, 상업적 주재, 자연인의 이동 등 4가지가 있다.
② 서비스 공급자의 이동이 필요하지 않은 형태는 국경 간 공급과 해외소비이다.
③ 해외점포망을 인터넷온라인을 통해 연결하여 금융서비스를 제공받는 경우 국경 간 공급 외에 해외소비나 상업적 주재에 동시에 해당할 가능성이 있다.
④ 서비스협정은 정부 간 협정이기 때문에 비정부조직 등이 행한 조치에 대해서는 적용이 없다.

> **정답 및 해설**

비정부기관이 행한 조치라 하더라도 당해 비정부기관이 중앙, 지역 또는 지방의 정부 또는 당국에 의해 위임된 권한을 행사하는 경우에는 동 조치는 협정의 목적상 '회원국의 조치'로 간주된다(GATS 제1조 제3항).

⊘ 선지분석
① 상업적 주재는 법인 설립과 같은 자본의 이동과 관련이 있고, 자연인의 이동은 노동의 이동과 관련이 있다.

답 ④

07 서비스거래에 관한 일반협정(GATS)에 대한 설명으로 옳은 것은?

① GATT는 상품무역을 다루고 GATS는 서비스무역을 다루기 때문에 상호배타적이다.
② 각국은 자국 양허표에 기재된 분야에 있어서 명시된 조건에 대해서만 NT의무를 진다.
③ 양허표는 협정 발표일로부터 3년이 경과한 후에는 수정할 수 없다.
④ 회원국은 GATS의 대상이 되는 모든 조치에 관하여 예외 없이 무조건적인 MFN을 부여해야 한다.

> **정답 및 해설**

서비스거래에 관한 일반협정(GATS) 제17조 제1항은, 자국의 양허표에 기재된 분야에 있어서(positive), 양허표에 명시된 조건 및 제한(negative)을 기준으로 각 회원국은 그 밖의 회원국의 서비스 및 서비스 공급자에게 영향을 미치는 모든 조치와 관련하여 자국의 동종서비스와 서비스 공급자들에게 부여하는 대우보다 불리하지 않은 대우를 부여한다고 규정하고 있다. 즉, NT는 일반적 의무가 아니며 자국이 양허표상에 기재한 서비스 분야에 대해서만 동 의무가 존재한다.

⊘ 선지분석

① GATT와 GATS의 관계는 상호배타적이지 않으며 사안에 따라 양 협정이 모두 적용될 수 있다. 캐나다 정기간 행물 사건에서 패널은 GATT와 GATS는 동일한 계층에 있으며 두 협정의 의무는 서로 양립할 수 있고 중첩되는 부분에 있어서 어느 일방의 적용을 배척하지는 않는다고 평결하였고 상소기구도 이를 지지한 바 있다.
③ 양허표는 '추가적 약속'란을 두어 시장접근과 내국민대우에 관한 사항이 아니나 서비스무역에 영향을 미치는 조치와 관련하여 이를 양허표상에 기재할 수 있도록 하고 있다. 양허표는 발효일로부터 3년이 경과한 후에는 언제든지 수정될 수 있다(GATS 제18조).
④ GATT와는 달리 일정한 서비스 분야에 대해서는 '제2조의 면제에 관한 부속서'에 따라 선별적으로 적용할 수 있도록 하고 있다. 그 외에도 인접국 간의 무역 역시 MFN 예외가 인정된다.

답 ②

08 WTO의 서비스무역일반협정(GATS)에 대한 설명으로 옳은 것은?

① 무차별적 질적 규제조치를 취하기 위해서는 양허표에 이를 기재해야 하며, 기재하지 않는 경우 이러한 조치를 취할 수 없다.
② GATS는 서비스에 대한 정의규정을 두지 않고, 부속서를 통해 법적으로 구속력이 있는 서비스 분야를 열거적으로 제시하고 있다.
③ 내국민대우와 최혜국대우는 일반적 의무에 해당한다.
④ US – Gambling 사건에서 상소기구는 타국에 대한 양자협상의 제안은 대체수단이 될 수 없다고 하였다.

> **정답 및 해설**

⊘ 선지분석

① 무차별적 질적 규제는 양허표 기재사항이 아니다. 회원국이 재량적으로 규제조치를 취할 수 있다.
② 서비스 분야에 대해서도 열거되어 있지 않다. 원칙적으로 모든 서비스를 규율대상으로 한, 정부가 비상업적 기초에서 제공하는 정부서비스는 서비스협정의 적용대상이 아니다.
③ 내국민대우는 구체적 약속에 해당한다.

답 ④

09 WTO분쟁해결 사례에 대한 설명으로 옳지 않은 것은?

① 한국산 반도체 상계관세 부과 사건의 패널은 간접보조금의 조건으로 정부의 지시나 위임이 존재해야 한다고 판시하였다.
② 제로잉과 관련하여 일몰재심이나 연례재심의 경우 반덤핑협정에 허용 여부가 명시되지 않았으나, WTO는 전면 금지된다고 보고 있다.
③ 미국 – 도박 서비스 사건은 GATS협정상 일반적 예외에 관한 사례로 패널 및 상소심은 미국의 조치가 공중도덕 보호를 위해 필요한 조치로 볼 수 없다고 판시하였다.
④ 미국 육류에 대한 원산지 표시제도는 TBT협정에 대한 판례로서 미국의 관련 제도는 기술규정에 해당하여 TBT협정이 적용된다고 판시하였다.

상소심은 필요성 요건 충족과 관련하여 패널 판정을 파기하고, 필요성 요건은 충족될 수 있다고 판시하였다.

✓ 선지분석
② 인도 – EC Bed Linen 판례에서 제로잉이 금지되었다.
④ 미국 원산지 표시제도 판례(WTO상소기구, 2012)에서 미국이 도입한 육류에 대한 원산지 표시제도는 기술규정으로, 동 조치의 도입으로 결과적으로 멕시코 및 캐나다 상품이 불리한 대우를 받게 되었으므로 TBT협정상 내국민대우를 위반하였다고 판시하였다.

답 ③

10 US – Gambling 사건(2005)에 대한 설명으로 옳지 않은 것은 모두 몇 개인가?

ㄱ. 'UN국제생산물분류(Central Product Classification: CPC)'에 따르면 'other recreational service'에 도박 및 내기 서비스가 포함되므로 미국이 양허한 범위에 도박 및 내기서비스가 포함된다.
ㄴ. 미국은 양허표에서 공급자 수 규제를 적시하지 않았음에도 불구하고, 미국의 연방법 및 주법이 서비스 공급자 수를 '0'으로 제한함으로써 시장접근 제한조치 관련 규정을 위반하였다.
ㄷ. 패널에 따르면 미국의 조치가 공중도덕을 보호하거나 공공질서를 유지하기 위한 조치이나 필요한 조치는 아니므로 일반적 예외를 원용할 수 없다.
ㄹ. 패널에 따르면 필요성 테스트에서 중요한 점은 미국이 WTO와 합치하는 합리적으로 가능한 대체적인 조치를 조사하고 열거하였는지 여부이다.
ㅁ. 미국의 조치는 법률의 준수를 확보하기 위한 필요한 조치로서 제14조 전문의 요건을 충족하였으므로 일반적 예외로서 정당화된다.

① 1개   ② 2개
③ 3개   ④ 4개

US – Gambling 사건(2005)에 대한 설명으로 옳지 않은 것은 ㅁ. 1개이다.
ㅁ. 미국의 조치는 전문의 요건을 충족하지 못한다고 하였다.

답 ①

01

WTO체제상 관련규범에 대한 설명으로 옳지 않은 것은?

① 서비스 분야의 반덤핑행위에 대해서는 반덤핑관세를 부과할 수 없다.
② GATT와 SPS협정 규정이 충돌하면 SPS협정이 우선하여 적용된다.
③ WTO협정은 지리적 표시(geographical indications)에 대한 규정을 두고 있지 않다.
④ WTO분쟁해결양해는 적절한 경우에 교차보복(cross retaliation)을 허용하고 있다.

정답 및 해설

지리적 표시(geographical indications)란 어떤 상품이 특정 회원국의 영토에서 혹은 그 영토 내의 특정 지역이나 지방에서 유래하는 것임을 식별하는 표시로서, 당해 상품의 특정 품질, 명성 또는 기타 특성이 본질적으로 그것의 지리적 출처로 귀속될 수 있는 경우를 의미한다. 지리적 표시 보호 문제는 무역관련지적재산권협정(TRIPs) 제22조에서 규정하고 있다. TRIPs협정은 그 동안 국제법의 시험범위에서 출제된 적이 거의 없었으나, 2010년 시험에서 출제가 되었다. 따라서 시험준비에 있어서 TRIPs협정의 전반적인 체계, 기본원칙, 적용범위 등 전반적인 내용은 숙지하고 있어야 할 것으로 보인다.

⊘ 선지분석

① 반덤핑관세부과는 상품무역협정에 규정되어 있으므로 서비스무역에 대해서는 적용되지 않는다.
② 부속서 1A에 대한 해석 주해에 따르면 GATT1994와 개별상품무역협정이 충돌하는 경우 개별 협정이 우선적용된다. SPS협정은 개별 협정에 해당하므로 SPS협정이 우선적용된다.
④ 교차보복(cross retaliation)이란 분쟁이 제기된 분야가 아닌 다른 분야 또는 다른 협정상의 양허 또는 의무를 불이행하는 것을 말한다. WTO분쟁해결양해(DSU)에서는 교차보복(cross retaliation)을 허용하여 분쟁해결제도의 실효성을 강화하였다(DSU 제22조 제3항).

답 ③

02

무역 관련 지적재산권에 관한 협정(TRIPs)에 대한 설명으로 옳은 것은?

① TRIPs는 지적재산권에 대한 첫 국제규범이다.
② TRIPs는 무역 관련 지적재산권의 사용에 관한 적절한 기준과 원칙, 무역 관련 지적재산권의 효과적인 이행 및 이 분야의 정부 간 분쟁의 다자적 예방과 해결을 목적으로 한다.
③ 서비스무역에 관한 GATS와는 달리 최혜국대우와 내국인대우에 대한 기본 규정이 채택되지 못하였다.
④ TRIPs에서 규정된 주요 지적재산권은 저작권과 저작인접권뿐이다.

정답 및 해설

⊘ 선지분석

① TRIPs는 국제협약 플러스방식을 채택하고 있는 바, 기존의 산업재산권 보호에 관한 파리협약, 문화예술작품의 보호에 관한 베른협약 등 다수의 협약이 그대로 적용된다.
③ 최혜국대우와 내국민대우에 대한 기본 규정을 채택하고 있다.
④ 산업재산권 분야 등도 포함하는 포괄적인 규정을 두고 있다.

답 ②

03 WTO무역 관련 지적재산권협정에 대한 설명으로 옳은 것은?

① 무역과 관련하여 지적재산권에 대한 최초의 통일적인 협정이다.
② 무역과 관련되지 아니한 지적재산권을 주요 대상으로 한다.
③ 지적재산권협정 체결로 인해 기존 협정은 실효되었다.
④ 지적재산권 보호를 위해 최고보호수준의 원칙을 채택하였다.

| 정답 및 해설 |

지적재산권 보호가 국제교역에 미치는 영향이 크기 때문에 지적재산권 보호에 대한 통일적인 협정 마련이 절실히 요구되었고, 이 점을 감안하여 WTO에서는 이 분야에 대한 협정을 체결하였다.

✓ 선지분석
② 무역과 관련된 지적재산권을 대상으로 한다.
③ 기존 협정 플러스방식을 채택하여 4개의 기존 협정을 준용하는 바, 파리협약, 베른협약, 로마협약, 집적회로에 관한 지적재산권협약이 그것이다.
④ 최저보호수준의 원칙을 채택하였다(TRIPS 제1조 제1항).

답 ①

04 WTO TRIPs협정에 대한 설명으로 옳은 것은?

① 상표권의 보호에는 파리협약(1967년)이 준용되며, 보호기간은 최소 10년이다.
② 의장이란 물품의 형상, 모양, 색채 또는 이들을 결합한 것으로서 시각을 통하여 미감을 일으키는 것을 말하며, TRIPs협정상 보호기간은 최소 10년이다.
③ 특허의 보호기간은 출원일(filing date)로부터 50년이다.
④ 반도체칩의 배치설계에 대한 보호는 1989년 채택된 '집적회로에 관한 지적재산권조약'(IPIC Treaty, 일명 뉴욕조약) 플러스 방식이 적용된다.

| 정답 및 해설 |

✓ 선지분석
① 보호기간은 최소 7년이다.
③ 출원일(filing date)로부터 20년이다.
④ 워싱턴조약이라고 한다.

답 ②

05 WTO무역 관련 지적재산권협정(TRIPs)에 대한 설명으로 옳은 것은?

① 서비스무역에 관한 GATS와는 달리 최혜국대우와 내국인대우에 대한 기본 규정이 채택되지 못하였다.
② TRIPs는 지적재산권에 대한 첫 국제규범이다.
③ 저작인접권에 대해서는 TRIPs협정이 적용되지 않으므로 내국민대우 원칙을 배제할 수 있다.
④ TRIPs협정은 회원국이 국제평화 유지를 위한 UN헌장상의 의무 이행을 위한 조치를 취할 수 있다고 하여 국가안보 예외를 인정하고 있다.

| 정답 및 해설 |

✓ 선지분석
① 최혜국대우 원칙 및 내국민대우 원칙이 기본 규정으로 되어 있다.
② '무역에 대한' 최초의 지적재산권협정이다.
③ 저작인접권은 TRIPs협정의 적용대상이다. 다만, 저작인격권은 적용대상이 아니다.

답 ④

제1절 | 분쟁해결제도

01

분쟁해결규칙 및 절차에 관한 양해(DSU)의 특징에 대한 설명으로 옳은 것만을 모두 고른 것은?

> ㄱ. 대상협정의 해석 및 적용에 따른 모든 분쟁에 회원국들이 반드시 DSU상의 절차와 규칙을 원용하고 준수하도록 의무화하였다.
> ㄴ. 패널절차의 각 단계별로 엄격한 시한을 설정하여 분쟁해결절차의 신속성 및 효율성을 확보하였다.
> ㄷ. 분쟁해결창구가 일원화되지 못하여 이른바 포럼 쇼핑(Forum Shopping) 문제가 야기될 수 있다.
> ㄹ. 분쟁해결절차의 사법성, 공정성 제고를 위해 당사국 간 합의에 의한 외교적 해결을 권장하지 않는다.

① ㄱ, ㄴ　　　② ㄱ, ㄷ　　　③ ㄴ, ㄷ　　　④ ㄴ, ㄹ

정답 및 해설

분쟁해결규칙 및 절차에 관한 양해(DSU)의 특징에 대한 설명으로 옳은 것은 ㄱ, ㄴ이다.

✓ 선지분석
ㄷ. 이는 동경 라운드 이후 9개의 부속협정이 마련되고 각 협정별로 독자적인 분쟁해결절차를 가지고 있던 GATT 체제의 문제점이었다. 포럼 쇼핑(Forum Shopping)은 원고국이 소송을 제기하는 데 있어 자국에게 유리한 분쟁해결절차를 선택하는 것이다.
ㄹ. 분쟁해결절차의 사법성·공정성 제고를 위해 당사국 간 합의에 의한 외교적 해결을 권장하고 있다(DSU 제4조·제5조).

답 ①

02

세계무역기구(WTO) 분쟁해결제도에 대한 설명으로 옳지 않은 것은?

① 단심이 아니라 2심절차로 진행하므로 원심 패널의 오류를 수정할 수 있는 기회가 주어진다.
② WTO분쟁해결 패널보고서나 상소기구보고서가 채택되면 분쟁당사국들을 구속하게 된다.
③ 패소국이 상소기구판정을 이행하지 않고 보상합의도 없게 되면 승소국은 WTO의 승인을 얻어 무역보복조치를 취할 수 있다.
④ WTO설립협정 부속서 2의 분쟁해결양해(DSU)와 부속서 3의 무역정책검토제도는 DSU대상협정에 속하지 않는다.

정답 및 해설

분쟁해결양해 부록 1(APPENDIX 1)에 의하면 분쟁해결양해(DSU)는 대상협정에 포함되나, 무역정책검토제도는 포함되지 않는다.

✓ 선지분석
② 분쟁해결기구(DSB)의 승인을 받아야 하며, 양허 또는 의무의 정지 형태로만 보복조치가 가능하다. 보복조치의 수준은 침해의 수준에 상응해야 하는 비례성원칙이 적용된다.

답 ④

03

분쟁해결규칙 및 절차에 관한 양해(DSU)에 대한 설명으로 옳은 것만을 모두 고른 것은?

ㄱ. WTO협정 부속서 4 복수국간무역협정(PTA)은 분쟁해결규칙 및 절차에 관한 양해(DSU)의 대상협정에 속하지 않는다.
ㄴ. 분쟁해결기구의 권고와 판정은 대상협정에 규정된 권리와 의무를 증가시키거나 축소시킬 수 없다.
ㄷ. 분쟁해결제도의 첫 번째 목표는 그 조치가 대상협정에 대한 위반으로 판정이 내려진 경우 동 조치로 인한 회원국의 피해에 대하여 적절한 보상을 확보하는 것이다.
ㄹ. 대상협정에 따라 부담해야 하는 의무에 대한 위반이 있는 경우, 이러한 행위는 일견(prima facie) 명백한 무효화 또는 침해 사례를 구성하는 것으로 간주된다.

① ㄱ, ㄴ
② ㄱ, ㄷ
③ ㄴ, ㄷ
④ ㄴ, ㄹ

분쟁해결규칙 및 절차에 관한 양해(DSU)에 대한 설명으로 옳은 것은 ㄴ, ㄹ이다.
ㄴ. DSU 제3조 제2항에 대한 내용이다.
ㄹ. DSU 제3조 제8항에 대한 내용이다.

선지분석
ㄱ. PTA도 DSU의 대상협정에 속한다(DSU 부록 1).
ㄷ. 분쟁해결제도의 첫 번째 목표는 그 조치가 대상협정에 대한 위반으로 판정이 내려진 경우 '동 조치의 철회를 확보하는 것'이다. 그러한 조치의 즉각적인 철회가 비현실적인 경우에만 철회 시까지 잠정조치로서 보상의 제공에 의지할 수 있다(DSU 제3조 제7항).

답 ④

04

WTO에 의한 분쟁해결과 국제사법재판소(ICJ)에 의한 분쟁해결에 대한 설명으로 옳은 것은?

① WTO상소기구의 판정과 국제사법재판소(ICJ) 판결은 양자 모두 전원재정에 의한다.
② WTO분쟁해결기구의 관할권은 WTO 회원국 간의 분쟁에 대하여 성립하지만, 국제사법재판소(ICJ)에 의한 분쟁해결은 국제사법재판소(ICJ)규정 비당사국에게도 개방된다.
③ WTO 회원국이 국제사법재판소(ICJ) 판결을 이행하지 않은 경우 WTO에 의한 무역보복조치가 가능하다.
④ WTO협정은 판정을 이행하기 전에 잠정적으로 일정한 보상에 합의할 수도 있음을 규정하고 있고, 국제사법재판소(ICJ)규정은 판결 불이행 시 보상에 관하여 명시하고 있다.

국제사법재판소(ICJ)의 경우 비당사국이라 할지라도 안전보장이사회가 정하는 조건에 따라 재판당사자가 될 수 있다.

선지분석
① 국제사법재판소(ICJ)의 경우 재판소는 전원이 출석하여 개정하는 것이 원칙이다(ICJ규정 제25조 제1항). 상소기구는 7인으로 구성되나 3인이 하나의 사건을 담당한다(DSU 제17조 제1항).
③ 무역보복조치에 대한 규정은 없으며, 국제사법재판소(ICJ) 판결 불이행 시 안전보장이사회가 제재조치를 취할 수 있다.
④ 국제사법재판소(ICJ)규정에는 보상에 대한 규정이 없다.

답 ②

05 국제사법재판소(ICJ) 절차와 WTO분쟁해결절차의 차이점에 대한 설명으로 옳지 않은 것은?

① 국제사법재판소(ICJ)는 단심절차인 데 반해 WTO는 2심절차를 두고 있다.
② 국제사법재판소(ICJ)재판관의 수는 WTO상소기구(Appellate Body) 위원의 수보다 적다.
③ 국제사법재판소(ICJ)는 WTO와 다르게 임시국적재판관(national ad hoc judge)제도를 두고 있다.
④ 강제관할권 확보의 측면에서는 WTO분쟁해결절차가 국제사법재판소(ICJ) 절차보다 강화되어 있다.

정답 및 해설

국제사법재판소(ICJ)재판관은 15명이고, WTO의 상설(항소)기구의 위원은 7명이다. 따라서 국제사법재판소(ICJ)재판관의 수가 더 많다.

✓ 선지분석

③ 국제사법재판소(ICJ)의 임시국적재판관제도에 의하면, 특정 사건에서 정규 국적 재판관이 없는 당사자 일방 또는 쌍방은 오로지 당해 사건의 심리에 참여시킬 목적으로 임시재판관을 선임할 수 있다. 이는 의무가 아닌 재량이며, 외국인을 임명할 수도 있다.
④ 국제사법재판소(ICJ)의 강제관할권은 선택조항을 수락한 규정 당사국에 대해서만 행사 가능하지만, WTO상 강제관할권은 WTO에 가입한 모든 국가들을 대상으로 한다.

답 ②

06 세계무역기구(WTO)의 분쟁해결에서 협의, 패널절차 또는 상소절차의 당사자가 아닌 제3자의 지위에 대한 설명으로 옳지 않은 것은?

① 제3자는 분쟁해결기구(DSB)에 협의 참가 의사를 통고하면 동 분쟁의 협의에 자유롭게 참여할 수 있다.
② 패널절차에서 제3자는 의견을 진술하고 서면입장을 제출할 기회를 가진다.
③ 제3자의 서면입장은 분쟁당사자에게 전달되며, 패널보고서에 반영된다.
④ 제3자는 패널절차의 대상인 조치가 대상협정에 따라 자국에 귀속된 이익을 무효화 또는 침해한다고 간주하는 경우, 분쟁해결양해(DSU)에 따른 정상적인 분쟁해결절차에 호소할 수 있다.

정답 및 해설

분쟁당사국이 아닌 제3국이 협의절차에 참가하기 위해서는 분쟁당사국의 동의가 있어야 한다.

✓ 선지분석

② 분쟁사안에 대해 중대한 이해를 가지는 제3자는 분쟁해결기구(DSB)에 통보만 하면 협의절차에서와 달리 패널절차에 참여할 수 있다.
③ 제3자는 패널에 서면으로 의견을 제출하고, 구두변론에 참가하거나 분쟁당사국의 서면입장을 받아볼 수 있다.

답 ①

07 WTO 회원국인 A국과 B국은 WTO대상협정상의 분쟁을 국제사법재판소(ICJ)에 회부하기로 합의하였다. A국과 B국의 합의의 유효성 여부에 대한 설명으로 옳은 것은?

① 당사국 간 합의에 의해 그러한 해결책을 추구하는 경우 WTO규범상 양국의 합의가 유효하다.
② A국과 B국이 모두 UN 회원국이라면 그러한 합의는 WTO분쟁해결규칙 및 절차에 관한 양해(DSU) 위반이 아니므로 국제사법재판소(ICJ) 절차를 원용할 수 있다.
③ WTO대상협정상의 분쟁은 WTO 분쟁해결양해(DSU)규정상 WTO분쟁해결제도에 의하여 해결하도록 되어 있으므로 국제사법재판소(ICJ)에 회부하는 것은 허용되지 않는다.
④ A국과 B국은 동 분쟁을 국제사법재판소(ICJ)에 회부할 수 있지만, 총의(consensus)에 의한 WTO 분쟁해결기구(DSB)의 승인이 필요하다.

정답 및 해설

분쟁해결양해(DSU)는 회원국 간 WTO협정의 위반, 무효화 및 침해 등 모든 통상 관련 분쟁을 분쟁해결양해(DSU)에 의해 해결할 것을 규정하고 있다.

답 ③

08 WTO분쟁해결양해(DSU)상의 당사자 적격성에 대한 설명으로 옳지 않은 것은?

① WTO 회원국(Members)만이 분쟁해결기구(DSB)에 분쟁을 회부할 수 있다.
② 원칙적으로 비회원국과 사인은 당사자 적격성이 없지만, 회원국들의 동의가 있으면 당사자가 될 수 있다.
③ 유럽연합(EU)은 WTO분쟁해결절차에서 당사자 적격성을 가진다.
④ 분쟁해결절차에 참가하는 제3국은 당해 분쟁에 대하여 실질적인 이해관계가 있어야 한다.

정답 및 해설

WTO분쟁해결절차는 오로지 WTO 회원국 상호 간에만 적용된다.

☑ 선지분석
③ 유럽연합(EU)은 WTO에서 하나의 단일한 법적 실체로 인정된다.

답 ②

09 WTO분쟁해결절차에 제소할 수 있는 사유에 대한 설명으로 옳지 않은 것은?

① GATT1994 제23조는 6가지 유형의 분쟁을 예정하고 있다.
② 제소사유로서의 GATT 목적달성의 저해는 사실상 폐기되었다.
③ 협정에 위반되지 아니한 경우에도 제소할 수 있다.
④ 비위반제소에 있어서는 위반제소와 달리 이른바 '일응추정의 원칙'이 적용된다.

정답 및 해설

분쟁해결양해(DSU) 제3조 제8항에 의하면 위반제소에 있어서는 비위반제소와 달리 '일응추정의 원칙'이 적용된다. 이는 제소국이 피제소국의 협정 위반 사실을 입증하면 이익의 무효화 또는 침해는 별도의 입증 없이 그러한 무효화 또는 침해가 존재한다고 추정해주는 것을 의미한다.

☑ 선지분석
① GATT1994 제23조는 제소 사유에 대해 상황 제소와 GATT 및 WTO의 목적 달성을 저해하는 경우도 규정하고 있으나, 오늘날 두 사유는 사문화되었다. 결국 WTO 절차에 제소할 수 있는 사유는, 협정상 이익을 무효화하거나 침해하였을 경우 위반 제소 또는 비위반제소 2가지 유형뿐이다.

답 ④

 **10** 세계무역기구(WTO)의 분쟁해결에서 비위반제소(non-violation complaints)에 대한 설명으로 옳지 않은 것은?

① 비위반제소를 다룬 사례로 '일본-필름 사건(Japan-Measures Affecting Consumer Photographic Film and Paper)'이 있다.

② 이익이 무효화 또는 침해되었다는 판정이 내려지는 경우 피소국은 문제된 조치를 철회하여야 한다.

③ 비위반제소(non-violation complaints)는 위반제소와 병행하여 제기될 수 있다.

④ 피소국의 조치로 인해 대상협정상의 이익이 무효화 또는 침해되어야 한다.

이익이 무효화 또는 침해되었다는 판정이 내려지는 경우라도 철회할 의무는 없으나, 패널이나 상소기구가 조정을 권고한다.

 **선지분석**

② 구체적인 규정을 위반한 것이 아니기 때문에 동 조치를 철회할 의무는 없으며, 보상이 최종적 조치로 간주될 수 있다.

답 ②

---

11 위반청구(violation complaint)와 비위반청구(non-violation complaint)의 차이에 대한 설명으로 옳지 않은 것은?

① 위반청구(violation complaint)의 경우에 의무 위반사실만 입증하면 무효화 또는 침해는 추정된다.

② 비위반청구(non-violation complaint)의 제소국은 관련 대상협정에 저촉되지 않은 조치에 대한 제소를 옹호하기 위한 상세한 정당성을 제시하여야 한다.

③ 비위반청구(non-violation complaint)의 경우는 위반청구와는 달리 제소국이 승소한 경우에도 패소 당사자는 그 조치를 철회할 의무는 없다.

④ 비위반제소의 경우 위반제소와 마찬가지로 보상은 잠정조치로서만 인정된다.

위반제소와 달리 비위반제소에서 보상은 최종적 조치로 간주될 수 있다. 비위반제소는 Japan-Film case와 EC-Abestos case에서 제기되었으나, 두 판례에서 모두 기각되었다.

답 ④

12. 비위반제소에 대한 설명으로 옳은 것은?

① 판례는 제소요건으로 정부조치의 적용이 있을 것, 관세양허협상에 따른 합리적 기대이익 및 이익의 무효화 또는 침해, 그리고 인과 관계의 존재를 요구한다.
② 비위반제소 시 피제소국은 패소 시 동 조치를 철회해야 할 의무가 있다.
③ 비위반제소는 피제소국에게 입증책임이 있어 부당하다는 지적이 있다.
④ 비위반제소의 경우 규정을 명확화함으로써 WTO체제 이후 활용빈도가 높다.

정답 및 해설

Kodak – Fuji 사건(1998)에서 패널은 미국의 청구에 대해 3가지 요건의 적합성을 검토하였으며 마지막 요건인 인과관계를 부정한 바 있다.

⊘ 선지분석

② 피소국이 어떠한 구체적인 의무 위반을 한 것이 아니기 때문에 대상조치를 철회할 의무는 없다.
③ 비위반제소는 제소국이 상기 제소요건을 충족하였음을 입증하여야 한다.
④ 지난 50년간 GATT/WTO절차에서 패널 등이 비위반청구를 실질적으로 고려한 분쟁 사례는 8건에 불과하였다. 대표적으로 EC 유지종자 사건(1989) 및 Kodak – Fuji 사건(1998), 호주 보조금 사건 등이 있다.

답 ①

13. 세계무역기구(WTO)의 분쟁해결제도에 대한 설명으로 옳지 않은 것은?

① WTO 회원국 간 무역분쟁이 발생하는 경우 분쟁당사국 간 별도의 합의가 없어도 관할권이 성립한다.
② WTO는 국제사법재판소(ICJ)와 달리 상소제도를 두고 있다.
③ WTO분쟁해결제도는 선례구속의 원칙을 인정한다.
④ WTO 회원국의 피해기업은 WTO에 직접 제소할 수 없다.

정답 및 해설

WTO분쟁해결양해(DSU)상의 패널보고서 및 상소기구의 판정은 해당 사건에만 적용될 뿐이다.

⊘ 선지분석

① WTO 회원국 간 무역분쟁이 발생한 경우 분쟁해결양해(DSU)를 통해서만 분쟁해결이 가능하다. GATT에서는 법정쇼핑(forum shopping)이 가능하였으나, WTO에서는 분쟁해결에 있어서 통합성을 띄게 되었다.

답 ③

14

WTO의 분쟁해결규칙 및 절차에 관한 양해(DSU)에 대한 설명으로 옳은 것은?

① 분쟁해결절차의 시한을 정하지는 않았다
② 분쟁해결기구(DSB)는 WTO 회원국 중 30개국 대표로 구성되며 임기는 3년이다.
③ WTO의 분쟁해결제도가 가지는 사물관할의 범위는 지적재산권과 서비스 분야에 한정되었다.
④ 분쟁해결양해(DSU)에 따른 최종판정은 분쟁당사국을 구속하지만, 선례구속의 원칙을 명시하는 규정은 없다.

정답 및 해설

✅ 선지분석
① WTO의 분쟁해결규칙 및 절차에 관한 양해(DSU)는 각 절차마다 일정한 소요시간이 정해져 있고, 또한 총의에 의해서만 다음 절차로의 진행이 정지될 수 있게 되어 WTO분쟁해결절차는 과거 어느 경우보다 신속하게 이루어질 수 있다는 특징이 있다.
② 일반이사회가 분쟁해결기구(DSB)의 기능을 수행한다. 따라서 분쟁해결기구(DSB)는 WTO의 모든 회원국으로 구성된다.
③ (ⅰ) GATT1994상 의무의 위반, (ⅱ) GATT1994상 이익의 무효화, (ⅲ) 어떤 다른 상황의 존재의 결과로 GATT 1994상 이익의 무효화 또는 침해가 발생하거나 GATT1994 목적달성의 저해가 있다면 WTO에 제소할 수 있다. 따라서 WTO 분쟁해결기구(DSB)의 물적 관할이 지적재산권과 서비스 분야에 한정되는 것은 아니다.

답 ④

15

WTO분쟁해결절차에 대한 설명으로 옳은 것은?

① DSU절차와 부속서의 특별절차와의 사이에 차이가 있을 경우 WTO설립협정이 부속서의 개별협정에 우선하는 것과 마찬가지로 분쟁해결양해(DSU) 절차가 우선한다.
② 대상분쟁이 2개 이상의 협정과 관련된 경우에 분쟁당사자 사이에 패널의 설치 후 20일 이내에 어느 절차를 적용할 것인지에 대해 합의하지 못하는 경우에는 WTO사무총장이 이를 결정한다.
③ WTO분쟁해결제도는 국제공법의 관습적인 해석규칙과 국제법의 점진적 발달에 비추어 대상협정을 해석해야 한다.
④ 분쟁해결양해(DSU)에 의하면 WTO 회원국들은 WTO의 제소가 유용한 경우에만 하도록 규정하고 있다.

정답 및 해설

분쟁해결양해(DSU) 제3조 제7항에 대한 내용이다.

✅ 선지분석
① 이 양해의 규칙 및 절차가 부록 2에 명시된 대상협정의 특별 또는 추가적인 규칙 및 절차와 상이한 경우 부록 2의 특별 또는 추가적인 규칙 및 절차가 우선한다(DSU 제1조 제2항).
② 이 경우 분쟁해결기구의 의장은 분쟁당사자와 협의하여 일방 분쟁당사자의 요청 후 10일 이내에 적용할 규칙 및 절차를 확정한다(DSU 제1조 제2항).
③ WTO의 회원국은 이 제도가 대상협정에 따른 회원국의 권리와 의무를 보호하고 국제공법의 관습적인 해석규칙에 따라 대상협정의 현존 조항을 명확히 하는 데 기여함을 인정한다(DSU 제3조 제2항).

답 ④

16

WTO분쟁해결절차에 대한 설명으로 옳은 것만을 모두 고른 것은?

ㄱ. 상대국이 WTO협정을 위반하지 않은 경우에도 WTO분쟁해결절차가 사용될 수 있다.
ㄴ. WTO에 제소되어 분쟁당사국 간의 협의(Consultation)가 진행되는 경우 당해 사안에 실질적인 이해관계가 있는 제3국은 분쟁해결기구의 허락을 얻으면 그 협의(Consultation)에 참여할 수 있다.
ㄷ. 분쟁당사국의 국민과 제3자로 참여하는 국가의 국민은 원칙적으로 패널위원이 될 수 없다.
ㄹ. 동일한 사안에 대해 여러 나라들이 패널 설치를 각각 요청하는 경우 사건을 병합하여 단일패널을 설치하는 것이 분쟁해결절차의 신속성을 위해 필요하나, 분쟁해결양해(DSU)는 이러한 제도를 마련해 놓고 있지 않으므로 향후 이러한 문제점을 개선하기 위해 분쟁해결양해(DSU)를 개정해야 한다는 점이 지적되고 있다.

① ㄱ, ㄴ   ② ㄱ, ㄷ
③ ㄱ, ㄹ   ④ ㄴ, ㄷ

정답 및 해설

WTO의 분쟁해결절차에 대한 설명으로 옳은 것은 ㄱ, ㄷ이다.
ㄱ. 비위반제소에 대한 내용으로, 협정문의 명백한 위반이 없이 이익의 무효화 또는 침해가 발생하는 경우에도 제소가 가능하다. 정부조치의 적용, 협정상의 이익의 무효화 또는 침해, 인과관계 세 조건이 모두 충족되어야 한다.

선지분석
ㄴ. 협의(Consultation)절차 참가 시 제3국은 협의당사국의 동의를 얻어야 한다.
ㄹ. 분쟁해결양해(DSU) 제9조에 병합을 위한 제도를 규정하고 있다.

답 ②

세계무역기구(WTO)의 분쟁해결절차에 대한 설명으로 옳지 않은 것만을 모두 고른 것은?

ㄱ. 패널절차의 각 단계별로 일정한 시한을 설정하여 패널진행의 신속성 및 효율성을 도모하였다.
ㄴ. 임시상소기구를 설치하여 상소가 가능하도록 하였다.
ㄷ. 최빈국 회원국을 위한 특별규정을 두고 있지 않다.
ㄹ. 패널은 분쟁당사국이 5명의 패널위원으로 구성하기로 합의하지 않는 한 3명으로 구성된다.
ㅁ. WTO협정을 위반하지 않은 조치에 대한 제소도 일정한 경우 WTO분쟁해결규칙 및 절차에 관한 양해(DSU)가 적용된다.

① ㄱ, ㄴ   ② ㄱ, ㄷ
③ ㄴ, ㄷ   ④ ㄷ, ㄹ

정답 및 해설

세계무역기구(WTO)의 분쟁해결절차에 대한 설명으로 옳지 않은 것은 ㄴ, ㄷ이다.
ㄴ. 항소기구는 상설기구이다.
ㄷ. 분쟁해결양해(DSU) 제24조에 최빈개도국을 위한 특별규정을 두고 있다.

선지분석
ㄹ. 패널설치일로부터 10일 이내에 당사국 간 합의가 있다면 5인으로 구성되나, 일반적으로는 3명으로 구성된다.
ㅁ. 비위반제소에 대한 설명이다.

답 ③

18 협의와 패널 설치에 대한 설명으로 옳은 것은?

① 상대국가가 협의를 요청하는 경우 10일 이내에 답변하여야 하며 30일 내에 상호 만족할 만한 해결책을 모색하기 위해 성실하게 협의해야 하나, 협의절차가 의무적인 것은 아니다.

② 협의요청일로부터 60일 내 협의 실패 시 패널이 설치되며 개시 후에는 협의, 주선, 조정, 중개가 불가능하다.

③ 패널은 표준위임사항 및 특별위임사항을 검토하여야 하며 역총의제에 의해 자동설치된다.

④ 동일 사안에 대한 패널 설치 요청 시 병합진행이 가능하나 이해를 가지는 회원국이 제3자 참여를 할 수는 없다.

정답 및 해설

패널은 분쟁당사국이 위임한 표준위임사항 또는 특별위임사항을 검토한다. 패널은 당사국이 인용하는 모든 대상협정의 관련 규정을 검토하여야 한다(DSU 제7조).

✓ 선지분석

① 협의는 GATT/WTO분쟁해결절차의 필수적인 단계이다. 따라서 타 회원국이 표명한 입장을 호의적으로 고려해야 하며 적절한 협의기회를 부여해야 한다(DSU 제4조 제1항).

② 당사국이 동의하는 경우 주선, 조정, 중개절차는 패널 진행 중에도 계속될 수 있다(DSU 제5조 제5항).

④ 패널병합은 가능하며(DSU 제9조), 분쟁사안에 대해 중대한 이해를 가지는 회원국은 패널에 제3자 참여를 할 수 있다. EC - Banana 사건의 경우 20개국이 제3자 참여한 바 있다(DSU 제10조).

답 ③

19 세계무역기구(WTO)의 분쟁해결양해각서에 규정된 주선(good offices), 조정(conciliation) 및 중개(mediation)에 대한 설명으로 옳지 않은 것은?

① 이들은 분쟁당사국이 합의하는 경우에 취해지는 자발적 절차이다.

② 이들 절차는 언제든지 개시되고 종료될 수 있다.

③ 이들 절차에 의한 분쟁해결이 실패하는 경우, 제소국(complaining) 패널의 설치를 요청할 수 있다.

④ 일단 패널절차가 개시되면 상기의 주선, 조정 및 중개의 절차는 반드시 종료된다.

정답 및 해설

주선(good offices), 조정(conciliation) 및 중개(mediation)는 회원국이 합의하여야 개시되는 임의절차이다. 또한 일단 개시되면 종료하여야 패널의 설치를 요청할 수 있는 것이 원칙이다. 그러나 분쟁당사국들이 합의하면 패널 과정 중에도 계속될 수 있다(DSU 제5조 제5항).

답 ④

20 패널보고서 채택까지의 분쟁해결절차 진행순서에 대한 설명으로 옳지 않은 것은?

① 협의 개시 후 60일 내에 해결되지 않으면 패널설치를 요구할 수 있다.
② 분쟁해결기구(DSB)는 늦어도 2번째 회의까지 패널을 설치하여야 하며 3인 또는 당사국 간 합의 시 5인으로 패널을 구성한다.
③ 패널심의는 일반적으로 12개월, 긴급한 경우 6개월 내에 이루어져야 한다.
④ 패널은 제소국이 요청하는 경우 12개월을 초과하지 아니하는 기간 동안 작업을 중단할 수 있다.

패널심의는 원칙적으로 6개월 이내에 이루어져야 하며 긴급한 경우 3개월 내로 시한이 단축된다(DSU 제12조).

✓ 선지분석
① 협의요청일로부터 60일 이내에 협의를 통한 분쟁해결에 실패하는 경우 제소국은 패널설치를 요청할 수 있다(DSU 제4조 제7항).
② 분쟁해결양해(DSU) 제6조 제1항 및 제8조에 대한 내용이다.
④ 분쟁해결양해(DSU) 제12조 제12항에 대한 내용이다.

답 ③

21 세계무역기구(WTO)의 분쟁해결절차에서 패널에 대한 설명으로 옳지 않은 것만을 모두 고른 것은?

> ㄱ. 2개 이상의 회원국이 동일한 사안과 관련된 패널의 설치를 요청하는 경우, 이러한 복수의 제소내용을 조사하기 위해 모든 관련 회원국의 권리를 고려하여 단일 패널을 설치할 수 있다.
> ㄴ. 분쟁당사자의 국민은 분쟁당사자가 달리 합의하지 않는 한 그 분쟁을 담당하는 패널의 위원이 되지 못한다.
> ㄷ. 판정의 전부 또는 일부가 패널위원 전원일치의 의견을 나타내지 않을 때, 패널위원은 개별 의견을 실명으로 제시할 권리를 가진다.
> ㄹ. 패널 설치일로부터 20일 이내에 패널위원 구성에 대한 합의가 이루어지지 않는 경우, 분쟁해결기구(DSB)의 의장이 패널위원을 임명한다.
> ㅁ. 패널은 분쟁당사자가 패널 설치로부터 10일 이내에 5인의 패널위원으로 패널을 구성하기로 합의하지 않는 한 3인의 패널위원으로 구성된다.

① ㄱ, ㄴ   ② ㄱ, ㄷ
③ ㄴ, ㅁ   ④ ㄷ, ㄹ

세계무역기구(WTO)의 분쟁해결절차에서 패널에 대한 설명으로 옳지 않은 것은 ㄷ, ㄹ이다.
ㄷ. 패널위원은 개별 의견을 익명으로 제시한다(DSU 제17조 제11항).
ㄹ. WTO사무총장이 분쟁해결기구(DSB) 의장 및 관련 위원회 또는 이사회의 의장과 협의 후 임명한다(DSU 제8조 제7항).

✓ 선지분석
ㄱ. 패널병합에 대한 설명이다(DSU 제9조 제1항).
ㄴ. 자기나라 정부가 분쟁당사자인 회원국의 국민 또는 제3자의 국민은 분쟁당사자가 달리 합의하지 아니하는 한 그 분쟁을 담당하는 패널의 위원이 되지 못한다(DSU 제8조 제3항).

답 ④

WTO분쟁해결양해상 패널위원선정절차에 대한 설명으로 옳지 않은 것은?

① 패널위원은 정부대표가 아닌 WTO대표로서 임무를 수행한다.
② 민간인사뿐만 아니라 정부인사도 패널위원이 될 수 있다.
③ 분쟁당사국의 국민과 제3자로 참여하는 국가의 국민은 분쟁당사자가 합의하면 패널위원이 될 수 있다.
④ 일정한 경우 사무총장도 패널위원을 임명할 수 있다.

정답 및 해설

개인자격으로 임무를 수행한다.

✅ **선지분석**
② 패널은 정부 및 비정부인사로 구성된다(DSU 제8조 제1항).
③ 분쟁해결양해(DSU) 제8조 제3항에 대한 내용이다.
④ 패널 설치일로부터 20일 이내에 패널위원 구성에 대한 합의가 이루어지지 아니하는 경우, 사무총장은 일방 분쟁당사자의 요청에 따라 분쟁해결기구 의장 및 관련 위원회 또는 이사회의 의장과의 협의를 거쳐 분쟁당사국과 협의 후 가장 적합하다고 생각되는 패널위원을 임명함으로써 패널의 구성을 확정한다(DSU 제8조 제7항 참조).

답 ①

23

패널의 설치에 대한 설명으로 옳은 것(○)과 옳지 않은 것(×)을 바르게 표시한 것은?

> ㄱ. 패널설치를 위해서는 분쟁당사국 간 합의가 선행되어야 한다.
> ㄴ. 제소국이 패널 설치를 요청하는 경우, 늦어도 동 요청이 처음 공식적으로 제기된 분쟁해결기구(DSB) 회의의 다음 회의에서는 패널이 설치되어야 한다.
> ㄷ. 패널 설치에 대한 의사결정은 총의(consensus)에 의한다.
> ㄹ. 패널은 분쟁당사국의 합의가 없는 한 일반적으로 분쟁에 무관한 여타 WTO 회원국들에서 선발된 5인의 전문가로 구성된다.
> ㅁ. 패널 요청 후 20일 이내에 분쟁당사국 간에 패널위원의 선임에 대한 합의가 이루어지지 못하는 경우 일방 분쟁당사국의 요청에 따라 분쟁해결기구 의장이 임명한다.
> ㅂ. 동일한 사안에 대해 복수의 회원국이 특정 회원국을 제소하는 경우 단일패널을 설치할 수 있다.

	ㄱ	ㄴ	ㄷ	ㄹ	ㅁ	ㅂ
①	○	○	×	×	×	○
②	×	○	○	×	○	×
③	×	×	○	○	○	×
④	×	○	×	×	×	○

정답 및 해설

패널의 설치에 대한 설명으로 옳은 것은 ㄴ, ㅂ이고 옳지 않은 것은 ㄱ, ㄷ, ㄹ, ㅁ이다.
ㄱ. [×] 일방적으로 패널 설치를 요청할 수 있다.
ㄴ. [○] 분쟁해결양해(DSU) 제6조 제1항에 대한 내용이다.
ㄷ. [×] 역총의제에 의한다. 즉, 패널은 사실상 자동적으로 설치된다.
ㄹ. [×] 5인으로 구성하기로 분쟁당사국 간 합의하지 않는 한 원칙적으로 3인으로 구성된다.
ㅁ. [×] WTO사무총장(Director General)이 임명한다.
ㅂ. [○] 분쟁해결양해(DSU) 제9조 제1항에 대한 내용이다.

답 ④

24

WTO분쟁해결양해상의 패널절차에 대한 설명으로 옳지 않은 것은?

① 일방 분쟁당사자가 공식적으로 분쟁해결기구에 자국의 상소결정을 통지하면 패널보고서는 분쟁해결기구에서 채택되지 아니한다.
② 상소결정을 일방 분쟁당사자가 분쟁해결기구에 통지하였어도 회원국은 패널보고서에 대하여 자기나라의 견해를 표명할 수 있다.
③ 복수의 제소내용을 조사하기 위하여 가능할 경우에는 언제나 단일 패널이 설치되어야 한다.
④ 제3자인 비회원국도 패널에 대해 자신의 입장을 개진하고 서면입장을 패널에 제출할 권리를 가진다.

DSU 제1조에서는 동 양해는 '회원국 간의 협의 및 분쟁해결에 적용된다'고 명시하고 있다. 따라서 WTO 비회원국의 경우 DSU의 적용을 받지 않으므로, 패널에 자신의 입장을 개진하거나 서면입장을 제출하는 것이 허용되지 않는다. 한편 DSU 제10조에 따르면 제3자인 '회원국'은 자국의 이해관계를 'DSB에 통보한 경우' 패널에 대해 자신의 입장을 개진하고 서면입장을 제출할 기회를 가진다. 즉, 제3국은 실질적인 이해관계의 존재 그 자체만으로 패널 절차에 참여할 권리를 가지는 것은 아니다.

✅ 선지분석
③ 2개 이상의 회원국이 동일한 사안과 관련된 패널의 설치를 요청하는 경우, 이러한 복수의 제소내용을 조사하기 위하여 모든 관련 회원국의 권리를 고려해 단일 패널을 설치할 수 있다. 이러한 복수의 제소내용을 조사하기 위하여 가능할 경우에는 언제나 단일 패널이 설치되어야 한다(DSU 제9조 제1항).

답 ④

25

패널보고서 채택 이후 분쟁해결절차 진행순서에 대한 설명으로 옳지 않은 것은?

① 상소가 있지 않는 한 역총의제에 의해 패널보고서는 채택된다.
② 최대 90일 이내에 상소절차는 마무리되어야 하며 패널설치일로부터 항소절차 이용 시까지 12개월을 초과할 수 없다.
③ 패널 또는 상소보고서가 채택되면 분쟁해결기구(DSB)가 보고서의 이행감독을 담당한다.
④ 보고서가 이행되지 않을 경우 패소국은 보상을 위한 협의를 시작해야 할 법적 의무가 있다.

보상은 자발적인 선택이기 때문에 이를 강요할 수 없다(DSU 제22조 제1항).

✅ 선지분석
① 상소의사를 표명하거나 분쟁해결기구(DSB)가 만장일치로 패널보고서를 채택하지 않기로 결정하지 않는 한 패널보고서는 회원국에게 배포된 날로부터 60일 이내에 자동적으로 채택된다(DSU 제16조 제4항).
② 상소절차는 제기일로부터 최종보고서 제출까지 60일을 초과할 수 없으며 어떠한 경우에도 최대 90일을 넘길 수 없다(DSU 제17조 제5항). 또한 원칙적으로 패널설치일로부터 패널보고서 채택까지는 9개월, 항소절차 이용 시는 상소보고서 채택심리까지 12개월을 초과할 수 없다(DSU 제20조).
③ 분쟁해결양해(DSU) 제9조에서 제22조의 조항을 통해 분쟁해결기구(DSB)가 이행을 감독하고 요청 시 이행패널을 설치할 수 있도록 하고 있다.

답 ④

26

WTO분쟁해결양해상 상소기구에 대한 설명으로 옳지 않은 것은?

① 분쟁해결기구(DSB)는 상설의 상소기구를 설치한다.
② 상소기구 위원은 중 임기가 만료되지 아니한 위원을 교체하기 위해 임명된 위원은 잔여임기기간 동안 위원직을 수행할 뿐이다.
③ 상소기구는 7인으로 구성되며, 이들 중 3인이 하나의 사건을 담당한다.
④ 자국 정부가 분쟁당사자인 회원국의 국민은 그 분쟁을 담당하는 상소기구의 위원이 되지 아니한다.

> **정답 및 해설**

패널절차에서는 자국 정부가 분쟁당사자인 회원국의 국민은 원칙적으로 패널이 될 수 없으나, 상소절차에서는 그러한 제한이 없어 원칙적으로 가능하다.

⊘ 선지분석
①, ③ 분쟁해결양해(DSU) 제17조 제1항에 대한 내용이다.
② 분쟁해결양해(DSU) 제17조 제2항에 대한 내용이다.

답 ④

27

WTO분쟁해결양해상 상소기구에 대한 설명으로 옳지 않은 것은?

① 분쟁당사자만이 패널보고서에 대하여 상소할 수 있다.
② 제3자는 상소기구에 서면입장을 제출하고 상소기구에서 자신의 입장을 개진할 기회를 가질 수 있다.
③ 상소는 여하한 법률문제 및 법률해석도 다룰 수 있다.
④ 상소기구의 심의과정은 공개되지 아니한다.

> **정답 및 해설**

상소기구는 패널보고서에 제기된 법률문제와 패널의 법률적 해석에 대해서만 심리한다. 따라서 상소대상이 아닌 사실문제 및 패널이 다루지 않은 법률문제는 상소심에서 다루어지지 않는다(DSU 제17조 제6항).

⊘ 선지분석
①, ② 분쟁해결양해(DSU) 제17조 제4항에 대한 내용이다.
④ 분쟁해결양해(DSU) 제17조 제10항에 대한 내용이다.

답 ③

28

WTO 분쟁해결양해상 패널 및 상소기구보고서에 대한 설명으로 옳은 것은?

① 상소기구보고서에 표명된 개별 상소기구위원의 견해는 공개한다.
② 상소기구는 패널의 법률적인 조사결과와 결론을 확정·변경 또는 파기할 수 없다.
③ 상소기구의 환송권은 없다.
④ 상소기구보고서는 컨센서스로 채택된다.

정답 및 해설

상소기구에는 파기환송권(right to reverse and remand)이 인정되고 있지 않고 파기권(right to remand)만 인정되고 있다(DSU 제17조 제13항).

✓ 선지분석
① 분쟁해결양해(DSU) 제17조 제11항에 대한 내용이다.
② 상소기구는 패널의 법률적인 조사결과와 결론을 확정(uphold), 변경(modify) 또는 파기(reverse)할 수 있다 (DSU 제17조 제13항 참조).
④ 상소기구보고서는 역컨센서스로 채택된다(DSU 제17조 제14항).

답 ③

29

WTO패널과 상소기구 권고에 관한 WTO분쟁해결양해상 규정과 상이한 것은?

① 패널 또는 상소기구는 조치가 대상협정에 일치하지 않는다고 결론짓는 경우, 관련 회원국에게 대상협정에 합치시키도록 권고한다.
② 패널 또는 상소기구는 관련 회원국이 권고를 이행할 수 있는 방법은 제시할 수 없다.
③ 분쟁해결기구(DSB)에 따른 최종판정은 분쟁당사국을 구속한다.
④ 분쟁해결양해(DSU)에 선례구속성을 명시하는 규정은 없다.

정답 및 해설

①, ② 대상협정에 합치시키도록 권고해야 할 '의무'가 있으나, 권고를 이행할 수 있는 방법을 제시할 수 있는 '재량'이 있다(DSU 제19조 제1항).

답 ②

30

WTO분쟁해결기구는 A국에게 대상협정에 합치하도록 권고하는 상소기구보고서를 채택하였다. 이 상황에 대한 설명으로 옳지 않은 것은?

① A국은 분쟁해결기구의 결정이나 권고를 신속히 이행해야 한다.
② 상소보고서가 채택된 날로부터 30일 내에 분쟁해결기구는 소집되어야 하며 이때 분쟁당사국은 상소보고서에 대해 자국입장을 밝혀야 한다.
③ A국은 권고 및 판정의 즉각적인 준수가 실현 불가능한 경우, 준수를 위한 합리적인 기간을 부여받는다.
④ A국의 이행조치가 대상협정에 합치하는지 분쟁이 생기면 중재에 의해 해결해야 한다.

정답 및 해설

권고 및 판정의 준수를 위한 조치가 취해지고 있는지 여부 또는 동 조치가 대상협정에 합치하는지 여부에 관하여 의견이 일치하지 않는 경우, 이러한 분쟁은 가급적 원패널에 회부하는 것을 포함하여 분쟁해결절차의 이용을 통하여 결정된다(DSU 제21조 제5항).

✅ 선지분석

③ 원칙적으로는 패소국이 제안해 분쟁해결기구(DSB)가 승인한 기간이 합리적 이행기간으로 설정되나, 분쟁해결기구(DSB)가 제안을 승인하지 않는 경우에는 분쟁당사국 양측이 보고서가 채택된 날로부터 45일 이내에 이행기간에 대해 합의한 기간으로 설정된다. 합의에 이르지 못할 경우 관련보고서가 채택된 날로부터 90일 이내 구속력 있는 중재에 의해 확정된 기간으로 설정된다.

답 ④

31

분쟁해결기구(DSB)의 권고 및 판정의 이행감시제도에 대한 설명으로 옳지 않은 것은?

① 패널보고서 또는 상소보고서가 채택된 날로부터 30일 내에 분쟁해결기구(DSB)는 소집되어야 하며, 이때 분쟁당사국은 보고서에 대하여 자국의 입장을 밝혀야 한다.
② 분쟁해결기구(DSB)의 권고 또는 판정을 즉각 이행하는 것이 불가능한 경우, 당사국은 분쟁해결기구(DSB)로부터 그 이행을 위한 '합리적 기간'을 부여받는다.
③ 패소국이 분쟁해결기구(DSB)의 권고 또는 판정을 이행하지 않으면, 제소국은 분쟁해결기구(DSB)의 승인이 없더라도 패소국에 대한 양허 또는 기타 의무의 정지를 실행할 수 있다.
④ 승소국의 양허 또는 기타 의무의 정지 수준에 대하여 패소국이 이의를 제기하면 이 문제는 중재로 해결하게 된다.

정답 및 해설

패소국에 대한 양허 또는 기타 의무의 정지(보복조치)를 실행하기 위해서는 분쟁해결기구(DSB)의 승인을 요한다.

✅ 선지분석

④ 중재는 합리적 이행기간 만료일로부터 60일 이내에 완결이 되어야 하며, 단심제로 진행된다. 양허, 의무 정지수준이 무효화, 침해 수준에 상응하는지 여부를 심의하는 것이지, 그 정지의 성격 자체를 심의하는 것이 아니다.

답 ③

32

채택된 패널보고서의 권고와 결정의 이행감독에 대한 설명으로 옳지 않은 것은?

① WTO체제에서는 패널보고서가 사실상 자동적으로 채택되기 때문에 WTO분쟁해결절차 성공의 관건은 분쟁해결기구(DSB)에서 채택된 패널보고서의 이행에 집중된다.

② 패널 또는 상소기관의 보고서가 채택된 후 30일 내에 개최된 분쟁해결기구(DSB) 회의에서 패소당사국은 패널의 권고와 결정의 이행에 관한 자신의 의도를 분쟁해결기구(DSB)에 통고하여야 한다.

③ 즉시 이행하는 것이 비현실적일 경우에는 패소당사국은 그 이행을 위한 합리적 기간을 가진다.

④ 일정한 경우에는 합리적 기간이 경과하기 전에도 보복조치를 취할 수 있다.

> **정답 및 해설**

협정상 합리적 기간 경과 이전에 보복조치를 취할 수는 없다. 보복조치는 합리적 기간 만료 후 20일 내에 만족스러운 보상에 관하여 합의가 이루어지지 않을 경우 승소당사국이 분쟁해결기구(DSB)의 허가를 얻어 시행할 수 있다. 분쟁해결기구(DSB)는 총의로써 동 요청의 거부를 결정하지 않는 한, 합리적 기간 만료 후 30일 내에 보복조치를 허가하여야 한다.

✓ **선지분석**

③ 원칙적으로는 패소국이 제안해 분쟁해결기구(DSB)가 승인한 기간이 합리적 이행기간으로 설정되나, 분쟁해결기구(DSB)가 제안을 승인하지 않는 경우에는 분쟁당사국 양측이 보고서가 채택된 날로부터 45일 이내에 이행기간에 대해 합의한 기간으로 설정된다. 합의에 이르지 못할 경우 관련 보고서가 채택된 날로부터 90일 이내 구속력 있는 중재에 의해 확정된 기간으로 설정된다.

답 ④

33

패널보고서 및 상소기구보고서의 이행에 대한 설명으로 옳지 않은 것만을 모두 고른 것은?

ㄱ. 패널 또는 상소보고서가 채택된 날로부터 30일 이내에 개최되는 분쟁해결기구회의에서 관련회원국(패소국)은 분쟁해결기구(DSB)의 권고 및 판정의 이행에 대한 자국의 입장을 분쟁해결기구(DSB)에 통보해야 한다.

ㄴ. 권고 및 판정의 즉각적인 이행이 불가능한 경우 패소국은 합리적인 기간을 부여받는데, 동 기간은 패널 또는 상소기구보고서가 채택된 날로부터 15개월을 초과할 수 없다.

ㄷ. 패널 또는 상소기구는 관련회원국에게 권고의 이행방법을 제안할 수 있는데, 이는 일반적으로 구속력을 가지는 것으로 인정되고 있다.

ㄹ. 권고 및 판정을 이행하기 위한 조치가 취해지고 있는지 여부에 대해 분쟁당사국 간 의견이 일치하지 않는 경우, 동 분쟁은 원칙적으로 당사국 간 합의에 의해 해결된다.

① ㄱ, ㄴ   ② ㄱ, ㄷ

③ ㄴ, ㄷ   ④ ㄷ, ㄹ

> **정답 및 해설**

패널보고서 및 상소기구보고서의 이행에 대한 설명으로 옳지 않은 것은 ㄷ, ㄹ이다.

ㄷ. 패널은 동 제안(suggestion)은 법적 구속력을 가진 판결이 아니며, 그러한 제안이 반드시 채택되어야 하는 것도 아니며 따라서 구속력을 가지지 않는다고 하였다.

ㄹ. 이는 가급적 원패널에 회부되는 것을 포함하여 분쟁해결절차의 이용을 통하여 결정된다(DSU 제21조 제5항).

✓ **선지분석**

ㄱ, ㄴ. 분쟁해결양해(DSU) 제21조 제3항에 대한 내용이다.

답 ④

34 세계무역기구(WTO) 분쟁해결절차에서 협정 위반사실이 판정된 피제소국이 자발적으로 시정조치를 취하지 않는 경우, 제소국이 취할 수 있는 보복조치에 대한 설명으로 옳지 않은 것은?

① 제소국은 자국의 국내통상법에 의한 일방적 보복조치를 취할 수 있다.
② 제소국은 분쟁해결기구(DSB)의 승인을 받아 자국의 양허를 정지할 수 있다.
③ 분쟁해결기구(DSB)는 역총의제(reverse consensus)에 의해 양허의 정지를 승인할 수 있다.
④ 보복조치는 협정 위반이 인정된 분야와 동일한 분야에 우선적으로 적용되어야 한다.

정답 및 해설

일방적 보복조치는 인정되지 않으며, 분쟁해결기구(DSB)의 승인을 요한다.

✅ 선지분석
② 분쟁해결기구(DSB)는 대상 협정이 양허의 정지를 금지하는 경우에는 이를 승인하지 않는다.
③ 보복조치의 승인은 이행을 위한 합리적 기간 종료 후 30일 이내에 이루어져야 하며, 이때 교차보복이 허용된다. 보복조치의 수준은 침해 수준에 상응해야 하며 일시적이어야 한다.

답 ①

35 WTO분쟁해결절차 중 이행에 대한 설명으로 옳은 것은?

① 패널이나 상소기구는 패소국에게 해당 조치를 대상협정에 합치시키기 위한 이행방안을 제시한다.
② 보고서 채택 후 패소국은 60일 이내에 문제의 조치를 시정해야 하며 즉각 이행이 불가능한 경우 합리적 이행기간을 설정할 수 있다.
③ 합리적 이행기간은 패소국이 제안하여 분쟁해결기구(DSB)가 승인한 기간, 보고서가 채택된 날로부터 45일 내에 합의한 기간 등이 될 수 있다.
④ 이행패널이 설치되면 90일 내에 보고서를 회람해야 하며 최대 120일을 넘길 수 없다.

정답 및 해설

합리적 이행기간의 설정 방법에는 3가지가 있는데, 패소국이 제안하여 분쟁해결기구(DSB)가 승인한 기간, 보고서가 채택된 날로부터 45일 내에 합의한 기간 및 합의에 이르지 못할 경우 보고서가 채택된 날로부터 90일 이내에 구속력 있는 중재에 의해 확정된 기간이다.

✅ 선지분석
① 패널이나 상소기구는 해당 조치를 대상협정에 합치시키도록 권고해야 한다. 권고를 이행하는 방법을 제안할 수 있지만 이는 재량사항으로 되어 있다. 해당 조치를 대상협정과 일치시키는 다양한 방법이 있을 수 있으므로 패소국의 상황에 따라 적절한 방법을 자체적으로 선택하도록 하고 있다(DSU 제19조 제1항).
② 보고서 채택 후 패소국은 30일 이내에 보고서의 결정 및 권고내용에 따라 문제가 되는 조치를 WTO규정에 맞게 시정할 의무를 가진다.
④ 이행패널은 90일 이내에 보고서를 완성하는 것이 불가능한 경우 연기사유를 제출예정일과 함께 서면으로 제출해야 하지만, 분쟁해결양해(DSU)에는 최대 소요시간에 대해 명시되어 있지 않다.

답 ③

36

WTO분쟁해결절차 중 보상에 대한 설명으로 옳은 것은?

① 보상조치는 권고 및 판정이 합리적인 이행기간 내에 이루어지지 않는 경우 잠정적으로 취해지는 조치이다.

② 보상은 자발적이어야 하며 상호 만족할 만한 보상이 이루어진 경우 패소국의 의무는 완료된다.

③ 보상은 협의에 의한 자발적 조치로서 일시적으로 대상협정(covered agreement)에 합치할 의무가 정지된다.

④ 보상협상은 합리적인 이행기간 종료 후 개시되어 합리적 이행기간 만료일로부터 20일 이내에 타결되어야 한다.

분쟁해결절차의 최종목표는 어디까지나 관련 조치를 대상협정에 일치시키도록 하는 권고안의 완전한 이행이다(DSU 제22조 제1항). 보상과 보복조치는 이행을 보장하기 위한 조치로 잠정적인 조치일 뿐이다.

☑ 선지분석

② 분쟁해결양해(DSU)는 "보상은 위반조치를 대상협정에 합치시키도록 하는 권고의 완전한 이행에 우선하지 않는다."라고 명시하고 있다.

③ 보상은 대상협정(covered agreement)에 합치해야 한다. 따라서 GATT의 MFN 등 원칙이 적용되므로 모든 회원국들에게 혜택이 돌아가게 된다.

④ 보상은 합리적인 이행기간 '종료 이전에' 상호 수용 가능한 보상안 마련을 위한 협상을 개시해야 한다(DSU 제22조 제2항).

답 ①

37

WTO분쟁해결양해에 규정된 보복조치에 대한 설명으로 옳지 않은 것은?

① 보상을 위한 교섭이 안 되면, 제소국은 상대방에 대한 양허나 의무이행정지를 승인해 주도록 분쟁해결기구에 요청하여 양허를 연기할 수 있다.

② 보복조치는 협정 위반이 인정된 분야와 동일한 분야에 우선적으로 적용되어야 한다.

③ 관련 당사국이 제안된 정지의 수준에 대하여 이의를 제기하는 경우 중재에 회부된다.

④ 분쟁해결기구는 총의제에 의해 양허의 정지를 승인할 수 있다.

양허의 정지 승인은 역총의제(reverse-consensus)에 의한다. 따라서 보복조치의 승인 역시 자동적으로 이루어지게 된다.

☑ 선지분석

③ 패소당사국이 양허 또는 의무 정지에 대해 이의를 제기한 경우, 양허 또는 의무정지의 수준이 무효화 및 침해 수준에 상응하는지 여부를 심의한다. 양허 또는 의무 정지의 성격 자체에 대한 심의를 하지 않는다.

답 ④

38

WTO분쟁해결절차 중 보복에 대한 설명으로 옳은 것은?

① 제소국이 보복조치 승인을 요청할 경우 분쟁해결기구는 2/3 다수결에 의해 승인한다.

② 보복조치는 동일한 분야에서만 가능하다.

③ 보복조치에 대하여 분쟁이 발생한 경우 중재절차가 개시되며 이때 의무 정지의 성격 및 수준에 대해 심의한다.

④ 보복조치는 위반판정을 받은 조치가 철회되거나 다른 해결책이 제시되는 경우 중지된다.

| 정답 및 해설 |

보복조치는 일시적인 조치이다. 따라서 대상협정에 위반되었다는 판정을 받은 조치가 철폐되거나 권고안 또는 판정을 이행해야 하는 회원국이 이익의 무효화 또는 침해에 대한 해결책을 제시하거나 또는 서로 만족할 만한 해결책이 모색될 때까지만 적용된다(DSU 제22조 제8항).

☑ 선지분석

① 분쟁해결기구(DSB)는 역총의제에 의해 이행을 위한 합리적 기간 종료 후 30일 이내에 양허 또는 기타 의무의 정지를 승인해야 한다.

② 보복조치는 동일 분야에서 우선적으로 이루어져야 하나, 비효과적 또는 비현실적일 경우 동일 협정상에서 보복할 수 있다. 이 또한 비현실적이거나 비효과적이고 상황이 충분히 심각하다고 판단하는 경우 교차보복이 허용된다(DSU 제22조 제3항).

③ 중재자 또는 중재절차는 정지의 수준이 무효화 또는 침해의 수준에 상응하는지의 여부는 심의할 수 있으나 정지 대상인 양허 또는 기타 의무의 성격은 심의할 수 없다(DSU 제22조 제7항).

답 ④

세계무역기구(WTO) 분쟁해결기구(DSB)의 권고와 판정의 이행에 대한 설명으로 옳은 것만을 모두 고른 것은?

> ㄱ. 패널 또는 상소기구는 문제된 조치가 대상협정과 일치하지 않는다고 결론내리는 경우, 해당 회원국에게 그 조치를 그 대상협정에 합치시키도록 권고한다.
>
> ㄴ. 보상 및 양허의 정지는 판정의 최종적 이행조치이다.
>
> ㄷ. 판정 불이행에 대한 대응방법으로, 위반되었다고 판정된 협정 이외의 다른 대상협정상의 양허의 정지가 가능하다.
>
> ㄹ. 패소한 회원국이 판정을 이행하지 않는 경우, 분쟁해결기구(DSB)는 금전배상을 명한다.

① ㄱ, ㄴ   ② ㄱ, ㄷ

③ ㄱ, ㄹ   ④ ㄴ, ㄹ

| 정답 및 해설 |

세계무역기구(WTO) 분쟁해결기구(DSB)의 권고와 판정의 이행에 대한 설명으로 옳은 것은 ㄱ, ㄷ이다.

ㄷ. 즉, 교차보복이 허용된다.

☑ 선지분석

ㄴ. 보상 및 양허의 정지는 잠정조치이다. 즉, 패소국이 위반된 조치를 대상협정에 합치시킬 때까지만 취할 수 있다.

ㄹ. 금전배상제도는 세계무역기구(WTO)에 존재하지 않는다. 분쟁해결기구(DSB)는 승소국의 요청이 있는 경우 보복조치를 승인할 수 있다.

답 ②

01 WTO정부조달에 관한 협정에 대한 설명으로 옳지 않은 것은?

① 정부조달협정은 중앙정부, 지방정부, 국영기업을 포함한 당사국이 양허한 기관이 구매하는 물품에 적용된다.

② 정부조달협정의 적용대상에는 당사국이 약속한 일정한 금액 이상인 상품, 서비스 및 건설부문의 구매가 포함된다.

③ 정부조달협정에 관한 분쟁에 대해서는 WTO의 '분쟁해결규칙 및 절차에 관한 양해'를 적용할 수 있다.

④ 정부조달협정은 WTO의 모든 회원국에게 적용된다.

> **정답 및 해설**
>
> 정부조달협정은 복수국간무역협정에 가입한 당사국 상호 간에 적용된다.
> ★ 각료회의는 특정 무역협정의 당사국들의 요청으로 그러한 무역협정을 총의에 의해 WTO협정의 부속서 4에 복수국간무역협정(PTA)으로 포함시킬 수 있다.
>
> 답 ④

02 세계무역기구(WTO)설립협정 부속서 4에 명시된 '복수국간무역협정(Plurilateral Trade Agreement)'으로 옳은 것만을 모두 고른 것은?

> ㄱ. 민간항공기 무역에 관한 협정
> ㄴ. 정부조달에 관한 협정
> ㄷ. 농업에 관한 협정
> ㄹ. 원산지규정에 관한 협정
> ㅁ. 무역에 대한 기술장벽에 관한 협정

① ㄱ, ㄴ
② ㄱ, ㄴ, ㄷ
③ ㄱ, ㄴ, ㄷ, ㄹ
④ ㄱ, ㄴ, ㄷ, ㄹ, ㅁ

> **정답 및 해설**
>
> 세계무역기구(WTO)설립협정 부속서 4에 명시된 '복수국간무역협정(Plurilateral Trade Agreement)'으로 옳은 것은 ㄱ, ㄴ이다.
>
> **◈ 선지분석**
> ㄷ, ㄹ, ㅁ. 농업에 관한 협정, 원산지규정에 관한 협정, 무역에 대한 기술장벽에 관한 협정은 부속서 1A 상품무역에 관한 다자간무역협정이다.
>
> 답 ①

03 세계무역기구(WTO)의 회원국이라 하더라도 별도로 가입을 하여야만 적용되는 협정으로 옳은 것은?

① 원산지규정에 관한 협정
② 섬유 및 의류에 관한 협정
③ 무역 관련 지적재산권에 관한 협정
④ 정부조달에 관한 협정

정답 및 해설

정부조달에 관한 협정은 민간항공기에 관한 협정과 함께 복수국간무역협정으로서 WTO협정의 일부를 구성하며, WTO 회원국 중에서 이를 수락한 회원국에 대하여 구속력을 가진다(WTO설립협정 제2조 제3항).

답 ④

04 민간항공기무역에 관한 협정에 대한 설명으로 옳지 않은 것은?

① 1979년 도쿄 라운드에서 체결된 협정으로, WTO체제에서는 복수국간무역협정으로 편입되었다.
② 군용항공기를 제외한 모든 민간항공기, 모든 민간항공기 엔진 그리고 그 부속품 및 구성품, 민간항공기의 기타 다른 부품, 구성품 및 하부 조립품, 모든 지상 항공 시뮬레이터와 그 부속품 및 구성품에 대하여 적용된다.
③ 당사국은 민간항공기의 수리에 부과되는 모든 종류의 관세 및 기타 부과금도 철폐해야 한다.
④ 고유의 분쟁해결절차를 두지 않았으며, 당사국 간 분쟁은 WTO분쟁해결제도에 회부된다.

정답 및 해설

고유의 분쟁해결절차를 두고 있으며, 관련분쟁은 정부구매협정과 달리 WTO분쟁해결제도에 제기될 수 없다.

✅ **선지분석**
③ 또한 협정 부속서상의 상품의 수입에 대해 부과되는 모든 종류의 관세 및 기타 부과금을 폐지해야 한다.

답 ④

해커스공무원 패권 국제법 단원별 적중 1000제

개정 4판 1쇄 발행 2024년 12월 6일

지은이	이상구 편저
펴낸곳	해커스패스
펴낸이	해커스공무원 출판팀

주소	서울특별시 강남구 강남대로 428 해커스공무원
고객센터	1588-4055
교재 관련 문의	gosi@hackerspass.com
	해커스공무원 사이트(gosi.Hackers.com) 교재 Q&A 게시판
	카카오톡 플러스 친구 [해커스공무원 노량진캠퍼스]
학원 강의 및 동영상강의	gosi.Hackers.com

ISBN	979-11-7244-622-2 (13360)
Serial Number	04-01-01

공무원 교육 1위,
해커스공무원 gosi.Hackers.com

해커스공무원

· **해커스공무원 학원 및 인강**(교재 내 인강 할인쿠폰 수록)
· 해커스 스타강사의 **공무원 국제법 무료 특강**
· 정확한 성적 분석으로 약점 극복이 가능한 **합격예측 온라인 모의고사**(교재 내 응시권 및 해설강의 수강권 수록)

한경비즈니스 2024 한국품질만족도 교육(온·오프라인 공무원학원) 1위